Die Wettiner in Thüringen

Geschichte und Kultur
in Deutschlands Mitte

In Zusammenarbeit mit dem Thüringischen Hauptstaatsarchiv Weimar
und den Thüringischen Staatsarchiven Altenburg, Gotha und Meiningen

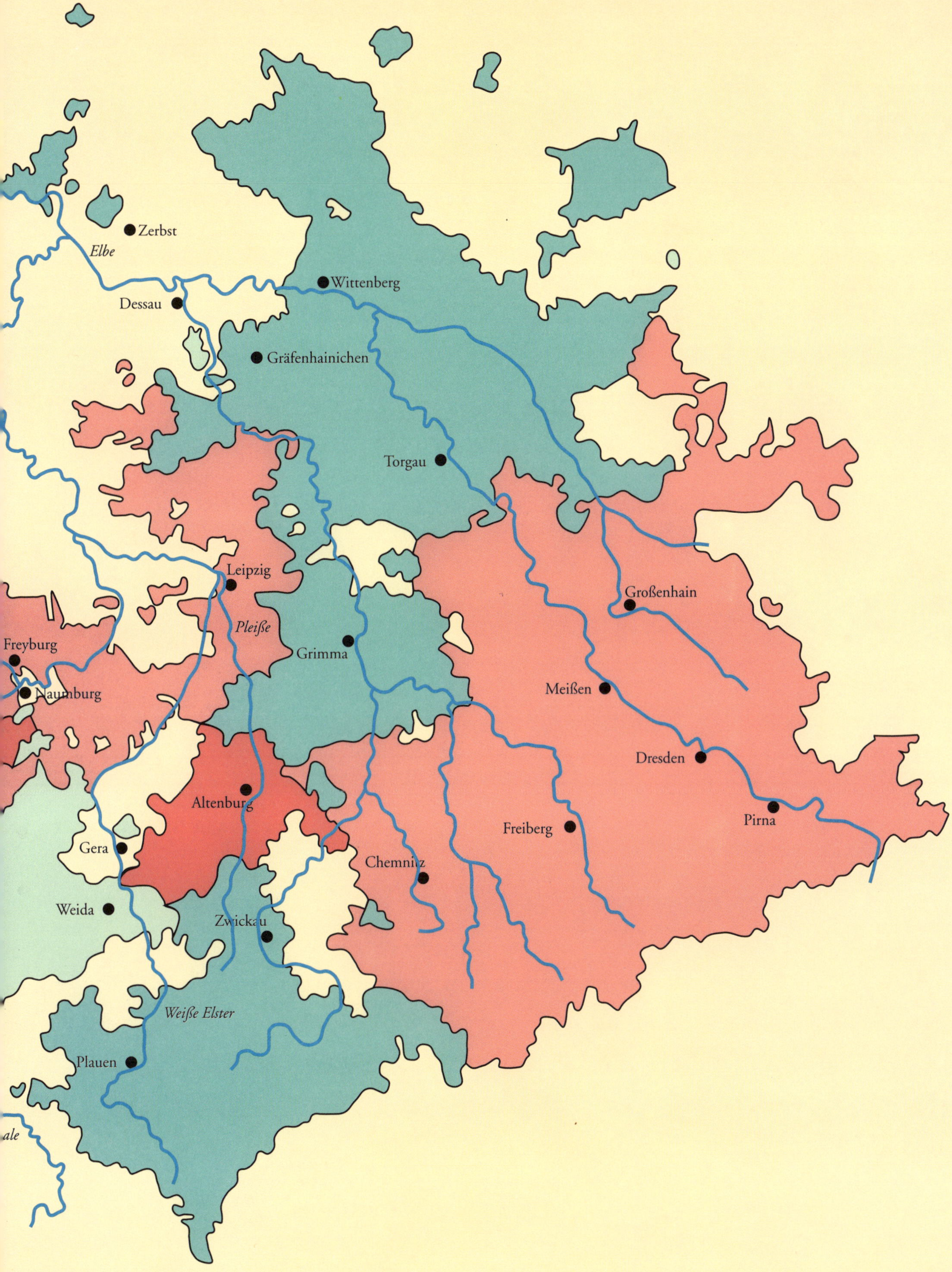

Zerbst
Elbe
Wittenberg
Dessau
Gräfenhainichen
Torgau
Leipzig
Pleiße
Großenhain
Freyburg
Grimma
Naumburg
Meißen
Dresden
Altenburg
Pirna
Freiberg
Gera
Chemnitz
Weida
Zwickau
Weiße Elster
Plauen
ale

Die Wettiner in Thüringen

Geschichte
und
Kultur
in Deutschlands Mitte

Herausgegeben von
Hans Hoffmeister und Volker Wahl

RhinoVerlag
Arnstadt & Weimar
1999

Schriften des Thüringischen Hauptstaatsarchivs Weimar
Nr. 2

Autoren:
Dagmar Blaha (Weimar), Dr. Frank Boblenz (Weimar), Dr. Joachim Emig (Altenburg), Jutta Fulsche (Weimar), Volker Graupner (Weimar), Dieter Marek (Weimar), Dr. Johannes Mötsch (Meiningen), Dr. Hans Jörg Ruge (Gotha), Hagen Rüster (Greiz), Doris Schilling (Altenburg), Dr. Hannelore Schneider (Meiningen), Dr. Volker Wahl (Weimar), Dr. Uwe Jens Wandel (Gotha), Katharina Witter (Meiningen).
Übersichten zu den Territorien und Regenten:
Dagmar Blaha.
Karten: Dr. Frank Boblenz.
Karten im Vor- und Nachsatz: Dr. Johannes Mötsch und Dr. Frank Boblenz (Entwürfe); Bettina Post und Thüringer Landesvermessungsamt (Ausführung).
Redaktion: Dr. Volker Wahl (Text), Volker Graupner (Abbildungen), Dr. Frank Boblenz (Register).
Archivalienreproduktionen:
Waltraud Siewert und Gabriele Krynitzki (Fotowerkstatt des Thüringischen Hauptstaatsarchivs Weimar).
Fotos: Peter Michaelis (TLZ).

Erschienen by RhinoVerlag Arnstadt & Weimar
1. Auflage Dezember 1999
2. Auflage Januar 2000
Satz: RhinoVerlag
Repro: CORAX COLOR, Weimar
Druck: Druckhaus Gera GmbH
Gestaltung: Frank Naumann, AGD
RhinoVerlag Arnstadt & Weimar
D-99310 Arnstadt/Thüringen
Plauesche Straße 8

ISBN 3-932081-33-1

Inhaltsverzeichnis

Jedesmal, wenn die deutsche Kultur sich neuen Zielen zuwandte, sind die neuen, eigenartigen Geister vom Haus Wettin in Thüringen gefördert und geschützt worden.

Luther und Cranach, Herder und Goethe, Liszt und Wagner waren Moderne für ihre Zeit und wurden als solche in Weimar aufgenommen.

Harry Graf Kessler (1903)

Zur Einführung

Wer die Bedeutung des Adelsgeschlechtes der Wettiner für Thüringen und seine reiche Geschichte ermessen will, mag sich zuerst die zeitliche Existenz ihrer Landesherrschaft in Deutschlands Mitte vergegenwärtigen. Von 1247 bis 1918, also insgesamt 671 Jahre lang, haben große Teile des heutigen Freistaates Thüringen unter diesem fürstlichen Geschlecht gestanden, das neben den Wittelsbachern in Bayern, den Welfen in Hannover und den Hohenzollern in Preußen zu den bekanntesten deutschen Fürstenhäusern gehört. Die Wettiner im heutigen Thüringen und Sachsen haben somit über Jahrhunderte hinweg nicht nur einen territorialpolitischen Machtfaktor im Zentrum des Alten Reiches gebildet, sondern auch ein kulturelles Wirken entfaltet, das bis in unsere Gegenwart hineinreicht. In Thüringen finden wir sie als Herzöge und Großherzöge – zuletzt in vier sächsisch-ernestinischen Territorialstaaten – neben den Reußen, den Schwarzburgern und den Preußen in einer Rolle, die weniger machtpolitisch als kulturstiftend – und das über viele Jahrhunderte hinweg im heutigen nationalen Rahmen und auch in europäischen Bezügen – bestimmt war.

„Die thüringischen Fürsten, insbesondere die Ernestiner, werden immer wieder wegen ihrer Leistungen für Kunst und Kultur gerühmt“, resümierte der Landeshistoriker Hans Patze 1979 zum Abschluß der von ihm herausgegebenen „Geschichte Thüringens“ und fuhr fort: „Das lag gewiß einmal in den Begabungen und Neigungen vieler Mitglieder dieser Dynastie begründet, ihnen lag das künstlerisch-kulturelle Wirken mehr als das staatspolitische.“ Aber im politischen Kraftfeld ihrer Zeit waren sie keineswegs unbedeutend, und im kulturellen Erscheinungsbild unterschieden sie sich kaum von den Höfen anderer deutscher Mittel- und Kleinstaaten. Und doch bleibt im Bewußtsein vieler Betrachter das, was sinnfällig als Kultur überliefert ist. „Der geschichtlich gebildete Kenner wird geneigt sein, Thüringen das Toskana Deutschlands zu nennen“, schwärmte bereits 1931 der Archivar und Landeshistoriker Friedrich Schneider in der von dem Weimarer Staatsarchivdirektor Armin Tille und ihm veröffentlichten „Einführung in die Thüringische Geschichte“. „Der Kulturstätten im Lande ist kein Ende. Wer vermöchte lückenlos aus eigener Kenntnis die wissenschaftlichen Institute, die Museen und

Kunstinstitute, die Archive und Bibliotheken, die öffentlichen und privaten Sammlungen aufzuzählen, wer die Namen der untergegangenen und erhaltenen Burgen und Schlösser, Städte und Territorien, Gärten und Naturanlagen in ihrer geschichtlichen Bedeutung zu würdigen?"

Mit diesem Buch wollen wir versuchen, dem Leser die geschichtliche und kulturelle Bedeutung Thüringens unter den Wettinern nahezubringen. Zwei historische Ereignisse in der thüringischen Geschichte waren 1997 Anlaß, der besonderen Rolle dieses Fürstenhauses nachzuspüren. Am 16. Februar 1247 starb Heinrich Raspe, Landgraf von Thüringen und römischer König, auf der Wartburg. Mit seinem Tod erlosch das Geschlecht der Ludowinger, die als Thüringer Landgrafen fast zwei Jahrhunderte das Schicksal des thüringischen Raumes bestimmt hatten. Auf Grund einer 1243 von Kaiser Friedrich II. erlangten Eventualbelehnung fiel die Landgrafschaft Thüringen an den Markgrafen Heinrich (den Erlauchten) von Meißen, einen Wettiner. Ungeachtet der Tatsache, daß damit ein sich bis 1264 hinziehender Erbstreit begann, der mit dem Verlust der hessischen Gebietsteile der alten Landgrafschaft endete, wird man den Beginn der wettinischen Herrschaft in Thüringen auf das Jahr 1247 festsetzen können.

Dreihundert Jahre später können wir von einem Schicksalsjahr der Ernestiner sprechen, jener Linie des Hauses Wettin, die von 1485 bis 1547 als sächsische Kurfürsten in weiten Teilen Thüringens und Sachsens herrschte. 1547, nach der Niederlage im Schmalkaldischen Krieg, verlor die ernestinische Linie jedoch die Kurwürde und beträchtliche Teile ihres Territorialbesitzes mit der Residenz Torgau, so daß sie sich künftig auf ihr thüringisches Besitztum beschränken mußte. Damals wurde die bisherige Nebenresidenz Weimar zu ihrer neuen Metropole erhoben und damit der Grundstein für Weimars Ruf als Kulturstadt gelegt. 1547 war so gesehen ein Glücksjahr für Weimar, das als Residenz der sächsisch-ernestinischen Herzöge und Großherzöge bis zur Aufhebung der Monarchie 1918 einen der Mittelpunkte territorialpolitischer und kultureller Wirksamkeit der Wettiner in Thüringen bildete.

Mit dem Einzug der fürstlichen Familie und des Hofrates am 10. Juni 1547 in Weimar verbindet sich die Überführung ihres Archivs in die Stadt an der Ilm, wo das heutige Thüringische Hauptstaatsarchiv demzufolge 1997 das 450jährige Archivjubiläum in Weimar begehen konnte. Die archivalischen Quellen zu dem großen Zeitabschnitt thüringischer Geschichte von 1247 bis 1918 unter den Wettinern sind vorzugsweise im Thüringischen Hauptstaatsarchiv Weimar, aber auch in den Thüringischen Staatsarchiven zu Altenburg, Gotha und Meiningen überliefert, da sie die Archive der späteren Teillinien der Wettiner in Thüringen bergen. Es sind Dokumente, die, wie der bedeutende deutsche Historiker Leopold von Ranke gerade im Hinblick auf die Quellen des Weimarer Archivs gesagt hat, zwar „tote Papiere" sind, aber auch „Überreste eines Lebens, dessen Anschauung dem Geiste nach und nach aus ihnen emporsteigt".

Solche historischen Dokumente, die in den Archiven als den Häusern der Erinnerung und Geschichte aufbewahrt werden, standen im Mittelpunkt einer Artikelserie über die Wettiner in Thüringen, die 1997 ein ganzes Jahr lang in der Wochenendausgabe der Thüringischen Landeszeitung erschien und als Autoren Wissenschaftler dieser Archive aufweist. Betrachtet wurde der Abschnitt der Geschichte Thüringens von 1247 bis 1918, in dem die

Wettiner (seit 1485 vorrangig die ernestinische Linie dieses Fürstenhauses) Politik, Wirtschaft und Kultur des heutigen Freistaates bestimmten. In den einzelnen Folgen wurden anhand der archivalischen Quellen gewissermaßen Spiegelbilder politischer und kultureller, wirtschaftlicher, sozialer und rechtlicher Zustände und Ereignisse in weitgehend chronologischer Folge gegeben, die heutige Leser in die wechselvolle Geschichte Thüringens unter den Wettinern einführen sollten.

Die Vorgeschichte der Wettiner in Thüringen beginnt 1243. In diesem Jahr stellte der damalige Kaiser zugunsten des Landgrafen von Thüringen eine Urkunde aus, durch die dessen Neffen, dem Markgrafen von Meißen, die Nachfolge in der Landgrafschaft Thüringen und in der nördlich angrenzenden Pfalzgrafschaft Sachsen für den Fall zugesichert wurde, daß der Landgraf ohne Erben sterben sollte. Dieser Fall ist 1247 mit dem Tode Heinrich Raspes tatsächlich eingetreten. Die Vorfahren des Markgrafen von Meißen stammten aus dem heutigen Sachsen-Anhalt. Ältester bekannter Besitz ist die Burg Wettin nördlich von Halle, die damit für das Geschlecht namengebend wirkte. Die Mitglieder der Familie führten je nach Rang und Besitz unterschiedliche Titel und Herkunftsbezeichnungen, aber keinen einheitlichen Familiennamen. Die Geschichtsschreibung hat sie jedoch schon schon im Mittelalter als Wettiner bezeichnet.

1089 war erstmals das Amt eines Markgrafen von Meißen vom Kaiser an einen Wettiner verliehen worden; seit 1127 war es auf Dauer im Besitz dieser Familie. Diese hatte, zeitweise in mehrere Zweige geteilt, über Generationen hinweg zahlreiche Markgrafschaften und Grafschaften im mitteldeutschen Raum erworben und war im heutigen Sachsen und Sachsen-Anhalt zur bedeutendsten Adelsfamilie überhaupt aufgestiegen. Der Erwerb der Landgrafschaft Thüringen und der Pfalzgrafschaft Sachsen festigte diese Position. Der Umfang des Besitzes hätte es den Markgrafen von Meißen und nunmehr auch Landgrafen von Thüringen ermöglicht, eine wesentliche Rolle in der Reichspolitik zu spielen. Streitigkeiten innerhalb der Familie haben eine Nutzung der sich ergebenden Chancen verhindert. Die Könige des 14. und 15. Jahrhunderts haben aber immer wieder das Bündnis mit dem Oberhaupt des Hauses Wettin gesucht, was seinen Ausdruck auch in mancher Eheverbindung fand.

Anders als andere Reiche in Europa – etwa Frankreich und England – war das Heilige Römische Reich eine Wahlmonarchie. Das aktive Wahlrecht, ursprünglich von einem größeren Personenkreis ausgeübt, hatte sich im 13. Jahrhundert auf ein Gremium von sieben Männern konzentriert, die man deshalb als Kurfürsten (d. h. Wahlfürsten) bezeichnet. Zu ihnen gehörte von Anfang an der Herzog von Sachsen aus der Familie der Askanier. Dieses Geschlecht erlosch 1422. Dem König stand es frei, die Würde eines Kurfürsten und das zugehörige Territorium neu zu vergeben. Er hat dabei weniger auf Erbansprüche als auf das politische Gewicht des neuen Kurfürsten gesehen und den Markgrafen von Meißen, Landgrafen von Thüringen aus dem Hause Wettin zum Kurfürsten von Sachsen gemacht. Die neue Würde wurde erblich weitergegeben; 1423 wurde also der Titel Kurfürst bzw. Herzog von Sachsen zum Familiennamen. Die Stimme bei der Königswahl erhöhte das politische Gewicht der Wettiner noch weiter. Allerdings war es in der Familie stets üblich gewesen, alle Söhne, soweit sie nicht in den geistlichen Stand eintraten, am Erbe des Vaters zu beteiligen. Ein einheitliches Agieren und Reagieren auf der politischen Bühne des Reiches ist deshalb oft nicht möglich gewesen. Die Chancen, die sich aus der Größe des Territoriums und dem reichsrechtlichen Rang der Familie ergaben, blieben deshalb oft ungenutzt.

Von 1382 bis 1440 und von 1442 bis 1482 waren die Besitzungen der Wettiner unter mehreren Familienangehörigen aufgeteilt; Thüringen war im wesentlichen in einer Hand. 1485 teilten der regierende Kurfürst Ernst und sein Bruder Albrecht erneut. Da beide bis heute Nachkommen haben (ernestinische und albertinische Linie des Hauses Wettin), hat diese Teilung die politische Landkarte Thüringens bis 1918 bestimmt. Der Kurfürst hatte neben den sogenannten Kurlanden (mit Wittenberg und Torgau), die mit der Kurwürde reichsrechtlich verbunden waren, den größten Teil Thüringens erhalten. Dieses Territorium war seitdem mit der ernestinischen Linie des Hauses Wettin verbunden. Weite Teile Sachsens sowie die Mitte und der Norden Thüringens mit den angrenzenden Gebieten im heutigen Sachsen-Anhalt waren Albrecht zugefallen, der die albertinische Linie begründete.

Die beiden Söhne des Kurfürsten haben das ererbte Territorium der Ernestiner gemeinsam regiert. Sie spielten in der Geschichte der Reformation, die in den kursächsischen Landen ihren Ausgang nahm, eine wesentliche Rolle. Kursachsen gehörte auch zu den führenden Mächten im Schmalkaldischen Bund, zu dem sich 1530 die Fürsten und Städte im Reich zusammenschlossen, die auf seiten der Reformation standen. 1546 kam es zum Krieg gegen den mit Herzog Moritz von Sachsen (aus der albertinischen Linie) verbündeten Kaiser; Moritz, selbst Anhänger Luthers, hatte politische Motive über religiöse gestellt. Die Niederlage bei Mühlberg im April 1547 brachte den Ernestinern den Verlust der Kurwürde, der Kurlande und des größten Teils ihrer östlich der Saale gelegenen Gebiete; diese fielen an die Albertiner.

In den folgenden Generationen haben die Ernestiner ihr stark geschrumpftes Territorium immer wieder geteilt. Obwohl viele dieser Nebenlinien kurzlebig waren, ähnelte die politische Landkarte Thüringens bis 1918 einem Flickenteppich. Altenburg, Coburg, Eisenach, Eisenberg, Gotha, Hildburghausen, Jena, Marksuhl, Meiningen, Römhild, Saalfeld und Weimar waren über einen kürzeren oder längeren Zeitraum Residenzen von ernestinischen Linien. Der Anteil der Albertiner in Thüringen war nach 1658 ebenfalls in Händen von Nebenlinien, die in Weißenfels und Zeitz residierten.

Die so geschaffenen Kleinterritorien waren politisch weitgehend einflußlos. Mehrere Versuche, sich auf militärpolitischem Gebiet zu profilieren, scheiterten und hinterließen große Schulden. Der Wettbewerb, in dem die Ernestiner untereinander sowie mit ihren Nachbarn und Verwandten in Thüringen und im Reich standen, verlagerte sich daher immer mehr auf die Ebene der Kultur. Fast jede Residenz hatte eine Hofkapelle, ein Theater, eine Bibliothek sowie naturwissenschaftliche und Kunstsammlungen; in den Residenzstädten entstanden oft aufwendige Schloß- und Verwaltungsbauten. Herzoginnen und Herzöge von Sachsen, deren persönliche Interessen auf dem Gebiet von Kultur und Wissenschaft lagen, zogen über kürzere oder längere Zeit bedeutende Persönlichkeiten an ihre Höfe. Einen besonderen Glücksgriff tat 1775 Herzog Carl August von Sachsen-Weimar und Eisenach, als er den jungen Juristen und Dichter Johann Wolfgang Goethe in seine Verwaltung und an seinen Hof nach Weimar holte. Was heute als das „klassische Weimar“ bezeichnet wird und in seinen architektonischen, gegenständlichen und archivalischen Zeugnissen überliefert ist, hat in dem Mäzenatentum wettinischer Fürstinnen und Fürsten einen historischen Ausgangspunkt.

Nach dem ersten Weltkrieg ging das Zeitalter der Monarchie zu Ende. Im November 1918 verzichteten auch der Großherzog von Sachsen-Weimar und Eisenach sowie die Herzöge von Sachsen-Altenburg, Sachsen-Coburg und Gotha und Sachsen-Meiningen auf ihre angestammten Rechte. Die thüringischen Kleinstaaten verschwanden damals von der Landkarte. Ihre Schlösser, ihre Theater, die Archive, Bibliotheken und Museen bestehen noch immer. Sie sind es, die zahlreiche Touristen ins Land locken. Von den Leistungen der Wettiner auf kulturellem Gebiet profitiert Thüringen daher bis heute. So ist das Goethewort „Ältestes bewahrt in Treue, freundlich aufgefaßtes Neue“ für die Hüter aller Archivalien, Bücher und sonstiger Sachzeugen der Geschichte unserer thüringischen Heimat eine schöne Verpflichtung.

Die in der Thüringischen Landeszeitung abgedruckte Serie „Die Wettiner in Thüringen“ erschien im Jahre 1997 – 750 Jahre nach dem Herrschaftsbeginn der Wettiner in Thüringen und 450 Jahre nach der Erhebung Weimars zu ihrer Haupresidenz – als Gemeinschaftsaktion der Archivare in den Thüringischen Staatsarchiven zu Altenburg, Gotha, Meiningen und Weimar. Das „Buch zur Serie“ wird nunmehr unter der Herausgeberschaft des Thüringischen Hauptstaatsarchivs Weimar und der Thüringischen Landeszeitung als Beitrag zu „Weimar – Kulturstadt Europas 1999“ vorgelegt. Den Förderern dieses Unternehmens, insbesondere der Landesentwicklungsgesellschaft Thüringen und der Landesbank Hessen-Thüringen, sowie dem Rhino-Verlag Arnstadt & Weimar, gilt unser Dank.

Weimar, im Oktober 1999

Dr. Volker Wahl
Direktor des Thüringischen Hauptstaatsarchivs Weimar

Hans Hoffmeister
Chefredakteur der Thüringischen Landeszeitung

Die Wettiner in Thüringen

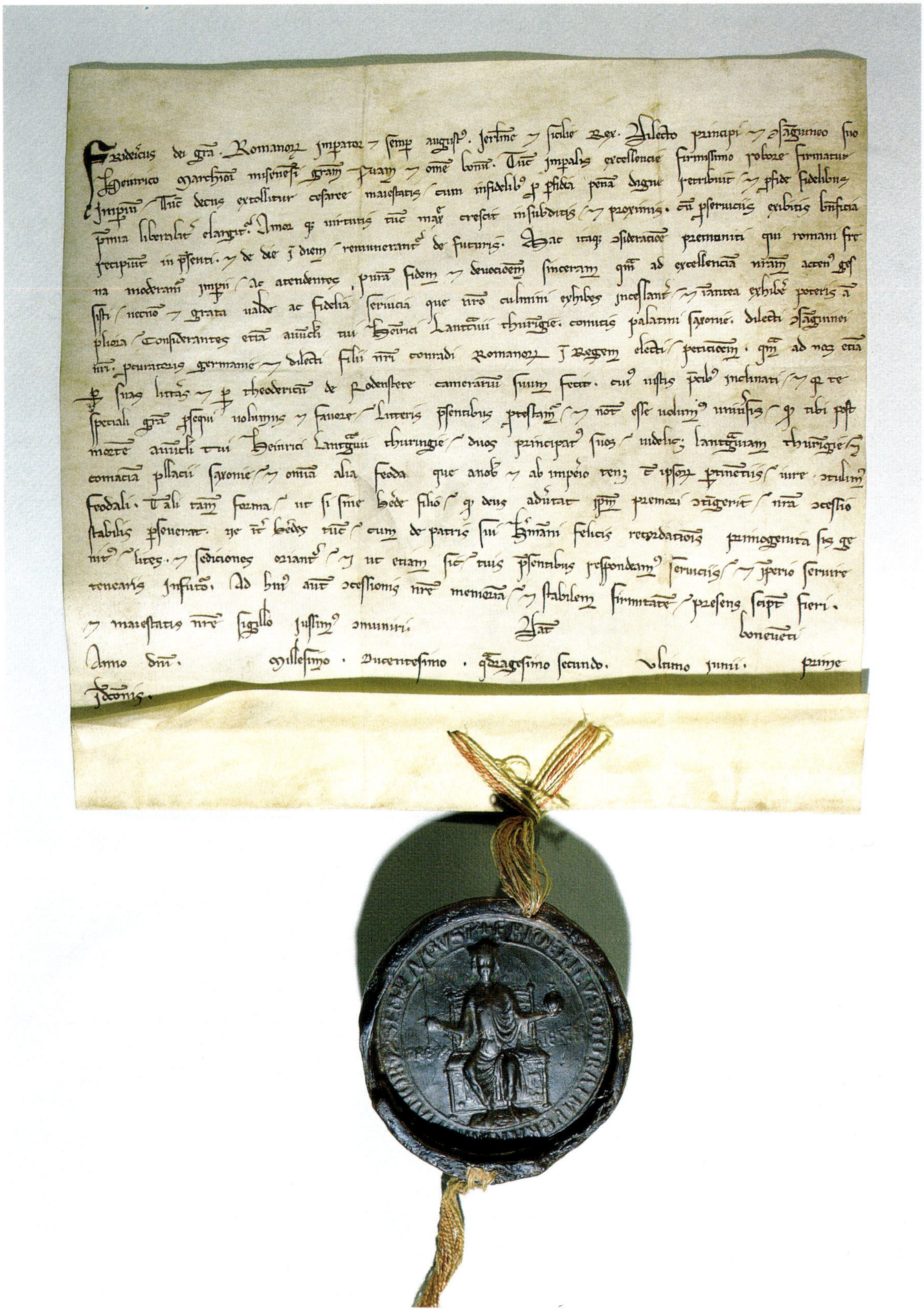

Eventualbelehnung Kaiser Friedrichs II. für den Wettiner Heinrich den Erlauchten, Markgraf von Meißen, mit der Landgrafschaft Thüringen. Benevent, 30. Juni 1243. Ausfertigung, Pergament mit Wachssiegel Kaiser Friedrichs II.

Fridericus Dei gratia Romanorum imperator ...
Heinrico marchioni Misenensi ...
lantgraviam Thuringie ... contulimus.

Wir Friedrich, von Gottes Gnaden Römischer Kaiser ... haben Heinrich Markgraf von Meißen die Landgrafschaft Thüringen übertragen.

(Urkunde vom 30. Juni 1243)

Das Erbe der Landgrafen von Thüringen

Die politische Landkarte des Heiligen Römischen Reiches deutscher Nation, wie es bis zum Beginn des 19. Jahrhunderts bestanden hat, war ein bunter Flickenteppich von Herrschaften unterschiedlicher Größe und Rechtsnatur. Seit dem Frühmittelalter hatten Adelsfamilien in großem Umfang Besitzungen und Rechte erworben, der sie in bestimmten Regionen oder gar im gesamten Reich zu Machtfaktoren werden ließ, mit denen das Reichsoberhaupt zu rechnen hatte. Die Könige und Kaiser, die im 10. und 11. Jahrhundert das Reich regierten, hatten daneben die Bildung weltlicher Herrschaften in den Händen von Geistlichen (Erzbischöfen, Bischöfen, Äbten) gefördert, indem sie Herrschaftsrechte, zum Teil ganze Grafschaften, an diesen Personenkreis verliehen.
Im 12. Jahrhundert versuchte man, die inzwischen entstandenen Strukturen durch Schaffung einer Zwischeninstanz in den Griff zu bekommen. Männer, denen der König vertraute, wurden zu Landgrafen erhoben und über die Grafen ihrer Region gestellt; sie hatten zuvor schon innerhalb dieser Gruppe eine führende Rolle gespielt. Die erste Hälfte des 13. Jahrhunderts brachte für die Entwicklung der Territorien im Reich einen gewissen Abschluß: den geistlichen und weltlichen Fürsten wurde vom Kaiser in aller Form das Recht zugestanden, die inneren Angelegenheiten ihrer Territorien nach eigenen Vorstellungen zu regeln.
In Thüringen war 1131 dem Grafen Ludwig aus dem Geschlecht der Ludowinger die Landgrafenwürde verliehen worden, dessen Vorfahren im Jahrhundert zuvor aus Franken zugewandert waren.

Ihr Aufstieg im Thüringer Raum unter seinem Großvater, Ludwig dem Bärtigen, und dem Vater, Ludwig dem Springer, hatte mit einer kleinen Rodungsherrschaft im Thüringer Wald südlich von Gotha und der Gründung des Klosters Reinhardsbrunn um 1085 begonnen. Danach hatten sie über Jahrzehnte hinweg Besitzungen und Rechte in einem immer größer werdenden Gebiet erworben.
Auf den nunmehrigen Landgrafen Ludwig I. folgte sein gleichnamiger Sohn, der politisch eng mit den Staufern, vor allem mit Kaiser Friedrich I. (Barbarossa) zusammenarbeitete. Dieses Bündnis wurde durch eine Ehe des Landgrafen mit einer Schwester des Kaisers besiegelt. In der Folgezeit entwickelten sich Interessengegensätze zur Familie der Welfen, deren Oberhaupt, Herzog Heinrich (der Löwe), im nördlich an Thüringen angrenzenden Raum seinen Einfluß auszudehnen suchte. Auf Landgraf Ludwig II. folgten seine Söhne Ludwig III. und Hermann I.; 1180 erhielten sie die an Thüringen nördlich angrenzende Pfalzgrafschaft Sachsen vom Kaiser zu Lehen. Die weiter gewachsene Machtstellung der Ludowinger wurde so nach außen demonstriert.

Als 1198 zwischen den führenden Familien im Reich, Staufern und Welfen, eine längere Auseinandersetzung um den Kaiserthron entstand, war die Parteinahme des Landgrafen von Thüringen für beide streitenden Parteien von großer Bedeutung. Landgraf Herrmann hat dabei mehrfach die Partei gewechselt und sich diese Wechsel gut bezahlen lassen. Für sein Land brachte dies Krieg und Verheerungen. Er selbst erhielt Mittel, die es ihm ermöglichten, in großem Umfang bei der Förderung von Kunst und Kultur als Mäzen aufzutreten und seine Herrschaftsmittelpunkte mit den Burgen Wartburg bei Eisenach, Runneburg bei Weißensee und Neuenburg bei Freyburg nach dem Geschmack und den militärischen Erfordernissen der Zeit auszubauen.

Auf Landgraf Hermann folgte sein Sohn Ludwig IV., verheiratet mit Elisabeth von Ungarn, aber bereits 1227 auf einem Kreuzzug verstorben. Seine Witwe, die schon zu Lebzeiten ihres Mannes den Idealen der religiösen Bewegung des 13. Jahrhunderts, die ganz wesentlich eine Frauenbewegung gewesen ist, nachgelebt hatte, widmete sich nun völlig dem Dienst an den Armen und Kranken. Die Familie, vor allem ihre Schwäger Heinrich Raspe und Konrad, billigte dies nicht. Schon unmittelbar nach dem 1231 erfolgten Tod Elisabeths entwickelte sich an ihrem Grab in Marburg ein Kult, der 1235 von der Kirche durch Heiligsprechung legitimiert wurde. Zur Erhebung der Gebeine im Jahr 1236 kam auch der Kaiser nach Marburg. Die landgräfliche Familie hat die sich daraus ergebenden Propagandaeffekte durchaus zu nutzen gewußt.

1212 war König Friedrich von Sizilien, Sohn und Enkel staufischer Kaiser, mit päpstlicher Unterstützung nach Deutschland gekommen, um den Welfen Kaiser Otto IV., der bei der Doppelwahl von 1198 der vom Papst unterstützte Kandidat gewesen war, zu bekämpfen und sich selbst zum König wählen zu lassen. Für den Papst war entscheidend, daß Otto seine weltliche Herrschaft in Mittelitalien bedrohte; er hatte damit die Politik seiner staufischen Vorgänger wieder aufgegriffen. Die Unterstützung des Papstes für Friedrich II., der sich bald im ganzen Reich durchsetzte, war nur nach Zurückstellung schwerster Bedenken erfolgt, da man auch von ihm befürchtete, er werde in seinem politischen Handeln den Interessen und Traditionen seiner Familie folgen.

Bald stellte sich heraus, daß diese Bedenken nicht unberechtigt gewesen waren. Mehrfach kam es zu Zerwürfnissen mit den Päpsten; zeitweise war Friedrich im Kirchenbann. Die Position des Kaisers in Italien wurde schwierig, weil die großen, wirtschaftlich bedeutenden Städte Oberitaliens – an der Spitze Mailand – sich mit dem Papst verbündeten. Die geistlichen Fürsten im Reich – Erzbischöfe, Bischöfe und Äbte – gerieten in einen Loyalitätskonflikt, da das geistliche Haupt der Kirche und das weltliche Oberhaupt des Reiches von ihnen Treue und Gehorsam forderten. Es bildete sich eine päpstliche Partei, zu der bald auch weltliche Fürsten gehörten.

Der Kaiser versuchte, sich demgegenüber der Loyalität wichtiger Personen und Familien zu versichern. Dazu gehörten an führender Stelle die Landgrafen von Thüringen und ihre Verwandten. Der seit 1227 regierende Landgraf Heinrich Raspe war vom Kaiser im September

Wachssiegel Kaiser Friedrichs II. von der Eventualbelehnungsurkunde für die Wettiner vom 30. Juni 1243.

1241 zum Reichsprokurator ernannt worden; dieses Amt hatte bis dahin der Erzbischof von Mainz innegehabt, der sich aber der päpstlichen Partei angeschlossen hatte. Heinrich Raspe sollte die Funktionen ausüben, die der unmündige König Konrad IV., der nominell Vertreter des Vaters nördlich der Alpen war, nicht wahrnehmen konnte. Man wird daher den Landgrafen als Führer der kaiserlichen Partei im Reich ansehen können.

Heinrich Raspe war seit 1241 einziges männliches Mitglied des Landgrafenhauses; seine Ehe war kinderlos. Er bat daher den Kaiser, für den Fall seines söhnelosen Todes den Markgrafen Heinrich von Meißen aus dem Hause Wettin, Sohn seiner ältesten Schwester, mit seinen beiden Fürstentümern, der Landgrafschaft Thüringen und der Pfalzgrafschaft Sachsen, zu belehnen. Diese Bitte, schriftlich und von einem Gesandten auch mündlich dem Kaiser vorgetragen, wurde auch von König Konrad IV. unterstützt.

Am 30. Juni 1243, wenige Tage, nachdem der päpstliche Thron nach zweijähriger Vakanz wieder besetzt worden war und sich ein Wiederaufleben der Auseinandersetzung ankündigte, stellte der Kaiser in Benevent (Süditalien) zugunsten des Markgrafen von Meißen die erbetene Urkunde aus. Der Text besteht zunächst aus einer langen Begründung, in der die Verdienste des Landgrafen und des Markgrafen um Kaiser und Reich hervorgehoben werden. Anschließend werden für den Fall, daß der Landgraf von Thüringen söhnelos sterben sollte, dessen beide Reichsfürstentümer, die Landgrafschaft Thüringen und die Pfalzgrafschaft Sachsen, dem Markgrafen Heinrich von Meißen übertragen.

Der Kaiser hatte seine Hoffnung betont, daß durch die Urkunde die langjährige Treue des Landgrafen und des Markgrafen zum staufischen Haus gefestigt werde. In diesem Punkt hat Friedrich II. sich getäuscht. Zwischen April und Juli 1243 – also möglicherweise schon vor Ausstellung der Urkunde – wechselte Landgraf Heinrich Raspe zur päpstlichen Partei über. Am 22. Mai 1246 wurde er von deren Anhängern zum König gewählt. Allerdings hat er sich nur in Teilen des Reiches gegen den Kaiser und dessen Sohn durchsetzen können. Am 16. Februar 1247 ist er auf der Wartburg gestorben; mit ihm erlosch das Haus der Landgrafen von Thüringen aus der Familie der Ludowinger.

Der in der Urkunde vorgesehene Fall war damit eingetreten. Markgraf Heinrich von Meißen war in der Landgrafschaft Thüringen und in der Pfalzgrafschaft Sachsen, nicht aber in dem auch von Heinrich Raspe regierten Hessen in einer verfassungsrechtlich gesicherten Position. Zudem hatte es nach 1227 in der landgräflichen Familie Auseinandersetzungen gegeben, in denen die Rechte des Landgrafen Hermann II., Sohnes der heiligen Elisabeth, übergangen worden waren. Seine beiden Onkel, Heinrich Raspe und Konrad, hatten zunächst Thüringen und Hessen gemeinsam regiert. Hermann II. war im Jahre 1241 jung gestorben. Seine Schwester Sophie, verheiratet mit dem Herzog von Brabant (im heutigen Belgien), verfocht ab 1247 die Erbansprüche der Nachkommen des Landgrafen Ludwig IV. Ihr Ziel war es, einen möglichst großen Teil des Erbes für ihren Sohn Heinrich zu sichern. Sophie, die sich im Februar 1247 in Hessen aufhielt, konnte die wichtigen Stützpunkte Marburg und Kassel in ihre Hand sowie einen Teil des Adels in Hessen und Thüringen hinter sich bringen, da zahlreiche Grafen und Herren nach einem Herrschaftsantritt der mächtigen Wettiner in der Landgrafschaft keine Perspektive für die eigene Entwicklung mehr sahen. In Thüringen gehörten unter anderem die Grafen von Schwarzburg und Gleichen zu den Unterstützern der Herzogin von Brabant.

Metallabguß vom Reitersiegel Heinrichs des Erlauchten, Markgraf von Meißen und Landgraf von Thüringen. Originalsiegel nach 1247 an einer im 14. Jahrhundert auf den 5. Oktober 1231 gefälschten Urkunde.

Kein Interesse an der Übernahme der Macht in Thüringen und Hessen durch die Wettiner hatten auch die Lehnsherren der Ludowinger, an der Spitze der Erzbischof von Mainz und der Abt von Fulda. Sie versuchten, die bisher an die Landgrafen ausgegebenen Güter und Rechte als heimgefallene Lehen einzuziehen, um sie für den Ausbau des eigenen Territoriums zu verwenden.

Das so entstehende Machtvakuum wurde von vielen Grafen und Herren ausgenutzt. Zahlreiche Burgen sind in den Jahren nach 1247 neu errichtet oder ausgebaut worden. Die Bevölkerung, die zu den Arbeiten herangezogen wurde, wird Mauern und Türme nicht immer unwillig errichtet haben, da sie auf diese Weise Gelegenheit erhielt, Hab und Gut in den unsicheren Zeiten hinter starken Mauern in Schutz zu bringen.

In der sich nun entwickelnden Auseinandersetzung wurden weite Teile Thüringens und Hessens, insbesondere der hessisch-thüringische Grenzraum, immer wieder in Mitleidenschaft gezogen. Im Juli 1249 unterwarfen sich in Weißenfels zahlreiche Grafen und Herren aus Thüringen dem Markgrafen von Meißen, dessen Stellung sich im Kerngebiet der Landgrafschaft immer weiter festigte. Im März 1250 kam es zu einer vorläufigen Einigung zwischen Markgraf Heinrich und Herzogin Sophie; die Wartburg wurde auf zehn Jahre dem Markgrafen übertragen. König Wilhelm von Holland, der von der päpstlichen Partei im Reich zum Nachfolger Heinrich Raspes gewählt worden war, hat im Jahr 1252 in Merseburg den Markgrafen Heinrich von Meißen mit der Landgrafschaft Thüringen belehnt.

1254 hat sich auch der Erzbischof von Mainz damit abgefunden, daß der Markgraf aus den Kerngebieten Thüringens nicht zu verdrängen war; er übertrug ihm die dort gelegenen Lehen, die zuvor die Ludowinger innegehabt hatten.

1259 scheiterte ein letzter Versuch der Herzogin Sophie, Thüringen in die Hand zu bekommen; Creuzburg und Eisenach, die man erobert hatte, mußten schon nach kurzer Zeit wieder geräumt werden. 1263 hat Sophie vom Erzbischof von Mainz die in Hessen gelegenen Lehen empfangen; auch für diesen Raum waren nun die Rechtsverhältnisse geklärt. 1264 – erst 17 Jahre nach dem Tod des letzten Ludowingers – konnten sich der Markgraf von Meißen, die Herzogin von Brabant und ihr Sohn Heinrich endgültig einigen. Die Position der Wettiner in Thüringen war damit endgültig festgeschrieben. Rechtliche Grundlage war und blieb die Urkunde vom 30. Juni 1243, die deshalb den Eintritt des Hauses Wettin in die thüringische Geschichte markiert.

[Dr. Johannes Mötsch]

Skulptur Heinrich Raspes, Landgraf von Thüringen. Thüringen, nach 1293.

Vertrag der Bevollmächtigten des Römischen Königs Heinrich VII. mit Markgraf Friedrich I. von Meißen. Prag, 19. Dezember 1310. Ausfertigung, Pergament mit den Wachssiegeln des Erzbischofs Peter von Mainz und des Grafen Berthold VII. von Henneberg.

Concordavimus ..., quod ...Romanorum rex ... lantgraviatum Thuringie ... ad ipsum Fridericum tanquam ad verum heredem ... conferre ... debet.

Wir kommen überein, daß der Römische König die Landgrafschaft Thüringen dem [Wettiner] Friedrich als wahrem Erben übertragen soll.

(Urkunde vom 19. Dezember 1310)

Der Verkauf der Landgrafschaft

Im Jahr 1264 hatte Heinrich der Erlauchte, Markgraf von Meißen, einen Vertrag mit Herzogin Sophie von Brabant, der Tochter der heiligen Elisabeth, geschlossen, durch den die sich seit 1247 hinziehenden Streitigkeiten um das Erbe Heinrich Raspes, des letzten Landgrafen von Thüringen aus dem Hause der Ludowinger, endgültig beigelegt worden waren. Die Stellung der Wettiner in der Landgrafschaft Thüringen und der Pfalzgrafschaft Sachsen schien damit auf Dauer gesichert.

Schon zuvor hatten die Söhne Heinrichs gelegentlich den Titel eines Landgrafen von Thüringen geführt und im Lande Herrschaftsrechte ausgeübt. Nach 1263 zog sich Heinrich in die Markgrafschaft Meißen zurück. Nach einigem Hin und Her führte nur noch der älteste Sohn, Albrecht, der eine Tochter des staufischen Kaisers Friedrich II. geheiratet hatte, den Titel eines Landgrafen von Thüringen und Pfalzgrafen von Sachsen. Auf ihn war also das Erbe der Ludowinger übergegangen.

Einigkeit untereinander hätte es den Wettinern ermöglicht, in der Reichspolitik eine bedeutende, dem Umfang ihres Besitzes angemessene Rolle zu spielen und die Ansprüche auf das Erbe des staufischen Kaiserhauses wenigstens in Teilen durchzusetzen. Statt dessen begann eine sich über Jahrzehnte hinziehende Phase innerfamiliärer Auseinandersetzungen. Eine besonders üble Rolle spielte dabei Landgraf Albrecht, dem schon die Geschichtsschreibung des Spätmittelalters den Beinamen „der Entartete" gegeben hat. 1269 floh seine Ehefrau, die Kaisertochter Margarete, heimlich von der Wartburg, da sie um ihr Leben fürchtete. Sie ist 1270 in Frankfurt am Main, wo sie wie eine Bürgerin lebte, gestorben. Albrecht hat laufend mit Vater und Bruder, später auch mit seinen Söhnen, Verträge geschlossen, an die er sich keinen Tag lang hielt. Für Land und Leute, die nach Ende der Erbstreitigkeiten auf eine Phase des Friedens hofften, kamen statt dessen neue Belastungen.

Das heilige römische Reich war ein Wahlreich. Das aktive Wahlrecht stand zunächst einem weiten Personenkreis zu, der sich um die Mitte des 13. Jahrhunderts auf eine Gruppe von sieben Fürsten verengte, die man deswegen als Kurfürsten (Wahlfürsten) bezeichnet. Mit Billigung des Papstes wählten diese im Jahr 1273 den Grafen Rudolf von Habsburg zum römischen König. Damit ging die Zeit des sogenannten Interregnums zu Ende, die 1246 mit der Wahl Heinrich Raspes zum König begonnen hatte und in der schwache, von der päpstlichen bzw. der staufischen Partei unterstützte Könige einander gegenübergestanden hatten. Nun gab es wieder einen von allen anerkannten König.

Rudolf von Habsburg hat während seiner Regierung die sich bietenden Gelegenheiten zum Ausbau seiner Hausmacht tatkräftig genutzt. Unter anderem sicherte er sei-

Siegel des
Erzbischofs Peter von Mainz.

Wachssiegel des Grafen Berthold VII. von Henneberg vom Vertrag mit Markgraf Friedrich I. von Meißen vom 19. Dezember 1310.

nen Söhnen das Herzogtum Österreich und dadurch seinen Nachkommen eine führende Stellung im Reich und in Europa über Jahrhunderte hinweg. Diesem Beispiel, daß sich das durch Wahl erworbene Amt eines römischen Königs zur Mehrung der eigenen Hausmacht und zum dauerhaften Aufstieg der eigenen Familie einsetzen ließ, haben die auf Rudolf folgenden Könige, die aus unterschiedlichen Häusern kamen, nachzueifern gesucht.

Nach Rudolfs Tod im Jahre 1291 wählten die Kurfürsten, darunter die drei rheinischen Erzbischöfe von Mainz, Köln und Trier, nicht seinen Sohn, Herzog Albrecht von Österreich, zum Nachfolger, sondern einen aus dem Westen des Reiches stammenden, relativ machtlosen Grafen, Adolf von Nassau, der auf ihre Unterstützung angewiesen war und angewiesen blieb, wenn er sich im Reich – vor allem gegen Herzog Albrecht – durchsetzen wollte.

Nach dem Vorbild seines Vorgängers versuchte auch Adolf, die sich ihm als König bietenden politischen Möglichkeiten für einen dauerhaften Aufstieg seiner Familie zu nutzen. Am Mittelrhein und im Taunus, wo seine Stammlande lagen, bot sich hierfür kein Raum mehr. Andernorts aber – so schien es – taten sich plötzlich Chancen für Adolf auf.

Die innerfamiliären Streitigkeiten unter den Wettinern dauerten auch nach dem 1288 erfolgten Tod Markgraf Heinrichs des Erlauchten an. Albrecht der Entartete, Landgraf von Thüringen, hatte im September 1293 einem seiner Söhne die Nachfolge in der Landgrafschaft Thüringen bindend zugesagt. Ungeachtet dessen verkaufte er am 23. April 1294 die Landgrafschaft für 12.000 Mark Silber an König Adolf von Nassau. Die Söhne des Landgrafen, der Erzbischof von Mainz als Landesherr der Stadt Erfurt sowie zahlreiche Fürsten, Grafen und Herren in und um Thüringen mußten sich betroffen, ja bedroht fühlen.

Dem König dürfte klar gewesen sein, daß er die so erworbenen Ansprüche militärisch würde durchsetzen müssen. Von Ende September 1294 bis Januar 1295 hielt er sich in Thüringen und Sachsen auf; bezeugt sind u.a. Aufenthalte in Eischleben an der Wipfra, bei Erfurt, in Mittelhausen, Markvippach, Zeitz, Groitzsch, Leipzig, Borna, wieder Leipzig, Nordhausen, Mühlhausen und Eisenach.

Im Spätsommer 1295 kam der König ein zweites Mal in den mitteldeutschen Raum. Im September wurde Creuzburg an der Werra belagert; dort suchte Landgraf Albrecht den König auf. In der Folgezeit ist dieser in Eisenach, Altenburg, Chemnitz, Freiberg, Grünhain, Altenburg, Lößnitz, Zwickau, Altenburg, Leipzig und Naumburg bezeugt. Von dort begab er sich – wohl durch das Tal der Unstrut – nach Weißensee, wo er am 27. Mai 1296 für die Stadt Erfurt eine Urkunde ausstellte. Über Eisenach und Vacha verließ der König thüringischen Boden.

Die Chroniken berichten von Übergriffen der königlichen Truppen, die die Stimmung im Lande gegen Adolf aufgebracht hatten. Entschieden war freilich noch nichts; im Sommer 1296 wurden vom König mehrfach Angelegenheiten Thüringens behandelt. Erst der Zusammenschluß mehrerer Kurfürsten, zunächst des Erzbischofs von Mainz und des Königs von Böhmen, schwächte die Stellung des Königs entscheidend.

Im Hause Wettin fand in diesen Jahren ein Generationenwechsel statt. Die führende Rolle spielte schon jetzt, zu Lebzeiten des Vaters, Friedrich, Markgraf von Meißen, ein Sohn Albrechts des Entarteten und der Kaisertochter Margarete; er trug den Namen seines staufischen Großvaters. Friedrich schloß sich im Juni 1297 dem Bündnis

Die Schlacht von Lucka 1307. Abbildung aus der Sächsischen Chronik von Georg Spalatin vom Anfang des 16. Jahrhunderts.

der Kurfürsten gegen den König an. Die politische Entwicklung im Reich begünstigte von nun an die Bemühungen der jüngeren Generation des Hauses Wettin, die Markgrafschaft Meißen und die Landgrafschaft Thüringen der Familie zu erhalten. Am 2. Juli 1298 ist Adolf von Nassau in einer Schlacht gegen Herzog Albrecht von Österreich gefallen.

In der Folge konnte sich Herzog Albrecht im gesamten Reich durchsetzen. Er betrieb eine harte, vor allem gegen die Kurfürsten gerichtete Politik, zeigte aber zunächst wenig Interesse an den 1294 für das Reich in Thüringen erworbenen Rechtsansprüchen. Im Juli 1306 allerdings ließ er sich von Landgraf Albrecht die Übertragung aus dem Jahr 1294 bestätigen und demonstrierte so, daß er die von seinem Vorgänger erworbenen Ansprüche nunmehr weiterverfolgen wollte. Ein von ihm entsandtes Heer wurde allerdings am 31. Mai 1307 bei Lucka (südlich Leipzig) geschlagen; eine im 16. Jahrhundert entstandene, in der Cranach-Werkstatt illustrierte Chronik bietet eine Darstellung dieser Schlacht nach den Vorstellungen der Zeit; anzumerken ist, daß man im 16. Jahrhundert irrigerweise den König für den Sieger der Schlacht hielt. Die politischen Ereignisse der Folgezeit hinderten König Albrecht daran, einen geplanten Feldzug nach Thüringen durchzuführen. Am 1. Mai 1308 wurde er ermordet.

Zum Nachfolger wurde im November 1308 Graf Heinrich VII. von Luxemburg gewählt. Sein Interesse war auf die Kaiserkrone und auf die Vergrößerung der Machtbasis seiner Familie gerichtet. Ende August 1310 konnte er seinen Sohn Johann mit der Erbin der böhmischen Königskrone verheiraten. Er selbst brach wenig später nach Italien auf. Im Juli 1312 wurde er als erster römischer König nach Friedrich II. (1220) in Rom zum Kaiser gekrönt.

Zu seinem Vertreter im Reich hatte er seinen Sohn Johann, König von Böhmen und Grafen von Luxemburg, bestellt. Dieser wiederum entsandte den Erzbischof von Mainz und den Grafen Berthold von Henneberg – einen Mann aus dem Südwesten Thüringens – noch im Jahre 1310 nach Böhmen, um dort seine Ansprüche auf die Krone zu verfechten.

Als unmittelbarer Nachbar war der Wettiner Friedrich, Markgraf von Meißen und Landgraf von Thüringen, an den Ereignissen in Böhmen stark interessiert; er hatte zunächst einen anderen Bewerber um die dortige Königskrone unterstützt. Nachdem Prag an die Bevollmächtigten König Johanns gefallen war, begab Friedrich sich persönlich dorthin und verhandelte mit dem Erzbischof von Mainz und dem Grafen von Henneberg. Das für die Wettiner wesentliche Ergebnis dieser Verhandlungen ist die hier abgebildete Urkunde vom 19. Dezember 1310.

Darin erkannten Erzbischof Peter von Mainz und Graf Berthold von Henneberg als Bevollmächtigte König Heinrichs den Erbanspruch Friedrichs auf die Landgrafschaft Thüringen und Markgrafschaft Meißen an und sagten eine spätere Belehnung durch den König zu. Dies bedeutete den Verzicht des Königs und seiner Nachfolger auf jedes künftige Vorgehen gegen Friedrich und seine Erben. Im Gegenzug schlossen die Wettiner ein Freundschaftsbündnis mit König Johann; sie erkannten ihn somit als rechtmäßigen Erben der böhmischen Königskrone an.

Die Stellung des Hauses Wettin in der Markgrafschaft Meißen und der Landgrafschaft Thüringen ist durch die vorliegende Urkunde auf Dauer verfassungsrechtlich gesichert worden.

[Dr. Johannes Mötsch]

Metallabguß vom Reitersiegel Friedrichs I., Markgraf von Meißen. Original: 6. Januar 1293.

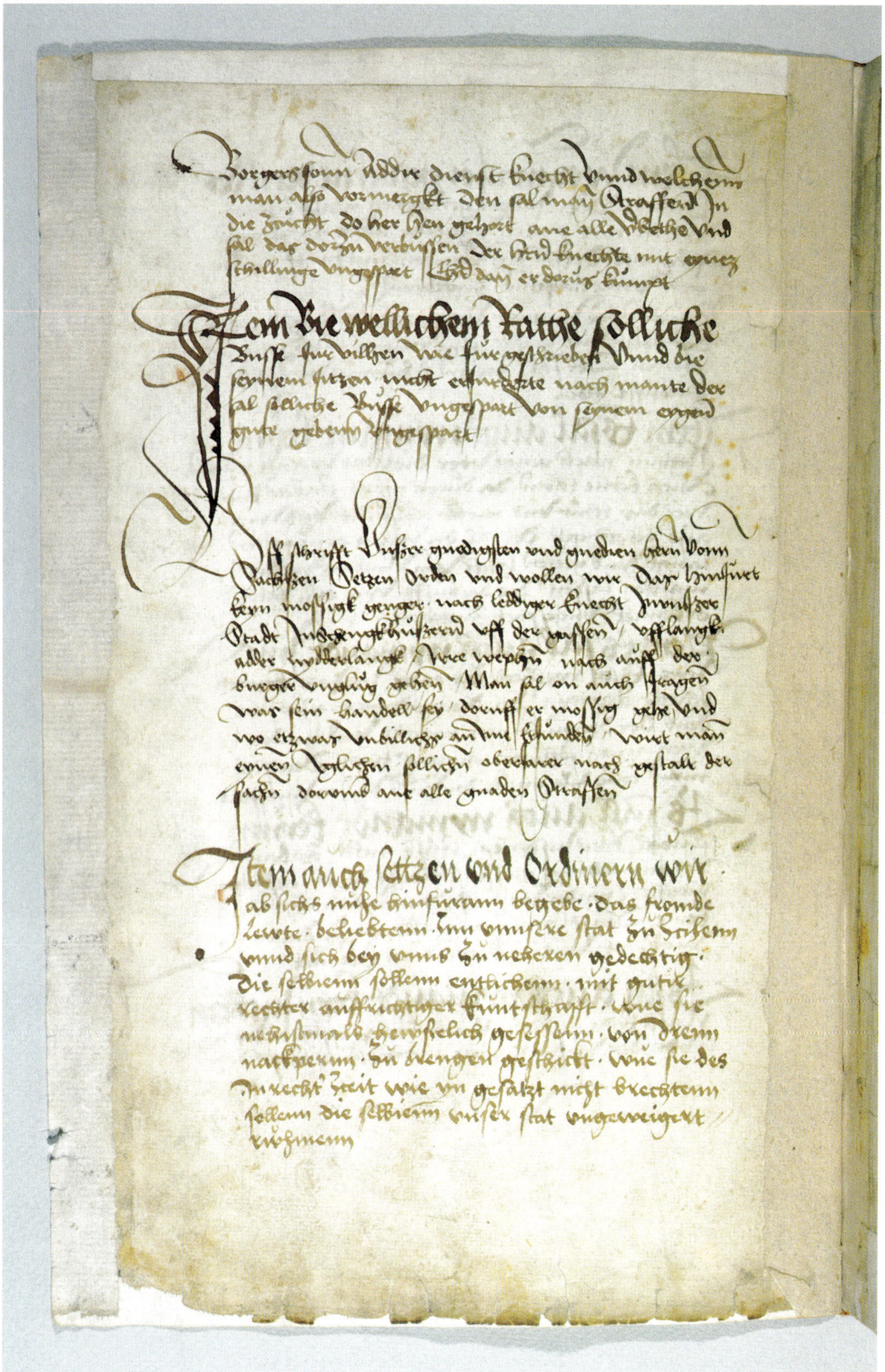

Ausschnitt aus der Stadtordnung von Rastenberg im Stadtbuch vom Ende des 15. Jahrhunderts.

Die städtische Entwicklung ging im 13. Jahrhundert andere Wege als bisher ... Vor allem ... dienten die neuen Städte dem Staat unmittelbar, sei es als Zentrum des ganzen Landes oder seiner Teile.

Hans Planitz (1980)

Landesherrliche Städtepolitik

Als die Wettiner 1247 die Landgrafschaft Thüringen geerbt hatten und nach erbitterten Auseinandersetzungen mit ihren Vettern dieses Erbe schließlich 1264 antreten konnten, übernahmen sie einige ludowingische Städte und eine Reihe von Siedlungen mit städtischem Charakter. Dazu gehörten Eisenach, Waltershausen, Gotha, Creuzburg, Weißensee, Langensalza, Thamsbrück, Freyburg, Eckartsberga und Laucha. Als Markgrafen von Meißen hatten sie bereits das in der ersten Hälfte des 13. Jahrhunderts als Stadt erscheinende Eisenberg gegründet. Seit 1136 gehörte ihnen Weißenfels und Hohenmölsen. Außerdem gelangten sie in den Besitz der anderen Hälfte von Camburg. Der Ort, 1349 als Stadt bezeichnet, gehörte ihnen damit vollständig.

Orte, die die Bezeichnung Stadt trugen, gab es in Thüringen bereits seit der Mitte des 12. Jahrhunderts. Die ältesten sind Erfurt, Nordhausen, Mühlhausen, Altenburg und Naumburg. Der Begriff Stadt stammt aus dem Mittelalter. Die Stadtgemeinde bildete einen eigenen Rechtsbezirk, in dem sich die Bürger eigene Gesetze gaben. Ihr Zusammenleben war somit nicht durch das allgemein gültige Landrecht bestimmt. Zunächst mündlich überliefert, wurden diese städtischen Rechte mit zunehmendem Umfang aufgeschrieben. Das geschah meistens in Stadtbüchern, in die alle wichtigen Bestimmungen und Entscheidungen eingetragen wurden.

Ein Beispiel für die Aufzeichnung des Stadtrechts in einem Stadtbuch zeigt die Abbildung aus der Stadtordnung vom Ende des 15. Jahrhunderts für Rastenberg. Festgelegt wurde zum Beispiel, wieviele Ratsmitglieder in welchem Abstand gewählt wurden, wer Bürger werden durfte, wie ungehorsame Bürger bestraft wurden, aber auch wieviel Personen zu einer Hochzeit eingeladen werden konnten oder welcher Art das rechte Maß zu sein hatte und anderes. Die eigene Verwaltung der Stadt wurde durch den Stadtrat verkörpert.

Wer vom Land in die Stadt zog, konnte in der Regel nach einem Jahr und einem Tag Bürger werden. Nach dem Grundsatz „Stadtluft macht frei nach Jahr und Tag“ war er dann aller grundherrlichen Bindungen ledig, solange er sich in der Stadt aufhielt. Das galt auch für seine Familie. Allerdings ist der Rechtssatz, der so erst im 19. Jahrhundert formuliert wurde, nicht immer mit einer solchen klaren Konsequenz angewendet worden. In Kleinstädten galten zwar die Bürger als persönlich frei, blieben aber oft mit feudalen Abgaben belastet.

Gegenüber dem flachen Land war die Stadt anfänglich häufig nur durch einen einfachen Zaun oder einen Graben mit Palisaden abgegrenzt. Die Errichtung einer Mauer war teuer und belastete die Bewohner häufig so sehr, daß der Stadtherr für Bau und Erhalt der Mauer finanzielle Vergünstigungen gewähren mußte. Das konn-

te eine Steuerbefreiung für mehrere Jahre oder die Überschreibung eines einträglichen Rechts sein.
Die Stadtentstehung hatte zunächst vor allem wirtschaftliche Ursachen. Im 12. Jahrhundert waren entlang der Fernhandelsstraßen, meist im Schutz von Burgen oder an Flußniederungen kleinere Kaufmannssiedlungen entstanden, die den Ausgangspunkt städtischer Entwicklung bildeten. Im 13. Jahrhundert gingen die Städtegründungen vorwiegend vom gewerblichen Markt aus. Die entstehende Stadt war gewerbliches Zentrum des umliegenden Landes. Viele thüringische Städte haben ihren Ursprung in solchen Marktsiedlungen oder auch Flecken, wie sie in den überlieferten Aufzeichnungen aus dem Mittelalter häufig genannt werden. Daneben bildeten Adelsburgen eine Vorsiedlung zur Stadt bzw. der Bezirk, der unterhalb der Burg lag, in dem sich die Handwerker und Tagelöhner, die zur Versorgung der Burgbewohner gebraucht wurden, niedergelassen hatten.
1220 hatten die geistlichen und 1232 die weltlichen Fürsten das Befestigungsrecht erhalten, das bis dahin nur dem König zustand. Damit war die politische Voraussetzung für den Landesausbau durch die Adligen gegeben. Von befestigten Plätzen aus konnten sie ihre Feldzüge zur Erringung weiterer Ländereien starten und sich gegen die territorialen Begehrlichkeiten ihrer Nachbarn schützen. Im 13. Jahrhundert gingen die Wettiner dazu über, ihre Burgen durch die Gründung von Städten unterhalb der Burgen zusätzlich zu befestigen. Auffallend ist, daß die Wettiner solche Orte, die an Sümpfen, zwischen Seen oder Wasserläufen gesichert lagen oder sich auf Höhen befanden, bei der Stadtrechtsverleihung bevorzugten.
Im 13. und 14. Jahrhundert setzte in Thüringen eine rege Städtegründungspolitik ein, an der alle führenden Herrengeschlechter in etwa gleicher Weise beteiligt waren. In diesem Zeitraum entstanden die meisten thüringischen Städte. Ziel war vor allem die Schaffung von befestigten Plätzen, von denen aus der Landesausbau weiter betrieben werden konnte.
Gründungen der Wettiner sind neben dem schon erwähnten Eisenberg in der zweiten Hälfte des 13. Jahrhunderts Sulza und Tennstedt und im 14. Jahrhundert Lucka, Triptis, Ziegenrück, Auma, Buttstädt, Buttelstedt, Camburg, Kindelbrück, Rastenberg, Berga, Heldburg und Schalkau. Der Marktflecken Sangerhausen wurde zur Grenzfeste ausgebaut.
Im Ergebnis der Thüringer Grafenfehde fielen den wettinischen Fürsten die orlamündischen Städte Weimar, Orlamünde und Magdala, außerdem Kahla zu. 1331 gelangte Jena, 1341 Nebra, 1374 Hildburghausen, 1381 Sonneberg in wettinischen Besitz. Ummerstadt wurde 1374 „erheiratet". Ende des 14. Jahrhunderts kauften die Wettiner Saalfeld und Ranis von den Schwarzburgern und Stadtroda von den Herren von Witzleben. Mit dem lobdeburgischen Erbe erhielten sie Lobeda und Neustadt/Orla. 1418 fiel die von den Grafen von Schwarzburg gegründete Stadt Pößneck, 1631 Remda als erledigtes Lehen an die Wettiner zurück. Zum hennebergischen Erbe, das die Wettiner 1660 antraten, gehörten Ilmenau, Kaltennordheim, Meiningen, Schleusingen und Suhl. Damit bauten sie ihren Herrschaftsbereich nicht nur immer weiter aus, sondern schufen auch eine Vielzahl von Punkten, von denen aus der umfangreiche Besitz verwaltet werden konnte.
Die Vereinigung einer Vielzahl thüringischer Städte in den Händen der Wettiner brachte diesen etliche Vorteile. Die Landesherren vermehrten ihre Privilegien und statteten sie so mit Freiheiten aus, die die Entwicklung der Stadtgemeinde entscheidend förderten. Eine Reihe von Städten erhielten von den Wettinern die niedere

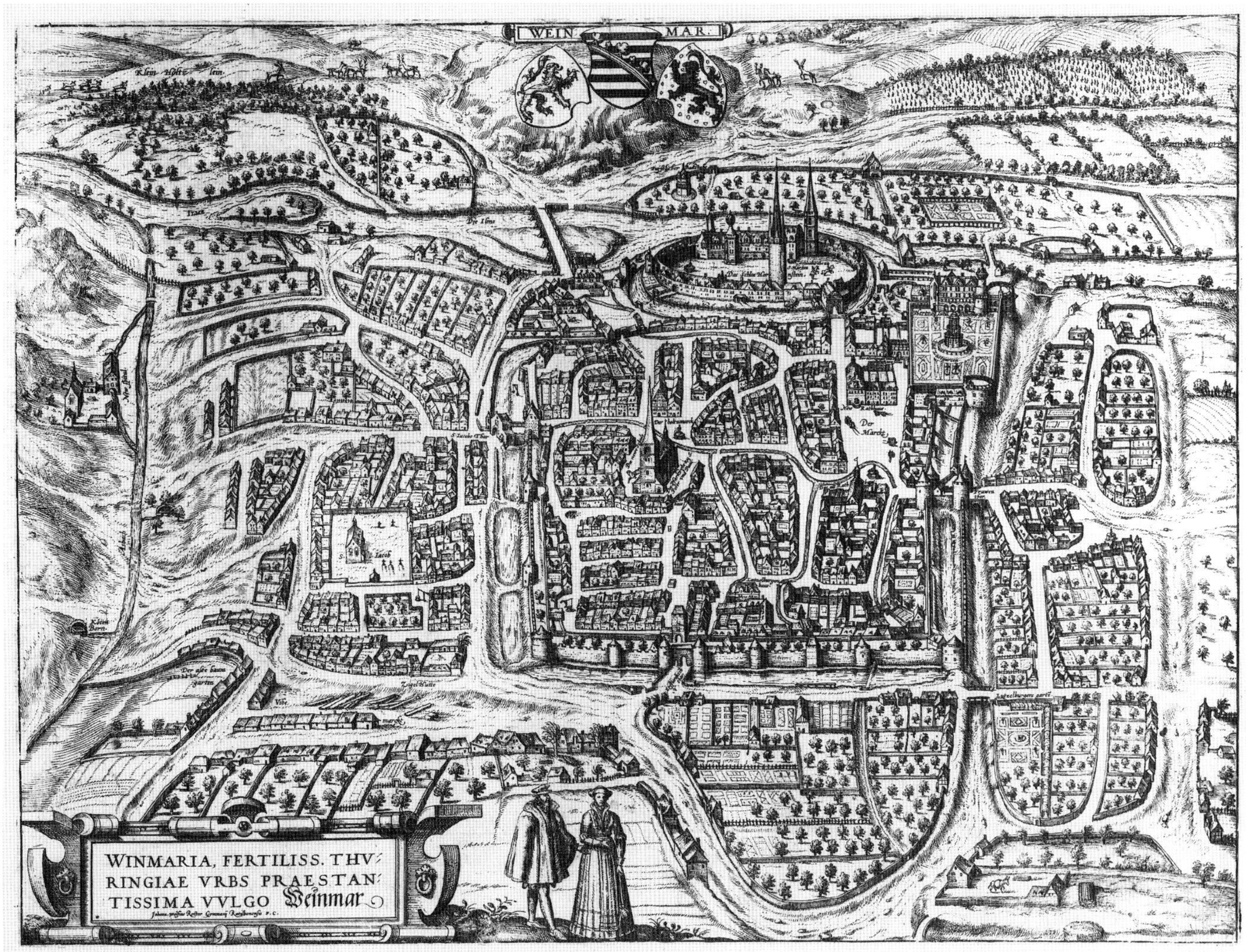

Ältester Stadtplan von Weimar aus dem Jahre 1569/70 nach Johannes Wolf. Gesamtansicht von Westen in der Vogelschau. Kupferstich bei Braun & Hogenberg, 1618.

Gerichtsbarkeit. So konnten sich diese als selbständige Rechtsbezirke frei entfalten. Die in der Stadt gebräuchlichen Rechte wurden vom Stadtherrn bestätigt. Es war der Rahmen entstanden, in dem sich die Wirtschaft und das Leben nicht nur zum Nutzen der städtischen Bewohner, sondern vor allem ihres Stadtherren entwickeln konnten.

Trotzdem blieb die Stadt natürlich weitgehend politisch abhängig. Gleichzeitig wuchs aber mit dem aufstrebenden Städtebürgertum auch das Mittel, das die Stadtherren – ob nun Wettiner oder andere Territorialgewalten, ob in Thüringen oder anderswo – zwang, das eine oder andere landesherrliche Recht an die Städte abzutreten – das Geld. Einigen wettinischen Städten ist es gelungen, die ständige Geldverlegenheit ihrer Stadtherren auszunutzen und diesen landesherrliche Rechte für das Stadtgebiet abzukaufen. Meistens handelte es sich dabei um Gerichtsrechte, die neben dem Vorteil der selbstbestimmten Rechtsetzung und Rechtsprechung und dem damit verbundenen politischen Einfluß auch mit nicht unerheblichen Einkünften verbunden waren. Etliche Städte konnten als ständische Vertretung in der sogenannten Landschaft – einer Vorstufe des Parlaments – Einfluß auf die Landesgesetzgebung nehmen. Freilich waren ihre diesbezüglichen Möglichkeiten eher begrenzt.

Den Prozeß städtischer Entwicklung haben jedoch nicht alle Orte erfolgreich durchlaufen. Vom Landesherrn nicht konsequent gefördert, konnten es die in den Quellen als „flecken" oder „stetichin" bezeichneten Orte nicht aus eigener Kraft schaffen, alle Merkmale einer voll entwickelten Stadt auszuprägen. Häufig lagen hier zwischen der Verleihung erster städtischer Privilegien und der Stadtrechtsverleihung einige Jahrhunderte oder es kam gar nicht erst dazu. Für den Landesherrn relativ bedeutungslos, verlehnte oder verkaufte er diese Flecken häufig an Grundherren, die ihrerseits kaum in der Lage waren, die Stadtwerdung intensiv zu beeinflussen. Beispiele dafür sind Herbsleben oder Gebesee.

Die Ratsverfassung wurde in der Mehrzahl der wettinischen Städte im 14. und 15. Jahrhundert ausgebildet. Häufig behielten sich die Wettiner die Bestätigung der Bürgermeister, der Gerichtsschöffen und anderer Ratspersonen vor, um letztlich ihren Einfluß über die Städte aufrecht zu erhalten. Dennoch hatten die Städte eine verhältnismäßig große Selbständigkeit, da die Staatsgewalt der Territorialherren noch nicht voll ausgebildet war.

Im 15. Jahrhundert änderte sich langsam die Art und Weise der Herrschaftsausübung. Nachdem das Territorium nach außen gefestigt war, gingen die Wettiner nun daran, eine stabile Staatsgewalt aufzubauen. In Landesordnungen wurde die Landesverwaltung durch Vorschriften geregelt. Die erste wettinische Landesordnung – die erste in Thüringen überhaupt – erließ Herzog Wilhelm der Tapfere im Jahr 1446, nachdem diese von allen Ständen, auch von einer Reihe von Städten, erarbeitet worden war. Darin wurden wichtige Bereiche geregelt und etliche Bestimmungen z.B. gegen Luxus, Trunksucht, Landstreicherei u.ä. dann auch in die Statuten von Städten übernommen. Obwohl die Stadtbewohner zunehmend in den Geltungsbereich des Landesrechts einbezogen wurden, blieb den wettinischen Städten bis zum Ende des 16. Jahrhunderts ein verhältnismäßig breiter Spielraum für die Entfaltung ihrer Selbstverwaltung.

Die weitgehende Selbständigkeit der Städte war diesen allerdings nicht immer zuträglich. Die ratsfähigen Geschlechter schlossen sich mehr und mehr von der Bürgerschaft ab und zwar um so intensiver, je größer die Stadt war. Auch der Dreißigjährige Krieg trug viel zum wirtschaftlichen Verfall und der Unterwanderung des Rechtsgefüges bei. An seinem Ende standen in Thürin-

Arbeiten an der Stadtbefestigung. Abbildung aus der Sächsischen Chronik von Georg Spalatin vom Anfang des 16. Jahrhunderts.

gen etliche Städte vor dem Ruin. Einen Versuch, die Mißwirtschaft zumindest einzudämmen, unternahm Herzog Ernst der Fromme von Sachsen-Gotha mit seinen 1651 erlassenen „Puncta, welche die Räthe in Städten im Fürstenthum Gotha zu beobachten, auch so viel deren Bürgerschaft angehen, deroselben fürders vorzutragen haben." Die Stadträte wurden darin ermahnt, ihr Regiment gerechter auszuüben und die Polizeigewalt ordentlich zu handhaben. Verstöße sollten sie streng bestrafen und die Stadtgesetze aufschreiben und den Bürgern öfter bekanntmachen. Auch sie selbst sollten diese öfter lesen, damit es nicht mehr vorkomme, daß an manchen Orten der Stadtschreiber der einzige sei, der diese überhaupt kenne.

Der Landesherr war durch die schlimmen Verhältnisse in den Städten einerseits gezwungen, sich immer weiter in deren Belange einzumischen, andererseits bot der entwickelte absolutistische Territorialstaat auch die Möglichkeiten dazu. Der entscheidende Eingriff in die städtische Selbstverwaltung im 18. Jahrhundert war die in allen ernestinischen Städten zu beobachtende Regulierung des Polizeiwesens – ein Bereich, in dem bisher in den Städten eigene Regelungen galten. Die Stadträte hatten nur noch für die Einhaltung der entsprechenden Bestimmungen zu sorgen. Damit rückte die Polizeigewalt zur Landesangelegenheit auf. Das Wesen der städtischen Gerichtsbarkeit lag nun nicht mehr in der Rechtssetzung und Rechtsprechung, sondern im Vollzug des Landesrechts, das Gerichtsrecht wurde zum Verwaltungsrecht im Dienste des Landesherrn. Besonders einschneidend war die Einrichtung von Polizeikommissionen in den größeren Städten.

Während in den ernestinischen Gebieten die Städte bis zum Thronverzicht der Fürsten 1918 in den Händen oder unter Oberlehnsherrschaft ihrer wettinischen Stadtherren blieben, kamen die meisten albertinischen Städte Thüringens 1815 an Preußen. Dort wirkte dann die von Reichsfreiherrn von Stein erarbeitete Preußische Städteordnung von 1808. Auch in den ernestinischen Städten kam es Anfang des 19. Jahrhunderts zu einer Neuordnung, die allerdings nicht so tiefgreifend war, wie die Steinschen Reformen. Trägerin des Gemeindelebens wurde die gesamte Bürgerschaft. Mit der Aufhebung der Trennung zwischen Stadtrat und Bürgerschaft war die mittelalterliche Stadt überwunden.

[Dagmar Blaha]

Marktfront des zwischen 1526 und 1537 im Stil der Spätgotik und Frührenaissance erbauten Rathauses zu Saalfeld (historische Aufnahme).

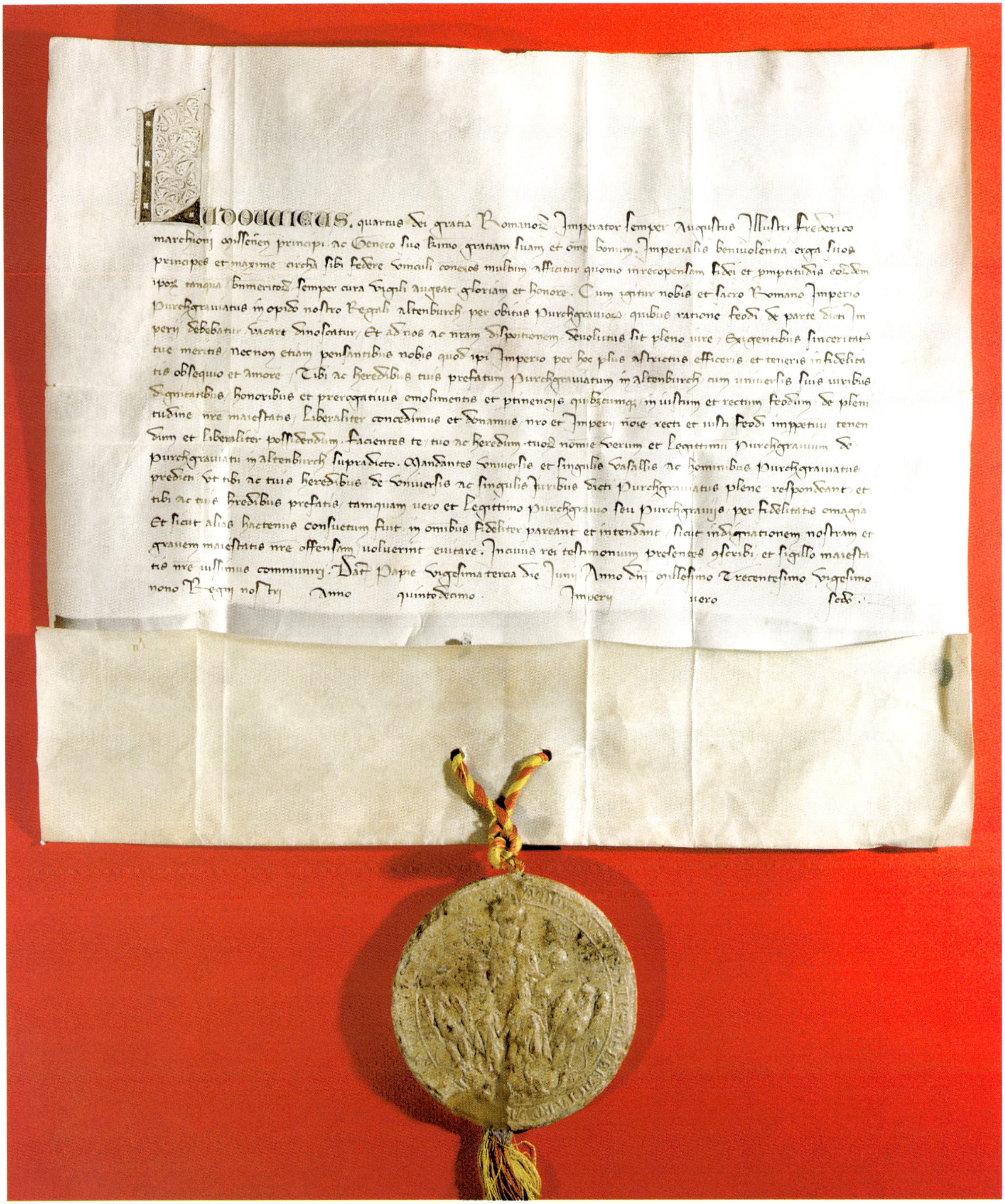
Ludouuicus. quartus dei gratia Romanoꝝ Imperator semper augustus Illustri Frederico
Dat Papie vigesima tercia die Junij Anno dni Millesimo Trecentesimo vigesimo nono Regni nostri Anno quintodecimo Imperij vero secdo.

Ludowicus quartus Dei gratia Romanorum imperator semper Augustus ... Friderico marchioni Missenensi principi et genero suo karissimo ... tibi et heredibus tuis ... burchgraviatum in Altenburch ... concedimus.

Ludwig IV., von Gottes Gnaden Römischer Kaiser, allzeit Mehrer des Reichs, an den Fürsten Friedrich Markgraf von Meißen, seinen liebsten Schwiegersohn: wir verleihen Dir und Deinen Erben die Burggrafschaft Altenburg.

Urkunde vom 23. Juni 1329

Der Ausbau des Territoriums

Die den Wettinern auf dem Erbweg 1247 zugefallenen Besitzungen und Rechte hatten kein flächendeckendes Territorium gebildet, sondern einen über ganz Thüringen ausgebreiteten Flickenteppich von großen, kleinen und winzigen Stücken, in den die Besitzungen Dritter, insbesondere des Erzbischofs von Mainz und der thüringischen Grafenfamilien, eingewoben waren.

Es war von Anfang an das Ziel der Wettiner, einen möglichst großen Teil Thüringens unter ihre direkte Herrschaft zu bringen und so ihre Vormachtstellung zu festigen. Da gleiches auch von den territorialpolitischen Konkurrenten angestrebt wurde, waren Konflikte unvermeidbar. Mit der Ausdehnung des Territoriums einher geht ein Ausbau der Strukturen im Innern; beide Phänomene sind miteinander verzahnt, können aber nur getrennt behandelt werden.

Der Besitz der Landgrafschaft Thüringen und der Pfalzgrafschaft Sachsen war in einer militärischen Auseinandersetzung gesichert worden, die sich – mit Unterbrechungen – über 17 Jahre hingezogen hatte. Der Griff zu den Waffen blieb auch in der Folgezeit beliebtes Mittel bei Ausbau und Sicherung des Territoriums. Daneben aber gab es andere Mittel und Wege, auf die die Wettiner ebenfalls zurückgriffen, wenn sich die Gelegenheit bot.

Dazu gehört in erster Linie die Realisierung von Erbansprüchen. Heinrich der Erlauchte hatte die Landgrafschaft erhalten, weil er ein Sohn der ältesten Schwester des letzten Ludowingers war. Dies war Jahrzehnte zuvor, als seine Mutter in das Haus der Wettiner einheiratete, noch nicht absehbar gewesen. Von vergleichbaren biologischen Zufällen – früher Tod bzw. Kinderlosigkeit anderer Erbberechtigter – haben die Wettiner auch in den folgenden Generationen immer wieder profitiert. Von Planung und zielgerichteter Politik kann deshalb keine Rede sein. Eine vollständige Aufzählung der territorialen Erwerbungen wäre ermüdend; die folgende Auflistung beschränkt sich auf den bedeutenderen Zuerwerb in Thüringen:

Nach 1290 – Erlöschen der Linie Arnshaugk (Burg Arnshaugk bei Neustadt/Orla) der Herren von Lobdeburg; die Erbin ist mit dem Wettiner Markgraf Friedrich von Meißen verheiratet. 1331 kann der Sohn aus

Kaiser Ludwig der Bayer belehnt Friedrich II., Markgraf von Meißen und Landgraf von Thüringen, mit der durch Erlöschen der Burggrafenfamilie heimgefallenen Burggrafschaft Altenburg. Pavia, 23. Juni 1329. Ausfertigung, Pergament mit Wachssiegel des Kaisers Ludwig des Bayern.

dieser Ehe aus dem Besitz einer anderen Linie des Hauses Lobdeburg die Stadt Jena an sich bringen.
1329 – Kaiser Ludwig belehnt seinen Schwiegersohn, Markgraf Friedrich von Meißen, mit der dem Reich heimgefallenen Burggrafschaft Altenburg.
1342 bis 1346 – sogenannte Thüringer Grafenfehde. Im Ergebnis müssen u.a. die Grafen von Schwarzburg Kahla, die Grafen von Orlamünde (Weimarer Linie) Wiehe und Memleben an der Unstrut an die Wettiner abtreten. Weimar muß den Wettinern zu Lehen aufgetragen werden; es fällt daher nach dem Erlöschen der dort residierenden Linie der Grafen von Orlamünde (1372/73) an die wettinischen Lehnsherren. Zeugnis dieser Epoche der Stadtgeschichte ist das bis heute verwendete Stadtwappen, der Löwe der Grafen von Orlamünde.
1353 – Erbfall im Hause der Grafen von Henneberg; ein Drittel und 1374 ein weiteres Sechstel der Erbschaft fällt an mit Erbinnen verheiratete Wettiner: zu nennen sind in erster Linie Coburg (1353) sowie Heldburg und Hildburghausen (1374).
1354 bis 1356 – im sogenannten vogtländischen Krieg verlieren die Reußen Triptis, Auma, Ziegenrück und weitere Besitzungen an die Wettiner. 1423 – König Sigmund belehnt den Markgrafen Friedrich von Meißen mit der Würde eines Kurfürsten von Sachsen und dem zugehörigen Territorium, das durch Erlöschen der Herzöge von Sachsen-Wittenberg dem Reich heimgefallen war. Hiermit war allerdings kein territorialer Zugewinn in Thüringen verbunden.
1583 – Erlöschen der Grafen von Henneberg. Aufgrund eines 1554 in Kahla abgeschlossenen Erbvertrages fallen die Besitzungen, soweit sie nicht von den Lehnsherren eingezogen werden, zu 7/12 an die Ernestiner, zu 5/12 an die Albertiner. Bis 1660 besteht eine gemeinsame Verwaltung in Meiningen. 1660 erfolgt eine Aufteilung des vormals hennebergischen Territoriums auf die einzelnen Linien des Hauses Wettin.
Solange im Hause Wettin Söhne vorhanden waren, hatten Töchter keinen Anspruch auf Nachfolge in der Herrschaft; sie wurden mit Geld abgefunden. Gab es mehrere Söhne, hatte prinzipiell jeder Anspruch auf einen Anteil am väterlichen Erbe; lediglich diejenigen, die in den geistlichen Stand eingetreten waren (um, der sozialen Stellung der Familie entsprechend, Bischof zu werden und so selbst Herrschaft auszuüben), schieden als Erben aus. Das Problem, wer als Erbe in Frage kam, stellte sich in jeder Generation neu. Jeder Vater oder jedes Elternpaar suchte eine Lösung zu finden, die einen Ausgleich zwischen den Ansprüchen der Kinder und den Interessen des Territoriums herstellte. Häufig ist dies gescheitert; die Ursache lag meist in der Persönlichkeitsstruktur der Betroffenen.
Anders als andere Familien von vergleichbarem Sozialstatus haben die Wettiner lange gezögert, das ausschließliche Nachfolgerecht des erstgeborenen Sohnes in der Herrschaft (Primogenitur) festzuschreiben; dies ist in den einzelnen Linien des Hauses erst im 18. Jahrhundert erfolgt. Bis dahin ist die Geschichte der Wettiner eine Geschichte der Teilungen und des Wieder-Zusammenwachsens von Kleinterritorien, die nach dem Erlöschen der einen an die nachstverwandte Linie zurückgefallen sind. Die Kleinteiligkeit der Herrschaft ermöglichte den Regenten eine intensive Teilhabe an der Herrschaft vor Ort, etwa bezüglich der Verwaltungsstrukturen, verhinderte aber einen größeren Einfluß auf regionaler Ebene oder im Reich.
Herrschaft konnte in verschiedenen Formen ausgeübt werden. Der größte Teil des Landes gehörte dem Landesherrn, kirchlichen Institutionen oder dem Adel und wurde zur Bearbeitung an Bauern ausgegeben, die dafür

Vertrag von Kahla zwischen den Ernestinern und Graf Wilhelm VI. von Henneberg. Die Ernestiner übernehmen die Schulden des Grafen und werden dafür als Erben eingesetzt, falls die Grafenfamilie erlischt. Kahla, 1. September 1554. Ausfertigung, Pergament.

einen Teil des Ertrages abzuliefern und darüber hinaus bestimmte Dienste auf den weiterhin vom Grundbesitzer direkt bewirtschafteten Flächen zu leisten hatten. Die Bauern waren zunächst vielfach unfrei und wurden juristisch als Sache, als „Zubehör" von Grund und Boden angesehen. Dieses Phänomen, das man als Leibeigenschaft bezeichnet, verschwand in Thüringen während des späten Mittelalters. Dennoch blieben die Bauern weiter von demjenigen abhängig, der ihnen seinen Grund und Boden zur Bearbeitung überließ. Schließlich konnte sich Herrschaft im Besitz von Gerichtsrechten manifestieren; der Besitzer des Gerichts und der von ihm eingesetzte Richter erhielt einen Anteil an den eingehenden Strafgeldern; die Ausübung der Gerichtsbarkeit ermöglichte demnach nicht nur die Ausübung von Macht, sie war auch wirtschaftlich interessant.

Gericht, Grund und Boden sowie die Leute eines Dorfes waren durchaus nicht immer in einer Hand. Vielfach waren an einem Ort mehrere Grundbesitzer begütert; die Einwohner standen zu mehreren Herren in einem Rechtverhältnis, da sie deren Grundstücke innehatten. Gelegentlich gab es an einem Ort mehrere Gerichte. Dies schuf ein großes Konfliktpotential. Die Machtverhältnisse waren dauernd in Bewegung. Es war für alle Grundbesitzer, insbesondere aber auch für den Landesherrn, von großer Bedeutung, vor Ort durch tatkräftige Männer vertreten zu sein.

Deshalb haben die Landesherren aus dem Hause Wettin ihre Territorien im Laufe des 14. Jahrhunderts flächendeckend mit einem Netz von Verwaltungsstrukturen überzogen. Vertreter des Landesherrn vor Ort war der Amtmann, zumeist adliger Herkunft, dessen Tätigkeit die gesamten Bereiche von Justiz und Verwaltung abdeckte, die erst in der Mitte des 19. Jahrhunderts voneinander getrennt wurden. Die landesherrlichen Einkünfte aus Steuern, Abgaben und Diensten verwaltete der Schösser, der in der Regel bürgerlicher Herkunft war; Amtmann und Schösser mußten, wenn die Verwaltung funktionieren sollte, zueinander ein gutes Verhältnis haben. Beide hatten gegenüber der landesherrlichen Zentralverwaltung regelmäßig Rechenschaft abzulegen. Der Landesherr konnte sie jederzeit absetzen.

Die adligen Grundherrschaften, die sich über das gesamte Territorium verteilten, waren nicht in dieses Ämternetz integriert. Die Grundherren standen in einem direkten Rechtsverhältnis zum Landesherrn, der zumeist auch ihr Lehnsherr war, bzw. zur zentralen Verwaltung des Territoriums, die durchaus nicht davor zurückschreckte, direkt in Angelegenheiten der Grundbesitzer einzugreifen. Aus deren Reihen wurden die Amtleute rekrutiert. Allerdings vermied man es in der Regel, einen Adligen dort zum Amtmann zu machen, wo er auch begütert war. Der Landesherr mußte in einem solchen Fall befürchten, daß im Konfliktfall seine Interessen gegenüber den persönlichen des Amtmanns zurückstehen müßten. Da die relativ kleine Personengruppe des landsässigen Adels aber durchweg miteinander verwandt war, sind die Entscheidungen der Amtleute häufig von sachfremden Argumenten beeinflußt worden.

Dieses überaus komplizierte System, das eine große Anzahl von Konfliktfeldern in sich trug, forderte die dauernde Aufmerksamkeit des Landesherrn. Hier war dessen Persönlichkeit angesprochen. War der Landesherr unmündig, außer Landes oder an den Regierungsgeschäften nicht interessiert, rissen sehr schnell Mißstände vor Ort ein, unter denen die Bevölkerung zu leiden hatte.

Alle Grundbesitzer, auch der Landesherr, hatten stets das Bestreben, die Einkünfte zu steigern. Sie hatten deshalb ein Interesse an der Erweiterung der landwirtschaftlich bearbeiteten Flächen, solange die dafür benötigten Ar-

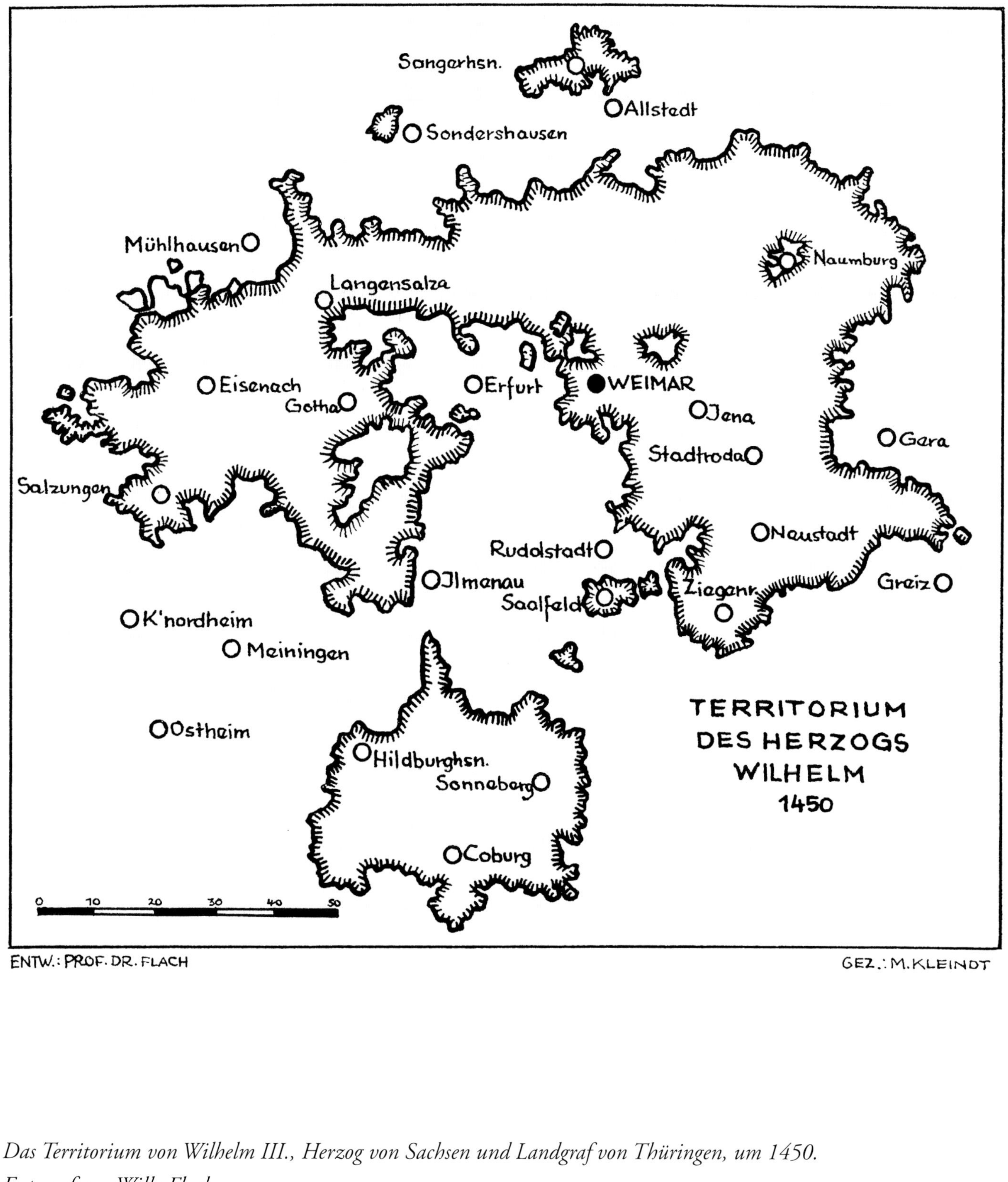

Das Territorium von Wilhelm III., Herzog von Sachsen und Landgraf von Thüringen, um 1450.
Entwurf von Willy Flach.

beitskräfte vor Ort vorhanden waren. Sie förderten neben Getreideanbau und Viehzucht den Anbau von Sonderkulturen (Wein in den Tälern von Saale und Unstrut, der blaue Farbstoff Waid im Thüringer Bekken) und waren an Nebennutzungen interessiert, die sich aus der Bewirtschaftung ihrer Grundherrschaften ergaben (Mühlen, Brauereien, Getreidehandel).

Das System der Grundherrschaft hat sich als belastbar und – über Jahrhunderte hinweg – als flexibel erwiesen. Erst die zweite Hälfte des 18. Jahrhunderts stellte dieses System und die entsprechenden landesherrlichen Verwaltungsstrukturen in Frage. Das 19. Jahrhundert hat neue Strukturen geschaffen. Wie belastbar und flexibel diese sind, werden künftige Historiker beurteilen müssen.

[Dr. Johannes Mötsch]

Barockes Haupttor der Veste Coburg von 1671 mit Torturm und innerer Festungsmauer.

Fürstenbau und Kirche im Hauptinnenhof der Veste Coburg. Die ursprünglichen Bauten sind in ihrer Ansicht Mitte des 19. Jahrhunderts stark verändert worden. Die Festung gelangte durch Erbschaft von den Hennebergern im Jahre 1353 an die Wettiner.

Aufstand der Thüringer Grafen. Abbildung aus der Sächsischen Chronik von Georg Spalatin vom Anfang des 16. Jahrhunderts.

unser veste Aczmenstete sal unserm vorgenanten herren unde sinen erbin offen sin, die wile diser crig wert kegen graefen Frideriche unde Hermanne von Orlamunde, der Wymar ist, kegen grefen Gunthere von Swarczburg, des Arnstete ist, unde allen iren helfern.

Urkunde vom 16. Dezember 1344

Die Thüringer Grafenfehde 1342 bis 1346

Beim Ausbau der 1247 ererbten Rechte zur Landesherrschaft in Thüringen kam es immer wieder zu Interessengegensätzen zwischen den Wettinern und den im Lande ansässigen Grafen- und Herrengeschlechtern, die eine Oberhoheit der Landgrafen nicht anerkennen konnten, wenn sie einen Spielraum zur Ausbildung eigener Herrschaft behalten wollten. Auch der Erzbischof von Mainz als Herr der Stadt Erfurt, die ihrerseits nach Selbständigkeit strebte, hatte ein Interesse, den Landgrafen in seine Schranken zu verweisen.

Nicht nur im Hause der Wettiner, auch unter den Grafen und Herren war es üblich, alle Söhne am Erbe des Vaters zu beteiligen. Innerhalb dieser Familien – den Grafen von Beichlingen, Gleichen, Honstein, Klettenberg, Orlamünde, Schwarzburg-Käfernburg, den Reußen, den Vögten von Plauen und Gera sowie den Herren von Lobdeburg – gab es vielfach mehrere Linien, die durchaus nicht immer im Einvernehmen handelten. Auf eine erfolgreiche Selbstbehauptung gegen die Wettiner konnten sie aber nur dann hoffen, wenn sie sich einig waren und zudem Unterstützung von Außen erhielten. Für eine solche Rolle kam in erster Linie der Erzbischof von Mainz in Frage; die Verhältnisse im Erzstift Mainz – dem weltlichen Territorium dieses Erzbischofs – haben daher auf die Geschichte Thüringens immer wieder entscheidenden Einfluß gehabt.

Nach 1328 hatten sich im Erzstift Mainz ein vom Domkapitel – dem zur Wahl des Oberhirten berechtigten Gremium – und dem Kaiser unterstützter Kandidat (Balduin von Luxemburg, Erzbischof von Trier) und ein vom Papst ernannter Erzbischof mit einflußreicher Verwandtschaft (Heinrich von Virneburg) gegenübergestanden. Die Auseinandersetzung zwischen beiden war auch bewaffnet ausgetragen worden. Zu Beginn des Jahres 1336 hatte Balduin ein Bündnis mit Markgraf Friedrich von Meißen, Landgrafen von Thüringen, geschlossen; im Sommer hatten beider Truppen die Stadt Erfurt belagert, die Heinrich von Virneburg anhing. 1338 hatte der Kaiser Balduin zum Verzicht zugunsten des Virneburgers bewegen können, der sich seinerseits inzwischen mit dem Papst überworfen hatte. Der sogenannte Mainzer Bistumsstreit war damit zu Ende; das Erzstift hatte einen von allen Seiten anerkannten Landesherrn, der nun auch die Interessen des Erzstifts in Thüringen wieder energischer vertreten konnte.

Am 1. September 1342 schlossen je zwei Grafen von Schwarzburg, von Orlamünde und von Honstein, Heinrich Reuß, Vogt von Plauen, sowie die Vögte von Gera ein Bündnis, in dem der Landgraf zwar nicht ausdrücklich als Gegner genannt wurde, das sich dem Inhalt nach aber in erster Linie gegen diesen richtete; weitere Herren, u.a. die von Schönburg, Waldenburg und (Langen-) Salza, schlossen sich wenig später an.

Der Erzbischof von Mainz gehörte nicht zu den Vertragspartnern; ohne Zweifel hatte man sich aber seiner Unterstützung versichert. Daraus ergab sich geradezu zwangsläufig, daß die nach Selbständigkeit gegenüber dem Erzbischof strebende Stadt Erfurt auf Seiten des Landgrafen zu finden sein würde. Es entwickelte sich eine bis 1346 dauernde Auseinandersetzung, die man als Thüringer Grafenfehde bezeichnet. Diese ist von Anfang an als entscheidende Weichenstellung für die weitere Geschichte Thüringens begriffen worden; die im 16. Jahrhundert entstandene, sogenannte Spalatin-Chronik mit den aus der Werkstatt Lukas Cranachs stammenden Illustrationen konzentriert sich bei der Wiedergabe der Grafenfehde auf das „Aufstehen" der thüringischen Grafen gegen die Wettiner.

Nachdem sich die Parteien formiert hatten, kam es im Herbst 1342 zum offenen Ausbruch der Streitigkeiten. Arnstadt wurde durch den Landgrafen und seine Verbündeten erfolglos belagert. Nach Abbruch der Belagerung zog der Landgraf Richtung Buttelstedt ab; Truppen der Grafen von Orlamünde und von Schwarzburg folgten den aus Erfurt stammenden Belagerern bis unter die Mauern ihrer Heimatstadt. Der Landgraf wurde davon unterrichtet und kam seinen Verbündeten zu Hilfe. Am 27. Oktober kam es bei Egstedt zu einer für ihn und die Stadt Erfurt siegreichen Schlacht, in der zwei Grafen von Schwarzburg gefangengenommen wurden; die Geschlagenen flüchteten, verfolgt von den Siegern, bis nach Arnstadt. Verstärkungen, die der Bruder des Erzbischofs von Mainz heranführte, stellten dort das Gleichgewicht wieder her. Dabei wurde Landgraf Friedrich schwer verwundet und beinahe gefangengenommen. Der Kaiser unternahm es, den Streit auf dem Verhandlungsweg beizulegen, und vermittelte zunächst im Dezember 1342 einen Waffenstillstand.

Das Jahr 1343 verlief ohne größere Auseinandersetzungen. Beide Seiten wußten jedoch, daß die endgültige Entscheidung noch ausstand, und bereiteten sich darauf vor. So nutzte Landgraf Friedrich diese Zeit zum Abschluß von Verträgen mit einigen seiner früheren Gegner und zum Ausbau seiner militärischen Positionen im Lande.

Am 1. November 1344 übernahm Friedrich allerdings wieder die militärische Initiative. Zentrum der Auseinandersetzungen war die weitere Umgebung von Weimar, da die Stadt, im Besitz des Grafen von Orlamünde, einer der wichtigen Stützpunkte seiner Gegner in der Mitte Thüringens war. Dem Landgrafen mußte daran gelegen sein, Burg und Stadt zu kontrollieren, wenn möglich zu blockieren. Dies konnte er nur, wenn er in der Umgebung von Weimar zusätzliche Positionen gewann.

In einer Urkunde vom 16. Dezember 1344 stellten ihm die Vettern Konrad und Christoph von Oßmannstedt ihre Burg zur Verfügung. Der Landgraf konnte dort eine kleine Truppe – bestehend aus einem Hauptmann, zehn Reitern in Rüstung und zugehörigem Troß – stationieren, solange der Krieg gegen die Grafen währte; als Gegner werden Friedrich und Hermann Grafen von Orlamünde, Herren zu Weimar, sowie Günther Graf von Schwarzburg, Herr zu Arnstadt, ausdrücklich genannt. Für allen Schaden, der den Vettern von Oßmannstedt in dieser Zeit entstand, sollte der Landgraf aufkommen; das auf der Burg vorhandene militärische und Hauspersonal der Vettern hatte er zu verpflegen. Schließlich versprach er, die beiden Vettern gegen nach Ende des Krieges erhobene Forderungen der Grafen zu schützen.

Im März 1345 schloß Erzbischof Heinrich von Mainz mit den Grafen von Orlamünde, Schwarzburg und Honstein ein Bündnis, das sich vor allem gegen die Stadt Erfurt richtete.

Öffnung der Feste Oßmannstedt für den Markgrafen Friedrich II. von Meißen durch die Vettern Konrad und Christoph von Oßmannstedt. Umpferstedt, 16. Dezember 1344. Ausfertigung, Pergament, Siegel fehlt.

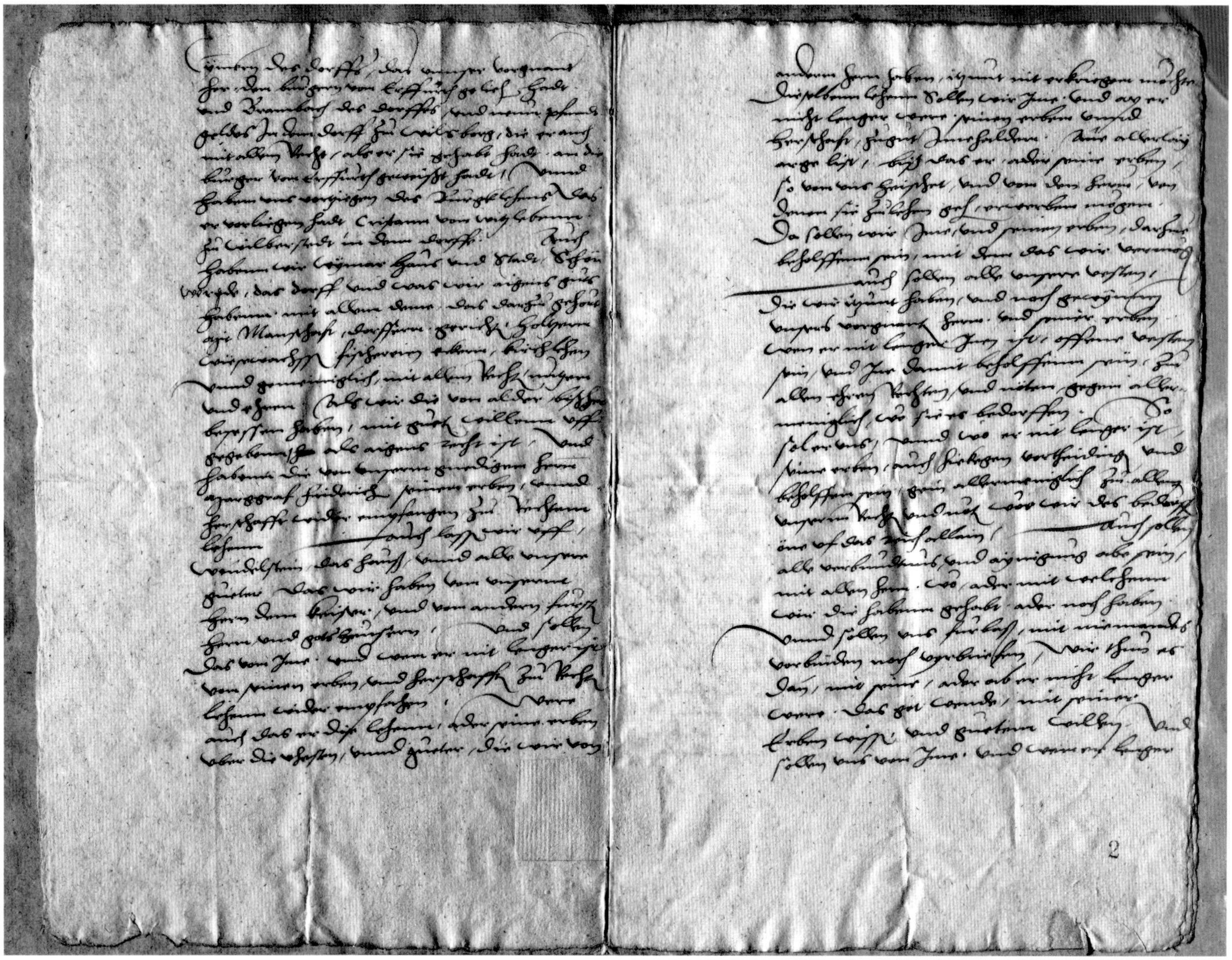

Sühnevertrag zwischen den Grafen Friedrich und Heinrich von Orlamünde einerseits und dem Markgrafen Friedrich von Meißen andererseits, mit dem die Grafen ihre Besitzungen an den Markgrafen von Meißen abtreten und von diesem wieder zu Lehen nehmen müssen.
Weißenfels, 11. April 1346.
Abschrift des 16. Jahrhunderts.

Schloß Tonndorf.
Die Mauern des Bergfriedes stammen noch von der ursprünglichen romanischen Burg des 12. Jahrhunderts.

Die Erfurter reagierten prompt und brannten die den Grafen von Schwarzburg bzw. Orlamünde gehörenden Städte Rudolstadt (6. März) und Wiehe (18. März) nieder; die Burg Willerstedt wurde zerstört (23. März), Tonndorf wurde eingenommen. Das von der Gegenseite auf diese Weise erlangte Übergewicht veranlaßte die Grafen von Schwarzburg, am 28. Juli 1345 mit dem Landgrafen in Weißenfels Frieden zu schließen; dem Vertrag traten auch zahlreiche Helfer der Grafen bei, darunter die Bischöfe von Naumburg und Merseburg. Landgraf Friedrich wurde im Besitz von Saalfeld bestätigt, Kahla mußte an ihn abgetreten werden.

Zu Beginn des Jahres 1346 änderte sich die politische Großwetterlage im Reich grundlegend; dies blieb auch in Thüringen nicht ohne Auswirkungen. Kaiser Ludwig befand sich schon länger im Kirchenbann. Nun kamen der Papst und die mit der Politik des Kaisers unzufriedene Partei im Reich überein, einen neuen König zu wählen. Da mit Balduin von Luxemburg, Erzbischof von Trier, und seinem Neffen Johann, König von Böhmen und Grafen von Luxemburg, zwei Kurfürsten an der Spitze dieser Gruppe standen, konzentrierte man sich zunächst darauf, eine Mehrheit in dem aus sieben stimmberechtigten Mitgliedern bestehenden Wahlgremium herzustellen. Der Papst erklärte Heinrich von Virneburg fur abgesetzt und bestimmte am 7. April 1346 einen Parteigänger der Luxemburger zum neuen Erzbischof von Mainz und Kurfürsten.

Heinrich von Virneburg, dem diese Entwicklung nicht verborgen blieb, hatte sich auf die Sicherung der eigenen Stellung konzentrieren müssen. Für die Entscheidung in Thüringen spielte er keine Rolle mehr. Der Landgraf konnte daher einen Gegner nach dem anderen ausschalten: Graf Friedrich von Orlamünde wurde gefangengenommen; Graf Hermann mußte in Weimar kapitulieren. Beiden blieb daher nur die Unterwerfung unter den Markgrafen von Meißen, Landgrafen von Thüringen. Durch den am 11. April 1346 notgedrungen geschlossenen Frieden verloren sie ihre territoriale Selbständigkeit; Wiehe, Memleben, Donndorf und andere Orte mußten abgetreten werden. Weimar wurde dem Landgrafen zu Lehen aufgetragen (und fiel deshalb 1372/73 an die Wettiner).

Die in der abgebildeten Urkunde artikulierten Befürchtungen der Vettern von Oßmannstedt, die Grafen könnten sich nach Ende des Krieges an ihnen rächen, verloren ihre Grundlage. Da die von Oßmannstedt dem Landgrafen in schwieriger Lage beigestanden hatten, wird sich die Öffnung der Burg für sie nach 1346 politisch ausgezahlt haben.

Im Juli des Jahres geriet der Graf von Stolberg in Gefangenschaft und wurde hingerichtet. Am 10. August 1346 wurde das von Anhängern des Erzbischofs von Mainz gehaltene Langensalza erobert und niedergebrannt. Der Wettiner Friedrich, Markgraf von Meißen und Landgraf von Thüringen, stand vor aller Augen als Sieger der Thüringer Grafenfehde da; er war in seiner Stellung als Landesherr in Thüringen von nun an unangefochten.

[Dr. Johannes Mötsch]

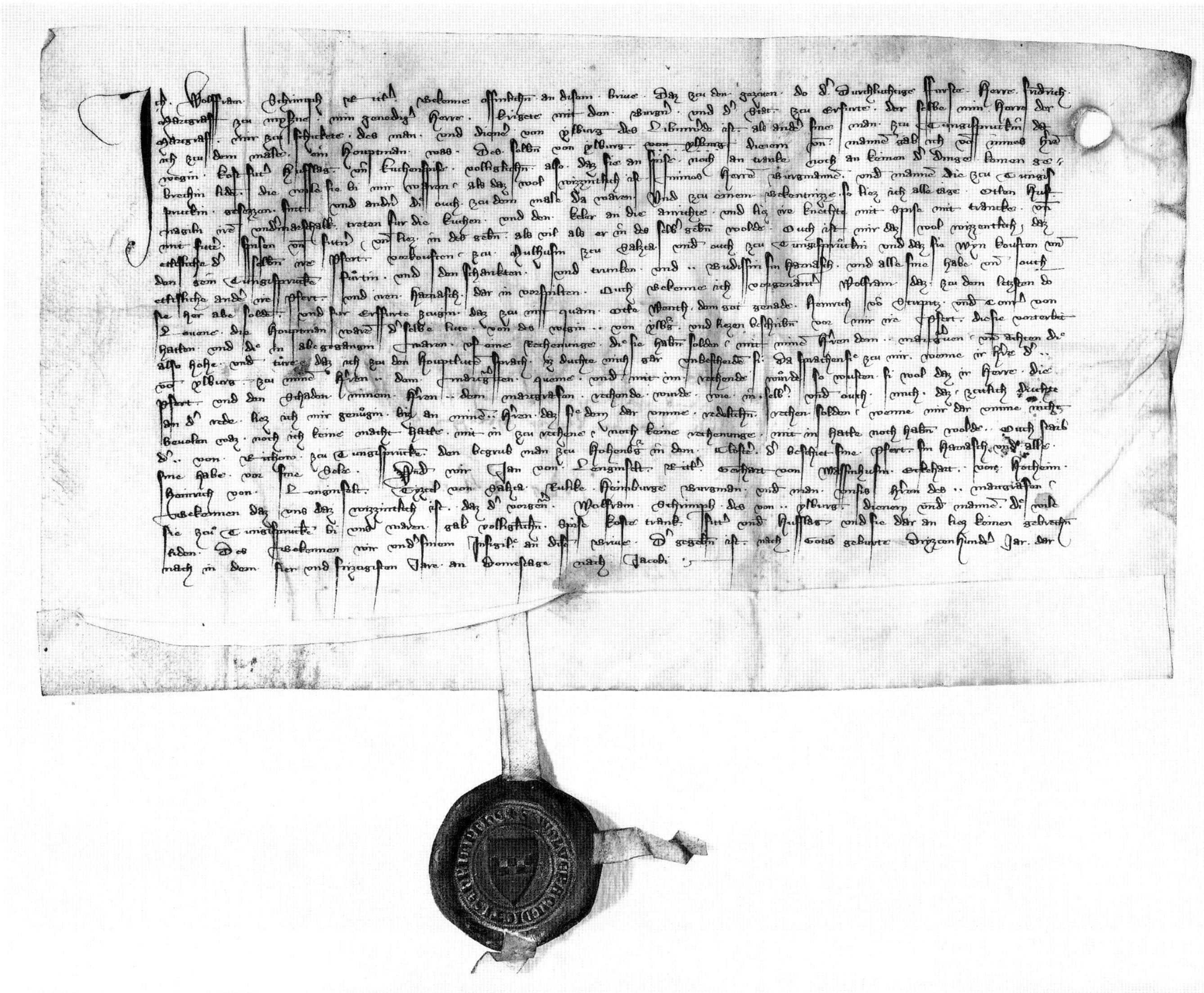

Rechtfertigung des Wolfram Schrimpf gegenüber dem Markgrafen Friedrich II. von Meißen [Landgraf von Thüringen] über die in Thamsbrück während des Krieges gegen die Stadt Erfurt entstandenen Kosten. 29. Juli 1344. Ausfertigung, Pergament mit Siegel des Wolfram Schrimpf.

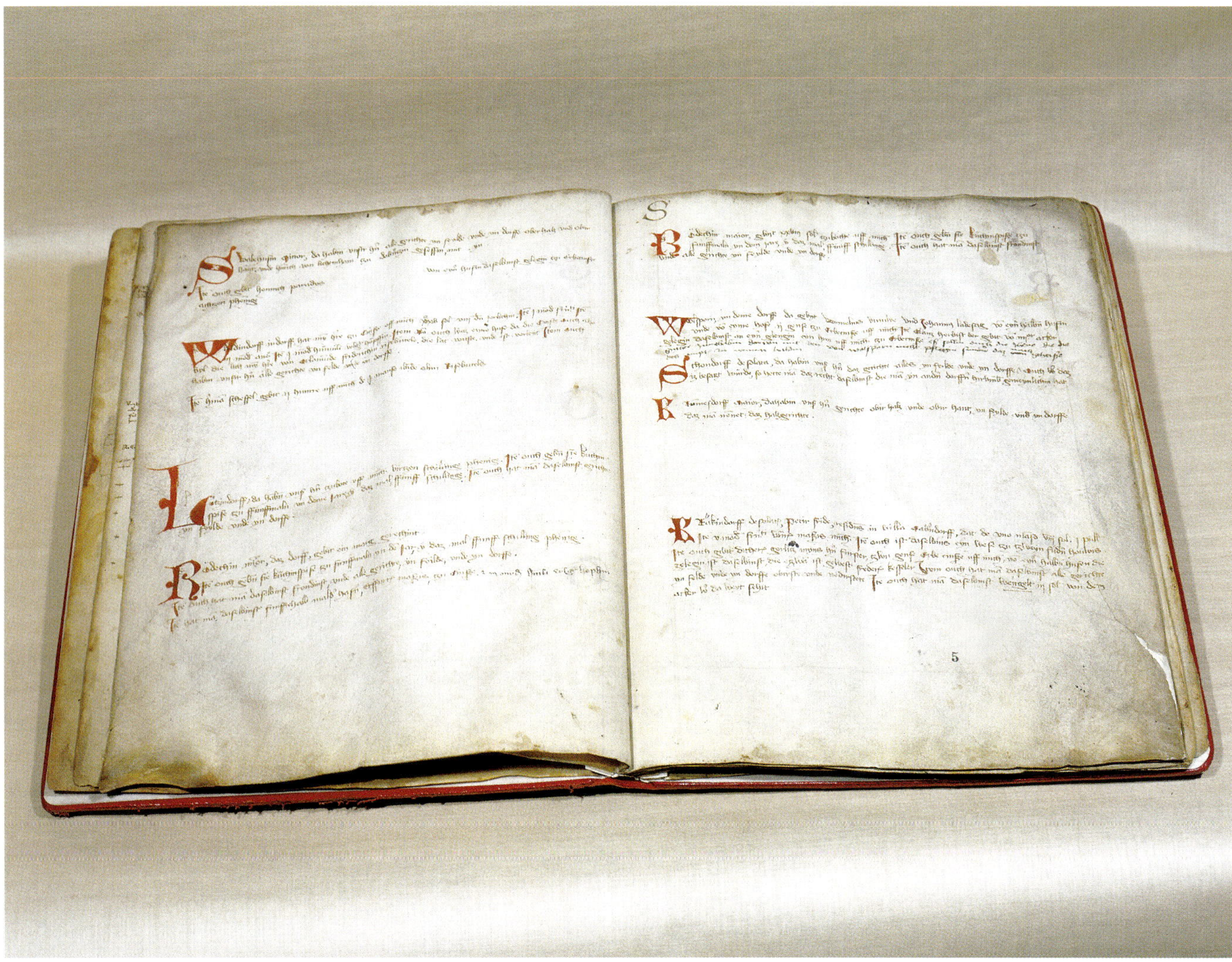

Eintragungen über Besitzungen, Einkünfte und Rechte der Wettiner in Kleinschwabhausen, Wallendorf, Lützendorf, Klein- und Großrode, Wohlsborn, Schöndorf, Großkromsdorf und Krakendorf im „Roten Buch von Weimar", um 1380.

Es liegt im Wesen jeder geregelten Verwaltung begründet, mag sie nun eine fürstliche oder herrschaftliche oder selbst die eines vermögenden Privatmannes sein, daß sie genau wissen muß, was ihr zukommt, wieviel an liegenden Gütern oder Habe ihr gehört, auf welche regelmäßigen Einkünfte sie zu rechnen hat.

Woldemar Lippert (1903)

Die Entwicklung der Landesverwaltung im 14. und 15. Jahrhundert

Zu Beginn des Jahres 1350 herrschte in der markgräflichen Kanzlei von Friedrich dem Strengen geschäftiges Treiben. Täglich gingen Zettel ein, auf denen alle diejenigen, denen von den Wettinern Grund und Boden gegen die Leistung von Diensten und Abgaben zur Bewirtschaftung überlassen worden war, einen Antrag auf Bestätigung dieser Lehen stellten. Nach damals üblichem Rechtsgebrauch mußte sich jeder Lehensträger, auch Vasall genannt, bei Wechsel des Landesherrn, sei es durch Tod oder Übernahme des Territoriums, sein Lehen erneut bestätigen lassen. Bis etwa Mitte des 13. Jahrhunderts konnte das mündlich geschehen; als Friedrich der Strenge die Regierung übernahm, hatte sich die Schriftform durchgesetzt. Im Antrag mußten Lage und Umfang des Lehens sowie damit verbundene Abgaben und Dienste aufgeführt werden.

Mehrere Kanzleibeamte waren nun damit beschäftigt, diese Anträge nach Orten zu sortieren. Sie arbeiteten an einem großen Werk. Erstmals sollte eine Übersicht darüber geschaffen werden, wer von den Wettinern Lehen erhalten hatte. Sie wurde dringend gebraucht. Das Herrschaftsgebiet der Fürsten hatte sich in den vergangenen Jahrzehnten so sehr vergrößert, daß der Überblick über den Gesamtumfang verloren gegangen war.

Im November 1349 war Markgraf Friedrich der Ernsthafte ganz plötzlich gestorben. Er hinterließ vier Söhne, von denen aber nur Friedrich, später der Strenge genannt, volljährig und regierungsfähig war. Für seine Brüder Wilhelm, Ludwig und Balthasar mußte er zunächst mitregieren. Er war ihnen rechenschaftspflichtig. Auch aus diesem Grund war ein Überblick über den Herrschaftsbereich besonders wichtig.

Nach mehr als zwei Jahren Arbeit lag die Übersicht über alle Vasallen im wettinischen Gebiet vor. Das als „Lehnbuch Friedrichs des Strengen“ in die Geschichte eingegangene bedeutende Ergebnis wettinischer Verwaltungstätigkeit ist im Sächsischen Hauptstaatsarchiv Dresden überliefert. Es gliedert sich in drei Hauptteile: Thüringen, Osterland und Meißen. Unter den Lehensträgern finden sich viele thüringische Adlige, beispielsweise Graf Heinrich von Schwarzburg, die Burggrafen Hartmann und Albert von Kirchberg, die Grafen von Stolberg, die Herren von Wangenheim, die Schenken von Käfernburg und der Graf von Honstein, aber auch etliche Bürger.

Ein ähnliches Werk entstand 1380 für das Gebiet um Weimar. Die durch die Grafenfehde errungenen und das

Aussterben des letzten Grafen von Weimar-Orlamünde an die thüringischen Landgrafen gefallenen Güter wurden registriert. Seit 1382 diente diese Übersicht als Lehenbuch des Landgrafen Balthasar von Thüringen. In die Geschichte ist es wegen seines Einbandes und seines Aufbewahrungsortes als das „Rote Buch von Weimar" eingegangen. Auf 22 Pergamentblättern sind alle Ortschaften, Güter, Klöster, Kirchen usw. des Amtes Weimar, die darauf haftenden Rechte und Pflichten, sowie die damit verbundenen Renten, Zinsen, Frohnen, Lehen und Lasten verzeichnet.

Ursprünglich waren die Wettiner selbst Vasallen des Kaisers, denn sie hatten neben ihrem Eigentum auch Lehen. Als Markgrafen von Meißen waren sie bereits 1243 von Kaiser Friedrich II. mit der Landgrafschaft Thüringen belehnt worden für den Fall, daß die Linie der ludowingischen Landgrafen ohne männliche Erben blieb. Nachdem dies 1247 eintrat, konnten sie das Lehen antreten, d.h. sie konnten nun in der Landgrafschaft Thüringen schalten und walten, natürlich als Beauftragte und im Sinne des Kaisers. Dessen Einfluß auf die Wettiner und andere mächtige Territorialherren wurde jedoch um so schwächer, je mehr diese ihren Einflußbereich und ihre Machtpositionen ausbauten. Spätestens zu Beginn des 14. Jahrhunderts betrachteten die Wettiner das ihnen als Lehen übertragene Land als Eigentum und herrschten darin nach Gutdünken. Sie gaben es nicht nur an ihre Vasallen weiter, sondern tauschten und verpfändeten es auch. Land war nun nicht mehr ausschließlich bebaubarer Grund und Boden, sondern stellte in gewissem Sinne eine finanziellen Größe dar.

Mit dem neuen Stellenwert des Territoriums für den Besitzer wuchs aber auch seine Verantwortung für die Verwaltung dieser Gebiete. Als Landesherren hatten die Wettiner nicht nur Rechte, sondern auch Pflichten. Sie gaben Grund und Boden an ihre Untertanen als Lehen aus, denn aus eigener Kraft konnten sie das große Territorium nicht bewirtschaften. Außerdem mußten sie es gegen die Begehrlichkeiten adliger Nachbarn, wie beispielsweise der Grafen von Schwarzburg oder des böhmischen Königs Karl IV. verteidigen. Natürlich waren sie auch selbst daran interessiert, ihren Einflußbereich auf Kosten benachbarter Territorien, der Grafschaft Weimar-Orlamünde etwa oder der reußischen Gebiete zu erweitern. Dazu brauchten sie Soldaten. Lehensempfänger mußten zwar ihrem Herrn im Heer folgen, hatten also Heerfolge zu leisten, aber die Truppen mußten ja samt Wagen, Pferden, Rüstungen und Waffen zunächst zusammengerufen werden. Was im multimedialen Zeitalter kein Problem ist, bedurfte im Mittelalter eines immensen Organisationsaufwandes. Hinzu kam die landesherrliche Pflicht, für Recht und Ordnung im Territorium zu sorgen.

Im 13. und zu Beginn des 14. Jahrhunderts verwaltete der Fürst sein Land selbst, indem er es kreuz und quer bereiste. Markgraf Friedrich der Ernsthafte befand sich zum Beispiel im Januar 1344 in Pforta, am 4. März in Weißenfels, am 19. März in Naumburg, am 25. März in Erfurt, im April in Orlamünde, im Mai und im Oktober wiederum in Weißenfels, Anfang November in Altenburg und am 26. Dezember 1344 abermals in Erfurt.

Erste Seite aus dem 1442 angelegten Verzeichnis des Oberschreibers Thomas von Buttelstedt über die Bestandteile und Einkünfte der Landgrafschaft Thüringen mit Angaben darüber, was jährlich an Abgaben zur Wartburg gebracht wird.

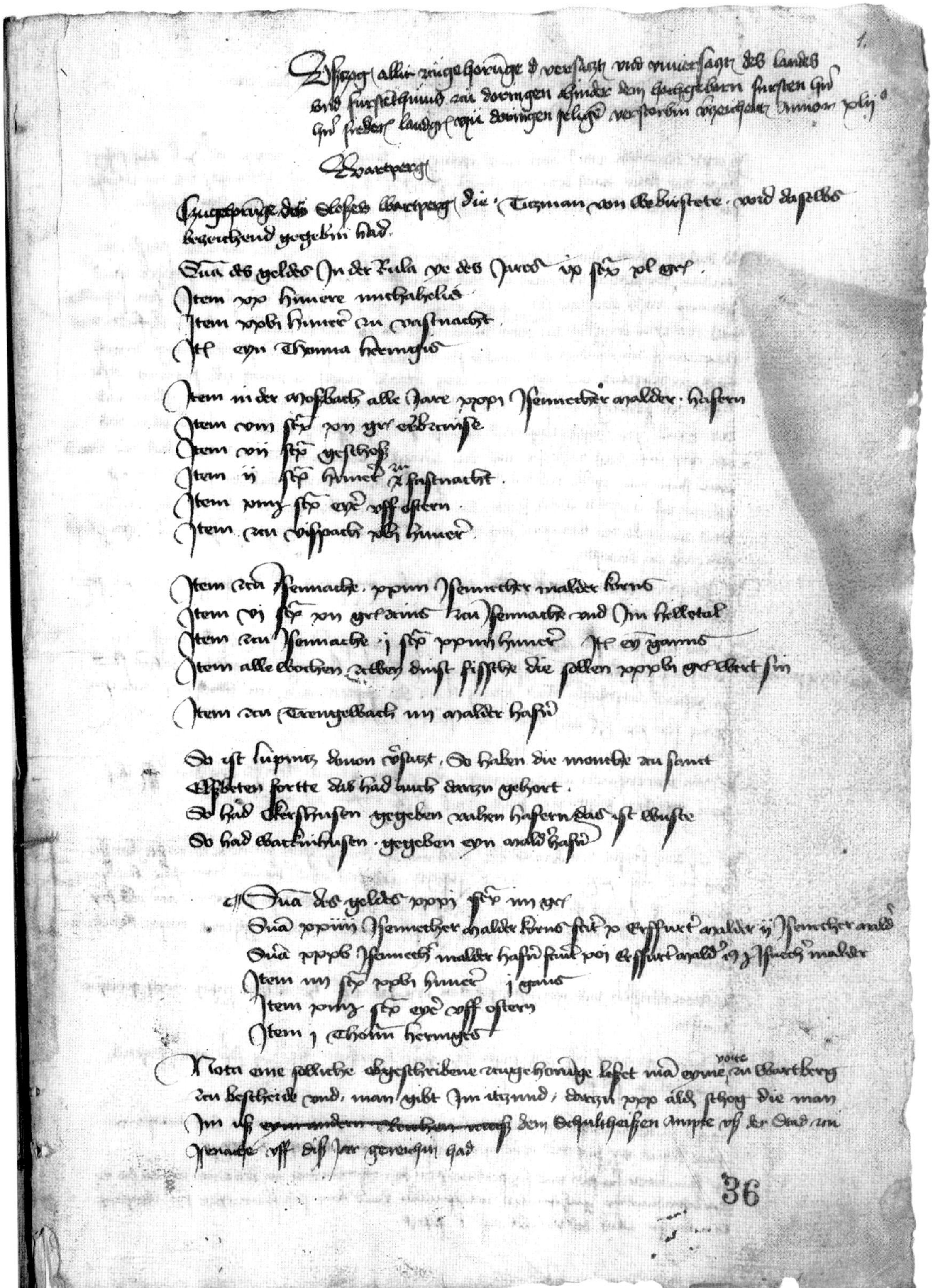

1.

Usszog aller zugehorunge, versatzt und ... des landes und furstenthums zu doringen ... den hochgebornen fursten hern frideriche lantgraven zu doringen seligen verstorben ... Anno lxj°

Wartperg

Zugehorunge des slosses Wartperg die Titzman von Ebirstete und dieselbe ... gegeben had.

Sma des geldes In der Kula ... des Jares ... sch ... gr.
Item xx hunere michahelis
Item xxvj hunere zu vastnacht.
Item eyn Thomma heringes

Item in der Mosbach alle Jare xxxj Ysennecher malder hafern
Item vim sch xx gr erbzinse
Item vij sch geschoss
Item ij sch hunre zu fastnacht.
Item xviij sch eyer uff ostern.
Item zu ... xv hunre.

Item zu Ysenache xxxiiij Ysennecher malder korns
Item vj sch xx gr zins zu Ysenache und Im Helletal
Item zu Ysenache j sch xxiiij hunre Item eyn gans
Item alle ... fissche die sollen xxxvj gr wert sin

Item zu Tiengelbach iiij malder hafern

So ist luppnitz davon versatzt. So haben die monche zu sanct Elyzabeten porte das had auch darzu gehort.
So had Kerstrusen gegeben zehen hafern das ist wuste
So had Martinshusen gegeben eyn malder hafern

Sma des geldes xxxj sch iiij gr
Sma xxxiiij Ysennecher malder korns facit xx Erffurt malder ij Ysennecher malder
Sma xxxv Ysenecher malder hafern facit xxj Erffurt malder i(?) j Ysenecher malder
Item iiij sch xvj hunre j gans
Item xviij sch eyer uff ostern
Item j Thonn herings

Nota eine solliche obgeschribene zugehorunge hefet nu eyme voite zu Wartberg zu bestellen und man gibt Im itzund darzu xx alde schog die man Im uff ~~eyme andern ... ...~~ dem Schultheissen ampte uff der Stad zu Ysenache uff diss Jar gereicht had

36

An bestimmten Orten blieb der Fürst mehrere Tage oder auch Wochen, hielt dort Gericht, regelte Lehensangelegenheiten und bot das Heer der ritterlichen Dienstmannen auf. Auf seinen Reisen wurde er von einigen besonders vertrauten Personen (familiares) begleitet, die ihn in bestimmten Fragen beraten konnten. Sie hatten am Hof des Markgrafen feste Ämter wie z.B. das des Marschalls oder des Mundschenks. Auch die Kanzleibeamten gehörten bald zu seinen ständigen Begleitern. Daneben zog er in den einzelnen Gebieten aus dem Kreis des Adels und der Vögte bzw. Amtleute Ratgeber (consiliarii) hinzu, die gewissermaßen die politische Führungsschicht des Landes bildeten. Ein feststehendes Gremium war das aber noch nicht, denn in jedem Gebiet waren es andere Personen, die der Landesherr als Ratgeber rief. Auch seine engeren Berater hatten noch keine fest umrissenen Aufgabengebiete. In Thüringen gehörten diesem Kreis unter anderem Mitglieder der Familien von Schlotheim, von Fahner (Vanre), von Wangenheim, von Erffa, von Mihla sowie die Vizthume und Schenken von Apolda an.

Die Reisen waren nicht nur anstrengend, sondern bedurften auch immer einer intensiven Vorbereitung. Alle wichtigen Urkunden, die Siegel, Schreibutensilien, Verpflegung und Kleidung mußten auf Wagen geladen werden. Pferde zum Wechseln wurden beschafft und Futter für die Tiere bereitgestellt. An den einzelnen Stationen hatten die Amtleute für Kost und Logis zu sorgen und die Unterkünfte wohnlich vorzubereiten. Deshalb prägte sich neben der Reiseherrschaft bei den Wettinern seit der zweiten Hälfte des 14. Jahrhunderts immer mehr die Tendenz zur Residenzbildung heraus. Das bedeutet, daß der Landesherr mit seinem Hof und seinen Ratgebern an einem festen Platz blieb und von dort aus sein Land verwaltete.

Bis es soweit war, kristallisierten sich in einer längeren Übergangsperiode Orte heraus, die sich der besonderen Vorliebe der Fürsten erfreuten. In der Landgrafschaft Thüringen spielte zunächst die Wartburg als repräsentativer und traditionsreicher Wohnsitz eine Rolle. Bald aber wurde sie durch den Grimmenstein in Gotha als begehrter Aufenthaltsort verdrängt. Der thüringische Chronist Johannes Rothe (1350/60-1434) hat die Ursache wohl ganz richtig erkannt: „So was is ouch vor eyne furstliche wonung und lag mitten yn dem lande, so Doryngen unde Hessin eyne hirschaft was: Nu is komen an dis landis ende und seyn edeler bergk ist den fursten nu zu hoch worden.“

Seit dem letzten Drittel des 14. Jahrhunderts gewann Weimar mit seiner Burg zunehmend an Bedeutung, obwohl es über keine Einrichtungen verfügte, die der fürstlichen Repräsentation hätten dienen können. Nicht einmal ein Tanzhaus war vorhanden. Für die Bedürfnisse der Verwaltung war aber Weimar ungleich günstiger gelegen als Eisenach oder Gotha. Friedrich der Friedfertige und Wilhelm der Tapfere regierten von hier aus die Landgrafschaft. Besonders letzterer hatte eine Vorliebe für die Stadt an der Ilm. Er verbesserte sie durch verschiedene bauliche Veränderungen. Durch die Umgestaltung der Burgkapelle zur Stiftskirche und durch die Stiftung eines Franziskanerklosters erweiterte er auch das kirchliche Leben.

Je mehr die Reiseherrschaft zurückgedrängt wurde, desto stärker mußte der Fürst bei seiner Verwaltungstätigkeit Unterstützung auf lokaler Ebene suchen. Die ursprünglich zur Beaufsichtigung der landgräflichen Burgen und des umgrenzenden Landes bei Abwesenheit des Fürsten, sozusagen als „Vertretung“ des Landesherren eingesetzten Vögte oder Amtleute wurden nun zunehmend auch zur Aufsicht über den niederen Adel heran-

Darstellung einer Belehnung durch die Übergabe des Lehnsbriefes unter Zeugen aus der Sächsischen Chronik von Georg Spalatin vom Anfang des 16. Jahrhunderts.

gezogen. Sie hatten über Recht und Ordnung in ihrem Verantwortungsbereich zu wachen, die Abgaben entgegenzunehmen und aus den Einnahmen die Gläubiger des Fürsten zu befriedigen. Die Verwaltungsbezirke oder Ämter waren nicht von vornherein etwas Feststehendes, sondern entwickelten sich allmählich aus den Herrschaftszentren des ehemals lose zusammenhängenden landgräflichen Streubesitzes. Den Schreibern in der Kanzlei, die 1350 damit beschäftigt waren, eine Übersicht über alle Vasallen der Wettiner anzufertigen, bereitete die vom Kanzleivorsteher Konrad von Wallhausen angeordnete territoriale Gliederung der Lehensanträge deshalb erhebliche Schwierigkeiten. Mehr als einmal kam es zwischen ihnen zu Meinungsverschiedenheiten über die Amtszugehörigkeit eines Ortes. Zu unbestimmt waren noch die Grenzen der lokalen Verwaltungseinheiten. Topographische Karten, auf denen man hätte nachsehen oder gar Grenzen einzeichnen können, waren in der Kanzlei nicht vorhanden. Um 1380 waren in Thüringen fast 50 wettinischen Amtsbezirke nachweisbar, darunter Wartburg, Creuzburg, Treffurt, Salzungen, Gerstungen, Gotha, Weißensee, Tennstedt, Langensalza, Weimar, Wiehe, Sangerhausen und Gerstungen. Die Ämter Camburg, Jena, Orlamünde, Saalfeld, Ziegenrück, Triptis, Auma und Eisenberg zählten damals allerdings ebenso wie die Ämter Weißenfels, Freyburg und Nebra nicht zur thüringischen Landgrafschaft, sondern zum osterländischen Teil des wettinischen Territoriums.

Das Lehnbuch Friedrichs des Strengen erhielt knapp dreißig Jahre später (1378) eine Ergänzung durch das sogenannte „Registrum dominorum marchionum Missnensium". In ihm sind alle Rechte und Einkünfte der Wettiner aufgeführt. Anlaß für die Erfassung war die beabsichtigte Aufteilung des wettinischen Herrschaftsgebietes unter die drei Brüder Wilhelm, der Meißen erhielt, Friedrich, dem das Osterland zugesprochen wurde und Balthasar, der seit 1382 Thüringen regierte. Auch dieses Werk, daß zu seiner Zeit große Bedeutung für die wettinische Zentralverwaltung hatte und heute eine der wichtigsten Quellen zur Geschichte und Topographie Thüringens und Sachsens im Mittelalter darstellt, wird im Sächsischen Hauptstaatsarchiv Dresden aufbewahrt.

Einmal den Wert solcher Aufstellungen erkannt, wurden Register und Übersichten bald zum unverzichtbaren Bestandteil wettinischer Verwaltung. Nach dem Tod Friedrichs des Friedfertigen erfaßte der Oberschreiber Thomas von Buttelstedt im Auftrag von dessen Erben, Friedrich und Wilhelm, die Einkünfte in der Landgrafschaft Thüringen. Nach zwei Jahren mühevoller Arbeit, die besonders durch unvollständige Register und fehlende Urkunden erschwert wurde, legte er 1443 ein heute im Thüringischen Hauptstaatsarchiv Weimar verwahrtes Verzeichnis vor. Er hatte für Thüringen jährliche Einkünfte in Höhe von 12 482 Gulden berechnet. Dem standen freilich Schulden von etwa 16 000 Gulden gegenüber.

Um der Finanzkrise beizukommen, versuchte man, neue Einnahmequellen zu erschließen und vor allem die Ausgaben, hauptsächlich in der Hofhaltung, zu reduzieren. Eine zentrale Einnahmekasse, die die Kontrolle über alle Einnahmen und Ausgaben führte, wurde in der zweiten Hälfte des 15. Jahrhunderts geschaffen. Der 1469 ernannte Landrentmeister Johann von Mergenthal reformierte das Finanzwesen grundlegend. Die Einschränkung der Hofhaltungskosten und die regelmäßige Kontrolle der Amtleute stand im Mittelpunkt seiner Bemühungen um die Hebung der Finanzen.

[Dagmar Blaha]

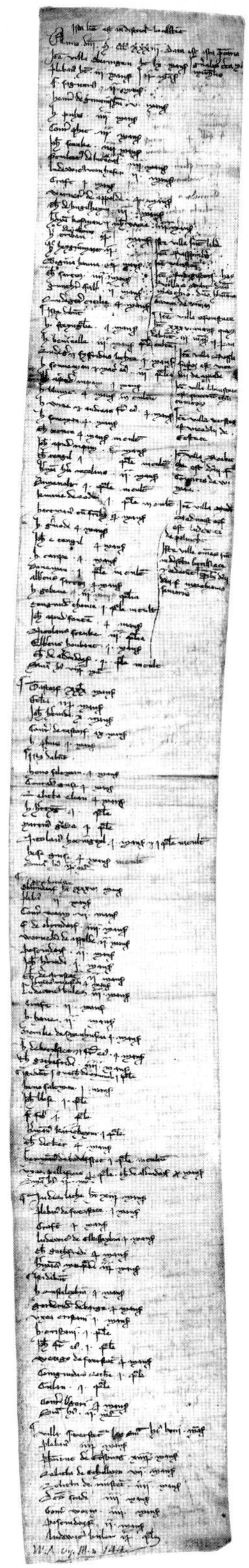

Verzeichnis über die Einnahmen der Herbstbede in den Ortschaften des Amtes Buttelstedt aus dem Jahr 1333. Pergament.

Friedensvertrag zwischen Kurfürst Friedrich II. und Herzog Wilhelm III. von Sachsen, geschlossen zu Naumburg am 12. Mai 1447. Ausfertigung, Pergament mit sechs an Pergamentstreifen abgehängten, gut erhaltenen Wachssiegeln: 1. Friedrich, Markgraf von Brandenburg, 2. Johann, Markgraf von Brandenburg, 3. Albrecht, Markgraf von Brandenburg; 4. Ludwig, Landgraf von Hessen; 5. Friedrich, Kurfürst von Sachsen; 6. Wilhelm, Herzog von Sachsen.

Was für Freude und Frolocken in Meissen / Ostland unnd Thüringen / ja in aller Nachbarschaft uber diesem gemachetem Friede gewesen / ist nicht auszusagen / In allen Kirchen hat man das Te Deum laudamus gesungen.

Cyriakus Spangenberg zu 1451 (1585)

Landesteilung und Bruderkrieg

1428 übernahm der sechzehnjährige Friedrich II., den spätere Generationen einmal den Sanftmütigen nennen sollten, die Herrschaft in den wettinischen Besitzungen Mark Meißen und Osterland (Raum Leipzig - Altenburg - Zwickau) von seinem Vater, Kurfürst Friedrich dem Streitbaren. Bis 1436 regierte er für seine minderjährigen Brüder Heinrich, Sigismund und Wilhelm mit. In dieser Zeit starb Prinz Heinrich; Prinz Sigismund trat unter Verzicht auf Besitzansprüche in den geistlichen Stand über, so daß fortan Friedrich und Wilhelm, der eine Kurfürst, der andere Herzog, die Lande gemeinschaftlich regierten. Noch 1444 besiegelten beide im Vertrag von Weißenfels ihre Absicht, das wettinische Territorium nicht zu teilen. Ein Jahr später konnte der Besitz sogar noch weiter ausgebaut werden. Durch den Tod Friedrichs des Friedfertigen, Markgraf von Meißen, erlosch 1440 eine wettinische Nebenlinie, womit die Landgrafschaft Thüringen und fränkische Besitzungen an die Brüder zurückfielen und der Gesamtbesitz des Fürstenhauses für geraume Zeit komplett vereinigt war. Doch bei Herzog Wilhelm III., auch der Tapfere genannt, wuchs das Interesse an einer Landesteilung und der damit verbundenen eigenen Herrschaft. Er schien mit der Regierung seines Bruders Friedrich unzufrieden gewesen zu sein. Insbesondere die starke Landesverschuldung stand dabei im Mittelpunkt seiner Kritik.

Der Drang Wilhelms nach einer Teilung des gemeinsamen Landes wurde durch den Einfluß ganz bestimmter Personen verstärkt. Im Jahre 1444 verließen die beiden bisher in kurfürstlichen Diensten stehenden Hofmeister Apel Vitztum, Sprößling eines Apoldaer Rittergeschlechts mit Lehenbesitz in Roßla an der Ilm, und Bernhard von Kochberg sowie Apels Bruder Busso ihren bisherigen Herrn, Friedrich den Sanftmütigen, um in den Dienst des jugendlichen Herzogs Wilhelm zu treten. Zusammen mit Friedrich von Witzleben bedrängten sie den Herzog, indem sie ihm von angeblicher Mißwirtschaft des Bruders berichteten und so sein Interesse an einer Teilung verstärkten. Apel Vitztum riet seinem neuen Herrn, er möge doch mit vielen Leuten, Trompetern und Pfeifern nach Altenburg und Rochlitz reisen, um Land und Städte zu besichtigen. Die Teilung der Länder schien nicht mehr abwendbar, so daß Kurfürst Friedrich letztendlich seinem Bruder Wilhelm die Erbteilung vorschlug.

Am 18. Mai 1445 trafen sich die beiden Brüder erstmals in Leipzig, um die bevorstehenden Gebietsveränderungen zu beraten. Ab Sommer 1445 wurden sodann an verschiedenen Orten – Rochlitz, Meißen und Altenburg – die Verhandlungen fortgeführt. In Rochlitz einigte man sich darauf, daß Herzog Wilhelm die Teilung vorschlagen und der Kurfürst den ihm zustehenden Landesteil

wählen sollte. Diese Verfahrensweise wurde offenbar von Apel Vitztum propagiert, der damit hoffte, seine eigenen thüringischen Besitzungen dem Einflußbereich des Kurfürsten entziehen zu können. Für die Stände im Wettiner Territorium indes stand fest, daß das meißnische Gebiet an Kurfürst Friedrich und Thüringen sowie Franken an Herzog Wilhelm fallen würden. Einzig die Grenzziehung im Osterland stellte ein Problem dar. Am 10. September 1445 wurde die Teilung – wegen des letzten Verhandlungsortes später auch Altenburger Teilung genannt – dem Kurfürst und dessen Ratgebern zur Begutachtung vorgelegt. Die Lande Meißen, das Osterland, Thüringen und Franken wurden von Nord nach Süd in zwei Teile gespalten, so daß Meißen seitdem ungeteilt zum östlichen, Thüringen und Franken ungeteilt zum westlichen Landesteil gehörten. Lediglich das Osterland und das Vogtland wurden auf diese Weise zerschnitten. Der Teilungsvertrag sah weiterhin vor, daß beide Brüder jeweils die Hälfte der Schulden zu begleichen hätten.
Innerhalb von 14 Tagen mußte Kurfürst Friedrich seine Entscheidung mitteilen, welchen Landesteil er künftig regieren wolle. Wider Erwarten wählte der in Leipzig weilende Kurfürst Ende September 1445 Thüringen zu seinem Landesanteil.
Durch Intrigen seiner Berater beeinflußt, akzeptierte Wilhelm diese Entscheidung aber nicht. Insbesondere Apel Vitztum setzte alles daran, den Teilungsvertrag für ungültig erklären zu lassen. Unter seinem Einfluß wurde deshalb am 11. Dezember 1445 durch drei Schiedsrichter – den Erzbischof Friedrich von Magdeburg, Markgraf Friedrich von Brandenburg und Landgraf Ludwig von Hessen – im Barfüsserkloster Neuwerk der Hallesche Machtspruch verkündet: Kurfürst Friedrich erhielt das Kurland Sachsen und den östlichen Teil, d.h. die Mark Meißen, jetzt aber vermehrt um die Ämter Altenburg, Burgau und Zwickau. Herzog Wilhelm nahm den westlichen Teil. Damit war erreicht, was die Vitztume erstrebt hatten. Durch Verzicht auf die drei Ämter Altenburg, Burgau und Zwickau mit 400 Dörfern konnte Thüringen für Herzog Wilhelm gesichert werden, jedoch verlor dadurch der verkleinerte Thüringer Teil auch an Wert.
Schon im darauffolgenden Jahr, Mitte 1446, brachen neue Streitigkeiten aus. Kurfürst Friedrich hatte nun vor allen Dingen den in seinen Augen intriganten Apel Vitztum im Visier. Während Herzog Wilhelm im Juni 1446 seine Hochzeit mit Anna von Österreich in Jena feierte, überfiel der Kurfürst, der die Einladung zur Hochzeit ausgeschlagen hatte und währenddessen einen Landtag in Leipzig abhielt, den Vitztumschen Besitz Roßla an der Ilm. Obwohl sich Friedrich bald wieder zurückzog, mehrten sich doch die Schwierigkeiten für Herzog Wilhelm. Viele thüringische Adelige wandten sich von ihm ab und verbündeten sich teilweise sogar mit Kurfürst Friedrich, um das Land von den „ungeliebten" Räten zu befreien. In eigens verfaßten Anklageschriften warf man ihnen u.a. vor, sie hätten sich auf Kosten Wilhelms bereichert, und forderten ihre Entlassung aus dem Ratsgremium des Herzogs. Im Gegenzug wurden aber auch die kurfürstlichen Ratgeber durch Herzog Wilhelm beschuldigt.
In dieser spannungsgeladenen Atmosphäre begann die Situation zu eskalieren. Beide Brüder bereiteten sich durch Rüstungen und Bündnisverhandlungen auf den drohenden Schlagabtausch vor. Kurfürst Friedrich erhielt Hilfe aus der Lausitz, aus Schlesien, Magdeburg und Böhmen. 260 Mann standen in Herzberg, 300 Mann und 306 Pferde in Torgau. Altenburg, in dem sich ca. 185 Pferde und 370 Mann sammelten, wurde zum Aufmarschgebiet der kurfürstlichen Streitmacht.

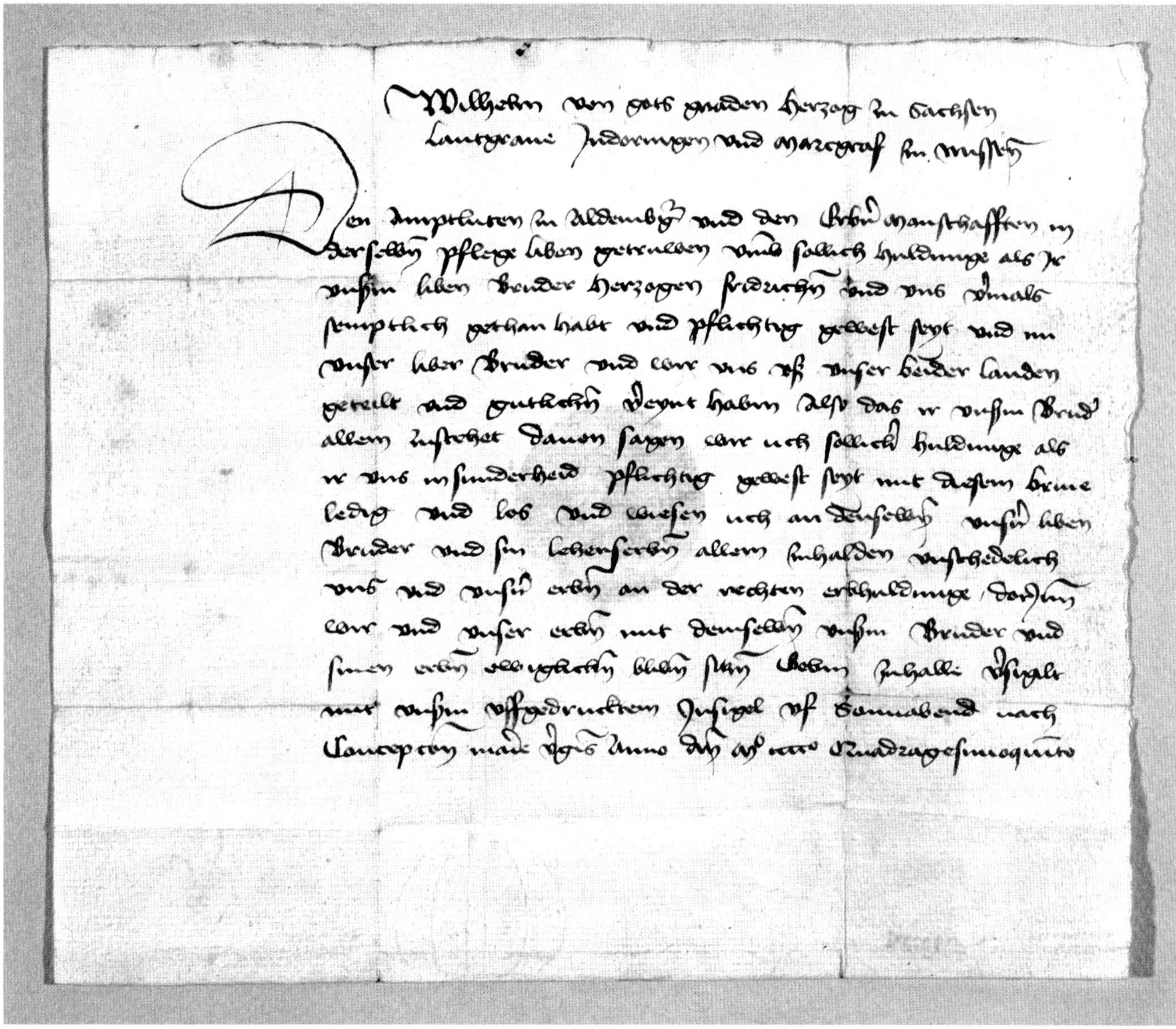

Wilhelm von gots gnaden Herzog zu Sachsen
Lantgrave in Doringen und Marcgraf zu Myssen

Den Amptluten zu Aldenburg und den Erbmanschafften in
derselbin pflege liben getruwen unde sollich huldunge als ir
unsim liben Bruder Herzogen Fridrichen und uns [illegible]
sampthaft gethan habt und pflichtig gewest syt und nu
unser liber Bruder und wir uns uff unser beider landen
geteilt und gutlichen geeynt haben also das ir unsim Bruder
allein zusteet davon sagen wir uch sollich huldunge als
ir uns insunderheit pflichtig gewest syt mit disem brive
ledig und los und wisen uch an denselben unsern liben
Bruder und sin lehenserben allein zuhalden unschedelich
uns und unsern erben an der rechten erbhuldunge dorinne
wir und unser erben mit demselben unsim Bruder und
sinen erben [illegible] bliben [illegible] zu Halle [illegible]
mit unsim uffgedruckten Insigel uff Sonnabend nach
Concepcionis Marie [illegible] Anno dni [illegible] quadragesimoquinto

Herzog Wilhelm III. von Sachsen entläßt nach der Landesteilung („Altenburger Teilung" vom 10. September 1445) die Pflege Altenburg aus der Erbhuldigung. Halle, 11. Dezember 1445. Ausfertigung, Papier mit Resten des aufgedrückten Siegels auf der Rückseite.

Angesichts dieses Aufgebots blieb auch Herzog Wilhelm nicht untätig. Er befahl für den 19. Oktober 1446 militärische Aufgebote in Weissensee sowie zwischen Ranis und Pößneck. Der Herzog rechnet dabei mit 1204 Berittenen, 1419 Trabanten und 7 Büchsen, die von Eisenach, Langensalza, Sangerhausen, Freiberg, Jena, Neustadt und Bürgel gestellt werden sollten. Nach ersten Kampfhandlungen Mitte Oktober – Kurfürst Friedrich rückte unter Brandschatzung und Verwüstung auf Roßla zu, Wilhelm ließ sechs Dörfer und das Zeitzer Kapitel des auf kurfürstlicher Seite stehenden Bischofs von Naumburg niederbrennen – wurde am 20. Oktober 1446 unter Vermittlung des Erzbischofs von Magdeburg und des Landgrafen von Hessen ein einstweiliger Waffenstillstand vereinbart, der bis Pfingsten 1447 gültig sein sollte. Der Kurfürst nutzte jedoch die Zeit zur Verstärkung seiner Rüstungen. Darüber hinaus gelang es ihm, im Dezember 1446 mit dem Erzbischof von Magdeburg, den Bischöfen von Naumburg und Merseburg sowie weiteren Adeligen ein Bündnis (Querfurter Bund) gegen die Ratgeber Herzog Wilhelms zu schließen und eine gefährliche Übermacht gegen seinen Bruder aufzubauen. Herzog Wilhelm, von dem damit fast alle Anhänger abgefallen waren, bemühte sich bei verschiedenen Stellen um Hilfe, so in Böhmen, wohin Apel Vitztum zu Verhandlungen reiste, und bei den bisher neutral gebliebenen thüringischen Städten.

Mit dem Jahreswechsel begannen neue Kämpfe. Am 6. Januar 1447 brachen die Bürger von Wittenberg, am gleichen Tag die von Dresden nach Thüringen auf. Am 7. Januar trafen 115 Pferde in Grimma ein, die nach Thüringen gebracht werden sollten. Ein Sammelplatz war erneut Altenburg. Doch die in den Landen entstandene „allgemeine Unordnung", verstärkt durch ausbrechende Krankheiten und Seuchen, wies den Weg zu einem erneuten Waffenstilstand, der Anfang Februar 1447 vereinbart wurde. Parallel zu den Vorbereitungen für die Friedensverhandlungen konnte Herzog Wilhelm einen bedeutenden Erfolg für sich verbuchen, indem Dienstverträge mit böhmischen Söldnern zustande kamen. Mitte April begannen die endgültigen Friedensverhandlungen. Am 12. Mai 1447 mündeten sie in den Abschluß des Naumburger Friedensvertrags zwischen den beiden wettinischen Brüdern, mitunterzeichnet von den Markgrafen von Brandenburg und dem Landgrafen von Hessen.

Doch die Spannungen bauten sich zwischen den beiden Brüdern wieder auf. Herzog Wilhelm, dessen Land ausgeblutet war, konnte seine angeworbenen böhmischen Krieger nicht auszahlen. Auf Ratschlag und mit Hilfe Apel Vitztums stellt er sie gegen Entschädigung dem Erzbischof von Köln in einem Streit mit der Stadt Soest in Westfalen („Soester Fehde") zur Verfügung und führte sie Anfang Juni 1447 dorthin. Die Abwesenheit Wilhelms nutzte der Kurfürst nun, um ein Bündnis gegen seinen Bruder zu errichten. Dies gelang ihm am 1. Juli in Eisleben, wo alle Teilnehmenden, darunter auch zum ersten Mal die Stadt Erfurt, sich der gegenseitigen Bereitschaft und des Beistands verpflichteten, wenn Herzog Wilhelm mit seinen Truppen aus Westfalen wieder zurück durch das Land ziehen sollte. Unter diesem Druck begannen – den Bestimmungen des Naumburger Friedens gemäß – im September des Jahres 1447 in Mühlhausen unter Hinzuziehung von Schiedsrichtern neue Verhandlungen, die am 25. September in den Abschluß des Friedens von Erfurt mündeten. Die nachfolgende Friedensphase wurde von beiden Brüdern genutzt, ihre lang vernachlässigten inneren Angelegenheiten neu zu ordnen. So war Herzog Wilhelm durch die anhaltende chronische Finanzmisere gezwungen, neben Teilen

Friderich.
Mit Macht behielt ich Chur und ſwert
Uff allen ſeiten ich mich wert
Mit glücke ich die behemen beſtreyt
Die mercker ich auch inyder leyt
Mein eigen bruder mich durch acht
Den ich zur freuntſchaft wider bracht
anno tavſend vierhundert Thar
und vierundſechtzig ſtarb ich zwar.
* 1412
† 1464.

Kurfürst Friedrich II.
(der Sanftmütige) von Sachsen.

Frankens, die Apel Vitztum erhielt, weitere Besitzungen wie Ziegenrück, Ranis und Kaltennordheim zu versetzen. Auch sonst herrschte im Lande nicht der Frieden, wie er gewünscht wurde. Zahlreiche Einzelfehden brachen immer wieder hervor, darunter als wichtigste der sogenannte „Schwarzburgische Hauskrieg“, der die letzte Runde des Bruderkrieges einläutete.
Das gräflich-schwarzburgische Haus war im 15. Jahrhundert durch mannigfaltige Erbteilungen in mehrere Linien gespalten. In die seit Mitte 1448 zwischen diesen Linien vehement ausgebrochenen Kämpfe ließen sich die beiden wettinischen Brüder verwickeln. Kurfürst Friedrich unterstützte Günther XXXII. von Schwarzburg-Wachsenburg, Herzog Wilhelm und seine Anhänger paktierten mit Heinrich XXV. von Schwarzburg-Leutenberg. Lediglich das Fernbleiben des Kurfürsten, der durch eine andere Entwicklung – mit den Markgrafen von Brandenburg stritt er sich um den Besitz der Lausitz – in Anspruch genommen war, schob den Ausbruch des Bruderkrieges hinaus. Jede Truppenansammlung, unabhängig davon, gegen wen sie gerichtet war, wurde mit einer ebensolchen beantwortet. Selbst der Anfang 1450 einberufene Tag in Zeitz, wo sich beide Brüder über die inzwischen verübten Friedensbrüche berieten, blieb ohne Ergebnis. Vielmehr erhielt der Kurfürst am 20. März 1450 von zwanzig böhmischen Herren einen Fehdebrief, und kurz darauf verbündete sich sein Bruder Wilhelm mit den brandenburgischen Markgrafen in Sangerhausen gegen ihn. Als Antwort darauf schloß Kurfürst Friedrich im böhmischen Pilsen einen Bund. In den Folgemonaten wurden die Lande durch schwere Kämpfe erschüttert, wobei die ergebnislosen Verhandlungen mit den Böhmen den Bruderkrieg noch verschärften. Als letzte Unternehmung in dieser Auseinandersetzung gilt die Belagerung, Einnahme und Plünderung von Gera vom 13. bis 16. Oktober 1450 durch Herzog Wilhelm. Kurfürst Friedrich mußte sich endlich positionieren. Ein endgültiger Friedensschluß mußte erzielt werden.
Am 20. Oktober 1450 fand bei Crimmitschau eine erste Zusammenkunft der Bevollmächtigten statt. Sie vereinbarten einen Waffenstillstand, der bis zum 25. Mai 1451 dauern sollte. Trotz mehrerer Übertretungen des Abkommens kam es diesmal in der Folge nicht zu einem Neuausbruch des Krieges. Am 12. Januar 1451 trafen die Parteien in Naumburg und Freyburg ein. Nach zweiwöchigen Beratungen unterzeichneten Kurfürst Friedrich, Herzog Wilhelm, die brandenburgischen Kurfürsten und Markgrafen, der Bischof von Naumburg und Heinrich XXV. von Schwarzburg-Leutenberg den Naumburger Friedensvertrag vom 27. Januar 1451. Für die Schlichtung der Fehden um Schwarzburg wurden Schiedsrichter ernannt, alle Gefangenen sollten sofort freigelassen werden. Zugleich wurde die sächsisch-brandenburgische Erbeinigung erneuert. Damit waren die kriegerischen Auseinandersetzungen im wettinischen Haus beendet. Die in der Altenburger Teilung bzw. dem Halleschen Machtspruch grundsätzlich niedergelegte territoriale Aufspaltung des Besitzes ließ sich jedoch nicht mehr aus der Welt schaffen. In veränderter Form und mit neuer Besitzverteilung, da Thüringen 1482 kurzzeitig wieder an die Hauptlinie zurückfiel, wurde sie in der späteren Leipziger Teilung von 1485 endgültig besiegelt.

[Dr. Joachim Emig und Doris Schilling]

Kurfürst Friedrich I.
(der Streitbare) von Sachsen.

Gez. v. M. Knäbig. Lith. v. Paalzow.

FRIEDRICH DER STREITBARE,

Kurfürst von Sachsen.

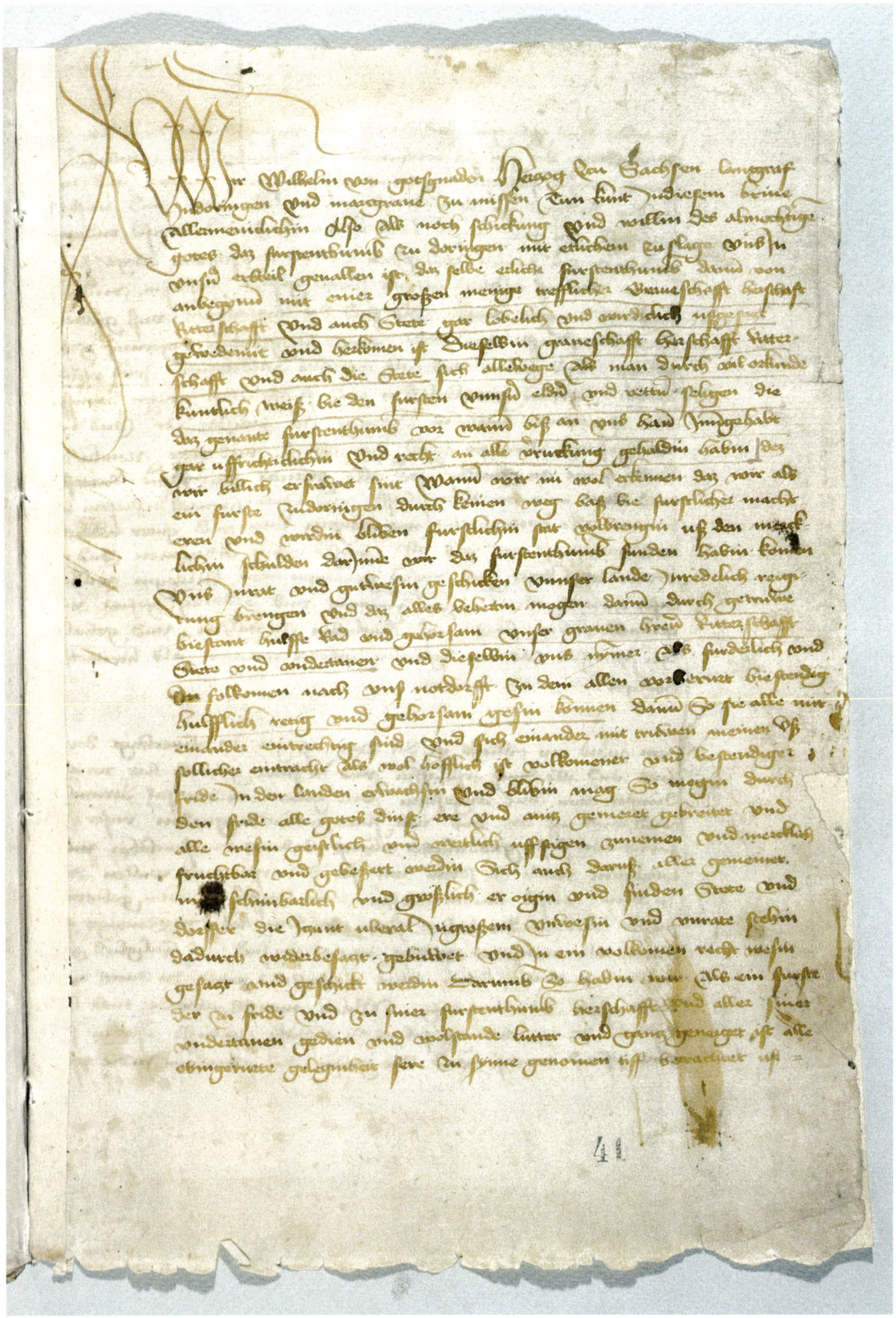

Erste Seite der Landesordnung von 1446, die wahrscheinlich auf dem Landtag in Weißensee verlesen wurde.

... eine ordenunge allir handelunge, kouffens unde verkoufens, gesindelon, tagelon und wie man is mit den gerichten halden sulde ... zu halden von den fursten geboten wart.
Hartung Cammermeister (vor 1467)

Die erste wettinische Landesordnung von 1446

Die durch den Altenburger Teilungsvertrag vom 10. September 1445 festgelegte und durch den am 30. November 1445 gefällten Halleschen Schiedsspruch bekräftigte Aufteilung des wettinischen Besitzes war für die weitere Entwicklung im Thüringer Raum entscheidend. Kurfürst Friedrich von Sachsen hatte den meißnischen und den größeren osterländischen Teil, Herzog Wilhelm III., sein Bruder, Thüringen mit einigen osterländischen und fränkischen Gebieten zugesprochen erhalten. Damit waren, wie der im Sommer 1446 ausgebrochene Bruderkrieg zeigt, die bereits seit geraumer Zeit anhaltenden Streitigkeiten um das Erbe Friedrichs des Streitbaren, Kurfürst von Sachsen, und Friedrichs des Friedfertigen, Markgraf von Meißen, zwar bei weitem noch nicht beendet, aber die Räte Wilhelms, Vertreter des thüringischen Adels, hatten ihr Ziel zunächst erreicht. Nicht der starke Kurfürst Friedrich, sondern der politisch unerfahrene Wilhelm regierte in Thüringen. Ihn konnten sie weiter in ihrem Sinne beeinflussen und so ihre Machtpositionen stärken.

Nach Bekanntgabe des Schiedsspruchs begab sich der Herzog zunächst von Halle aus in den ihm zugefallenen Teil des Osterlandes. Vom 16. bis 21. Dezember 1445 hielt er sich in Arnshaugk auf. Dort ließ er sich von seinen Untertanen Treue schwören und bestätigte deren Lehen. Das war besonders wichtig, da sein Widersacher, Kurfürst Friedrich, im Osterland viele Anhänger hatte. Wilhelm mußte sich gleichfalls als Herrscher zeigen. Am 22. Dezember kehrte er nach Weimar zurück.

Als Wilhelm III. seine Regierung in Thüringen antrat, fand er schwierige Verhältnisse vor. Im Gegensatz zu Meißen und dem Osterland, wo der Landesfürst eine starke Stellung hatte, herrschte in Thüringen de facto der Adel. Das Land war zudem hoch verschuldet. Dem Herzog war klar, „daz wir als ein furste zu Doringen durch keinen weg baß bie furstlicher macht, eren, wirdin bliben, ... unser lande in redeliche regirung bringen, ... dann [als] durch getruwe biestand, hilff, rad und gehorsam unser graven, herren, ritterschaft, stete und untertanen“ und das auch nur dann, wenn „sie alle mit einander eintrechtig sind“.

Wollte Wilhelm wirklich Herr im eigenen Land werden, mußte er vor allem versuchen, die Verhältnisse zu ordnen und nach und nach den Einfluß des Adels zurückzudrängen. In diesem Sinne war die wettinische Landesordnung von 1446 nicht nur die erste gesetzliche Regelung für die Landesverwaltung in diesem Gebiet, sondern stellte auch ein Regierungsprogramm dar. Eifrig hat sich der Herzog um Rechtsprechung und Verwaltung in seinem Land gekümmert. Bis zu seinem Ableben hatte er in Thüringen die gleiche Stellung wie der Kurfürst in seinem Territorium erreicht. Den Einfluß des Adels drängte er zurück, Mißstände und Unsitten wurden von ihm bekämpft.

Die Landesordnung von 1446 war das erste große Gesetz, das unter Wilhelms Regierung erlassen wurde. Der Begriff Landesordnung hat sich eingebürgert für solche landesherrlichen Anordnungen, die eine Vielzahl von Einzelbereichen regeln. Gerade die Entstehungsgeschichte dieses Gesetzes zeigt recht gut, wie stark der Adel in Thüringen im Gegensatz zu anderen Gebieten war. Die Landesordnung von 1446 wurde nicht, wie die späteren ihrer Art, vom Herzog allein erlassen, sondern er hat „alle unser graven, herren, ritterschaft und stete dez genanten furstenthums zu Doringen, alle gemeinlich, durch unser flissige begerung ersucht, uns zu raten und zu helfen". Diese hatten sich bereits früher mit der Problematik befaßt. Schon Wilhelms Vorgänger in Thüringen, Friedrich der Friedfertige, trug sich mit dem Gedanken, einer Reihe von Mißständen durch ein Landesgesetz abzuhelfen. Im Thüringischen Hauptstaatsarchiv Weimar ist ein entsprechender Gesetzentwurf thüringischer Räte, vermutlich aus der ersten Hälfte des Jahres 1443, überliefert. Darin standen die Friedenssicherung, die Verbesserung des Münzwesens und natürlich die Stärkung des Adels gegenüber dem Landesherrn im Mittelpunkt. Zu Fragen des Handels und des Handwerks wurde ein Gutachten der Städte Gotha, Langensalza, Weißensee, Weimar, Tennstedt und Waltershausen eingeholt. Gesetzeskraft erlangten die Vorschläge der Räte und Städte nicht. Immerhin war ihnen aber die Materie nicht ganz unbekannt, als Herzog Wilhelm sie zur Hilfe aufforderte.

Ende Dezember 1445 kamen die Vertreter der thüringischen Grafen, Ritter und Städte in Weißensee zusammen, um einen Entwurf auszuarbeiten, der dem Landtag zur Billigung vorgelegt werden sollte. Bis auf Graf Bodo von Stolberg werden die Mitglieder des vorbereitenden Ausschusses nicht genannt. In den Konzepten findet man sehr häufig die Handschrift des Oberschreibers der herzoglichen Kanzlei, Thomas von Buttelstedt. Am 31. Dezember lag der zur Beratung im Landtag gedachte Entwurf vor. Der Herzog befand sich zu dieser Zeit in Weimar, wahrscheinlich ist er erst am 8. Januar 1446 zu Beginn des Landtages nach Weißensee gekommen. Seine unmittelbare Mitwirkung am Gesetzestext ist also wahrscheinlich recht gering. Am 9. Januar 1446 hat Wilhelm III. in Weißensee „umb großer liebe willin, die wir zu dem furstenthumb zu Doringen tragin", die auf dem Landtag gebilligte Landesordnung erlassen. Der Text läßt vier Regelungsbereiche erkennen: Kirche, Gericht, Polizei – dieser Begriff ist allerdings dem 15. Jahrhundert fremd – und Wirtschaft.

An erster Stelle steht die Sonntagsheiligung. Alle Bewohner des Landes sollten die Sonntagsfeier heilig halten und sie nicht durch Arbeit stören. Der Zusatz, daß althergebrachte Märkte, die auf einen Sonntag fallen, davon unbeschadet sind, dürfte auf die Einflußnahme der Städte zurückzuführen sein.

Von außerordentlicher Wichtigkeit waren die Regelungen des Gerichtswesens. Den Untertanen wurde verboten, vor ausländischen Gerichten – das sind Gerichte, die nicht im Territorium Wilhelms lagen – Klage zu führen, weil das „den landen ein unere (Unehre) und auch großer schade und merklich verterpnis" bringe. Das hatte einmal machtpolitische Gründe, zum anderen auch finanzielle Ursachen. Der Landesherr mußte und wollte selbst stark genug sein, seinen Untertanen Rechtsschutz in ausreichendem Maße zu gewähren. Die Prozeßkosten sollten im Land gezahlt werden und nicht anderen Territorialfürsten zufließen.

Luftbildaufnahme von Weißensee mit dem mittelalterlichen Burgbezirk und der Altstadt. Postkarte um 1930.

Die Richter wurden ermahnt, „sluniglich“ (schleunigst) vorzugehen, denn ein Grund, warum die Thüringer ausländische Gerichte anriefen, lag darin, daß die Prozesse zu weltlichen Fragen oft verschleppt wurden. Aus dem gleichen Grunde wurden häufig auch weltliche Angelegenheiten vor geistliche Gerichte gebracht. Diese waren eigentlich nur für Sachen zuständig, welche die Ehe, Meineid, den Zehnten, den geistlichen Zins und geistliche Geldangelegenheiten, Ketzerei und Wucher sowie die strafbare Erwerbung eines Kirchenamts oder einer Pfründe betrafen. Bei Strafe der Landesverweisung wurde untersagt, ausländische oder geistliche Gerichte als Apellationsinstanz anzurufen. Die Trennung von weltlicher und geistlicher Gerichtsbarkeit stellte den Anfang der Bemühungen um ein geordnetes Gerichtswesen dar.

Durch ständige Kriegswirren, zu denen noch gelegentliche Mißernten und Seuchen kamen, war die Mehrheit der thüringischen Bevölkerung ziemlich arm geworden. Das erkannten die Urheber der Landesordnung jedoch nicht. Sie sahen vielmehr die Ursachen darin, „daz sich daz gemeine volg in steten und dorffirn mit czerungin zu hochzitin, kirmessin, touffaten [Taufen], quessirigin [Tänzen], kirchgengin, biegrefftin [Begräbnissen] andire mer sachen und unredelichin gewonheiten ubirmessig, kostlich [kostbar; teuer] und unordelich haldin, sich auch zu kostlich cleidung flißin“. Deshalb wurden die Personenzahlen zu Festen beschränkt. Zu einer Bauernhochzeit durften beispielsweise neben dem Gesinde nur acht Personen eingeladen werden. Auch gegen die „kostliche Kleidung“ wurde vorgegangen. Die Bauern, Schäfer, Handwerker und ihre Frauen und Kinder sollten „kein andir gewant tragin, dan daz in unsirn landen gemacht ist.“ Neben der Vermeidung von hohen Geldausgaben für ausländisches Tuch war diese Bestimmung zugleich dazu angetan, den Absatz heimischer Produkte zu fördern und die Wirtschaft zu stärken. Außerdem war es dem gemeinen Volk untersagt, sich mit Silber zu schmücken; die Bauersfrauen durften keine Schleier tragen, die mehr als einen Gulden wert waren. Der Hintergrund dieser Bestimmungen war sicherlich, daß man den sichtbaren Standesunterschied, der traditionell in der Kleidung Ausdruck fand, nicht verwischen wollte. Das Verbot des „toppilspils“ – eine Art Lotterie – dürfte wohl eher soziale Gründe gehabt haben. Die Bürger der Städte waren von dieser Regelung nicht betroffen. Mitte des 15. Jahrhunderts war ihre Stellung bereits so stark, daß sie auf diesem Gebiet eigene Satzungen erlassen konnten.

Für das tägliche Leben von besonderer Wichtigkeit waren die Bestimmungen über wirtschaftliche Fragen. In einem noch immer stark durch die Naturalwirtschaft geprägten System war der Zustand der Landwirtschaft von großer Bedeutung. Hier lag aber durch die brüderlichen Zwistigkeiten, die ständigen Fehden der Grafengeschlechter und auch in Auswirkung der Hussitenkriege vieles im Argen. Der Wirtschaftsförderung dienten die Festlegungen zur Pferdezucht, zur Schafhaltung und zur Weide. Die Belebung der Pferdehaltung hatte das Ziel, die für die Feldarbeit aber auch in militärischen Auseinandersetzungen benötigten Tiere aus eigenem Bestand zu stellen. Die Beschränkung der Schafhaltung auf 50 Stück pro Schäfer sollte vermutlich dem Adel die Abgaben der Bauern sichern, die vorrangig vom Ernteertrag und weniger von der Tierhaltung abhingen.

Titelblatt der 1556 von den ernestinischen Herzögen Johann Friedrich II., Johann Wilhelm und Johann Friedrich III. von Sachsen erlassenen „Policey- und Lands- Ordnung“. Druck von 1580.

Der Durchleuchtigen Hochgebohrnen
Fürsten und Herren/
Herrn Johanns Friedrichen/
des Mittlern,
Herrn Johanns Wilhelm/
und
Herrn Johanns Friedrichen/
des Jüngern, Gebrüdere,
Hertzogen zu Sachsen/ Landgrafen in Thüringen/
und Marggrafen zu Meissen/

Policey= und Lands= Ordnung,

de A. 1556.

Zur Wohlfahrt und Besten Derselben Landen u. Unterthanen/
bedacht und ausgegangen.

Gedruckt Anno 1580.

Da die Tagelöhner in Thüringen im Vergleich zu anderen Fürstentümern sehr schlecht bezahlt wurden, verließen viele das Land. Um keinen Mangel an Arbeitskräften aufkommen zu lassen, verbot die Landesordnung den Tagelöhnern, außerhalb des Landes Arbeit zu suchen. Wer diese Bestimmung nicht beachtete, wurde geächtet, d.h. er durfte das Land nie wieder betreten. Das Gesinde konnte nur mit Zustimmung seines Dienstherren die Stellung wechseln.

Nachdem der Landtag in Weißensee die Landesordnung gebilligt hatte, wurde sie viermal auf Pergament abgeschrieben. Am 23. Januar 1446 erhielten die Amtleute Thüringens die Weisung, die neue Ordnung zu verkünden und sie von da an jedes Jahr einmal zu verlesen, „uff daz sich nymant davon wisse zu entschuldigen“. Sie wurden auch zur Kontrolle über die Einhaltung der Bestimmungen in ihrem Bereich verpflichtet.

Die Landesordnung konnte nur durch die Eintracht einer großen Zahl von politischen Gewalten des Territoriums wirksam werden. Der Landesherr allein war noch zu schwach. Deshalb wurde der eigentliche Gesetzestext durch einen Bündnisvertrag, „Einung“ genannt, zwischen den an der Entstehung der Ordnung beteiligten Adligen ergänzt. Darin verpflichteten sie sich, Differenzen untereinander auf dem Rechtsweg beizulegen und sich gegenseitig zu unterstützen, wenn sie in Zwistigkeiten mit einem Ausländer – das ist ein Nicht-Thüringer – gerieten. Ein Viererausschuß, bestehend aus je einem Vertreter des Herzogs, der Grafen, der Ritter und der Städte, sollte die Einhaltung dieser Abmachung und auch der Landesordnung überwachen. Zweimal im Jahr wollte sich dieser Ausschuß treffen: Mittwoch nach Pfingsten in Weimar und Montag nach dem Martinstag in Weißensee. Er sollte auch das Recht haben, Änderungen von Festlegungen der Landesordnung vorzuschlagen.

Aber die Praxis sah ganz anders aus. Besonders die „Einung“ rief den Widerstand des Kurfürsten Friedrich hervor. In der Bestimmung, daß nur derjenige die Nachfolge Herzog Wilhelms antreten könne, der auf die „Einung“ schwöre, sah er sein Erbrecht beschnitten. Der Erfurter Chronist Hartung Cammermeister berichtet, daß der wettinische Kurfürst nicht eher Ruhe gab, bis „die einungs brive ... undergingen und getilgit wurden.“ Vielleicht findet darin die Tatsache, daß keine einzige der vier Originalurkunden in den zuständigen Archiven überliefert ist, eine Erklärung. Offensichtlich war der Landesordnung keine allzu lange Geltungsdauer beschieden. Trotzdem bleibt der für die damalige Zeit bedeutende Versuch, die innere Ordnung in Thüringen zu festigen.

Herzog Wilhelm ließ sich durch den frühen Mißerfolg nicht einschüchtern. Ohne den Beistand seiner Räte und den Einfluß des thüringischen Adels regelte er nur wenige Jahre später das Leben in seinem Herzogtum durch verschiedene Einzelverordnungen. Seine 1454 erlassene Gerichtsordnung war von dauerndem Erfolg.

[Dagmar Blaha]

Grabplatte von Wilhelm III., Herzog von Sachsen und Landgraf von Thüringen, aus der Stadtkirche St. Peter und Paul in Weimar. Kupferstich von Peter Iselburg [?] aus der 1. Hälfte des 17. Jahrhunderts.

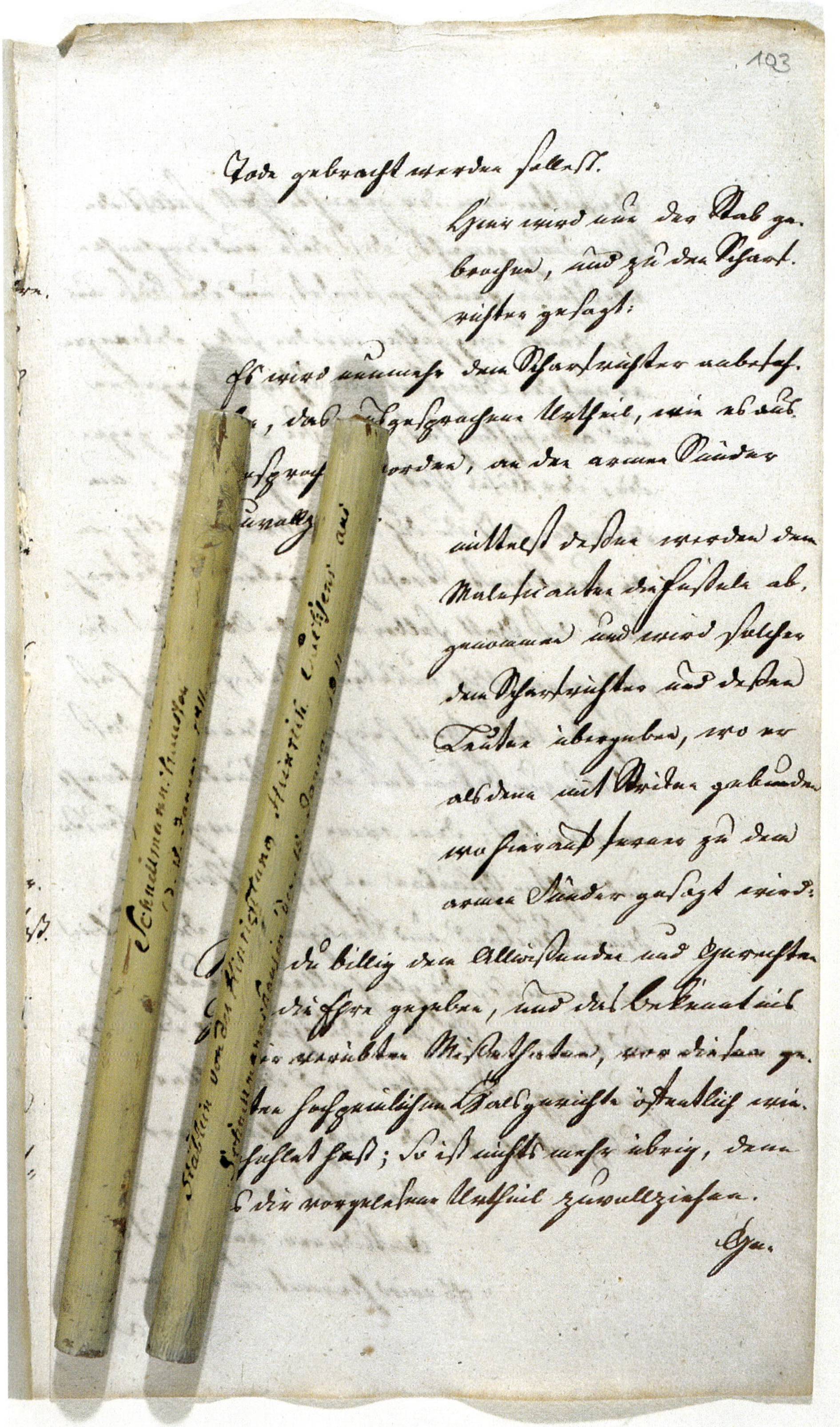

Hinrichtungsprotokoll mit zerbrochenem Urteilsstab als Zeichen für die Gültigkeit des Todesurteils gegen den Straßenräuber Heinrich Sachs aus Schnellmannshausen, das am 15. Januar 1811 durch Enthauptung vollzogen wurde. Mit dem Stabbrechen wurde ein Strafverfahren mit Todesurteil symbolisch zum Abschluß gebracht. Der Verurteilte wurde damit aus der Rechtsgemeinschaft ausgestoßen.

Unter den europäischen Rechtsbüchern des 13. Jahrhunderts ist der Sachsenspiegel das älteste.

Für die deutsche Rechtsentwicklung des Mittelalters kommt ihm eine von keinem anderen Gesetzeswerk erreichte Bedeutung zu.

Hans Planitz (1950)

Landfrieden und Rechtsprechung

„Gott ist selber Recht und darum ist ihm Recht lieb“, verkündet der Sachsenspiegel des anhaltinischen Schöffen Eike von Repgow, das bekannteste und bedeutendste Rechtsbuch des deutschen Mittelalters. Das „Sächsische Recht“, dessen Ausgestaltung und Entwicklung durch die Wettiner als Landesherren wesentlich gefördert wurde, hatte ein weites Verbreitungsgebiet und galt zeitweise als vorbildhaft über den deutschen Raum hinaus. Im religiösen Weltbild unserer Vorfahren spielte der Gedanke einer gerechten, auf Recht gegründeten Herrschaft eine zentrale Rolle. Der König bzw. der jeweilige Landesherr waren oberste Richter, sie sollten für die Aufrechterhaltung von Frieden und christlicher Ordnung sorgen. Die Begründung der Gerechtigkeit in der Religion gab natürlich dem Gericht, als der Institution der Rechtsprechung eine besondere Weihe und bestimmte auch den Prozeßgang. Das Recht selbst, als von Gott herrührend, sollte durch das Urteil gefunden werden, notfalls durch Gottesurteil. In öffentlicher Versammlung wurde Gericht gehalten, wurden Rechtsgeschäfte vorgenommen, Verträge geschlossen, Eide geleistet, aber auch besondere Rechte und Verpflichtungen gefordert und bestätigt.

Zum Ausgang des Mittelalters wandelte sich das Bild des Rechtswesens allmählich. Der öffentliche Charakter des Gerichts wurde auf vielen Gebieten eingeschränkt.

Gelehrte Juristen verdrängten den Laienrichter, die rechtsprechenden Behörden erfuhren vielfach einen Um- und Ausbau. Das Gewohnheitsrecht wurde zunehmend durch gesetztes Recht ergänzt und schließlich ersetzt. Die beginnende Säkularisierung, d.h. Verweltlichung, des gesellschaftlichen Lebens erfaßte auch das Rechtswesen, wenn äußerlich auch vielfach an überkommenen Rechtsformen festgehalten wurde. Der Aufbau einer moderneren Staatsverwaltung in den folgenden Jahrhunderten forderte und förderte die Entwicklung des Rechtswesens. Nun bedienten sich auch die Untertanen in einem vorher ungekannten Maße der Justiz, um ihre Interessen gegenüber der jeweiligen Obrigkeit durchzusetzen. Mit den großen Reformen des 19. Jahrhunderts und ihrer rechtlichen Ausgestaltung gelang es schließlich den thüringischen Staaten, sich auf die Bedingungen des Industriezeitalters einzustellen. Damit wurden Grundlagen geschaffen, die noch heute unser Rechtswesen bestimmen.

Als die Wettiner 1247 den Ludowingern in der thüringischen Landgrafschaft nachfolgten, fanden sie eine traditionelle Gerichtsverfassung und rechtliche Institutionen vor, die sie nun ihrerseits zu nutzen hatten. Die Wettiner hoben sich als Markgrafen von Meißen mit weitgehend selbständiger Gerichtsbarkeit bereits von der Masse der übrigen Herrschaftsträger ab. Der landgräfliche in

Machtbereich war auf der untersten Ebene in eine Vielzahl von Gerichtsbezirken aufgeteilt, in denen im Namen des Landgrafen Gericht gehalten wurde und Abgaben eingezogen wurden. Der Landgraf selbst oder ein Vertreter hielt zu unterschiedlichen Zeiten an besonderen Orten „Landdinge", also Versammlungen ab, bei denen er Gericht hielt, Urkunden ausstellte und weitere Machtbefugnisse wahrnahm, wobei er seine Herrschaft öffentlich demonstrierte.

Die Wettiner mußten vor allem danach trachten, sich von den einflußreichen einheimischen Adelsgeschlechtern als neue Herren anerkennen zu lassen. Dazu gehörte es, daß diese nötigenfalls auf den landgräflichen Gerichtstagen zu erscheinen hatten und hier eigene Rechtsgeschäfte vornahmen. Seit der zweiten Hälfte des 13. Jahrhunderts tritt dabei neben Gotha, Thamsbrück, Weißensee und Buttelstedt das Landding zu Mittelhausen als ein bevorzugter Gerichtsort der neuen Landgrafen hervor. Es sind Verhandlungen überliefert, die den Ort als einen Schwerpunkt der wettinischen Herrschaft in Thüringen erscheinen lassen. Das unterstreicht auch seine Bedeutung als thüringisches Landfriedensgericht. Die Landfrieden waren ursprünglich Vereinbarungen, die zur Eindämmung der Fehde und zur Erhöhung der allgemeinen Sicherheit des Landes geschlossen wurden. Die mittelalterliche Friedensbewegung trug sehr dazu bei, die Möglichkeit, sein Recht durch Vergeltung, „auf eigene Faust", wiederherzustellen, zugunsten eines geregelten Gerichtsverfahrens zurückzudrängen. Der Sachsenspiegel nennt neben befriedeten Personen und Orten ein Fehdeverbot für die Zeit von Donnerstag bis Sonntag. Ein allgemeines Fehdeverbot sprach erst 1495 der auf dem Wormser Reichstag verkündete sogenannte „Ewige Landfriede" aus. Die Einhaltung des Friedens hing dabei von der Macht des jeweiligen Gerichts- und Landesherren ab, der auf diese Weise Ansehen und Bedeutung seines Gerichts und damit seinen Einfluß beträchtlich erweitern konnte. Dies galt auch für sein Verhältnis zum König, der als der oberste Gerichtsherr galt, von dem sich alle Berechtigungen ableiteten. Hervorzuheben ist die Beschwörung des Landfriedens durch Herren und Städte 1308 auf dem Landding der Wettiner, die damit ihren erneuten Anspruch auf die thüringische Landgrafschaft demonstrierten.

Im 14. Jahrhundert war Mittelhausen dann der Ort des neugeordneten Landgerichts mit dem Grafen von Schwarzburg als Landrichter. Ihm standen zwölf bzw. acht Beisitzer zur Seite. Die Landdinge wurden durch Hofgerichte mit fest angestelltem Personal abgelöst, die zum Ende des 15. Jahrhunderts u. a. in Weimar, Thamsbrück, Altenburg, Weißenfels, Coburg und Eckartsberga bestanden. Waren die Wettiner einerseits bestrebt, ihre richterliche Stellung als Landgrafen auszubauen, so blieb ihre Gerichtsherrschaft von zahlreichen Gebieten durchlöchert, in denen andere die entsprechenden Rechte ausübten. Teilweise, z.B. für Erfurt, Mühlhausen und Nordhausen sowie einige Klöster, erteilten die Landgrafen selbst Privilegien, die von ihrer Gerichtsherrschaft befreiten.

Generell bezog sich die sachliche Zuständigkeit der Gerichte auf zwei Bereiche, die auch in unterschiedlichen Händen liegen konnten: die Hoch- und die Nieder- oder Erbgerichtsbarkeit. Die Hochgerichtsbarkeit, die Ausdruck größerer Machtbefugnis war, umfaßte das Richten über Sachen, die „an Hals und Hand" gingen, also Leibes- oder Lebensstrafen nach sich zogen.

Titelblatt der 1589 von Tobias Steinmann in Jena gedruckten „Polizey- und Landesordnung" der sächsisch-ernestinischen Herzöge Friedrich Wilhelm I. und Johann.

Der Durchlauchtigen Hochgebornen Fürsten vnd Herren / Herren Friederich Wilhelms / vnd Herren Johansen Gebrüdern / Hertzogen zu Sachsen / Landgrauen in Düringen / vnd Marggrauen zu Meissen / etc.

Policey vnd Landesordnunge / zu wolfart / nutz vnd besten derselben Vnderthanen vnd Fürstenthumb bedacht vnd ausgangen.

15  89.

ist 1671. revidirt

Gedruckt zu Jhena / durch Thobiam Steinman.

Cum Priuilegio ad quinquennium.

Äußeres Zeichen dieser Machtbefugnis waren die vielerorts weithin sichtbar aufgestellten Galgen. Im ganzen Land wirkten schließlich noch kirchliche Gerichte, welche die Zuständigkeit für bestimmte Personengruppen, vor allem Kleriker, und eine Reihe von Delikten und Zivilstreitigkeiten beanspruchten und so mit den übrigen Gerichtsherren konkurrierten. Hierbei erreichte das wettinische Fürstenhaus unter Wilhelm I. im Jahre 1401 vom Papst das Privileg, daß die Untertanen wenigstens nicht vor auswärtige Gerichte zitiert werden konnten, und 1446 verbot Wilhelm III. in einer Landesordnung seinen weltlichen Untertanen rigoros die Inanspruchnahme geistlicher Gerichte. Die Zersplitterung der Gerichtsbarkeit hinsichtlich der personellen, territorialen und sachlichen Zuständigkeit blieb in unterschiedlichem Ausmaß bis zum 19. Jahrhundert eine ihrer charakteristischen Eigenschaften.

Für die Wettiner bedeutete die Belehnung mit der Kurfürstenwürde seit 1423 eine bedeutende Erweiterung ihrer Gerichtsherrschaft. Die Entwicklung einer funktionierenden Gerichtsverfassung im Inneren konnte nun wirksam durch eine Abgrenzung nach außen, vor allem in der Zurückdrängung der Rechte des Königs, ergänzt werden. Dem König stand es ursprünglich zu, jeden Rechtsstreit an sein Gericht ziehen zu können, was gleichzeitig bedeutete, daß jedermann vor des Königs Gericht gefordert werden konnte. Auf dieses Recht war weitgehend bereits 1356 in der „Goldenen Bulle“ zugunsten der Kurfürsten verzichtet worden. Das Verbot für die eigenen Untertanen, sich an auswärtige, insbesondere königliche Gerichte wenden zu können, ließen sich die Wettiner nach 1423 von neuem bestätigen, so daß es auch auf die thüringischen Besitzungen anwendbar war. Die sächsische Kurwürde umfaßte daneben das bedeutende Recht, in Zeiten der Thronvakanz des Königs bzw. Kaisers, dessen Befugnisse im „Gebiet des sächsischen Rechts“, das weit über den eigentlichen Machtbereich der Wettiner hinausging, wahrzunehmen. Als königliche Gerichte waren neben den Hofgerichten des Königs selbst, zeitweise die westfälischen Femegerichte im Reich tätig, die bei ihren Vorladungen wenig Rücksicht auf Gerichtsprivilegien nahmen. Ihre Verbreitung lag vor allem im 14. und 15. Jahrhundert und ihr Ansehen verband sich vor allem mit ihrer Rolle bei der Durchsetzung des Landfriedens. Dabei konnten die „Freischöffen“ auch auf fremdem Gebiet Urteile sprechen und vollstrecken. Dem Freischöffenbund gehörten sogar die Landesherren, wie Kurfürst Friedrich I. oder dessen Sohn Wilhelm III. an, dem 1445 der thüringische Landesteil zugefallen war. Die Zurückdrängung der Femegerichte, deren Wirksamkeit im thüringisch-sächsischen Raum jedoch nicht überschätzt werden darf, erfolgte schließlich in dem Maße, wie sich eine abgeschlossene Gerichtsverfassung aufbauen ließ. In diese konnte auf Grund der genannten Privilegien auch nicht durch das 1495 geschaffene Reichskammergericht eingegriffen werden.

Zu Beginn der frühen Neuzeit stützte sich im thüringisch-sächsischen Herrschaftsbereich der Wettiner die Rechtsprechung auf unterster Ebene auf die Ämter, in deren Bereich Stadt- und Landgerichte tätig waren. Für privilegierte Stände bestand die Möglichkeit, sich an die Hofgerichte oder den Landesherrn persönlich zu wenden. Daneben existierten eine Vielzahl grundherrlicher, städtischer und geistlicher Gerichte, von denen nur die letzteren mit der Reformation der landesherrlichen Gerichtverfassung eingegliedert werden konnten. Eine wichtige Rolle spielten die sogenannten Schöffenstühle und die Juristenfakultäten der Universitäten, die als Spruchkollegien rechtliche Auskunft erteilten und Urteile formulierten. Die Zuständigkeit der Reichsgerichte war nur

Erinnerungsstein an das Landding zu Mittelhausen. Als vom König legitimierte landgräfliche Gerichtsstätte nahm Mittelhausen sowohl unter den Ludowingern als auch den Wettinern von der Mitte des 12. bis zur Mitte des 14. Jahrhunderts eine bevorzugte Stellung in Thüringen ein. Das Denkmal wurde 1853 errichtet.

in Ausnahmefällen gegeben. Die Brüder Ernst und Albrecht hatten 1483 in Leipzig ein Oberhofgericht gegründet, das lange Zeit für beide wettinische Linien, wie sie dann 1485 entstanden, zuständig war. Ausdrücklich wies Friedrich der Weise darauf hin, daß damit „in unsern Landen eyn Gericht und Recht gehalden, darauf der Fryde erfüllet und nymandes Recht gewegerth werde.“ Erst nach dem Schmalkaldischen Krieg verboten die Ernestiner ihren Untertanen, sich an das nunmehr albertinische Gericht zu wenden und richteten ihrerseits 1566 in Jena ein Hofgericht ein. Der Ausgang dieses Krieges zwang die Ernestiner außerdem, nach dem Verlust von Wittenberg eine eigene Landesuniversität in Jena zu gründen, womit sie neben dem zeitweise tätigen Schöffenstuhl zu Coburg auch über eigene juristische Spruchkollegien verfügten.

Mit der wissenschaftlichen Bearbeitung und der Übernahme vor allem des Römischen Rechts in weiten Teilen Europas war eine Entwicklung eingetreten, die entscheidend zur Umgestaltung und Modernisierung des deutschen Rechtswesens beitrug. Dagegen stellte das seit dem Mittelalter weiterentwickelte und gepflegte sächsische Recht eine Rechtsordnung dar, die dem Eindringen fremder Rechtsansichten anders als im übrigen Reich stärkeren Widerstand entgegensetzte. Das sächsische Recht behielt zunächst den Vorrang und nur wo es „tunkel adder unvornemlich“ sei, sollte auf andere Vorschriften zurückgegriffen werden. Als auf dem Regensburger Reichstag 1532 mit der Peinlichen Gerichtsordnung Karls V. ein einheitliches Straf- und Strafprozeßrecht in Kraft gesetzt wurde, war es auch dem Widerstand Kursachsens zu verdanken, daß eine Klausel dem einheimischen sächsischen Recht zunächst Vorrang einräumte. Noch 1530 hatten sich die kursächsischen Gesandten gegen das Gesetz erklärt. Eine Angleichung erfolgte u. a. auf dem Wege landesherrlicher Gesetzgebung. Herausragend waren dabei die „Kursächsischen Konstitutionen“ von 1572, die auch in Thüringen Anwendung fanden. Der sächsische Prozeß bewahrte viele Besonderheiten, von denen einige zur Beschleunigung des Verfahrens auch von Reichsgerichten übernommen wurden. Andererseits hielt man bis in das 17. Jahrhundert hinein an mittelalterlichen Rechtsformen fest, so daß die Landesherren mit Verboten einschreiten mußten. Während irrationale Beweismittel, wie das Berühren eines Toten, zwar noch üblich, aber nicht mehr als Beweis anerkannt waren, griffen die Sühneverträge entscheidend in das Strafverfahren ein. Im Falle eines Totschlags einigte sich hierbei die Familie des Opfers vor allem finanziell mit dem Täter.

Seit dem 16. Jahrhundert ergoß sich mit dem Ziel, die Wohlfahrt des Landes zu fördern, eine ganze Flut von Gesetzen, Mandaten, Reskripten, Dekreten und Verordnungen über die Untertanen. So gebot die „Polizey- und Landesordnung“ für Sachsen-Weimar 1589 jedermann, vom „lesterlichen Sauffen“ abzustehen und drohte „gebührliche Straffe“ an, wo dabei das allgemeine „Friegebot mit Worten oder Werken“ gebrochen würde. Das sächsische Recht nahm weiterhin eine Sonderstellung ein, die erst durch die Rechtsvereinheitlichung im 19. Jahrhundert aufgehoben wurde. Die Struktur der Justizbehörden, wie sie im 16. Jahrhundert beschaffen war, blieb über lange Zeit erhalten und wirkt sich zum Teil noch heute aus. Das Hofgericht zu Jena blieb bis 1816, der Schöppenstuhl bis 1877 bestehen. Jena war seit 1817 Sitz des Oberappellationsgerichts, das 1877 zum Gemeinschaftlichen Thüringischen Oberlandesgericht umgestaltet wurde. Auch heute befindet sich in Jena wieder das oberste thüringische Gericht für Zivil- und Strafsachen.

[Hagen Rüster]

Gerichtsbetrieb im 16. Jahrhundert: In der Mitte des Bildes der Richter mit Stab und den Beisitzern, links der schwörende Kläger, rechts der Gerichtsschreiber. Ein Missetäter wird in Ketten vor Gericht gebracht, rechts im Hintergrund die Folter. Im Vordergrund aus- und eingehende Gerichtsboten sowie ein bäuerliches Paar, das sich Rat bei einem Rechtsgelehrten holt. Holzschnitt.

Erste Seite der albertinischen Ausfertigung der Teilungsurkunde für Kurfürst Ernst von Sachsen. Leipzig, 26. August 1485. Die Urkunde umfaßt zwölf in Pergament eingebundene Papierblätter. Das Lacksiegel mit Wachsschüssel Herzog Albrechts von Sachsen ist mit einer „durchgetzogen" gelbschwarz geflochtenen „Snure" befestigt.

Ein Zeitalter sächsischer Geschichte ging mit diesen Ereignissen zu Ende. Eine neue gewaltige Zeit zog herauf.

Rudolf Kötzschke (1935)

Die Leipziger Teilung von 1485

Die Widersprüchlichkeit des 9. November als geschichtsträchtiges Datum im 20. Jahrhundert ist Gemeingut der Deutschen geworden: Die Revolution von 1918 bedeutete das Ende der Monarchie in Deutschland, die „Reichskristallnacht" von 1938 symbolisiert die tödliche Verfolgung der jüdischen Bevölkerung im nationalsozialistischen Deutschland, der Fall der Mauer 1989 bahnte nach 45jähriger Trennung des Vaterlandes der deutschen Vereinigung ihren Weg. Doch bereits rund 500 Jahre früher fiel an diesem Tag eine politische Entscheidung, die die Rahmenbedingungen für die staatliche Entwicklung des mitteldeutschen Kulturraumes bis hin zu den gegenwärtigen föderalen Freistaaten Sachsen und Thüringen mitbestimmte. Am 9. November 1485 einigten sich in Leipzig die wettinischen Brüder, Kurfürst Ernst und Herzog Albrecht, auf die Teilung ihres umfangreichen Besitzes, der von Meißen bis Eisenach und von Wittenberg bis nach Coburg reichte. Mit ihr wurde endgültig, ohne freilich damals beabsichtigt, die staatliche Einheit des meißnisch-sächsischen und thüringisch-osterländischen Herrschaftskomplexes der Wettiner aufgelöst und Thüringen selbst mit geteilt. Damit wurde eine Entwicklung eingeleitet, die für die Geschichte der Wettiner in Thüringen und in den mit ihnen verbundenen Gebieten der mitteldeutschen Region das Phänomen der Landesteilungen bis hin zu fast nicht mehr lebensfähigen Herrschaftsgebilden plastisch hervortreten läßt. Mit den Landesteilungen des 17. Jahrhunderts erwarb sich schließlich Thüringen den zweifelhaften Ruhm, das Musterland der deutschen Kleinstaaterei zu sein.

Die Teilung herrschaftlicher Territorien wurde im Mittelalter und in der frühen Neuzeit als ein gebräuchliches und legitimes Instrument fürstlicher Hauspolitik betrachtet. Das damalige Erbrecht kannte in der Nachfolge des unbeweglichen Vermögens kein Vorrecht des Erstgeborenen. Grund und Boden wurden unter den Söhnen geteilt oder in gemeinsamen Besitz genommen. Durch verschiedene Interessen der Erben kam es allerdings nur selten zu einer ungestörten gemeinschaftlichen Regierung. Oft fand man nachgeborene Söhne mit einzelnen Landesteilen ab oder versuchte eine nach dem damaligen Verständnis gerechte Aufteilung vorzunehmen.

Bereits mit der Goldenen Bulle Kaiser Karls IV. wurde 1356 die Primogenitur (die alleinige Nachfolge des Erstgeborenen in den territorialen Besitz) für die Kurfürstentümer reichsrechtlich festgeschrieben. In der Praxis fand dieses Recht nur für das eigentliche Kurland, an dem die Kurwürde haftete, Anwendung. Angegliederte Herrschaften und Neuerwerbungen wurden hierbei nicht einbezogen. Erst in der frühen Neuzeit setzte sich regional und zeitlich versetzt die Primogenitur in der Herrschaftsnachfolge für den gesamten Territorialstaat durch. Bei nunmehr durchgeführten Landesteilungen trat die erbrechtliche Motivation hinter praktische Gründe zurück. Standesgemäßes Leben der Söhne und genügend ebenbürtige Nachkommen auch in den Seitenlinien sollten gesichert werden.

Durch den 1451 erreichten Frieden von Naumburg als Resultat des sächsischen Bruderkrieges veränderte sich die territoriale Konstellation unter den wettinischen Brüdern nicht, dafür waren aber weite Landesteile verwüstet und unzählige Menschen getötet worden. Friedrich II. erhielt als Kurfürst das meißnische Gebiet zusammen mit dem Kurland um Wittenberg, während Wilhelm III. im thüringisch-fränkischen Raum und Teilen des Osterlandes herrschte.

1464 starb Kurfürst Friedrich II. in Leipzig und seine Söhne Ernst und Albrecht folgten ihm in gemeinschaftlicher Regierung, wobei sich die Kurwürde auf den älteren Bruder Ernst übertrug. Dieser führte die Regierungsgeschäfte im Namen seines Bruders mit aus. Als ihr Onkel, Herzog Wilhelm III., im Alter von 59 Jahren 1482 erbenlos in Weimar verstarb, endete eine Ära selbständiger thüringischer Geschichte im dynastischen Rahmen der Wettiner. Thüringen fiel an die sächsische Hauptlinie zurück und alle wettinischen Besitzungen waren unter gemeinsamer Regierung vereinigt.

Dieser Zustand sollte allerdings nicht von Dauer sein. Nur drei Jahre währte diese historische Marginalie, in der das Kurfürstentum Sachsen seine größte flächenmäßige Ausdehnung einnahm. Es war den Wettinern gelungen, fußend auf der wirtschaftlichen Leistungsfähigkeit ihrer Untertanen, auf einem ausgeprägten Städtewesen und einem sich rasch entwickelnden Bergbau, einen Territorialstaat zu formieren, der neben der habsburgischen Hausmacht und dem böhmischen Königreich als eines der mächtigsten Glieder innerhalb des Heiligen Römischen Reiches an der Schwelle zur frühen Neuzeit angesehen werden kann. Durch die folgende Landesteilung konnte diese gesamtwettinische Kontinuität nicht fortgeschrieben werden. Freilich setzte sich in den ersten Jahrzehnten nach der Teilung der vor allem durch den Bergbau bedingte wirtschaftliche Aufschwung beschleunigt fort, dem die Kultur und das politische Gewicht nicht nachstanden. Dennoch lassen die Langzeitfolgen dieser Entscheidung die wettinischen Territorien als Faktor im Reich zurück- und neben andere frühmoderne Staaten treten.

Zunächst vermieden die beiden Brüder Thüringen zu betreten, und das „Chronicon terre Misnensis“ weiß zu berichten, die Ursache habe darin gelegen, daß seit der Vertreibung der heilig gesprochenen Landgräfin Elisabeth aus Thüringen kein Landgraf einen Erben dort gehabt hätte. Die Nachkommen der Heiligen Elisabeth seien immer noch die wahren Erben der Landgrafschaft. Da nun Leipzig im Grenzgebiet zwischen Thüringen und Meißen lag, hatten sich die wettinischen Brüder dort häufig aufgehalten. Seine Residenz hatte Albrecht bereits 1482 nach Torgau verlegt, womit sein Einfluß auf die gemeinsame Regierung schwand. Teilungsgedanken traten nunmehr deutlicher hervor. Ob die Ursachen für die Teilung im Anfall des Erbes Wilhelms III. oder in einer Romreise des Kurfürsten Ernsts im Jahre 1480 liegen oder ob diese Gegebenheiten nur den Anlaß darstellten, muß offen bleiben. Jedenfalls hatte Ernst vor seiner Reise zum Heiligen Stuhl nicht etwa Albrecht, sondern seinen kurfürstlichen Ratgeber, Obermarschall Hugold von Schleinitz, mit der Landesverwaltung betraut. Tatsache bleibt, daß die Brüder am 9. November 1485 in Leipzig „auß guter Bewegnus und redlichen Ursachen ... zw Merung und bleiblicher Enthaltung bruderlicher Trewe und Fruntschafft ... im Namen Gotes retig wurden sein, ... [sich] miteinander ... erblich zuteiln“.

Kurfürst Ernst von Sachsen. Kupferstich.

Der Ratgeber des Kurfürsten gilt als federführend und als Wortführer bei der Teilung. Albrecht wurde dafür das Recht der Wahl eines der beiden Teile zugestanden. Schon vorher war klar, daß die Kurlande mit dem Kurfürstentitel ungeteilt bei Ernst zu verbleiben hatten. Das übrige Territorium wurde in zwei Hauptteile, Meißen und Thüringen, zertrennt, von denen aber jeweils ein kleinerer Teil auch der anderen Landesportion zugeschlagen wurde. Für die Teilung wurde der finanzielle Ertrag der einzelnen Ämter als kleinste landesherrliche Verwaltungseinheiten zugrunde gelegt. Dem meißnischen Teil fügte man die räumlich davon getrennten Gebiete um Delitzsch, Leipzig und Weißenfels bis zu den mittel- und nordthüringischen Besitzungen der Wettiner von Eckartsberga über Weißensee bis (Bad) Langensalza zu. Das andere Teilstück reichte von Thüringen über das Vogtland bis hin zu der später gegründeten erzgebirgischen Bergstadt Buchholz sowie in das Oster- und Pleißenland um Altenburg und Borna bis nach Grimma und Torgau. Da eine genaue Halbierung der Länder in Geldwert umgerechnet nicht möglich erschien, wurde ein Finanzausgleich Bestandteil des Vertrags. So sollte der Inhaber des thüringischen Anteils 100 000 Gulden in vier Jahresraten vom anderen erhalten. Unter gemeinschaftlicher Nutzung verblieben die reichen Bergwerke, die Oberherrschaft über das Hochstift Meißen sowie die kleineren neuen Herrschaften in der Niederlausitz und in Schlesien. Ursprünglich wollte man mit dieser in sich „verzahnten" Teilung die Zusammengehörigkeit des Ganzen hervorheben. Die Praxis zeigte jedoch, daß dieses Ansinnen für die Zukunft der Wettiner verhängnisvoll sein sollte und Zündstoff für weitere innere Konflikte bis hin zu kriegerischen Auseinandersetzungen barg. Der Teil mit „Meißen" galt gemeinhin als der wertvollere. Durch die Geldzahlungen sollte Albrecht bewogen werden, „Thüringen" zu wählen. Entgegen allen Erwartungen entschied er sich am 10. November vor den versammelten Ständen des Landes mit folgenden Worten: „Lieber Bruder, nachdem gestern des Abschied gewesen, daß ich heute 12 Uhr meine Kur [Wahl] tun solle, also will ich sie jetzt tun, und will mir den Teil behalten, den man nennt in der Teilung den ‚Meißnischen' Teil, und überantworte euch hier den Teil, den man nennt den ‚Thüringischen' Teil, und wünsche euch viel Glückes und Heiles dazu". Seine vorab geäußerten Bedenken gegen die „Zerreißung und Vermengung" der Länder blieben ungehört. Ernst blieb neben der Kurwürde das nunmehrige sächsisch-ernestinische Territorium. Am Tage darauf unterzeichneten die Brüder schließlich die gegenseitigen Teilungsurkunden. Allerdings sind diese Urkunden auf den 26. August 1485 zurückdatiert, den Tag, an dem die eigentliche Teilungskommission ihre Arbeit zum Abschluß gebracht hatte. Rechtlich wirksam wurden sie aber erst durch die Wahl Albrechts und die folgende Unterzeichnung. Damit waren die beiden von den Vornamen abgeleiteten Linien der Wettiner, die Albertiner und die Ernestiner, geboren.

Durch die Teilung entstanden keine sinnvoll abgegrenzten Länder, sondern sie war willkürlich und von Zufälligkeiten geprägt. Nur das Aussterben einer der beiden neuen Linien hätte die wettinischen Besitzungen wieder vereinen können, was bis zur Aufhebung der Monarchie in Deutschland nicht geschah. Die Geschichte verlief anders. Der Chance auf einen großen mitteldeutschen Flächenstaat im Rahmen des Heiligen Römischen Reiches Deutscher Nation war dadurch die Grundlage genommen. Die Frage nach der möglichen Rolle eines einheitlichen wettinischen Staates in der Neuzeit für die deutsche Geschichte kann gestellt, aber nicht endgültig beantwortet werden.

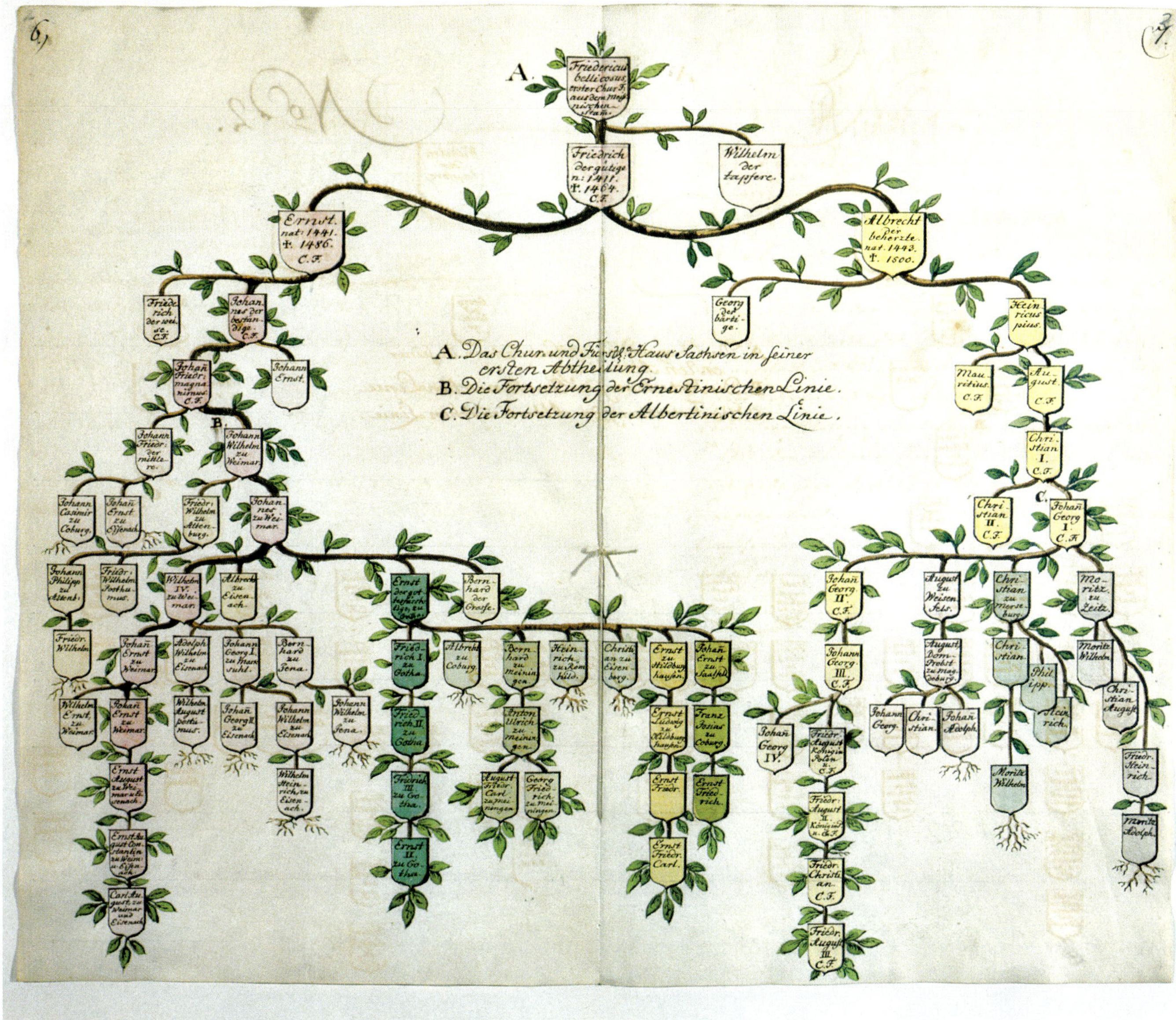

Stammbaum der Wettiner, [1. Hälfte des 19. Jahrhunderts].

Der preußisch-österreichische Dualismus in seiner bekannten kriegerischen und militaristischen Ausformung und die propreußische Lösung des Konflikts wären wohl so nicht möglich gewesen, wie sie uns aus der Geschichte bekannt sind. An der Schwelle zwischen Spätmittelalter und früher Neuzeit teilten noch mittelalterlich geprägte Denkweisen den wettinischen Herrschaftsbereich. Von nun an hatten die Ernestiner und die Albertiner unter schwierigeren Bedingungen ihren Weg in die Zukunft zu gehen.

Kurfürst Ernst von Sachsen (1441-1486)
Als ältester Sohn des Kufürsten Friedrich II. in Meißen geborenen, durchlitt er unbeschadet als 14jähriger zusammen mit seinem Bruder Albrecht den Altenburger Prinzenraub durch Kunz von Kaufungen (1455). Auf Wunsch seines Vaters regierte er nach dessen Tod von 1464 gemeinschaftlich mit seinem Bruder Albrecht, führte die Regierung jedoch in dessen Namen mit. Mittels dynastischer Erbschafts- und Machtpolitik sowie durch die aus dem Bergbau gewonnenen Gelder konnten der Besitz und die Herrschaftsrechte der Wettiner erweitert werden. In der Leipziger Teilung von 1485 erhielt er neben dem Kurkreis um Wittenberg, den Großteil der Landgrafschaft Thüringen mit den fränkischen und vogtländischen Besitzungen sowie Teile des Pleißen- und Osterlandes. Damit begründete er die ernestinische Linie der Wettiner. Infolge eines Sturzes vom Pferd in Colditz verstorben, wurde er im Dom zu Meißen beigesetzt. Ernst hatte am 19. November 1460 die siebzehnjährige bayerische Herzogstochter Elisabeth (gestorben 1484) geheiratet, die ihm fünf Söhne und zwei Töchter gebar. Zwei seiner Söhne, Friedrich der Weise und Johann der Beständige, folgten ihm nach seinem Tode als ernestinische Landesherren.

Herzog Albrecht von Sachsen (1443-1500)
Als jüngerer Sohn Friedrich II. in Grimma geboren, verlebte er in seiner Jugend längere Zeit am kaiserlichen Hof in Wien. Wegen seines entschlossenen Charakters sowie seiner Aufenthalte auf verschiedenen Kriegsschauplätzen erhielt er von der Geschichtsschreibung den Beinamen der „Beherzte". Gleichsam erwarb er sich Verdienste in der inneren Landesverwaltung bei der Ausgestaltung eines frühmodernen Flächenstaates. In der Leipziger Teilung wählte er 1485 das meißnische Gebiet mit Teilen des Osterlandes und Thüringens und begründete die albertinische Linie der Wettiner. Mit dem Gewinn aus dem Silberbergbau ließ er u. a. die spätgotische Albrechtsburg in Meißen errichten. Andererseits brachten ihm die letzten Lebensjahre immense Verluste durch seine Kriegsdienste für den Kaiser in den Niederlanden und in Friesland. Im friesischen Emden verstarb er auch und wurde wie sein Bruder in den Meißner Dom überführt. Albrecht hatte am 11. November 1459 die erst neunjährige böhmische Königstochter Zedena (gestorben 1510) geheiratet, die ihm sechs Söhne und zwei Töchter gebar. Auch ihm folgten zwei seiner Söhne, Georg der Bärtige und Heinrich der Fromme, in der albertinischen Linie als Regenten.

[Volker Graupner]

Herzog Albrecht von Sachsen. Kupferstich.

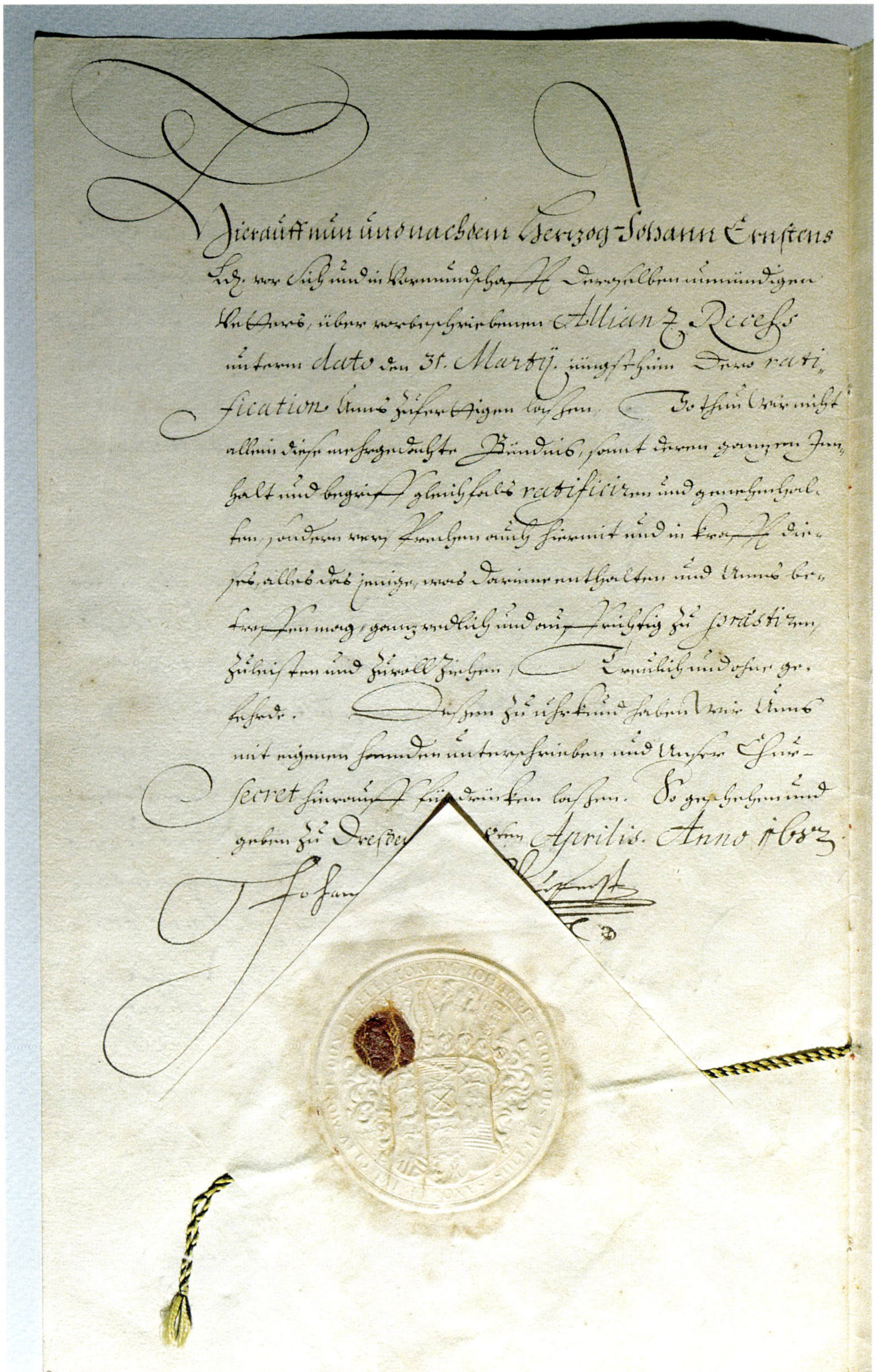

Hierauff nun und nachdem Herzog Johann Ernstens Ld. vor Sich und in Vormundschafft Derselben unmündigen Vettern, über vorbeschriebenen Allianz Receß unterm dato den 31. Martij jüngsthin dero ratification Uns zukommen laßen, So thun Wir nicht allein dieses wohlgedachte Bündniß, samt dessen ganzen Inhalt und begriff gleichfals ratificiren und genehmhalten, sondern versprechen auch hiermit und in Krafft dieses, alles dasjenige, was darinnen enthalten und Uns betreffen mag, genau, redlich und aufrichtig zu praestiren, zu leisten und zu vollziehen, treulich und ohne gefehrde. Dessen zu uhrkund haben Wir Uns mit eigenen handen unterschrieben und Unser Chur-Secret hierauff drücken laßen. So geschehen und geben zu Dresde[illegible] Aprilis. Anno 1682.

Johan[illegible] Churfürst

Ratifikation des Allianzvertrages vom 14. Januar 1682 durch Kurfürst Johann Georg IV. von Sachsen. Dresden, 8. April 1682. Ausfertigung, Papier mit aufgedrücktem Oblatensiegel und eigenhändiger Unterschrift des Kurfürsten.

Die Teilung hatte die Machtmittel, die bisher mit glänzendem Erfolge vom Gesamthaus ins Spiel der großen Politik geworfen worden waren, an zwei Linien gegeben –, und sie erwies sich als definitiv.

Thomas Klein (1967)

Albertiner und Ernestiner

Auch fürstliche Familien zeigen menschliche Schwächen. Die Wettiner bilden darin keine Ausnahme. Friedlichem Miteinander im kur- und fürstlichen Gesamthaus Sachsen standen Differenzen gegenüber, die in Politik und Religion immer auch die Landesinteressen berührten. Solche Auseinandersetzungen konnten bis zum militärischen Konflikt eskalieren. Zwangsläufig haben diese spektakuläreren Seiten des komplizierten Beziehungsgeflechts zwischen den wettinischen Linien bisher in der öffentlichen Sicht und Geschichtsschreibung stärkere Beachtung gefunden als die Phasen der Kooperation und des Interessenausgleichs.

Bereits vor der Leipziger Teilung von 1485 gab es Konflikte zwischen den wettinischen Fürsten, die auch militärisch ausgetragen wurden, wie der sächsische Bruderkrieg belegt. Die Erbfolgeregelungen hatten allerdings eine endgültige Spaltung des Hauses Sachsen vor 1485 verhindert. Erst die Tatsache, daß nach der Leipziger Teilung sowohl die albertinische wie auch ernestinische Linie nicht ausstarben, bewirkte die dauerhafte Aufgliederung des wettinischen Territoriums. Aus der gemeinsamen Herkunft der Regenten, den eingegangenen Erbverbrüderungen zwecks Regelung der Erbfolge wie aus der Verflechtung der ernestinischen und albertinischen Territorialkomplexe in Thüringen ergaben sich allerdings immer wieder Berührungspunkte. Die Politik der einzelnen Linien orientierte sich dennoch zunehmend an eigenen Landes- und Herrschaftsinteressen. Nicht unerheblich war dabei die Rolle, die der Landesherr selbst spielte. Sehr deutlich wurde dies in der Reformation. Während sie sich in den ernestinischen Landesteilen schnell durchsetzte, war im Albertinischen die offizielle Einführung des neuen Glaubens erst nach dem Tode von Herzog Georg möglich. Die Ernestiner unterstützten nun ihre „Vettern" Heinrich und Moritz von Sachsen bei der Besetzung und Visitation (Kontrolle) der Pfarreien im Herzogtum Sachsen. Allerdings sollte diese Eintracht nicht lange bestehen bleiben. Im Ergebnis des Schmalkaldischen Krieges ging 1547 die Kurwürde mit dem Kurkreis um Wittenberg und Torgau an die Albertiner über, was eine wesentliche Schmälerung des politischen Einflusses der Ernestiner zur Folge hatte. Das förderte Revisionsbestrebungen, die auf Wiederherstellung der alten Verhältnisse gerichtet waren. Diesen Konflikt konnte Herzog Johann Friedrich II. allerdings nicht zu seinen Gunsten entscheiden. Nachdem er die Auslieferung des geächteten fränkischen Ritters Wilhelm von Grumbach verweigert hatte, verhängte Kaiser Maximilian die Reichsacht gegen ihn. Mit der Vollstreckung wurde Kurfürst August von Sachsen beauftragt.

Wesentlich realistischer war die Politik des Bruders von Johann Friedrich II., Johann Wilhelm, der sich auf die

Seite des Kaisers stellte und damit zum Fortbestand der ernestinischen Herrschaft beitrug. Aber auch ihm brachten die aus dem Konflikt erwachsenen Kosten eine Schmälerung seines Territoriums, da er 1571 die Ämter Arnshaugk, Triptis, Weida und Sachsenburg an die Albertiner mit dem Recht auf Wiedereinlösung abtreten mußte. Im Ergebnis der ersten ernestinischen Landesteilung von 1572 entstand neben der Weimarer Linie auch eine coburgisch-eisenachische und splitterte das Kräftepotential der Ernestiner weiter auf.

Den machtpolitischen Bestrebungen der Ernestiner in Thüringen waren damit weitere Grenzen gesetzt, die sie zwangen, hinsichtlich des Landesausbaues eine Politik der kleinen Schritte zu betreiben. Bei den Territorialerwerbungen um die Wende vom 16. zum 17. Jahrhundert nutzten sie auch die politische Ohnmacht einzelner Nachbarn aus. 1592 konnten sie die von Kurmainz an Erfurt verpfändeten Ämter Mühlberg und Tonndorf mit einem militärischen Handstreich besetzen und für fast ein Jahrhundert in das ernestinische Territorium integrieren. In Kauf genommen wurde dabei, daß diese Auseinandersetzung zu einem größeren Konflikt hätte eskalieren können. Allerdings waren die politischen Bedingungen günstig, da sich Erfurt in der Isolation befand. Mit Kurmainz hatte man sich geeinigt, während das Verhältnis zu Kursachsen entspannt war. Dies lag vor allem daran, daß die Albertiner auf Grund der Unmündigkeit von Christian II. keinen Regenten besaßen. Von Herzog Friedrich Wilhelm I. von Sachsen wurden während dieser Zeit die Regierungsgeschäfte als Vormund und Statthalter in Kursachsen wahrgenommen. Auch nach dem 1601 erfolgten Regierungsantritt von Christian II. blieb das Verhältnis zwischen den beiden Linien friedlich. Nach dem Tode des Herzogs Johann von Sachsen-Weimar ergab sich für die Albertiner die Möglichkeit, die vormundschaftliche Regierung in Weimar auszuüben, so daß das Konfliktpotential weiter relativ gering blieb.

Ein Umschwung trat erst nach der Mündigkeit (1616) von Herzog Johann Ernst dem Jüngeren ein, als sich mit den böhmischen Unruhen ein europäischer Konflikt anbahnte, der schließlich zum Dreißigjährigen Krieg führte. Während die ernestinischen Brüder Johann Casimir von Sachsen-Coburg und Johann Ernst der Ältere von Sachsen-Eisenach in der Politik Zurückhaltung übten, war mit den Söhnen von Johann in Weimar und Friedrich Wilhelm I. in Altenburg eine Generation angetreten, die sich aktiv an den Auseinandersetzungen des großen Krieges beteiligte. Vor allem Herzog Johann Ernst der Jüngere ergriff als Landesherr aktiv Partei für den böhmischen König Friedrich von der Pfalz und damit gegen den Kaiser. Da sich die Albertiner zu dieser Zeit für ein Zusammengehen mit dem Kaiser entschieden hatten, wofür sie u.a. in den Besitz der Ober- und Niederlausitz gelangten, brachte die Parteinahme den weimarischen Herzögen, Johann Ernst dem Jüngeren und seinen Brüdern Friedrich und Wilhelm IV., den Unmut von Kurfürst Johann Georg I. von Sachsen ein.

Obwohl das böhmische Unternehmen wie auch die nachfolgenden Aktionen in den 1620er Jahren mit einer Niederlage der antikaiserlichen Partei endeten, hatten die Ernestiner in Weimar durch Verträge dafür gesorgt, daß es nicht zu einem ähnlichen Machtverlust wie im 16. Jahrhundert kam.

Gedruckter Hochzeitsglückwunsch mit Horoskop von Bartholomæ Schimpfer aus Halle anläßlich der Hochzeit von Herzog Moritz von Sachsen und Herzogin Dorothea Maria von Sachsen-Weimar, 3. Juli 1656.

Glückliche Erscheinung der Himmlischen Braut-Fackeln.
Bey dem Fürstlichen Beylager
Des Durchläuchtigsten / Hochgebohrnen Fürsten und Herrn /

Herrn Moritzen

Hertzogen zu Sachsen/Jülich/Cleve und Berg/Landgrafen in Thüringen/Marggrafen zu Meissen/
Grafen zu der Marck und Ravensperg/ Herrn zum Ravenstein/
Mit dem
Durchläuchtigsten/Hochgebohrnen Fürstlichen Fräulein/

Fräulein Dorotheen Marien

Auch
Hertzogin zu Sachsen/Jülich/Cleve und Berg/Landgräfin in Thüringen/Marggräfin zu Meissen/
Gräfin zu der Marck und Ravensberg/Fräulein zum Ravenstein.

Moritz
Hertzog zu Sachsen/
Jülich/Cleve uñ Berg/
Landgraf/2c.
Den 28. Martii Abends
umb 8. Uhr 45. m. des 1619.
Jahres das Liecht der
Welt erstmals erblicket.

Dorothea Maria
Hertzogin zu Sachsen /
Jülich/ Cleve uñ Berg/
Landgräfin/2c.
Den 13. Octobris Abends
umb 12. Uhr des 1641sten
Jahres das Liecht der
Welt erstmals erblicket.

MEin schuldig-seyn/Durchlauchtes Fürsten-Paar/
Erfodert mich und meiner Musen Schaar/
Euch in der Eil viel Glück und Heil zu singen/
Daß mit der Zeit die Götter häuffig bringen.
Jch singe dann/und sage/daß es gut/
Was GOtt versieht und was der Himmel thut.
Wer leugnet es? Das Glücks-Rath lachet Beyden
An einer Stell / und zeiget Heil und Freuden.
Horoscopus, der Ihr im Löwen steht/
Jhm in der Mitt' an seinem Himmel geht.
Mars, der sich in der Venus Haus verschlichen/
Jst Beyden gleich mit Fleiß dahin gewichen.
Saturnus und sein Jupiter sind gut
Am Heyraths-Ort und stärcken Ihr den Muth;
Und Jhme lässt Jupin sich in den Fischen
Und Venus auch im Freuden-Ort erwischen.
Die Sonn erhebt im Widder Jhn empor;
Der Mon steht Jhr in seinem eignen vor.
Wer wil nun wol was anders schließen können /
Als daß die zwey in Liebe werden brennen;
Wer will sonst was als dieses prophezeyn /
Das Liebe Paar werd ewig einig seyn;
Sie werden sehn die Fürsten-Reiser grünen /
Die mit der Zeit viel Hohen Würden dienen;
Was Gold und Gut und Reichthum ähnlich sieht /
Jst ohne Noth daß man sich drumb bemüht;
Es wird hier wie von selbst sich alles finden;
Und hoher Stand sich ewiglich verbinden.
Des freuen sich die Jhren mit der Zeit;
Des freuen sich die Länder anderweit.
Wie wird der Held/ der alte Sachse lachen/
Wann Jhm ein Sohn wird neue Freude machen;
Wann hier die Raut im Rauten-Stocke blüht /
Und Weymar Laub an frischen Zweigen siht.
O Fürsten-Paar/des großen GOttes Güte
Erfreu euch stets im Fürstlichen Gemüthe
Und bleib euch hold. So könnt ihr nicht vergehn/
Und mit der Zeit wie in die wette stehn.
GOtt schütze Du / die theuer-werthen Sachsen/
Und laß sie Dir und Deiner Lehre wachsen!

Jn Weymar am Tage der Fürstl. Traunng den 3. Julii Anno 1656.

Jn Unterthänigkeit übergeben von
Bartholomæo Schimpfero Philomathematico zu Hall in Sachsen.

Dies lag auch im Interesse des sächsischen Kurfürsten, der zwar mit dem Kaiser paktierte, andererseits aber keineswegs an der Erweiterung der kaiserlichen Macht im sächsisch-thüringischen Raum interessiert war. In der ersten Hälfte der 1630er Jahre stellte vor allem Herzog Wilhelm IV. als schwedischer Statthalter in Thüringen ein Gegengewicht zum kurfürstlichen Einfluß in der Region dar. Allerdings war die Politik zwischen den wettinischen Häusern in dieser Zeit weniger auf Konfrontation ausgerichtet.

Wesentlich entspannter gestalteten sich die Verbindungen der Ernestiner zu den Söhnen des Kurfürsten, die mit den Herzogtümern Sachsen-Merseburg, Sachsen-Weißenfels und Sachsen-Zeitz ab 1656 zum Teil über eigene Territorien in Thüringen verfügten. Ausdruck dafür war u.a. eine rege Heiratspolitik, welche die wettinischen Linien für einen Zeitraum von fast 100 Jahren stärker miteinander verband. Nachdem bereits 1652 Friedrich Wilhelm II. von Sachsen-Altenburg die kursächsische Prinzessin Magdalene Sybille geheiratet hatte, kam es von 1656 bis 1734 zu weiteren elf Eheverbindungen zwischen den albertinischen und ernestinischen Häusern. Zwangsläufig wurden dadurch die direkten kulturellen Beziehungen (u. a. durch das Wirken der Baumeisterfamilie Richter und des Kupferstechers Johann Dürr) zwischen den einzelnen Höfen intensiviert.

Unter territorialem Aspekt bewirkte das ausgleichende Verhältnis in dieser Zeit, daß die ungelösten Eigentumsverhältnisse der 1583 an die Wettiner gelangten Grafschaft Henneberg und der 1571 an die Albertiner abgetretenen Ämter nunmehr 1660 geklärt werden konnten. Die vor allem südlich des Thüringer Waldes und im Werragebiet gelegene ehemalige Grafschaft Henneberg wurde unter Sachsen-Weimar, Sachsen-Gotha, Sachsen-Altenburg und Sachsen-Zeitz aufgeteilt, während die Albertiner die 1571 übernommenen Ämter endgültig behielten.

Auch unter reichspolitischen Gesichtspunkten kam es im letzten Drittel des 17. Jahrhunderts teilweise zu intensiveren Beziehungen der ernestinischen und albertinischen Linien im Rahmen des Gesamthauses Sachsen. Ausgangspunkt dafür waren die verschiedenen militärischen Auseinandersetzungen mit Frankreich und Schweden sowie die Türkenkriege. Die Erfahrungen aus dem Dreißigjährigen Krieg und die Sorge darüber, daß auch die ernestinischen und albertinischen Gebiete wieder Schauplatz der Konflikte, zumindest jedoch Einquartierungs- und Durchzugsgebiet für die Armeen werden konnten, veranlaßte Kurfürst Johann Georg II. von Sachsen, sich 1672 an seine Verwandten in Thüringen zu wenden, um eine gemeinsame Verfassung und Allianz des kur- und fürstlichen Gesamthauses zu schaffen. Im Zusammenhang damit beauftragte Herzog Moritz von Sachsen-Zeitz seinen Kanzler Veit Ludwig von Seckendorff, einen entsprechenden Projektvorschlag zu erarbeiten. In einem ersten Entwurf wurde der Zweck dahingehend bekundet: „die Erhaltung dero allerseits Chur-[und] Fürstenthume undt Lande in Ecclesiasticis undt Politicis, Abwendung frembder Gewalt, Einquartirungen, schädlicher Durchzüge undt dergleichen, sambt Manutenez [Fortbestand] des allgemeinen Religion[s]- und prohan[en] Friedens, sodann auch undt so weit es müglich, Erlangung dero befugten Ansprüche undt Interesse[n], so man in gesambt haben möchte ...“. Neben dem freundschaftlichen und gemeinsamen Zusammengehen wurden überwiegend militärische Defensivmaßnahmen erörtert. Trotz der Sorgen um das Landeswohl blockierten die verschiedenen Anschauungen der einzelnen Fürsten einen schnellen Erfolg der Bemühungen, die deshalb anfangs im Sande verliefen.

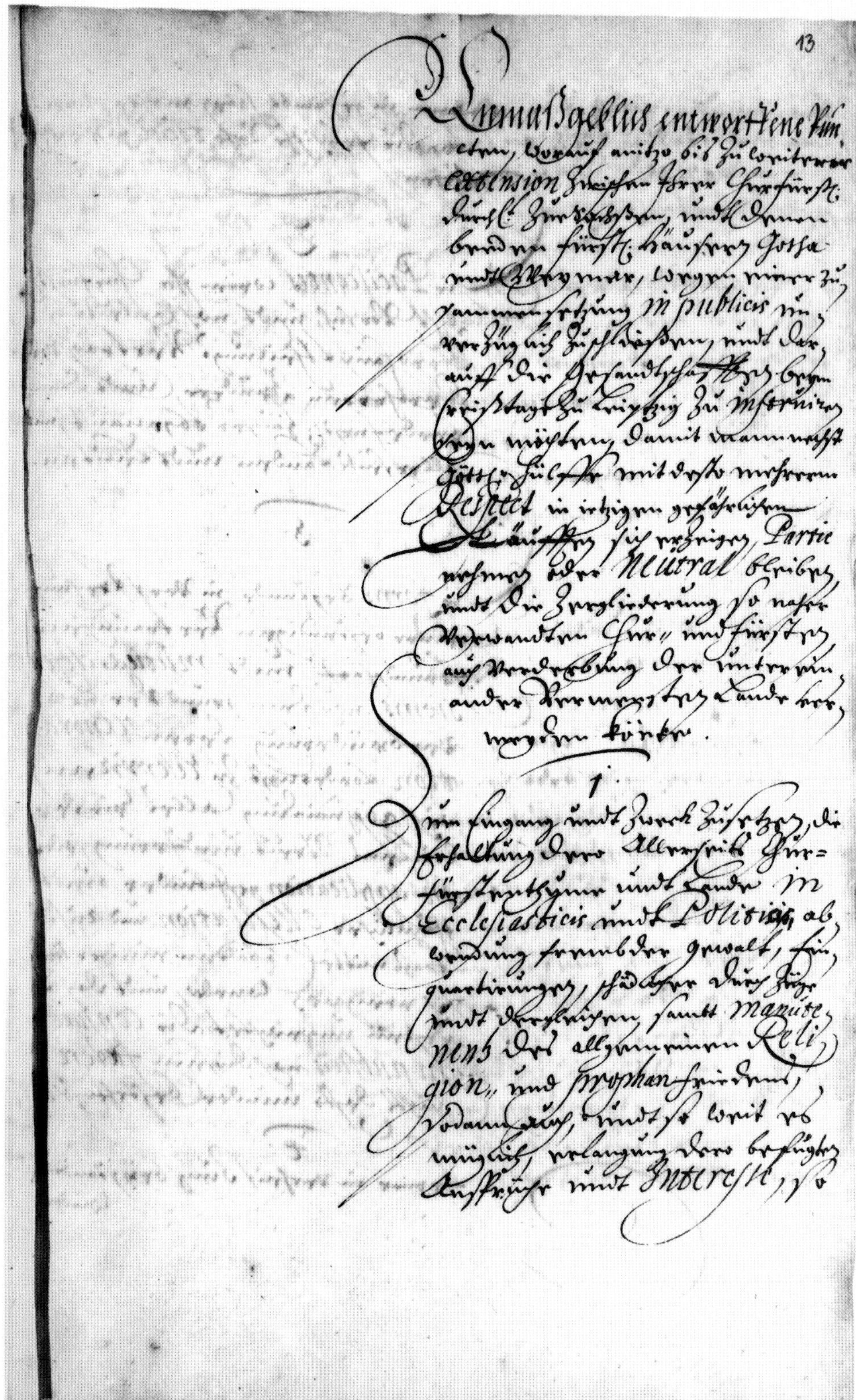

Unmaßgeblich entworffene Puncten, worauf anitzo biß zu weiterer extension zwischen Ihrer Churfürstl. Durchl. zu Sachsen, und denen beeden fürstl. Häusern Gotha und Weymar, wegen einer Zusammensetzung in publicis ein Verzug sich zu schlagen, und der auff die Gesandtschafften beym Reichstag zu Leipzig zu instruiren seyn möchten, damit man nechst Gottes Hülffe mit desto mehrern Respect in itzigen gefährlichen Läufften sich entweder Partie nehmen oder neutral bleiben, und die Zergliederung so nahe verwandten Chur- und Fürsten auff Verderbung der unter einander vermengten Lande verwogen könte.

1.

Im Eingang und Zweck zu setzen, die Erhaltung dero Allerseits Chur= Fürstenthümer und Lande in Ecclesiasticis und Politicis, abwendung frembder gewalt, Einquartirungen, Schädlicher Durchzüge und Werbungen, samt manutenens der allgemeinen Religion- und Prophanfrieden, sodann auch, und so weit es müglich, erlangung dero befugten Ansprüche und Interesse, so

Abschrift des vom Zeitzer Kanzler Veit Ludwig von Seckendorff vor dem 21. Juli 1672 entworfenen Projektes zur Allianz zwischen den Albertinern und Ernestinern.

Ein Punkt, der den Erfolg der Verhandlungen auch später immer wieder verhinderte und noch 1816 in anderem Zusammenhang den Widerspruch von Sachsen-Weimar erregte, betraf die Frage, wem der Titel eines (Ober)Hauptes des Hauses Sachsen zustände. Diesen beanspruchte Kursachsen für sich, was die Ernestiner zum Teil als Einschränkung ihrer Souveränitätsansprüche werteten.

Erst 1675 wurden die Verhandlungen wieder aufgegriffen, wobei im Vordergrund die Aufstellung von militärischen Kontingenten stand. Gleichzeitig kam es zu Überlegungen, „ob zu dieser Alliganz [!] nicht auch die thüringischen Grafen, alß Schwarzburg, Stolberg, Mansfeld, Gleichen, [die] Herren Reußen, [die] Freyherrn von Schönberg, sambt den Reichsstätten Mühl- und Northausen zugleich mit zu ziehen“ seien und wie eine Sicherung der Stadt Erfurt erreicht werden könnte. In eine entscheidende Phase traten die Verhandlungen erst ab 1681 ein.

Am 14. Januar 1682 lag nach intensiven Erörterungen die Endfassung des Vertrages vor. Eingangs wurde die beständige Verbindung zwischen den einzelnen ernestinischen Linien und dem kurfürstlichen Hause festgeschrieben und der Zweck sowie die Gültigkeit der Vereinbarung für alle wettinischen Gebiete erklärt. Die meisten der 24 Artikel regelten jedoch die Aufstellung und Unterhaltung der militärischen Kontingente und die Maßnahmen bei Beeinträchtigung oder Gefährdung der wettinischen Territorien sowie die Befehlsgewalt über die Truppen. Während die Festlegungen über die Beziehungen zwischen den kurfürstlichen und fürstlichen Häusern immer wahrgenommen werden sollten, schränkte der Vertrag die Belange der Kriegsverfassung „bey diesen gefährlichen Läuften [Zeiten] auf drey Jahre“ ein.

Am 31. März 1682 wurde der Allianzvertrag von Herzog Johann Ernst III. von Sachsen-Weimar, der gleichzeitig als Vormund von Sachsen-Jena fungierte, und am 8. April 1682 von Kurfürst Johann Georg IV. von Sachsen ratifiziert. Sachsen-Eisenach und Sachsen-Gotha lehnten die Bestätigung jedoch ab. Die Verhandlungen zogen sich dadurch mit wechselnder Intensität und Unterbrechungen noch bis in das letzte Jahrzehnt des 17. Jahrhunderts hin. Damit war den Bemühungen um die gemeinsame Wahrung der Interessen der albertinischen und ernestinischen Häuser nur ein Teilerfolg beschieden. Auch wenn die verwandtschaftlichen Verbindungen weiter bestanden, dominierte in den folgenden Jahrhunderten im Verhältnis der einzelnen wettinischen Linien untereinander immer stärker der Aspekt politischer Beziehungen zwischen benachbarten Staaten.

[Dr. Frank Boblenz]

Kupferstich mit den figürlichen Darstellungen des sächsischen Herzogs Widukind (gest. 807) und der wettinischen Brüder Ernst und Albrecht als Gründer der beiden Linien. Titelkupfer aus Johann Sebastian Müllers ANNALES des Chur- und Fürstlichen Hauses Sachsen. Von Anno 1400 bis 1700. Die erste Auflage erschien im Jahre 1700 in Leipzig.

Sächsische Chronik von Georg Spalatin vom Anfang des 16. Jahrhunderts mit Illustrationen aus der Cranach-Werkstatt.

Es ist keiner unter Ihnen allen, dem Geschichte nicht etwas Wichtiges zu sagen hätte.

Friedrich Schiller (1789)

Höfische Geschichtsschreibung

Die Darstellung historischer Ereignisse und Prozesse ist einer der identitätsstiftenden Faktoren für das Zugehörigkeitsgefühl zu einer Kulturlandschaft und für die politisch Handelnden. Im Zusammenhang mit der Geschichte der Wettiner in Thüringen ist deshalb auch ein Blick auf deren eigene Geschichtsschreibung zu werfen. Ihre Protagonisten, wie Johannes Rothe, Georg Spalatin und Friedrich Hortleder, waren zumeist gelehrte Beamte des Hofes. Mäzenatentum der Fürsten gepaart mit dem Wissensdurst dieser Bediensteten führten dazu, daß sie sich wiederholt mit der Geschichte der Wettiner und Thüringens beschäftigten. Ihre Tätigkeit im herrschaftlichen Dienst erleichterte den Zugang zu den archivalischen Quellen und brachte einige bemerkenswerte historiographische Arbeiten hervor.

1421 vollendete Johannes Rothe seine Chronik „von den Keisern, Bebistin und von deme Lande unde der Herschaft zcu Doringin", die reichlich 400 Jahr später unter dem Titel „Düringische Chronik des Johannes Rothe" veröffentlicht und bekannt wurde. Sie ist als Hauptwerk der spätmittelalterlichen thüringischen Landesgeschichtsschreibung anzusehen. Anna, die Frau Friedrichs des Friedfertigen, hatte die Schrift in Auftrag gegeben. Wahrscheinlich hatten der Landgraf und sie Gefallen an der Landgrafengeschichte in deutscher Sprache gefunden, die Johannes Rothe wenige Jahre zuvor dem Amtmann auf der Wartburg, Bruno von Teutleben, überreicht hatte. Diese Chronik ist in der Forschungs- und Landesbibliothek Gotha überliefert.

Johannes Rothe, der um 1360 in Creuzburg an der Werra geboren wurde, war Priester und Kaplan des Erzbischofs von Mainz, danach Vikar und Stadtschreiber in Eisenach und später wohlbepfründeter Domherr und Schulmeister des dortigen Stifts Unser Lieben Frauen. Mit Büchern für seine Eisenacher Mitbürger wollte er sich ein Denkmal setzen. Es wurden insgesamt acht, drei handelten „von den guten Sitten", drei enthielten Sammlungen über das in anderen Städten gebräuchliche Recht, und zuletzt kamen noch die ersten deutschsprachigen Chroniken zur thüringischen Geschichte hinzu. Damit offenbarte sich Rothe nicht nur als Weltgeistlicher, sondern auch als Jurist, Dichter, Sittenlehrer und Geschichtsschreiber.

Durch eine von Mönchen lateinisch verfaßte Landgrafengeschichte war er wohl angeregt worden, für seinen Freund Bruno von Teutleben die Geschichte des thüringischen Landgrafenhauses in deutscher Sprache darzustellen, denn für einen einflußreichen landgräflichen Beamten und Berater der Fürsten wie Teutleben war deren Kenntnis wichtig. Für seine Landesherrin Anna erweiterte und veränderte Rothe diese Chronik noch bedeutend. Vor allem schöpfte er weitere Quellen aus, darunter das von Erfurter Petersbergmönchen verfaßte Chronicon Sampetrinum oder die von Reinhardsbrunner Mönchen verfaßten Annalen. Vieles schmückte er aus und gestaltete es in eigener Erzählung. Geschichte als Wissenschaft war ihm fremd, er wollte unterhalten

und bestenfalls belehren; aus diesem Grunde hatte auch Landgräfin Anna das Werk bestellt, das letztlich auch eine identitätsstiftende Rolle für die Landgrafen von Thüringen hatte.
Natürlich hat das meiste der modernen Forschung nicht standhalten können, aber besonders die Ereignisse, die Rothe aus eigenem Erleben darstellt, wie etwa den Eisenacher Stadtbrand 1342, geben ein zuverlässiges und klares Bild von den Zeitläuften in Thüringen an der Wende vom 13. zum 14. Jahrhundert. Johannes Rothe war über die wirtschaftlichen und rechtlichen Verhältnisse in der Landgrafschaft recht gut unterrichtet. Das brachten seine Funktion als Schreiber einer landgräflichen Residenzstadt, aber auch seine vielseitigen Interessen und seine ausgeprägte Sammelleidenschaft mit sich. Die Überlieferung der Sagen von der Gründung der Wartburg, dem Schmied von Ruhla, vom Sängerkrieg oder vom Wangenbiß machen seine Chronik für die Nachwelt sehr wertvoll.
Der ehemalige landgräfliche Geleitsmann und spätere mehrmalige Bürgermeister von Erfurt, Hartung Cammermeister, ließ die Rothe'sche Chronik abschreiben und ergänzte sie bis 1440. Ob er durch seine Beziehungen nach Eisenach oder durch seinen Dienstherrn, den Landgrafen Friedrich den Friedfertigen, Kenntnis von dem damals nur in wenigen Exemplaren überlieferten Werk Rothes hatte, ist nicht bekannt. Durch seine Chronik, die neben historischen Ereignissen aus der Erfurter Stadtgeschichte vor allem eine unübertroffen detailgetreue Schilderung der Auseinandersetzungen im sächsischen Bruderkrieg enthält, ist Hartung Cammermeister als Geschichtsschreiber in Thüringen bekannt geworden.
1510 notierte der als Prinzenerzieher am kurfürstlichen Hof angestellte Georg Spalatin: Hoc anno Fridericus III Saxoniae elector mihi G. Spalatino chronica et annales commisit ex Adami Fuldani collectaneis scribendos (In diesem Jahr hat der sächsische Fürst Friedrich III. mich, G. Spalatin, beauftragt, aus den Sammlungen des Adam von Fulda Chroniken und Annalen zu schreiben). Er wurde zum Historiographen zunächst am Hof des Kurfürsten Friedrich III. ernannt, übte diese Funktion aber später auch bei seinem Nachfolger Johann Friedrich I. aus, dessen Erzieher er seinerzeit gewesen war. Das historische Interesse des in Spalt bei Nürnberg geborenen Georg Burckhardt – den Namen Spalatinus hat er erst 1502/03 angenommen - dürften insbesondere seine humanistischen Studien an der Erfurter Universität geweckt haben. Sein Leben lang hat er historische und zeitgeschichtliche Nachrichten gesammelt und ausgewertet. Die ernestinischen Fürsten brachten seinen Arbeiten nicht nur wohlwollendes Interesse entgegen. Indem sie ihm amtliche Dokumente aus Kanzleien und Archiven zur Verfügung stellten, unterstützten und förderten sie ihn in seinen Bemühungen. Vor allem durch ihre Beziehungen zu anderen Fürsten und Humanisten besorgten sie dem Geschichtsschreiber so manche notwendige Information und Literatur. Andererseits beeinflußten sie Spalatins Arbeiten in ihrem Sinne. Nicht selten reichten sie dessen Ausarbeitungen mit eigenen Hinweisen zur Überarbeitung an ihren Hofhistoriographen zurück.
Eifrig machte sich Georg Spalatin daran, den kurfürstlichen Wunsch nach Chroniken und Annalen zu erfüllen. Zu Beginn des 16. Jahrhunderts war es bei den Herrschenden in Mode gekommen, eine Familienchronik zu führen. Vorbild war die von Jakob Menel im Auftrag des Kaisers verfaßte „Fürstliche Chronik genannt Kaiser Maximilians Geburtsspiegel“. Auf Richtigkeit der Angaben kam es dabei weniger an als auf die Glorifizierung der Adelsfamilie. Gezielt wurde nun die Geschichtsschreibung zur Herrschaftsrepräsentation genutzt.

Porträt Hortleders aus der von Zacharias Prüeschenck in Gotha 1645 herausgegebenen zweiten Auflage des Werkes über den deutschen Krieg. Stich von Peter Troschel nach einem Gemälde von Christian Richter.

Auch für die sächsichen Kurfürsten stand die Verherrlichung ihres Hauses und die Untermauerung ihrer Besitz- und Herrschaftsansprüche im Vordergrund der Chronik. Bereits 1511 legte Spalatin Friedrich dem Weisen die Konzeption für eine sechsbändige „Chronik der Sachsen und Thüringer" vor. Zum Michaelismarkt 1511 (im September) wurden „18 gr [Groschen] fur eyn Ryß Papir dem jungen Magister zu der Chroniken" ausgegeben.

Obwohl Georg Spalatin bis zu seinem Tod 1545 an dieser Chronik arbeitete, konnte er sie nicht vollenden. Zu oft wurde er durch andere Ämter, etwa als Hofprediger, Visitator oder Superintendent, und Aufträge, wie Übersetzungen aus dem Lateinischen, von seinen historischen Studien abgehalten. Daneben hatte er noch die kurfürstliche Bibliothek zu betreuen. Als er starb, waren nur die ersten drei Bände fertiggestellt. In seinem Haus fand man nach seinem Tod „etlich beschrieben Sextern [das sind lose, aus sechs Papierlagen bestehende Blätter], auch zu bemelter Cronicken gehorig, auch mit Gemelde".

Die bildlichen Darstellungen stammen aus der Werkstatt Lucas Cranachs des Älteren. Der Meister war kaum selbst an der Illustrierung der Chronikbände beteiligt. Mit etwa 1 800 farbigen, sehr detailreichen Zeichnungen wäre er wohl auch überfordert gewesen. Die einzelnen Lagen wurden zur Ausführung etwa zehn Künstlern übergeben – ein in den Kunstmalerwerkstätten damals übliches Verfahren, um der Auftragsflut Herr zu werden.

Daß sie in der Cranachschen Werkstatt beschäftigt gewesen sein müssen, kann man sowohl aus der Motivwahl als auch der Stilistik schlußfolgern. Bei Architekturdarstellungen findet man beispielsweise immer wieder Innenräume mit einem Fensterausblick auf eine Felsenburg – eine für Cranach typische Darstellungsweise. Auch die häufig wiederkehrenden zweistöckigen Torhäuser mit Beobachtern der Szene aus dem oberen Stockwerk sind für den Maler typisch.

Spalatins großer Wunsch, die vorliegenden Teile der Chronik drucken zu lassen, ging nicht in Erfüllung. „Denn die Buchdrucker sind wunderliche Gesellen und wo es nicht ein vilfeldigen Pfennig tregt, so thun sie nicht gut", schrieb er 1544 verbittert an den Kurfürsten. Die losen Blätter, die man in Spalatins Haus fand, wurden im 17. Jahrhundert zusammengebunden und werden heute im Thüringischen Hauptstaatsarchivs Weimar aufbewahrt. Auch die bis 1535 fertiggestellten drei Bände der Sächsischen Chronik, die sich heute in der Kunstsammlung auf der Veste Coburg befinden, müssen in das kurfürstliche Archiv gelangt sein. Wann und warum sie aus dem Weimarer Archiv entfernt wurden, ist nicht nachzuweisen.

Zu den in herrschaftlichen Diensten stehenden Historikern zählte ferner Friedrich Hortleder, der vor allem am Weimarer Hof und in Jena wirkte. Er hatte 1599 in Jena ein Studium aufgenommen, wo er 1606 auch zum Doktor der Rechte promoviert wurde. 1608 erfolgte seine Bestallung als Erzieher der Herzöge Johann Ernst des Jüngeren und Friedrich von Sachsen-Weimar. Diese Tätigkeit mag auch Anregung dazu gegeben haben, daß sich Hortleder intensiver mit dem Schmalkaldischen Bund und dem Krieg von 1546/47 beschäftigte. Auf der Grundlage eines klaren Konzeptes für eine geplante Veröffentlichung wurden zielgerichtet wichtige Originalquellen ermittelt und für den Druck bearbeitet. Hortleder unterschied sich damit von jenen Geschichtsschreibern, die über historische Ereignisse nur oder überwiegend erzählend berichteten. Er verkörperte bereits den neuen Typ des Historiographen, der sich vordergründig an den Quellen orientierte.

Die Wartburg [vor 1873]. Fotografie von der gegenüberliegenden Anhöhe aus.

Hortleder unterhielt rege Kontakte zu anderen Gelehrten seiner Zeit. Unter ihnen war Melchior Goldast von Haimisfeld, der Anfang des zweiten Jahrzehntes des 17. Jahrhunderts diplomatische Aufgaben für Sachsen-Weimar wahrnahm. Er machte bereits 1614 auf die beabsichtigte Veröffentlichung von Friedrich Hortleder im Vorwort eines eigenen Werkes detailliert aufmerksam. Ein weiterer Gelehrter und Freund Hortleders, der weimarische Staatsrechtler und Militärtheoretiker Johann Wilhelm Neumair von Ramsla, unterstützte die Arbeit, indem er dem Autor seine Materialsammlung zugänglich machte und Übersetzungen zeitgenössischer Druckschriften anfertigte, die in dem Opus Aufnahme fanden. Nachdem Herzog Johann Ernst der Jüngere mündig geworden war, verpflichtete er seinen Lehrer am 6. Juni 1616 zum Aufseher über die herzogliche Kunstkammer und das Archiv in Weimar. Gleichzeitig war er für die Buchbestände der Weimarer Herzöge zuständig. Damit erhielt Hortleder direkten Zugang zu den handschriftlichen und gedruckten Quellen. Dies war um so bedeutender, da die Ernestiner eine treibende Kraft bei der Gründung des Schmalkaldischen Bundes und Hauptpartei in den zu beschreibenden Ereignissen des Schmalkaldischen Krieges waren. Das hatte natürlich einen reichhaltigen Niederschlag in den Archivalien des Ernestinischen Gesamtarchivs gefunden, was 250 Jahre später der berühmte Historiker Leopold Ranke in den Archivgewölben in Weimar bei seiner Untersuchung zur deutschen Reformationsgeschichte dankbar anerkannte.
Hortleders Schrift „... Von den Vrsachen des Teutschen Kriegs Kaiser Carls des Fünfften/wider die Schmalkaldische BundtsOberste Chur- vnd Fürsten/Sachsen vnd Hessen/vnd Ihrer Chur- vnd F.G.G. Mitverwandte/Anno 1546. vnd 47." wurde von den Zeitgenossen unterschiedlich aufgenommen. Herzog Friedrich Ulrich von Braunschweig-Wolfenbüttel intervenierte kurz nach dem Erscheinen des ersten Bandes im April 1617 am Weimarer Hof, weil die „nicht ohne mühe beigelegte[n] sachen [Auseinandersetzungen] wiederumb herfurgesucht" worden und damit die alten Wunden wieder geöffnet würden. Der Herzog forderte deshalb sogar eine Beschlagnahmung des Druckwerkes. Hortleder besaß jedoch das uneingeschränkte Vertrauen von Johann Ernst dem Jüngeren, der die Drucklegung beförderte und ihn auch gegen solche Verdächtigungen verteidigte. Nach dem Erscheinen wurde das Werk - der zweite Band lag 1618 gedruckt vor - sogar durch die Weimarer Herzöge als Geschenk an andere Häuser und Beamte übergeben, so z.B. 1619 an den Großkanzler des Königreichs Böhmen. Hortleder begnügte sich jedoch nicht mit dem Erscheinen der beiden Bände, sondern trachtete danach, diese noch zu überarbeiten und zu ergänzen. Bereits in den 1630er Jahren wurde die Drucklegung der zweiten Auflage angestrebt. Allerdings konnte diese erst nach dem Tode des Verfassers 1645 von dessen Schwiegersohn Zacharias Prüschenck von Lindenhofen realisiert werden. Daneben beschäftigte sich Hortleder intensiver mit der Geschichte und Genealogie des wettinischen Hauses und führte verschiedene Auftragsarbeiten für die Weimarer Herzöge, darunter auch ein Wappenbuch, durch.

[Dagmar Blaha und Dr. Frank Boblenz]

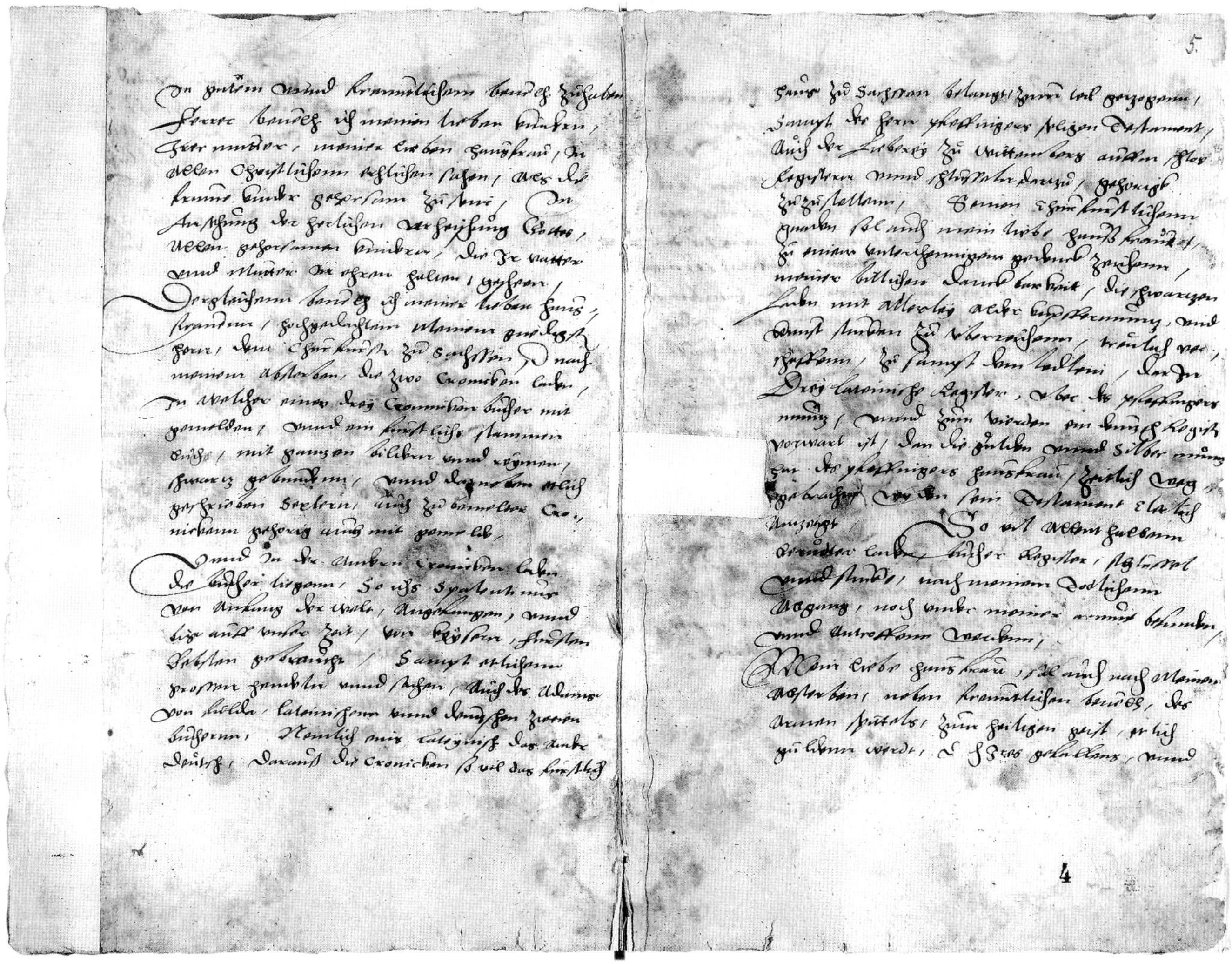

Ausschnitt aus dem Testament Georg Spalatins, in dem er dem Kurfürsten Johann Friedrich I. von Sachsen seine Arbeiten für eine sächsische Chronik vererbt.

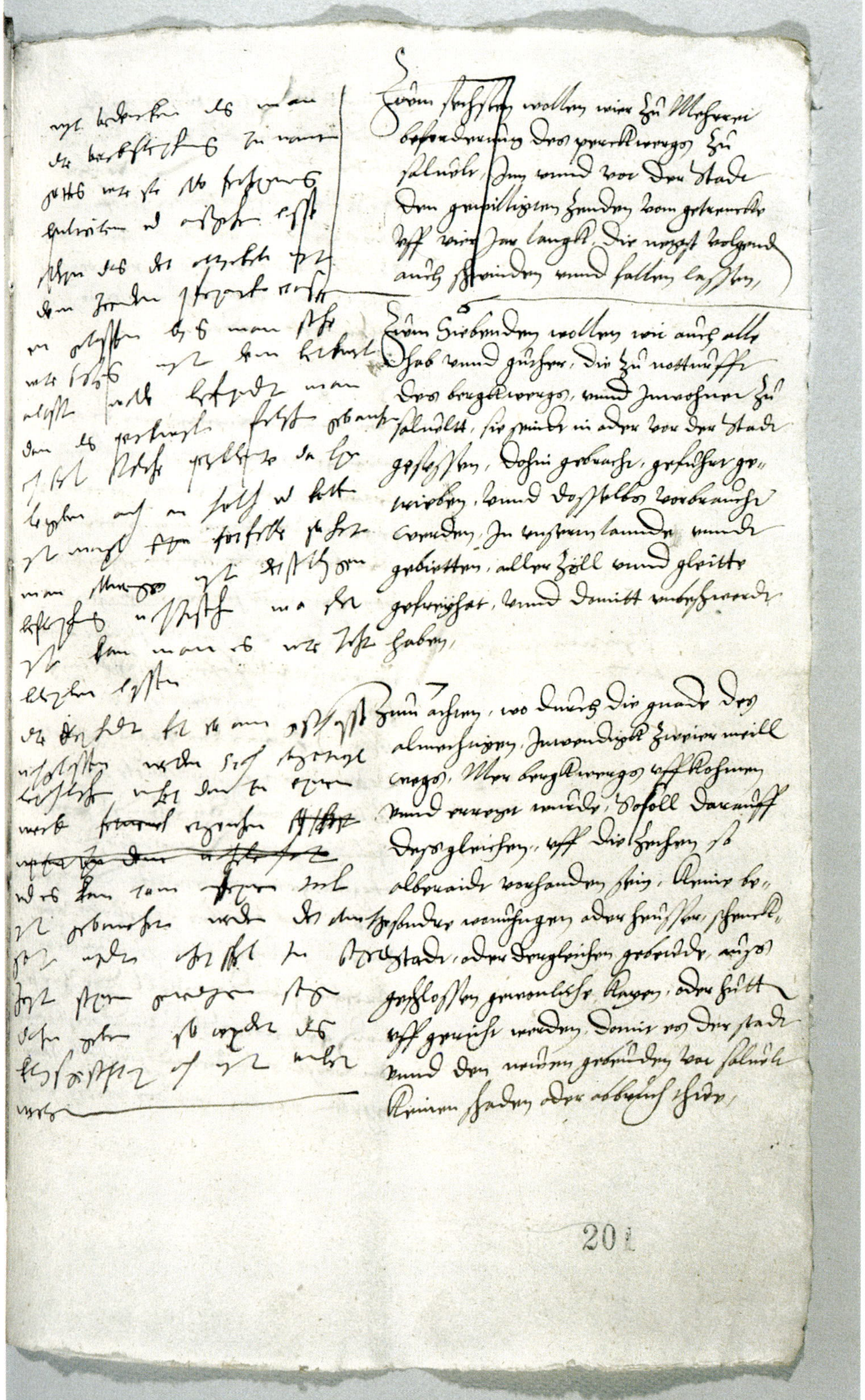

Ausschnitt aus dem Konzept der großen „Bergfreiheit“ für Saalfeld mit eigenhändigen Veränderungen durch Herzog Johann Friedrich I. von Sachsen. Weimar/Brüssel, 10. Juni 1549.

Deshalb ersehen wir auch aus der Überlieferung fast aller Jahrhunderte, daß ziemlich viele Leute aus dem Ertrag von Bergwerken reich geworden sind und daß sie auch das Vermögen vieler Könige vermehrt haben.

Georg Agricola (1550)

Der Bergbau als Quelle des Reichtums

Unter dem 10. Juni 1549 genehmigte der in kaiserlicher Gefangenschaft in Brüssel befindliche Herzog Johann Friedrich von Sachsen die große „Bergfreiheit" für die Stadt Saalfeld mit den Worten: „Sol solcher gestalt ausgehen." Darin waren der Kommune und ihren Einwohnern besondere Rechte verbrieft worden, die den Silberbergbau der Region befördern sollten. Zuvor jedoch hatte der Herzog noch eigenhändige Korrekturen an den zwischen seinen Räten und den Vertretern der Stadt sowie der Bergleute ausgehandelten Vergünstigungen vorgenommen. So ging ihm die vierjährige Befreiung vom Getränkezehnten, einer wichtigen landesherrlichen indirekten Steuer, zu weit, weshalb er kurzerhand diesen Punkt strich. Dennoch erhielt Saalfeld damit eine bevorzugte Stellung unter den thüringischen Städten.

Die Ernestiner wollten solche Rahmenbedingungen schaffen, die zahlreiche Bergleute zum Verbleib und zur Arbeit im Saalfelder Bergrevier anlocken sollten. Neben gewerblichen Vergünstigungen für die Bürger und Bergleute – beispielsweise sollten alle nach Saalfeld geführten Waren von Zöllen befreit werden – lag das Augenmerk auf der Neuansiedlung von Bergleuten. Deshalb heißt es in der „Bergfreiheit": „Domit die frembden Bergkleutte zu Hoffstetten khommen, Wonung und Heuser bauen mögen, ... so wollen wir willigen, ... uff den Platz, der zwischen der Stadt und dem Closter gelegen und Freiheit genant ist, Heuser [zu] bauen. Dozu ihnen auch die Hoffstette umbsonst gegeben ... werden soll." Zugleich wurden steuerliche Entlastungen für den Rat eingeführt. Ein neues „Berggeschrey" wie reichlich 70 Jahre früher im Erzgebirge blieb jedoch aus, denn die landesherrlichen Vergünstigungen konnten die im Boden vorhandenen Silber- und Kupfererze nicht vermehren. Eine beträchtliche Finanzeinnahme stellte der Saalfelder Silberbergbau für die Ernestiner nicht dar. Bereits 25 Jahre später gerieten die Gruben in Verfall, ehe dann im 30jährigen Krieg der Abbau gänzlich zum Stillstand kam.

Begonnen hatte der gegenüber den erzgebirgischen Bergstädten als bescheiden zu bezeichnende Aufschwung Saalfelds als Bergbaustadt bereits in der zweiten Hälfte des 15. Jahrhunderts mit der Gründung von Saigerhütten. Im sogenannten Saigerverfahren wurde aus silberhaltigen Kupfererzen unter Zusatz von Blei Silber und Garkupfer gewonnen. Landesherrliche Bergordnungen und „Bergbefreiungen" folgten auf dem Fuß. Keine vorherige „Bergbefreiung" ging in ihren Zugeständnissen an die Stadt und an die Bergleute allerdings so weit wie die von 1549. Was war die Ursache?

Bei der Leipziger Teilung des wettinischen Besitzes von 1485 an die Linie der Albertiner und der Ernestiner war festgelegt worden, daß der Silberbergbau nicht nur gemeinsam verwaltet, sondern die reichlich fließenden Einkünfte, besonders aus dem Schneeberger Revier im Erzgebirge, auch gemeinsam genutzt werden sollten. Der Bergbau blieb somit aufgrund seiner Bedeutung für die Wettiner über die neuen territorialstaatlichen Grenzen hinweg von der Teilung ausgenommen. Erst die Niederlage der Protestanten mit dem ernestinischen Kurfürsten Johann Friedrich I. an der Spitze im Schmalkaldischen Krieg von 1546/47 gegen Kaiser Karl V. brachte eine schicksalhafte Wendung und änderte die Situation schlagartig. Zu den Verbündeten des Kaisers zählte der sächsisch-albertinische Herzog Moritz, für den es nun nicht schwer war, seine Interessen geltend zu machen. Die Einkünfte aus dem Bergbau wurden entsprechend den neuen territorialen Veränderungen zwischen den beiden sächsischen Häusern angepaßt, die gemeinsame Nutzung aufgehoben. Für die Ernestiner ging damit der erzgebirgische Bergbau insgesamt und für immer verloren. Man hatte sich nunmehr mit den bescheideneren thüringischen Erzvorkommen, insbesondere um Saalfeld, zu begnügen. Der Erlaß der großen „Bergfreiheit" für Saalfeld war der – wenngleich auch vergebliche – Versuch der Ernestiner, diesen schmerzlichen Verlust auszugleichen. Nur wenig mehr als einige hundert Gulden warf der Saalfelder Bergbau nach 1547 an Gewinn ab.

Zu dieser Zeit befand sich das Ilmenauer Bergbaugebiet mit seinen silberhaltigen Kupfererzen noch unter hennebergischer Landesherrschaft und konnte erst später kurzzeitig bescheidene Einnahmen für die Wettiner erbringen. Ein nochmaliger Versuch zur Eröffnung des Ilmenauer Bergwerks unter Herzog Carl August von Sachsen-Weimar-Eisenach und Johann Wolfgang von Goethe ausgangs des 18. Jahrhunderts blieb Episode. Steuern als ständige Einnahmequelle des frühmodernen Staates hatten zu dieser Zeit die unstetigen Einkünfte aus dem Bergbau schon lang ersetzt.

Rund 250 Jahre früher, im Jahre 1546, betrug die Einnahme der Ernestiner durch den Anteil am erzgebirgischen Silber noch mehr als 56.000 Gulden, denen „lediglich" 40.000 Gulden an Einnahmen aus den Ämtern gegenüberstanden. Die Goldvorkommen in Thüringen mögen zwar auch noch heute Anlaß zu Spekulationen geben, die schriftlichen Belege weisen aber mehr auf Verluste durch die Produktionskosten als auf die eher spärlichen Gewinne hin. So erbrachte das geförderte Gold aus Steinheid bei Lauscha 1540 lediglich 137 Gulden und im Jahr darauf 172 Gulden. Auch die bedeutenden thüringischen Kupfersaigerhütten spielten für die landesherrliche Kasse keine beträchtliche finanzielle Rolle. Das mit diesem Verfahren gewonnene Edelmetall reichte nicht an die verlorenen erzgebirgischen Erträge heran und das Kupfer floß vielmehr an Nürnberger und Augsburger Großhändler, die ihr Kapital in die Schmelzhütten eingebracht hatten. Daneben hatten die Mansfelder Grafen als wichtige Lieferanten des Kupfererzes und zum Teil auch die Henneberger Teilhabe am Gewinn.

Ein ähnlich verändertes Bild zeigt sich nach dem Schmalkaldischen Krieg auch in der bis dahin blühenden landesherrlichen Münzprägung. Die Ernestiner verloren die bisher für beide Linien prägenden Münzstätten in Annaberg, Buchholz, Freiberg, Leipzig, Schneeberg, Wittenberg und Zwickau. Der Gewinn an der Münze, früher etliche tausend Gulden, fiel auf wenige hundert zurück. Später mußte sogar Silber für die Münzprägung aufgekauft werden. In diesem Zusammenhang ist die Errichtung der Münzstätte in Saalfeld nach dem Schmalkaldischen Krieg zu sehen. 1551 konnte sie die ersten Talerprägungen ausliefern.

Immerhin konnten auch die ernestinischen Wettiner mehr als 50 Jahre am Gewinn des Silberbergbaus partizipieren. Es waren genau jene Jahre, in die die Blütezeit

LIBER SEXTUS. 171

Descendens scalis in puteos A. *Insidens in bacillo* B. *Insidens in corio* C. *Descendens gradibus in saxo incisis* D.

P 2

Darstellung des „Einfahrens“ der Bergleute aus dem 1621 in Basel erschienenen Buch „De re metallica libri XII“ von Georg Agricola (Buch VI, S. 171). Die Erstausgabe erfolgte 1556 in Basel.

dieses Erwerbszweiges in der frühen Neuzeit fiel. Wohl kein anderes deutsches Fürstengeschlecht war vom ausgehenden 15. bis nach der Mitte des 16. Jahrhunderts so eng mit dem Bergbau verbunden wie die Wettiner. Neben dem beträchtlichen Umfang ihrer Territorien und dem entwickelten und dichten Städtenetz war der Silberbergbau mit die Grundlage für die wettinische Machtstellung im Heiligen Römischen Reich Deutscher Nation.

Bereits im späten 12. und 13. Jahrhundert erlebte der Silberbergbau in Freiberg eine erste Blütezeit. Das neuerliche „Berggeschrey" im Erzgebirge ab dem letzten Viertel des 15. Jahrhunderts überstieg aber in seiner Dimension alles bisher dagewesene. Neue Produktionsformen und Abbautechniken machten die bergmännische Erschließung des Erzgebirges möglich. Schon den Zeitgenossen war bewußt, daß die wettinischen Kurfürsten und Herzöge ihren Reichtum und ihre Macht in großem Maße dem Bergbau verdankten. So betont Martin Luther in einem Brief von 1542 an die Mansfelder Grafen: „Den wo das berckwerck fellet, so ligt die graffschafft vnd lachen alle feinde".

Die Wettiner verstanden es, diesen Naturreichtum für ihren Landesausbau und die Region selbst zu nutzen und zu verwalten, indem sie angemessene Rahmenbedingungen für den Bergbau schufen. Neue, durch die Landesherren privilegierte und zum Teil planmäßig angelegte Bergstädte entstanden förmlich über Nacht in den Zentren des Silberbergbaus. Neben Annaberg und Marienberg seitens der Albertiner entstanden so die Stadt Buchholz auf ernestinischem Gebiet sowie das bis 1533 gemeinsam verwaltete Schneeberg. Als Inhaber des Bergregals gehörten dem Landesherren alle Bodenschätze. Dieses Recht garantierte ihm den zehnten Teil des Silberertrages, der in Form reinen Silbers als Bergzehnt in die landesherrliche Kasse floß. Jedoch wurden den Grubenbesitzern ebenfalls Privilegien und Rechte eingeräumt, die sie selbst am Gewinn teilhaben ließen. Eine neue Form der Arbeitsorganisation bildete sich heraus, und es entstand die Bergfreiheit mit dem neuen Bergrecht. Dieses neue, in sogenannten Bergordnungen festgeschriebene Recht wirkte vorbildhaft für weitere Bergbaugebiete.

Die grundherrschaftlichen Zwischengewalten wurden praktisch vom Gewinn ausgeschaltet. Der Aufbau einer hierarchischen Bergverwaltung der Wettiner (Direktionsprinzip) kann als beispielgebend für die Organisation des frühmodernen Staates und die Landesverwaltung angesehen werden. Landesherrliche Beamte mit Hauptmann und Bergmeister an der Spitze überwachten und leiteten die gesamte Bearbeitung des Erzes und hatten die Berggerichtsbarkeit inne. Dem Zehntner oblag die eigentliche Finanzverwaltung. In periodisch vor Ort von landesherrlichen Räten durchgeführten „Berghandlungen" wurden die Rechnungen kontrolliert und alle angefallenen Probleme verhandelt. Das Protokoll ging dann beiden Fürstenhäusern zu.

Das Anlegen eines Stollens erforderte zunächst hohe Anfangsinvestitionen und für einen Betrieb waren die Nebenkosten mit zunehmender Tiefe der Schächte durch deren Belüftung und Entwässerung nicht unerheblich. Das erforderliche Geld konnte nicht mehr durch einzelne aktiv im Bergbau beschäftigte Personen aufgebracht werden. Finanzstarke Großkaufleute und Händler aus Leipzig und Nürnberg, aber auch aus Zwickau, Chemnitz und Erfurt sowie aus entfernteren Städten investierten ihr Kapital in den Bergbau und erwarben Anteile an den Gruben, sogenannte Kuxe. Diese Kuxe sind als Vorformen der heutigen Aktien zu betrachten. Insgesamt wurden je Grube 128 Kuxe ausgeteilt.

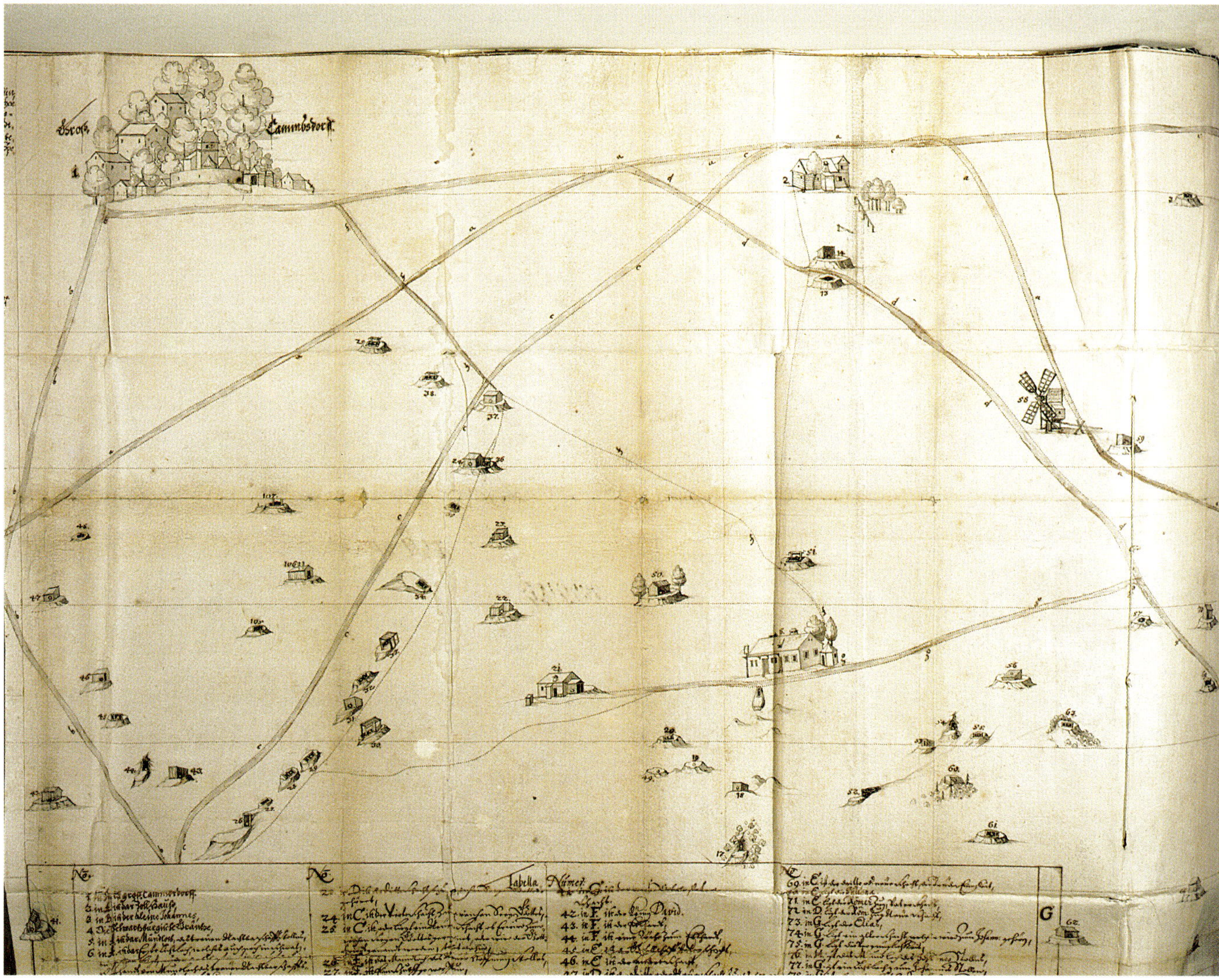

Ausschnitt aus einer Karte der Grubenfelder bei Kamsdorf im Neustädter Kreis des Herzogtums Sachsen-Zeitz mit Darstellung des Zechenhauses (16). Federzeichnung, ohne Jahr [um 1700].

Je nach Anzahl der erworbenen Kuxe richtete sich der Anteil am Gewinn oder Verlust. Da der Ertrag einer Zeche nicht vorhersehbar war, wurden oft Kuxe von verschiedenen Gruben gekauft. Die Eigenlehner als alleinige private Grubenbesitzer, die anfangs das „Berggeschrey" ausgelöst hatten, wurden somit mehr und mehr durch kapitalstarke Unternehmer verdrängt. Ihnen standen die einfachen Bergleute als Lohnarbeiter gegenüber.

Den größten Nutzen brachte der Bergbau den Wettinern, indem bares Geld in die Kasse floß, denn schon mit der Entstehung des mitteldeutschen Städtewesens im 12. Jahrhundert hatte die Geldwirtschaft zunehmend die bis dahin dominante Naturalwirtschaft verdrängt. Geld wurde immer unentbehrlicher, dem konnten und wollten sich auch die Landesherren nicht entziehen. Im Gegenteil, für die hohen Ansprüche fürstlicher Lebenshaltung und die Durchsetzung politischer Ziele wurde immer mehr Geld benötigt. So kauften die Wettiner Besitzungen zur Vergrößerung ihres Territoriums hinzu, wie z. B. 1472 das schlesische Fürstentum Sagan oder im Jahre 1569 die Albertiner das Vogtland.

Die Landesherren traten auch selbst als Unternehmer auf und erwarben Kuxe von ertragreichen Stollen. Mehrere hundert Kuxe befanden sich in den Händen der wettinischen Kurfürsten und Herzöge. Zwischen 1470 und 1483 nahmen die wettinischen Brüder Ernst und Albrecht als Kuxbesitzer aus den Schneeberger Zechen 81.000 Gulden ein. Insgesamt wurde in diesen 13 Jahren im Schneeberger Bergrevier Silber im Wert von 2.471.000 Gulden gefördert. Als Regalherren standen somit den Wettinern nochmals ca. 247.000 Gulden Bergzehnt zu. Daneben besaßen sie das Monopol des Silberkaufes, d. h. die Grubenbesitzer (Gewerken) mußten das gesamte Silber zu festgesetzten Preisen an diese verkaufen. Die Gewinnspanne beim Weiterverkauf füllte die landesherrliche Kasse nochmals mit 283.000 Gulden. Durch das Münzregal konnte der Bergbau zusätzlich als Quelle des Reichtums angezapft werden, denn nur der Landesherr besaß dadurch das lukrative Privileg zur Münzprägung. Das Vermünzen des Silbers brachte weitere 71.000 Gulden an die Wettiner. Somit betrug der landesherrliche Gewinn aus dem Bergbau allein zwischen 1470 und 1483 mehr als 600.000 Gulden. Berg- und Münzregal sowie das Monopol des Silberkaufs leiteten 20 bis 25 Prozent der gesamten Silberproduktion in die Kassen der Wettiner. Für die Ernestiner stellten diese Einnahmen in den 30er Jahren des 16. Jahrhunderts ca. 60 Prozent ihrer Gesamteinnahmen dar. Hinzu kamen Gewinne aus dem Kuxbesitz. Diese Zahlen belegen in aller Deutlichkeit den hohen Stellenwert des Bergbaus für die Wettiner, der diese damit gegenüber anderen Fürstenhäusern faktisch privilegiert hatte. Dem Reichtum der fürstlichen Landesherren stand ein Lohn von 9 bis 10 Groschen pro Woche für einen einfachen Bergmann gegenüber.

[Volker Graupner]

Vorder- und Rückseite eines sächsischen Guldengroschens (Taler) aus dem Jahre 1500 mit den Bildnissen des Kurfürsten Friedrich III. und der Herzöge Georg und Johann von Sachsen.

Nautiluspokal mit den Reliquien des Heiligen Mauritius und seiner Gesellschaft aus der Wittenberger Reliquiensammlung. Zeichnung für das von Lucas Cranach illustrierte Wittenberger Heiligthumsbuch von 1509.

... dann unser gemut, wille und meinung were nit anders, dann aus gottlicher gnade uns als ein christlicher Mensch zu halten.

Kurfürst Friedrich III. von Sachsen (1522)

Religiosität und Reliquien-verehrung

Die Weltanschauung der wettinischen Fürsten im Mittelalter und in der frühen Neuzeit war wie die der anderen Menschen religiös bestimmt. Leben und Tod lagen in der Hand Gottes. Die Furcht vor der Strafe des jüngsten Gerichts und dem Fegefeuer der Hölle war groß. Naturkatastrophen, Krankheiten und Kriege wurden als gottgewollte Prüfungen verstanden. Religiöses Leben war gesellschaftliches Leben. Weltliches und Geistliches waren eng verbunden. Kurfürst Friedrich III. von Sachsen wandte sich, um Mißbräuche abzustellen, immer zuerst an die Kirche, bevor er „aus Notfurderung und furstlicher Oberigkait“ eingriff.

Mit der Erziehung wettinischer Prinzen wurden Geistliche beauftragt. In den fürstlichen Bibliotheken befanden sich neben Ritterromanen und Volksbüchern auch Heiligenlegenden, Werke der Kirchenväter und natürlich die Bibel.

Die Sorge für das kirchliche Leben hielten alle wettinischen Fürsten für eine ihrer höchsten Pflichten, sie griffen aber bis zur Reformation in kirchliche Belange nur sehr selten ein. Zu ihren Ratgebern gehörten immer auch Vertreter des geistlichen Standes. Die Religion stand im Mittelpunkt ihres Lebens; Machtstreben, politische Interessen, künstlerische Ambitionen - alles trat dahinter zurück. Der Sinn des Lebens bestand für sie darin, Gott gefällig zu sein und ihm zu dienen.

Das tägliche Abhalten des Gottesdienstes war eine Selbstverständlichkeit. Eine Rechnung von 1515 weist unter anderem eine Ausgabe von drei Groschen aus, „czu dreyen Messen der hailigen dreyvaltigheit [!], do m[ein] g[nädiger] H[err]“ -- das ist Herzog Johann von Sachsen – „ins warm Bad gezcogen ist“. Auch auf Reisen wurden regelmäßig Messen gelesen. Dazu begleiteten Priester die Reisegesellschaft, oft hielt man aber auch Messe in Dorfkirchen unterwegs. Der ortsansässige Schulmeister gestaltete dann den Gottesdienst mit seinen Schülern musikalisch aus.

Regelmäßig gingen die wettinischen Landesherren „wallen“. Ihr Weg führte sie zum Heiligen Blut nach Wilsnack und zu anderen bekannten Wallfahrtsorten, meistens aber „zun viertzehen Nothelffern“ – das ist die berühmte Wallfahrtskirche Vierzehnheiligen bei Lichtenfels in Franken. Einen Höhepunkt in ihrem Leben stellte eine Wallfahrt zu den Heiligen Stätten in Jerusalem dar. Herzog Wilhelm III. eröffnete 1461 die Reihe der wettinischen Fürsten, die 200 Jahre nach den letzten Kreuzzügen eine Reise ins Heilige Land unternahmen. In seinem Testament, das er kurz vor dieser Reise anfertigte, führte er aus, er unternehme diese Fahrt nicht nur „von sonderlicher Inbrunst und Andacht, [sondern] auch durch andere redliche Ursache“, über die er uns freilich im Unklaren läßt. Bis 1461 hatte er schon mehrere Kriege geführt. Seine erste Ehefrau war seit 1457 in der Eckartsburg über Eckartsberga eingesperrt, während der Herzog sich mit der schönen Witwe Katharina von Heßberg vergnügte. Anlaß zur Reue und Buße hat er also ausreichend gehabt. Darüber hinaus wird ihn auch eine gehörige Portion Abenteuerlust getrieben haben, außerdem galt der Besuch der Heiligen Stätten als besondere Tapferkeit.

Am 26. März 1461 brach Herzog Wilhelm in Weimar auf. Zuvor hatte er Amtmann und Rat von Sangerhausen verpflichtet, dafür zu sorgen „daß in allen Klöstern und Pfarrkirchen ihrer Stadt Messen, Gebete und Prozessionen“ abgehalten werden. Derartige Aufträge sind sicher auch an andere Amtleute und Städte in Thüringen ergangen. Ihm hatten sich eine Reihe von Begleitern angeschlossen, darunter aus Thüringen die Grafen Ludwig und Erwin von Gleichen, Heinrich von Stolberg, Günther von Schwarzburg, Hans von Honstein, der Burggraf Albrecht von Kirchberg, thüringische Ritter wie der Vitzthum von Apolda, Apel von Ebeleben, Hans von Wangenheim oder der Vitzthum von Tannrode und vermögende Bürger aus Erfurt, Mühlhausen, Nordhausen und Stolberg. Aber auch aus anderen Regionen wie Franken, Bayern, Österreich, Meißen und Hessen kamen seine Reisegefährten. Er selbst nahm seinen Leibarzt Hunolt von Plettenberg, seinen Beichtvater, seinen Mundschenk, Küchenmeister, Kammerschreiber, Stallknechte und andere Diener mit. Insgesamt bestand die Reisegesellschaft aus 91 Personen. Eine heute in der Forschungs- und Landesbibliothek Gotha aufbewahrte Beschreibung dieser Reise verdanken wir vermutlich dem Leibarzt des Herzogs.

Von Venedig aus setzte man mit einer Galeere nach Jaffa über, das man nach sechs- bis siebenwöchiger Fahrt erreichte. Der weitere Weg führte zu Fuß oder auf Eseln über das Gebirge nach Jerusalem mit einer Einkehr bei den Franziskanermönchen auf dem Berge Zion. Von Jerusalem aus wurden die Heiligen Stätten aufgesucht. Als krönenden Abschluß besuchten die Pilger dann noch einmal die heilige Grabeskirche. Dort ließen sich der Herzog selbst und etliche seiner Begleiter zum Ritter schlagen. Ein solcher Ritterschlag im heiligen Land, der am Grabe Christi um Mitternacht erteilt wurde, brachte höchsten Ruhm ein. Die „heiligen Grabesritter“ findet man in vielen Stammtafeln mit roter Farbe gekennzeichnet. Am 8. Oktober 1461 war Herzog Wilhelm wieder in Weimar. Seine Reise hatte 28 Wochen gedauert – davon war er zwei Wochen im Heiligen Land – und etwa 23.000 rheinische Gulden gekostet. Wilhelms Beispiel folgten weitere wettinische Fürsten, er hatte die Pilgerfahrten sozusagen in Mode gebracht. Herzog Albrecht zog 1476, Kurfürst Friedrich III. 1493 und Herzog Heinrich 1498 nach Jerusalem.

Groß war die Bereitschaft, durch Opfer ein gottgefälliges Werk zu tun. Ein im Thüringischen Hauptstaatsarchiv verwahrtes „Vorzceichnis des Opfer und durch Gots Willen Geldts, [und] wy vil des [davon] ein yden Tag außgeben ist ...“ weist vom 30. Dezember 1512 bis 5. März 1513 Opfergaben in Höhe von 46 Gulden und 16 Groschen aus. Pilger, die durch Thüringen zogen, wurden ebenso mit einer milden Gabe bedacht wie die jungen Priester, wenn sie ihre erste Messe lasen. Herzogin Sophia, die erste Frau Herzog Johanns, hatte eine Stiftung ins Leben gerufen, aus der jeder Arme im Vierteljahr einen Pfennig, ein Brot und ein paar Heringe erhalten sollte.

Zahllos sind die Stiftungen und Opfergaben für Kirchen und Klöster. Diese wurden nicht nur regelmäßig testamentarisch bedacht, sondern auch zu Lebzeiten betrieben die wettinischen Landesherren Thüringens einen hohen Aufwand zur Erhaltung und Ausgestaltung der Gotteshäuser und zur Unterstützung der Mönche und Nonnen. Das konnten Aufmerksamkeiten sein, wie 10 Gulden, „den Barfußer Munchen zu Weymar vor Vische gegeben, das sy dy Fasten [Fastenzeit] dester baß

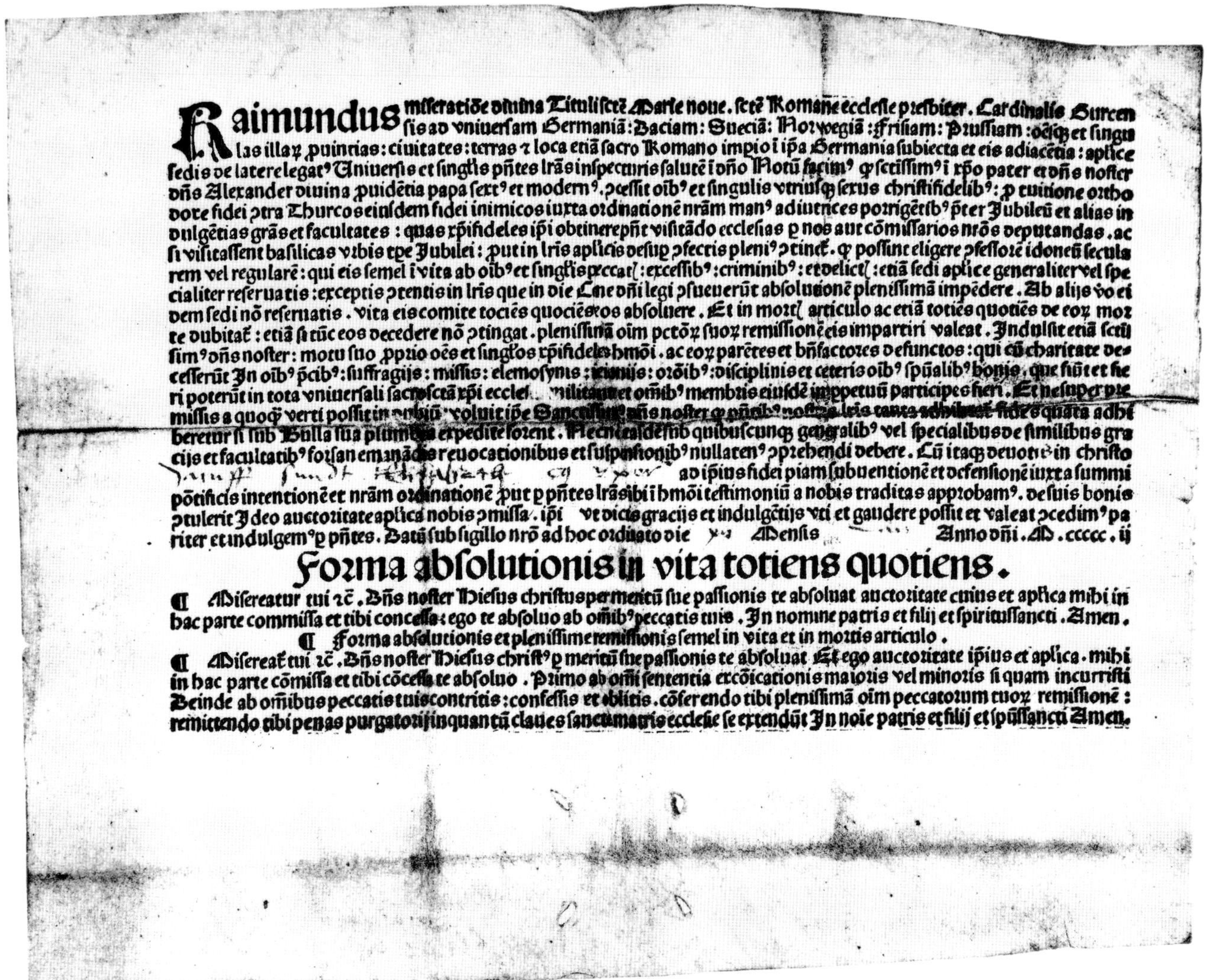

Raimundus miseratiõe diuina Tituli scte Marie noue. scte Romane ecclesie presbiter. Cardinalis Gurcensis ad vniuersam Germaniã: Daciam: Sueciã: Norwegiã: Frisiam: Prussiam: ocq₃ et singulas illar̄ puīntias: ciuitates: terras ꝛ loca etiã sacro Romano impio ĩ ipa Germania subiecta et eis adiacētia: aplice sedis de latere legat⁹ Uniuersis et singlis pñtes lrãs inspecturis salutẽ ĩ dño Notũ facim⁹ q̄ sctissim⁹ ĩ xp̄o pater et dñs noster dñs Alexander diuina puidētia papa sext⁹ et modern⁹. ꝯcessit oib⁹ et singulis vtriusq₃ sexus christifidelib⁹: p tuitione orthodoxe fidei ꝯtra Thurcos eiusdem fidei inimicos iuxta ordinationẽ nrãm man⁹ adiutrices porrigētib⁹ pter Jubileũ et alias indulgētias grãs et facultates: quas xp̄ifideles ipi obtinere pñt visitãdo ecclesias p nos aut cõmissarios nrõs deputandas. ac si visitassent basilicas vrbis tpe Jubilei: put in lris aplicis desup ꝯfectis pleni⁹ ꝯtinet. q̄ possint eligere ꝯfessorẽ idoneũ secularem vel regularẽ: qui eis semel ĩ vita ab oib⁹ et singlis peccatꝭ: excessib⁹: criminib⁹: et delictꝭ: etiã sedi aplice generaliter vel specialiter reseruatis: exceptis ꝯtentis in lris que in die Cene dñi legi ꝯsueuerũt absolutionẽ plenissimã impēdere. Ab alijs vō eidem sedi nõ reseruatis. vita eis comite tociēs quociēs eos absoluere. Et in mortꝭ articulo ac etiã totiēs quotiēs de eor̄ morte dubitat: etiã si tũc eos decedere nõ ꝯtingat. plenissimã oim pctõr̄ suor̄ remissionẽ eis impartiri valeat. Indulsit etiã sctissim⁹ dñs noster: motu suo pprio oēs et singlos xp̄ifideles hmõi. ac eor̄ parẽtes et bñfactores defunctos: qui cũ charitate decesserũt In oib⁹ pcib⁹: suffragijs: missis: elemosynis: ieiunijs: orõib⁹: disciplinis et ceteris oib⁹ spũalib⁹ bonis. que fiũt et fieri poterũt in tota vniuersali sacrosctã xp̄i eccles[illegible] militanti et omib⁹ membris eiusdẽ inppetuũ participes fieri. Et nesuper premissis a quoq₃ verti possit in dubiũ voluit ipe Sanctissim⁹ dñs noster q̄ pñtib⁹ nostris lris tanta adhibeat fides quãta adhiberetur si sub Bullis sua plumbeis expedite forent. Necnō easdē sub quibuscunq₃ generalib⁹ vel specialibus de similibus gracijs et facultatib⁹ forsan emanãdis reuocationibus et suspensionib⁹ nullaten⁹ ꝯprehendi debere. Cũ itaq₃ deuot[illegible] in christo [illegible] ad ipius fidei piam subuentionẽ et defensionẽ iuxta summi põtificis intentionẽ et nrãm ordinationẽ put p pñtes lrãs sibi ĩ hmõi testimoniũ a nobis traditas approbam⁹. de suis bonis ꝯtulerit Ideo auctoritate aplica nobis ꝯmissa. ipi vt dictis gracijs et indulgētijs vti et gaudere possit et valeat ꝯcedim⁹ pariter et indulgem⁹ p pñtes. Datũ sub sigillo nrõ ad hoc ordiato die [illegible] Mensis [illegible] Anno dñi. M. ccccc. ij

Forma absolutionis in vita totiens quotiens.

¶ Misereatur tui ꝛc. Dñs noster Ihesus christus per meritũ sue passionis te absoluat auctoritate cuius et aplica mihi in hac parte commissa et tibi concessa: ego te absoluo ab omib⁹ peccatis tuis. In nomine patris et filij et spiritussancti. Amen.

¶ Forma absolutionis et plenissime remissionis semel in vita et in mortis articulo.

¶ Misereatᷓ tui ꝛc. Dñs noster Ihesus christ⁹ p meritũ sue passionis te absoluat Et ego auctoritate ipius et aplica. mihi in hac parte cõmissa et tibi cõcessa te absoluo. Primo ab omi sententia excõicationis maioris vel minoris si quam incurristi Deinde ab omibus peccatis tuis contritis: confessis et oblitis. cõferendo tibi plenissimã oim peccatorum tuor̄ remissionẽ: remittendo tibi penas purgatorij inquantũ claues sancte matris ecclesie se extendũt In noie patris et filij et spũssancti Amen.

Ablaßbrief des Kardinals Raimundus für Jakob Schmidt und seine Ehefrau Elisabeth vom 15. Mai 1502. Ausgefüllter Vordruck auf Papier.

außkommen und hinbringen mögen" oder die Kerzen für den Ostergottesdienst. Für die Ausgestaltung der Schloßkapelle in Weida wurden vom 6. Januar bis 7. April 1515 insgesamt 65 Schock Groschen, das sind etwa 18 Gulden ausgegeben. Dafür sind unter anderem Leinwand zur Verkleidung des Altars, Kerzen und Leuchter, eine Taufschale, ein Bildnis des Heiligen Georg sowie andere Gemälde angeschafft worden. Der Bischof, der die Kapelle weihte, erhielt 210 Groschen. Als die Kirche in Ehringsdorf bei Weimar abbrannte, spendete Herzog Johann wiederholt für deren Wiederaufbau und schließlich auch für die „Kirchweiung und Glockentauffe gein Eringstorff" am 24. Oktober 1518.

Neue Klöster sind im Einflußbereich der Wettiner in Thüringen kaum entstanden. Als sie ihr ludowingisches Erbe antraten, war die Zeit der Klostergründungen vorbei. Herzog Wilhelm III. etablierte 1453 unter dem Eindruck der Predigten des Barfüßers Johann Capistrano in Weimar ein Franziskanerkloster. Auch sonst machte sich dieser Fürst um die Hebung des kirchlichen Lebens in Weimar, wo er seit spätestens 1445 seine Residenz hatte, verdient. Der Martinskirche im Schloß, die seit dem 13. Jahrhundert ein eher bescheidenes Dasein als Schloßkapelle führte, ließ er seine besondere Fürsorge angedeihen. Bevor er 1461 zu seiner Pilgerfahrt aufbrach, bestimmte er testamentarisch, „daß in der Capelle St. Martini in der Burg zu Weimar hinfüro ein Obervicarius, sieben Priester, ein Organist und vier Chorschüler angestellt und besoldet werden, und daß diese Geistlichen und Sänger in besagter Cappelle das ganze Jahr hindurch täglich, auch sonntäglich zu Ehren der ... Maria" eine Vielzahl von näher bezeichneten Messen, Vigilien (Abendandachten für Verstorbene), Lektionen und Kollekten lesen, halten und singen sollten. Er erhob sie auch zur Stiftskirche. Die Zustimmung des Papstes dazu erlangte er 1464, und nach vierjährigen Umbauarbeiten konnte man 1468 die Weihe feiern. Allerdings gelang es trotz päpstlichen Beschlusses nicht, die Chorherren aus Bibra und Sulza zum Umzug nach Weimar zu bewegen. Eine große Rolle spielte die Heiligen- und Reliquienverehrung. Partikel von Heiligen oder Gegenständen, die diese besessen oder berührt haben sollen (Reliquien), wurden in vielen Gotteshäusern verehrt. In Weimar, vermutlich in der Schloßkirche, befand sich ein Partikel des Heiligen Bonifatius. An den Fürstenhöfen war es seit dem 14. Jahrhundert allgemeiner Brauch geworden, Reliquien zu sammeln. Friedrich der Weise hatte für deren Aufbewahrung in der Wittenberger Stiftskirche kostbare Gefäße fertigen lassen. Jedes Jahr am zweiten Montag nach Ostern wurden sie feierlich ausgestellt. Von Papst Julius II. hatte der Kurfürst 1503 die Erlaubnis erhalten, zur Unterhaltung der Schloßkirche die Gaben der Gläubigen, die an bestimmten Tagen die Kirche aufsuchten, zu behalten und diesen dafür 100 Tage Nachlaß von den in der Beichte auferlegten Bußen (Ablaß) zu gewähren. Die Aussicht auf Ablaß sowie die Möglichkeit, die Reliquien anzubeten oder gar zu berühren war für jeden Gottesfürchtigen eine hohe Motivation zum Besuch der Kirche. Für genau festgelegte Handlungen, darunter das Beten für das Seelenheil des Kurfürsten Friedrich und des Herzogs Johann von Sachsen vor dem Königsbild mit dem heiligen Dorn, konnte man eine bestimmte Anzahl von Tagen Ablaß erlangen.

Symbolische Darstellung der Überreichung einer Reliquie mit der Hand des Heiligen Dionysius durch den westfränkischen König Karl III. an König Heinrich I. aus der Sächsischen Chronik von Georg Spalatin vom Anfang des 16. Jahrhunderts.

Motiv für die Sammelleidenschaft des Kurfürsten waren die damals übliche Heiligenverehrung und die tiefe Frömmigkeit Friedrichs, seine Sorge um das Seelenheil seiner Person und seiner Untertanen und vielleicht auch ein wenig die Mode. Von überall her versuchte er sich weitere Reliquien zu beschaffen. Dabei waren sein Beichtvater Jakob Vogt, sein Kanzler Degenhard Pfeffinger und der Hofprediger Georg Spalatin vermittelnd tätig. Aber einem solchen bekannten und zahlungskräftigen Sammler wie dem sächsischen Kurfürsten gingen natürlich auch eine Vielzahl von Angeboten zu. Von König Johann I. von Dänemark, Schweden und Norwegen hatte er beispielsweise gleich eine ganze Sammlung erhalten. Herzog Johann von Bourges und Auvergne schickte ihm je ein Stück des Kreuzes von Rhodos und von einem ungenähten Rock Christi. Aber auch in seinem eigenen Land und bei seinen Nachbarn hielt der Fürst Ausschau, um seine Sammlung zu ergänzen. Jakob Vogt holte unter anderem Reliquien von Graf Günther von Schwarzburg und aus dem Peterskloster in Erfurt ab. An den Abt des Klosters Pforte schrieb Friedrich im April 1514 „... Ir wollet uns von demselben Euers Closters Heiligthums etlich Partickel [...] mittailen und solchs [...] unserm Beichtvater uberantworten. ... Dagegen werdet ir sunder alle Zweivel die Belonung durch Furbit aller lieben Heiligen vor Got dem Almechtigen empfahen." Dieser freundlichen Aufforderung konnte sich Abt Balthasar nicht verschließen, zudem der Reliquienreichtum seines Klosters nicht nur dem Kurfürsten bekannt war.

Bereits 1509 hatte Friedrich der Weise seine Sammlung katalogisieren und als Buch drucken lassen. Die Zeichnungen, die dem von Lucas Cranach d.Ä. illustrierten und in Wittenberg gedruckten Katalog zugrunde lagen, werden heute im Thüringischen Hauptstaatsarchiv Weimar aufbewahrt. Sie vermitteln einen Eindruck von der Pracht der Gefäße, in denen sich die Sammlungsstücke befanden. 1513 gab es 5 262 Reliquienpartikel in der Schloßkirche Wittenberg, 1518 waren es bereits 17 443. Damit hätte man 127.799 Jahre und 116 Tage Ablaß erlangen können. Friedrich dem Weisen war es wichtig, daß seine Untertanen im eigenen Land genügend Ablaß fanden und ihn nicht etwa von durchziehenden Ablaßhändlern kaufen mußten.

Ein großer Teil Gefäße der Wittenberger Sammlung ist vor 1530 eingeschmolzen worden, um die Schuldenlast des Kurfürsten Johann von Sachsen, der seit dem erbenlosen Tod seines Bruders allein regierte, zu vermindern. Das einzige noch erhalten gebliebene Sammlungsstück, das Glas der heiligen Elisabeth, erhielt Martin Luther seinerzeit vom Kurfürsten als Geschenk. Heute befindet es sich auf der Veste Coburg.

[Dagmar Blaha]

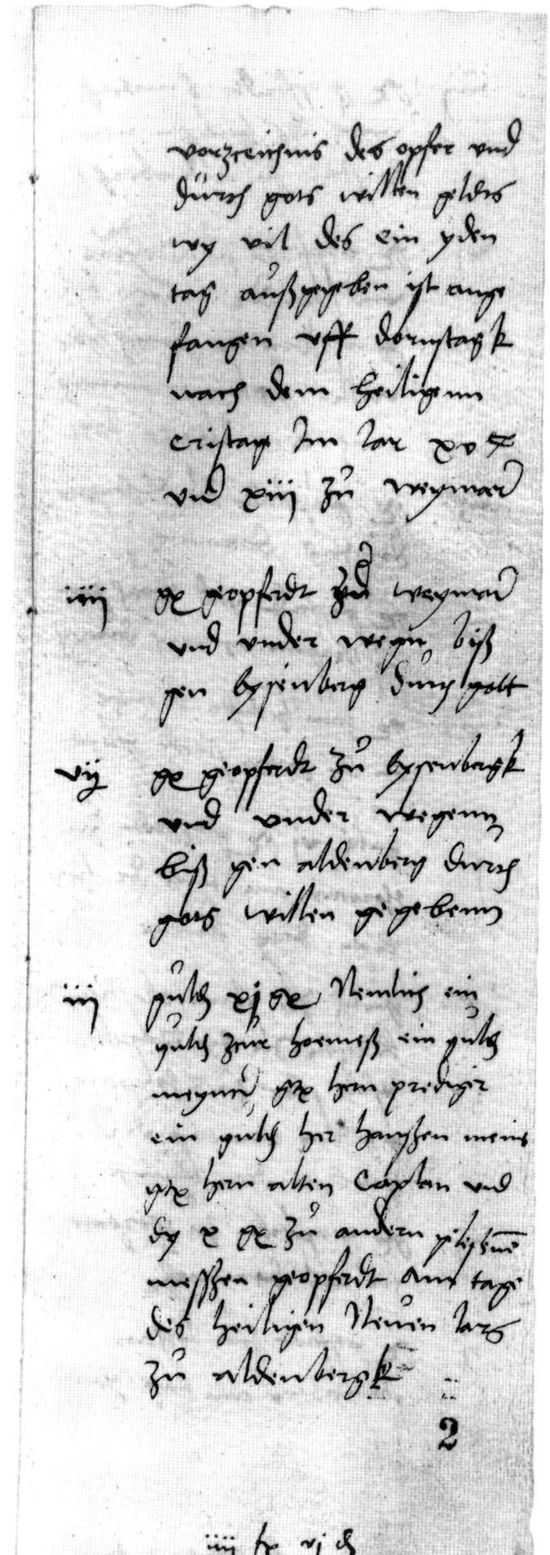

Erste Seite des Verzeichnisses über die Opfergaben des Herzogs Johann von Sachsen und seiner Familie vom 30. Dezember 1512 bis zum 5. März 1513.

Von der München vrsprung.

Jo. viij.
Vos ex patre diabolo estis: et desideria patris vestri perficietis.
Non vocabitur in eternū semē pessimorū. Esa. xiiij.

Alle menschen kommend hie hereyn
Hört wo die Münch her kommen sein
Wo her sy iren vrsprung han
Will ich euch hie zu wissen thun
Lucifer füret alle seine tag
Eyn grosse jemerliche klag
Beklagt sich im leyb so ser
Besorgt wie daß er schwanger wer
Ein grausam gestalt bey jm entpfandt
Der gleych auff erd nye ward erkandt
Nach grossem ratschlag hyn vnd her
Wuchs jm der bauch vnd leib so ser
Daß er daran wolt zerprochen sein
Yedoch zuletst strackt er die bein
Riß mit gewalt den hyndern auff
Do fiel herauß ein solcher hauff
Von mancher gestalt seltzam manir
Dort zwölff da sechß/ dort drey/ da vier
Hetten allsament kutten an
Etlich weyb die andern man
Es was das seltzamst wunder thier
Daß jm warlich drab grauset schier
Es ist gantz glatzet hyndern orn
Vber den kopff herab geschorn
Was es erdenckt das darff es thun
Solt es sich drumb verbrennen lan
Jm ist auff erden nichts zu vil
Jn aller sach brauchts widerspill
Als er den butzen anblickt
Sein krafft für diser gestalt erschrickt
Do er sach kotten mancherlay
Hub an ein sölch grausam geschray
Mit grosser forcht verwundert sich
Awe was hab gemacht ich
Ein wunderthier mit geschwindem list
Das aller Teuffel maister ist

Jn allem betrug seltzam finantz
Lugend sy all nur irer schantz
Liegen daß sich die balcken biegen
Damits den gmeynen man betriegen
Auff das jr kasten keller füllen
Nach leybs lust brauchen jren willen
Die pawrn müssen hacken tresschen
Den München jr gurgel wesschen
Vnd so ein gestorbner münchßtag kumpt
Handts drey tag davor auffgetrumpt
Jr sackpfeyff auff das best gestimpt
Wie es sich dañ zum geltsack zimpt
Alles nur auß eym stinckenden pracht
Dem gmeynen volck ein gplerr gemacht
So man das Kyrie eleison sing
Daß yeder dar ein pfenning bring
Am wercktag salstnacht drauff han
So nit vil lewt in kirchen gan
Mit einem liechtlein kommens gerent
Recht wie ein Katz das maul verbrent
Ja zinden nit ein kertzen an
Vnd muß der Priester finster stan
Der list ein tütel für ein d
Damit nit grosser kost auffgee
Vnd sammlen doch in aller welt
Vil liechter da man meß bey helt
Yedoch sicht man keins zünden an
Die alt weyb sy gewenet han
Die lassen nit jr alte art
Die sy all generet haben hart
Die kommen mit den liechtlein trabt
Die handts drey tag im seckel gehabt
Bringens dem armen bruder dar
Ja kempstu mit eym kolben har
Daß man in den fischhamen klopffet
Den bschorn zaun voln herausser zopffet

Vnd leret sy halten götlich zier
Daß jn Complet zum arß auß fier
Darnach den tag so trabens vmb
Kein eck kein gaß was nie so krum
Die sy nit all durch strichen han
Bey yeder magt vnd fraw sy stan
Keyn schlamp mag nergen nit zergeen
Dar zu kumpt ein münch oder zwen
Keyn hun/ Cappun/ kein gütter fisch
Keyn prater haß der jn entwisch
Die sich gar hübschlich schieben drein
Damit kein praß noch gutter wein
Jn gantzer statt jn werd verraten
Sy müssen jm ein kappen schrotten
Vnd wo sy gand sauffen sich voll
Ja glüen wie ein glumend kol
Da von sy faist vnd lestig sein
Außgemest recht wie die becker schwein
Sölten auch teglich geben brot
Daß man den armen helff auß not
Auch speiß die vberblieben wer
So kommens mit eym geschlepper her
Jch glawb daß nur spülwasser sey
Sy geben weder krawt noch brey
Ja kochen nit eins quintlins mee
Damit nit grosser kost auffgee
Auff daß werd gemert jr gut vnd gelt
Jn gleyßnerey betriegen die welt
Seind reissendt wolff in schaffes schein
Füren die welt in helsche pein
Darumb ich Lucifer frey sag
Es ist kein volck auff disen tag
Durch welchs mein Reich mer gefüllet wirt
Darumb vns dañ her wider gbürt
Jn geben hie gwalt/ eer/ vnd gut
Vnd ewig lon in helscher glut

M. D. XXiij.

Friedrich der Weise, der Schützer Luthers, hat durch seine bedächtige und ruhige Haltung Entstehung und Wachstum der Reformation überhaupt erst möglich gemacht.

Willy Flach (1941)

Die Reformation in Thüringen

Entsetzt starrte am Morgen des 15. August 1523 der Kaplan des Nonnenklosters Weida auf einen Anschlag am Klostertor. Auf dem Weg zur Frühmesse hatte er das gedruckte Flugblatt entdeckt. Heimlich mußte es in der Nacht von einem Unbekannten angebracht worden sein. Auf drastische Art stellte es die Herkunft der Mönche dar und prangerte in einem Spottgedicht deren Lebensweise an: „Sy geben weder Krawt [Kraut] noch Brey ... Damit nit grosser Kost aussgee, auf das werd gemert ir Gut und Gelt. In Gleißnerey [Heuchelei] betriegen die Welt, seind reissendt Wolff in Schaffes Schein, füren die Welt in helsche [höllische] Pein ...“.

Damit wurde jedoch nicht Gott an sich, sondern die damalige Kirche in ihrer Struktur und ihrem Selbstverständnis als Mittler zwischen Mensch und Gott in Frage gestellt. Die ängstliche Rechtfertigung der Klostergemeinschaft gegenüber dem Flugblattinhalt stand auch im Mittelpunkt der Frühmesse, denn die Existenz ihres Klosters war für die Weidaer Nonnen damit konkret gefährdet. Zwei Tage später berichtete die Vorsteherin, Margaretha von Hutten, in einem demutsvollen Brief an den Kurfürsten Friedrich den Weisen von dem Vorfall und legte als Beweis den „schentlichen Briff“ bei. Margaretha bat um Schutz und Hilfe für ihr Kloster. Die Antwort Friedrichs ist nicht überliefert. Jedenfalls konnten sich die Nonnen nicht dauerhaft der Reformation entziehen, und das klösterliche Leben löste sich nach 1526 in Weida auf. 1533 ging das Kloster schließlich ganz an die Stadt über.

Begonnen hatte alles freilich bereits etliche Jahre früher. Seit der zweiten Hälfte des 15. Jahrhunderts stand die Kirche in harscher Kritik. Neben theologischen Aspekten richtete sich der Widerspruch besonders gegen die Anmaßung weltlicher Herrschaft und das äußere Erscheinungsbild der Kirche. Angeführt von den Humanisten und Reformern aus der Kirche selbst schwoll bis in das erste Jahrzehnt des 16. Jahrhunderts eine breite Bewegung quer durch alle Schichten der Bevölkerung an, die eine Beseitigung dieser Mißstände und die Reformation der Kirche forderte. Der Mitte des 15. Jahrhunderts von Johannes Gutenberg erfundene Buchdruck gab der Opposition ein neues Medium, mittels dessen sich ihre Ideen in einem bisher nicht gekannten Ausmaß verbreiten konnten. Zahllose Flugschriften entstanden in jenen Jahren. Eine scharfe Streitschrift gegen die kirchlichen Zustände – der erste Teil der sogenannten „Dunkelmännerbriefe“ – wurde beispielsweise 1515 im Erfurter Humanistenkreis um Mutianus Rufus verfaßt.

Anonymes Flugblatt „Von der München vrsprung“, das an das Dominikanerinnenkloster in Weida in der Nacht zum 15. August 1523 angeschlagen wurde. Ohne Jahr [1523]. Holzschnitt, Originaldruck.

Als geradezu symbolisch für den moralischen Verfall der Kirche stellte sich der Ablaßhandel dar. Mit diesem gewinnbringenden Geschäft versprachen die Geistlichen dem Käufer eines Ablaßzettels die Befreiung von den zeitlichen Sündenstrafen. In dieser Situation wirkten die 95 Thesen Martin Luthers über die Kraft der Ablässe wie ein Fanal. Ursprünglich nur zur Diskussion unter den Gelehrten gedacht, berührten sie breiteste Kreise der Bevölkerung und verbreiteten sich in Windeseile. Sie machten im Jahre 1517 den bisher unbekannten Augustinermönch, Wittenberger Professor und Doktor der Theologie in kurzer Zeit weithin bekannt und berühmt. Was muß der Mensch tun, um den Willen Gottes zu erfüllen? In dieser zentralen theologischen Frage erkannte Luther, daß allein der Glaube und das göttliche Wort der Heiligen Schrift dem Menschen den Weg zu Gott offenbaren. Nicht durch „gute Werke" oder den Loskauf von Sündenstrafen, sondern nur durch den Glauben an den liebenden Gott kann er vor ihm bestehen. Der Papst als Stellvertreter Gottes auf Erden und seine Würdenträger als Inhaber weltlicher Befugnisse wurden somit überflüssig. Mit dieser Botschaft Luthers war die Grundlage für eine evangelische Kirchenreform gegeben und die eigentliche Reformation mit ihren Auswirkungen auf die frühneuzeitliche Gesellschaft insgesamt nicht mehr aufzuhalten. In den Folgejahren weiter theologisch und organisatorisch ausgeformt und in der Praxis verschiedener Pfarrkirchen umgesetzt, schließlich selbst von Landesherrn eingeführt, kam es letztlich durch unüberbrückbare theologische Gegensätze sowie durch eine konfessionell motivierte Machtpolitik der weltlichen und geistlichen Fürsten zur bis heute wirksamen Kirchenspaltung in die evangelisch-lutherische und römisch-katholische Kirche.Während sich in weiten Teilen des Heiligen Römischen Reiches Deutscher Nation die katholische Kirche in ihrer erbitterten Auseinandersetzung mit der Reformation neben dem Kaiser auch auf die Landesherren stützen konnte, traf für das Kurfürstentum Sachsen das Gegenteil zu. In den Jahren der schwersten Anfeindungen gegen Luther hielt Kurfürst Friedrich der Weise schützend die Hand über den Reformator. Luther konnte dadurch seine Reformvorstellungen weiterentwickeln und schriftlich festhalten. Weder der päpstliche Bann von 1521 noch die darauf erfolgte Verhängung der Reichsacht (Wormser Edikt) gegen den Reformator auf dem Wormser Reichstag änderten die Haltung des Kurfürsten. Papst Leo X. und Kaiser Karl V. hatten Luther zum Ketzer und für vogelfrei erklärt und aus der menschlichen (christlichen) Gemeinschaft ausgeschlossen. Die Verbreitung seiner Lehre stand unter schwerer Strafe. In dieser schwierigen Situation griff Friedrich direkt ein, um die Ausführung des Wormser Edikts zu verhindern. Als sich Luther auf der Rückreise vom Reichstag befand, wo er sich öffentlich zu seinen Ideen bekannt hatte, fingierte der Ernestiner zu dessen Schutz unweit vom heutigen Bad Liebenstein bei der Burg Altenstein einen Überfall und ließ Luther scheinbar entführen. Er sollte für einige Zeit aus dem Blickfeld der aufgewühlten Öffentlichkeit verschwinden. Als „Junker Jörg" verbrachte er fast ein Jahr bis zum Frühjahr 1522 unerkannt auf der Wartburg, ehe er auf Dauer an die Wittenberger Universität zurückkehrte. Selbst Friedrich kannte Luthers Aufenthaltsort anfangs nicht. Auf der alten Landgrafenburg konnte er an seiner Theologie weiterarbeiten und übersetzte das Neue Testament aus dem Griechischen ins Deutsche.

Kurfürst Friedrich III. (der Weise) von Sachsen. Kupferstich.

Das ernestinische Sachsen wurde somit zum Mutterland der Reformation. Dabei war Friedrich der Weise bei weitem kein Anhänger der Lehre Luthers. Unter persönlicher Anteilnahme hatte er die spätmittelalterliche Frömmigkeit gefördert und Klöster unterstützt. Dennoch duldete er die Ausbreitung der Reformation und nahm den Verfall der früher von ihm geförderten Werte hin. Öffentlich legte er allerdings nie ein Bekenntnis zu Luther und seiner Theologie ab und wich bewußt einer persönlichen Begegnung mit dem Reformator aus. Die Briefe Luthers ließ er durch seinen Sekretär Georg Spalatin beantworten. Erst unmittelbar vor seinem Tode nahm er als „einfacher Mensch“ das Abendmahl im evangelischen Ritus und bekundete damit sein Einverständnis mit Luther. Die Motive des Wettiners für seine Toleranz gegenüber der Reformation sind vielschichtig und nur schwer auf den Punkt zu bringen. So mögen die Feindschaft zum habsburgischen Kaiserhaus wie zu seinem streng katholischen albertinischen Vetter, Herzog Georg von Sachsen, ebenso eine Rolle gespielt haben wie seine Beziehungen zu den Humanisten. Nicht von der Hand zu weisen ist vor allem der starke Einfluß Georg Spalatins auf den Kurfürsten. Seit 1516 war er in der landesherrlichen Kanzlei für Universitäts- und Kirchenangelegenheiten verantwortlich und zählte zu den Freunden von Martin Luther. Der vom Landesherrn gewährte Spielraum ermöglichte seit Luthers Wartburgexil eine zwar ungehinderte, aber auch ungeordnete Ausbreitung der Reformation im Kurfürstentum. Die Aufspaltung der Reformation in mehrere Richtungen wurde in Thüringen besonders durch das Auftreten der „radikalen Reformation“ unter Thomas Müntzer in Allstedt und Mühlhausen sowie durch Karlstadt in Orlamünde deutlich; sie gipfelte in der reformatorischen Legitimation berechtigter sozialer Forderungen während des Bauernkrieges. Luther erkannte die Beschwerden des „gemeinen Mannes“ zwar an, wies die evangelische Begründung weltlicher Ziele und den gewaltsamen Weg aber scharf zurück. Mittlerweile war es in vielen Städten des Kurfürstentums zu konkreten Reformen gekommen. Evangelisch gesinnte Prediger hielten den Gottesdienst in deutscher Sprache. Messen nach altkirchlicher Tradition wurden eingestellt. Die Prediger reichten den Gläubigen das Abendmahl in beiderlei Gestalt. Daneben häuften sich Klosteraustritte, Priesterehen wurden geschlossen, erste lokale Ordnungen für eine Neuorganisation der Kirche entstanden. Auf dem Land fanden die reformatorischen Ideen zwar ebenfalls breiten Widerhall, organisatorische Veränderungen vor 1525 blieben aber die Ausnahme.

Bis zum Tod Friedrichs des Weisen im Jahre 1525 hatte sich die Reformation in seinem Herrschaftsbereich im wesentlichen durchgesetzt. Sein Bruder und Nachfolger Johann wie auch sein Neffe Johann Friedrich, der ab 1532 regierte, waren längst evangelische Christen und bereit, die Reformation mit ihrer Politik zu unterstützen. Kurfürst Johann griff den Wunsch Luthers nach einem ordnenden Eingreifen der weltlichen Obrigkeit auf. Neben der nur den geistlichen Bereich berührenden inneren Vereinheitlichung der evangelischen Kirche waren auch rein weltliche Fragen hinsichtlich der Zukunft des alten Kirchengutes (Grundbesitz und Herrschaftsrechte) sowie der Versorgung und Ausbildung der Pfarrer und Schulmeister zu lösen. Die in den Folgejahren durchgeführten flächendeckenden landesherrlichen Kirchen- und Schulvisitationen unter aktiver Teilnahme der Wittenberger Reformatoren um Martin Luther, Philipp Melanchthon und Johannes Bugenhagen stellten sich diesen schwierigen Aufgaben. Nach und nach wurden die einzelnen Pfarrer und Gemeinden von einer Kommission aus Beamten und Theologen besucht. Dabei wurden

Von Kurfürst Johann Friedrich I. von Sachsen bestätigte und zu Torgau ausgegebene Kleidung für den Hof der Ernestiner im Winter 1545. Auf dem rechten Ärmel befindet sich die Abkürzung „V·D·M·I·E." bzw. „V·D·M·I·Æ·" („Verbum Domini manet in Æternum" - „Das Wort des Herrn bleibt in Ewigkeit") als Devise und Zeichen der protestantischen Verbündeten.

Von Herzog Johann Friedrich II. von Sachsen bestätigte und zu Weimar ausgegebene Kleidung für den Hof der Ernestiner im Sommer 1550.
Das Motiv der Evangelischen befindet sich ebenfalls auf dem rechten Mantelärmel.

die religiösen Kenntnisse und die sittlichen sowie wirtschaftlichen Verhältnisse überprüft, Mißbräuche abgestellt und die neue kirchliche Ordnung eingeführt. Das Vermögen der Pfarrkirchen sollte in einen Kirchenfond, den „Gemeinen Kasten", fließen aus dem Ausgaben für Kirche und Schule sowie die Armenfürsorge zu bestreiten waren.

Die erste umfassende Visitation 1528/29 war für Luther ernüchternd. So mußte er in der Vorrede des kleinen Katechismus von 1529 feststellen: „ ... daß der gemeine Mann doch so gar nichts weiß von der christlichen Lehre, sonderlich auf den Dörfern, und leider viel Pfarrherr fast ungeschickt und untüchtig zu lehren". Aus diesem Grund sollte sein Katechismus die neuen Glaubensregeln populär vermitteln. 1530 folgte das auf dem Reichstag von den evangelischen Vertretern beschlossene „Augsburger Bekenntnis", das die zentralen Punkte ihrer Theologie zusammenfaßte. Der Mangel an geeigneten Pfarrern und einer grundlegenden evangelischen Unterweisung der Menschen konnte jedoch nur allmählich überwunden werden. Sie stellten ganz praktische Hindernisse bei der Ausgestaltung einer neuen – von Rom unabhängigen – einheitlichen Landeskirche dar. Die Auflösung der mit umfangreichen Besitzungen und Herrschaftsrechten ausgestatteten Klöster als Relikte der alten Kirche zog sich bis zur Jahrhundertmitte hin. Einer Inventarisierung ihres Besitzes folgte die landesherrliche Inbesitznahme der umstrittenen Güter, deren Einkünfte schließlich größtenteils in die Landeskasse flossen. Daneben partizipierten der Adel und die Städte sowie neueingerichtete oder reorganisierte Bildungseinrichtungen wie Universitäten, Landes- oder Stadtschulen davon. Ein Teil kam letztlich auch den „Gemeinen Kästen" zugute. Aus dem anfangs für die Reformation unerläßlichen landesherrlichen Schutz und der folgenden politischen und militärischen Verteidigung der Reformation gegenüber dem Kaiser und den katholisch verbliebenen Territorien leiteten die Ernestiner auch zukünftig die Legitimation für ihre Stellung als „oberste Pfarrer und Bischöfe" ab. Institutionell fand dies seinen Ausdruck in der Berufung von Superintendenten als Aufsichtspersonen, in der Einrichtung landesherrlicher Kirchenbehörden, den Konsistorien, und im Erlaß obrigkeitlich geprägter Kirchenordnungen. Die damit entstandene Leitung der Kirche durch den frühneuzeitlichen Staat (landesherrliches Kirchenregiment) wurde zu einem integralen Bestandteil der ernestinischen Landesverwaltung.

In den albertinischen Landesteilen setzte Herzog Georg der Bärtige einer Ausbreitung der Reformation erbitterten Widerstand entgegen. Er galt als der energischste Gegner Luthers unter den Fürsten und setzte sich emsig für die Durchsetzung des Wormser Edikts gegen den Reformator ein. Zwar sorgte auch er für kirchliche Reformen, sie bewegten sich aber sämtlich im Rahmen der alten Kirche. Das Eindringen reformatorischen Gedankengutes in allen seinen frühen Spielarten bis hin zur Teilnahme herzoglicher Untertanen am Bauernkrieg konnte er aber nicht verhindern. An eine dauerhafte Institutionalisierung der Reformation mit evangelischen Pfarrern war jedoch nicht zu denken. Dahingehende Versuche, wie beispielsweise in Kölleda 1523 oder in Eckartsberga 1527, riefen den direkten polizeilichen Eingriff des Herzogs hervor. Erst nach seinem Tod im April 1539, als sein bereits früher evangelisch gewordener Bruder Heinrich das Herzogtum übernahm, konnte die Reformation in diesem Teil Thüringens relativ schnell und geordnet mit ernestinischer Unterstützung eingeführt werden.

[Volker Graupner]

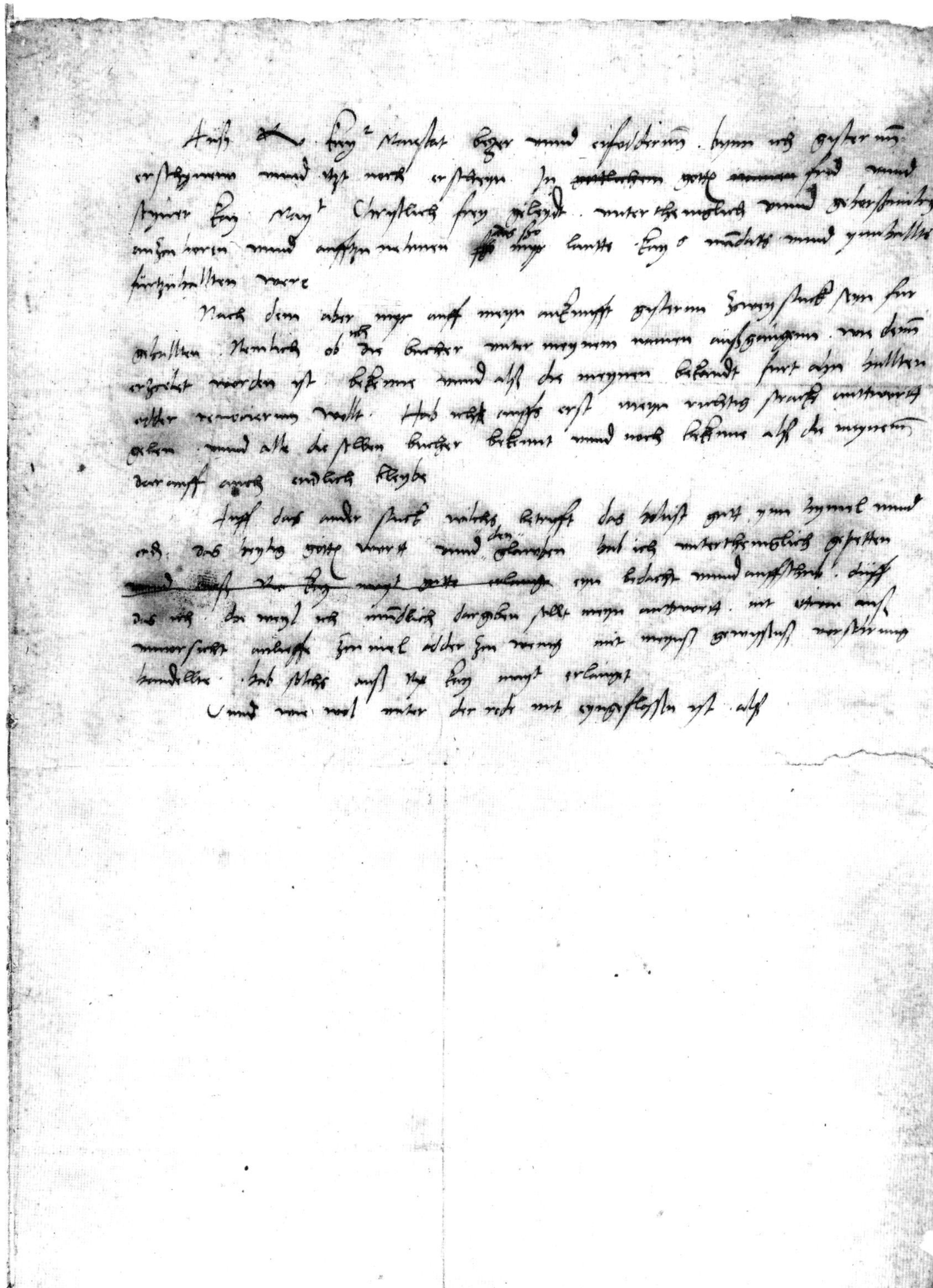

Eigenhändiger Entwurf Martin Luthers vom 17./18. April 1521 für den Anfang seiner Rede auf dem Reichstag zu Worms.

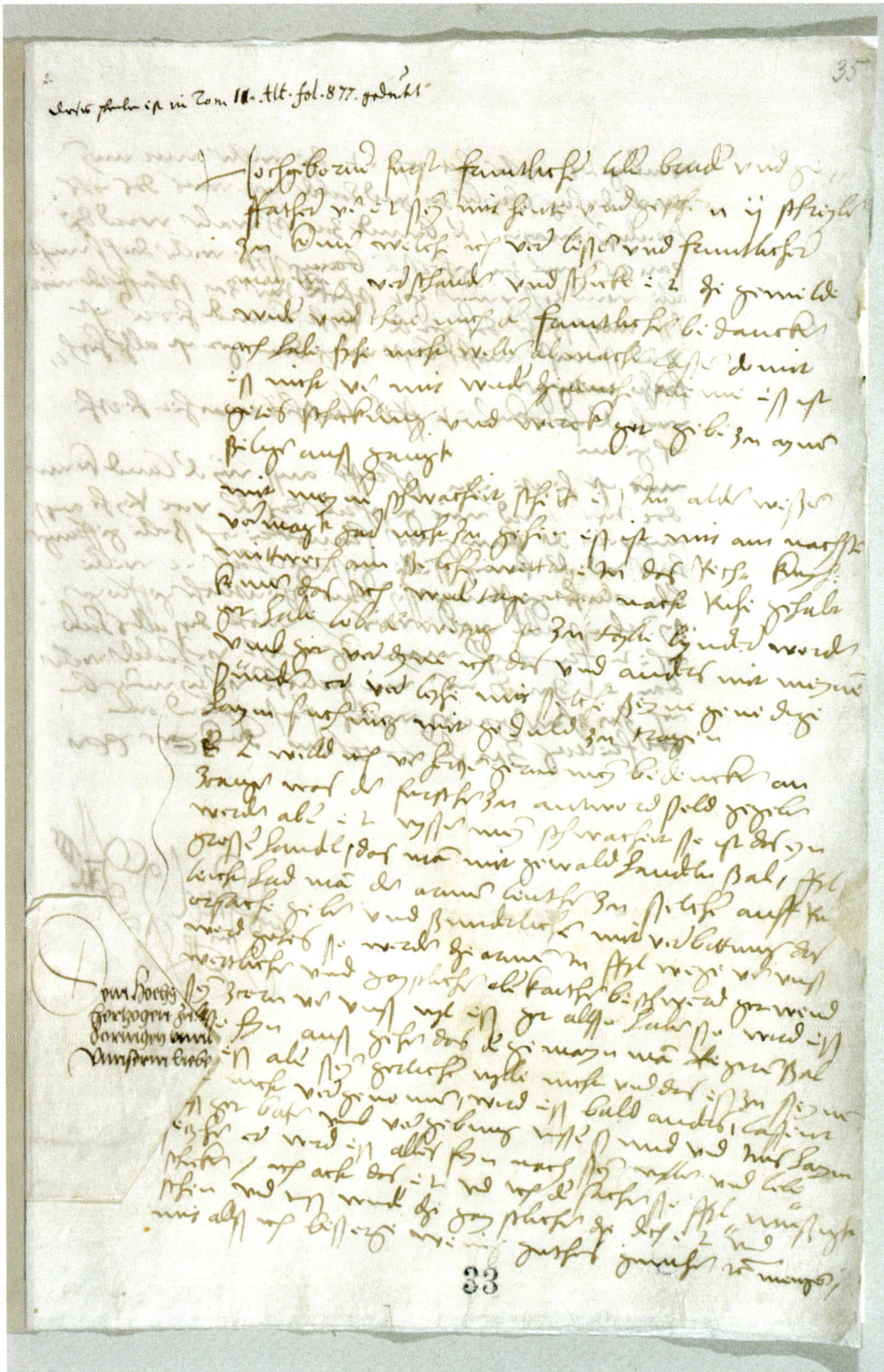

Unterschrift des Kurfürsten im Brief vom 14. April 1525: „Fridericus manu propria subscripsi“ („Friedrich, mit eigener Hand unterschrieben“).

Erste Seite eines Briefes des Kurfürsten Friedrich III. an seinen Bruder, Herzog Johann von Sachsen. Lochau, 14. April 1525. Eigenhändige Ausfertigung mit Unterschrift, Papier.

Es war wie ein Fieber, das den gemeinen Mann ergriffen hatte und ihn zum Zusammentreten zwang.

Walter Peter Fuchs (1940)

Der Bauernkrieg und die radikale Reformation in Thüringen

„Fylleicht had man den armen Leuthen zu selchem Aufrurhe Orsache geben und sunderlichen mit Verbitung des Word Gotes. So werden dye Armen in fyl Wege von uns weltlichen und gaystlichen Oberkaithen beschwerd. Got wend sein Zcorn von uns. Wyl es Got also haben, so wird es also hynausgehen, das der gemayn Man regiren sal. Ist es aber seyn gotlicher Wylle nicht und das es zu seynem Lobe nicht vergenomen, wird es bald anders."
Zu dieser resignierenden Erkenntnis kam Kurfürst Friedrich der Weise wenige Wochen vor seinem Tod Mitte April 1525 in einem Brief an seinen Bruder, Herzog Johann. Der Aufstand in Thüringen stand zu dieser Zeit kurz vor seinem Höhepunkt. In bisher nicht bekanntem Ausmaße war der „gemeine Mann" zum Akteur des politischen Geschehens geworden, indem er soziale Forderungen, teilweise gepaart mit gesellschaftlichen Veränderungen, bei den Herrschenden einklagte und diese mit Gewalt durchzusetzen versuchte. Der Eindruck auf die Fürsten und die Angst um ihre Macht müssen groß gewesen sein, wenn selbst einer der mächtigsten Landesherren des Reiches wie der wettinische Kurfürst im festen Glauben an den Willen Gottes die althergebrachte Ordnung in Frage gestellt sah.

Die tiefgreifenden Wandlungen der Gesellschaft an der Schwelle vom 15. zum 16. Jahrhundert zeigten sich auch in regionalen Aufständen der Bauern und Städtebürger. Die aufgestaute soziale Unzufriedenheit der Bauern führte besonders im Südwesten und Süden des Reiches bereits Jahrzehnte vor der Reformation zu zahlreichen voneinander isolierten Erhebungen. Unter der Fahne des „Bundschuhs", der typischen Fußbekleidung der Bauern, hatten diese vergeblich versucht, die drückende Last der Abgaben an den Grund- und Landesherren zu verringern sowie ihre rechtliche Position innerhalb der Gesellschaft zu verbessern. Aber nicht nur auf dem Lande gärte es. Auch in den Städten flammten immer wieder Unruhen der Zunfthandwerker und der stark angewachsenen sozialen Unterschichten gegen den auf wenige reiche Familien beschränkten Rat und dessen Kommunalpolitik auf.

Mit dem Erfurter „tollen Jahr" von 1509/10 begann eine neue Welle städtischer Unruhen. Die katastrophale Finanzsituation der Stadt löste im Frühjahr 1509 einen Sturm der Opposition aus. Sowohl die Wettiner als Schutzherren über die alte Hansestadt als auch das Kurfürstentum Mainz, zu dem Erfurt juristisch gehörte, versuchten die in Bewegung geratenen innerstädtischen Verhältnisse nun für ihren Herrschaftsanspruch auf die Stadt auszunutzen. Während Friedrich der Weise auf den alten Rat und einen am Stadtregiment beteiligten neuen Ausschuß der „Gewählten" setzte, nutzte der Mainzer Erzbischof Uriel den Druck der radikaleren Kräfte, um die alte Stadtregierung zu entmachten. Im Januar 1510 wurden neue Ratsgremien gewählt, denen die alten Ratsfamilien nicht mehr angehörten.

Die Zünfte erhielten ein Mitbestimmungsrecht bei allen wichtigen Entscheidungen. Als Oberhaupt des alten Rates wurde der frühere Bürgermeister Heinrich Kellner zum Tode verurteilt und Ende Juni 1510 gehängt. Aber auch unter dem neuen Stadtregiment blieben die sozialen Gegensätze bestehen. Wirtschaftliche Sanktionen seitens der Ernestiner als „Kontrolleure" des Erfurter Umlandes sowie die Bevormundung der Stadt durch Mainz führten bald zu einem Stimmungsumschwung. 1516 wandte sich Erfurt wieder dem Kurfürsten zu. Schon zuvor hatte Friedrich Vertretern des alten Rates, die Erfurt verlassen mußten, Asyl gewährt und setzte sich jetzt für die Rückgabe ihrer konfiszierten Güter ein. Die Unzufriedenheit richtete sich nun gegen die Geistlichkeit und das erzbischöfliche Stadtoberhaupt im fernen Mainz. Nicht zufällig erfolgte 1521 eine frühe Radikalisierung der Reformation gerade in Erfurt. Dem triumphalen Empfang Martin Luthers bei seiner Reise zum Wormser Reichstag durch die Bürger folgten Prozessionen Erfurter Geistlicher, die von Teilen der Einwohner als Provokation aufgefaßt wurden. Zwei Nächte lang ließ der Rat eine aufgebrachte bunt zusammengewürfelte Menschenmenge die Häuser von Geistlichen der Domfreiheit (Dom- und Severistift) plündern und zerstören, ehe er diesem sehr bald aus den Fugen geratenen Treiben am 13. Juni Einhalt gebot. Ein Schaden von 4 000 Gulden war dabei entstanden. Im Ergebnis konnten den eingeschüchterten Geistlichen zwar wirtschaftliche Rechte genommen werden, die Einführung des evangelischen Gottesdienstes brachten die „Pfaffenstürme" jedoch nicht. Reformatorische Prediger in den Kirchen Erfurts warben dagegen bereits mit großem Erfolg für das neue Evangelium.

Mit dem Namen des Theologen Thomas Müntzer verbinden sich die radikalsten Vorstellungen der Reformation, die nicht nur den kirchlichen Bereich, sondern - theologisch begründet - die gesamte gesellschaftliche Ordnung einbezogen. Als früherer Anhänger Luthers kam er deshalb bald mit diesem in Konflikt. Auch Müntzer suchte nach einer Antwort, wie der Mensch zum rechten Glauben finden kann. Gott offenbarte sich für ihn nicht nur in der Heiligen Schrift, sondern ständig und gegenwärtig im Herzen und der inneren Erleuchtung der „Auserwählten", die er den „Gottlosen" gegenüberstellte. Aus dem Buch Daniel des Alten Testaments nahm er den Traum von den vier vergänglichen Weltreichen und dem folgenden ewigen Reich Gottes auf. Für Müntzer stand dieses Gottesreich mit der Herrschaft des „Volkes Gottes" unmittelbar bevor. Wie dieses neue Reich konkret aussehen sollte, ließ Müntzer weitestgehend offen. Dies ermöglichte es der Geschichtsschreibung späterer Jahrhunderte, seine Person entweder zu verdammen oder zur Legitimation eigener Ideologien zu benutzen. Die Obrigkeiten waren von diesem Gottesreich nicht von vornherein ausgeschlossen, sofern sie die „brüderliche Gemeinschaft" teilten und sich in deren Dienst stellten. Im Falle der Verweigerung sollte ihnen die Gewalt genommen werden.

Thomas Müntzer legte am 13. Juli 1524 in der Allstedter Schloßkapelle seine Ansichten in der sogenannten „Fürstenpredigt" vor Herzog Johann und seinem Sohn Johann Friedrich dar. Über die Resonanz der Predigt bei den Zuhörern schweigen die Quellen. Diese mögliche und dann im Bauernkrieg praktizierte Gewaltanwendung zur Durchsetzung religiös motivierter Vorstellungen, die in der Konsequenz eine gesellschaftliche Veränderung einschloß, ließ Müntzer zum erbitterten Gegner Luthers werden, der seine Reformen allein auf die Kirche beschränkt wissen wollte und Gewalt als Mittel hierfür kategorisch ablehnte.

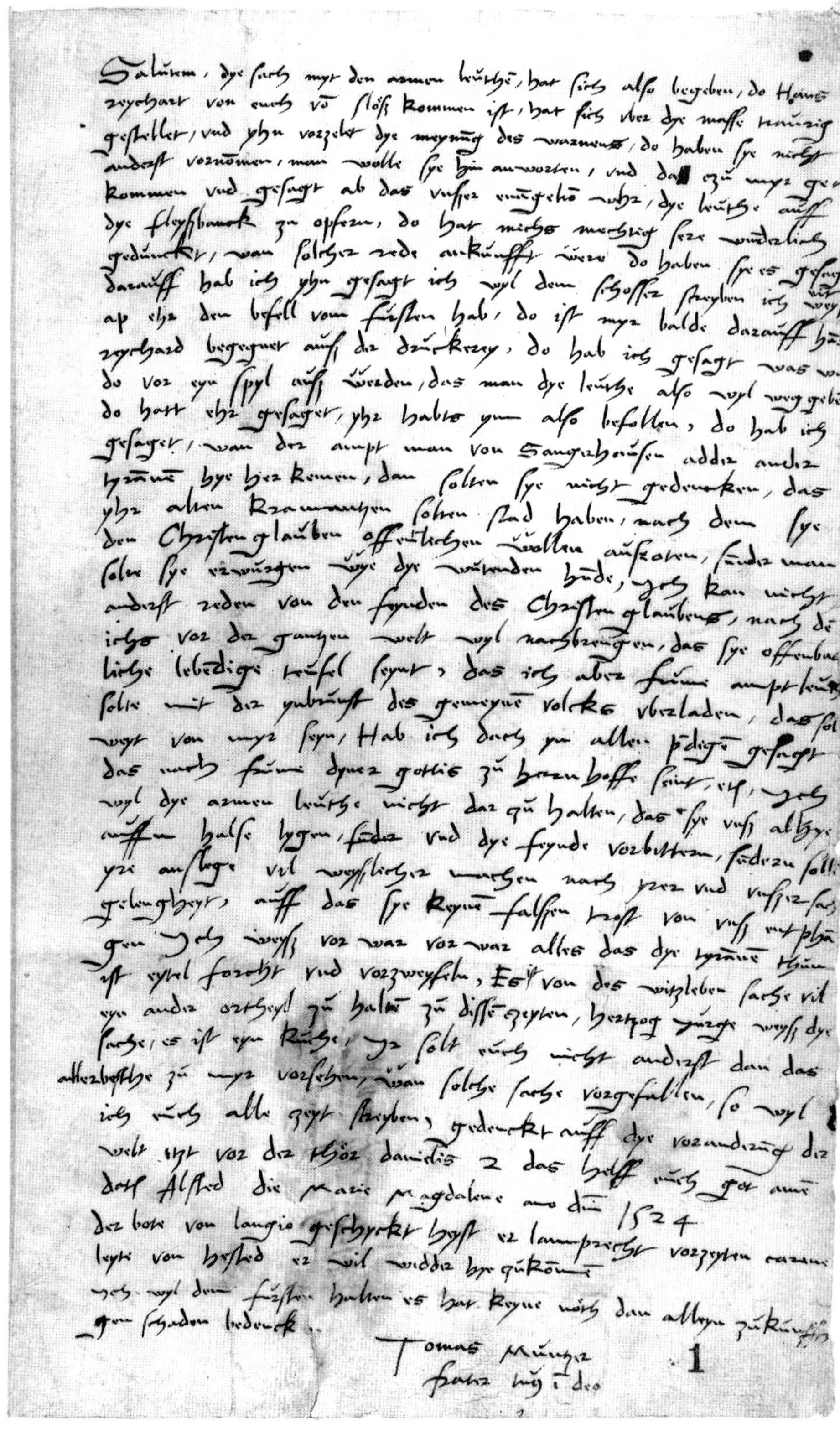

Brief Thomas Müntzers an den Schosser Hans Zeiß zu Allstedt. Allstedt, 22. Juli 1524. Eigenhändige Ausfertigung mit Unterschrift, Papier.

Ab Mai 1523 wirkte Andreas Bodenstein (Karlstadt) als radikal reformatorischer Theologe in Orlamünde, wo er seine Reformen zunächst ungehindert und mit Unterstützung der Gemeinde durchsetzen konnte. Er billigte den Gemeindemitgliedern eine weitaus aktivere Rolle bei der Ausgestaltung des Kirchenlebens zu als Luther. Karlstadt predigte nicht nur das Evangelium in deutscher Sprache, sondern schaffte auch Orgel, Kirchenbilder und Priestergewand als unnötiges Beiwerk ab und stellte die Kindertaufe ein. Hierfür wurde er im Herbst 1524 aus dem Lande verwiesen. Luther sah Karlstadt immer mehr auf einer Linie mit Müntzer, obwohl er im Gegensatz zu diesem die theologische Ebene nicht verließ.

Durch das Wirken Müntzers in der kleinen ernestinischen Stadt Allstedt ab Ostern 1523 und später in der Reichsstadt Mühlhausen wurden beide Kommunen zu Zentren, von denen wesentliche Impulse für den Bauernkrieg in Thüringen ausgingen. Als Prediger hatte Müntzer in Allstedt unter großem Zulauf aus dem umliegenden albertinischen und mansfeldischen Gebiet den Gottesdienst für den „gemeinen Mann" in einer verständlichen Sprache reformiert. Bis zu 2 000 Auswärtige sollen zu seinen Predigten gekommen sein. Hier schuf er sich eine feste Anhängerschar in Form eines „christlichen Bündnisses" der „Auserwählten", dem selbst der Rat und die Bürgerschaft von Allstedt beitraten.

In einem Verhör Thomas Müntzers vor den Ernestinern am 1. August 1524 in Weimar forderten diese die Auflösung des Bundes und seine Zurückhaltung in „weltlichen" Dingen. Der Kurfürst vertrieb ihn nicht, engte aber seinen Spielraum stark ein. Daraufhin verließ Müntzer seiner „Sach gelegenheyt halben", wie er selbst schrieb, Allstedt.

Müntzer ging in den Südwesten des Reiches, wo sich der Bauernaufstand seit dem Sommer 1524 ausbreitete. Dort organisierten sich die Bauern in militärischen „Haufen", verbanden sich teilweise mit der Opposition in den Städten und formulierten unter Berufung auf das aus dem Evangelium abgeleitete „göttliche Recht" Beschwerdeartikel und Programme. Der Spielraum für eine Interpretation des „göttlichen Rechts" war allerdings weit. Unter dem so entstandenen Druck schlossen sich auch Städte und Adlige den Bauern an.

Im April 1525 flammten auch in den thüringischen Herrschaften vielerorts Aufstände auf. Nahe der damals zu Fulda gehörenden Stadt Vacha sammelte sich am 18. und 19. April ein erster „Bauernhaufen". Graf Wilhelm von Henneberg wurde in das Verbündnis gezwungen, und er mußte auf die „Zwölf Artikel", einem wichtigen und auch in Thüringen weit verbreiteten maßvollen Forderungskatalog der Bauern, einen Schwur leisten. Freie Pfarrerwahl, die Beseitigung etlicher Abgaben und Dienste sowie der Leibeigenschaft aber auch eine gefestigte Stellung der Dorfgemeinde standen im Mittelpunkt der Artikel. Die Obrigkeiten sollte danach allerdings nicht beseitigt werden. Heranziehende hessische Landsknechte und die Absicht einer Mehrheit des Haufens, die Grafschaft Henneberg nicht zu verlassen, führten nur knapp einen Monat später auf dem Weg ins ernestinische Gebiet zur Auflösung des Werrahaufens. Der Anführer Hans Sippel aus Vacha und seine Hauptleute wurden in der Wartburgstadt Eisenach am 11. Mai 1525 hingerichtet. Zum Zentrum des Aufstandes wurde nun das nördliche Thüringen. Müntzer war bereits im Februar 1525 nach Mühlhausen zurückgekehrt, wo es ihm und seinen im „Ewigen Bund Gottes" organisierten Anhängern gelang, den alten Rat abzusetzen und einen neuen „Ewigen Rat" wählen zu lassen. Dieser begann die Ideen Müntzers umzusetzen, ohne aber in seiner kurzen Herrschaft grundlegende Veränderungen verwirklichen zu können.

Wasserburg Heldrungen. Die alte hochmittelalterliche Burg wurde im 16. und 17. Jahrhundert stark um- und ausgebaut. Hier war Thomas Müntzer nach seiner Gefangennahme in der Schlacht von Frankenhausen seit dem 15. Mai 1525 verhört und gefoltert worden, ehe er 12 Tage später vor den Toren Mühlhausens enthauptet wurde.

Die wettinischen Schutzherren der Reichsstadt erkannten zwar die von dort ausgehende Gefahr, doch während der albertinische Herzog Georg schon Anfang Februar auf eine militärische Lösung drang, setzten die Ernestiner noch bis weit in den April hinein auf eine Politik des Ausgleiches und der Vermittlung. Georg mußte zunächst allein gegen die Aufständischen rüsten. Der Aufstand brach nahezu zeitlich parallel an verschiedenen Orten aus. Brennpunkte der Erhebungen befanden sich im Gebiet von Eisenach, Arnstadt, Erfurt, Langensalza, Mühlhausen, Nordhausen, Frankenhausen, im Eichsfeld, in den Grafschaften Stolberg und Mansfeld, aber auch im Raum von Jena sowie in Ostthüringen und im Vogtland. Klöster und Schlösser gingen in Flammen auf. Adlige wurden in das Verbündnis gezwungen und mußten die Bedingungen der Bauern annehmen. Ende April berichtete Herzog Johann, „das über 35000 Pauern beyeynander seyn". Nun erst begann auch er Truppen zu werben, um die Gewalt mit Gegengewalt zu beantworten. An der Entscheidungsschlacht von Frankenhausen hatte er allerdings noch keinen Anteil. Die Heere des evangelischen Landgrafen Philipp von Hessen und des katholischen Herzogs Georg von Sachsen besiegten am 15. Mai 1525 die unter der Regenbogenfahne als Zeichen ihres Gottesbundes verbündeten 6 000 Bauern und Bürger Frankenhausens und Mühlhausens. Nur 600 von ihnen, darunter auch Müntzer, sollen gefangengenommen worden sein. Alle anderen fanden den Tod. Nach einem Verhör und Folterungen im Heldrunger Schloß wurde Thomas Müntzer am 27. Mai 1525 vor den Toren Mühlhausens enthauptet.

Erst jetzt zog der neue Kurfürst Johann - Friedrich der Weise war am 5. Mai 1525 verstorben - mit seinem Heer zu den Truppen Georgs und Philipps. Gemeinsam unterwarfen sie die freie Reichsstadt Mühlhausen, das letzte Zentrum des Aufstandes. Andernorts war die Erhebung in Thüringen bereits weitestgehend zusammengebrochen. Ende Mai brach Johann dann mit seinem Heer zu einem Strafzug gegen seine Untertanen quer durch Thüringen auf. Neben der Entwaffnung der Bauern und der Auflösung kleinerer Gruppen von Aufständischen diente der Zug auch der Demonstration seiner Macht. Die Verhängung von Todesstrafen gegen die Anführer der Aufstände und die Auferlegung von Strafgeldern gegen Städte, Dörfer und Personen sollten abschrecken und neue Unruhen verhindern. Der Schrecken des Vergangenen steckte aber noch tief in den Gliedern und die Furcht vor neuen Erhebungen blieb. Ende Juni 1525 forderte der Ernestiner seine Amtsleute auf, das militärische Aufgebot zu gewährleisten, damit „selbigenn Hendeln [Aufständen] ... mit grösserm Ernst [sowie] tapfferer vnd erschrecklicher Straff zu Dempffung derselben in Eylh begegendt muge werdenn". Ein neuer Aufstand blieb zwar aus; das Auftreten radikal-reformatorischer Sekten wie der Täufer, welche die Kindestaufe ablehnten und sich als Gemeinde der „wahren" Christen sahen, ließ in den folgenden Jahren die Landesherren immer wieder an die gerade überstandene Gefährdung ihrer Herrschaft erinnern.

[Volker Graupner]

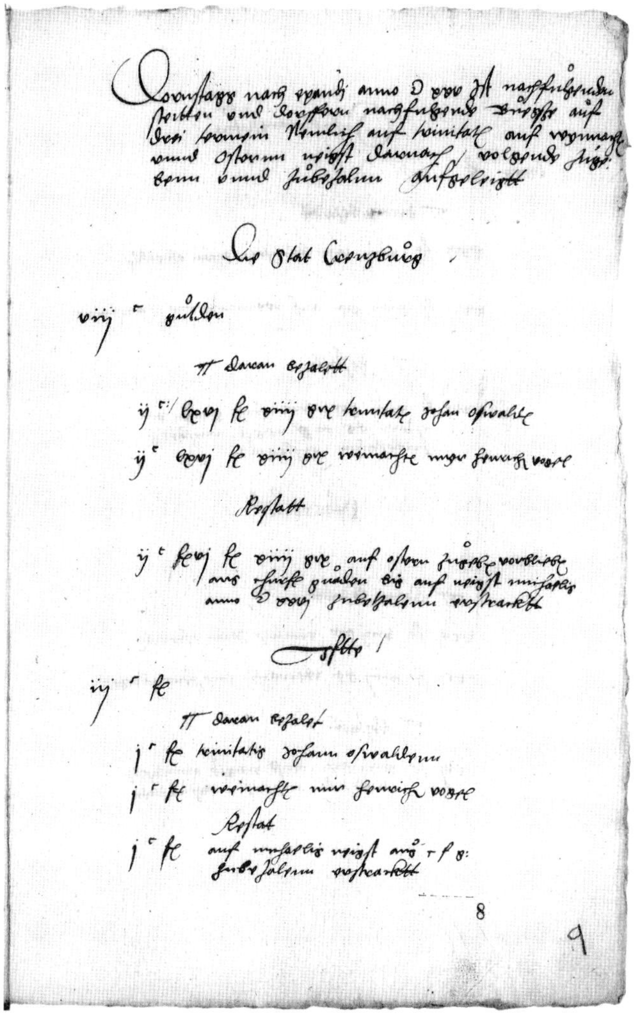

Erste Seite eines Registers über Strafgeld, das den Städten und Dörfern des Amtes Creuzburg aufgrund ihrer Unterstützung für die aufständischen Bauern am 1. Juni 1525 auferlegt wurde. 13. Juli 1526.

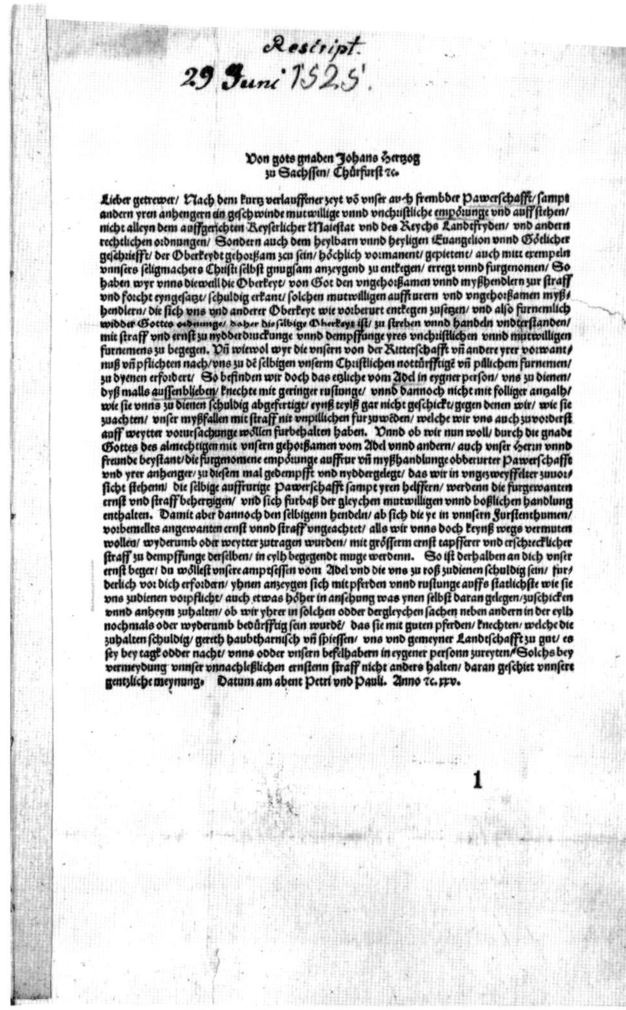

Rescript.
29 Juni 1525.

Von gots gnaden Johans Hertzog
zu Sachssen/ Chürfurst rc.

Lieber getrewer/ Nach dem kurtz verlauffener zeyt vō unser auch frembder Pawerschafft/ sampt andern yren anhengern ein geschwinde mutwillige vnnd vnchristliche empörunge vnd auffstehen/ nicht alleyn dem auffgerichten Keyserlicher Maiestat vnd des Reychs Landtfryden/ vnd andern rechtlichen ordnungen/ Sondern auch dem heylbarn vnnd heyligen Euangelion vnnd Götlicher geschriefft/ der Oberkeydt gehorsam zcu sein/ höchlich vormanent/ gepietent/ auch mitt exempeln vnnsers seligmachers Christi selbst gnugsam anzeygend zu entkegen/ erregt vnnd furgenomen/ So haben wyr vnns dieweill die Oberkeyt/ von Got den vngehorsamen vnnd myshendlern zur straff vnd forcht eyngesatzt/ schuldig erkant/ solchen mutwilligen auffrurern vnd vngehorsamen mys/hendlern/ die sich vns vnd anderer Oberkeyt wie vorberurt entkegen zusetzen/ vnd also furnemlich widder Gottes ordnunge/ daher dieselbige Oberkeyt ist/ zu streben vnnd handeln vndterstanden/ mit straff vnd ernst zu nydderdruckunge vnnd dempffunge yres vnchristlichen vnnd mutwilligen furnemens zu begegen. Vn̄ wiewol wyr die vnsern von der Ritterschafft vn̄ andere yrer vorwant/nuß vn̄ pflichten nach/ vns zu dē selbigen vnserm Christlichen notturfftigē vn̄ pillichem furnemen/ zu dyenen erfordert/ So befinden wir doch das etzliche vom Adel in eygner person/ vns zu dienen/ dyß malls aussenblieben/ knechte mit geringer rustunge/ vnnd dannoch nicht mit folliger antzalh/ wie sie vnns zu dienen schuldig abgefertigt/ eyns teyls gar nicht geschickt/ gegen denen wir/ wie sie zuachten/ vnser myßfallen mit straff nit vnpillichen furzuwēden/ welche wir vns auch zuvorderst auff weytter vorursachunge wöllen furbehalten haben. Vnnd ob wir nun woll/ durch die gnade Gottes des almechtigen mit vnsern gehorsamen vom Adel vnnd andern/ auch vnser Herrn vnnd freunde beystant/ die furgenomene empörunge auffrur vn̄ myßhandlunge obberurter Pawerschafft vnd yrer anhenger/ zu diesem mal gedempfft vnd nyddergelegt/ das wir in vngezweyffelter zuuor/sicht stehenn/ die selbige auffrurige Pawerschafft sampt yren helffern/ werdenn die furgewanten ernst vnd straff behertzigen/ vnd sich furbaß der gleychen mutwilligen vnnd boßlichen handlung enthalten. Damit aber dannoch den selbigenn hendeln/ ab sich die ye in vnnsern Furstenthumen/ vorbemellts angewanten ernst vnnd straff vngeachtet/ alls wir vnns doch keyns wegs vermuten wollen/ wyderumb oder weytter zutragen wurden/ mit grösserm ernst tapfferer vnd erschrecklicher straff zu dempffunge derselben/ in eylh begegendt muge werdenn. So ist derhalben an dich vnser ernst beger/ du wöllest vnsere amptsessen vom Adel vnd die vns zu roß zudienen schuldig sein/ fur/derlich vor dich erfordern/ yhnen anzeygen sich mit pferden vnnd rustunge auffs statlichste wie sie vns zudienen vorpflicht/ auch etwas höher in ansehung was ynen selbst daran gelegen/ zuschicken vnnd anheym zuhalten/ ob wir yhrer in solchen odder dergleychen sachen neben andern in der eylh nochmals oder wyderumb bedürfftig sein wurdē/ das sie mit guten pferden/ knechten/ welche die zuhalten schuldig/ gereth haubtharnisch vn̄ spiessen/ vns vnd gemeyner Landtschafft zu gut/ es sey bey tagk odder nacht/ vnns odder vnsern befelhabern in eygener personn zureyten/ Solchs bey vermeydung vnnser vnnachleßlichen ernstenn straff nicht anders halten/ daran geschiet vnnsere gentzliche meynung. Datum am abent Petri vnd Pauli. Anno rc. xxv.

Gedruckte Weisung des Kurfürsten Johann von Sachsen an seine Amtsleute, das militärische Aufgebot zu garantieren. 28. Juni 1525.

Urkunde über die Verlängerung des 1537 ablaufenden Vertrages über den Schmalkaldischen Bund um 10 Jahre. 29. September 1536. Ausfertigung, Pergament mit den angehängten Siegeln der Aussteller: Johann Friedrich, Kurfürst zu Sachsen, für sich und seinen Bruder Johann Ernst, Herzog zu Sachsen; Herzöge Philipp, Ernst und Franz zu Braunschweig und Lüneburg; Herzog Ulrich zu Württemberg; Landgraf Philipp zu Hessen; Herzöge Barnim und Philipp zu Stettin und Pommern; Fürsten Wolfgang, Hans, Georg und Joachim zu Anhalt; Grafen Gebhard und Albrecht zu Mansfeld; Städte Straßburg, Augsburg, Frankfurt, Konstanz, Ulm, Esslingen, Reutlingen, Memmingen, Kempten, Lindau, Biberach, Isny, Magdeburg, Bremen, Braunschweig, Goslar, Hannover, Göttingen, Einbeck, Hamburg, Lübeck und Minden.

Der Hader der beiden Linien hatte einen Moment der großen Weltbewegungen gebildet, deren Erfolge entschieden ihn.

Leopold von Ranke (1839)

Vom Schmalkaldischen Bund bis zum Augsburger Religionsfrieden

Am Silvestertag des Jahres 1530 verabredeten Kurfürst Johann von Sachsen und Landgraf Philipp von Hessen zusammen mit drei evangelischen Fürsten, den Mansfelder Grafen sowie zwei Reichsstädten im kleinen südthüringischen Schmalkalden die Aufrichtung eines „cristlichen" Bündnisses „zur Gegenwär und Rettung gewaltigs Uberzugs". Bis zur Ausfertigung der Vertragsurkunden für den somit geschaffenen „Schmalkaldischen Bund" am 27. Februar 1531 schlossen sich weitere neun Reichsstädte an. Als lockere Verteidigungsgemeinschaft mit gegenseitiger Beistandsverpflichtung gegen Angriffe Dritter in Glaubenssachen hatte sich die Mehrheit der evangelischen Territorien ein politisches und militärisches Instrument zur Sicherung der Reformation in ihren Ländern und damit ihrer Herrschaftsposition insgesamt gegen den Kaiser und seine Verbündeten geschaffen.

Nach der Niederschlagung des Bauernkrieges war die politische Interessengemeinschaft der Fürsten schnell zerfallen. Die alten politischen Gegensätze zwischen Ernestinern und Albertinern sowie zwischen dem Kaiser und den einzelnen Reichsständen brachen wieder auf und verstärkten sich durch den konfessionellen Dualismus im Reich. Trotz Einführung der Reformation in wichtigen Territorialstaaten – auch der Landgraf von Hessen war 1524 zum evangelischen Glauben konvertiert – war sie reichsrechtlich noch nicht legitimiert.

Nach wie vor galt das „Wormser Edikt". Kaiser Karl V. und seine Anhänger waren entschlossen, „di Worzel disser Ufrur als di verdampt Luterisch Secten aus[zu]roden". Außenpolitische Verstrickungen des Kaisers, besonders mit Frankreich, dem Papst und den Türken, verhinderten lange dessen Konzentration auf die Innenpolitik. Die Türken hatten bereits 1529 vergeblich Wien belagert. Für die Abwehr dieser Gefahr war der Kaiser auf das Geld aller Reichsstände, auch der evangelischen, angewiesen. Die so entstandene Abhängigkeit konnte zur Stärkung der von Fürsten und Städten getragenen Reformation genutzt werden.

Als Grundproblem für ein Bündnis der Evangelischen stellte sich die Frage des Widerstandsrechtes gegen den Kaiser als Oberhaupt des Heiligen Römischen Reiches Deutscher Nation dar. Luthers Obrigkeitsauffassung vom unbedingten Gehorsam aller weltlichen Herrschaften gegenüber dem Kaiser ließ den ernestinischen Kurfürsten lange zögern, ein vom hessischen Landgrafen beabsichtigtes militärisches Verteidigungsbündnis einzugehen. Hinzu kamen innere theologische Differenzen der Schweizer und oberdeutschen Reformation um Huldrych Zwingli mit den Wittenberger Theologen in der Bewertung des Abendmahls. Erst 1536 konnte ein Teilkompromiß mit den oberdeutschen Städten erreicht werden.

Eine zunehmende Bedrohung in den Jahren 1529/30 bewirkte ein Einlenken Luthers sowie Melanchthons und damit auch des Ernestiners in der Bündnisfrage.

Auf dem Reichstag zu Speyer 1529 protestierten die evangelischen Vertreter gegen die erneute Bestätigung des „Wormser Edikts". Dies brachte ihnen die bis heute gebräuchliche Bezeichnung „Protestanten" ein. Als der Augsburger Reichstag den Protestanten ein Jahr später gar die militärische Beseitigung der Reformation androhte, akzeptierten Luther und sein Landesherr die Argumente Philipps von Hessen, der ein Recht auf bewaffneten Widerstand bei einem Verfassungsbruch des Kaisers als gegeben ansah. In der Zurückweisung der auf dem Reichstag vorgelegten zentralen Glaubensartikel der Protestanten – der „Augsburgischen Konfession" – und in der beabsichtigten Lösung des längst in machtpolitische Dimensionen hineingewachsenen Glaubenskonfliktes mit Waffengewalt sahen sie nun einen solchen Verfassungsbruch. Noch Ende Oktober 1530 sandte Kurfürst Johann an alle protestantischen Fürsten und Städte Einladungen für eine Tagung in Schmalkalden, auf der ein Bündnis vorbereitet werden sollte.

In keiner anderen Stadt tagte der Bund so häufig wie im thüringischen Schmalkalden, das zu jener Zeit unter hennebergisch-hessischer Doppelherrschaft stand. Mit der erweiterten Bundesverfassung von 1535 gab sich hier der „Schmalkaldische Bund" eine festere Organisation. Der Vorsitz sollte halbjährlich zwischen Kursachsen und Hessen wechseln. Ein besonderer Kriegsrat wurde eingerichtet und die Finanzierung eines Bundesheeres festgelegt. Im September 1536 erfolgte die Verlängerung des Bundes um weitere 10 Jahre. Mittlerweile besiegelten bereits 37 Mitglieder die Verlängerungsurkunde. Er stellte damit die bedeutendste innerdeutsche Macht der Reformationszeit dar.

Seit dem Tode seines Vaters Johann im Jahre 1532 regierte Kurfürst Johann Friedrich I. (der Großmütige) das Land. Da eine von ihm angestrebte Aussöhnung mit dem Kaiser- und Königshaus Habsburg nicht zustande kam, setzte er sich bald für die Stärkung und Erweiterung des Bündnisses ein. Eine wesentliche Zäsur brachte der Schmalkaldische Bundestag von 1537. Der Papst hatte ein allgemeines Konzil in Mantua zur Lösung der strittigen Glaubensfragen in Aussicht gestellt. Er griff damit zwar eine sowohl von Protestanten als auch Altgläubigen sowie dem Kaiser häufig ausgesprochene Idee auf, aber dieses Konzil sollte eben unter päpstlicher Leitung stehen und außerhalb des Reiches stattfinden. Damit wurde sein Vorschlag zur Makulatur und eine einvernehmliche Lösung am Verhandlungstisch schien in unerreichbare Ferne gerückt zu sein. Der Bundestag verwarf dieses päpstliche Konzil. Auf Anregung des Kurfürsten verfaßte Luther die sogenannten „Schmalkaldischen Artikel", die den Gegensatz zur römischen Kirche in aller Schärfe herausstellten. Eine Annahme der Artikel als Bekenntnis des Bundes erreichte Johann Friedrich aber nicht. Statt dessen bekräftigte man das „Augsburger Bekenntnis". Am Hof des Ernestiners zählten diese Artikel Luthers aber schon gut zehn Jahre später zu den offiziellen religiösen Schriften und fanden 1580 Eingang in das Konkordienbuch der lutherischen Bekenntnisschriften.

Mit dem albertinischen Herzog Georg dem Bärtigen starb im April 1539 einer der eifrigsten Gegner Luthers. Ihm folgte sein Bruder Heinrich, der bereits vorher in seinem Landesteil die Reformation eingeführt hatte. Sein voller Beitritt zum Bund der Protestanten blieb aber aus. Innerwettinischer Streit überlagerte die konfessionellen Gemeinsamkeiten. Als Heinrich bereits zwei Jahre später starb, trat sein Sohn, Herzog Moritz von Sachsen, die Regentschaft an.

Moritz setzte zwar nach innen die Konsolidierung der lutherischen Landeskirche konsequent fort, war aber für ein Bündnis mit seinen Verwandten nicht zu gewinnen. Mehrere Jahre lavierte er zwischen dem Kaiser und dem „Schmalkaldischen Bund“. Schließlich gaben im Jahre 1546 die vom Kaiser in Aussicht gestellte sächsische Kurwürde und der versprochene Zugewinn ernestinischer Gebiete den Ausschlag dafür, daß er in der entscheidenden militärischen Auseinandersetzung als Protestant auf der Seite des katholischen Reichsoberhauptes kämpfte.
Zahlreiche Reichstage mit Gesprächen zwischen Vertretern der Protestanten und den Habsburgern verminderten bis zur Mitte der vierziger Jahre des 16. Jahrhunderts die Spannungen nicht; beide Seiten interpretierten gefaßte Beschlüsse jeweils im Eigeninteresse. Nun aber bekam der Kaiser kurzzeitig relativ freie Hand, nachdem mit Frankreich und der Türkei ein Frieden bzw. ein Waffenstillstand vereinbart worden waren. Immer deutlicher zogen am Horizont die düsteren Wolken eines Krieges herauf. Luther erlebte ihn nicht mehr. Er starb am 18. Februar 1546 in Eisleben und Gott hat ihn „von diesem elendenn Jhamerthalh ... empfangen“, wie sein Landesherr „mit hochbetrubtem Gemuet“ schrieb.
Der Kaiser hatte unter dem Vorwand des Landfriedensbruchs gegen die Häupter des Schmalkaldischen Bundes, den Kurfürsten Johann Friedrich von Sachsen und den Landgrafen Philipp von Hessen, am 20. Juli 1546 – wie vor Jahren bereits gegen Luther – die Reichsacht verhängt. Mit der Vollstreckung von Acht und Bann wurde der albertinische Herzog Moritz betraut. Der militärische Konflikt war damit nicht mehr aufzuhalten. Schon seit Anfang 1546 hatten der Ernestiner und der hessische Landgraf mit Geldern aus der Bundeskasse und einer allgemeinen Kriegssteuer Truppen angeworben und die Lehensleute zum Kriegsdienst aufgeboten.

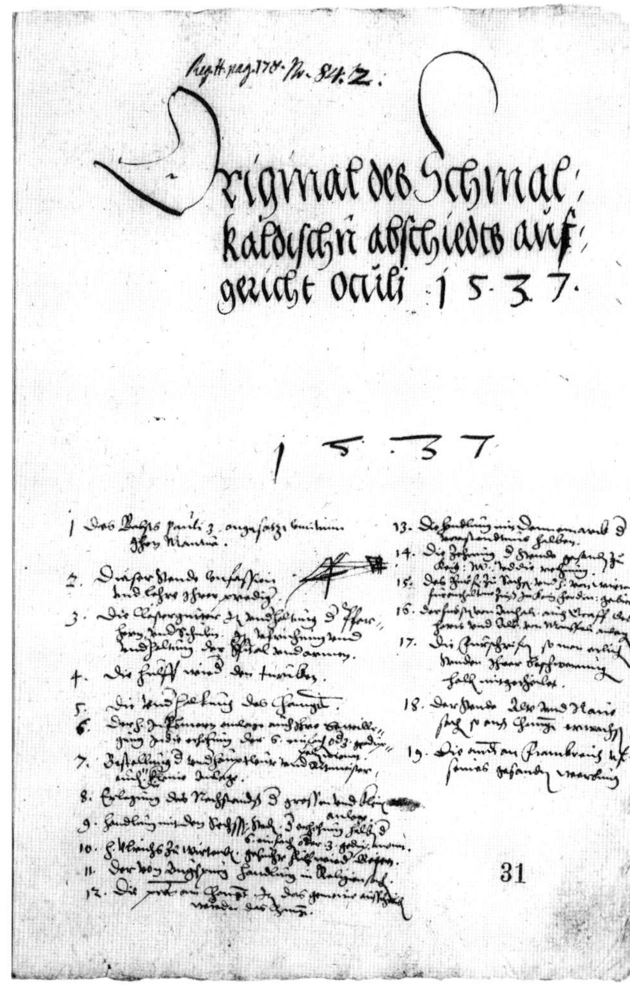

Deckblatt des Schmalkaldischen Bundesabschiedes vom 4. März 1537.

Die Untertanen wurden gar zu einer freiwilligen Spende von Geld oder Silbergerät „vmb Rettung des Vatterlandes willen“ aufgefordert. Am 20. Juli zogen beide mit ihren Heeren von Meiningen nach Süddeutschland dem Kaiser entgegen, wo sie sich mit den oberdeutschen Verbündeten vereinigten. Zeitgenossen gaben die Stärke der Bundesarmee mit 64 000 Landsknechten und 7 700 Reitern an. Dieser zahlenmäßige Vorteil gegenüber dem Kaiser konnte aber nicht in einen militärischen Erfolg umgesetzt werden. Eine zögerliche Kriegsführung, zunehmende Geldprobleme und der wachsende Zuzug kaiserlicher Söldner ließen den sogenannten „Donaufeldzug“ der Schmalkaldner scheitern, ohne militärisch besiegt worden zu sein.

Entscheidend war dagegen der mitteldeutsche Kriegsschauplatz. Zusammen mit königlich-böhmischen Söldnern fiel Herzog Moritz Ende Oktober 1546 in das militärisch nahezu völlig entblößte Kurfürstentum ein. Auf wirksamen Widerstand traf er nicht. Der ernestinische „Grenzschutz“ bei Plauen im Vogtland wurde zerstreut. Bis Weihnachten unterwarf der Albertiner bis auf Wittenberg, Westthüringen und die Pflege Coburg das gesamte Land und die Städte des Kurfürsten. In der Huldigung auf Moritz wurde ihnen aber die freie Religionsausübung ausdrücklich zugesichert. Zur selben Zeit stand auch Johann Friedrich selbst wieder an seinen Landesgrenzen. Zunächst hielt er sich aber mit einer Brandschatzung im albertinischen Thüringen schadlos, um seine leere Kriegskasse wieder aufzufüllen. Abgesehen von der erfolglosen Belagerung Leipzigs durch den Ernestiner verhinderte der Winter vorerst größere militärische Aktionen. Die schwachen albertinischen Besatzungen in den ernestinischen Städten Thüringens hatten sich auch wieder kampflos zurückgezogen. Im April 1547 drang der Ernestiner dann über Chemnitz, das Erzgebirge und Freiberg bis nach Meißen vor. Der überraschende Vormarsch des Kaisers aus Böhmen über das Vogtland bis zur Elbe bei Mühlberg brachte die jähe Wende und Katastrophe für den „Schmalkaldischen Bund“. Am 24. April standen sich dort beide Heere gegenüber. Eine Schlacht im eigentlichen Sinne fand nicht statt. Der Kaiser nutzte eine Furt in der Elbe, um den Gegner zu verwirren und zum überstürzten Rückzug zu verleiten. Eine Gegenattacke kurfürstlicher Reiter verlief ergebnislos, so daß der anfängliche Rückzug zur Flucht wurde. Das ernestinische Haupt des geschlagenen „Schmalkaldischen Bundes“ geriet dabei in Gefangenschaft. Abgesehen von kleineren Scharmützeln und plündernden Durchzügen der Sieger durch das besiegte Land, verbunden mit Kontributionsforderungen, war der Krieg damit beendet. Die Folgen für die politische Landkarte Mitteldeutschlands waren allerdings gravierend und dauerhaft.

Als geächteter Gefangener des Kaisers sah sich Johann Friedrich gezwungen, das Diktat der „Wittenberger Kapitulation“ am 19. Mai 1547 zu unterzeichnen. Er verlor nicht nur auf Dauer die Kurwürde mit dem Kurland für seine Linie, auch sein übriges Herrschaftsgebiet schrumpfte fast um die Hälfte zusammen. Bis auf wenige Ausnahmen war es zunächst auf die westlich der Saale gelegenen Ämter beschränkt.

Die 1509 fertiggestellte spätgotische Stadtkirche St. Georg von Schmalkalden. Hier fanden die täglichen Predigten der protestantischen Theologen vor den versammelten Mitgliedern des Schmalkaldischen Bundes während ihres bedeutsamen Bundestages von 1537 statt.

Nachfolgende Verhandlungen zwischen beiden wettinischen Linien gipfelten 1554 im „Naumburger Vertrag“, der den Ernestinern einen Zuwachs an osterländischen und mittelthüringischen Gebieten brachte.
Die drohende Todesstrafe für Johann Friedrich änderte Kaiser Karl V. in lebenslanges Gefängnis um. Das andere Bundeshaupt, der hessische Landgraf Philipp, unterwarf sich zwar dem Kaiser, wurde aber gleichsam gefangengesetzt. Gewinner des Krieges war neben dem Kaiser vor allem der Albertiner Moritz. Er erhielt die Würde eines Kurfürsten und großen territorialen Zugewinn. Mit der Katastrophe von 1547 endete die glanzvolle Rolle der Ernestiner in der Reformationszeit. Im Stand gesunken und im Territorium beschnitten mußten sie sich jetzt von ihrer fürstlichen Führungsstellung im Reich verabschieden. Die Söhne des „geborenen“ Kurfürsten reihten sich – nunmehr von Weimar aus regierend – unter die anderen Regenten im Reich ein.
Durch die Niederlage der Protestanten war die Reformation aufs neue gefährdet. Versuche des Kaisers, die alte Glaubenseinheit herzustellen, scheiterten letztlich an den immer noch starken protestantischen Landesherren und Städten, aber auch an der schon tiefen Verwurzelung des lutherischen Glaubens in weiten Teilen der Bevölkerung. Die drohende Rekatholisierung unter Führung des Habsburgers bewirkte nur vier Jahre nach der Niederlage des „Schmalkaldischen Bundes“ das erneute Entstehen einer protestantischen Fürstenopposition. Wiederum spielte der Albertiner Moritz, nunmehr als Kurfürst, eine entscheidende Rolle. Er wechselte aus dem kaiserlichen Lager an die Spitze der Protestanten und rang 1552 – von einer militärischen „Blitzaktion“ untersetzt – König Ferdinand den „Passauer Vertrag“ ab, der endlich die reichsrechtliche Legitimation der „Augsburgischen Konfession“ festschrieb und die Befreiung Herzog Johann Friedrichs und Landgraf Philipps brachte. Der auf dem Reichstag zu Augsburg 1555 verkündete „Religionsfrieden“ stellte als Reichsgesetz die Protestanten gleichberechtigt und auf Dauer neben die katholischen Stände. Die konfessionelle Spaltung des Reichs war damit besiegelt. Sowohl der Ernestiner Johann Friedrich als auch der Albertiner Moritz erlebten diesen Tag nicht mehr. Moritz erlag 1553 einer schweren Verwundung; Johann Friedrich starb im Jahr darauf.

[Volker Graupner]

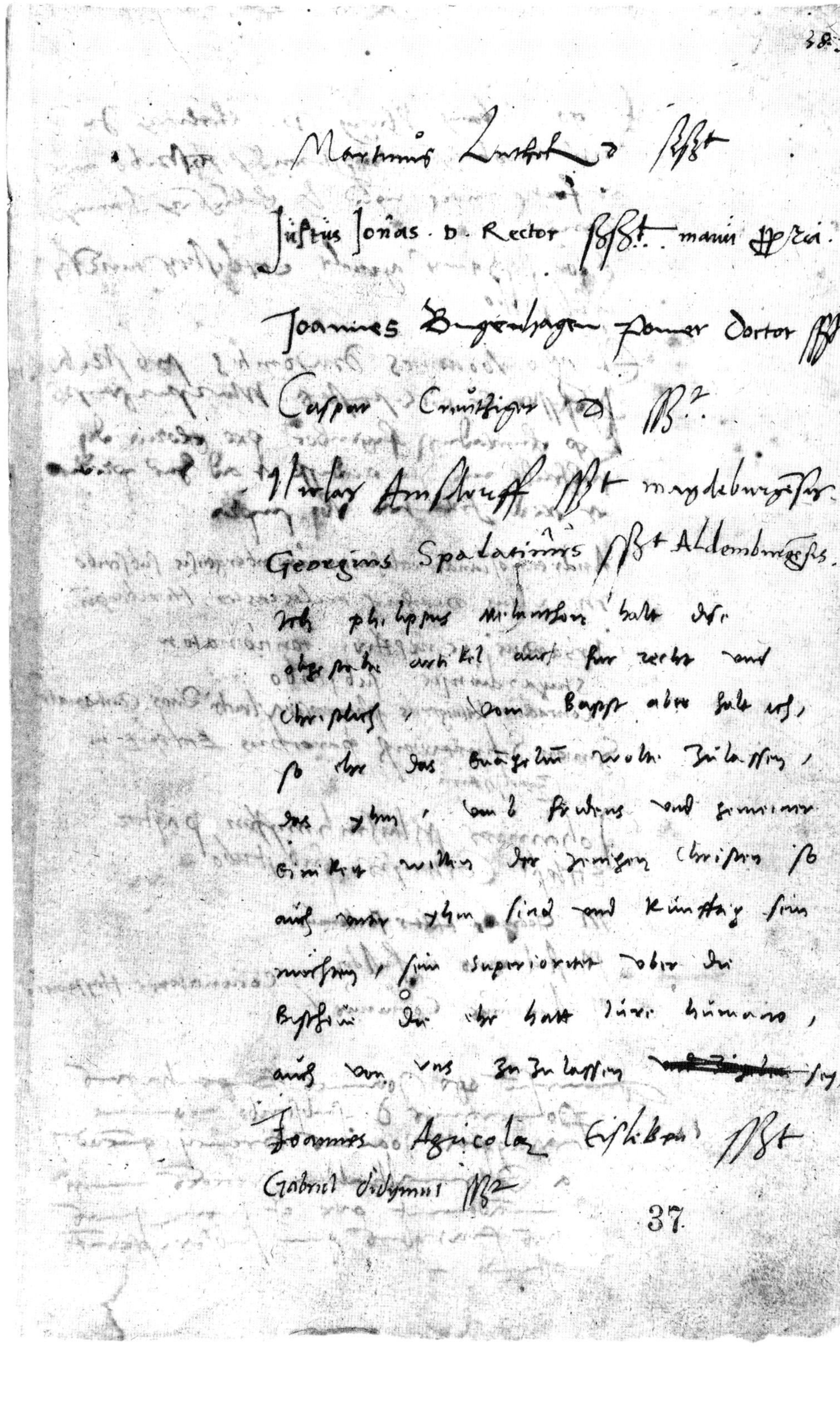
38.

Martinus Luther D subscripsit

Justus Jonas D Rector subscripsit manu propria

Joannes Bugenhagen Pomer Doctor subscripsit

Caspar Creutziger D subscripsit

Nicolaus Amsdorff subscripsit Magdeburgensis

Georgius Spalatinus subscripsit Aldenburgensis

Ich philippus Melanthon halt die obgestelte artikel auch fur recht und christlich, vom Bapst aber halt ich, so er das Euangelium wolte zulassen, das yhm, umb friedens und gemeiner einigkeit willen der yenigen Christen so auch unter yhm sind und kunfftig sein mochten, sein superioritet uber die Bischoffe die er hatt iure humano, auch von uns zu zulassen sey,

Joannes Agricola Eisleben subscripsit

Gabriel Didymus subscripsit

37

Erstes Blatt mit den eigenhändigen Unterschriften von 43 Theologen unter Martin Luthers Schmalkaldische Artikel mit dem Vorbehalt Philipp Melanchthons. Zwischen Dezember 1536 und Februar 1537.

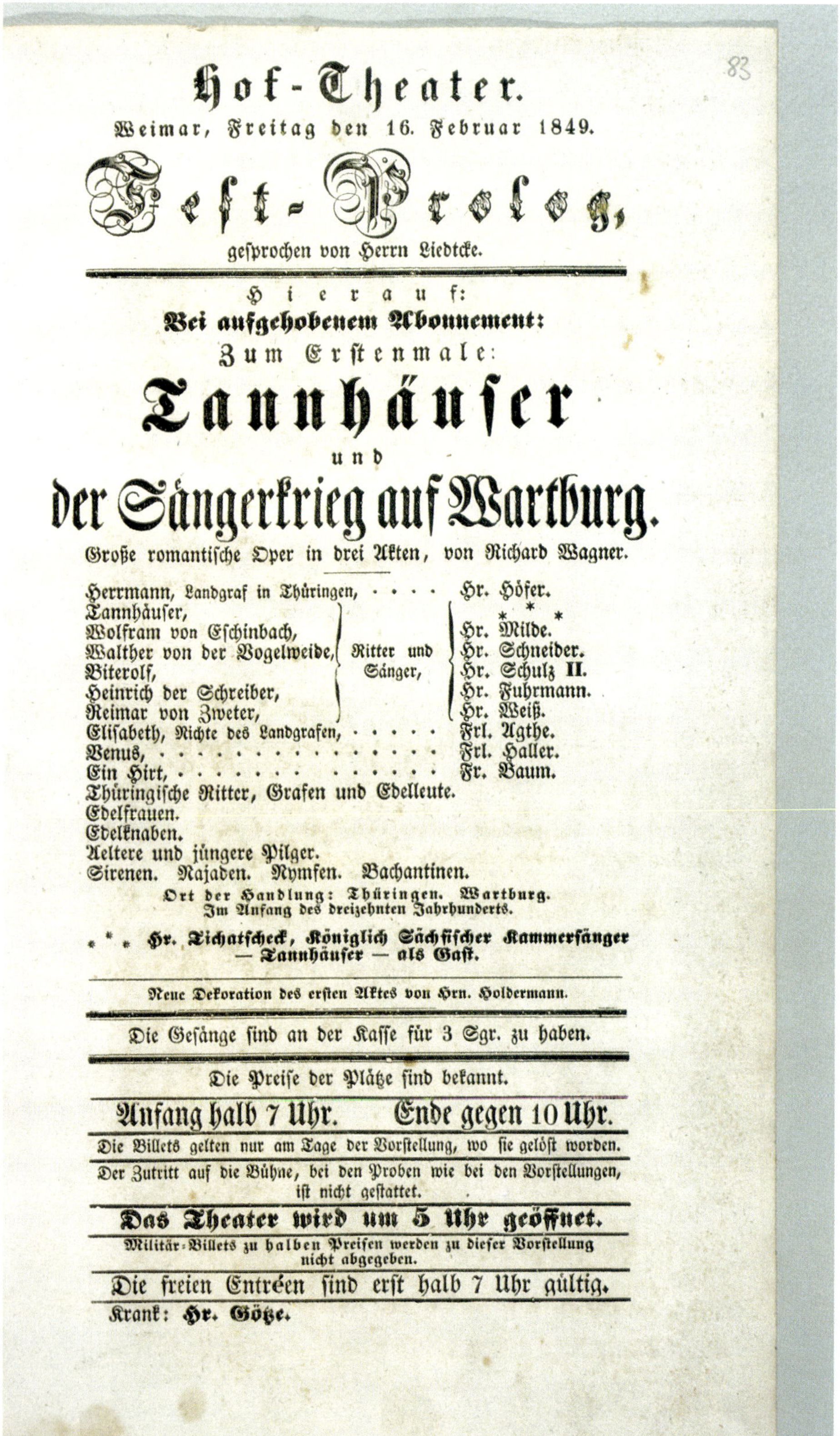

83

Hof-Theater.

Weimar, Freitag den 16. Februar 1849.

Fest-Prolog,

gesprochen von Herrn Liedtcke.

Hierauf:

Bei aufgehobenem Abonnement:

Zum Erstenmale:

Tannhäuser

und

der Sängerkrieg auf Wartburg.

Große romantische Oper in drei Akten, von Richard Wagner.

Herrmann, Landgraf in Thüringen, ...		Hr. Höfer.
Tannhäuser,	Ritter und Sänger,	* * *
Wolfram von Eschinbach,		Hr. Milde.
Walther von der Vogelweide,		Hr. Schneider.
Biterolf,		Hr. Schulz II.
Heinrich der Schreiber,		Hr. Fuhrmann.
Reimar von Zweter,		Hr. Weiß.
Elisabeth, Nichte des Landgrafen, ...		Frl. Agthe.
Venus, ...		Frl. Haller.
Ein Hirt, ...		Fr. Baum.

Thüringische Ritter, Grafen und Edelleute.
Edelfrauen.
Edelknaben.
Aeltere und jüngere Pilger.
Sirenen. Najaden. Nymfen. Bachantinen.

Ort der Handlung: Thüringen. Wartburg.
Im Anfang des dreizehnten Jahrhunderts.

* * * **Hr. Tichatscheck, Königlich Sächsischer Kammersänger — Tannhäuser — als Gast.**

Neue Dekoration des ersten Aktes von Hrn. Holdermann.

Die Gesänge sind an der Kasse für 3 Sgr. zu haben.

Die Preise der Plätze sind bekannt.

Anfang halb 7 Uhr. Ende gegen 10 Uhr.

Die Billets gelten nur am Tage der Vorstellung, wo sie gelöst worden.

Der Zutritt auf die Bühne, bei den Proben wie bei den Vorstellungen, ist nicht gestattet.

Das Theater wird um 5 Uhr geöffnet.

Militär-Billets zu halben Preisen werden zu dieser Vorstellung nicht abgegeben.

Die freien Entréen sind erst halb 7 Uhr gültig.

Krank: **Hr. Götze.**

Programmzettel der Erstaufführung von Richard Wagners „Tannhäuser" in Weimar am 16. Februar 1849.

Das thüringische Volk ist ein Volk der Sangesfrohen und Sangeskundigen immer gewesen und sollte es bleiben.

Hans Engel (1972)

Die Musik unter den Wettinern

Die Kulturpflege unter den Wettinern gehört mit zu den besonderen Verdiensten dieses Fürstengeschlechts. Sie erstreckte sich auf alle Bereiche und ist bis heute mit den Namen von Künstlern verbunden, die weit über Thüringen und Sachsen hinaus Anerkennung gefunden haben. Auf musikalischem Gebiet können wir diese Entwicklung bis zu den Anfängen der Wettiner in Thüringen zurückverfolgen. Mit der Ablösung weltlicher Musik (Minnesang) durch das geistliche Musizieren treten die wettinischen Fürsten als Stifter für die kirchenmusikalische Entwicklung im Gebiet ihrer Landesherrschaft auf. Ein Beispiel für die Pflege dieser Musik ist das Hochstift Meißen, wo seit 1288 „scolares“ als Chorschüler in die Liturgie einbezogen wurden.

Nach der Landesteilung von 1485 erfahren wir in der Residenz Torgau von „gelarten personen vß der Stad“, also Laienkräften, die in der Hofkapelle mitwirkten. Die meisten Fördermittel der ernestinischen Wettiner für Chorstiftungen flossen jedoch in die von 1490 bis 1499 neu erbaute Schloßkirche in Wittenberg ein.

Die Musikorganisation – nicht nur in den Residenzstädten – nahm Gestalt an; nicht zuletzt durch eine Vielzahl musikalisch ausgebildeter Theologen, die ihrerseits wiederum für den Chorschülernachwuchs sorgten. Das kam auch der Verbreitung des Gedankengutes der Reformation sehr entgegen.

Auf der überkommenen Liturgie aufbauend, entstanden unter Martin Luthers maßgeblicher Einflußnahme neues Liedgut, neue Musikwerke; die Schulmusik wurde aufgebaut. Das Gemeindelied in deutscher Sprache wurde zu einem festen Bestandteil kirchlicher Handlungen. Als Nachfolger des protestantischen Kurfürsten Friedrich des Weisen löste Johann der Beständige 1525 aus Sparsamkeit die Kapelle auf. Die Musiker mußten um ihre Existenz bangen - gut, wenn man Freunde hat. Für Johann Walter, Komponist, Luthers Berater in musikalischen Angelegenheiten und späteren Kantor, setzte sich neben dem Reformator auch dessen Kampfgefährte und Wittenberger Universitätsprofessor Philipp Melanchthon ein. Am 20. Juni 1526 bat dieser Johann den Beständigen im Auftrag Walters um gnädige Unterstützung, denn dieser habe „auch mit seiner Kunst gemeinen Nutz gefördert“. Im Dezember 1527 erhielt Johann Walter von diesem Wettiner Kurfürsten schließlich eine „Begnadung auf lebenlang“, eine Pension, die ihm gewisse Sicherheit bot, aber auch persönliche Abhängigkeit einschloß.

Infolge der Landesteilungen im Thüringer Raum entstanden seit dem 16. Jahrhundert weitere Territorialstaaten. Von der Bevölkerung waren für jeden Landesherrn und dessen oft kostspielige Hofhaltung hohe Summen an Steuergeldern aufzubringen. In fast jeder Residenzstadt wurden Kapellen nach Meißener und Torgauer Vorbild gegründet. Der Wettbewerb zwischen den Ernstinern in Thüringen und ihren Verwandten im Reich ließ vor allem die Residenzen Altenburg, Gotha, Eisenach, Meiningen und Weimar zu kulturellen Zentren aufsteigen. Die Liste der hier tätig gewesenen Kapellmeister, Kantoren und Organisten, die durch ihr musikalisches Schaffen den eigenen Ruhm und den ihres fürstlichen Förderers begründeten, ist lang. Als hervorragend unter Ihnen sind zu nennen in Altenburg: Conrad Rupsch, Johann Walter, Johann Ludwig Krebs und Söhne; in Gotha: Johann Pachelbel, Georg Benda, Louis Spohr, Gottfried Heinrich Stoelzel, Wolfgang Carl Briegel; in Eisenach: Johann Pachelbel, Johann Christoph Bach (stellvertretend für vier Generationen der Bach-Familie als Organisten), Pantaleon Hebenstreit, Georg Philipp Telemann; in Meiningen: Georg Caspar Schürmann, Johann Ludwig Bach und Söhne, Hans von Bülow, Richard Strauss, Fritz Steinbach, Max Reger.

Nach der verlorenen Schlacht bei Mühlberg 1547, die den Verlust der Kurwürde sowie Wittenbergs und Torgaus mit sich gebracht hatte, erhoben die ernestinischen Herzöge Weimar zu ihrer Hauptresidenz. Aufgrund der entstandenen Verhältnisse wurden die meisten Musiker aus höfischen Diensten entlassen. Erst 1602 konnte mit den aus Altenburg stammenden Kapellmitgliedern in Weimar wieder eine Kapelle geschaffen werden. Mit Herzog Wilhelm IV. von Sachsen-Weimar erhielt das Musikleben endlich spürbaren Auftrieb. Bei Bedarf bediente sich der Hof nun auch der Mitwirkung der Stadtmusikanten (Stadtpfeifer). Schüler wirkten beim Gottesdienst ebenso mit wie sie beim Umsingen das kulturelle Leben bereicherten. 1683 gelangten die beiden Brüder Wilhelm Ernst und der selbst musizierende Johann Ernst zur Regentschaft in Sachsen-Weimar. In ihrer Zeit prägten drei Musikerpersönlichkeiten die Musikgeschichte Weimars maßgeblich: Johann Sebastian Bach, Johann Gottfried Walther (Stadtorganist) und Johann Paul von Westhoff (Violinist).

Johann Sebastian Bachs neunjähriges Wirken am Weimarer Hofe endete 1717 mit einem Eklat. Bach hatte, nachdem der alte Kapellmeister Drese Ende 1716 verstorben war, dessen Nachfolge erhofft. Als sich Kompetenzstreitigkeiten zwischen den regierenden Herzögen Wilhelm Ernst und Ernst August auftaten, geriet der Hofmusiker Bach wohl zwischen die Fronten und bat schließlich um seine Entlassung. Was Herzog Wilhelm Ernst kurzerhand verfügte, ist uns aktenkundig überliefert: Am „6. November ist der bisherige Concert-Meister und Hof-Organist Bach, wegen seiner halßstarrigen Bezeugung und zu erzwingender Dimission, auf der Landrichter-Stube arretiret ... worden." Bach saß dort bis zum 2. Dezember 1717 im Gefängnis und wurde dann in Ungnaden entlassen. Daraufhin nahm er die vakant gewordene Kapellmeisterstelle in Köthen an.

Bezichtigt dieser Eklat nicht Wilhelm Ernst der Geringschätzung und der Beschränkung Bachs? Der Schein trügt: Bereits 1703 war der 18jährige Johann Sebastian Bach als Violinist für ein halbes Jahr in der Privatkapelle Johann Ernsts tätig gewesen. Das zweite Mal kam Bach 1708 nach Weimar. Hier hatte er ein immenses Arbeitspensum zu bewältigen, z. B. alle vier Wochen mit einer neuen Kantate aufzuwarten. Dennoch ließen Freiräume schöpferisches Schaffen zu. In der Weimarer Schloßkirche, deren Orgel nach Bachs Vorstellungen von Orgelbauer Heinrich Trebs 1711 umgebaut worden war, brachte es der Musiker zu größten Meisterehren. Auf seinen genehmigten Reisen von Weimar aus erntete er Ruhm und Anerkennung. Die Weimarer Jahre Bachs zeugen mit der Verdopplung seines Einkommens (bezogen auf 8 Jahre, was einer jährlichen Erhöhung von neun Prozent entspricht) von seiner Wertschätzung; sie gehören zu seinen glücklichsten. Hier schuf er seine bedeutenden Kompositionen für Orgel und Klavier. Mit ihm hatte ein großer Repräsentant des zeitgenössischen Musikschaffens die Residenz des Fürstentums Weimar verlassen.

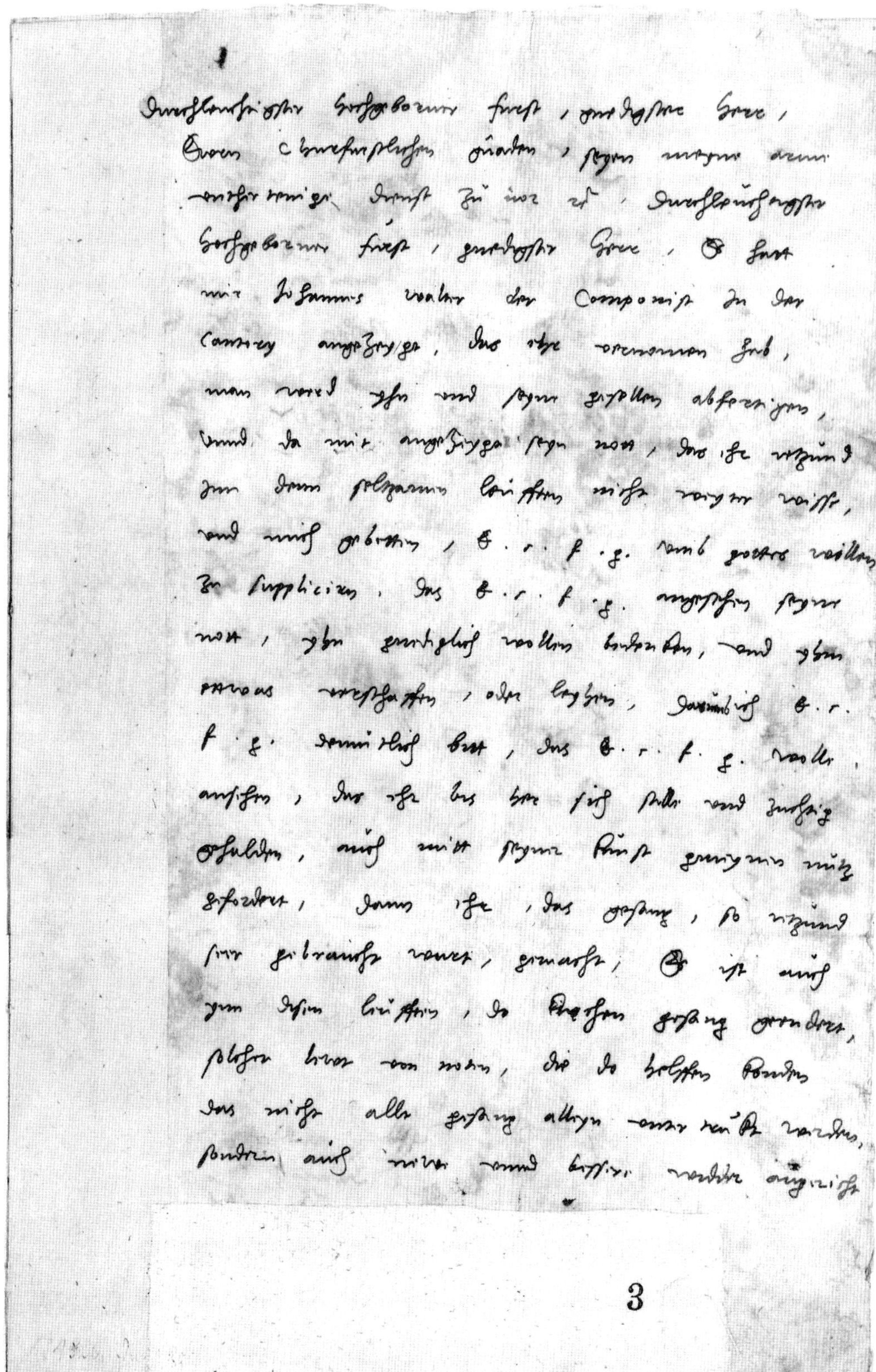
Durchleuchtigster hochgeborner furst, gnedigster herr,
Euern Churfurstlichen gnaden, seyen meyne vnter-
thenige dienst zu vor etc. Durchleuchtigster
hochgeborner furst, gnedigster herr, Es hat
mir Johannes walter der Componist in der
Canterey angezeygt, das ehr vernommen hab,
man werd yhn vnd seyne gesellen abfertigen,
vnd da mit angezeygt seyn not, das ehr yetzund
zu dem [illegible] leufften nicht weyter weisse,
vnd mich gebetten, E. c. f. g. vmb gottes willen
zu suppliciren, das E. c. f. g. angesehen seyne
not, yhn gnediglich wollen bedencken, vnd yhm
etwas verschaffen, oder leyhen, demnach ich E. c.
f. g. demutiglich bitt, das E. c. f. g. wolle
ansehen, das ehr bis her sich stille vnd zuchtig
gehalden, auch mit seyner kunst gemeynen nutz
gefoddert, dann ehr, das gesang, so yetzund
[illegible] gebrauch wirt, gemacht, Es ist auch
zu disen leufften, do kirchen gesang geendert,
solcher leut von noten, die do helffen konden
das nicht alle gesang alleyn vnterdruckt werden,
sondern auch newe vnd bessere werde angericht

Erste Seite eines Briefes von Philipp Melanchthon an Kurfürst Johann von Sachsen mit der Bitte um Beschäftigung für Johann Walter. Wittenberg, 20. Juni 1526.

Von wirklichen Höhepunkten im Weimarer Musikleben kann erst wieder nach der Thronbesteigung des 18jährigen Herzogs Carl August von Sachsen-Weimar und Eisenach gesprochen werden. Der Sohn konnte hierbei wesentliche Vorhaben aufgreifen, die seine Mutter angeregt und gefördert hatte. Herzogin Anna Amalia gewann nach ihrer vormundschaflichen Regierung 1775 wieder mehr Zeit für die „schönen Dinge" des Lebens. Ihrer bekannten Tafelrunde gaben vor allem die berühmten Dichter Wieland, Goethe und Herder das Gepräge. Neben Malen, Dichten, Theaterspielen und wissenschaftlichem Gedankenaustausch nahm auch das eigene Komponieren und Musizieren einen wichtigen Platz ein. Die großen Hofbälle, „Redouten" genannt, und Theateraufführungen fanden im neu erbauten Komödienhaus am heutigen Standort des Deutschen Nationaltheaters statt. Die Hofkapelle wurde vergrößert. Das Hoftheater konnte wöchentlich dreimal unentgeltlich von jedermann, allerdings mit strenger Sitzordnung, besucht werden. Die Aufführungen der Opern von Mozart behielten nach der Übernahme der Theaterleitung durch Goethe 1791 den Vorrang auf dem Spielplan und standen auch in der Folgezeit in der Gunst des Publikums. Schul- und Kirchenmusik verloren zunehmend ihre einst dominierende Position. Als Ausdruck bürgerlichen Bildungsstrebens sind u. a. die weit verbreitete Hausmusik sowie Vereinsgründungen („Singverein" 1834) anzusehen.

Nach dem Tode der Herzogin-Mutter Anna Amalia trat die aus dem russischen Zarenhaus stammende und sehr wohlhabende Gattin des späteren Großherzogs Carl Friedrich von Sachsen-Weimar und Eisenach, Maria Pawlowna, deren Nachfolge als Kunstmäzenin an. Zwei Persönlichkeiten prägten im 19. Jahrhundert nachhaltig die Weimarer Musikszene: der Mozartschüler Johann Nepomuk Hummel und der aus Ungarn gebürtige Franz Liszt.

1819 wurde Hummel – einer der berühmtesten Klaviervirtuosen seiner Zeit - für die Residenzstadt des nunmehrigen Großherzogtums (seit 1815) als Kapellmeister mit einem Engagement auf Lebenszeit gewonnen. Die Hälfte seiner Bezüge beglich Maria Pawlowna aus ihrer Privatschatulle. Zur Förderung des Musikernachwuchses stellte sie ebenfalls ein Stipendium zur Verfügung. Hummels improvisierte Konzerteinlagen begeisterten nicht nur das einheimische Publikum, sondern gaben auf seinen Konzertreisen - immerhin erhielt er drei Monate Jahresurlaub – zu wahren Beifallsstürmen Anlaß. Auch als Komponist besaß er einen hervorragenden Ruf. Die Hofkapelle erreichte aufgrund der engen Weimarer Verhältnisse freilich noch nicht den internationalen Stand im Vergleich zu Wien, Paris, Leipzig und Hamburg. Nach dem Tod Hummels 1837 wurde André Hippolyte Chelard als Weimarer Kapellmeister verpflichtet. 1841 kam der neben Paganini bereits international gefeiertste Virtuose Franz Liszt zum ersten Mal und in den folgenden Jahren immer wieder zu Konzerten nach Weimar. Im Revolutionsjahr 1848 begann sein endgültiger Aufenthalt als Oberleiter der Hofkapelle und des Operntheaters in Weimar. Bis zum Ausscheiden Chelards 1851 erfolgte seine Bezahlung aus privaten Mitteln Maria Pawlownas. Liszt, der literarischen Klassik verpflichtet, hatte weitreichende Pläne für die Verbesserung des deutschen Musiklebens in Weimar. Die von Liszt 1849 angedachte Idee einer „Goethe-Stiftung" (Wettbewerbe mit Werken der Malerei, Musik, Literatur etc.) stieß zwar auf Interesse des Weimarer Hofes, doch scheiterte das Projekt am fehlenden Geld. Liszts erfolgreiches Eintreten für den steckbrieflich als Revolutionär gesuchten Richard Wagner, dem er im Mai 1848 drei Tage in sei-

Liszt-Denkmal im Park an der Ilm in Weimar. Nach Entwurf des Münchener Bildhauers Herrmann Hahn wurde es am 31. Mai 1902 eingeweiht.

ner Wohnung auf der Altenburg Asyl gewährte, spricht für sich. Freilich wäre das ohne die liberale Haltung des fürstlichen Hauses nicht möglich gewesen. Unter Liszts Leitung fand dann auch ein Jahr später zum Geburtstag Maria Pawlownas erstmals in Weimar die Aufführung von Wagners „Tannhäuser" statt und 1850 die Uraufführung der Oper „Lohengrin" anläßlich von Goethes Geburtstag. Wagner brachte seine Dankbarkeit durch ein Widmungsgesuch an den Erbgroßherzog Carl Alexander für seinen „Tannhäuser" zum Ausdruck. Insgesamt leitete Liszt in Weimar 43 Opern, davon ca. die Hälfte von zeitgenössischen Komponisten.

1861 wurde auf Liszts Initiative der „Allgemeine Deutsche Musikverein" unter dem Protektorat des Großherzogs Carl Alexander gegründet. Dieser Musikverein hatte es sich u. a. zur Aufgabe gestellt, für die soziale Stellung der Musiker sowie für ein schöpferisches Musikschaffen einzutreten. Aber nach vielerlei Querelen am Hoftheater, mit dem Weimarer Publikum sowie teilweise durch die Hinhaltetaktik des Hofes gab Liszt schließlich auf und reichte 1859 seinen Rücktritt ein. Mit Weimar und seinem Fürstenhaus jedoch, insbesondere mit Großherzog Carl Alexander, blieb der große Meister bis zu seinem Tod 1886 verbunden. Das 1902 unter Teilnahme von Großherzog Wilhelm Ernst in Weimar eingeweihte Denkmal für Franz Liszt unweit seines letzten Domizils (heutiges Liszt-Museum) erinnert an den berühmten Klaviervirtuosen und Komponisten. Einer seiner zahlreichen Schüler, Hans Bronsart von Schellendorff, 1887 bis 1895 Generalintendant des Weimarer Hoftheaters, hielt hierzu die Festrede und führte dabei aus: „So steht der mächtige Aufschwung, zu dem sich in der Mitte des vorigen Jahrhunderts das deutsche Musikleben erhob, im Zeichen des glänzenden Dreigestirns Wagner-Liszt-Berlioz, und die Kunstgeschichte wird Liszt als den eigentlichen Führer und Träger dieser großen Bewegung zu nennen haben, deren Mittelpunkt die Musenstadt Weimar wurde, wie ein halbes Jahrhundert zuvor Weimar der Mittelpunkt gewesen war, der von den Dichterheroen zur höchsten Blüte erweckten deutschen Literatur."

Die Lücke, die Liszt hinterlassen hatte, konnte erst Richard Strauss, der 1889 als Großherzoglicher Kapellmeister an das Hoftheater in Weimar kam, wieder schließen. Als ein weiteres Zeichen der Einflußnahme Franz Liszts auf das künstlerische Leben im Großherzogtum Sachsen-Weimar-Eisenach ist die durch Carl Alexander 1872 veranlaßte Errichtung der großherzoglichen Orchesterschule unter Carl Müllerhartungs Leitung zu sehen. Sie reichte in das neue Jahrhundert und als heutige Hochschule für Musik „Franz Liszt" weit in die Zukunft hinein.

[Jutta Fulsche]

Notenhandschrift:
Sinfonie Nr. 3
von Johann Sebastian Bach.

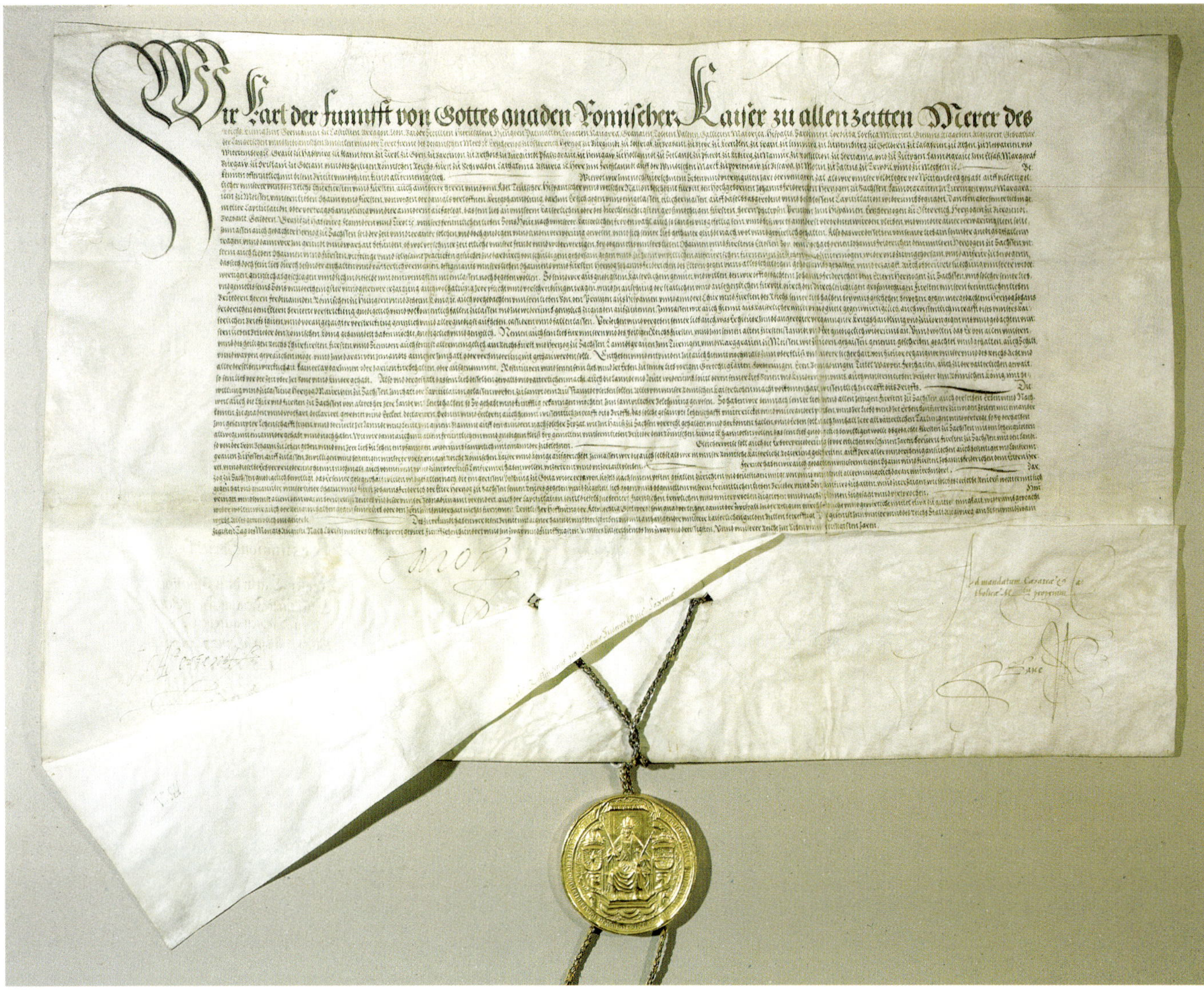

Kaiser Karl V. entbindet den früheren Kurfürsten Johann Friedrich I. von Sachsen aus der Acht, gibt ihn aus der Gefangenschaft frei und setzt ihn wieder als Herzog von Sachsen ein. Augsburg, 27. August 1552. Ausfertigung, Pergament mit angehängter kaiserlicher Goldbulle.

Am Sonntag Trinitatis zog des gefangenen Churfürstens Gemahlin samt Ihren Fürstlichen Kindern / mit Trauer-Kleidern angethan / und höchstbetrübtem Gemüthe aus Wittenberg / und begab sich nach Weimar.

Johann Sebastian Müller (1701)

Weimar wird auf Dauer Residenz (1547)

In der Geschichte unserer Städte und Regionen gibt es fast immer Jahre, in denen entscheidende Weichen für die Zukunft gestellt worden sind. So war das Jahr 1547 für die ernestinische Linie der Wettiner ein Schicksalsjahr, denn es stellte für den Landesfürsten, Kurfürst Johann Friedrich I., und sein Territorium eine persönliche und politische Katastrophe dar. Für die Stadt Weimar löste diese jedoch eine Entwicklung aus, welche die Stadt bis heute prägt. Die Niederlage im Schmalkaldischen Krieg 1547, die Gefangennahme des Kurfürsten durch den siegreichen Kaiser, der Verlust der sächsischen Kurwürde und der Kurlande mit der Residenz Torgau machten es notwendig, unter den Städten des verbleibenden Territoriums - also in Thüringen - eine neue Haupt- und Residenzstadt zu suchen. Die Wahl fiel auf Weimar.
Bis weit in das Mittelalter wurde Herrschaft im Umherziehen ausgeübt. Könige und Fürsten reisten von einer Besitzung zur anderen, berieten dort die anstehenden politischen Fragen, sprachen Recht, empfingen fremde Gesandte und verzehrten das, was in letzter Zeit vor Ort auf ihren Gütern und von den abgabepflichtigen Untertanen produziert worden war. Wichtige Termine - etwa hohe kirchliche Feste - verbrachte man an Orten, die eine für diese Zwecke angemessene Ausstattung aufwiesen. Dazu gehörten unter den landgräflichen Besitzungen in Thüringen vor allem die Wartburg und das mit Kirchen und Klöstern besonders gut ausgestattete Eisenach. Im Laufe des Spätmittelalters verloren Höhenburgen ihre Bedeutung als zeitweilige Wohnsitze der Landesherren; diese Rolle ging immer mehr an Städte über. Voraussetzung dafür war eine verkehrsgünstige Lage, eine geringe Entfernung zu Besitzungen des Landesherrn, auf denen die benötigten Lebensmittel produziert wurden, sowie eine angemessene Ausstattung - hier mit einer Stadtbefestigung, Kirchen und Gebäuden zur Unterbringung des immer zahlreicher werdenden Hofstaats. Regierung und Verwaltung waren aber weiterhin mobil.
Die Stadt Weimar war alter Besitz der Grafen von Orlamünde. Sie ist erst im Ergebnis der 1342 bis 1346 ausgetragenen Thüringer Grafenfehde den wettinischen Landgrafen von Thüringen zu Lehen aufgetragen worden, ging somit in das Eigentum der Wettiner über, auch wenn die Nutzung weiter den Grafen von Orlamünde als Lehnsleuten zustand. Als die Weimarer Linie dieses Grafenhauses 1372/73 erlosch, fiel die Stadt den Landgrafen als erledigtes Lehen heim. Bei der Teilung des väterlichen Erbes zwischen Kurfürst Friedrich von Sachsen und seinem jüngeren Bruder Wilhelm III. im Jahr 1440 fiel Weimar an Wilhelm, der 1445 die Stadt zu seiner Hauptresidenz machte. Diesem Mann verdankt Weimar einen wesentlichen Schub in seiner Entwicklung. Die Stadtbefestigung wurde vollendet; der Herzog

hat in der Stadt ein Franziskanerkloster (Palais am Zeughof, heute Teil der Hochschule für Musik) gegründet, weil derartige Ansiedlungen geistlicher Orden inzwischen zur Grundausstattung einer Residenz gehörten. Nachdem er 1482 gestorben war, fiel sein Besitz an seine Neffen Ernst und Albrecht, die 1485 erneut teilten (Leipziger Teilung).

Auf Kurfürst Ernst folgten gemeinsam und im Einvernehmen seine Söhne Friedrich und Johann, die erst 1513 eine gewisse Aufteilung des ernestinischen Besitzes vorgenommen haben. Der Kurfürst residierte bevorzugt in Torgau; Herzog Johann hatte von 1513 bis zur Nachfolge in der Kurwürde 1525 seine Hofhaltung in Weimar, wo demnach auch die Familie, insbesondere der Sohn und Nachfolger Johann Friedrich, lebte.

Von den militärischen Ereignissen des Schmalkaldischen Krieges war Weimar nur am Rande betroffen. 1546 waren in Buttstädt Truppen gesammelt worden, die zunächst nach Süddeutschland zogen. Da der Schmalkaldische Bund vor allem Vorkehrungen gegen eine Bedrohung aus Böhmen getroffen hatte, wurde er durch den im Oktober 1546 zwischen dem Albertiner Herzog Moritz von Sachsen und König Ferdinand, dem Bruder des Kaisers, geschlossenen Vertrag über gemeinsame Kriegsführung überrascht. Im Dezember 1546 fielen u.a. Weimar und Jena an Herzog Moritz. Kurfürst Johann Friedrich, der, aus Süden kommend, kurz vor Weihnachten an der Westgrenze Thüringens erschien, konnte in den folgenden Wochen den größten Teil seines Landes wieder zurückgewinnen. Das Frühjahr 1547 aber brachte die militärische Wende.

Die Niederlage auf der Lochauer Heide bei Mühlberg an der Elbe am 24. April 1547 war eine Katastrophe für die Ernestiner und ihr Territorium. Durch die Wittenberger Kapitulation vom 19. Mai 1547 verlor Johann

Kurfürst/Herzog Johann Friedrich I. von Sachsen. Kupferstich von Peter Troschel.

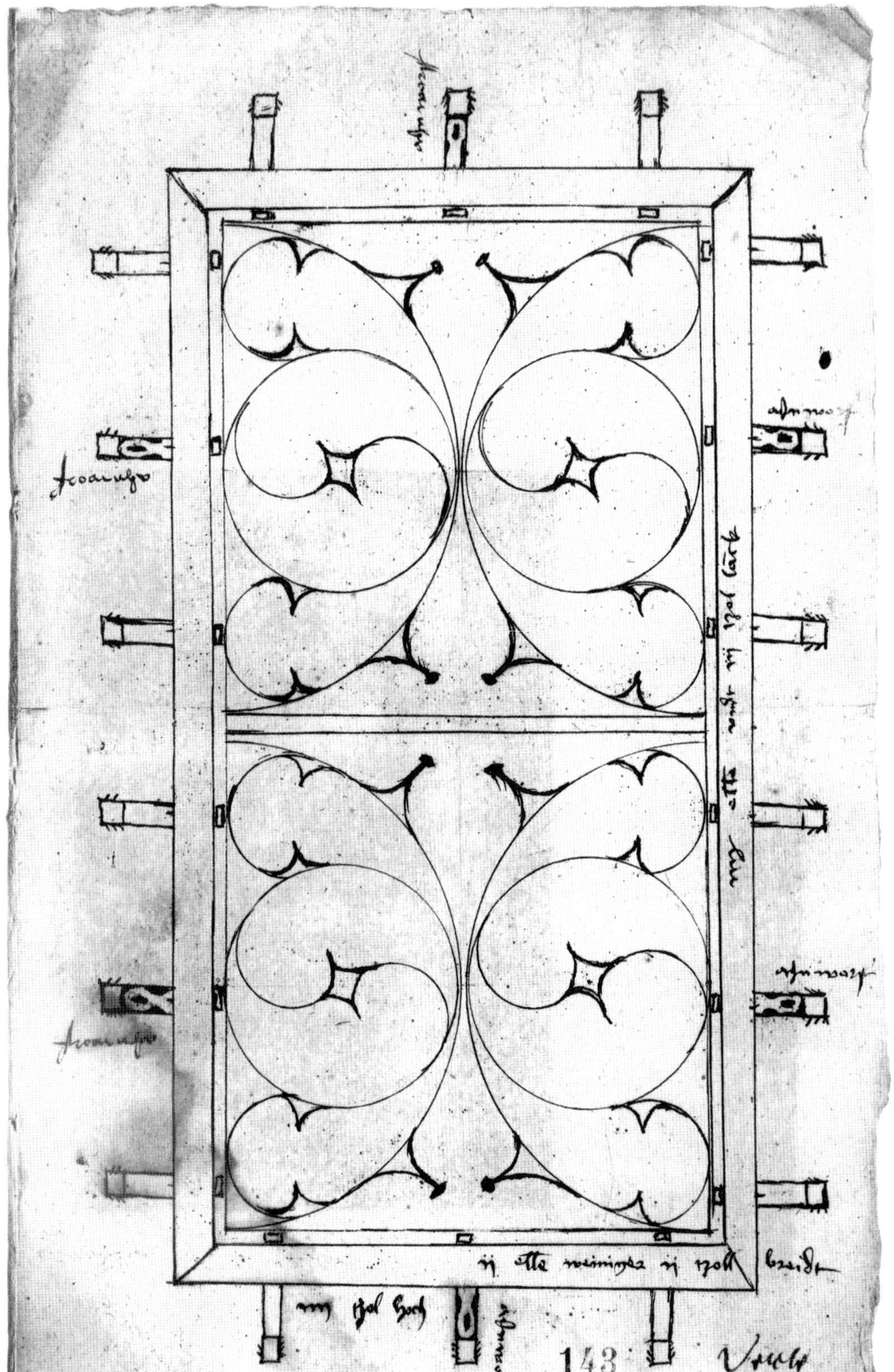

Entwurf von Hans Lampe aus Jena für ein bewegliches Abdeckgitter auf dem Grabmal von Herzog Johann Friedrich I. von Sachsen in der Stadtkirche St. Peter und Paul zu Weimar. Ohne Jahr [1554]. Federzeichnung.

Friedrich die kurfürstliche Würde, die an den Vetter Moritz überging; damit verbunden war der Verlust der Kurlande um Wittenberg. Seinen Söhnen verblieben lediglich bestimmte Ämter in Thüringen, zumeist westlich der Saale; die Festung Gotha sollte gebrochen werden; Johann Friedrich blieb in der Gefangenschaft des Kaisers, der erst am 27. August 1552 die gegen den „geborenen Kurfürsten" – so nannte sich Johann Friedrich nach dem Verlust der kurfürstlichen Würde selbst - verhängte Acht aufhob und ihn aus der Gefangenschaft entließ, was ihm urkundlich bestätigt wurde.

Die Rückkehr in die Heimat erfolgte langsam. Eine besondere Rolle spielte dabei das während der Gefangenschaft bei Wolfersdorf neu errichtete Jagdschlößchen, das deshalb den Namen „Fröhliche Wiederkunft" erhielt. Am 26. September 1552 traf Johann Friedrich in Weimar ein.

Auf die während seiner Gefangenschaft in der Heimat gefallenen Entscheidungen hatte Johann Friedrich wesentlichen Einfluß genommen. Während es für den Fall eines plötzlichen Todes, auch für geistige Umnachtung und anderweitige Regierungsunfähigkeit des Landesfürsten Regelungen gab, in denen der Ehefrau (bzw. Witwe) und den erwachsenen Söhnen bestimmte Rollen zufielen, war die nun eingetretene Situation neu. Der ehemalige Kurfürst war nahezu unverletzt aus der Schlacht gekommen, allerdings als Gefangener nicht Herr seiner Entscheidungen und somit nicht regierungsfähig. Johann Friedrich und seine Söhne entwickelten einen der Situation angemessenen Regierungsstil, der durch einen überaus intensiven Briefwechsel ausgezeichnet ist, der es erlaubt, die Ereignisse dieser Zeit recht genau zu rekonstruieren.

Zu den wichtigsten, besonders lange nachwirkenden Entscheidungen zählte die Wahl einer neuen Residenz. Im stark geschrumpften Territorium der Ernestiner dürften von Größe und Ausstattung her nur Coburg, Eisenach, Gotha und Weimar für diese Rolle in Frage gekommen sein; Altenburg erhielten die Ernestiner erst 1554 zurück. Gegen Coburg sprach die Randlage innerhalb des Territoriums; in gewisser Weise galt dies auch für Eisenach, in dem überdies seit längerer Zeit für die Modernisierung der landesherrlichen Bauten nichts mehr investiert worden war. Da man die Festung Grimmenstein hatte schleifen müssen, kam auch Gotha nicht als Residenz in Frage. Die Sache lief auch deshalb auf Weimar zu, weil dort seit dem in der zweiten Hälfte des 15. Jahrhunderts erfolgten Ausbau zur Residenz alle notwendigen Bauten vorhanden waren. Johann Friedrich hatte einen Teil seiner Jugend in Weimar verbracht, als sein Vater dort residierte; er kannte die Verhältnisse demnach aus eigener Anschauung.

Für Weimar bedeutete die Übersiedlung des Hofes einen gewaltigen Aufschwung. Wird für 1542 die Bevölkerung mit 2 277 angegeben, so waren es 15 Jahre später 2 928 Personen, ein Anstieg von 28 Prozent. Den größten Teil davon dürfte die Hofhaltung selbst ausgemacht haben. Zugezogen waren demnach gut ausgebildete, gut bezahlte Männer mit ihren Familien; sie benötigten Wohnraum und konnten diesen auch bezahlen: als Beispiel kann das von Lucas Cranach errichtete Haus am Markt gelten. Diese Leute traten auch als Kunden auf dem Lebensmittelmarkt und bei den ortsansässigen Handwerkern auf. Der wirtschaftliche Faktor kann überhaupt nicht überschätzt werden.

Eine 1549 neu erlassene Rats- und Kanzleiordnung paßte die Verwaltung den geänderten Verhältnissen an; daher sind wir über ihren Aufbau zu diesem Zeitpunkt gut unterrichtet. Eine Trennung von Justiz und Verwaltung gab es ebensowenig wie eine feste Kompetenzabgrenzung.

Empfang von Herzog Johann Friedrich dem Großmütigen von Sachsen auf dem Markt in Weimar 1552. Gemälde von Hans W. Schmidt aus dem Jahre 1931.

Die letzte Entscheidung lag beim Landesherrn, der sich mit Ratgebern umgab, die er selbst auswählte. Eine Differenzierung der Verwaltung in verschiedene Zweige war nicht einmal in Ansätzen vorhanden; dies entsprach dem in den Territorien des Heiligen Römischen Reiches deutscher Nation üblichen Bild. Obwohl die Masse der heute von der Verwaltung wahrgenommenen Aufgaben auch damals schon existierte, kann sich deshalb keine heute tätige Behörde nahtlos auf eine schon im 16. Jahrhundert existierende zurückführen; einzige Ausnahme ist das Staatsarchiv.

Bereits der zwischen 1445 und 1482 in Weimar residierende Herzog Wilhelm verfügte über ein Archiv vor Ort, wo er die für seine Herrschaft grundlegenden Dokumente aufbewahren ließ. Die Bedeutung der Urkunden und Akten als rechtlicher Grundlage der Herrschaftsausübung war im Jahre 1547 sowohl Johann Friedrich wie auch seinen Gegnern stets bewußt. Etliche wichtige Schriftstücke hatte der Kurfürst auf dem Feldzug bei sich geführt. Den Soldaten, die ihn gefangennahmen, ging es vor allem um seine Person, weniger um die Papiere. Diese wurden in den folgenden Tagen von Leuten aus der Umgebung des Kurfürsten auf der Lochauer Heide, wo sie umherflogen, aufgelesen und in der Folge nach Weimar gebracht. Gleichzeitig und in aller Eile begannen Frau und Söhne Johann Friedrichs damit, die wichtigsten Archivalien aus Torgau nach Weimar fortzuschaffen, wo Gewölbe im Schloß und im Zeughaus für deren Aufnahme vorgesehen wurden; Ende Juli 1547 waren die ersten Transporte bereits in Weimar eingetroffen und so dem Zugriff des verhaßten Herzogs Moritz zunächst entzogen. In den Beratungen über die Unterbringung des Archivs spielten Gesichtspunkte der Sicherheit (Gitter vor den Fenstern) und des Klimas (nicht zu feucht, daher keine zum Wasser hin gelegenen Räume) eine wichtige Rolle. Die in den Quellen beklagte Unordnung der Archivalien wurde durch diese mit großer Hast durchgeführten Arbeiten natürlich noch vermehrt.

1554 ist Johann Friedrich, der geborene Kurfürst, gestorben; er wurde in der Pfarrkirche zu Weimar begraben. Seine Söhne, insbesondere der Älteste, haben sich mit den Ergebnissen des Jahres 1547 nie abgefunden. Dennoch sind die damals gefallenen Entscheidungen für die Wettiner und die politische Landkarte Thüringens bis in das 19. Jahrhundert hinein maßgeblich geblieben.

[Dr. Johannes Mötsch]

Verabschiedung des freigelassenen früheren Kurfürsten Johann Friedrich I. von Sachsen von Kaiser Karl V. im Jahre 1552. Kupferstich.

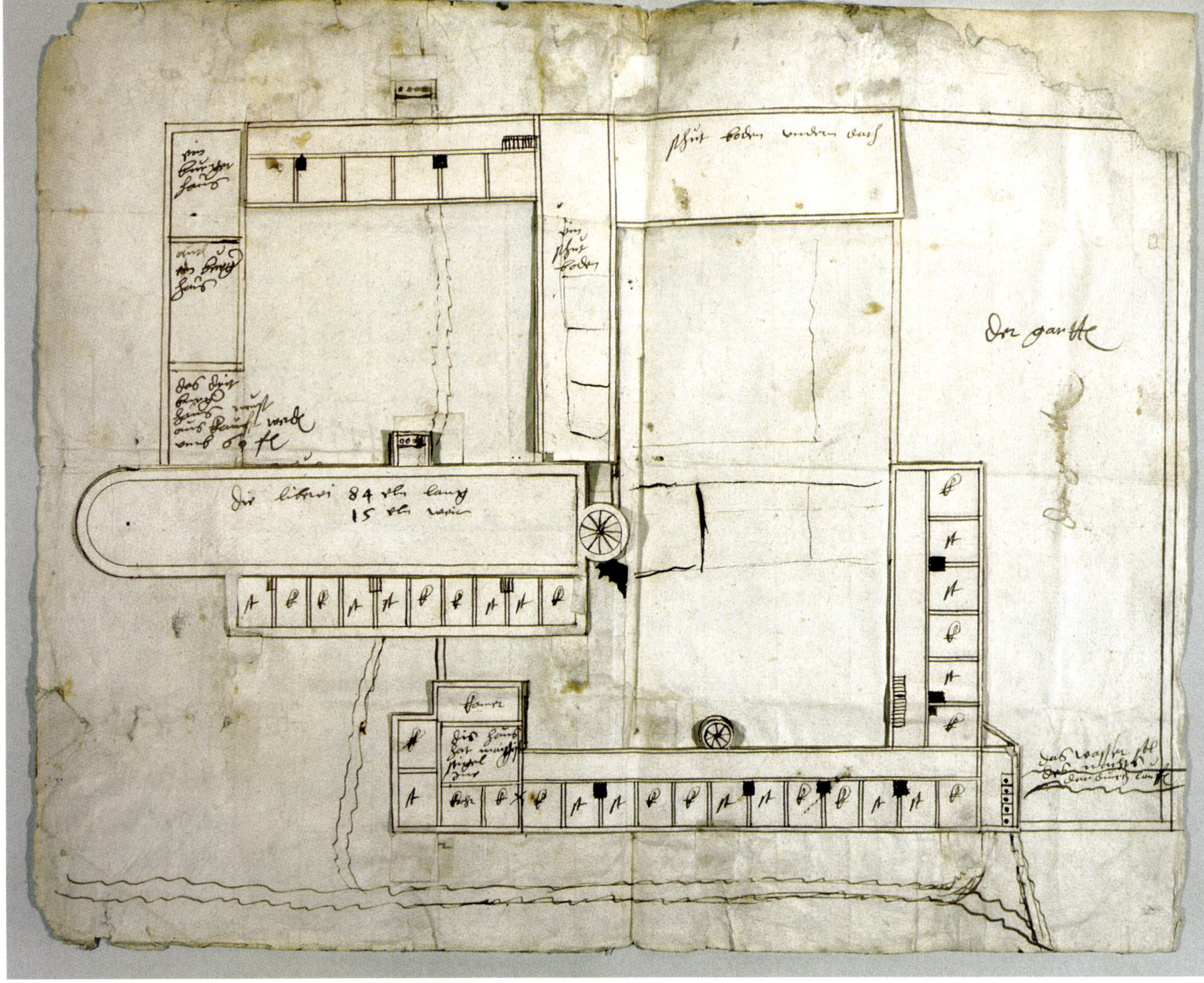

Grundriß des „Collegium Jenense“ von Nikolaus Gromann aus dem Jahre 1557. Die einzelnen Etagen sind durch angeklebte Klappsegmente dargestellt. Federzeichnung, Papier.

Es währt lange und hält hart, ehe sie zum vollen Dasein gelangt. Allein was unter solchen Wehen geboren, trägt in der Regel eine um so grössere Lebensfähigkeit in sich.

Johannes C. E. Schwarz (1858)

Die Anfänge der ernestinischen Landesuniversität Jena

Nachdem die wettinischen Lande seit 1485 endgültig geteilt waren, besaß nur noch die albertinische Linie eine Universität in Leipzig (gestiftet 1409). Der ernestinische Kurfürst Friedrich der Weise gründete daraufhin in Wittenberg, der Haupt- und Residenzstadt seiner Kurlande, im Jahre 1502 eine eigene Universität, der später mit Martin Luther und Philipp Melanchthon die führenden Theologen der Reformationszeit angehörten. Ihre 1536 durch Johann Friedrich I., den „Großmütigen", vorgenommene materielle Ausstattung hatte zwar für diese Lehranstalt bis zu ihrer Aufhebung infolge französischer Besetzung 1813 Bestand, aber diesem letzten Kurfürsten aus der ernestinischen Linie ging bereits 1547 nach der Niederlage im Schmalkaldischen Krieg mit der Kur auch die Universität zu Wittenberg verloren.

Als die Bedingungen der Kapitulation eintraten, mußte der neue Territorialstaat in Thüringen mit der nunmehrigen Residenzstadt Weimar, geführt von den drei Söhnen des in kaiserlicher Gefangenschaft gehaltenen „geborenen" Kurfürsten, um die Gründung einer neuen „Hohen Schule" für die Ausbildung von Landesbeamten als Ersatz für die nunmehr zum albertinischen Sachsen gehörende Wittenberger Universität besorgt sein. Die Wahl fiel auf das Weimar benachbarte Weinbauern- und Ackerbürgerstädtchen Jena, das im dortigen Dominikanerkloster bereits 1527/28 und 1535 der vor der Pest aus Wittenberg geflohenen Dozenten- und Studentenschaft Obdach geboten hatte. Die Verhandlungen darüber wurden vor allem von dem nun in die Regierungsgeschäfte eingetretenen ältesten Sohn und „Kurprinzen", dem späteren Herzog Johann Friedrich II., in ständiger Korrespondenz mit dem gefangenen Vater geführt.

Auf dem Weg in die Gefangenschaft hatte sich Johann Friedrich am 24. Juni 1547 kurz in Jena aufgehalten und mit diesem über Regierungsangelegenheiten verständigt. Man kann aber davon ausgehen, daß zu einer Besprechung der Universitätsgründung weder Anlaß noch Zeit gefunden wurden, obwohl spätere Chronisten dieses vermelden. Von der Errichtung einer neuen Bildungsanstalt im verbliebenen Restterritorium ist erstmals in einem Brief Johann Friedrichs I. vom 3. Juli 1547 die Rede. Philipp Melanchthon schlug am 10. Juli in einem umfassenden Gutachten als Schulort das ihm bereits bekannte Jena vor. Am 13. Juli übermittelten die Söhne den Vorschlag, „eine schuel zu Jhene in turingen anrichten" zu wollen. Darauf antwortete der Vater am 24. Juli und bestimmte, daß dazu das Kloster in Jena geräumt werden solle.

Mit dem Kloster ist das 1286 gegründete Dominikanerkloster St. Pauli an der mittelalterlichen Peripherie der Stadt gemeint. Es war 1525 im Bauernkrieg von den Bauern und Bewohnern der Vorstädte gestürmt und geplündert worden. Infolge Säkularisation gingen die Gebäude in landesherrlichen Besitz über, wurden von der Stadt teilweise als Schüttboden genutzt und zuletzt nur noch von drei alten Mönchen bewohnt. Universitätsleben hatten diese schon zweimal in der Wittenberger Pestzeit erfahren müssen. Nunmehr stand ihr endgültiger Auszug bevor, da das alte Kloster die neue „Hohe Schule" des sächsisch-ernestinischen Herzogtums aufnehmen sollte. Verhandlungen darüber wurden im Frühjahr 1548 begonnen. Kurze Zeit später kamen bereits die ersten angeworbenen Lehrkräfte mit ihren Studenten in Jena an. Wahrscheinlich am 8. März 1548 traf aus Weimar der Wittenberger Magister Johann Stigel, ein Philologe und „poeta laureatus", ein; am 11. März kam der Theologe Victorin Strigel mit Studenten der benachbarten Universität Erfurt nach Jena. Deshalb erging am 12. März die dringende Empfehlung der Söhne an Johann Friedrich I., die neue Lehranstalt in Jena zu eröffnen. Aber noch bevor dessen Zustimmung aus der Gefangenschaft eintraf, eröffneten die Herzöge mit ihren Ratgebern am 19. März 1548 die „Academia Jenensis". Das akademische Gymnasium - noch war die neue Schule keine Universität, da es dazu der kaiserlichen Privilegierung bedurfte - nahm seinen Anfang. Die Matrikel verzeichnet für das erste Semester insgesamt 171 Namen. Bis 1557 stieg die Zahl auf 1 500 Studenten, die überwiegend aus dem Thüringer Raum, aus dem ernestinischen Stammland, aber auch aus hennebergischen, reußischen und schwarzburgischen Territorien, kamen.

Für Unterkunft und Studienbetrieb waren die vorgefundenen Klostereinrichtungen äußerst bescheiden. Zunächst fanden Magister und Scholaren nur in den früheren Mönchszellen Unterkunft, bevor sie sich Wohnungen außerhalb der Klostermauern suchten. Aber bereits zwei Monate später wurde darin ein „Konviktorium" als studentische Speiseanstalt begründet. Als „Lektorium" (Hörsaal) wurden die vorgefundenen größeren Räumlichkeiten des früheren Klosters genutzt. Sie bildeten den Kern des nunmehrigen „Collegium Jenense", der noch heute in Resten vorhandenen mittelalterlichen Gründungsstätte der Universität Jena.

Wie die neue „Hohe Schule" auch räumlich aus den überkommenen Klosteranlagen herauswuchs und sich eine neue für den akademischen Betrieb geeignete Gebäudestruktur schuf, läßt sich an Hand von Amtsrechnungen, einer umfangreichen Bauakte und einem Plan in Form eines Grundrisses des Kollegiums nachvollziehen, die im Thüringischen Hauptstaatsarchiv Weimar aufbewahrt werden. Die Baumaßnahmen in der Aufbauphase der Hohen Schule bis 1556 konzentrierten sich anfänglich auf die Unterbringung der aus Wittenberg verlagerten kurfürstlichen Bibliothek, der „Electoralis", die zunächst im Franziskanerkloster zu Weimar zwischengelagert worden war, bevor sie im August 1549 nach Jena in die neu erbauten Gewölberäume überführt wurde und hier den Grundstock der Universitätsbibliothek bildete. Erst ab 1557 - als Kurs auf die Erhebung des akademischen Gymnasiums zu einem „studium generale", also zur Universität, genommen wurde - setzte eine rege Bautätigkeit ein, die das alte Kloster innerhalb von zwei Jahren gründlich veränderte und die universitäre Lehranstalt im „Collegium Jenense" hervorbrachte, die dreihundertfünfzig Jahre den Mittelpunkt des akademischen Lebens in Jena bildete.

Den Zweckbau einer akademischen Lehranstalt schufen die großen Baumaßnahmen von 1557 bis 1559 unter

In den Akten überlieferter Ausschnitt des Titelblattes zu Erhard Weigels „Speculum Uranicum“ mit der Ansicht des „Collegium Jenense“ von 1661. Kupferstich von Johann Dürr.

der Leitung des ernestinischen Baumeisters Nikolaus Gromann, nachdem die kaiserliche Kanzlei in Prag zu erkennen gegeben hatte, daß einer Universitätsgründung in Jena zugestimmt werden würde. Bereits 1554 war mit der Neuberufung eines Mediziners und eines Juristen die „Hohe Schule" zu Jena im universitätsgemäßen Sinne erweitert worden. Im Jahr darauf wurden die Verfassungsverhältnisse neu geregelt und der Senat konstituiert. Seit dieser Zeit datieren die Bemühungen der ernestinischen Herzöge um die Privilegierung der Schule durch den Kaiser. Sie kam mit der Ausfertigung der Gründungsurkunde für die Jenaer Universität am 15. August 1557 in Wien mit der Unterschrift von Kaiser Ferdinand I. zustande. Nachdem der regierende Herzog Johann Friedrich II. am 25. Januar 1558 die Statuten der Universität unterschrieben hatte, konnte am 2. Februar 1558 deren Eröffnung in der Stadtkirche St. Michael zu Jena feierlich begangen werden. Ihr erster Rektor war der Mediziner Johann Schröter, der sich um die Erlangung der kaiserlichen Unterschrift verdient gemacht hatte.

Die signalisierte Zustimmung zur Universitätserhebung aus der Kanzlei des Kaisers wirkte auch als befreiendes Signal für die bauliche Erweiterung und Vervollkommnung des Kollegiums. Auf dem im Juni 1557 abgehaltenen Landtag zu Saalfeld bewilligten nun auch die Stände die dafür benötigten Mittel. Durch den Landesbaumeister wurde ein entsprechender Anschlag für den Kollegienbau zu Jena und ein Grundriß der Anlage mit den baulichen Planungen an den einzelnen Gebäuden vorgelegt. Die Baumaßnahmen zogen sich bis 1559 hin, wobei sich die ursprünglich veranschlagte Bausumme von 2 074 Gulden am Ende mit 4 579 Gulden mehr als verdoppelt hatte. Entstanden war jedoch ein Gebäudekomplex, der den neuen Anforderungen an eine akademische Lehranstalt entsprach.

Ein bedeutender Zuwachs an Raum für den Unterricht, für die Universitätsverwaltung, die Bibliothek und die Wirtschaftseinrichtungen war erreicht worden. Durch den Umbau der bisherigen Klosterkirche zu einer „Studentenburse" - in den vier eingezogenen Geschossen wurden Stuben und Kammern für die Unterbringung der Studenten eingerichtet - vergrößerte sich vor allem der Wirtschaftsbereich der neuen Universität. Zu diesem Zweck wurde an die Westseite der Kirche ein neuer Treppenturm gesetzt und mit dem großen ernestinischen Staatswappen versehen, das im Herzstück der Anlage von der Verfassungswirklichkeit der „Hohen Schule" kündete, die ein Werk und eine Institution der partikularstaatlichen Fürstenmacht der Wettiner in Thüringen war. Noch heute ist dieser Turm das Wahrzeichen des alten „Collegium Jenense" und erinnert an die Anfänge der Universität vor 450 Jahren.

Unter welchen Bedingungen trat die Universität damals ins Leben? Gegründet wurde sie gewissermaßen als ein zweites Wittenberg, als eine Pflanzstätte des Luthertums. Die Stiftung einer neuen Bildungsstätte in den nach 1547 verkleinerten ernestinischen Landen war ein finanzielles Wagnis, entsprach aber einem dringenden staats- und bildungspolitischen Erfordernis. Die Dürftigkeit ihrer materiellen und finanziellen Grundlagen läßt sich über Jahrhunderte hinweg verfolgen, zumal nach der immer weiteren Aufsplitterung des ernestinischen Territoriums seit 1572.

Großes ernestinisches Staatswappen und Inschriftentafel des Bildhauers Herman Werner von 1557 am Treppenturm der Kollegienkirche in Jena als heutiges Wahrzeichen des alten „Collegium Jenense".

CVM.DISTRACTA.SVO.BELLISQ.OBNOXIA.FATO
ABDVCTVM.GEMERET.SAXONIS.ORA.DVCEM
TEMPLAQ.LVGERENT.PLANTARIAQ.ADDITA.TEMPLIS
INGENIIS.TRADVNT.QVAE.BONA.VERA.SCHOLAE
ILLE.FAVENS.STVDIIS.ET.HONESTIS.ARTIBVS.ABSENS
HIC.DEDIT.AONIIS.OTIA.GRATA.CHORIS
ORNARVNT.DECVS.HOC.SOBOLES.GENEROSA.PARTIS
TRES.FRATRES.ANIMIS.ET.PIETATE.PARES
CHRISTE.TVI.COETVS.CVSTOS.ET.MAXIME.VINDEX
DA.PACEM.STVDIIS.VT.CELEBRERE.BONIS
ANNO.DNI.M.D.LVII
HERMAN.W.
V.FREIBERGK

Es war bis 1918 immer das Kondominat mehrerer Fürsten, die als „Nutritoren“ der „Fürstlich Sächsischen Gesamt-Akademie zu Jena“ auftraten, das die Zwänge, aber auch die Freiheiten dieser Universität bestimmte. 1547 mit der Niederlage der Ernestiner im Schmalkaldischen Krieg war auch das Schicksalsjahr für Jena. Die neue „Hohe Schule“, 1548 als akademisches Gymnasium begründet und 1557/58 zur Universität erhoben, brachte auch wirtschaftliche Prosperität in das Saaletal. Der sie geschaffen hatte, Johann Friedrich der Großmütige, war damals ein Gefangener des Kaisers. Er stiftete sie im klaren Gegensatz zu dem soeben zum Sieg gelangten Katholizismus als eine Freistatt der neuen protestantischen Lehre. Sein Bild als Kurfürst ziert das Traditionssiegel der Universität; auf dem Markt zu Jena erhebt sich seit 1858 sein Standbild, das ihn im kurfürstlichen Ornat als Universitätsgründer zeigt. Die kaiserliche Konfirmation der Alma mater Jenensis hat er nicht mehr erlebt. Im September 1552 wurde er aus der Gefangenschaft entlassen und vor den Toren Jenas von der Bürgerschaft empfangen und in die Stadt geleitet. Vor dem Fürstenkeller begrüßten ihn auch Professoren und Studenten der „Hohen Schule“.

Als Johann Friedrich, der „Hanfried“ genannte „geborene“ Kurfürst, die Studierenden erblickte, soll er zu seinem ältesten Sohn und dem neben ihm in der Kutsche sitzenden alten Lucas Cranach gesagt haben: „Sie da, das ist Bruder Studium.“ Mit entblößtem Haupte nahm er die Glückwünsche der Professoren entgegen. Es bleibt sein Verdienst, „den Wissenschaften und schönen Künsten geneigt“, wie es die Inschrift am Turm des „Collegium Jenense“ verkündet, den hochfliegenden Gründungsgedanken allen Widrigkeiten zum Trotz, nicht zuletzt in der Konfrontation zwischen äußerem Gefangenensein und innerer Freiheit, in die Tat umgesetzt zu haben. Aber bereits am 3. März 1554 endigte sein Leben in Weimar. Bis zuletzt galten seine Gedanken der jungen alma mater, der heutigen thüringischen Landesuniversität.

[Dr. Volker Wahl]

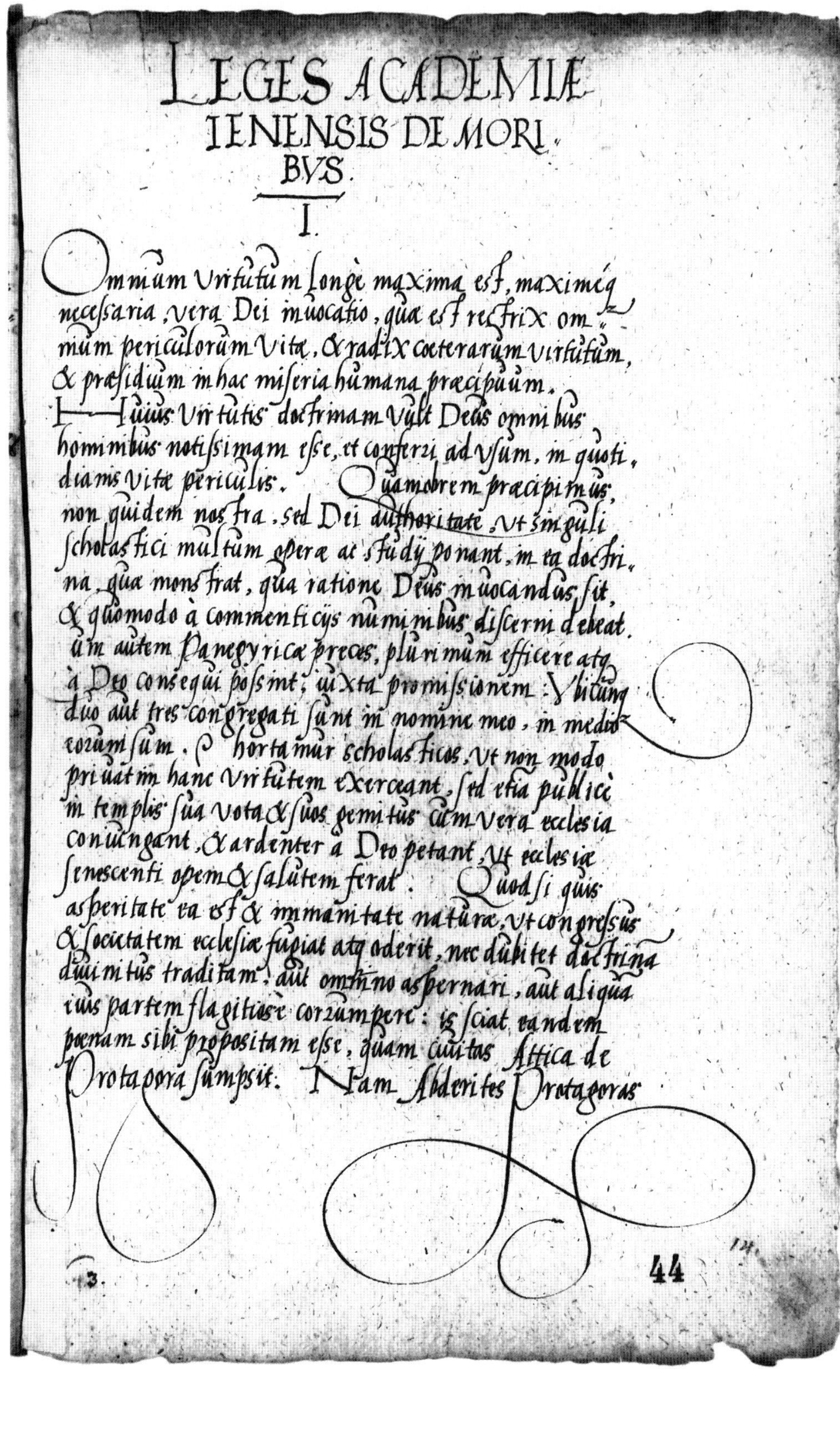

LEGES ACADEMIAE IENENSIS DE MORIBUS.

I.

Omnium virtutum longe maxima est, maximeq[ue] necessaria, vera Dei inuocatio, quae est rectrix omnium periculorum vitae, & radix caeterarum virtutum, & praesidium in hac miseria humana praecipuum.

Huius virtutis doctrinam vult Deus omnibus hominibus notissimam esse, et conferri ad usum, in quotidianis vitae periculis. Quamobrem praecipimus, non quidem nostra, sed Dei authoritate, ut singuli scholastici multum operae ac studij ponant, in ea doctrina, quae monstrat, qua ratione Deus inuocandus sit, & quomodo a commenticijs numinibus discerni debeat. Cum autem Panegyricae preces, plurimum efficere atq[ue] a Deo consequi possint, iuxta promissionem: Ubicunq[ue] duo aut tres congregati sunt in nomine meo, in medio eorum sum. Hortamur scholasticos, ut non modo priuatim hanc virtutem exerceant, sed etia[m] publice in templis sua vota & suos gemitus cum vera ecclesia coniungant, & ardenter a Deo petant, ut ecclesiae senescenti opem & salutem ferat. Quodsi quis asperitate ea est & immanitate naturae, ut congressus & societatem ecclesiae fugiat atq[ue] oderit, nec dubitet doctrinam diuinitus traditam, aut omnino aspernari, aut aliquam eius partem flagitiose corrumpere: is sciat eandem poenam sibi propositam esse, quam ciuitas Attica de Protagora sumpsit. Nam Abderites Protagoras

3 44 14

Reinschrift der von den Herzögen Johann Friedrich II. und Johann Wilhelm von Sachsen errichteten „Leges Academiae Ienensis de moribus“. Als Bestandteil der „Freyheiten, Ordnungen und Statuten der Schul Jhena bey erster anrichtung derselben“ wurden diese am 16. Juni 1548 für die neue Akademie zu Jena in Kraft gesetzt.

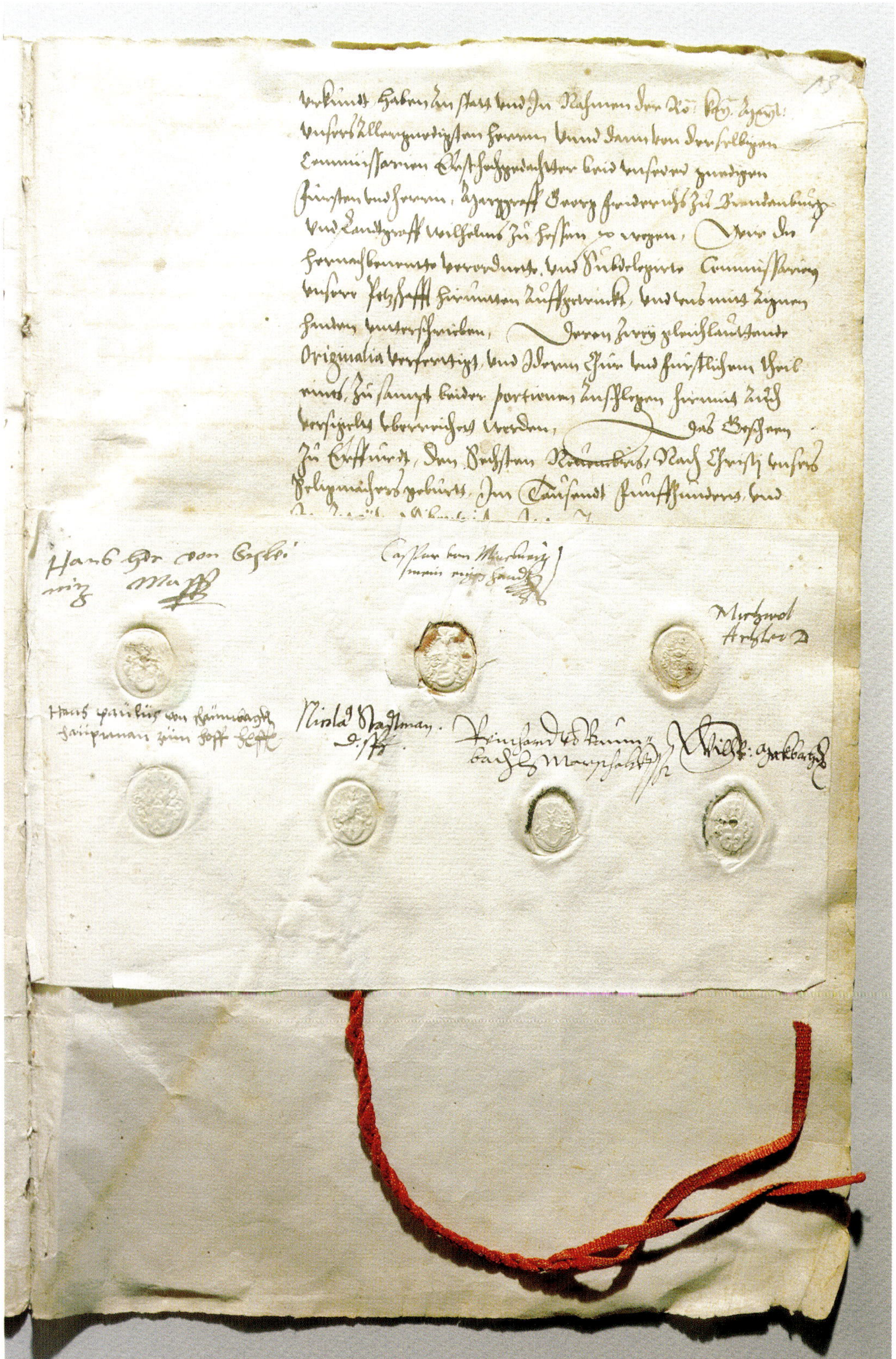

Letzte Seite des Vertrages über die ernestinische Landesteilung von 1572 durch kaiserliche Bevollmächtigte zwischen Herzog Johann Wilhelm von Sachsen und den beiden unmündigen Kindern seines gefangenen Bruders Herzog Johann Friedrich II. von Sachsen, Johann Casimir und Johann Ernst. Erfurt, 6. November 1572. Ausfertigung, Papier (13 Blatt) mit den sieben aufgedrückten Oblatensiegeln und eigenhändigen Unterschriften der bevollmächtigten Teilungskommission.

Die Söhne des gefangenen Herzogs [Johann Friedrichs des Mittleren] waren durch diese Theilung sehr übervortheilt; sie waren aber noch unmündig und zu ihren Vormündern gehörten ja Kurfürst August und Herzog Johann Wilhelm, die Beide ihren Vortheil dabei nicht aus den Augen setzten.

August Beck (1858)

Vom Passauer Vertrag zur Erfurter Teilung

Der Passauer Vertrag von 1552 beendete, nachdem der sächsische Kurfürst Moritz, da er um die deutsche „Libertät“ fürchtete, sich gegen den Kaiser gewandt hatte, den Schmalkaldischen Krieg, das Interim und die Gefangenschaft des gewesenen Kurfürsten, Johann Friedrichs des Großmütigen, aus dem ernestinischen Zweig des Hauses Wettin. Dessen Hoffnung, nach dem Tode seines albertinischen Vetters Moritz 1553 die Kurwürde zurückzuerlangen, erfüllte sich nicht. Der von ihm jetzt geführte Titel „geborener Kurfürst und Herzog von Sachsen“ war nur magerer Trost. Immerhin hatte er, anstelle der verlorenen Universität Wittenberg, schon 1548 für die Errichtung einer Hohen Schule in Jena gesorgt, die zehn Jahre später das kaiserliche Privileg als Universität erhielt. Johann Friedrich starb 1554. Nun gelangte sein ältester Sohn Johann Friedrich II. der Mittlere, geboren 1529, an die Regierung, die er auch für seine jüngeren Brüder Johann Wilhelm, geboren 1530, und Johann Friedrich den Jüngeren, geboren 1538, führte. Dies brachte bald Unzufriedenheit unter den Brüdern (von welchen der jüngste schon 1565 starb). Zwischen Johann Friedrich dem Mittleren und Johann Wilhelm wurde 1566 in Weimar ein sogenannter Mutschierungsvertrag geschlossen, der die ernestinischen Lande in Thüringen nicht real, aber nach Einkünften aufteilte: Johann Friedrich erhielt u. a. Jena, Eisenach und Gotha, Johann Wilhelm nahm in Coburg Residenz.

Johann Friedrich der Mittlere hat sich mit dem Verlust der Kurwürde nie abgefunden. Wo ihm eine Möglichkeit erschien, sie zurückzugewinnen, ergriff er diese – und scheiterte doch am Ende in der schlimmsten Weise. 1558 wurde er das allzu leichtgläubige Opfer einer Hochstaplerin, der falschen Königin Anna, die sich als die verstoßene vierte Gemahlin des englischen Königs Heinrichs VIII., Anna von Cleve (die in Wirklichkeit 1557 nahe London gestorben war), ausgab und dem Herzog von riesigen Goldschätzen vorflunkerte, die sie besäße. Sie versprach ihm davon einen großen Anteil, mit dessen Hilfe er hoffte, den verlorenen Titel und Besitz wiederzuerlangen. Auf Schloß Grimmenstein in Gotha ließ er der angeblichen Ex-Königin Gemächer einrichten, bis er schließlich doch mißtrauisch wurde und sie im Schloß Tenneberg bei Waltershausen einkerkern, verhören, foltern und zu lebenslänglicher Haft verurteilen ließ. Wer die Betrügerin wirklich war, ist nicht sicher – sie war wohl eine Kammerfrau der Anna von Cleve gewesen.

Es sollte aber noch weit schlimmer kommen. Die „Grumbachschen Händel“ kosteten den Herzog Herrschaft und Freiheit. Es begann mit einem Streit des fränkischen Ritters Wilhelm von Grumbach mit dem Bischof zu Würzburg wegen einiger Güter Grumbachs, die der Bischof dem Ritter widerrechtlich genommen hatte. Grumbach wehrte sich mit publizistischen Mitteln gegen das ihm angetane Unrecht und griff endlich, einem Michael Kohlhaas gleich, zum Faustrecht. Er versicherte sich des Schutzes Johann Friedrichs des Mittleren (1557), versuchte den Bischof gefangen nehmen zu lassen (1558) – dabei wurde dieser erschossen – und seine Güter mit Waffengewalt zurückzuerobern (1563). Obschon Grumbach beteuerte, an der Tötung des Bischofs keinen Anteil zu haben, wurde er jetzt mit seinen Gefährten in die Reichsacht erklärt. Dennoch hielt der Herzog an ihm fest und weigerte sich, aller Warnungen unerachtet, die Geächteten auszuliefern.

Auf dem Reichstag zu Augsburg wurde auf Betreiben des Kurfürsten August und der Bischöfe von Würzburg und Bamberg im Mai 1566 die Reichsexekution beschlossen, am 12. Dezember 1566 der Herzog, der sich allen Ratschlägen seines Bruders und anderer Fürsten verschloß, ebenfalls in die Reichsacht erklärt und Kurfürst August mit deren Vollstreckung beauftragt. „Der rachsüchtige Kurfürst ließ es an Eile nicht fehlen, die Acht zu vollziehen“, so der Gothaer Historiker August Beck noch 1868 voll Empörung.

Spione wurden ausgesandt, Flugschriften gingen hin und her, um die öffentliche Meinung und die Politik der Fürsten zu beeinflussen, und schon an Weihnachten ließen sich die ersten feindlichen Truppen vor Gotha sehen, in dessen sicher erscheinende Veste Grimmenstein sich der Herzog bereits 1564 zurückgezogen hatte, nachdem die Veste nach der Schleifung 1547 bis 1553 wieder aufgebaut worden war.

Wie in der damaligen Kriegsführung üblich, wurden möglichst viele Zerstörungen angerichtet, vor der Stadt durch Niederbrennung der Vorstädte freies Schußfeld geschaffen, von den Belagerern aber den Bürgern buchstäblich, durch Ableitung des Leinakanals, das Wasser abgegraben. Die Lage in der Stadt wurde bald kritisch, zumal der Herzog in seiner Verblendung rechtzeitige Kriegsvorbereitungen unterlassen hatte. Die Zahl der Soldaten war zu schwach, Verstärkung blieb aus – es kam zur Meuterei.

Die Aufständischen verlangten am 4. April 1567 die Auslieferung Grumbachs und der anderen Schuldigen. Am 13. April mußte Johann Friedrich kapitulieren, sich dem Kaiser auf Gnade und Ungnade ergeben, die Stadt dem Kurfürsten ausliefern und als neuen Landesherren seinen Bruder Herzog Johann Wilhelm anerkennen.

Johann Friedrich wurde verhaftet, die Bürgerschaft mußte Johann Wilhelm huldigen. Zugleich begann das blutige Strafgericht des unbarmherzigen Kurfürsten. Die Angeklagten wurden zuerst gefoltert und am 18. April 1567 – eine Steinplatte auf dem Hauptmarkt zu Gotha bezeichnet noch heute die Stelle – auf grauenvolle Weise hingerichtet: Grumbach und dem herzoglichen Kanzler Dr. Christian Brück (Sohn des aus der Reformationsgeschichte bekannten Kanzlers Brück oder Pontanus und Schwiegersohn von Lucas Cranach) wurden bei lebendigem Leibe das Herz herausgerissen, ihre Körper gevierteilt, andere wurden „nur“ enthauptet oder gehängt. Darunter war auch ein Bauernjunge aus Sundhausen bei Gotha, Hans Müller, genannt Tausendschön, der dem Herzog vorgegaukelt hatte, er stehe mit den Engeln in Verbindung und könne die Kurwürde zurückgewinnen.

Der Grimmenstein wurde bis auf den Grund abgetragen. Eine farbige Darstellung im Thüringischen Staatsarchiv Gotha aus dem Jahre 1614 zeigt die kahle Fläche des Schloßbergs und beweist, daß der Befehl buchstäblich ausgeführt wurde. Ebenso fielen die Befestigungen der Stadt.

Die Gothaer hatten in der Folge zu ihrem Schaden noch allüberall Hohn und Spott zu erdulden, als ob sie Verrat

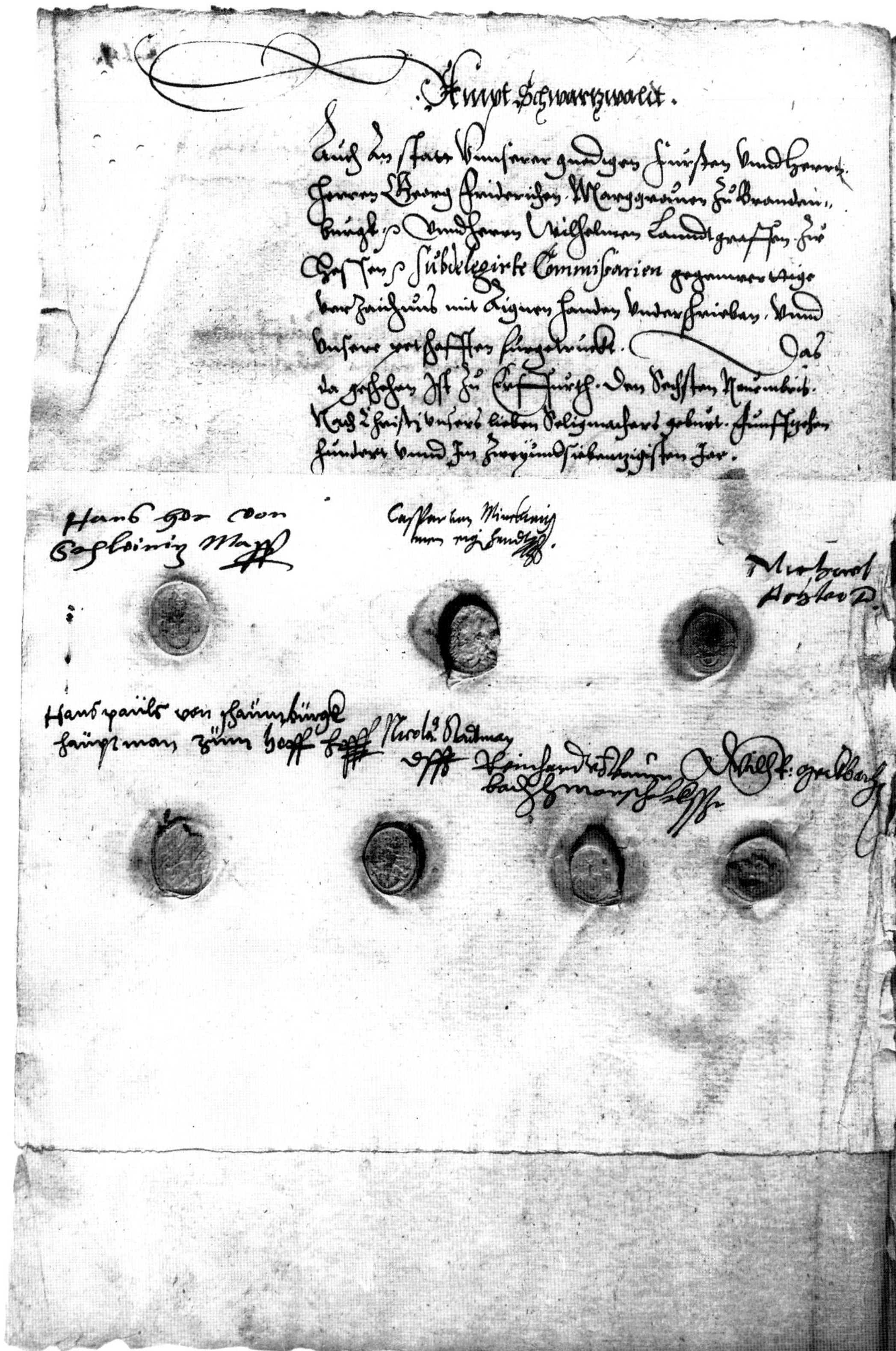

Letzte Seite des „Portionsbuches“ zur Erfurter Teilung von 1572 mit den Unterschriften und Siegeln der Unterhändler (im Text oben: „subdelegirte Commissarien“). Erfurt, 6. November 1572.

an ihrem Landesherrn begangen hätten; ob ein kaiserliches Mandat 1570, das den Verleumdern Einhalt gebieten sollte, wirklich geholfen hat, mag dahingestellt bleiben.

Herzog Johann Friedrich der Mittlere sollte seine Heimat nie wiedersehen. Er mußte am 15. April in die Verbannung gehen und wurde in schimpflicher Weise über Dresden nach Wien und von dort nach Wiener Neustadt transportiert, zeitweilig auch in Preßburg, ab 1572 dauernd in Wiener Neustadt gefangen gehalten, wohin im selben Jahr seine Gemahlin – deren Bemühung um seine Freilassung an der harten Haltung des Kurfürsten August gescheitert war – nachfolgte, um das Exil mit ihm bis zu ihrem Tode 1594 zu teilen; der Herzog starb 1595 in Steyr in Oberösterreich.

Der neue Landesherr Johann Wilhelm hatte allerlei Pläne verfolgt: die Gewinnung des schwedischen Throns, falls es den Hansestädten gelungen wäre, König Gustav I. zu verjagen; eine Heirat mit der jungfräulichen Königin Elisabeth I. von England; Kriegsdienste im Dienste der französischen Krone, sogar gegen die Hugenotten; alles blieb ohne nachhaltigen Erfolg und war eher seinem Rufe abträglich.

1559 kehrte Johann Wilhelm in die Heimat zurück, hielt sich aber den Abenteuern seines älteren Bruders fern und gelangte so 1567 an die Herrschaft in allen ernestinischen Gebieten. Diese währte allerdings nicht lange. Er hatte einerseits die Abtragung der Kriegskosten für die Reichsexekution zusagen müssen, wofür Kurfürst August als Sicherheit die vier „assekurierten" Ämter Arnshaugk, Weida, Ziegenrück und Sachsenburg erhielt (welche die Ernestiner nie mehr zurückerlangen sollten), andererseits machte er wieder durch Bündnisse mit Frankreich von sich reden, die erneut nur Enttäuschung und zusätzliche Schulden einbrachten. Nun wurde der Vorschlag Kursachsens angenommen, das Problem der Kriegskosten durch die Teilung des ernestinischen Gebietes zwischen Johann Wilhelm und den Söhnen Johann Friedrichs des Mittleren zu lösen, welche dann die Schulden zu zahlen hätten. So wurden 1570 Johann Casimir, Johann Ernst und Friedrich Heinrich (bereits 1572 verstorben) wieder in die Herrschaft eingesetzt. Für die Landesteilung trat eine besondere Kommission zusammen, die im neutralen Erfurt tagte, die Einkünfte der Territorien sorgfältig berechnete und in einem „Portions-Buch" zu Papier brachte.

Am 6. November 1572 trat die Erfurter Teilung in Kraft. Sie sprach Johann Wilhelm, der aber schon am 2. März 1573 starb, den weimarischen Teil mit Jena und Altenburg, also ernestinische Gebiete im mittleren, nördlichen und östlichen Thüringen zu. Seine Neffen bekamen Territorien im Süden und Westen Thüringens, den coburg-gothaischen Landesteil. Johann Casimir und Johann Ernst standen allerdings unter der Vormundschaft des Kurfürsten August. Diesem gelang es nun, entgegen dem Willen und Testament Johann Wilhelms, auch zum Vormund von dessen Söhnen Friedrich Wilhelm und Johann bestellt zu werden, auf diese Weise über Coburg und Weimar zu herrschen und dabei möglichst viele Vorteile zu gewinnen, so einen Teil der Grafschaft Henneberg, die eigentlich 1555 vollständig den Ernestinern zugesagt worden war. Johann Casimir gelangte nach dem Tode des Vormunds, der auch sein Schwiegervater war, 1586 an die selbständige Regierung über sein Gebiet, von dem er aber (nach einem Mutschierungsvertrag 1590) 1596 das Fürstentum Eisenach für seinen Bruder Johann Ernst abtrennte.

In Coburg begann er eine rege Tätigkeit, er errichtete das Gymnasium Casimirianum 1598, das als Vorstufe zu einer Universität gedacht war, aber ein kaiserliches

Herzog Johann Casimir von Sachsen-Coburg. Deckfarben und Gold auf Pergament.

Privileg nicht erlangen konnte. Er berief ein eigenes Konsistorium für die Angelegenheiten von Kirche und Schule, gründete 1598 besondere Gerichtsbehörden (Appellationsgericht, Hofgericht und Schöppenstuhl), und um 1600 entstand, erstmals in Thüringen, der Geheime Rat, der als oberstes Regierungsgremium des Landes wirkte. Die vom Herzog neugeschaffenen oder umgestalteten Bauten (Kanzlei, Gymnasium, Ehrenburg) prägen Coburg noch heute.

Johann Ernst erhob 1596 Eisenach zu seiner Residenz (vorher hatte er in Marksuhl Hof gehalten). Er berief ein Regierungskollegium, das gleichzeitig als Konsistorium fungierte, während die Coburger Justiz auch für das Eisenachische Territorium zuständig war. Nachdem Johann Casimir 1633 kinderlos gestorben war, übernahm Johann Ernst auch das Fürstentum Coburg. In Weimar regierte nach Kurfürst Augusts Tod 1586 Friedrich Wilhelm I. auch für seinen minderjährigen Bruder Johann. Er war ein Verschwender, ließ sich aber die Errichtung einer Schuldentilgungskasse mit weitgehenden Vollmachten gefallen. Als Administrator Kursachsens und Mitvormund der Kinder Kurfürst Christians I. konnte er dort von 1591 an aus dem vollen schöpfen. Nach seinem Tode 1602 teilten sich seine Söhne mit ihrem Oheim Herzog Johann das Gebiet dergestalt, daß für jene ein Fürstentum Altenburg, für diesen ein Fürstentum Weimar gebildet wurde. Altenburg bestand bis 1672 und fiel dann an das neue Herzogtum Gotha, das 1640/41 bei der Teilung des Hauses Sachsen-Weimar entstanden war.

[Dr. Uwe Jens Wandel]

Kupferstich von der Belagerung Gothas im Jahre 1567 mit den Porträts des Wilhelm von Grumbach und des Kanzlers Christian Brück.

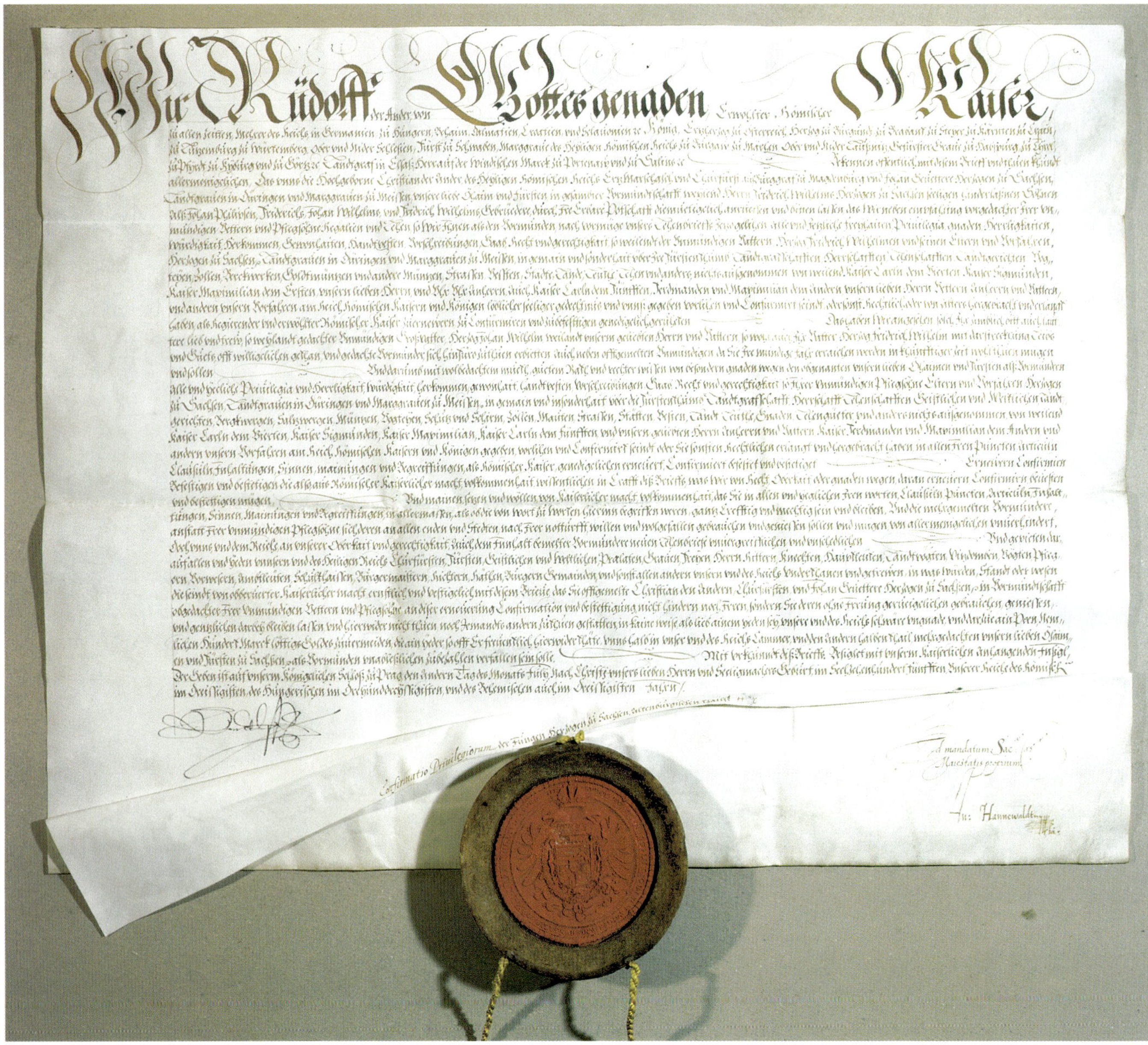
Wir Rudolff der Ander von Gottes genaden Erwölter Römischer Kaiser

Auf Bitten der Vormünder Christian II., Kurfürst von Sachsen, und Johann, Herzog von Sachsen, in Prag ausgestellter kaiserlicher Konfirmationsbrief Rudolf II. aus dem Jahre 1605 über alle Rechte und Privilegien in den Landen, welche die vier minderjährigen Brüder Johann Philipp, Friedrich, Johann Wilhelm und Friedrich Wilhelm (künftige „ältere" Linie Sachsen-Altenburg) per Erbteilung 1603 erhalten haben. Ausfertigung, Pergament mit eigenhändiger Unterschrift Kaiser Rudolfs II. und seinem an einer schwarz-goldenen Seidenschnur abgehängten Majestätssiegel.

Die besten Stedte und Ritterschaften kehmen alles auff die Altenburgische seite, mit einer großen Revier Landes, und schönen pflegen ...

Protokoll zur Landesteilung von 1603

Das Herzogtum Sachsen-Altenburg

Das Jahr 1603 darf als Geburtsstunde des ersten eigenständigen Herzogtums Sachsen-Altenburg gelten. 1602 war der seit 1586 gemeinsam mit seinem Bruder Johann regierende Herzog Friedrich Wilhelm von Sachsen-Weimar „ältere Linie" verstorben und hatte vier minderjährige Söhne hinterlassen. Unter der Vormundschaft Kursachsens erhielten sie in Folge eines 1603 mit ihrem Onkel Johann abgeschlossenen Teilungvertrages in der Hauptsache ein Herrschaftsgebiet zugewiesen, das sich aus den Ämtern Altenburg, Ronneburg, Eisenberg, (Stadt-)Roda, Leuchtenburg (mit Kahla und Orlamünde), Dornburg, Camburg, Bürgel und Saalfeld zusammensetzte. Auch wenn in den folgenden Jahrhunderten durch Erbteilungen innerhalb der ernestinischen Linien die Herrschaftsräume noch mehrfach verschoben wurden, so hatte sich mit den fünf erstgenannten Ämtern das sachsen-altenburgische Kernland ausgebildet, getrennt in einen Ost- und Westkreis durch die reußischen Besitzungen im Raum Gera/Bad Köstritz. Residenz war Altenburg mit einem prächtigen Schloßbau und der angegliederten Schloßkirche. Hinzu kamen das Schloß zu Eisenberg, das Schloß „Fröhliche Wiederkunft" bei Wolfersdorf und das Jagdschloß Hummelshain.

Für das Fürstentum und seine Residenzstadt stellte die Eigenständigkeit eine bedeutende Aufwertung dar. Das Altenburger Schloß wurde großzügig ausgebaut, das neue Regierungskollegium führte im Territorium eine eigene Verwaltungsorganisation ein. Die ab 1618 selbständige Regierungszeit des ältesten der vier Brüder, Johann Philipp, war durch die Unruhen des Dreißigjährigen Krieges geprägt. Das Fürstentum wurde zum Durchzugsgebiet für Reichs- und schwedische Truppen, die es mit Einquartierungen, Lebensmittellieferungen, Plünderungen und Brandschatzungen belasteten. Land und Bevölkerung litten darüber hinaus unter den katastrophalen wirtschaftlichen Folgen, die hauptsächlich auf den enormen Preisanstieg und die Münzverschlechterung zurückzuführen waren. Eingeführte Fron- und Taxordnungen zur Regelung der Preise und Löhne und eine gesonderte Ernteordnung konnten die Situation nur geringfügig bessern.

Für Johann Philipps Nachfolger, Friedrich Wilhelm II., stellte sich die Aufgabe, die Kriegsschäden zu beheben und das Land wieder aufzubauen, in größerer Dimension. Denn in einem im Jahre 1640 mit Sachsen-Weimar abgeschlossenen Erbteilungsvertrag wurde ihm der coburgische Landesteil (Ämter Coburg, Sonneberg, Hildburghausen, Römhild) der 1638 ausgestorbenen eisenach-coburgischen Linie der Ernestiner zuerkannt, womit sich die Landmasse fast verdoppelt hatte.

Verschiedene, für beide Fürstentümer getrennt erlassene Mandate und Verordnungen sollten den Neuaufbau beschleunigen. Für den Wiederanbau auf brachliegenden Gütern gab es einen befristeten Steuer- und Abgabenerlaß. Eine Gesinde- und Tagelöhnerordnung regulierte die Höhe der Löhne. Münzpatente ordneten den Geldverkehr.

Im Rahmen der Wiederherstellung zerstörter und beschädigter Kirchen und Schulen wurde im Kirchenbau des ehemaligen Bergerklosters in Altenburg („Rote Spitzen") mit finanzieller Unterstützung des Herzogs ein Waisenhaus eingerichtet. Erhöht wurden aber auch die Ausgaben für die Hofverwaltung (Festlichkeiten, Künstlerengagements etc.), was nicht ohne Kritik blieb. 1672 erlosch mit dem Tod des erst fünfzehnjährigen Friedrich Wilhelm III. die Altenburger Linie der Ernestiner.

Noch im selben Jahr erreichte die gothaische Herzogslinie in einer mit Sachsen-Weimar zäh ausgehandelten Erbeinigung die fast gänzliche Übernahme des Herzogtums. Ernst der Fromme, künftig Herzog von Sachsen-Gotha-Altenburg, erhielt die Ämter Altenburg, Ronneburg, Eisenberg, (Stadt-)Roda, Leuchtenburg, Saalfeld, Hildburghausen und Römhild. Das Herzogtum war somit im Kern weitgehend unzerstückelt in andere „ernestinische Hände" gelangt. Altenburg sank jedoch in den Status einer wenig besuchten Nebenresidenz herab, die erst in zweiter Linie von der Förderung des geistig-kulturellen Lebens profitieren konnte. Verwaltungsmäßig behielt die Altenburger „Landesportion" mit den Regierungsbehörden und den dortigen Landständen wohl äußerlich ihre Selbständigkeit. Dennoch zog das Gothaer Geheime Ratskollegium als höchste Regierungsstelle mehr und mehr die wichtigsten Entscheidungen an sich und entwickelte sich so zur organisatorischen Klammer der beiden Länderverwaltungen. Nichtsdestotrotz konnten eigene altenburgische Landesordnungen sowie Gerichts- und Prozeßordnungen durch die Altenburger Landstände durchgesetzt werden, was insbesondere auf das Wirken des reichsweit bekannten Staatstheoretikers Veit Ludwig von Seckendorff, Herr auf Meuselwitz bei Altenburg, zurückzuführen war. Er war Landschaftsdirektor (Vorsitzender der Landstände) und führte die oberste Altenburger Finanzbehörde, das Obersteuerkollegium.

Die aufgeklärt-absolutistische Regierung der Gothaer Herzöge Friedrich III. und Ernst II. Ludwig wirkte sich in der Wirtschaftsförderung für den Altenburger Teil nur mäßig aus, immerhin entstanden Flanell-, Woll- und Zeugfabriken als Basis für die spätere Textilindustrie in diesem Gebiet. Zumindest ist es dem Einfluß der Aufklärung und der dadurch von mehr Toleranz geprägten Atmosphäre im geistigen Leben zu verdanken, daß 1742 in Altenburg eine Freimaurerloge gegründet wurde.

Unter der Herrschaft der letzten beiden gotha-altenburgischen Herzöge August und Friedrich IV. – der eine ohne großes Interesse für die Landesverwaltung, der andere durch Krankheit praktisch regierungsunfähig – ragten zwei hohe Beamte als Förderer des Altenburger Landesteils heraus: der Minister und (spätere) Kammerpräsident Hans Wilhelm von Thümmel und Bernhard August von Lindenau. Von Thümmel, in der Nähe von Schmölln begütert, legte mit dem von ihm in Gotha ins Leben gerufenen kartographischen Zentrum den Grundstein für eine umfassende Vermessung und kartographische Aufnahme des etwa 100.000 Einwohner zählenden Altenburger Landesteils (Thümmelsches Kartenwerk). Ihm sind wirtschaftliche (Bau von Chausseen) und soziale Einrichtungen in der Wohlfahrtspflege (Witwenunterstützung), Armenfürsorge (Armenhäuser) und Krankenpflege (Errichtung eines Allgemeinen Krankenhauses) zu verdanken. Der in Altenburg geborene von Lindenau startete seine Karriere als altenburgischer „Finanzbeamter" (Kammerrat) und stieg bis in das höchste Gothaer Ratskollegium auf. Er ordnete das zerrüttete Altenburger Kassen- und Rechnungswesen und leitete grundlegende Reformen ein, in deren Verlauf u. a. die Landesfinanzen der willkürlichen Verfügung des Herzogs entzogen wurden. Durch seinen Einfluß wurde in Altenburg ein Kunst- und Handwerksverein gegründet sowie die Eröffnung einer entsprechenden Ausbildungsstätte betrieben. Mit einer großen Kunstsammlung, zu der insbesondere frühitalienische Tafelbilder, Gipsabdrukke antiker Statuen sowie originale antike Vasen gehören, bescherte er dem Altenburger Land ein bedeutendes Vermächtnis. Die für die Zukunft des Landesteils entscheidendste Leistung war jedoch seine Mitwirkung an der Regelung der Nachfolgefrage, da das Aussterben der gotha-altenburgischen Linie abzusehen war.

Schon ein Jahr nach dem Tode Friedrichs IV. von Sachsen-Gotha-Altenburg wurde im November 1826 ein Teilungsvertrag realisiert, dessen wichtigstes Ergebnis war, daß der regierende Herzog von Hildburghausen, Friedrich, sein Land mit der Residenzstadt an Sachsen-Meiningen abtrat und dafür als Herzog von Sachsen-Altenburg den altenburgischen Landesteil in Besitz nehmen konnte.

Der neue Herzog fand nach der Regierungsübernahme ein durchaus wohlgeordnetes Land vor, das prinzipiell nur im Inneren verwaltungsmäßig zentralisiert werden mußte. In der Landeshauptstadt zeigten sich aber auch die Nachteile, die sich aus ihrer mehr als hundertjährigen Stellung als reine Nebenresidenz ergeben hatten: kein Hoftheater mit eigenem Ensemble, keine große öffentliche Bibliothek, keine Kunstsammlungen. Hier waren es vor allen Dingen die Landstände, die im Rahmen ihres Strebens nach Selbständigkeit sich im Laufe der Jahre dieser Aufgaben annahmen. Die Herzöge sprangen jeweils unterstützend bei. 1854 überließ Herzog Ernst I. dem Lande die herzogliche Bibliothek, die fortan räumlich und mengenmäßig vergrößert werden konnte. Mit Landesmitteln wurde ein an den Dresdener Plänen Sempers orientierter Theaterbau finanziert (1871).

Bernhard August von Lindenau.

Gedenkblatt anläßlich des Einzugs Herzog Friedrichs von Sachsen-Altenburg (vormals Sachsen-Hildburghausen) in die Residenzstadt Altenburg am 19. November 1826.

Ansicht des Altenburger Residenzschlosses aus dem 19. Jahrhundert von Nordosten her.

Die Aufführung eines Landesmuseums (Lindenaumuseum, fertiggestellt 1876), zu dem die Herzogsfamilie das Grundstück beisteuerte, ging auf die Initiative der Landstände zurück.
Die Belebung der Wirtschaft zeigte sich u.a. in der Gründung von größeren Buchverlagen in Altenburg (Pierer, Bonde), im Eisenbahnbau (sächsisch-bayerische Linie) und in der mit allen negativen Begleiterscheinungen behafteten Industrialisierung: Fabrikation von Näh- und Werkzeugmaschinen sowie Armaturen in Altenburg, Knopfherstellung in Schmölln. Dem stand eine Regierungsweise der Herzöge gegenüber, die gerade den breiten Bevölkerungsschichten wie Bürgern und Bauern wenig Chancen eröffnete, sich am öffentlichen Leben zu beteiligen und aktiv in die Politik einzugreifen.
1830 entlud sich die allgemeine politisch-soziale Unzufriedenheit in Altenburg in einem radikalen Aufruhr, der von Straßenkämpfen und vereinzelten Plünderungen begleitet war. Nach dem Sturz des französischen Königtums Anfang 1848 verstärkten sich die Forderungen nach Reformen. Altenburg bildete dabei neben Rudolstadt ein Zentrum der Erhebungen. „Republikaner" wie Alfred Erbe, Arthur Dölitzsch und Adolf Douai („Volkskatechismus der Altenburger Republikaner") standen an der Spitze der Freiheitsbewegung.
Die Auseinandersetzung mit dem seit 1834 regierenden stockkonservativen Herzog Joseph kulminierten im Herbst 1848 in einer militärischen Konfrontation. Der Herzog mußte sich mit einem Altenburger Linienbataillon auf dem Residenzschloß verschanzen. Mit Barrikaden riegelten die „Aufständischen", die durch bewaffnete Männer aus allen Landessteilen unterstützt wurden, die Stadt hermetisch ab. Angesichts der Bedrohung durch bevorstehende Aufstände im ganzen Land mußte sogar die Reichsgewalt in Form eines sächsischen Kontingents und eines Reichskommissars eingreifen. Zermürbt, als Landesherr gescheitert – auch verbittert durch den Tod seiner Frau – legte Joseph am 30. November 1848 die Regierung nieder und übergab sie seinem Bruder Georg, der ihn jedoch gerade um fünf Jahre überlebte.
Die beiden letzten Herzöge Ernst I. und Ernst II. zeichneten sich durch eine klare preußenfreundliche Haltung aus. So verheiratete Ernst I. im Jahre 1873 seine Tochter Marie mit dem Prinzen Albrecht von Preußen, einem Neffen Kaiser Wilhelms I. Politisch hatte man schon 1862 mit dem übermächtigen Nachbarstaat eine Militärkonvention abgeschlossen, nach der alle altenburgischen Offiziere den Eid auf den Preußenkönig ablegen mußten. Es war daher geradezu folgerichtig, daß Sachsen-Altenburg im Deutschen Krieg von 1866 sofort mit Preußen ein Bündnis einging. Dessen Sieg brachte keine territorialen Veränderungen, jedoch den Einstieg in den Norddeutschen Bund, zu dessen Reichstag 1867 in Berlin auch ein Altenburger Abgeordneter gewählt wurde.
Als Landesherren waren die Herzöge pflichtbewußte, jedoch konservative Herrscher, die es vermieden, politisch aktiv hervorzutreten. Ernst I. war sozialen Fragen aufgeschlossen, was sich in der Finanzierung wohltätiger Stiftungen widerspiegelte. Prinz Moritz, Bruder Ernsts I., stand der Politik eher fern und wandte sich, geprägt durch Reisen und nach einem Studium in Bonn, länder- und völkerkundlichen Studien zu. Er legte den Grundstein für die Errichtung des Naturkundlichen Museums Mauritianum in Altenburg.
Ernst I. starb hochbetagt ohne direkten Thronerben im Jahre 1908. Da Prinz Moritz schon ein Jahr zuvor verschieden war, trat dessen einziger Sohn Ernst II. die Regierung an. Ähnlich wie sein Vater an Naturwissenschaften und Geographie interessiert, begeisterte er sich früh für die zivile und militärische Luftfahrt. Auf sein Betrei-

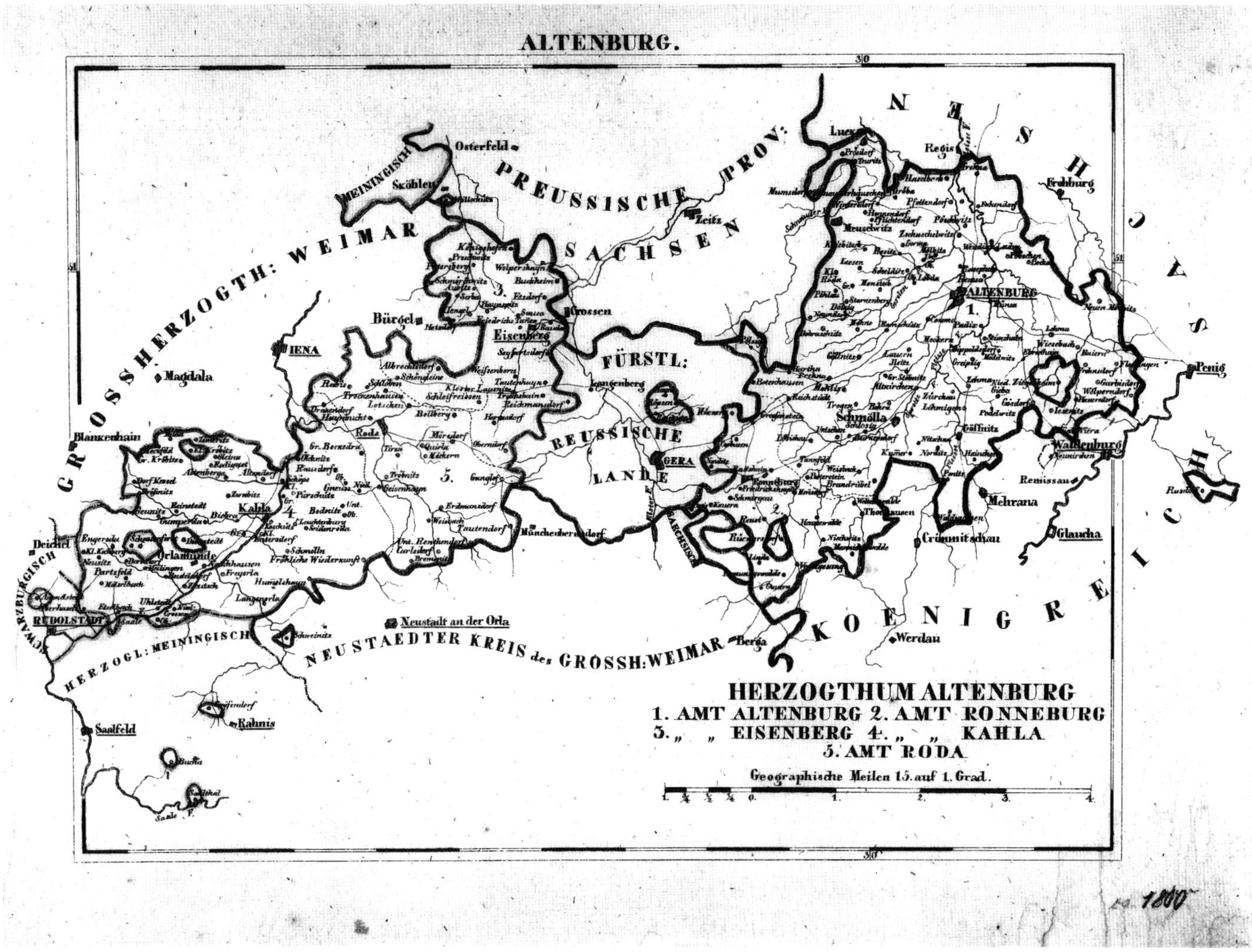

Karte des Herzogtums Sachsen-Altenburg, um 1800.

ben entstand 1916 im herzoglichen Domanialforst Leina, östlich von Altenburg gelegen, ein Flugplatz. Als wohl einzigster thüringischer wie deutscher Landesfürst wurde er im ersten Weltkrieg mit einem vom Kaiser zugeteilten Feldkommando betraut.

Die Novemberrevolution 1918 und die Abdankung des Kaisers zwangen Ernst II. zu handeln. Nach längerem Zögern setzte er eine sozialdemokratisch-linksliberale Regierung ein. Mit deren Machtübernahme und unter dem Druck der sich überall bildenden Arbeiter- und Soldatenräte unterschrieb der Herzog (verstorben 1955 auf „Schloß Fröhliche Wiederkunft") am 13. November eine Verzichtsleistung auf den Thron und verabschiedete sich in einer pathetischen Grußadresse „An die Bewohner des Herzogtums" von seinem Volk. Das Ende der ernestinischen Herrschaft in Sachsen-Altenburg war damit besiegelt.

[Dr. Joachim Emig]

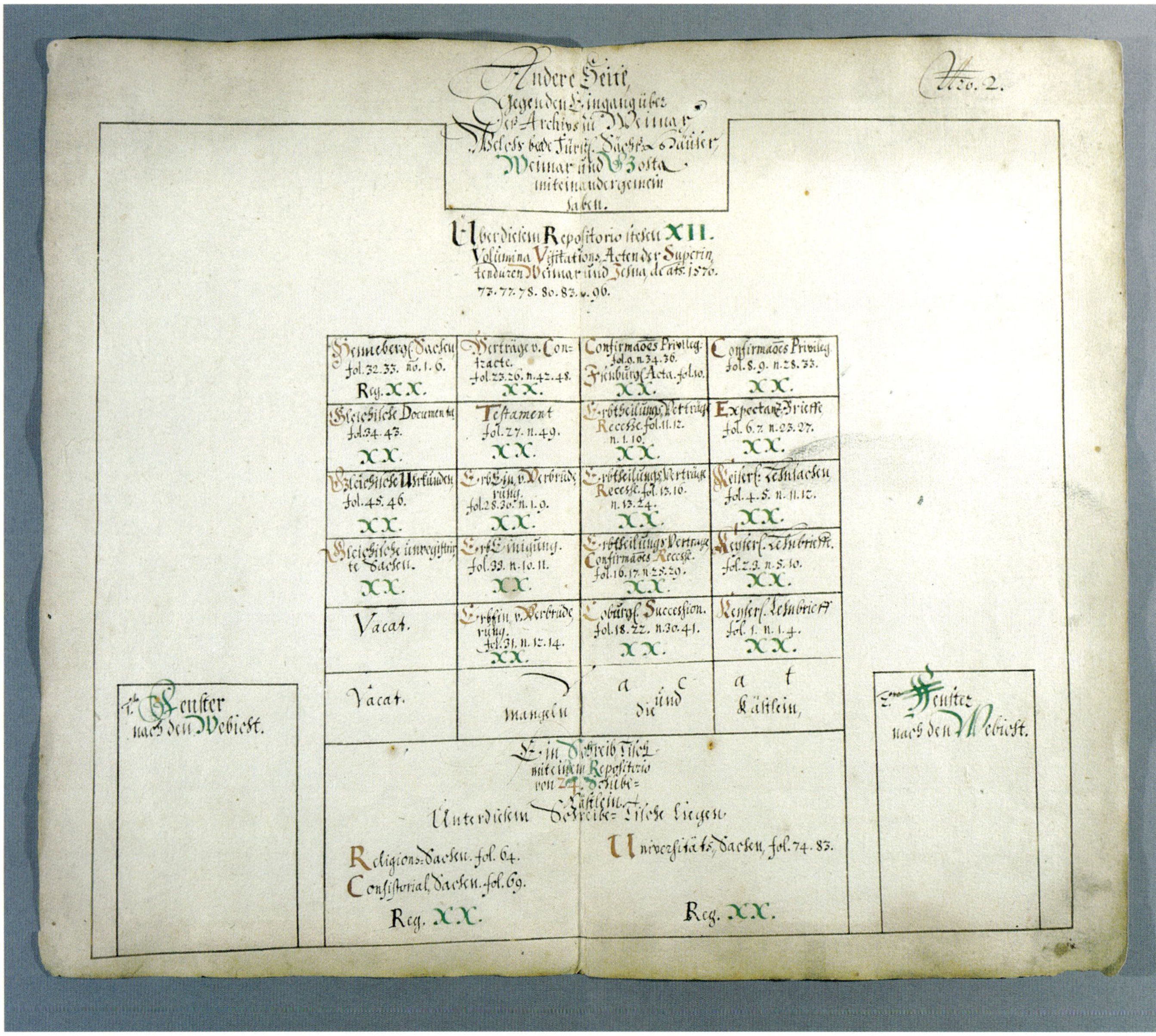

Übersicht über die 1668 eingerichtete Aufbewahrung der von Sachsen-Weimar und Sachsen-Gotha gemeinsam verwalteten Archivalien (das „Schmale Archiv“) in den Gewölben unter dem Weimarer Schloßsaal von Johann Sebastian Müller, fürstlich-sächsischer Archivar, vom 18. Mai 1678.

Es ist wahr, es sind tote Papiere; aber sie sind Überreste eines Lebens, dessen Anschauung dem Geiste nach und nach aus ihnen emporsteigt.

Leopold Ranke (1837)

Die Archive als Schatzkammer und Gedächtnis der Landesherrschaft

Von den heute in Thüringen vorhandenen kulturellen und wissenschaftlichen Institutionen blicken vor allem die Archive auf eine jahrhundertelange Tradition zurück. Ihre Aufgabe, die den Besitzstand und die Rechte schützenden Aufzeichnungen – in der Frühzeit sind es vor allem Urkunden, zu denen später Amtsbücher und Akten treten – für den jeweiligen Eigentümer gesichert aufzubewahren, ist früh erkannt worden. Die ersten Anfänge der Archive gehen bis in das 14. und 15. Jahrhundert zurück. Ihre Ausbildung erfolgte im Zuge der sich allmählich entfaltenden Behördenorganisation im städtischen Bereich und in der staatlichen Sphäre.

Anders als bei der seßhaften Kirchenorganisation stand bei der weltlichen Verwaltung der Archivbildung an einem Ort zunächst die wandernde Hofhaltung entgegen. Erst mit der Herausbildung fester Verwaltungsmittelpunkte, der Einrichtung und Entwicklung eines geordneten Kanzleiwesens mit anhängenden Registraturen und nicht zuletzt auf Grund der zunehmenden Schriftlichkeit im amtlichen Verkehr bahnte sich ein Wandel an. Die Notwendigkeit für eine geordnete Aufbewahrung des im Verwaltungshandeln entstandenen Schriftgutes wurde zunehmend erkannt. Die Sicherung und Verwahrung der Archivalien erfolgte so, daß die wichtigen Dokumente aus der laufenden Verwaltungsarbeit herausgezogen und an einer sicheren Stelle, zumeist in den Burgen und Schlössern für dauernd niedergelegt wurden. Obwohl das in ältester Zeit noch wenig planvoll und auch an mehreren Orten geschah, so waren damit doch die Ansatzpunkte für die spätere Archivorganisation und -verwaltung gegeben.

Anzeichen für eine geordnete Archivalienverwahrung bei den Wettinern sind in der ersten Hälfte des 14. Jahrhunderts festzustellen. Der gesamte Urkundenbestand war zu dieser Zeit weder chronologisch noch sachlich geordnet und lagerte ungezählt in Truhen, Kästen oder Beuteln an den jeweiligen Verwahrorten.

Erste archivarische Ordnungs- und Registrierungsarbeiten führten zu Urkundenlisten, deren älteste als erstes Blatt in einem Kopialbuch des Ernestinischen Gesamtarchivs im Thüringischen Hauptstaatsarchiv Weimar überliefert ist. Dieses 1330 angelegte Urkundenverzeichnis des thüringisch-meißnischen Archivs enthält auf einem Pergamentblatt die Zusammenstellung von 30 Urkunden aus den Jahren 1323 bis 1329. Entstanden ist es in der markgräflichen Kanzlei zu Meißen, wo die Kanzleinotare Johann von Eisenberg und Konrad von Lobeda mit der Bestandsaufnahme der Herrschaftsrechte, welche die Wettiner um 1330 in ihren Fürstentümern besaßen, beschäftigt waren. Zu ihren Aufgaben gehörte die Erfassung von Aussteller, Rechts- und Sachinhalt in sogenannten Dorsualregesten für die wichtigsten von den meißnisch-thüringischen Landesfürsten bis 1329 empfangenen Urkunden und die Anlegung eines Verzeichnisses dieser Urkunden, die als Rechtstitel für die Stabilisierung des wettinischen Territorialstaates entscheidende Bedeutung besaßen.

Die neuere Forschung hat entgegen bisheriger Auffassung, daß wir es mit dieser Liste zunächst nur mit einem frühen Zeichen sorgsam bedachter diplomatischer Vorarbeit für politische Zwecke zu tun haben, den Vorgang der Urkundenerfassung von 1330 in Verbindung von Dorsierung und listenmäßiger Verzeichnung als die älteste nachweisbare Inventarisation der aus dem landesherrlichen Urkundendepot für aktuell-politische Zwekke ausgewählten Urkunden gekennzeichnet. Es sind trotz dieser engen Zweckbestimmung bereits archivarische Ordnungs- und Registrierungsarbeiten, die hier vorgenommen wurden. Zugleich sind aus der Urkundenauslese von 1330 erste Schlüsse für das Bestehen eines wettinischen Urkundendepots mit den wichtigsten Staatsdokumenten des meißnisch-thüringischen Territorialstaates auf der Wartburg bei Eisenach zu ziehen, nachdem die Wettiner seit Beginn des 14. Jahrhunderts den Schwerpunkt ihrer Herrschaft nach Thüringen verlagert und die ehemals ludowingische Burg in ihren Machtbereich einbezogen hatten und auch weiterhin behaupteten.

Für die Zeit der wettinischen Landesherrschaft in Thüringen befanden sich später „archivalische Depositen" in verschiedenen Orten dieses Herrschaftsbereiches, ohne daß sich schon Archive im eigentlichen Sinne herausgebildet hatten. Mitte des 15. Jahrhunderts existierten nebeneinander das ehemals askanische Kurarchiv, nunmehr wettinische Archiv des Kurfürstentums und Herzogtums Sachsen in Wittenberg, die Archive der beiden markgräflichen Linien in Meißen und Weida sowie noch einige kleinere Urkundendepots, u.a. in Weimar, als die Stadt von 1445 bis 1483 Herzog Wilhelm III. als Residenz diente. Weimar wurde wiederum 100 Jahre später Sitz des Gesamtarchivs der ernestinischen Linie und damit zum Ausgangspunkt für die Entwicklung des nunmehr 450jährigen Thüringischen Hauptstaatsarchivs. Überblickt man die Archivverhältnisse des Gesamtterritoriums der Wettiner im ausgehenden Mittelalter, so ist eine beträchtliche Zerstreuung festzustellen. Meißen, Dresden, Leipzig, Weimar, Coburg, Weida, Wittenberg und Torgau beherbergten Archive, die laufende Registraturen und zurückgelegte Bestände darstellten. Die Hauptteilung von 1485, mit der die ernestinische und die albertinische Linie des Hauses Wettin begründet wurde, sonderte die Verwaltung in den beiden wettinischen Gebieten endgültig ab. Während jedoch die Albertiner in der Hauptsache ihre Archivalien in Dresden anhäuften, blieb bei den Ernestinern die Zerstreuung zunächst bestehen, und neu entstand das beiden Linien gemeinsame Archiv in Leipzig.

Die Leipziger Teilung von 1485 nahm also dauerhaften Einfluß auf die Entwicklung der Archive in Sachsen und Thüringen. Alle bisher in Meißen und anderswo aufbewahrten Archivalien der Wettiner wurden in Leipzig zusammengezogen und von 1485 bis 1487 daselbst derart aufgeteilt, daß die Ernestiner die ihnen zufallenden Bestände nach Weimar überführten, die Albertiner ihren Anteil nach Dresden übernahmen. Zurück blieb ein unverteilt gebliebener Rest der „Kurbriefe" in einem Briefgewölbe in Leipzig. Ungeteilt blieb von vornherein das alte askanische Kurarchiv, das dem ältesten Bruder als dem Kurfürsten zunächst nach Wittenberg und von dort nach der Residenz Torgau folgte. Daneben war bereits 1487 in Wittenberg das besondere Urkundenarchiv der Ernestiner entstanden, das aus den von Leipzig nach Weimar übernommen Archivalien ausgesondert worden war. Von ihm existiert ein seinerzeit angelegtes „Register über die brife zu Wymar uffen slosse im gewelbe ligende", das als ältestes ernestinisches Urkundenverzeichnis anzusehen ist.

Diese Archivverhältnisse wurden noch einmal 1547 im Ergebnis des Schmalkaldischen Krieges gründlich verändert. Der unterlegene ernestinische Kurfürst hatte noch rechtzeitig das Wittenberger Urkundenarchiv und auch die Torgauer Bestände in Sicherheit bringen können. Die Kapitulationsbedingungen gestatteten ihm, bewegliche Güter aus den verlorengegangenen Kurlanden in die neue Residenz Weimar zu verbringen, was im Juli 1547 geschah. Einem Handstreich kam dabei der Abtransport der Archivbestände gleich, da darunter auch Archivalien waren, die der albertinische „Vetter" zu beanspruchen hatte. Als Johann Friedrich I. 1552 die Freiheit wiedergewonnen hatte und sich mit seiner Familie in Weimar vereinigte, fiel die endgültige Entscheidung für die Stadt an der Ilm als dauernde Residenz der Ernestiner. Damit entschied sich auch das Schicksal des nach Weimar überführten und dort zentralisierten Archivs, dessen Geburtsstunde als staatliches Archiv in seiner nachmaligen Bedeutung im Juli 1547 zu erblicken ist.

Die Archivalienfrage zwischen den Ernestinern, nunmehr nur noch Herzöge von Sachsen, und den Albertinern, den neuen Kurfürsten von Sachsen, wurde mit dem Naumburger Vertrag von 1554 geregelt. Die unverteilten Dokumente aus Leipzig und die nach Weimar gelangten Kurbriefe wurden in ein gemeinsames Briefgewölbe nach Wittenberg verlegt, wo sie als ein gemeinschaftliches wettinisches Archiv bis 1802 verblieben. Erst in diesem Jahr teilte man den Inhalt dieses „Wittenberger Archivs" zwischen Kursachsen (heute im Sächsischen Hauptstaatsarchiv Dresden) und den ernestinischen Ländern (heute im Thüringischen Hauptstaatsarchiv Weimar) auf, wobei zum Teil sehr willkürlich nach Losentscheid verfahren wurde.

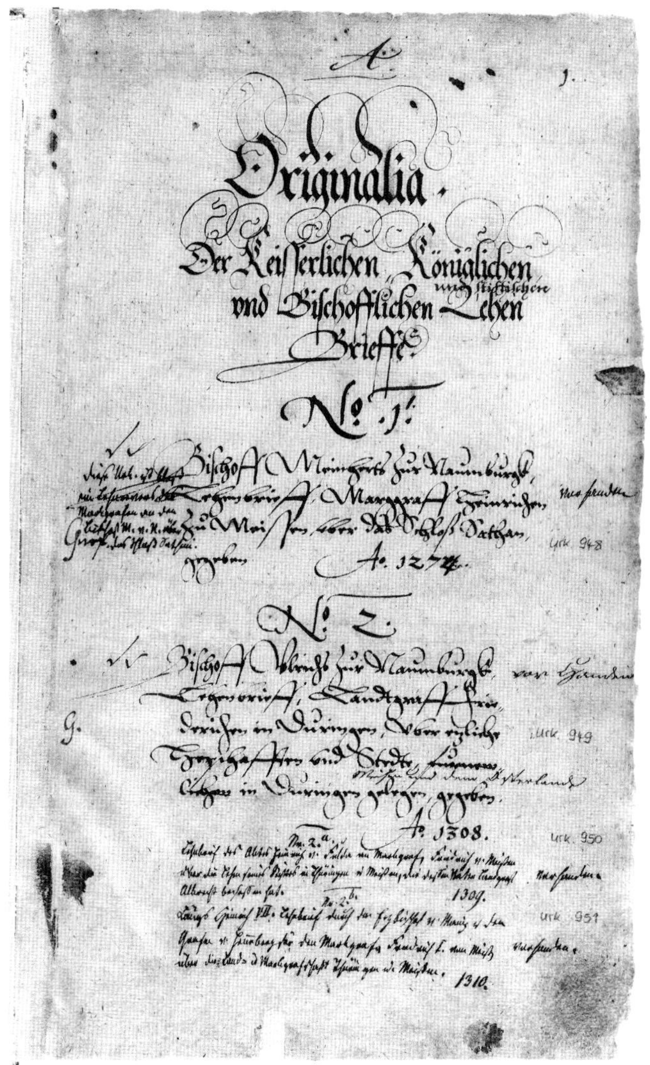
A
Originalia.
Der Keisserlichen Königlichen und stifftischen
und Bischofflichen Lehen
Brieffe.
No. 1.
A° 1274.
Urk. 948
No. 2.
Urk. 949
A° 1308.
Urk. 950
1309.
Urk. 951
1310.

Ausschnitt aus dem Repertorium der Urkunden des Ernestinischen Gesamtarchivs (Reg. F), angelegt in den Jahren 1574 bis 1583, mit Nachträgen aus dem 19. und 20. Jahrhundert.

In der neuen Haupt- und Residenzstadt Weimar waren seit 1547 alle ernestinischen Archivalien aus Wittenberg und Torgau – letzteres hatte die laufende Registratur der kurfürstlichen Kanzlei aufgenommen - in einem Archiv vereint. Dieses „Ernestinische Gesamtarchiv" nahm noch bis zur ersten Landesteilung von 1572 das seitdem neu entstandene Schriftgut der Zentralverwaltung der nunmehrigen Herzöge zu Sachsen auf. Um die Sicherung und Unterbringung mühte sich Johann Friedrich persönlich. Der erste Archivar wurde sein Sekretär Wolf Lauenstein. Mit der Kanzleiordnung von 1557 wurde auch das Archivwesen als ein Anhängsel der Kanzlei zum ersten Mal notdürftig geregelt. Das „Ernestinische Gesamtarchiv" wurde von 1574 bis 1583 nach sachlichen Gesichtspunkten geordnet und in 42 Repertorien verzeichnet, die überwiegend noch heute den Archivbenutzern als Findmittel dienen.

Neben diesem Gesamtarchiv der Ernestiner, das auch nach den fortgesetzten Teilungen des ernestinischen Territoriums stets Eigentum aller Linien blieb, erwuchsen dann in den folgenden Jahrhunderten die Spezialarchive aller regierenden ernestinischen Linien in Thüringen, die heute in den Thüringischen Staatsarchiven zu Altenburg, Gotha und Meiningen und im Hauptstaatsarchiv Weimar überliefert sind. In Weimar bildete sich neben dem „Ernestinischen Gesamtarchiv" für das Fürstenhaus Sachsen-Weimar und Eisenach ein eigenes „Geheimes Haupt- und Staatsarchiv" heraus, das bis in das 19. Jahrhundert die Archivalien aus den Behörden des Weimarer und des Eisenacher Landesteils aufnahm. Diesem Staatsarchiv unterstellte der Großherzog 1865 auch die Verwaltung des Großherzoglichen Hausarchivs, das bis heute eine Archivabteilung des Thüringischen Hauptstaatsarchivs bildet. So hebt sich das Thüringische Hauptstaatsarchiv aus den Kultur- und Wissenschaftseinrichtungen in Weimar heute als deren älteste und das weiteste Interessengebiet umspannende Institution heraus.

Im Anschluß an die fortgesetzten Teilungen innerhalb der ernestinischen Linie des Hauses Wettin seit 1572 haben sich auch die Archivverhältnisse im Hinblick auf die Verteilung der Archivalien entwickelt. Seit Anfang des 17. Jahrhunderts wurde dazu übergegangen, gewisse aufteilbare Sonderakten für die einzelnen neu entstandenen Linien in Altenburg, Coburg und Weimar auszusondern. Als 1640 die endgültige Landesteilung zwischen Weimar und Gotha erfolgte, hatte das eine weitere Zerreißung der ernestinischen Gesamtüberlieferung zur Folge. Bei den nachfolgenden Teilungen im Hause Gotha, denen u.a. das Herzogtum Sachsen-Meiningen seine Entstehung verdankt, blieb zunächst die Hauptmasse der Akten auf dem Friedenstein in Gotha. Erst später wurden einzelne Bestände auch an die inzwischen selbständig entstandenen Archive in Meiningen und Altenburg abgegeben.

Vor der Gründung des Landes Thüringen 1920 und der Entstehung einer thüringischen Landesarchivorganisation bestanden in allen ernestinischen Staaten Thüringens staatliche Archive, die für die archivalische Überlieferung dieses Staates und zum Teil der Vorgängerterritorien zuständig waren. Nach der ältesten wettinischen Archivgründung in Weimar entstand das nächste Territoralarchiv in Gotha. Hier waren in dem damals neu erbauten Schloß Friedenstein im Zusammenhang mit der Errichtung des selbständigen Gothaer Fürstentums im Jahre 1640 auch besondere Archivgewölbe angelegt worden, in die zwischen 1646 und 1649 das Geheime Archiv der Herzöge von Sachsen-Gotha-Altenburg einzog. Es firmierte bis zur Aufhebung der Monarchie als Herzoglich Sächsisches Haus- und Staatsarchiv und hat heute als Thüringisches Staatsarchiv Gotha noch immer sei-

Das historische Archivgebäude am Beethovenplatz in Weimar, erbaut 1883 bis 1885 von Ferdinand Streichhan als erstes Magazinarchiv in Deutschland.

nen Sitz da, wo es vor 350 Jahren auf Geheiß von Herzog Ernst dem Frommen entstanden ist.
In Meiningen gab es schon vor der Entstehung eines selbständigen Archivs des 1680/81 gebildeten Herzogtums Sachsen-Meiningen ein staatliches Archiv für das ehemalige hennebergische Territorium. Es wurde von den Erben der 1583 ausgestorbenen Grafen von Henneberg im gemeinsamen Eigentum belassen und 1660 zum „Gemeinschaftlichen Hennebergischen Archiv" erklärt. Vor dem Übergang auf das Land Thüringen gehörte es den sächsisch-ernestinischen Linien Gotha, Meiningen und Weimar sowie Preußen (als Erbe Kursachsens), das auch nach 1920 noch Miteigentümer blieb. Neben ihm entstand im Rundbau des Herzoglichen Residenzschlosses das Herzogliche Geheime Hauptarchiv, das seit dem 18. Jahrhundert als Kanzleiarchiv der obersten Landesbehörde nachweisbar ist. Daneben bestanden nach 1848 von den Ministerialabteilungen eingerichtete Behördenarchive, denen auch ältere Archivbestände einverleibt worden waren. Die Kontinuität des Archivsitzes in der Meininger Burg und nachfolgend im 1682/92 erbauten Schloß Elisabethenburg blieb bis in unsere Tage gewahrt.
In Altenburg entstanden staatliche Archive erst nach 1826, als das selbständige Herzogtum Sachsen-Altenburg ins Leben trat. Den Grundstock des Herzoglichen Geheimen Archivs bildeten Archivalienablieferungen aus Gotha und Hildburghausen, die das Altenburger Land betrafen, die in das Archiv im Herzoglichen Residenzschloß überführt wurden. Getrennt davon existierte das Herzogliche Regierungsarchiv, das erst nach der Bildung des Landes Thüringen mit dem Geheimen Archiv zum Thüringischen Staatsarchiv Altenburg vereinigt wurde, das seinen Sitz im Altenburger Schloß hat. Das Haus- und Privatarchiv der fürstlichen Familie gelangte erst nach 1930 als Depositum in das Staatsarchiv, wurde aber 1962 in geheimer Aktion vom DDR-Staatssicherheitsdienst abtransportiert und ist bis heute verschollen.
Dieser neuzeitliche Archivalienraub im Partei- und Staatsauftrag hatte kulturzerstörerischen Charakter und sollte auch die Vergangenheit und das Erbe der Wettiner treffen.
Wie anders liest sich da die Mitteilung, daß der Geheime Rat und Dichter Goethe im Juli 1786, als er zu seiner fast zweijährigen Italienreise aufbrach, seine wichtigsten Korrespondenzen, Tagebücher, Materialsammlungen und Manuskripte im „Regierungsarchiv" zu Weimar deponierte. Noch gab es keine Literaturarchive. Sein „Archiv des Dichters und Schriftstellers" wurde durch das Vermächtnis des letzten Goethe-Enkels 1885 der Großherzogin Sophie von Sachsen-Weimar-Eisenach als persönliches Eigentum übergeben, dem vier Jahre später die Schenkung des Schiller-Nachlasses folgte. Das so in Weimar entstandene Goethe- und Schiller-Archiv, das älteste deutsche Literaturarchiv, dem die Großherzogin 1896 ein festes Haus bauen ließ, gehört in diesem Sinne mit zu den einst von den Wettinern in Thüringen unterhaltenen Archiven. In allen diesen Archiven sind die umfangreichen historischen Quellen überliefert, die Dokumente einer bewegten Vergangenheit im Thüringer Raum sind und vom Glanz und Elend der Wettiner in Thüringen zeugen.

[Dr. Volker Wahl]

Ältestes Ausleseinventar des meißnisch-thüringischen landesherrlichen Archivs aus dem Jahre 1330 mit den Regesten der wichtigsten von König Ludwig dem Bayern empfangenen Urkunden, angelegt durch Konrad von Lobeda. Pergament, 1 Blatt.

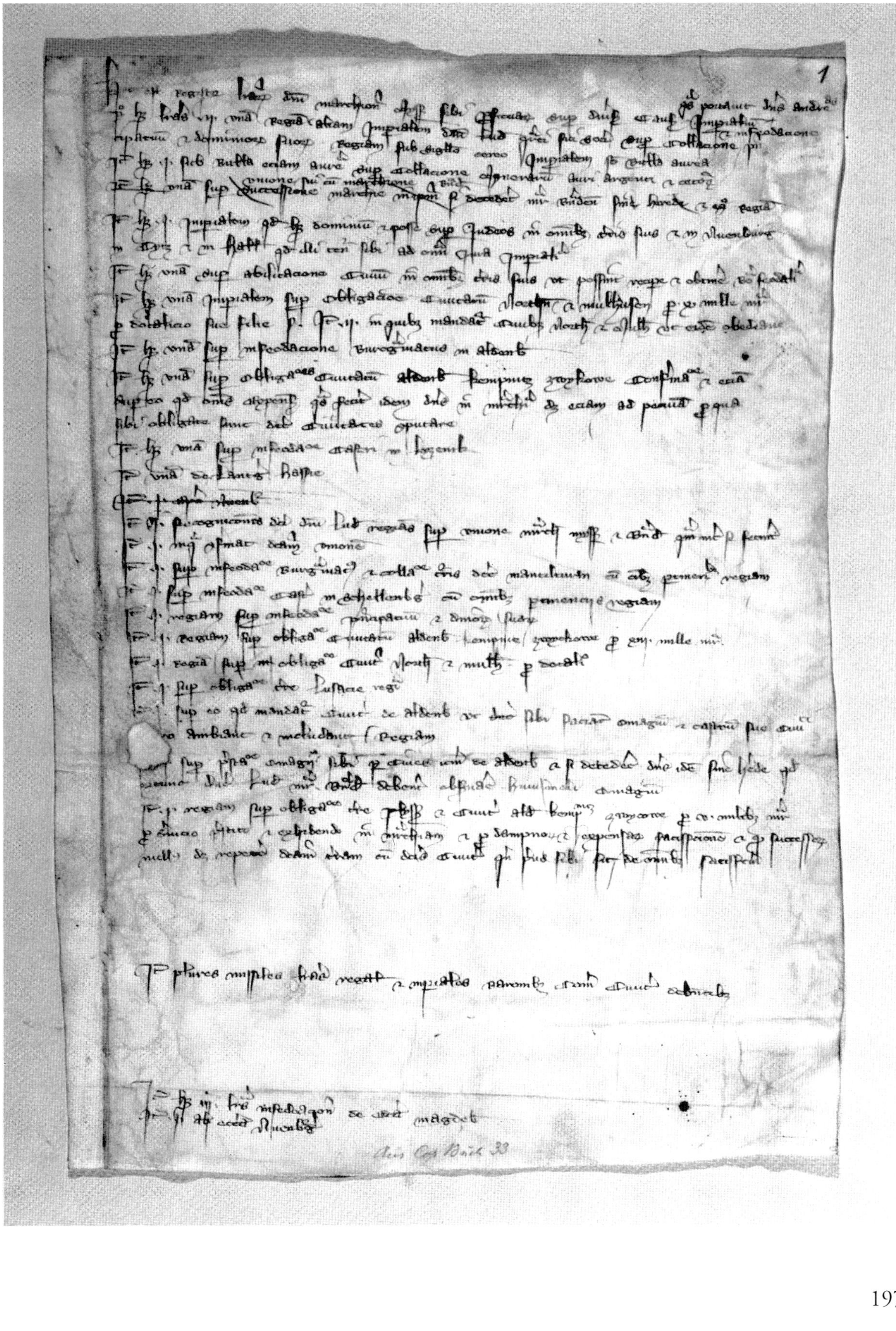

Mitteilung von Mitgliedern der Fruchtbringenden Gesellschaft an Herzog Wilhelm IV. von Sachsen-Weimar über dessen Wahl zum neuen Oberhaupt der Gesellschaft. „In dem Fürstenthume Anhalt“, 8. Januar 1651. Ausfertigung, Pergament mit angehängtem Siegel der Fruchtbringenden Gesellschaft in einer Siegeldose mit Emailmalerei, die das Gesellschaftsbild des „Schmackhaften“ (Herzog Wilhelm IV.) auf dem Siegeldeckel zeigt.

Nächst dem Berliner Hofe giebt es keinen Hof in Deutschland, dessen wir Deutsche uns dem Ausland gegenüber mit gerechterem Selbstgefühl berühmen könnten, als den Hof zu Weimar...

Carl Eduard Vehse (1854)

Die Fruchtbringende Gesellschaft

Am 3./4. April 1864 schrieb der Generalintendant des Weimarer Theaters, Franz (von) Dingelstedt unter Verweis auf die geschichtliche Tradition Weimars an Großherzog Carl Alexander: „Die Oasen sind es, wo die Palmen gedeihen, nicht die Wüste oder die Heerstraße oder der Marktplatz." Anlaß für diese Äußerung waren Bestrebungen des Großherzogs, die 1617 in der ernestinischen Residenzstadt gegründete Fruchtbringende Gesellschaft als Palmenorden wieder zu beleben. Grundlage dafür bot vor allem das kulturelle Leben in Weimar und die Ausstrahlung der Stadt als Hort der Klassik. Damit einher ging die Förderung von Wissenschaft und Kunst, die dem weimarischen Musenhof auch im „silbernen Zeitalter" eine hervorragende Stellung in Deutschland einräumte. Bereits im 17. Jahrhundert besaß Weimar eine ähnliche Bedeutung, die insbesondere mit dem Wirken der Herzogin Dorothea Maria und von Herzog Wilhelm IV. verbunden war. Die Residenzstadt gestaltete sich zu einem kulturellen Zentrum von Rang auch über den thüringischen Raum hinaus, von dem Impulse für die Wissenschaft und Kunst ausgingen. So wirkten hier im 17. Jahrhundert u. a. der Komponist Johann Hermann Schein, der Pädagoge Wolfgang Ratke, der Historiker Friedrich Hortleder, der Staatsrechtler und Militärtheoretiker Johann Wilhelm Neumair von Ramsla, Tobias Adami – der sich vor allem durch die Drucklegung verschiedener Werke des italienischen Philosophen und Dichters Campanella einen bleibenden Verdienst erworben hat – sowie der Kupferstecher Johann Dürr und Angehörige der Maler- und Baumeisterfamilie Richter.

Nachdem die Herzogin Dorothea Maria – eine Schwester von Ludwig I. von Anhalt-Köthen – am 18. Juli 1617 gestorben war, führten die Trauerfeierlichkeiten Vertreter der verwandten Häuser Sachsen-Weimar und Anhalt mit ihrem Gefolge in Weimar zusammen. Dabei kam es am 24. August 1617 im Schloß Hornstein zu einer Unterredung, bei der das Gespräch auf italienische Gesellschaften kam. Die bedeutendste von ihnen war die „Academia della Cruca" in Florenz, die sich um die italienische Sprache bemühte und der auch Ludwig I. von Anhalt-Köthen angehörte.

Der weimarische Hofmeister Caspar von Teutleben, der sich längere Zeit in Italien aufgehalten hatte und von Zeitgenossen auf Grund seiner Redegewandtheit als deutscher Cicero bezeichnet wurde, machte bei der Zusammenkunft den Vorschlag, daß ähnlich dem italienischen Vorbild, „in Teutschland auch dergleichen Gesellschaft aufgerichtet/ und damit [...]/ unsere ädle Muttersprache/ welche so wol an Alter/ schönen und zierlichen Reden/ als auch an Uberfluß eigendlicher und wolbedeutlicher Worte/ so jede Sache besser/ als die Fremde recht zu verstehen geben können/ einen nicht geringen

Vorzug hat/ welche [...] gantz rein [...]/ nachmals aber durch fremdes Wortgepräng/ wässerig und versaltzen worden/ hinwieder in ihre uhralte gewöhnliche und angebohrne Teutsche Reinigkeit/ Zierde und Aufnehmen eingeführet/ einträchtig fortgesetzet/ von dem fremddrukkenden Sprachenjoch befreyet/ durch alte und neue Kunstwörter befestiget/ und also endlich in den glorwürdigsten Ehrenthron versetzet werden möchte".

Der Gedanke wurde aufgegriffen und noch am selben Tag die Fruchtbringende Gesellschaft gegründet. Damit rezipierten die Gründungsmitglieder ihre Italienerfahrungen im doppelten Sinne fruchtbringend, da sie sich nicht von anderen Einflüssen undifferenziert abgrenzten und gleichzeitig Bereiche der eigenen „nationalen" Identität wahrten.

Die Bezeichnung „Fruchtbringende" wurde angenommen, damit jedes Mitglied eine Pflanze als Sinnbild wählen konnte „und darneben überall Frucht zu schaffen geflissen seyn..." sollte. Als Zeichen der Vereinigung benutzte man die Devise „Alles zu Nutzen" und auf Grund des Symbolgehaltes die Palme. Dadurch fand für die Gesellschaft auch die Bezeichnung Palmenorden Verwendung. Jedes Mitglied erhielt einen Gesellschaftsnamen, der symbolisch in bezug zur gewählten Pflanze stand. Das erste Oberhaupt wurde Fürst Ludwig von Anhalt-Kothen, der fortan den Gesellschaftsnamen der „Nährende" führte. Als erstes Mitglied nahm man in Würdigung des Gründungsvorschlages Caspar von Teutleben als den „Mehlreichen" auf. Sitz der Fruchtbringenden Gesellschaft war ab 1617 Köthen, wo ein reges höfisches Leben stattfand und die Gesellschaftsbücher geführt wurden. Ludwig I., der selbst literarisch tätig war, förderte im Sinne des Ordens die Aktivitäten zur Reinhaltung der deutschen Sprache. Dazu gehörte, daß in der fürstlichen Köthener Druckerei seit 1619 viele Gesellschaftswerke erschienen. Gleichzeitig unterhielt der Fürst u.a. umfangreiche Kontakte zu hohen und niederen Adligen sowie Literaten. Bis 1649 wurden 527 Mitglieder aufgenommen. Unter Ihnen befanden sich neben 17 albertinischen und ernestinischen Fürsten zahlreichen Personen, die in Verbindung mit den Wettinern oder deren Diensten standen.

Nach dem Tod von Ludwig I. am 7. Januar 1650 wurde Wilhelm IV. von Sachsen-Weimar neues Oberhaupt der Fruchtbringenden Gesellschaft. Er führte den Beinamen der „Schmackhafte" und war ihr fünftes und zu dieser Zeit ältestes Mitglied des Ordens. Zum Oberhaupt hatten ihn die ältesten und vornehmsten Mitglieder erkoren. Mit einem repräsentativen Schreiben vom 8. Januar 1651 – es enthält neben dem Text verschiedene Gesellschaftsbilder und 24 Geschlechterwappen der unterzeichnenden Mitglieder – wurde Wilhelm die Funktion angetragen. Man hoffte dabei, daß, „weil die löbliche Fruchtbringende Gesellschaft in Weymar ihren ersten Ursprung bekommen und solcher Gestalt ihre Geburts-Stadt wiederüm besucht, der Schmackhafte desto geneigter seyn [werde], an die erledigte Stelle des Nehrenden zu treten undt hinfüro [...] auf ihre Erhaltung, Fortsetzung, Vermehrung und Nutzbarkeit zu sehen". Eine Gesandtschaft überreichte Wilhelm am 8. Mai 1651 den Erzschrein mit dem Siegel, Registern und „andern darzu gehörigen Sachen".

Noch am selben Tag nahm er neun neue Gesellschafter in die Fruchtbringende Gesellschaft auf. Dadurch konnte die mit dem Tod Ludwigs eingetretene Stagnation der Mitgliederzahl beseitigt werden. Unter den neuen Fruchtbringern befand sich der weimarische Kammerjunker Heinrich von Schwechhausen, der „Eigentliche", der von 1651 bis zu seinem Verlassen Weimars im Jahre 1655, als Erzschreinhalter der Gesellschaft fungierte.

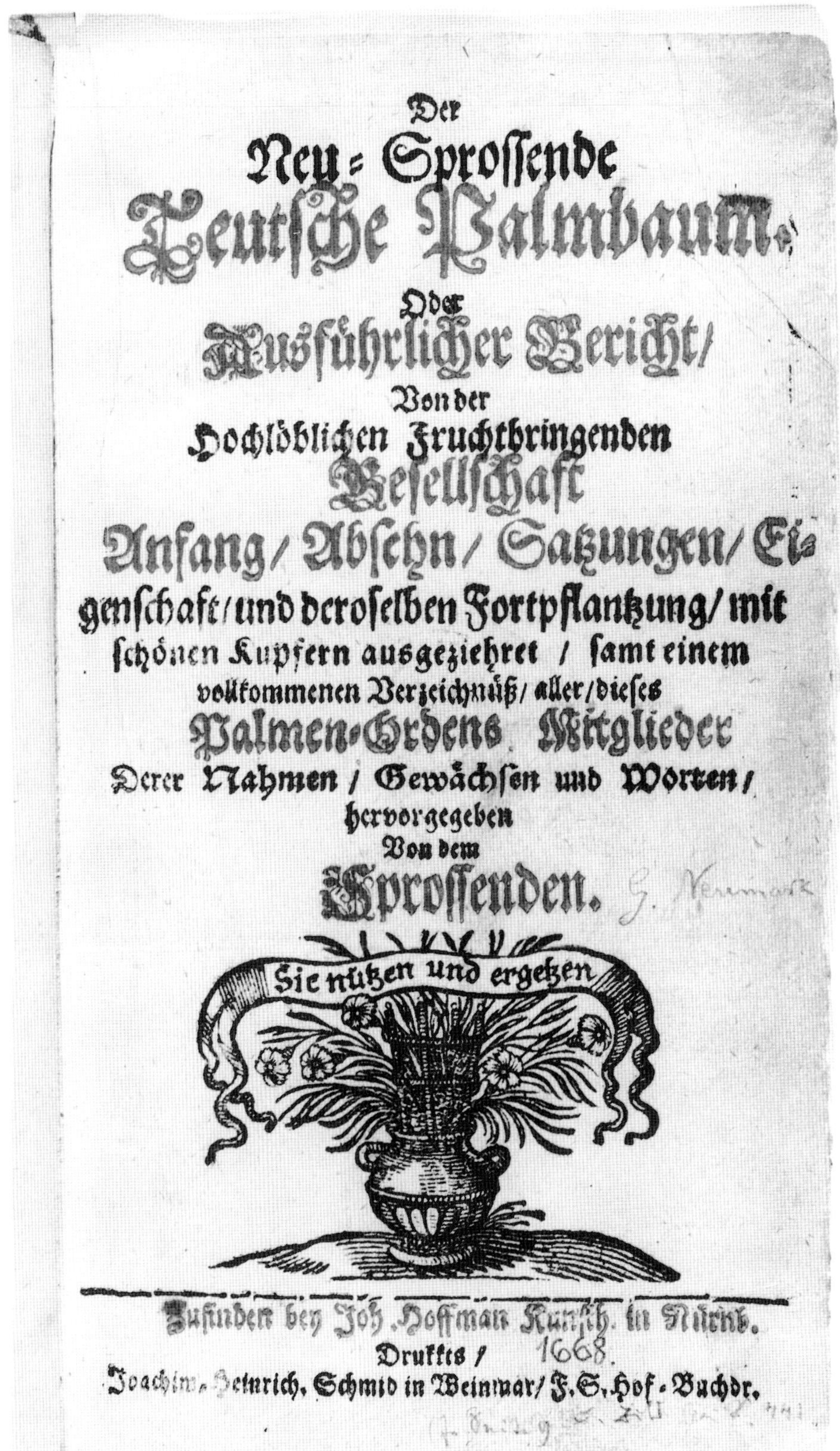

Der
Neu-Sprossende
Teutsche Palmbaum.
Oder
Ausführlicher Bericht/
Von der
Hochlöblichen Fruchtbringenden
Gesellschaft
Anfang/ Absehn/ Satzungen/ Ei-
genschaft/ und deroselben Fortpflantzung/ mit
schönen Kupfern ausgeziehret / samt einem
vollkommenen Verzeichnüß/ aller/ dieses
Palmen-Ordens Mitglieder
Derer Nahmen / Gewächsen und Worten/
hervorgegeben
Von dem
Sprossenden. G. Neumark

Sie nützen und ergetzen

Zufinden bey Joh. Hoffman Kunsth. in Nürnb.
Druckts / 1668
Joachim-Heinrich. Schmid in Weimar/ F.S. Hof-Buchdr.

Titelblatt des 1668 in Weimar von Georg Neumark veröffentlichten Buches „Der Neu-Sprossende Teutsche Palmbaum".

Seit 1652 beschäftigte sich zunehmend auch Georg Neumark mit den Angelegenheiten der Gesellschaft, die immer mehr den Charakter eines höfischen Ordens annahm. Neumark, im selben Jahr zum Bibliothekar Herzog Wilhelms IV. ernannt, kümmerte sich anfangs in dieser Funktion auch um die von Gesellschaftsmitgliedern übersandten Druckschriften. 1653 als der „Sprossende" in die Gesellschaft aufgenommen, versah er ab 1655 die Stelle des Erzschreinhalters. Über ihn liefen in der Folge vor allem die Kontakte zu den Mitgliedern, hier insbesondere zu den literarisch tätigen. Zu ihnen zählte Neumark selbst, der u.a. zahlreiche Gedichte verfaßte und publizistisch für die Gesellschaft wirkte. Dazu gehörte zum Beispiel „Der Neu-Sprossende Teutsche Palmbaum ...". In dem 1668 in Weimar herausgegebenen Werk wird ausführlich auf die Geschichte der Fruchtbringenden Gesellschaft eingegangen und ein Verzeichnis der Mitglieder mitgeteilt. Bis 1662 hatte sich deren Zahl auf 789 erhöht. Aufgenommen wurden weitere Wettiner aus beiden Linien sowie zahlreiche in deren Dienst tätige Beamte und bedeutende Literaten.

Der Tod Herzog Wilhelms IV. am 17. Mai 1662 bedeutete erneut einen entscheidenden Einschnitt in der Geschichte der Gesellschaft, auch wenn Georg Neumark deren Geschäfte noch weiter führte. Die vier Söhne des verstorbenen Oberhauptes, die selbst Mitglieder in der Vereinigung waren, kam u. a. auf Grund der Erbauseinandersetzungen sowie der politischen Verhältnisse – drohende Türkengefahr, Auseinandersetzungen um die Stadt Erfurt – nicht dazu, sich intensiver um die Belange der Fruchtbringer zu kümmern. Hier stand besonders die Wahl eines neuen Oberhauptes an. Die Überlegungen konzentrierten sich vor allem auf die Mitglieder Herzog Ernst I. von Sachsen-Gotha, der „Bittersüße", Herzog Friedrich Wilhelm II. von Sachsen-Altenburg, der „Unschätzbare", und Fürst Friedrich von Anhalt-Harzgerode, der „Stetsgrünende". Erst 1667 waren die Bemühungen um die Wahl eines neuen Oberhauptes soweit vorangeschritten, daß diese Funktion Herzog August von Sachsen-Weißenfels – er war seit 1643 als der „Wohlgeratene" Mitglied – angetragen werden konnte. Am 15. Juli 1667 bat der Weimarer Geheime Rat und Kanzler Rudolph Wilhelm Krause im Auftrag seiner Herzöge in Halle Herzog August um die Übernahme des Amtes, was auch erfolgte. Anschließend händigte er diesem den Erzschrein mit dem Gesellschaftssiegel, dem Wappenbuch und den Registern aus. Da August als sächsisch-thüringischer Landesherr in seiner Funktion als Administrator des Erzstiftes Magdeburg in Halle residierte, blieb der Sitz der Fruchtbringenden Gesellschaft nicht in Thüringen, wo jedoch solche Mitglieder wie Georg Neumark weiter aktiv waren. Der Palmenorden existierte danach vor allem als höfischer Orden weiter, obwohl auch der Hof von August eine Wirkungsstätte bedeutender Künstler und Literaten darstellte. Nachdem der Herzog am 4. Juni 1680 in Halle gestorben war, gestalteten sich die Verhältnisse so, daß es zu keiner Weiterführung des Palmenordens kam. Bis zu diesem Zeitpunkt gehörten der bedeutendsten neuzeitlichen deutschen Sprachgesellschaft 890 Mitglieder an. Berühmte Vertreter aus dem Bereich der Literatur waren u. a. Martin Opitz, der „Gekrönte", Andreas Gryphius, der „Unsterbliche", Georg Philipp Harsdörfer, der „Spielende", Sigmund von Birken, der „Erwachsene", Johann Rist, der" Rüstige" und Kaspar Stieler, der „Spate".

Gesellschaftsgemälde für Herzog Friedrich von Sachsen-Weimar („Der Friedenreiche") mit Phantasielandschaft und dem sogenannten „Französischen" oder „Grünen Schloß" zu Weimar.

Bekomt leichtlich:
432
Der Fridenreiche

In Weimar rezipierte man auch in den folgenden Jahrhunderten das Wirken der Fruchtbringenden Gesellschaft. Einen Höhepunkt erreichte dies vor allem während der Regentschaft von Großherzog Carl Alexander, der zum Teil gemeinsam mit bzw. wie seine Frau, Großherzogin Sophie, als Kunst- und Literaturmäzen verschiedene Projekte initiierte oder unterstützte. Impulse zur Beschäftigung mit der Fruchtbringenden Gesellschaft waren dabei wieder ein Ergebnis der Italienrezeption. Auf seiner Italienreise 1852 beschäftigte sich der zukünftige Regent intensiv mit der Geschichte und Kultur des Landes. Dabei kam es u.a. zu Kontakten mit dem Lyriker und Kulturhistoriker sowie preußischen Diplomaten Alfred von Reumont, der Carl Alexander auch seine Beiträge zur Italienischen Geschichte übersandte. Darin wurde mit auf die „Academia della Cruca" und andere italienische Akademieprojekte eingegangen. Hinzu kam, daß aus dem Nachlaß des 1853 verstorbenen Geheimen Rates Karl Peter Lepsius in Naumburg noch im gleichen Jahr das während der Zeit der Oberhauptschaft von Wilhelm IV. in Weimar geführte Geschlecht- und Wappenbuch der Fruchtbringenden Gesellschaft für das Kunst- und Münzkabinett erworben werden konnte. Später gelangte es in die Stammbuchsammlung der Großherzoglichen Bibliothek in Weimar (heute Herzogin Anna Amalia Bibliothek). Bereits 1855 machte Hoffmann von Fallersleben im Weimarischen Jahrbuch für Deutsche Sprache, Literatur und Kunst auf diese Quelle aufmerksam. Weitere Veröffentlichungen zum Thema erfolgten zeitgleich bzw. in den folgenden Jahren.

Mit derlei Anregungen versehen, reifte bei Großherzog Carl Alexander die Idee zur Wiederbelebung des Palmenordens, die bis zu seinem Tode immer wieder aufgegriffen wurde. Im Februar 1856 beauftragte er den Komponisten Franz Liszt, ihm seine Gedanken zu dem Projekt zu unterbreiten, was auch erfolgte. In den folgenden Jahren wurden verschiedene Ordnungen zur Struktur des Ordens erstellt, wobei nach einem Entwurf von 1860 auch Frauen ein gewisser Zugang zu dieser Körperschaft ermöglicht werden sollte. Zu den Personen, die sich mit dem Projekt beschäftigten, gehörte neben Liszt z.B. der Generalintendant des Weimarer Theaters, Franz von Dingelstedt. Er legte dem Großherzog im Frühjahr 1864 in zwei Schreiben seine Meinung zur Erneuerung des Palmenordens dar. Insgesamt sollte der Orden über das ursprüngliche Ziel der neuzeitlichen Sprachgesellschaft hinausgehen und ähnlich wie andere Weimarer Projekte wesentlich umfassender Wissenschaft und Kunst fördern. Die Vielzahl von angestrebten kulturellen Aktivitäten in Weimar sowie der Widerspruch zwischen altem Mäzenatentum und der Kunstförderung im nationalen Rahmen verhinderten es letztendlich, daß es zur Neubelebung der Fruchtbringenden Gesellschaft in Thüringen kommen konnte.

[Dr. Frank Boblenz]

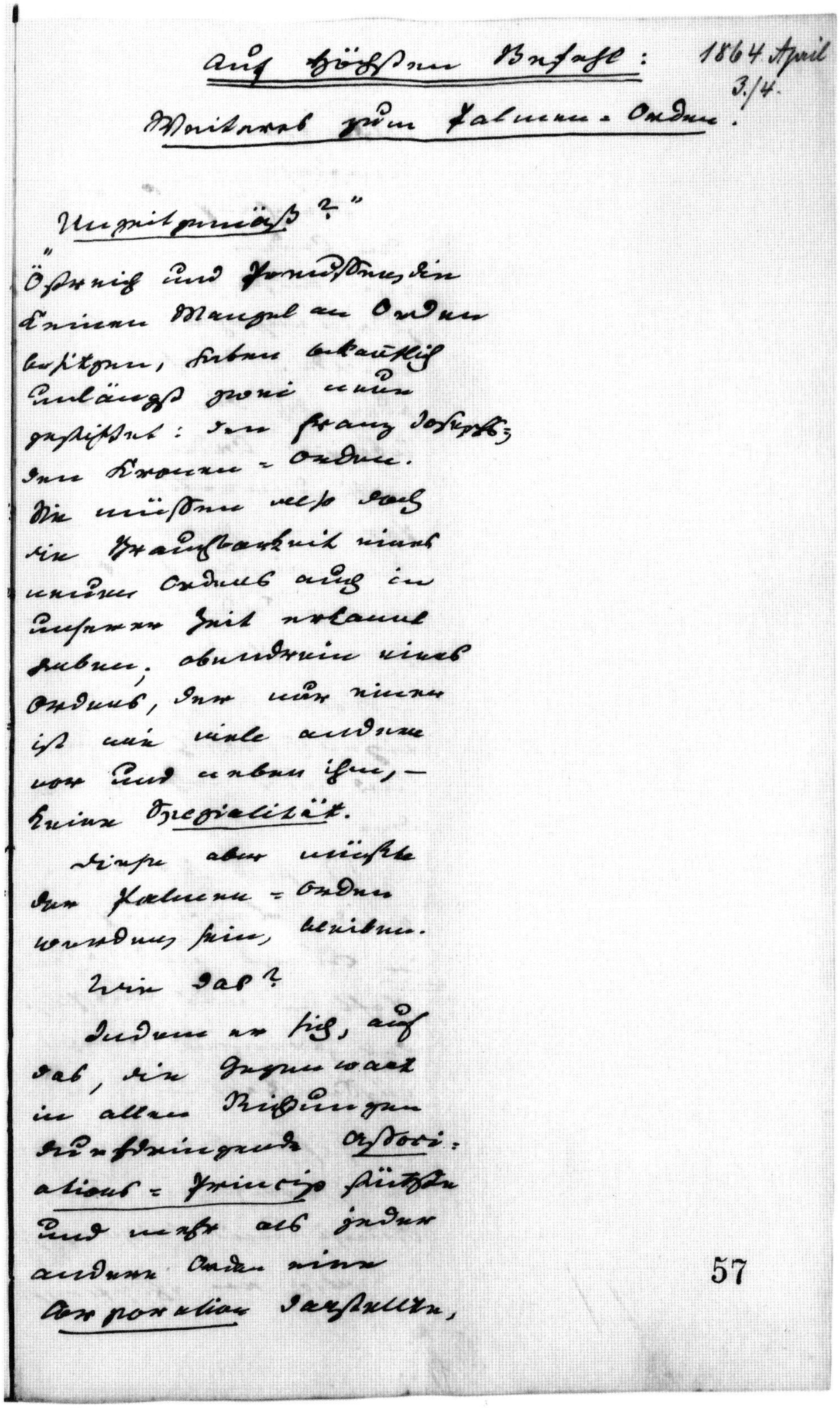

Auf höchsten Befehl: 1864 April 3./4.

Beitrag zum Palmen-Orden.

Unzeitgemäß?"

"Österreich und Preußen, die keinen Mangel an Orden besitzen, haben bekanntlich unlängst zwei neue gestiftet: den Franz Josephs-, den Kronen-Orden. Sie müssen also doch die Brauchbarkeit eines neuen Ordens auch in unserer Zeit erkannt haben; obendrein eines Ordens, der nur einer ist wie viele andere vor und neben ihm, — keine Specialität.

Diese aber müßte der Palmen-Orden werden, sein, bleiben.

Wie das?

Indem er sich, auf das, die Gegenwart in allen Richtungen durchdringende Associations-Princip stützte und mehr als jeder andere Orden eine Corporation darstellte,

57

Bemerkungen des Generalintendanten des Großherzoglichen Hoftheaters, Franz (von) Dingelstedt zum Palmenorden vom 3./4. April 1864 für Großherzog Carl Alexander von Sachsen-Weimar-Eisenach.

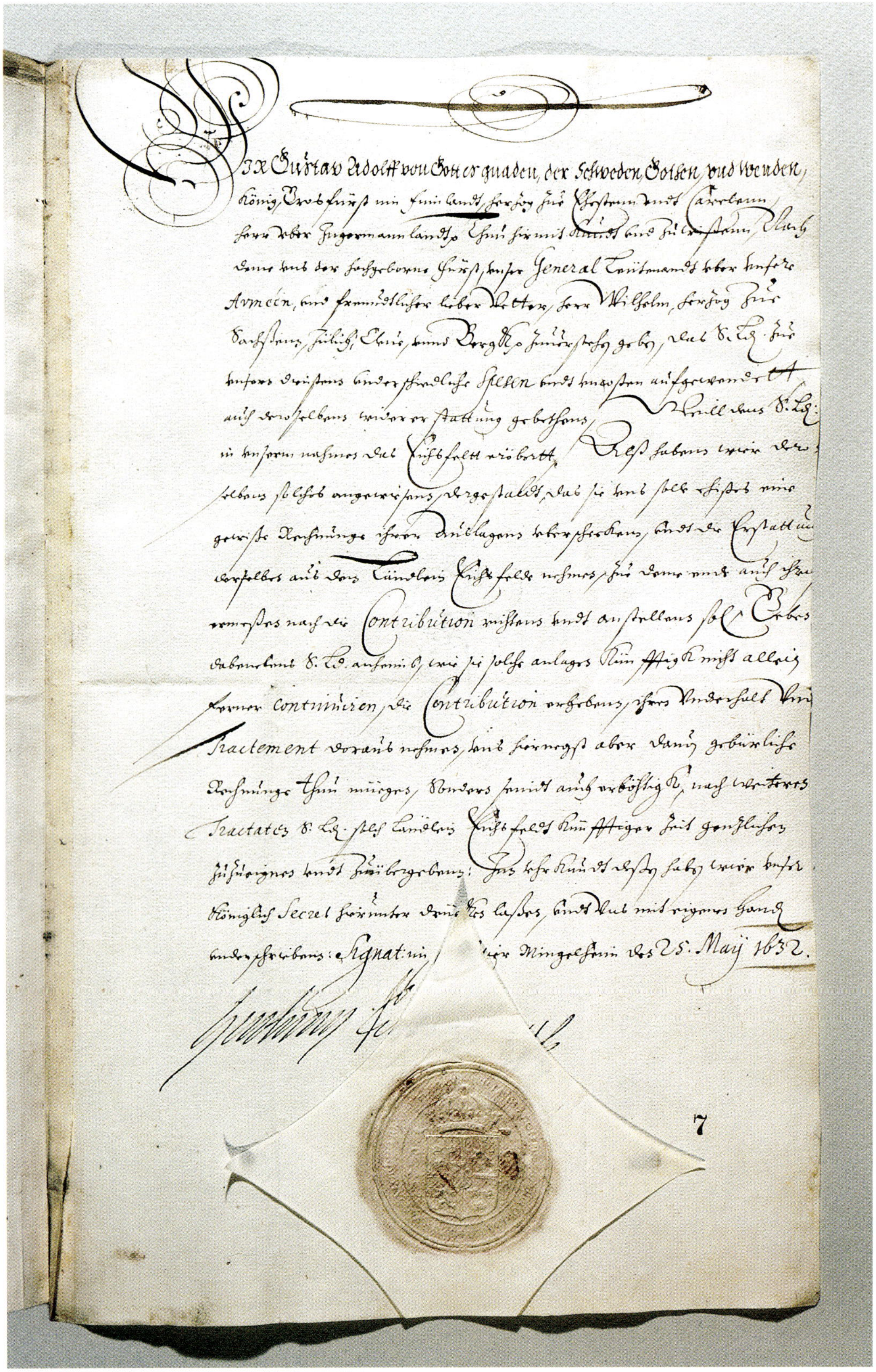

Patent des schwedischen Königs Gustav II. Adolf für Herzog Wilhelm IV. von Sachsen-Weimar vom 25. Mai 1632 mit den Zusagen zur Kostenerstattung aus dem Eichsfeld und dessen möglicher Übereignung. Ausfertigung, Papier mit eigenhändiger Unterschrift und aufgedrücktem Siegel des Königs.

Betrachtet man auch die vnterschiedenen Kriegsbereitschafften vnd Impresen vnsers in Teutschland nunmehr zwantzigjährigen geführten und noch beharrlichen Landverderblichen Krieges/ so befindet sich/ daß sie nicht alle den Zweck vnd effect erreichet/ wie solche anfangs berathschlaget vnd fürgenommen worden...

Johann Wilhelm Neumair von Ramsla (1640)

Ernestinische Territorialpolitik in Nordthüringen

Nach den Niederlagen der Ernestiner im Schmalkaldischen Krieg und den Grumbachschen Händeln hatten sich verschiedene Vertreter dieser wettinischen Linie keineswegs vollständig mit dem eingetretenen Machtverlust abgefunden. Vielmehr versuchten sie temporär mit einer „Politik der kleinen Schritte“, ihren Machteinfluß in den folgenden Jahrzehnten nach außen zu sichern bzw. sogar wieder zu erweitern und gegenläufige Tendenzen in diesem widersprüchlichen Prozeß, wie die Landesteilungen von 1572 bis 1603, zu kompensieren.

1583 erhielten die Ernestiner und Albertiner nach dem Tod von Graf Georg Ernst von Henneberg auf der Grundlage eines Erbvertrages von 1554 und kaiserlicher Belehnungen die Grafschaft Henneberg, die bis 1660 gemeinschaftlich verwaltet wurde. Neben diesem Gebietszuwachs wurde der Landesausbau vor allem punktuell durch den Erwerb von Adelsgütern und Dörfern betrieben, wobei hier besonders die Weimarer Herzöge Friedrich Wilhelm und Johann stärkere Ambitionen zeigten. So konnten u.a. 1585 das Rittergut Hardisleben mit den drei Dörfern Hardisleben, Teutleben und Eßleben (der Ort gehörte landesherrschaftlich bis 1815 zum albertinischen Gebiet), 1590 das Dorf Mannstedt, 1591 das Dorf Oldisleben, der Tannröder Wald sowie zwei Seen bei Kranichfeld und 1597 die Dörfer Buchfart und Vollersroda erworben werden. 1592 waren ferner noch die erfurtischen Ämter Mühlberg und Tonndorf okkupiert worden. Zudem wurde 1597 Herzog Johann Ernst der Jüngere – welchem in dieser Funktion sein Bruder Albrecht folgte – Statthalter der Ballei Thüringen des Deutschen Ordens, was bedeutete, daß die Balleidörfer faktisch von 1597 bis 1640 in das weimarische und von 1640 bis 1644 in das eisenachische Territorium integriert wurden. Im ersten Jahrzehnt des 17. Jahrhunderts gelangte schließlich noch die Herrschaft Berka in den Besitz von Sachsen-Weimar.

Mit der Übernahme der Regentschaft durch Johann Ernst den Jüngeren begann eine Periode, in der sich die Weimarer Herzöge aktiv an den politischen Auseinandersetzungen der Zeit beteiligten und auf einen Machtzuwachs, vor allem in Thüringen, hinwirkten. Nicht so ausgeprägt, jedoch auch mit militärischen Ambitionen, verhielten sich Vertreter von Sachsen-Altenburg, von denen u.a. Herzog Friedrich auf dänischer Seite kämpfte und fiel. Mit diesem Engagement unterschieden sie sich jedoch eindeutig von den ernestinischen Linien Sachsen-Coburg und Sachsen-Eisenach wie auch den Angehörigen der Häuser anderer thüringischer Territorien (Schwarzburg, Reuß, Stolberg).

In den ab 1618 zum Krieg eskalierenden Auseinandersetzungen, deren Auswirkungen seit Anfang der 1620er Jahre auch stärker in Thüringen ihren Niederschlag fanden, war durch den ungünstigen Verlauf der militärischen Handlungen ein Machtzuwachs bis zum Beginn der 1630er Jahre nicht zu erreichen. Trotz ihrer Parteinahme gegen den siegreichen Kaiser Ferdinand II. und die katholische Liga gelang es den altenburgischen und weimarischen Herzögen in dem Mächtespiel, zumindest ihre Landesherrschaft weiter aufrecht zu erhalten. Während der Kaiser in Nordthüringen die unter welfischer Herrschaft stehende Grafschaft Hohnstein 1628 einzog und dem Grafen Christoph Simon von Thun übereignete, blieben die Ernestiner von derartigen Maßnahmen verschont.

Mit dem Eintritt Schwedens in den Krieg und dem siegreichen Vormarsch von König Gustav Adolf in Richtung Thüringen und Oberdeutschland schien eine Machterweiterung für die Ernestiner realer zu werden. Für Herzog Wilhelm IV., der 1626 die Regierung in Sachsen-Weimar angetreten hatte, ergab sich dadurch die Möglichkeit, seinen Einfluß in Thüringen zu stärken und gleichzeitig den der Albertiner, d.h. des Kurfürsten Johann Georgs, zurückzudrängen, ohne daß es dabei zum Konflikt zwischen den beiden wettinischen Linien kommen mußte.

Während Wilhelms Bruder Bernhard, der gleichzeitig der militärisch aktivste und erfolgreichste Wettiner des Dreißigjährigen Krieges war, vom schwedischen König das Herzogtum Franken erhielt, waren die Aussichten auf eine Gebietserweiterung Sachsen-Weimars in Thüringen durch die politischen Verhältnisse sehr begrenzt. Lediglich das überwiegend katholische Eichsfeld, das zu dem auf kaiserlicher Seite stehenden Kurfürstentum Mainz gehörte, und die Stadt Erfurt mit ihrem umfangreichen Landgebiet kamen hierfür in Betracht. Vor allem in bezug auf Erfurt, das Wilhelm IV. 1633 als den „Schlüssel des Landes Thüringen“ bezeichnete, bestand seit langem ein Interesse der Ernestiner, dieses Territorium auf Grund der wirtschaftlichen, geographischen wie militärischen Bedeutung dem eigenen einzuverleiben. Allerdings kollidierten die Interessen Wilhelms mit denen Gustav Adolfs bzw. Graf Axel Oxenstiernas, die ihrerseits bestrebt waren, Erfurt in der Hand zu behalten. Auch wenn der von Gustav Adolf am 25. September 1631 zum Statthalter von Thüringen ernannte Wilhelm zeitweise in Erfurt residierte, war die Stadt gleichzeitig Sitz des schwedischen Residenten Alexander Eskens. Darüber hinaus gelang es dem Erfurter Rat, beim schwedischen König eine Bestätigung seiner Rechte und die Übereignung des kurmainzischen Besitzes im Bereich der Stadt, darunter die Küchendörfer, zu erreichen. Lediglich das den Erfurter Stiften St. Marie und Severi gehörende Dorf Großmonra wurde bis 1635 dem kursächsischen Territorium einverleibt und von Kurfürst Johann Georg 1632 an Georg von Werthern auf Beichlingen übereignet.

Während sich die Aussichten auf den Erwerb des Erfurter Territoriums als gering erwiesen, waren die Chancen in bezug auf das Eichsfeld erfolgversprechender, obwohl sich neben Wilhelm IV. auch Hessen-Kassel und Braunschweig-Lüneburg um eine Übereignung bemühten. Ihre Territorien grenzten an das geschlossene kurmainzische Gebiet im Bereich des heutigen Landes Niedersachsen und des Freistaates Thüringen zwischen Leine, Werra und Harz.

Bereits im 13. Jahrhundert hatten die wettinischen Landgrafen von Thüringen große Teile des Obereichsfeldes unter ihrer Botmäßigkeit. Mit der Verwaltung dieses Gebietes waren die Grafen von Tonna-Gleichen betraut worden. Da das Eichsfeld aber gleichzeitig im Machtbereich der Mainzer Erzbischöfe lag, kam es zu entsprechenden Spannungen. In deren Ergebnis verzichteten die Landgrafen u.a. 1287 auf alle Ansprüche an den Burgen

Mea Deus Gloria
SERENISS9 AC CELSmg PRINCEPS AC DNS, DN. BERNHARDUS,
DUX SAX·JUL·CLIV·BERGÆ, LANDG·THUR·MARCH MISN·
COM·MARC·ET. RAVENSB·DYN·IN RAVENST·CONFOED·
REG·AC STAT·EVANG·GENERALISS9. NAT·Vin.1604.d.6.Aug.
Denat. Neoburgi ad Rhen·d. 8. Julij 1639. Terræ mandat9 d.12.Dec.1655.
Post pacem Germ. religios.
Joh Dürr
Sculpsit

Herzog Bernhard von Sachsen-Weimar. Kupferstich von Johann Dürr von 1655/1656 [?].

Gleichenstein, Scharfenstein und Birkenstein. Obwohl die Landgrafen von Thüringen später zeitweise die Stadt Worbis besaßen, konnten die Mainzer Erzbischöfe ihren Einfluß weiter ausbauen, so daß bis in das 14. Jahrhundert den Ansprüchen der Wettiner eine Grenze gesetzt war.

Erst im Dreißigjährigen Krieg unternahmen Vertreter der Wettiner wieder den Versuch, das Eichsfeld, das etwa so groß wie das Herzogtum Sachsen-Weimar war, ihrem Machtbereich einzuverleiben. Im Dezember 1631 fielen Wilhelms Truppen in das kurmainzische Eichsfeld ein. Abgeschlossen war die Besetzung am 17. Februar 1632 mit der Einnahme Duderstadts. Herzog Wilhelm IV. versuchte darauf aufbauend, das Eichsfeld seiner Botmäßigkeit vollständig unterzuordnen, wobei er sich auf ein Schreiben Gustav Adolfs vom 25. Mai 1632 stützen konnte. Durch dieses hatte er die Verfügungsgewalt über das Gebiet dahingehend erhalten, daß er seine bei der Eroberung des „Ländlein Eichsfeld" aufgewandten Kosten wiedererlangen, und ferner dort „... die Contribution erheben, [...sowie seinen] Underhalt und Tractament [Bewirtung] doraus nehmen" sollte. Zudem gab der König auch die Zusage, nach entsprechenden Verhandlungen Wilhelm „solch Ländlein Eichsfeldt kunftiger Zeit genzlichen zu zueignen undt zuübergeben".

Verschiedene militärische Operationen der Kaiserlichen unter General Gottfried Heinrich von Pappenheim sowie der damit einhergehende Widerstand der eichsfeldischen Bevölkerung gegen die Schweden und ihre Verbündeten erlaubten es Herzog Wilhelm jedoch erst Ende Oktober/Anfang November 1632, sein Vorhaben zu realisieren. In der zweiten Jahreshälfte 1632 wurde Oberst Christoph Friedrich von Eßleben zum Kommandanten und Statthalter des Eichsfeldes ernannt. Zur selben Zeit erfolgte die Bildung eines Regierungskollegiums in Heiligenstadt als Hauptstadt des Landes. Herzog Wilhelm hatte in einer Instruktion genau festgelegt, um welche Belange sich der Gouverneur zu kümmern hatte. Dabei wurde die Aufrechterhaltung der Verwaltung der Ämter, in die man in der Folge die Klöster mit ihren Dörfern integrierte, als wesentlich erachtet.

Die Art und Weise der Dienstausübung Eßlebens scheint jedoch nicht ganz im Interesse des Herzogs gewesen zu sein. So wurde sogar geäußert, daß der Kommandant „eins und anders über sein Ordonnanz vom Lande zu seinem Privatnutz" verwendet hätte. Wilhelm IV. sah sich daher gezwungen, auf dem Eichsfeld zu erscheinen und die Verhältnisse zu ordnen. Als er am 25. oder 26. Oktober 1633 eintraf, war Eßleben jedoch geflohen. Wilhelm trennte daraufhin die Militär- von der Zivilverwaltung. Als Kommandant der Truppen auf dem Eichsfeld ernannte er Major Cuningham. Daneben wurde eine Regierung und Kammer gebildet – später folgte noch die Errichtung eines Konsistoriums. An der Spitze der zivilen Landesverwaltung stand der Oberaufseher Hans von Santersleben, neben ihm der Kammermeister Thomas Raspe und die Regierungsräte Christoph von Hagen und Lizentiat Jan Christian Weber. Die Aufgabe der Regierung bestand vor allem darin, das Einbringen von Kontributionen, Steuern und Zöllen zu gewährleisten, die einzelnen Ämter mit Beamten zu besetzen und Recht zu sprechen. Um die Aufgaben noch zu konkretisieren, wurde dazu die alte im September 1633 verfaßte Kammerordnung am 30. Oktober d.J. überarbeitet. Bevor der Herzog am 11. November 1633 das Eichsfeld wieder verließ, ordnete er noch eine Landesvisitation an. Bedingt durch den Kriegsverlauf und die damit verbundenen Durchzüge und Einquartierungen konnte diese bis 1634 allerdings nur teilweise realisiert werden. In den Ämtern Rusteberg und Scharfenstein waren die Auswir-

Herzogs Wilhelm IV. von Sachsen-Weimar und seine Familie. Kolorierter Kupferstich von Johann Dürr nach einem Gemälde von Christian Richter.

kungen hinsichtlich der Verwüstung der Wohnstätten (ca. 20 bzw. 12 Prozent) zwar erheblich, aber nicht so ausgeprägt wie in den nordthüringischen Grafschaften Hohnstein und Stolberg. Hinzu kam, daß die Bevölkerungsverluste bei rund 42 bzw. 32 Prozent lagen.

War die Visitation vordergründig darauf ausgerichtet, die wirtschaftliche Leistungskraft des Eichsfeldes hinsichtlich der Bereitstellung dringend benötigter Mittel für die Truppen Herzog Wilhelms festzustellen, so ging es gleichzeitig darum, ein völliges Ausbluten des Landes zu verhindern. Ziel des Herzogs war es, das Eichsfeld auf Dauer im Besitz sowie als funktionierendes Kontributionsgebiet zu behalten. Dem wirkte jedoch entgegen, daß der Herzog so gut wie keinen Einfluß auf die Durchzüge und Einquartierungen anderer, vor allem schwedischer Truppen hatte. Gleichzeitig mußte er für den Unterhalt seiner eigenen bewaffneten Einheiten sorgen.

Um die daraus entstehenden Folgen zumindest etwas zu mildern, ordnete er ein energisches Vorgehen gegen Marodeure und Straßenräuber an. Dabei kam es zu einem übergreifenden Zusammengehen der einzelnen Ämter wie auch mit dem Rat der Stadt Heiligenstadt. 1634 konnten so mehrere Personen festgenommen und abgeurteilt werden. Einhergehend mit der Rechtsprechung zeigte sich seit 1633 eine stärkere Anbindung des Eichsfeldes an die Spruchtätigkeit des Jenaer Schöppenstuhles. Dies betraf sowohl die Regierung und Ämter wie auch die Städte Duderstadt und Heiligenstadt.

Eine Reformierung des überwiegend katholischen Eichsfeldes wurde von Herzog Wilhelm und den Behörden entsprechend den Möglichkeiten angestrebt. Es kam zur Wiedereinsetzung von evangelischen Geistlichen in verschiedenen Pfarrstellen und adligen Gerichten. Die Aktivitäten fanden geteilte Resonanz. Während die katholische Bevölkerung die Maßnahmen ablehnte, setzten die Protestanten Hoffnungen in diese. Allerdings kam es auch zu Differenzen mit dem protestantischen Adel, der sich in seinen Präsentations- und Patronatsrechten eingeschränkt sah. In Duderstadt führten Auseinandersetzungen unter den Geistlichen der Stadt schließlich dazu, daß die Behörden in Heiligenstadt am 26. August 1634 im Namen des Herzogs eine Kirchenordnung erließen.

Bedingt durch den weiteren Verlauf des Krieges – die schwedischen Truppen unter Feldmarschall Gustav Karlson Horn und Herzog Bernhard von Sachsen-Weimar hatten am 6. September 1634 bei Nördlingen eine verlustreiche Niederlage erlitten – konnte ein weiterer Ausbau der sachsen-weimarischen Positionen auf dem Eichsfeld nicht realisiert werden. Der Abschluß des Pirnaer Präliminarfriedens vom November 1634 und des Prager Friedens vom 20. Mai 1635 zwischen dem Kaiser und Kurfürst Johann Georg von Sachsen zwang Wilhelm IV. schließlich, die wieder gefestigte kaiserliche Macht anzuerkennen.

Die Annahme des Prager Friedens durch den Herzog am 17. Juli 1635 bewirkte zugleich einen Verzicht auf die dauerhafte Einverleibung des Eichsfeldes in den Herrschaftsbereich der Ernestiner. Endgültig vollzogen war dieser Schritt, nachdem die eichsfeldischen Stände am 9. August 1635 ihrer Pflicht gegenüber dem Herzog entlassen worden waren. Das Eichsfeld wurde wieder ein fester Bestandteil des Kurfürstentums Mainz, das die durch die Weimarer Behörden vorgenommenen Veränderungen rückgängig machte.

Neben dem Eichsfeld mußten die Ernestiner 1635 auch auf das Herzogtum Franken verzichten, was gleichzeitig das Ende dieser Periode offensiver ernestinischer Territorialpolitik in Thüringen und Franken bedeutete.

[Dr. Frank Boblenz]

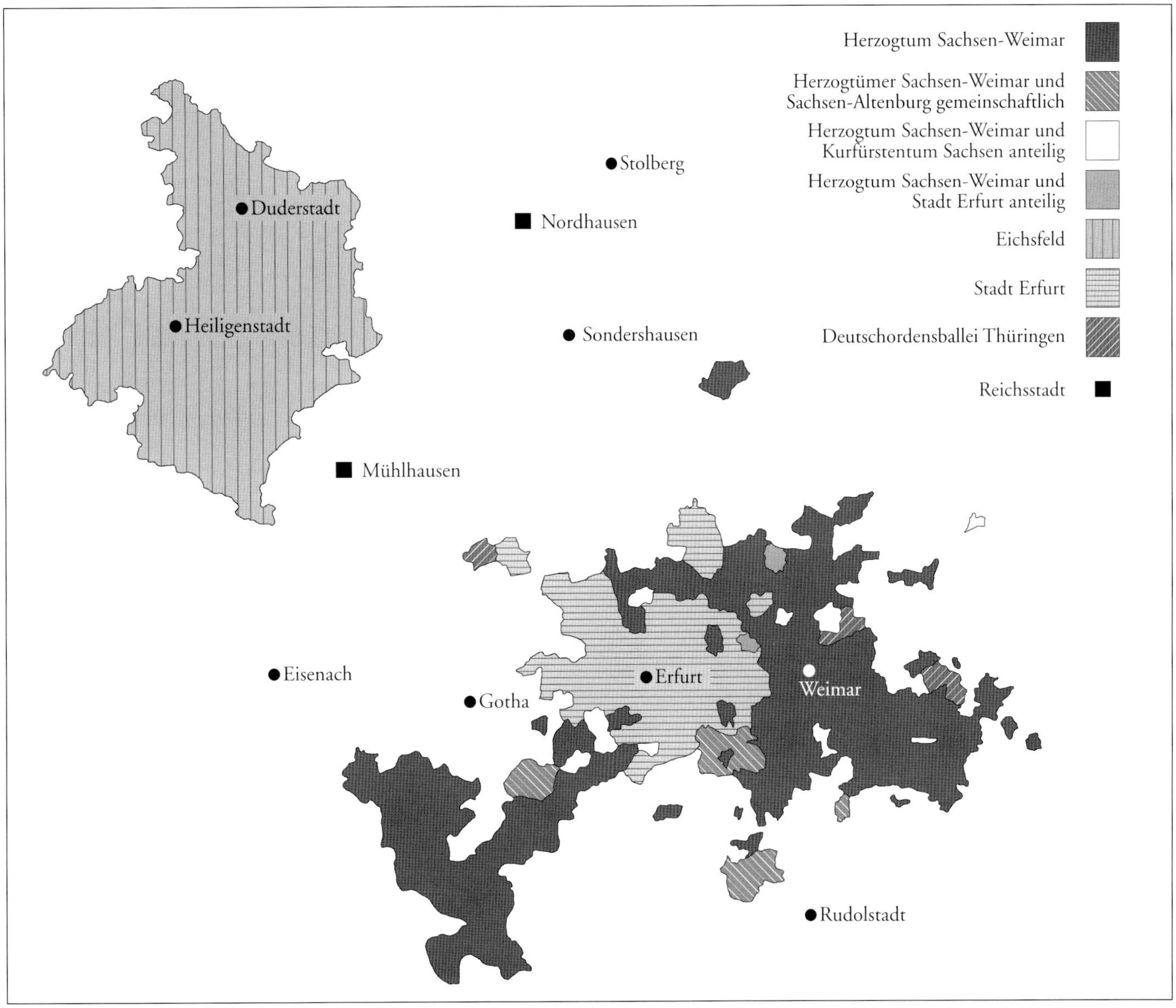

Territorien des Herzogtums Sachsen-Weimar, der Stadt Erfurt und des Eichsfeldes im Jahre 1633 (ohne das sachsen-weimarische Amt Königsberg in Franken und die unter gemeinsamer wettinischer Verwaltung befindliche Grafschaft Henneberg).

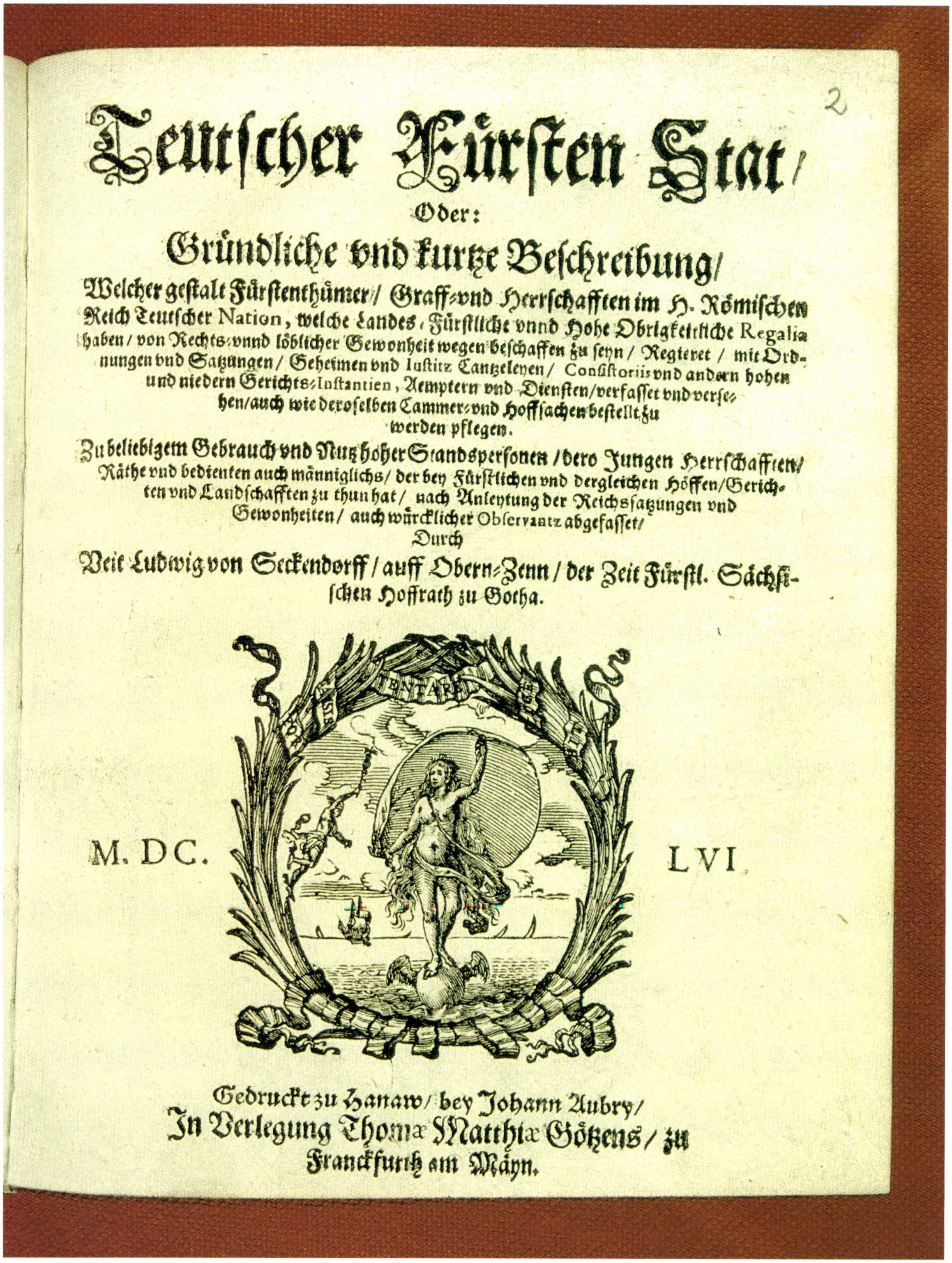

Teutscher Fürsten Stat/

Oder:

Gründliche vnd kurtze Beschreibung/

Welcher gestalt Fürstenthümer/ Graff- vnd Herrschafften im H. Römischen Reich Teutscher Nation, welche Landes-Fürstliche vnnd Hohe Obrigkeitliche Regalia haben/ von Rechts- vnnd löblicher Gewonheit wegen beschaffen zu seyn/ Regieret/ mit Ordnungen vnd Satzungen/ Geheimen vnd Iustitz Cantzeleyen/ Consistoriis vnd andern hohen und niedern Gerichts-Instantien, Aemptern vnd Diensten/ verfasset vnd versehen/ auch wie deroselben Cammer- vnd Hoffsachen bestellt zu werden pflegen.

Zu beliebigem Gebrauch vnd Nutz hoher Standspersonen/ dero Jungen Herrschafften/ Räthe vnd bedienten auch männiglichs/ der bey Fürstlichen vnd dergleichen Höffen/ Gerichten vnd Landschafften zu thun hat/ nach Anleytung der Reichssatzungen vnd Gewonheiten/ auch würcklicher Observantz abgefasset/

Durch

Veit Ludwig von Seckendorff/ auff Obern-Zenn/ der Zeit Fürstl. Sächsischen Hoffrath zu Gotha.

M. DC. LVI

Gedruckt zu Hanaw/ bey Johann Aubry/
In Verlegung Thomæ Matthiæ Götzens/ zu Franckfurth am Mäyn.

Die Beamtenschaft, vom Landesherrn abhängig und teils dem Adel, teils der Kaufmann- und Handwerkerschaft der Städte entstammend, und die ... evangelische Geistlichkeit bildeten sich damals zu Führungsschichten und tragenden Pfeilern der Territorien aus.

Wolfgang Huschke (1982)

Staatsdenker und Landesverwaltung im 17. Jahrhundert

Seit der Wende vom 16. zum 17. Jahrhundert zeichnete sich im Bereich der Wissenschaften u.a. eine allmähliche Differenzierung zwischen Theologie, Metaphysik, Politik und Naturrecht ab. Die modernen Naturwissenschaften bildeten sich heraus und der Merkantilismus erlangte zunehmendes Gewicht. Hervorragende Vertreter dieser Zeit waren im Bereich des Staatsdenkens zum Beispiel Johannes Althusius, Hugo Grotius und Johannes Limnaeus. Ein Teil der Umgestaltungen vollzog sich vor allem im Bereich der Universitäten, wo sich das Bildungspotential der einzelnen Staaten konzentrierte. Allerdings war es nicht auf diese beschränkt. Eine erhebliche Anzahl der Studierten trat in fürstliche Verwaltungsdienste ein, wo die Praxis eine wesentlich größere Rolle spielte. Die so gesammelten Erfahrungen und die politischen Ereignisse konnten dabei in speziellen Veröffentlichungen reflektiert werden. Auch wettinische Höfe in Thüringen waren Heimstätten von bzw. Verbindungspunkte zu bedeutenden Staatsdenkern mit überregionaler Ausstrahlung.

Titelblatt der ersten Auflage von Veit Ludwig von Seckendorffs „Teutschem Fürsten Stat“, erschienen 1656 in Frankfurt am Main. Dieses für die staatliche Verwaltungspraxis geschriebene Werk stellte bis weit in das 18. Jahrhundert hinein ein unentbehrliches Handbuch für größere Behörden dar und galt an den Universitäten als Pflichtlektüre. In den ersten 100 Jahren seit seinem Erscheinen erlebte es insgesamt zwölf Auflagen.

In Verbindung mit den Weimarer Herzögen wirkte der Staatsrechtler und Militärtheoretiker Johann Wilhelm Neumair von Ramsla, der auch durch seine Reiseerfahrungen und die damit verbundenen Veröffentlichungen unter Zeitgenossen große Beachtung fand. Bereits der Vater des in Weimar geborenen Johann Wilhelm, Johann Neumair, gehörte als Kammersekretär in der Residenzstadt an der Ilm zu den einflußreichsten Persönlichkeiten. Wegen seiner Verdienste und Beziehungen erlangte er 1568 von Kaiser Maximilian II. die Nobilitierung. Der um 1590 erfolgte Kauf des Rittergutes Ramsla bei Weimar war schließlich die Voraussetzung dafür, daß sich Angehörige der Familie „von Ramsla“ nennen konnten. Die Vermögensverhältnisse des Kammersekretärs ermöglichten es, daß seine Kinder eine gediegene Ausbildung erhielten. Johann Wilhelm Neumair konnte so bereits 1582/83 mit Johann Stromer eine Reise durch Italien absolvieren. Von 1594 bis 1597 erfolgte eine zweite Reise durch Westeuropa. Nach einem über zweijährigen Studienaufenthalt in Italien bereiste Neumair schließlich Spanien, Frankreich, England und die Niederlande. Im ersten Jahrzehnt des 17. Jahrhunderts war er für ein paar

Jahre als Stiftsrat in Zeitz im Dienst des Kurfürsten von Sachsen direkt in der landesherrlichen Verwaltung tätig, um danach ab Ende 1610/Anfang 1611 auf seinem Rittergut überwiegend seinen eigenen wissenschaftlichen Neigungen nachzugehen.
Bevor Neumair stärker publizistisch in Erscheinung trat und als Ratgeber der Weimarer Herzöge fungierte, begleitete er in den Jahren 1613/14 Herzog Johann Ernst von Sachsen-Weimar als Reiseführer auf dessen Bildungsreise durch Frankreich, England und die Niederlande, die zur Vervollkommnung des zukünftigen Weimarer Regenten diente. So rezipierte der Ernestiner u.a. die holländischen Verhältnisse in der Art, daß er 1615 niederländische Gewerke einführen wollte, was aber am Widerstand der weimarischen Stände scheiterte.
1620 erschien eine gedruckte Beschreibung der Reise, die Neumair den herzoglichen Brüdern Johann Casimir von Sachsen-Coburg und Johann Ernst von Sachsen-Eisenach widmete. Die Widmung dürfte auch politische Hintergründe gehabt haben. Wenn Neumair darauf verwies, welche „vetterliche Liebe/ Affection vnd Zuneigung" die beiden Herzöge gegenüber Johann Ernst von Sachsen-Weimar hegten und gleichzeitig deren „Huld und Gnade" für diejenigen erbat, die in dessen Dienst standen, spricht dies für einen diplomatischen Akt. Auslösendes Moment dürfte gewesen sein, daß sich der Weimarer Herzog für die aktive Teilnahme an den Auseinandersetzungen in Böhmen auf der Seite des sogenannten Winterkönigs Friedrich von der Pfalz und damit gegen den Kaiser entschieden hatte. Während z.B. Kurfürst Johann Georg I. von Sachsen alles daran setzte, seinen ernestinischen Vetter in Weimar von diesem Schritt abzuhalten, diskutierten dort die Räte und Vertreter der Stände über die Rechtmäßigkeit und mögliche Folgen des Handelns. Letzteres geschah vor allem auf Grund der negativen Erfahrungen aus den Jahren 1547 und 1567 – sollte doch dem Herzogtum ein ähnliches Schicksal zukünftig erspart bleiben. Zu den an der Diskussion Beteiligten gehörte Neumair als Ratgeber von Herzog Johann Ernst und in seiner Funktion als Mitglied des Ausschusses der Stände. Ebenso wie sein Freund, der Historiker Friedrich Hortleder, wurde Neumair durch den Herzog persönlich um Rat in der Angelegenheit gefragt. Er äußerte sich am 5. Juni 1620 ausführlich dazu, wie auf die kaiserlichen und kurfürstlichen Abmahnungsschreiben geantwortet werden könnte. Entscheidender für die Resonanz von Neumairs Tätigkeit war, daß er ungefähr zeitgleich dazu ein Werk mit dem Titel: „Von der NEUTRALITET Vnd ASSISTENTZ Oder Vnpartheyligkeit vnd Partheyligkeit in KriegsZeiten sonderbarer TRACTAT oder Handlung" in Erfurt drucken ließ, das ein Widmungsschreiben an Herzog Ernst den Jüngeren vom 13. März 1620 enthielt. Darin wünschte er diesem abschließend: „Der GOTT des Friedens/ verleyhe/ das auch E.F.G. ein Mittel mit seyn/ damit durch dero zugk in Böhmen/ selbiges Edle Königreich widerumb in friedlichen standt gesetzet/ allenthalben bestendige Ruh vnd Einigkeit gestifftet/ vnd also auch E.F.G. der Nahm eines FriedenFürstens von dieser währten Nation gegeben vnd zugeeignet werden müge". Allerdings erfüllte sich dieser Wunsch nicht. Vielmehr weitete sich der Konflikt aus und erst 1648 konnte der Frieden in Münster und Osnabrück besiegelt werden. Das Werk behielt seine Brisanz, weshalb es nicht verwundert, daß davon bereits zu Lebzeiten Neumairs mindestens fünf Auflagen erschienen, die 1622 und 1625 noch erheblich im Umfang erweitert wurden.
Neben seinen Schriften zu militärischen Themen widmete sich Neumair auch in den folgenden Jahren weiter staats- und völkerrechtlichen Themen. Dazu zählten

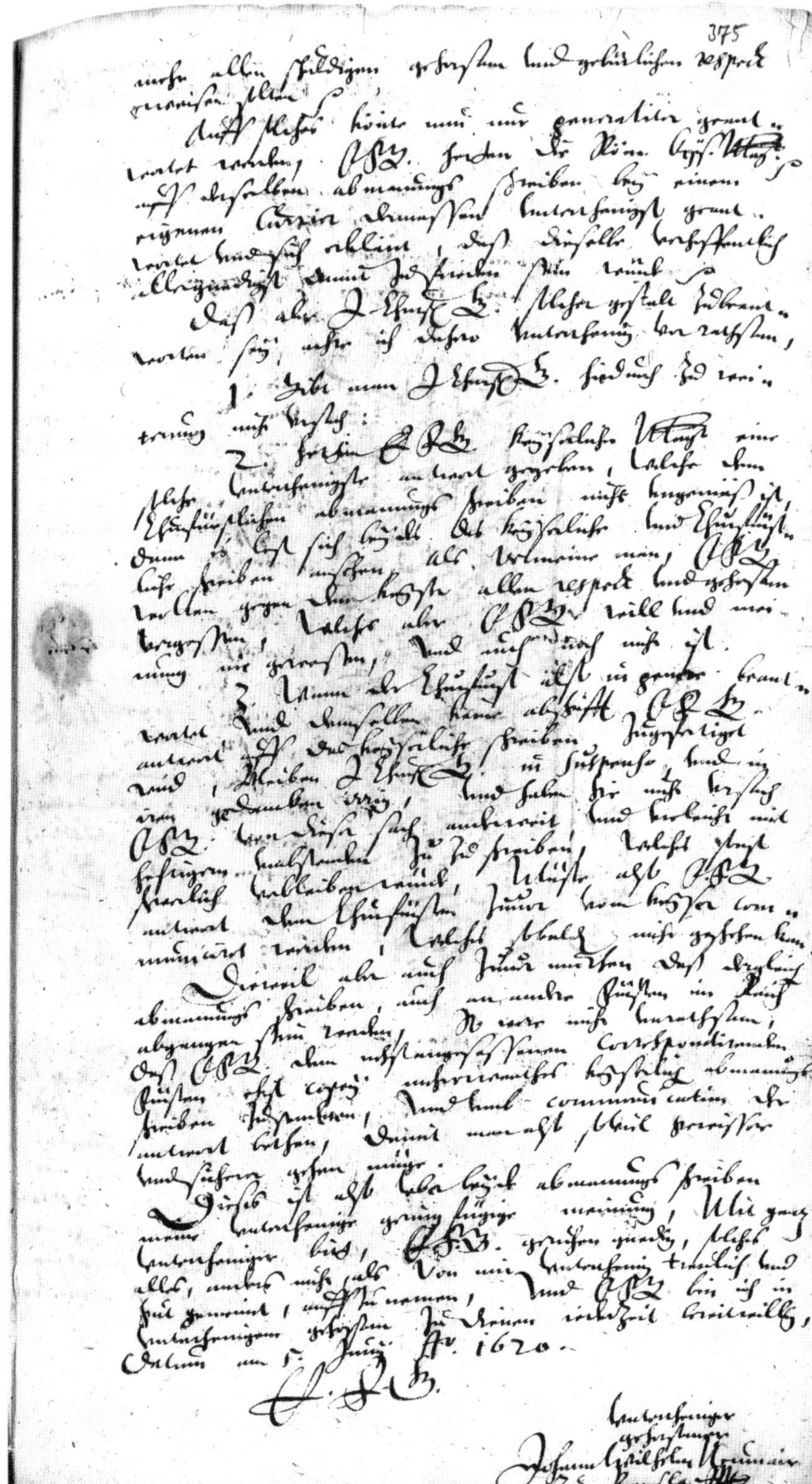

Letzte Seite des Gutachtens von Johann Wilhelm Neumair von Ramsla vom 5. Juni 1620 für Herzog Johann Ernst von Sachsen-Weimar zu den kursächsischen und kaiserlichen Abmahnungsschreiben.

1624 zwei umfangreiche Arbeiten über Bündnisse sowie Friedenshandlungen und Verträge in Kriegszeiten, die in Jena gedruckt wurden. 1631 erschien in Schleusingen eine Arbeit über Schatzungen und Steuern, die wie 1620 den ernestinischen Herzögen in Coburg und Eisenach gewidmet war. Im Kontext zu den Kriegsdrangsalen wurde darin eine umsichtige und gerechte „Steuerpolitik" angemahnt. Bereits im Jahr darauf wurde die Problematik in einer Arbeit über den „Aufstand der Vntern wider ihre Regenten vnd Obern" erneut aufgegriffen, die zu den bedeutendsten Veröffentlichungen zur Widerstandsproblematik in der ersten Hälfte des 17. Jahrhunderts zählt. 1640 drückte Neumair seine Friedenssehnsucht in einem Werk über den Krieg aus. Allerdings sollte er das Kriegsende nicht mehr erleben. Am 23. November 1641 ist er in Weimar gestorben. Seine Beisetzung erfolgte in Ramsla.

Stand Neumairs Schaffen vor allem im Kontext zu den Ereignissen des Dreißigjährigen Krieges, so wurde es bei Veit Ludwig von Seckendorff durch die Überwindung der Folgen dieses europäischen militärischen Konfliktes bestimmt. Seckendorff wurde am 20. Dezember 1626 in Herzogenaurach bei Erlangen geboren. Nach dem Besuch des Gymnasiums in Gotha nahm er im Herbst 1642 ein Jurastudium in Straßburg auf. Nach zwischenzeitlichem Militärdienst 1645/46 in Darmstadt trat er schließlich eine Stelle als Bibliothekar am Hof Ernsts des Frommen in Gotha an. Das Herzogtum Gotha war kurz zuvor im Ergebnis der ernestinischen Landesteilung von 1640/41 neu entstanden. Im Vordergrund der landesherrlichen und administrativen Tätigkeit stand der Landesaufbau. In Verbindung damit stieg Seckendorff im Laufe der Jahre zum führenden Beamten im Herzogtum auf. Nebenbei betätigte er sich auch publizistisch. Bis 1664 blieb Seckendorff in Gotha. Danach trat er als Geheimer Rat und Kanzler in die Dienste des albertinischen Herzogs Moritz von Sachsen-Zeitz. Nach dessen Tod zog sich Seckendorff mit seiner Familie auf das 1676 erworbene Gut Meuselwitz zurück, vor allem um sich seinen wissenschaftlichen Studien eingehender widmen zu können, allerdings ohne öffentliche Aufgaben gänzlich niederzulegen. Seckendorff starb am 18. Dezember 1692 in Halle (Saale), nachdem er kurz zuvor die Stelle eines Kanzlers an der dort neu gegründeten Universität angetreten hatte. Beigesetzt wurde er in Meuselwitz.

Herzog Ernst I. ließ von Beginn seiner Regierungszeit an erkennen, daß er größten Wert auf eine zweckmäßige, sparsame und damit letztlich auch moderne Verwaltung des Territoriums legte. Dieses Vorgehen entsprach der neuzeitlichen Wirtschaftslehre des Kameralismus (die Kammer war die zentrale Behörde für die Verwaltung der Finanzen des frühneuzeitlichen Staates) als die spezifisch deutsche Ausprägung des Merkantilismus. Letzterer umreißt die Gesamtheit des wirtschaftlichen Handelns europäischer Mächte während des Zeitalters des Absolutismus und die dieser Politik zugrunde liegenden Wirtschaftslehren. Der Kameralismus schloß namentlich diejenigen merkantilistischen Lehren ein, in deren Zentrum die Stärkung des absolutistischen Staates durch ökonomische Maßnahmen stand. Darüber hinaus umfaßt er auch politische, juristische und soziale Aspekte sowie solche des Verwaltungswesens.

Die Umsetzung dieser Wirtschaftslehre im Herzogtum Gotha setzte zunächst voraus, daß das gesamte Potential, welches in wirtschaftlicher, politischer, geistlicher und sonstiger Hinsicht in dem Kleinstaat steckte, bekannt war. Nur so war es möglich, richtige Entscheidungen für den geplanten und notwendigen Staats- und Verwaltungsneubau zu treffen. Folgerichtig setzten bereits Anfang der 1640er Jahre – zeitlich gestaffelt – umfassende

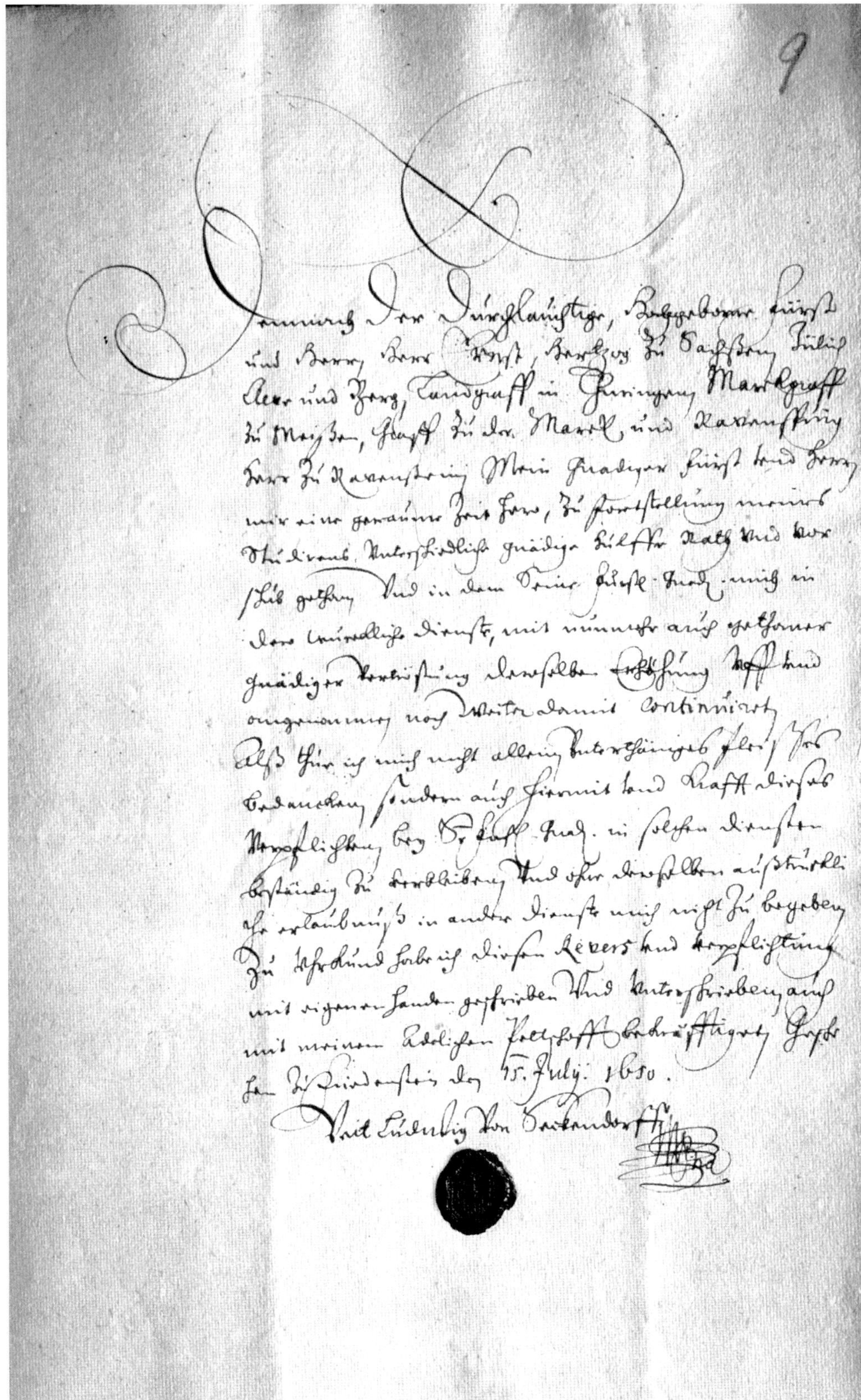

Demnach der Durchlauchtige, Hochgeborne Fürst
und Herr, Herr Ernst, Herzog zu Sachsen, Jülich
Cleve und Berg, Landgraff in Thüringen, Marckgraff
zu Meißen, Graff zu der Marck und Ravensberg
Herr zu Ravenstein, Mein gnädiger Fürst und Herr,
mir eine geraume Zeit her, zu Fortstellung meiner
Studiorum, unterschiedliche gnädige hülffe Rath und vor
schub gethan, und in dem Deine fürstl. Gnad. mich in
dero Canzeleÿ dienste, mit nunmehr auch geschener
gnädiger Vertröstung derselben Erhöhung hoff und
angenommen, noch weiter damit continuiret,
Also thue ich mich nicht allein unterthänigst fleissig be
dancken, sondern auch hiermit und Krafft dieses
verpflichten bey S. Fürstl. Gnad. in solchen diensten
beständig zu verbleiben und ohne derselben außdrückli
che erlaubnüß in andere dienste mich nicht zu begeben
Zu Urkund habe ich diesen Revers und Verpflichtung
mit eigener Handen geschrieben und unterschrieben auch
mit meinem Adelichen Pettschafft bekräfftiget, Gesche
hen zu Friedenstein den 15. July. 1650.

Veit Ludwig von Seckendorff

Eigenhändiges Schreiben von Veit Ludwig von Seckendorff, in dem er sich verpflichtet, in den Diensten des Gothaer Herzogs Ernst I. zu bleiben und diese nicht ohne Zustimmung des Landesherren zu verlassen. Datiert vom 15. Juli 1650, unterschrieben und gesiegelt.

Bestandsaufnahmen in den genannten Bereichen ein. Es begann mit einer sich mehrere Jahre hinziehenden Generalvisitation, die in erster Linie auf die Regelung der religiösen und schulischen Angelegenheiten ausgerichtet war. Die Schwerpunkte späterer Visitationen lagen vor allem auf dem Finanz- und Justizwesen bzw. auf der allgemeinen Verwaltung. Die Ergebnisse dieser zielgerichteten Arbeit haben sich nicht zuletzt in der 1653 erschienenen ersten Landesordnung des Herzogtums Gotha niedergeschlagen. Auch Seckendorffs „Teutscher Fürsten Stat" (1. Auflage 1656) ist hier einzuordnen. Der Herzog hatte ihm offiziell den Auftrag erteilt, eine Beschreibung des ganzen Landes auszuarbeiten und diese vom Inhalt her so auszurichten, daß sie für die Gestaltung der Verhältnisse in anderen Fürstentümern usw. als Muster und Anleitung dienen konnte. Seckendorff hielt sich an diese Vorgabe.

Der „Fürsten Stat", und das hängt mit seiner Entstehungsgeschichte zusammen, ist eher für den Verwaltungspraktiker als für den Staatstheoretiker geschrieben worden. Indem Seckendorff die gothaischen Verhältnisse aufgrund statistischer und sonstiger Erhebungen verarbeitete, vermittelte er dem damaligen interessierten Leser die wichtigsten der dabei gemachten Erfahrungen und gewonnenen Erkenntnisse. Schöpferisch setzte Seckendorff seine konkreten Ergebnisse in allgemeine Verfahrensregeln für den Aufbau einer zweckmäßigen und allumfassenden Verwaltung innerhalb eines in sich geschlossenen Territoriums um. Was oft als Schwäche des Werkes ausgelegt wird, ist gleichzeitig seine Hauptstärke, der beschreibend-detaillierte Charakter. Nicht zufällig bildete es wohl gerade deshalb, nach dem Urteil des bedeutenden deutschen Historikers Leopold von Ranke, „das zur Zeit des Großen Kurfürsten [Friedrich Wilhelm von Brandenburg] beliebteste Handbuch der deutschen Politik". Es diente als Grundlage des Unterrichts an vielen Universitäten und erlebte bis 1754 insgesamt zwölf Auflagen.

Seckendorffs „Fürsten Stat" besteht aus drei Hauptteilen: einer allgemeinen und kurzen Beschreibung des Landes in geographischer und politischer Hinsicht, einen zweiten umfassenderen Abschnitt über die Grundlagen der gesamten Verfassung und Verwaltung und schließlich einen letzten über das System aller Einkünfte. Abgeschlossen wird die Darstellung mit einer Art Anhang, in dem sich der Autor noch einmal ausführlicher den wichtigsten Vertretern der Beamtenschaft und ihren Aufgabenkreisen widmet. Die 1665 erschienene dritte Ausgabe weist mit den angefügten „Additiones Oder Zugaben und Erleuterungen..." (abgefaßt 1664) eine grundlegende Überarbeitung der bisherigen Editionen aus. Die Additiones verkörpern fast schon ein Buch für sich und stellen in staatstheoretischer Hinsicht eine Weiterentwicklung dar. Von der geistigen Haltung des Autors her liegen sie zwischen dem „Fürstenstaat" und seinen späteren Hauptwerken - hier vor allem dem 1685 erschienenen „Christenstaat".

[Dr. Frank Boblenz und Dr. Hans-Jörg Ruge]

Porträt von Veit Ludwig von Seckendorff. Kupferstich (Frontispiz) aus seiner 1714 von Elias Frick in Leipzig herausgegebenen Geschichte des Luthertums.

Veit Ludewig von
Seckendorf,
auf Obernzen und Meuselwitz,
Churfürstl. Sächß. u. Brandenburgisch.
Geheimder Rath.

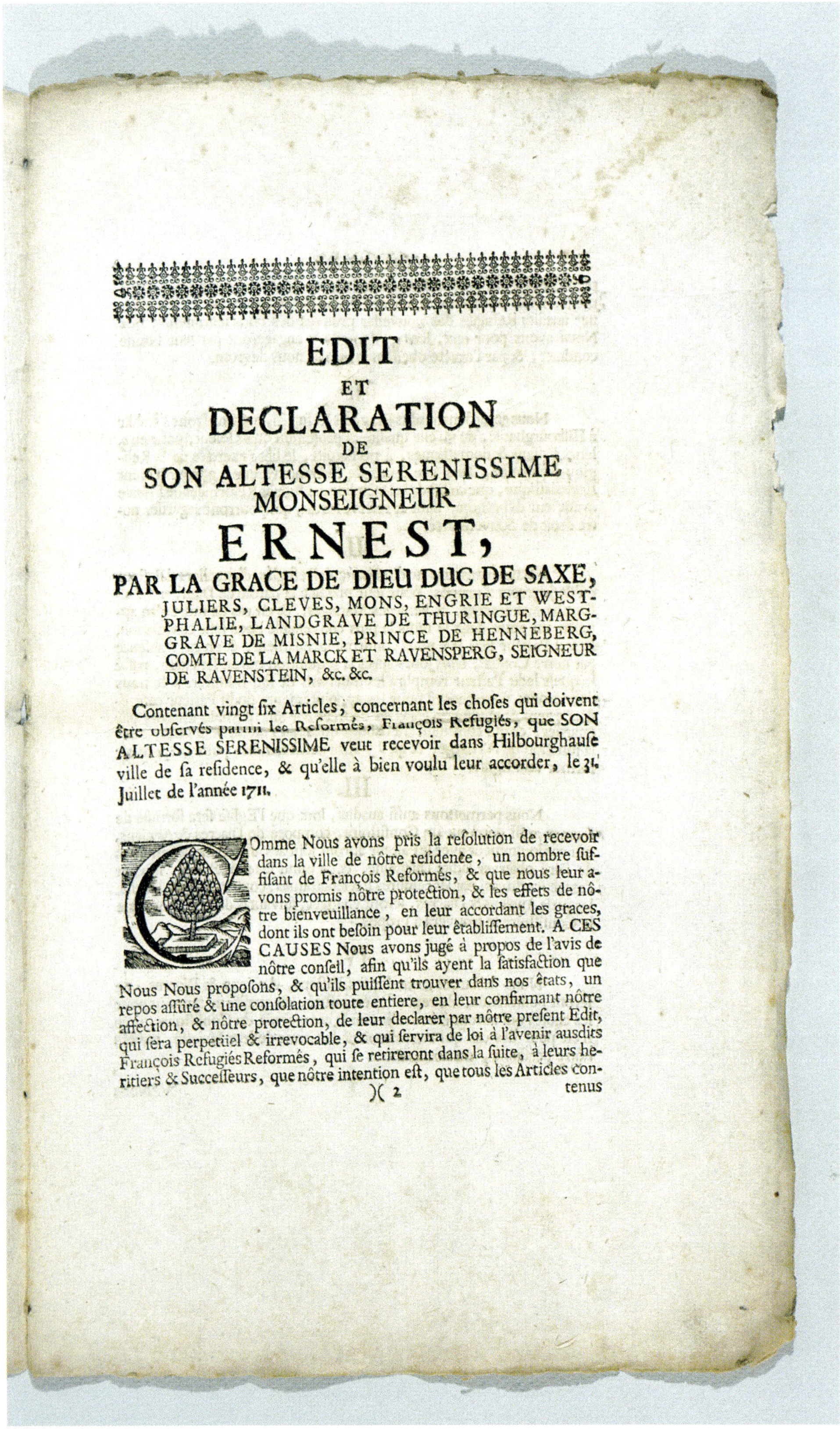

EDIT
ET
DECLARATION
DE
SON ALTESSE SERENISSIME
MONSEIGNEUR
ERNEST,
PAR LA GRACE DE DIEU DUC DE SAXE, JULIERS, CLEVES, MONS, ENGRIE ET WESTPHALIE, LANDGRAVE DE THURINGUE, MARGGRAVE DE MISNIE, PRINCE DE HENNEBERG, COMTE DE LA MARCK ET RAVENSPERG, SEIGNEUR DE RAVENSTEIN, &c. &c.

Contenant vingt six Articles, concernant les choses qui doivent être observés parmi les Reformés, François Refugiés, que SON ALTESSE SERENISSIME veut recevoir dans Hilbourghause ville de sa residence, & qu'elle à bien voulu leur accorder, le 31. Juillet de l'année 1711.

COmme Nous avons pris la resolution de recevoir dans la ville de nôtre residence, un nombre suffisant de François Reformés, & que nous leur avons promis nôtre protection, & les effets de nôtre bienveuillance, en leur accordant les graces, dont ils ont besoin pour leur établissement. A CES CAUSES Nous avons jugé à propos de l'avis de nôtre conseil, afin qu'ils ayent la satisfaction que Nous Nous proposons, & qu'ils puissent trouver dans nos états, un repos assûré & une consolation toute entiere, en leur confirmant nôtre affection, & nôtre protection, de leur declarer par nôtre present Edit, qui sera perpetuel & irrevocable, & qui servira de loi à l'avenir ausdits François Refugiés Reformés, qui se retireront dans la suite, à leurs heritiers & Successeurs, que nôtre intention est, que tous les Articles contenus

)(2 tenus

Erste Seite des „Hugenottenedikts" von Herzog Ernst von Sachsen-Hildburghausen vom 31. Juli 1711 in französischer Sprache.

Auch hier spielten wirtschaftliche Erwägungen eine wichtige Rolle; galten doch diese französischen Flüchtlinge als gewerbefleißige Leute.

Wolfgang Huschke (1982)

Die Hugenotten in Sachsen-Hildburghausen

„Im Namen Sr. Herzogl. Durchlaucht wird die ergangene Höchstlandesherrl. Confirmation der zwischen der allhiesigen Neustadter lutherischen Gemeinde und der allhiesigen reformierten Gemeinde geschlossenen Vereinigung zu Einer gemeinschaftlichen evangelisch-protestantischen Kirche ... bekannt gemacht, daß der Geist christbrüderlicher Vereinigung und Eintracht unter allen Mitgliedern der protestantischen Kirche sich immer weiter verbreiten möge."

Mit dieser im „Herzogl. S. Hildburghäusischen Regierungs- und Intelligenz-Blatt" vom 15. Januar 1825 abgedruckten Bekanntmachung endet das mehr als ein Jahrhundert währende Bestehen einer französischen Kolonie in Hildburghausen.

Das traurige Schicksal religiös verfolgter Menschen bildet den Hintergrund für die Ansiedlung von Hugenotten im südthüringischen Hildburghausen unter dem von 1681 bis 1741 regierenden Herzog Ernst von Sachsen-Hildburghausen. Wie andere evangelische Länder bot er mit einem am 31. Juli 1711 erlassenen Edikt, das in französischer, deutscher und holländischer Sprache abgefaßt war, zwölf geflüchteten französischen Familien in seiner Residenz eine neue Heimat.

Mehrere sehr unterschiedliche Gründe mögen den Herzog zu diesem Schritt bewogen haben. Dabei waren sicher auch das Vorbild seines Vaters, Herzog Ernsts des Frommen von Sachsen-Gotha, und dessen stark christlich-protestantische Haltung beispielgebend. Durch seine Teilnahme am niederländisch-französischen Krieg gegen Ludwig XIV., der den Kampf gegen die Reformierten entfacht hatte, kannte der Regent die Situation der nach Holland geflüchteten Protestanten. Andererseits mögen auch wirtschaftliche Erwägungen eine Rolle gespielt haben, ergaben sich doch durch die Ansiedlung gewerbekundiger und fleißiger Menschen, die völlig neue Produktionszweige und Techniken einführen konnten, neue Möglichkeiten für einen wirtschaftlichen Aufschwung in dem kleinen Land, das die Folgen des 30jährigen Krieges noch nicht überwunden hatte.

Ein Teil der Religionsflüchtlinge kam 1711 direkt aus Südfrankreich, viele von ihnen hatte aber auch schon Zwischenaufenthalte in der Schweiz oder der Pfalz hinter sich gebracht. Ihre finanzielle Lage war schlecht, durch Konfiszierung in der Heimat oder jahrelanges Umherirren hatten sie ihr Vermögen verloren. Daher war es wichtig, daß ihnen in dem Edikt vom 31. Juli 1711 – erneuert durch Herzog Ernst Friedrich im Jahre 1732 und nochmals mit verschiedenen Änderungen durch Ernst Friedrich III. Carl am 20. August 1749 – nicht nur Religionsfreiheit zugesichert wurde, sondern daß sie auch verschiedene andere Privilegien erhielten, die ihnen den Aufbau einer wirtschaftlichen Existenz ermöglichten. Dementsprechend wurden 26 Artikel formuliert, die ihnen verschiedene Vorrechte zubilligten.

Mit der Religionsfreiheit war die Berufung eigener Geistlicher nach eigenem Ermessen verbunden, wobei sich die Regierung an deren Besoldung beteiligte. Die Wahl eines Konsistoriums durfte aus den eigenen Reihen erfolgen. Den Hugenotten wurde ein Recht zur Selbstverwaltung eingeräumt. An ihrer Spitze stand ein Direktor zur Vertretung der Gemeinde, der gleichzeitig Befugnisse eines Richters hatte (directeur et juge). Er war zuständig für alle Amts- und Gerichtssachen, die eine Strafe bis zu einem Betrag von 100 Gulden nach sich zogen. In schweren Kriminalsachen war jedoch die Zuständigkeit der Landesregierung gegeben, aber Bericht und Urteilsvorschlag standen der Kolonie zu.

Nach anderen Bestimmungen des Edikts waren die Kolonisten von Steuer, Geleit und Zoll auf ihre Waren innerhalb des Herzogtums für 10 Jahre, diejenigen, die sich ein Haus bauten, für 15 Jahre befreit. Dadurch konnten sie Handel „im großen und kleinen in Stadt und Land" betreiben. Nur die Verbrauchssteuern von Wein, Bier, Branntwein, Mehl und Fleisch hatten sie wie die anderen Untertanen zu zahlen. Handwerker sollten beliebig viele Gesellen und Lehrlinge haben dürfen, sie waren nicht an Innungen und Zünfte gebunden, durften aber eigene Zünfte begründen oder sich bestehenden anschließen. Sie konnten mit ihrem Eigentum nach Belieben verfahren, Testamente und Schenkungen nach eigenen Rechtsgebräuchen und Gesetzen erlassen, auch der Erwerb adeliger Güter war ihnen gestattet. Schließlich wurden ihnen auch Abzugsfreiheit nach Bezahlung aller Schulden gestattet. Allerdings wurde nach Ablauf der oben bereits genannten 10 bis 15 Freijahre auch von ihnen ein gewisses Abzugsgeld gefordert. Zudem gab noch eine Reihe weiterer entgegenkommender Bestimmungen.

Nachdem die Einwanderer, auch als Refugiés bezeichnet, den Herzog um eine Siedlungsgelegenheit in Hildburghausen ersucht hatten, ließ dieser ihnen ein Gelände nördlich vor der Stadt zuweisen. Für die Bebauung des Geländes wurde ein Stadterweiterungsplan ausgearbeitet. Die so entstandene Neustadt bot mit ihren zweistöckigen Häusern ein recht hübsches, geschlossenes Bild. Die zur Konstituierung der Kolonie nötigen Geldmittel mußten größtenteils aus Kollekten aufgebracht werden, wozu der Herzog am 16. Mai 1714 ein Kollektenpatent erließ.

Der Gottesdienst fand anfangs in einem Privathaus statt, bis 1721/22 ein Tempel nach französischem Vorbild errichtet werden konnte. Herzog Ernst spendierte den Bauplatz und gab unentgeltlich Baumaterial. Der Erlös der auch jetzt wieder durchgeführten Kollekten diente nicht nur der Finanzierung des Kirchenbaus sondern auch der Begründung von Gewerben. Das bisherige Jägerhaus wurde der Gemeinde als Pfarr- und Schulhaus zur Verfügung gestellt. Der Pfarrer und der Schulmeister waren von Steuern, Wachen und Einquartierungen befreit. Die Leitung des Kirchenlebens erfolgte von einer Synode außerhalb des Landes (Ansbach-Bayreuth), die für Franken zuständig war. Durch die zugesicherte kirchliche Selbstverwaltung hatte das Hildburghäuser Konsistorium keinen Einfluß darauf.

Die Familiennamen der ersten Kolonisten lauteten Trollier, Razoux, Caton, Julien, Borell, Gilles, Ladroit, Leget, Dufais, Daport, Ferrière (später Ferrier genannt) und Cregut. Allerdings betrachteten die Refugiés Hildburghausen nie als ihre Heimat, immer nur als zeitweiliges Domizil. Ihre Mentalität war von der der Einheimischen grundlegend verschieden. Von den Hildburghäusern wurden sie als Eindringlinge und Konkurrenten angesehen. So herrschte in der Kolonie, die anfangs stark nach innen abgeschlossen war, ein stetes Kommen und Gehen, und nur wenige der genannten Familien waren bei Auflösung der Kolonie im Jahre 1825 noch ansässig.

Außerdem trieb die in der zweiten Hälfte des 18. Jahrhunderts einsetztende Mißwirtschaft des Herzogs Ernst Friedrich III. Carl zahlreiche Familien zur Abwanderung. Nur langsam entspannte sich das Verhältnis zu den Einwohnern der Stadt, als auch deutsche Reformierte in die Neustadt zogen und eine langsame Vermischung auch mit der einheimischen Bevölkerung einsetzte. Schließlich siedelten sich Hugenotten langsam auch in der Altstadt von Hildburghausen an.
Die Integration der Franzosen sollte mit der Gründung des Gymnasium academicum im Jahre 1714 befördert werden. Dort wurden beispielsweise französische Sprachmeister gebraucht. Bedingt durch die unter dem Einfluß Ludwigs XIV. stehende Mode fanden zahlreiche Franzosen auch Beschäftigung am Hofe, wo die französische Sprache und das französische Theater gepflegt wurden. Französische Kammerdiener, Köche, Gärtner, Geheimsekretäre und Haushofmeister waren gern gesehen. Die wirtschaftlichen Einflüsse auf die Residenzstadt und das ganze Fürstentum wirkten sicher nachhaltiger als die tatsächliche Dauer des Bestehens der Kolonie. Die Neuankömmlinge führten teilweise neue Gewerbe ein, sie brachten aber auch neue Techniken für bereits bestehende Produktionszweige mit. 18 verschiedene Gewerbe übten die Hugenotten aus. Ganz obenan stand die Herstellung und Verarbeitung von Textilien.
Völlig neu wurde in Hildburghausen die Feinweberei eingeführt, insbesondere die Strumpfwirkerei und die Handschuhmacherei, von denen es in Frankreich schon große Betriebe gab. Einer der ersten Strumpfwirker (manufacturier en bas de laine) war der 1714 erwähnte Daniel Borell. Bis Mitte 18. Jhs. betrieben ein Dutzend Männer dieses Gewerbe. Ebenfalls 1714 wird ein Zeugmacher (manufacturier en etoffe) namens Charles Ladre (Ladroit) genannt. Noch um 1766 gab es einen Kattun-

Vorder- und Rückseite einer Silbermedaille zum Tod des Herzogs Ernst von Sachsen-Hildburghausen.

Wappen des Herzogtums Sachsen-Hildburghausen mit dem Jahr der Einweihung der Kirche im Dreieckgiebel über der Nordtür.

Die ehemalige Kirche der Hugenotten in der Neustadt von Hildburghausen. Sie wurde nach französischem Vorbild in den Jahren 1721/1722 errichtet. Nach dem Ende einer eigenständigen reformierten Gemeinde dient sie seit 1828 der katholischen Kirchgemeinde.

drucker und Modellstecher an der Hildburghäuser Kattunfabrik. Die neuartigen Gewerbe waren mit Recht besonders angesehen. Der Handschuhmacher (gantier) N. Terrasse konnte 1726 den kurfürstlich-sächsischen Oberforstmeister Karl von Osterhausen als Paten für seinen Sohn gewinnen. Auch der hugenottische Hutmacher (Chapelier) Henri Dufait genoß hohe Gunst bei Hofe, Pate seiner Kinder war der Herzog von Sachsen-Hildburghausen bzw. die Herzogin Marie Amalie von Sachsen-Zeitz. Letztere begründete 1735 eine Stiftung von 100 Talern jährlich an die Neustädter Gemeinde. Sie war eine Tochter des Kurfürsten Friedrich Wilhelm von Brandenburg, der bereits 1685 Hugenotten in sein Land aufgenommen hatte.

Weitere Handwerker brachten einen Hauch französischer Mode nach Hildburghausen: Schuhmacher, Knopfmacher, der Juwelier (bijoutier) Bartholome Planta. Außer-

dem werden französische Schreiner (menuisiers) erwähnt, die sicherlich Kunsttischler waren. Die Vermittlung neuer Arbeitsmethoden war auch im Dienstleistungsbereich zu verzeichnen, so z.B. der Friseur (coiffeur) Barthelmy Poiblanc, der 1766 aus Berlin nach Hildburghausen kam, und der aus Basel zugewanderte Perückenmacher Daniel Lasson. Um den Perückenmachern den Absatz zu sichern, wurde sogar 1714 ein Generalverbot für den Export weißer und blondgelber Haare erlassen.

Die Kunstgärtnerei wurde vor allem von den Nachkommen des Kantors und Kirchners Theophile Ferrier, Jean Pierre, gestorben 1784, und dessen Sohn Zacharias, gestorben 1809, betrieben. Sie wirkten als Hofgärtner am Hildburghäuser Schloßpark, einem fürstlichen Lustgarten, einem Parkparadies nach dem Muster der französischen Hortikultur, einem Irrgarten. Er wurde unter ihrer Leitung gegen Ende des 18. Jahrhunderts in einen englischen Landschaftspark umgestaltet, der nach dem Verschwinden des Hofes für die Bürger offenstand. Leider erfuhr er vor dem Krieg 1870/71 barbarische Eingriffe durch die Anlage eines Exerzierplatzes für die mittlerweile im Schloß eingerichtete Kaserne.

Auch Feinbrotbäcker und Konditoren, fürstliche Mundköche und Hof-Kaffeeschenken entstammten der französischen Kolonie. Der Hofkonditor Jean Frederic Arfeuil gehörte 1762 zu den Hildburghäuser Großhändlern. Der Bäcker Charles Tatein wurde 1748 von Bäkkerzunft verklagt, weil sein Absatz zu groß war. Weitere Novationen gab es in verschiedenen Manufakturbetrieben. So betrieb Claude Deuport ein Lichtziehergeschäft und eine Branntweinbrennerei, die Lichtzieherei wurde nach seinem Tode von Witwe und Sohn weitergeführt. Auch der Sohn des Friman Charpentier war Branntweinbrenner.

Vermutlich unter dem Einfluß auf die von dem Reformierten Jakob Menius begründete Papiermachéfabrikation stand der Versuch des Pierre Claparéde, im Neustädter Pfarrhaus eine Porzellanmanufaktur zu begründen, der aber zum Scheitern verurteilt war. Erwähnung verdient aber unbedingt die Tätigkeit der hugenottischen Porzellanmaler Johann Ernst Eydt und dessen Sohns Emilius (ersterer ein Sohn des fürstlichen Mundkochs Johann Paul Aix) in der Porzellanmanufaktur Kloster Veilsdorf. Außerdem bestanden umfangreiche Kontakte und Geschäfte mit auswärtigen bzw. durchreisenden Hugenotten. Darunter waren damals bekannte Kaufleute, Ärzte und Gelehrte. Der innerstädtische Handel wurde durch die Weihnachtsmesse in der Neustadt belebt. Auch zu den zuwandernden deutschen Kolonisten gehörten bekannte Personen, wie z.B. der Kunstmaler Johann Valentin Tischbein oder Sophie von Schuler, die Gemahlin des Kammerherrn Carl Christian von Schuler.

Die reformierte Gemeinde bestand mehr als 100 Jahre lang in Hildburghausen. Seit der zweiten Hälfte des 18. Jh. nahm aber die Zahl ihrer Mitglieder immer mehr ab. Viele Familien starben aus oder verließen den in der 2. Hälfte des 18. Jh. hoch verschuldeten Staat. Teilweise gingen sie auch in der heimischen Bevölkerung auf. Mit der Assimilation war auch eine Eindeutschung der Familiennamen verbunden, so wurde z.B. Aix zu Eydt, Ferriére zu Ferrier. Am 16. Januar 1825 kam es dann zur Vereinigung mit der lutherischer Gemeinde, die seit 1721 in Hildburghausen ansässig war und seit 1774 die Waisenhauskirche besaß. Damit war das Ende einer eigenständigen französischen Kolonie - der einzigen in den sächsisch-ernestinischen Territorialstaaten Thüringens - gekommen.

[Katharina Witter]

14.

DEmnach der Durchlauchtigste Fürst und Herr/ Herr Ernst Friedrich/ Hertzog zu Sachsen/ Jülich/ Cleve und Berg/ auch Engern und Westphalen 2c. Unser gnädigster Fürst und Herr/ aus tragender Landes väterlicher Sorgfalt vor das gemeine Beste/ gnädigst *resolvir*et haben/ vor dem allhiesigen mittlern Thor/ gegen Schleußingen zu/ eine Neustadt anlegen und aufführen zu lassen: Immassen denn bereits verschiedene daselbsten angebauet/ und noch im Anbau begriffen sind; Und nun/ wie diese gnädigste und gemeinnützige *Intention* um so ehender zu erreichen seyn möchte/ fernere Sorge zu tragen seyn will: So haben höchstgedacht Seine Hochfürstl. Durchl. durch dieses offene *Patent* bekant zu machen/ und männiglich diese Fürstliche Versicherung zu geben gnädigst anbefohlen/ daß denenjenigen/ es seyn Fremde oder Einheimische/ welche in obgedachter Neustadt anzubauen/ und Häuser auffzuführen sich entschliessen/ nicht nur eine gewisse Anzahl Felder ohnentgeltlich eingeräumet/ sondern auch iedem das darzu benöthigte Bauholtz umsonst abgegeben/ nicht minder und überdiß eine Zwantzig jährige Freyheit von *Extra*-Steuren gegönnet/ auch sonsten/ zu Beförderung und *Etablir*ung Ihrer Nahrung/ alle möglichste Handbietung gethan werden solle. In Uhrkund mehr höchstgedacht Seiner Hochfürstl. Durchl. eigenhändigen Unterschrifft/ und vorgedruckten Fürstlichen Insiegels. Gegeben Hildburghausen/ den 26. Maji, 1716.

Ernst Friedrich.

L.S.

Patent vom 26. Mai 1716 zur Anlegung der Neustadt in Hildburghausen.

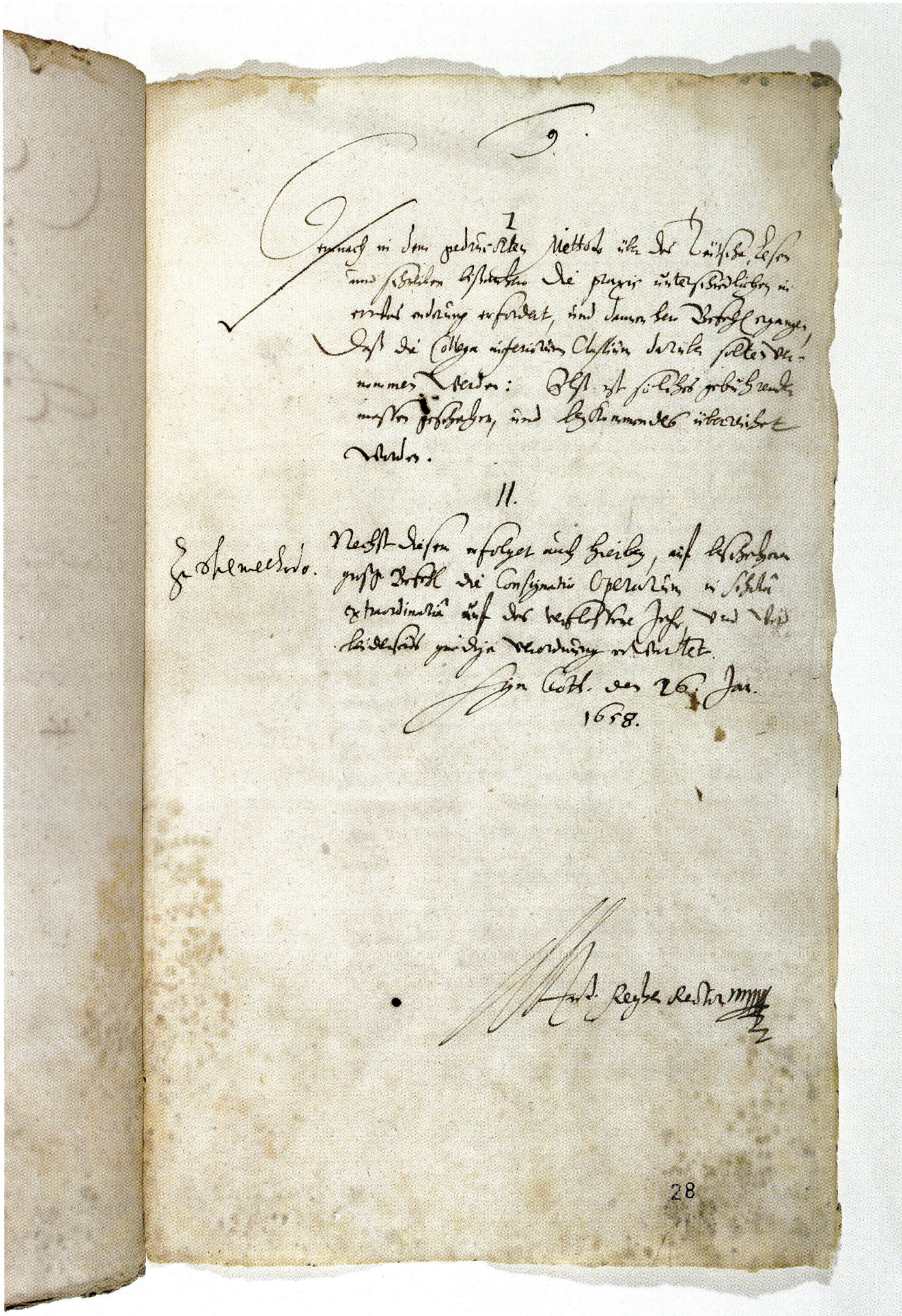

Niederschrift von Magister Andreas Reyher, Rektor des Gymnasiums zu Gotha, über Maßnahmen zur Verbesserung des Unterrichts, insbesondere des „Teutschen Lesens und Schreibens". Gotha, 26. Januar 1658. Papier mit eigenhändiger Unterschrift.

Das größte Lob aber wurde dem Herzog dadurch ausgestellt, daß unter seinen Zeitgenossen die Sage entstand, Herzog Ernst sei im Reichstage von mehreren Fürsten angeklagt worden, „weil er sein Volk zu gelehrt mache".

Woldemar Boehne (1888)

Der Gothaer Schulmethodus

Der erste und wohl auch bedeutendste Landesherr des 1640/41 durch Erbteilung neuentstandenen Herzogtums Gotha, Ernst I., genannt der Fromme, war der große Pädagoge unter den Fürsten seiner Zeit. Er begann bei seinen eigenen Kindern, die eine sorgfältige, christliche, sparsame, aber auch strenge Erziehung genossen, die vom Vater genau geregelt und überwacht wurde. Dabei spielte, ganz im Sinne der fortschrittlichen Pädagogik der Zeit – Comenius' Orbis Pictus! – die Anschauung eine große Rolle: Auf Spaziergängen lernten die Kinder von Bäumen und Pflanzen und deren Nutzen; den Prinzen wurde mit Hilfe geschnitzter Figuren der Aufbau des Staatswesens vor Augen geführt; schon bald mußten sie sich auf Exkursionen mit dem Lande und dessen Einrichtungen vertraut machen und später auf Reisen sich über die Zustände fremder Länder informieren – alles im Hinblick auf ihre dereinstige Herrscherrolle. Die Lehrer suchte der Herzog selbst aus, gab ihnen umfangreiche Anweisungen und stellte durch Repetitionen und Examina sicher, ob und daß der Lehrstoff von den fürstlichen Kindern recht verarbeitet war. Wichtigstes Fach war die Religion; ihm folgte Latein, das sogar Prinzessinnen beigebracht wurde. Deutsch dagegen wurde nur wenig geübt. Für das Französische wurden immerhin Muttersprachler angestellt, außerdem gingen einige Prinzen nach Genf, um sich dort in dieser Sprache zu vervollkommnen. Die älteren Prinzen erhielten Geschichtsunterricht, wobei auf die Zusammenhänge der Ereignisse Wert gelegt wurde, ferner wurden ihnen dazu Kenntnisse der Geographie, Kultur- und Kirchengeschichte vermittelt. Bei Mathematik, Physik und deren Anwendung im praktischen Leben, z.B. in der Befestigungskunst, war die Anschauung durch Modelle und Gegenstände von großer Wichtigkeit. Für die Prinzen waren genauere Kenntnisse der Rechte, insbesondere des öffentlichen Rechts, des Staats- und Reichsrechts vorgeschrieben, wobei die Privilegien des eigenen Fürstenhauses anhand der Urkunden im fürstlichen Archiv erörtert werden sollten, die anderen Fächer einen Schwerpunkt der akademischen Ausbildung der Prinzen darstellten. Besonders gut sind wir über das Studium zweier Söhne in Tübingen informiert, da die mitentsandten Hauslehrer berichten mußten: über den Stundenplan, über die Lektüre welcher Bücher in welchem Umfang, über die Fortschritte ihrer Zöglinge. Zur Ausbildung gehörten wiederum Ausflüge zur Belehrung. Es wurden historisch bedeutsame Bauwerke besichtigt, Festungsanlagen, Manufakturen.

Herzog Ernst, der sich schon als Verwalter des seinem Bruder Bernhard von Weimar, dem Feldherrn des 30jährigen Krieges, durch die Schweden zuerkannten Herzogtums Franken mit Besserung des Bildungswesens beschäftigt hatte, suchte sich zu Anfang seiner Regierung in

Gotha über die Zustände des vom Krieg verwüsteten Landes genauestens zu unterrichten, indem er schon 1640 Berichte von den Beamten und Pfarrern anforderte. Im folgenden Jahr ließ er eine Generalvisitation vornehmen. Da auch bei den Erwachsenen große Unwissenheit in der christlichen Lehre festzustellen war, führte er 1642 einen allgemeinen obligatorischen Katechismus-Unterricht ein; die Pfarrer hatten genaue Verzeichnisse, „Seelenregister", anzulegen, in denen die Gemeindeglieder nach Kenntnisstand in verschiedene Klassen eingeteilt waren. Die Art und Weise des Unterrichts war wiederum vorgeschrieben. Dabei kam es auf das Verstehen an, nicht auf das Auswendiglernen der Texte. In seinem Eifer für die Erziehung des Volkes ging Ernst der Fromme so weit, sogar für die häusliche Frömmigkeit Vorschriften zu erlassen. Um der gesunkenen Zucht und Ordnung weiter aufzuhelfen, verlieh der Herzog den Pfarrern ein „Strafamt"; er setzte „Inspectores disciplinae" ein, er errichtete Rügegerichte und Geistliche Untergerichte. Schließlich ließ er, um die Bevölkerung nicht nur über geistliche Dinge zu belehren, verschiedene Bücher drucken und verbreiten, die dem gemeinen Mann Grundkenntnisse über Recht und Politik, über Sicherheit und Sparsamkeit, Maße und Gewichte und vieles mehr verschaffen und praktische Hinweise für den Alltag geben sollten. Doch sein größtes Werk war die Einführung der allgemeinen Schulpflicht – als erster deutscher Landesherr – und deren Umsetzung durch den „Gothaischen Schulmethodus". Bei der Generalvisitation von 1641 an wurde offenbar, daß der Zustand der Schulen und der Lehrer ganz und gar miserabel, ein Einschreiten also dringend geboten war. Hiermit beauftragte der Herzog den neuernannten Rektor des Gymnasiums zu Gotha, Andreas Reyher. Sein 1642 erstmals veröffentlichter (und bis 1735 immer wieder verbesserter und neuaufgelegter) „Schulmethodus" wurde das Fundament der Schule im Herzogtum Gotha. Dabei handelt es sich um eine ausführliche Ordnung des Schulwesens im Herzogtum Gotha, in der Fassung von 1642 waren es 435 Paragraphen in 16 Kapiteln. Am Anfang stehen Anweisungen für das Verhalten der Lehrer und für die äußere Schulordnung. Vor allem wurde festgelegt, daß alle Kinder, ohne Ausnahme, Knaben und Mägdlein, vom fünften bis zum zwölften Lebensjahr das ganze Jahr über die Schule zu besuchen hätten. In Städten und größeren Dörfern gab es besondere Mädchenschulen. Auch an Sonn- und Feiertagen versammelten sich die Kinder in der Schule, es wurde das Evangelium gelesen, und dann gingen sie mit ihren Lehrern gemeinsam in die Kirche. Eigentlicher Schulunterricht war Montag bis Donnerstag, am Freitag dagegen fanden Repetitionen statt, am Sonnabend vorbereitender Unterricht für den sonntäglichen Kirchenbesuch. Das Lesen, das nächst der Religion den wichtigsten Platz einnahm, wurde anhand eines deutschen – nicht, wie zuvor öfters, lateinischen – „Syllabenbuches" erlernt. Dieses war ebenso von Reyher verfaßt wie das „Lesebüchlein", das vor allem Luthers Katechismus enthielt. Die Methode des Lesenlernens, nach der damals üblichen Buchstabier-Methode, wird genau erörtert. Ebenso finden sich Anweisungen für den Schreibunterricht, der erst nach Erwerbung ausreichender Lesekenntnisse erteilt wurde. Daran schließt sich der Gesangsunterricht, dem breiter Raum gewidmet ist. Für das Rechnen hatte Reyher eine „Arithmetica oder Rechenbüchlein" verfaßt; allerdings wurde dieses erst von der mittleren Klasse an gelehrt. Wichtig sind folgende Grundsätze: Es wurde das Klassensystem eingeführt; vor der Versetzung fand ein Examen statt; das Auswendiglernen wurde zurückgedrängt; die Anschauung spielte eine wichtige Rolle.

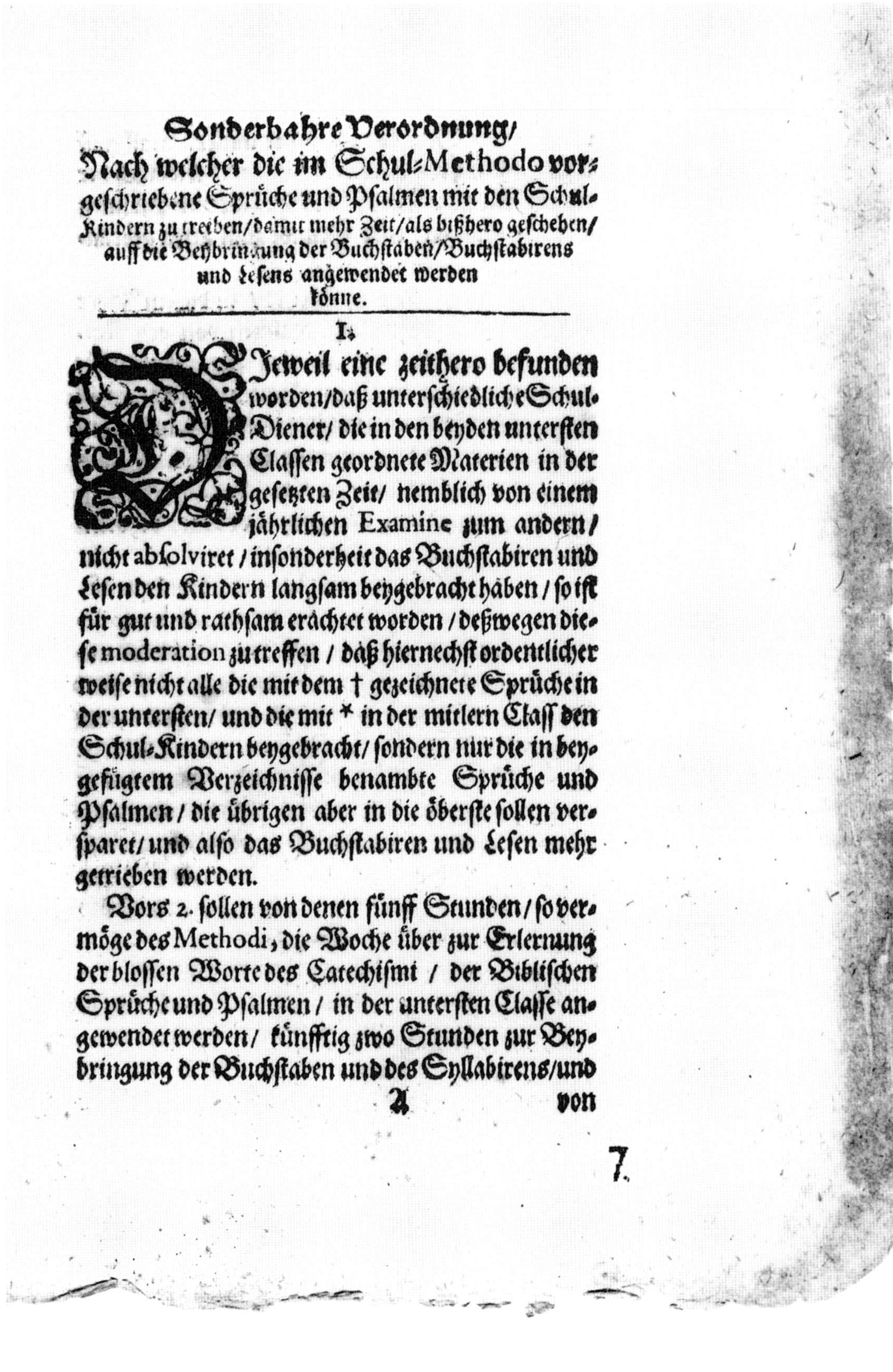

Sonderbahre Verordnung/
Nach welcher die im Schul-Methodo vorgeschriebene Sprüche und Psalmen mit den Schul-Kindern zu treiben/damit mehr Zeit/als bißhero geschehen/ auff die Beybringung der Buchstaben/Buchstabirens und Lesens angewendet werden könne.

I.

DJeweil eine zeithero befunden worden/daß unterschiedliche Schul-Diener/ die in den beyden untersten Classen geordnete Materien in der gesetzten Zeit/ nemblich von einem jährlichen Examine zum andern/ nicht absolviret/insonderheit das Buchstabiren und Lesen den Kindern langsam beygebracht haben/so ist für gut und rathsam erachtet worden/deßwegen diese moderation zu treffen/ daß hiernechst ordentlicher weise nicht alle die mit dem † gezeichnete Sprüche in der untersten/ und die mit * in der mitlern Classe den Schul-Kindern beygebracht/ sondern nur die in beygefügtem Verzeichnisse benambte Sprüche und Psalmen/ die übrigen aber in die öberste sollen versparet/ und also das Buchstabiren und Lesen mehr getrieben werden.

Vors 2. sollen von denen fünff Stunden/so vermöge des Methodi, die Woche über zur Erlernung der blossen Worte des Catechismi / der Biblischen Sprüche und Psalmen/ in der untersten Classe angewendet werden/ künfftig zwo Stunden zur Beybringung der Buchstaben und des Syllabirens/und

A von

7.

Titelblatt des Schulmethodus.

1837 erbautes Gebäude des Gymnasium Ernestinum in Gotha.

Andreas Reyher, XII. Rektor des Gymnasiums zu Gotha, mit Familie. Gemälde von August Erich aus dem Jahre 1643.

Die Schulbücher wurden in der vom Herzog gegründeten und von Reyher (und später von seinen Erben) betriebenen Druckerei hergestellt und an die Kinder ärmerer Eltern kostenlos abgegeben. Sie wurden immer wieder umgearbeitet und blieben bis ins 18. Jahrhundert im Gebrauch.
Im Jahre 1656 wurde der Unterrichtsstoff um Realien erweitert – auch hierin war das Herzogtum führend. Grundlage des Unterrichts, aber auch für Belehrung von Erwachsenen, war das Buch „Kurzer Unterricht von den natürlichen Dingen". Es behandelte auf faßliche Weise Himmelskunde und Wetterkunde, das Mineralien-, Pflanzen- und Tierreich, schließlich den Menschen und die Seele.
Äußerst modern mutet in der dazu erschienenen methodischen Handreichung für den Lehrer an, daß sie Anschaulichkeit forderte, möglichste Selbständigkeit des Schülers und Lehrausflüge in die Umwelt und Natur. Es sollten auch Lehrmittel, Sammlungen oder wenigstens Abbildungen angeschafft werden. Die Knaben sollten zusätzlich über Verfassung und Verwaltung des Landes und der örtlichen Gemeinde belehrt werden.
Die Lehrer, denen ein jederzeit vorbildliches Verhalten und denen bei Bestrafungen ein gelindes Vorgehen vorgeschrieben war, hatten über ihre Schüler auch außerhalb des Unterrichts zu wachen. Den Kindern waren ebenfalls Regeln für ihr Betragen in und außerhalb der Schule auferlegt, die regelmäßig öffentlich verlesen wurden und die bis ins kleinste gingen. Andererseits bemühte sich der Herzog darum, das Ansehen des Lehrerstandes zu heben, ihre Besoldung zu verbessern und eine Versorgung der Hinterbliebenen zu schaffen.
Ebenso ließ Ernst der Fromme der höheren Schulbildung seine Fürsorge angedeihen, insbesondere dem Gothaer Gymnasium (heutiges Gymnasium Ernestinum). Dessen Lehrplan wurde verbessert, in den unteren Klassen der Rechenunterricht eingeführt und Kenntnisse in Staatsbürgerkunde vermittelt, ähnlich wie in den allgemeinen Schulen.
In der Oberstufe kamen solche Fächer hinzu, die auf das Studium hinführten. Die bisherigen sieben Lehrerstellen wurden um vier weitere vermehrt; in Ansätzen entwickelte sich schon ein Fachlehrersystem. Daß Ernst auf bessere Schulzucht verstärkt sein Augenmerk richtete, versteht sich. Schließlich schuf der Herzog aus dem 1543 von Myconius eingerichteten „Coenobium", das bisher nur ein Wohnheim für Gymnasiasten gewesen war, eine besondere Anstalt mit einem eigenen Inspektor und stiftete 10 Freistellen für arme Schüler und zusätzlich vier solche für Konvertiten.
Die Schülerzahl des Gymnasiums hat sich allein in der Zeit von 1641 bis 1661 mehr als verdoppelt. Das Gothaer Gymnasium genoß im Ausland einen solchen Ruf, daß Zöglinge aus ganz Deutschland, aus Skandinavien, aus Polen und Ungarn nach Gotha kamen. Bei all dem unablässigen pädagogischen Bemühen ist es kein Wunder, wenn es 1704 hieß, Fremde berichteten, „in den Ländern Herzog Ernsts seien die Bauern gescheiter als die Landedelleute in anderen Gegenden Deutschlands".

[Dr. Uwe Jens Wandel]

Herzog Ernst der Fromme von Sachsen-Gotha-Altenburg. Kupferstich.

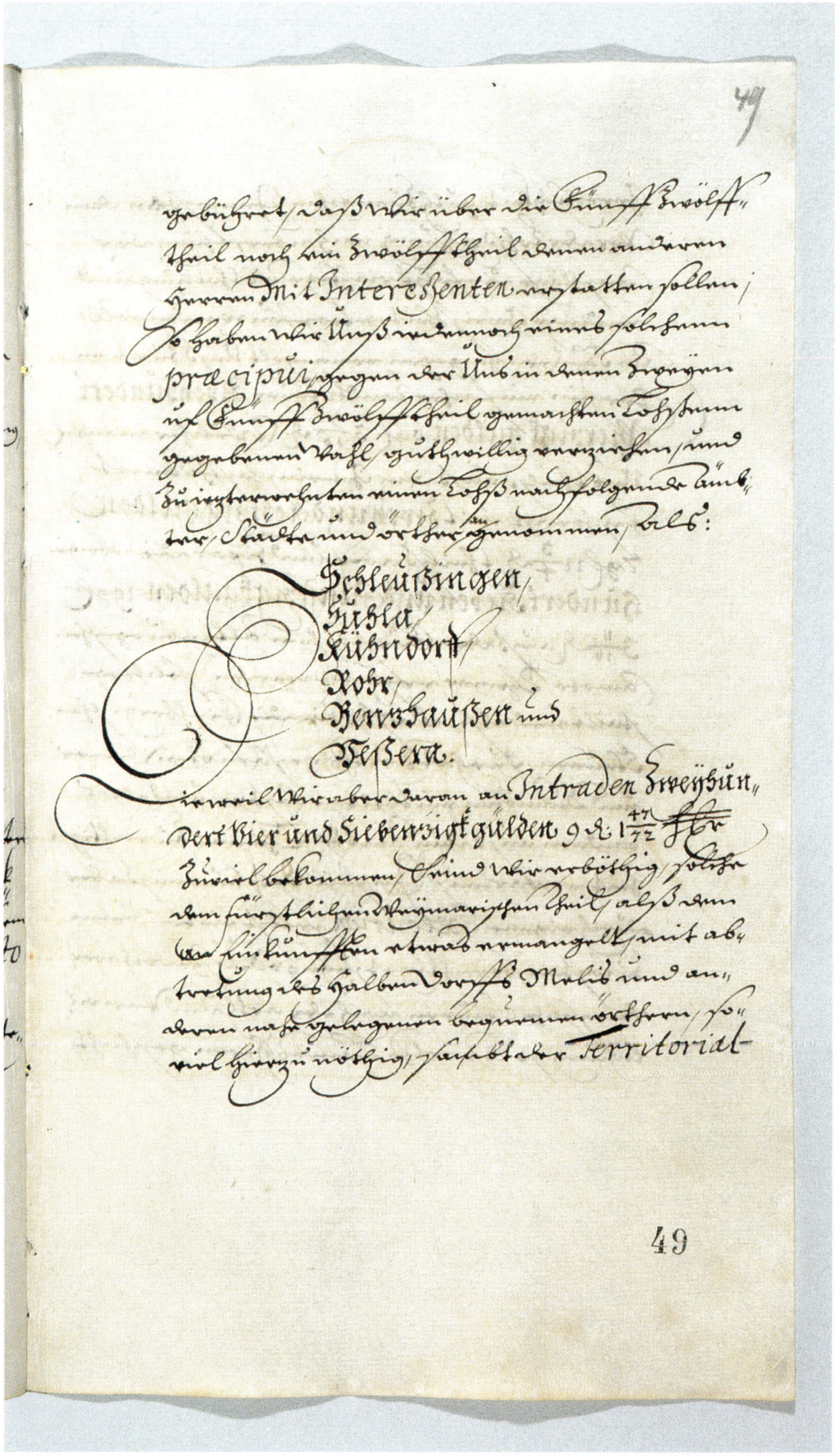

Ausschnitt aus dem von Herzog Moritz von Sachsen-Zeitz ratifizierten Vertrag über die Teilung der Grafschaft Henneberg mit Angaben über die ihm zugefallenen Ämter, Städte und Ortschaften. Weimar, 9. August 1660. Ausfertigung, Papier.

Angesichts der durch die schwere Heimsuchung des dreißigjährigen Krieges eingetretenen Verarmung, Entvölkerung und verringerten wirtschaftlichen Leistungsfähigkeit des Landes war die finanzielle Versorgung der jüngeren Fürstensöhne in Frage gestellt, wenn nicht ihrem Haushalte eine feste territoriale Basis gegeben wurde...

Hellmut Kretzschmar (1925)

Sekundogenituren Sachsen-Weißenfels und Sachsen-Zeitz

Die Erbteilungen der Wettiner haben ab 1485 die territoriale Gliederung Thüringens bis in unsere Zeit nachhaltig beeinflußt. Am stärksten wirkte dies im Herrschaftsbereich der Ernestiner, nachdem es im Ergebnis der Grumbachschen Händel ab 1572 zu einer ersten Landesteilung gekommen war, der weitere folgten. Nicht so tiefgreifend waren die Einschnitte bei den Albertinern, wobei der Besitz der Kurwürde ab 1547 nicht von vornherein die Landesteilungen ausschloß. Die Tatsache, daß es in dieser wettinischen Linie nur eine geringe Anzahl Erben gab, minimierte jedoch derartige Möglichkeiten sehr. Dies änderte sich während der Regentschaft von Kurfürst Johann Georg I.

Nach dem Dreißigjährigen Krieg waren von ursprünglich sieben männlichen Nachkommen noch vier am Leben. Der älteste Sohn, Johann Georg II., besaß das Anrecht auf die Kurwürde. Für die nachgeborenen Söhne August, Christian und Moritz mußte daher die Frage ihrer Ausstattung geklärt werden. Bereits früher waren dazu Mittel gewählt worden, die den Erben ein standesgemäßes Einkommen sowie dem kurfürstlichen Haus den politischen Einfluß auf bestimmte Territorien sichern sollten. August von Sachsen war u.a. 1628 Administrator des Erzstiftes Magdeburg geworden. Allerdings konnte diese Position im Ergebnis des Westfälischen Friedens nicht behauptet werden. Mit dem Tod des Administrators fiel 1680 auf Grund einer Festlegung von 1648 das erzstiftische Territorium an das Kurfürstentum Brandenburg. Auch die beiden anderen Brüder hatten Administratorenstellen inne. Während Herzog Christian das Stift Merseburg zugewiesen worden war, erhielt Moritz das Stift Naumburg-Zeitz. Für letzteren hatte sein Vater zusätzlich die Statthalterschaft der Ballei Thüringen des Deutschen Ordens erworben, nachdem Herzog Albrecht von Sachsen-Eisenach gestorben war. Diese umfaßte die Kommenden Zwätzen, Lehesten, Liebstedt und Nägelstedt mit zugehörigen Dörfern. Die Amtsübernahme durch Moritz verzögerte sich allerdings noch bis 1649.

Festgeschrieben wurde die zukünftige Teilung des albertinischen Landes im Testament des Kurfürsten Johann Georg I. vom 20. Juli 1652. Beweggrund dafür war vor allem, daß die Söhne trotz der kriegsbedingten verringerten wirtschaftlichen Leistungsfähigkeit des Kurstaates abgesichert sein sollten, wobei jedoch standesgemäße und absolutistische Gedanken auch eine Rolle spielten. Die Bestimmungen des Testamentes wurden nach dem Ableben von Kurfürst Johann Georg I. am 8. Oktober 1656 durch den „Freundbrüderlichen Hauptvergleich" vom 22. April 1657 noch präzisiert.

Johann Georg II. verfügte danach als neuer Kurfürst insbesondere über die Kur- und Erblande sowie den kursächsischen Teil der Grafschaft Mansfeld. Gesichert war

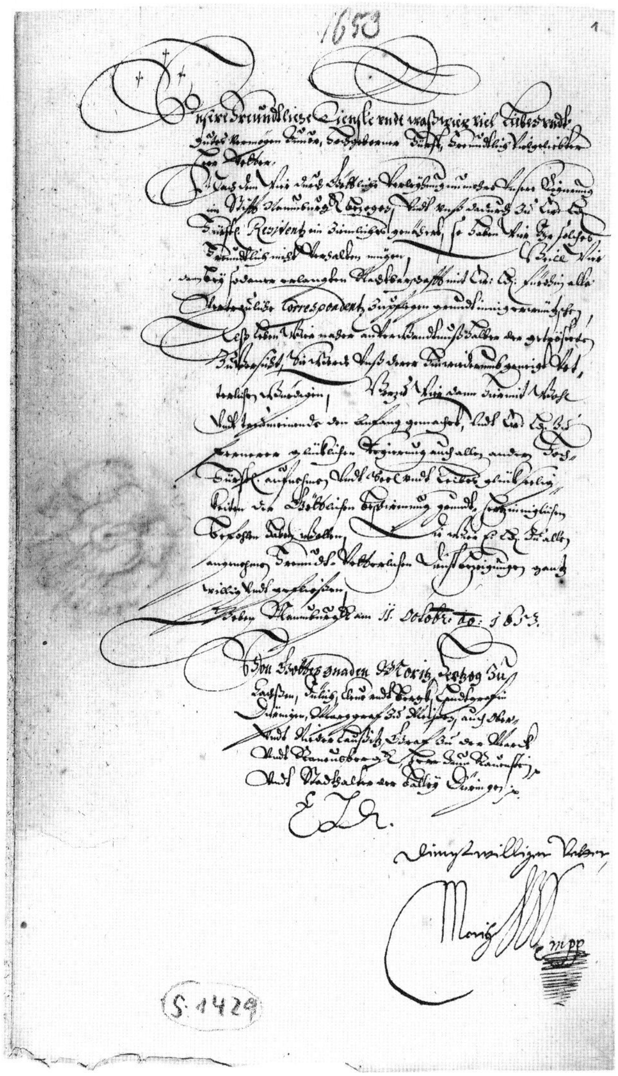

Mitteilung von Herzog Moritz von Sachsen-Zeitz an Herzog Wilhelm IV. von Sachsen-Weimar vom 11. Oktober 1653 über die Aufnahme seiner Regierung in Naumburg.

gleichzeitig, daß die neu entstehenden Sekundogenituren (Fürstentümer der nachgeborenen Söhne) keine absolute Selbständigkeit erhielten. Der Kurfürst besaß dadurch weiter eine bestimmte Entscheidungsgewalt über diese Territorien, was sich u.a. im Zusammenhang mit Steuerfragen zeigte. Ausgeschlossen war ebenso, daß eine Sekundogenitur nach dem Aussterben thronberechtigter Erben durch Erbfall an eine andere verwandte, jedoch nicht albertinischen Linie fallen konnte. Damit wurde der zukünftige Bestand des gesamten albertinischen Territoriums im 18. Jahrhundert gesichert.

Der zweite Sohn August erhielt die vier ehemals magdeburgischen Ämter Querfurt, Jüterbog, Dahme und Burg, die seit 1635 zum Kurfürstentum gehörten. Weiter wurde er mit den meisten Ämtern des 1547 gebildeten Thüringer Kreises und dem seit 1567/1571 assekurierten Amt Sachsenburg ausgestattet. Bei Kursachsen verblieben „die in Thüringen befindliche[n] Balleyen, Comptoreyen, samt allen Pertinentien, alle und jede Grafen, Herren und Schrifftsäßige Ritterschaft, wie auch das Amt Trefurt, Schul-Pforta und [die] Stadt Dennstädt". Ferner behielt Johann Georg II. u.a. die Erbschutzrechte über Erfurt, Nordhausen und Mühlhausen. Zur Wahrnehmung dieser Rechte in Thüringen wurden in Tennstedt und Schulpforta entsprechende Ämter eingerichtet.

Die beiden Administratoren verfügten über ihre Stiftsgebiete, wobei Moritz noch die übrigen assekurierten Ämter Arnshaugk, Weida und Triptis, den Vogtländischen Kreis, die Herrschaften Tautenburg, Frauenprießnitz und Niedertrebra sowie die kursächsischen Rechte an der ehemaligen Grafschaft Henneberg in Südthüringen erhalten hatte. Bei Kursachen verblieben u.a. die schriftsässige Ritterschaft der Ämter Plauen und Voigtsberg sowie die Stadt Schöneck im Vogtländischen Kreis und Wälder im Amt Mildenfurth. Obwohl der Vergleich von 1657 einige Konfliktfelder ausräumte, gestalteten sich die Beziehungen zwischen den einzelnen Territorien weiterhin kompliziert. In Thüringen erlebte die territoriale Zersplitterung mit den albertinischen Sekundogenituren und den ernestinischen Erbteilungen in der zweiten Hälfte des 17. und der ersten Hälfte des 18. Jahrhunderts ihren letzten Höhepunkt.

Im Ergebnis der Leipziger Teilung besaßen die Wettiner das Schutzrecht über das Stift Naumburg-Zeitz gemeinsam, das jedoch infolge des Schmalkaldischen Krieges an die Albertiner überging. Bedingt durch die Reformation konnten diese für das Stift Administratoren einsetzen, die aus dem albertinischen Haus stammten. Bereits als Dreijähriger war Herzog Moritz von Sachsen so in dieses Amt, das später auch auf seinen Sohn überging, gewählt worden, welches er infolge seines Alters und der kriegerischen Ereignisse jedoch erst relativ spät antreten konnte. Da das Schloß in Zeitz im Dreißigjährigen Krieg stark beschädigt worden war, wurde Naumburg als Residenzort gewählt.

Am 11. Oktober 1653, teilte Herzog Moritz seinem späteren Schwiegervater, Herzog Wilhelm IV. von Sachsen-Weimar mit, daß er „... durch göttliche verleyhung numehro [am 4. Oktober des Jahres, seine] regierung im stift Naumburgk bezogen undt [... sich] dadurch [... dessen] fürstlicher resitentz [in Weimar] ein ziemliches genähert“ habe. Als Unterkunft diente das Residenzhaus am Markt, welches allerdings kaum größeren repräsentativen Anforderungen gedient haben dürfte. Spätestens nachdem Moritz 1656 Dorothea Maria von Sachsen-Weimar geheiratet hatte und ihm durch den Tod seines Vaters die Sekundogenitur Sachsen-Zeitz zugefallen war, mögen ihn die veränderten Familien- sowie Herrschaftsverhältnisse dazu bewogen haben, die Errichtung einer neuen Residenz in Zeitz ins Auge zu fassen.

Kupferstich von 1667/68 mit dem Porträt von Herzog August von Sachsen-Weißenfels aus dem 1668 in Weimar von Georg Neumark veröffentlichten „Der Neu-Sprossende Teutsche Palmbaum“.

Im Rahmen der nun beginnenden Bautätigkeit konnte der Herzog auf den Baumeister und Ingenieur seines Schwiegervaters – den Weimarer Johann Moritz Richter – zurückgreifen. Ab 1657 liefen die Arbeiten zur Errichtung der Moritzburg in Zeitz, die bis 1663 teilweise abgeschlossen waren. In diesem Jahr erfolgte der Umzug der herzoglichen Familie nach Zeitz. Wurde bis zu diesem Zeitpunkt die herzogliche Linie auch als Sachsen-Naumburg bezeichnet, so setzte sich nun der Titel Sachsen-Zeitz durch. Während der Regentschaft von Moritz kam es 1660 zu verschiedenen Verträgen mit den Ernestinern. Diese traten u.a. ihre Rechte an den assekurierten Ämtern Arnshaugk, Weida und Ziegenrück ab, für die sich in der Folge die Bezeichnung Neustädter Kreis durchsetzte. Im selben Jahr erhielt Moritz mit den Ämtern Schleusingen, Suhl, Kühndorf und Benshausen sowie den Klöstern Rohr und Veßra einen Teil der ehemaligen Grafschaft Henneberg, die bis dahin gemeinschaftlich den Wettinern zustand. 1681 trat sein Sohn, Herzog Moritz Wilhelm, die Regentschaft in dem kleinen Fürstentum an. Da der Herzog 1717 zum Katholizismus konvertierte (im Oktober 1718 bekannte er sich wieder zum Protestantismus), mußte er die Stiftsadministration niederlegen. Moritz Wilhelm residierte seitdem in Weida. Als er am 15. November 1718 starb, gab es keine erbberechtigten Vertreter der Familie. Damit fiel das Herzogtum an Kursachsen zurück.

Fast drei Jahrzehnte länger als Sachsen-Zeitz sollte das Herzogtum Sachsen-Weißenfels bestehen. Dieses Fürstentum, dessen Kerngebiet auch als thüringische Landesportion bezeichnet wurde, umfaßte in Thüringen vor allem drei „größere" geschlossene Territorialkomplexe. In Mittelthüringen befanden sich die Ämter (Langen)-Salza, Weißensee und Sachsenburg und im Nordosten die Ämter Eckartsberga, Freyburg und Weißenfels. Die beiden Distrikte wurden durch die Herrschaften Beichlingen, Frohndorf und Wiehe getrennt, welche den altschriftsässigen Herren von Werthern gehörten und bei Kursachsen verblieben waren. Im Norden Thüringens lagen die Ämter Sangerhausen und Sittichenbach als ein dritter Komplex dieses Herzogtums.

Neben der thüringischen Landesportion besaß Herzog August von Sachsen-Weißenfels seit 1659 auch die Grafschaft Barby. 1663 bildete man ferner aus einzelnen Ämtern, die Herzog August unterstanden, das selbständige Fürstentum Querfurt, das jedoch in Personalunion mit Sachsen-Weißenfels verbunden blieb. Zum Herzogtum Querfurt gehörten neben den ehemals magdeburgischen Ämtern Querfurt, Jüterbog, Dahme und Burg die Ämter Heldrungen, Sittichenbach und Wendelstein in Thüringen. Zentralort für dieses Gebiet war die Stadt Weißenfels. Herzog August als Landesherr residierte jedoch in der Funktion als Administrator des Erzstiftes Magdeburg in Halle, von wo anfänglich auch die Verwaltung seiner thüringischen Gebiete ausgeübt wurde. 1666 kam es schließlich zur Einrichtung zentraler Behörden in Weißenfels.

Durch verschiedene Maßnahmen versuchte Herzog August, den Wohlstand des Landes in wirtschaftlicher wie kultureller Hinsicht wieder zu heben, um die Folgen des Dreißigjährigen Krieges zu überwinden. Dazu zählte, daß

Schloß Neu-Augustusburg in Weißenfels. Als barockes Residenzschloß der wettinischen Sekundogenitur Sachsen Weißenfels wurde es ab 1660 unter dem Weimarer Baumeister Johann Moritz Richter errichtet. Noch nicht endgültig fertiggestellt, diente es seit 1680 Herzog Johann Adolf I. von Sachsen-Weißenfels als Wohnsitz. Die abschließenden Bauarbeiten dauerten noch bis 1694.

in Weißenfels 1664 das Gymnasium Augusteum gegründet wurde. Diese bildungspolitischen Bemühungen wurden unter seinen Nachfolgern fortgesetzt. So richtete 1716 Herzog Christian in der Residenzstadt das „Seminarium illustre“ ein, das den Rang einer Landesuniversität erhielt. Dies führte jedoch zu Streitigkeiten mit Kursachsen und der Universität Leipzig, weshalb das Projekt nicht weiter verfolgt wurde.

Bedingt durch die Ergebnisse des Westfälischen Friedens war absehbar, daß das Territorium nach dem Tod Herzog Augusts und dem Anfall des Erzstifts Magdeburg an Brandenburg eine neue Residenz benötigen würde. Seit 1658 sind deshalb erste Maßnahmen zur Errichtung eines Schlosses belegt. Nachdem 1660 Johann Moritz Richter der Ältere auch für Weißenfels zum Baumeister bestellt worden war, erfolgte am 25. Juli des Jahres die Grundsteinlegung für das Schloß Neu-Augustusburg, dessen Gestalt sich sehr stark am 1650/51 begonnenen Weimarer Schloßbauprojekt orientierte.

Der Bau zog sich über Jahrzehnte hin. Obwohl er noch nicht vollständig fertig war, siedelte die höfische Gesellschaft nach dem Tod von Herzog August 1680 von Halle nach Weißenfels über. In der nunmehrigen Residenz entfaltete der neue Regent Johann Adolf I. in der Folge eine glänzende barocke Hofhaltung. Dabei konnte er an den Aktivitäten seines Vaters anknüpfen, der 1667 zum dritten Oberhaupt der Fruchtbringenden Gesellschaft gewählt worden war. Obwohl deren Wirken nicht mehr umfassend dem ursprünglichen Gründungsgedanken Rechnung trug, bestanden u. a. ausgeprägte Kontakte zu bedeutenden Literaten, die auch nach 1680 beibehalten wurden. Zu nennen ist hier das Wirken von Johannes Beer, der als einer der wichtigsten barocken Erzähler nach Johann Jacob Christof von Grimmelshausen gilt und im Herzogtum auch als Musiker tätig war.

Von entscheidender Bedeutung für die Ausstrahlung von Weißenfels als Musenhof war ferner die Tatsache, daß dort 1685 die Einrichtung eines Komödiensaales den Beginn einer intensiven Opernpflege einleitete. Mit einzelnen Unterbrechungen wurden in Weißenfels bis 1730 Schauspiele und Opern aufgeführt. Als „Hauskomponisten“ für die musikalischen Werke waren zumeist Johann Philipp Krieger und Johann Augustin Kobelius tätig. Aber auch Georg Philipp Telemann komponierte für den Weißenfelser Hof vier Opern. Als bedeutende Exponentin des Theaters begann 1717 Caroline Neuber ihre Schauspielerlaufbahn in der thüringischen Residenzstadt an der Saale, wo sie auch später noch mehrfach gastierte.

Herzog Johann Adolph von Sachsen-Weißenfels war in erster Ehe mit Johanna Magdalena von Sachsen-Altenburg verheiratet. Über diese Verbindung spekulierte der Weißenfelser Herzog auf den Erwerb des Altenburger Fürstentums. Als dessen männliche Vertreter ausstarben, erfüllte sich diese Hoffnung jedoch nicht, da das Herzogtum an Sachsen-Gotha gelangte. Nachfolger in der Weißenfelser Regentschaft wurde 1697 Johann Georg.

Ihm folgte 1712 sein Bruder Herzog Christian. Während seiner Herrschaft kam es 1719 zu größten finanziellen Problemen im Etat des Herzogtums, welche sich bereits unter seinen Vorgängern angebahnt hatten. Dies hatte die Einsetzung einer kaiserlich-kurfürstlich-sächsischen Debitkommission zur Folge. Blind und kinderlos starb Christian 1736 in Sangerhausen, so daß ihm sein Bruder Johann Adolph II. in der Regentschaft folgte. Als auch er 1746 ohne männliche Erben starb, erlosch das Haus Sachsen-Weißenfels. Das Fürstentum fiel an Kursachsen zurück, das damit wieder alle albertinischen Gebiete in Thüringen in einer Hand vereinigte.

[Dr. Frank Boblenz]

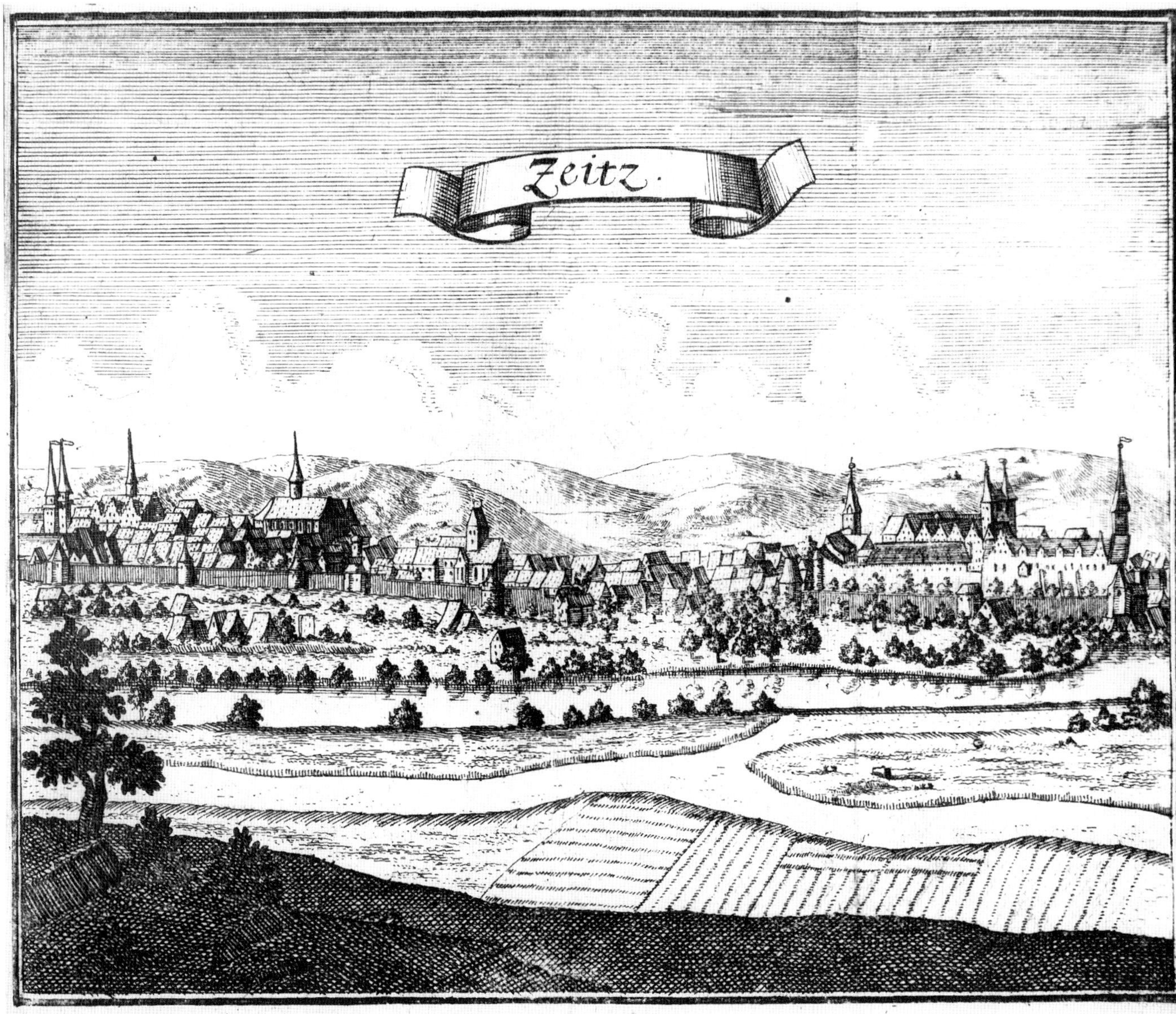

*Ansicht von Zeitz
aus der Mitte des 17. Jahrhunderts.
Kupferstich aus Adam Friedrich Glafeys
„Kern der Geschichte des hohen Chur- und
Fürstlichen Hauses zu Sachsen“,
Frankfurt am Main und Leipzig 1737.*

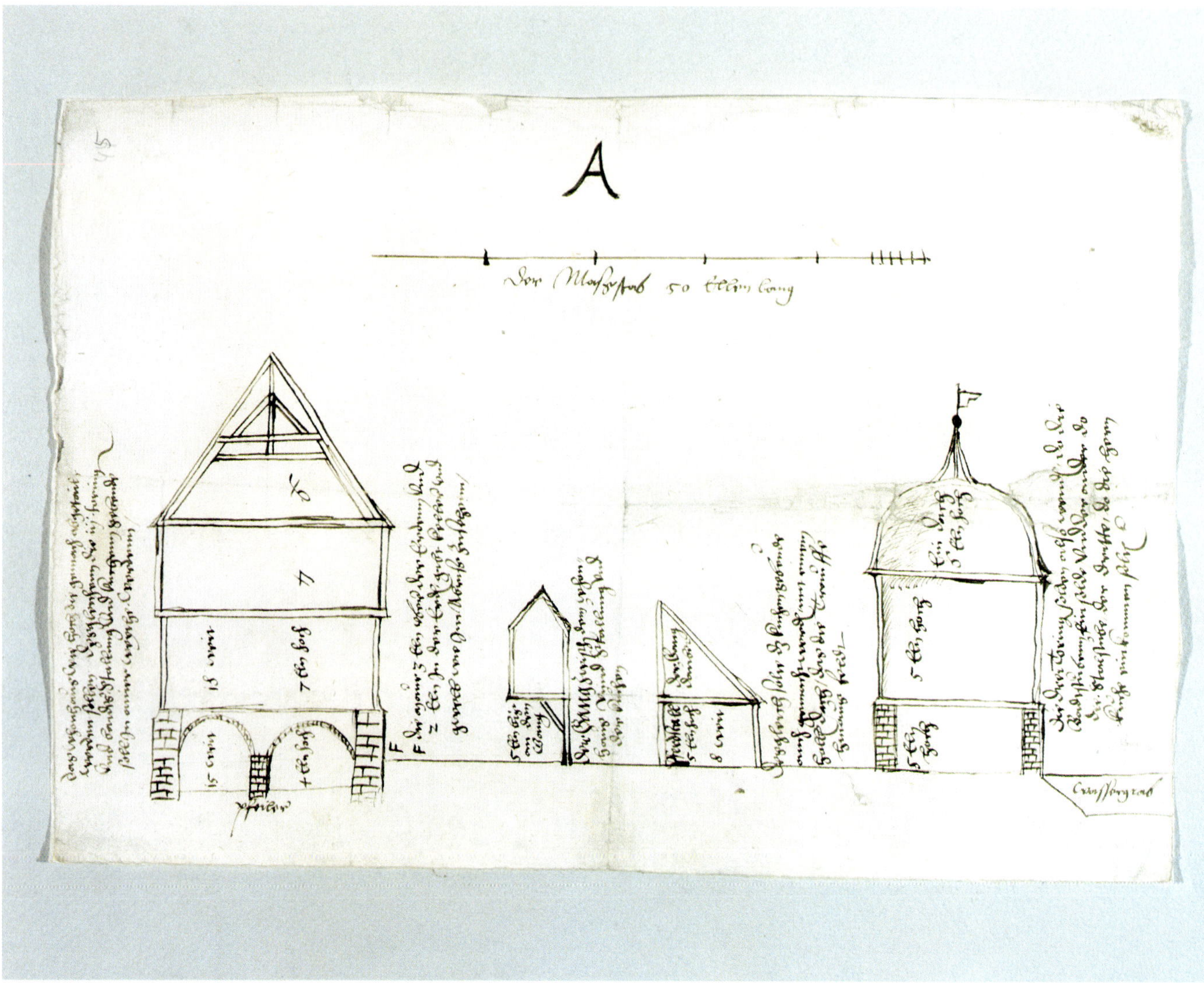

Bauskizze von Nikolaus Gromann aus dem Jahre 1547 zum Jagdschloß Fröhliche Wiederkunft bei Wolfersdorf mit Angaben über die einzelnen Geschoßhöhen des Wohnhauses, der Küche und der Stallungen. Federzeichnung auf Papier.

Vom Vorhandensein der Köpfe, der Mittel, des Willens abhängig, vom Eingreifen fremder Kräfte gestört oder gefördert, zersplittert sich die Entwicklung in eine verwirrende Fülle von Einzelheiten, deren Zusammenfassung erst das gesuchte Bild schafft.

Hans Heinrich Heubach (1920)

Die Schlösser der Wettiner

Im Mittelalter verfügten die Wettiner in Thüringen über eine größere Anzahl von Burgen, die Aufgaben im Rahmen der Landesverwaltung und -verteidigung zu erfüllen hatten. Einzelne von ihnen dienten zeitweise als Residenz des Landesherrn. Allen zu eigen war der vordergründige wehrhafte Charakter. Bis zur Renaissance hatte sich eine kleine Anzahl von festen Schlössern herauskristallisiert, die von den Landesherren für ihren Aufenthalt bevorzugt wurden. Für die Albertiner konzentrierten sich die Residenzen außerhalb von Thüringen vor allem auf Dresden und den umliegenden meißnischen sowie osterländischen Teil. Allerdings nutzten sie auch Burgen in Thüringen, so u. a. 1553, als Herzogin Agnes, Witwe von Kurfürst Moritz von Sachsen, die Ämter Weißenfels und Weißensee erhielt und die Burgen in den beiden Amtsorten ihr zum Aufenthalt dienten. In Weißenfels residierte zuvor zeitweise Herzog August von Sachsen, bevor er 1553 Kurfürst wurde.

Die Ernestiner bevorzugten bis 1547 bei ihren festen Schlössern außerhalb Thüringens Wittenberg und Torgau sowie innerhalb der fränkisch-thüringischen Landschaft den „Hornstein“ in Weimar, den „Grimmenstein“ in Gotha, die Veste Coburg sowie gelegentlich die Osterburg in Weida. Durch die zunehmende Konzentration auf bestimmte Schlösser und die einsetzenden Landesteilungen kam es zur Ausgestaltung von Residenzstädten. Ihre soziale, wirtschaftliche und behördliche Struktur wurde nachhaltig durch die Belange des Hofes beeinflußt. Die einzelnen fürstlichen Höfe entwickelten sich mehr oder weniger stark ausgeprägt zu kulturellen Zentren für die verschiedenen Kunstgattungen wie z.B. Literatur, Musik, Theater, Malerei und Graphik. Höhepunkte des höfischen Lebens bildeten Feste, für deren Inszenierung die Schlösser und zugehörigen Parkanlagen den Rahmen boten.

Um das standesgemäße Leben und den Aufenthalt der Regenten sowie ihrer Angehörigen in den Residenzorten und anderen Teilen der Territorien zu ermöglichen, wurden – mitunter nur für kurze Zeit – weitere Schlösser und Anlagen erbaut bzw. genutzt, die heute zum Teil noch erhalten sind. Neben den Sommerresidenzen und Witwensitzen betraf dies auch Bauten für die nicht zur Regierung gelangenden Brüder und Söhne der Regenten. Vor allem im 18. Jahrhundert entstanden zahlreiche Schlösser zu Jagd- und Vergnügungszwecken. Bei Jena war zudem die Funktion als Universitätsstadt und als eines der juristischen Zentren Thüringens maßgebend, daß dort bereits vor und nach dem Erlöschen der Linie Sachsen-Jena ein Schloß existierte. Damit bildete sich ein stellenweise dichtes Netz von herrschaftlichen Repräsentativbauten heraus, über das die einzelnen Linien der Wettiner verfügen konnten. Entsprechend der vorherrschenden Stilrichtung versuchte man, Zweckmäßigkeit und Repräsentation in diesen Bauten zu vereinen.

Mitunter diktierten dabei die politischen und finanziellen Verhältnisse die Möglichkeiten. Hier zeigte sich das Janusgesicht der zahlreichen Landesteilungen, die einerseits die Errichtung neuer Schlösser begünstigten, andererseits die zur Verfügung stehenden Mittel beschnitten, was sich letztlich negativ auf die Unterhaltung und Ausstattung der bestehenden Anlagen auswirken konnte.

Die Realisierung der Neu- und Umbauten, bei denen der repräsentative Aspekt seit dem ausgehenden Mittelalter immer mehr Gewicht erlangte, wurde speziellen Beamten – meist Landbaumeistern – übertragen. Ihre Tätigkeit war bei größeren Bauwerken in vielen Fällen vor allem planerisch, baubegleitend und kontrollierend. Die direkte Bauausführung vor Ort wurde dagegen während der Abwesenheit der Baumeister, die oft mit mehreren Objekten zeitgleich beschäftigt waren, durch andere Beauftragte realisiert. Gerade die Vielzahl der betreuten herrschaftlichen Objekte sowie Privatbauten der Baumeister führten dazu, daß einige von ihnen damit maßgeblich die Entwicklung des Bauwesens in Mitteldeutschland beeinflußten.

Ein herausragender Vertreter dieser „Zunft" war Nikolaus Gromann, der nach dem Tod seiner Vorgänger Konrad Krebs und Andreas Günther – beide waren an der Errichtung des Schlosses Hartenfels in Torgau beteiligt – für die Ernestiner bedeutende Bauten errichtete. Der Beginn seiner Hauptwirkungszeit fällt damit in jenes Jahrzehnt, das durch die Niederlage der Ernestiner im Schmalkaldischen Krieg von 1547 gekennzeichnet ist. Dies sollte seinen Niederschlag auch im Schloßbau finden. Weimar wurde als Hauptresidenz der Ernestiner ausgebaut, wo Gromann u.a. seit der ersten Hälfte der vierziger Jahre mit dem Bau am Schloß Hornstein beschäftigt war und 1561 bis 1563 die Aufsicht über die Errichtung des Grünen Schlosses (heute Herzogin Anna Amalia Bibliothek) ausübte. Weitere Baumaßnahmen fanden in Gotha statt, wo Gromann bereits vor 1547 an der Fertigstellung des Vorgängerbaus des heutigen Schlosses Friedenstein, mitgewirkt hatte. Nachdem der Grimmenstein 1547 stark zerstört worden war und 1552 Kaiser Karl V. den Neubau erlaubt hatte, widmete sich Gromann intensiv den neuzuschaffenden Befestigungsanlagen in Gotha. In seiner rund dreißigjährigen Dienstzeit führte der ernestinische Landbaumeister u. a. auch Um- und Neubauten sowie Reparaturen an der Osterburg in Weida, der Veste Heldburg (französischer Bau), den herzoglichen Gebäuden in Dornburg sowie der Ehrenburg und Veste in Coburg durch. Ferner errichtete er von 1547 bis 1551 bei Wolfersdorf das Jagdschloß „Zur fröhlichen Wiederkunft", in dem Johann Friedrich der Großmütige nach seiner Entlassung aus der kaiserlichen Gefangenschaft auf Thüringer Boden empfangen wurde. Es war neben Hummelshain und Friedebach der einzige Bau dieser Art in Thüringen, über die die Ernestiner zu dieser Zeit verfügen konnten. Auf Gromanns Wirken sind auch verschiedene bürgerliche Bauten zurückzuführen, die das Selbstbewußtsein ihrer Besitzer bzw. der Kommunen dokumentierten. Dazu gehörten das Altenburger Rathaus (1561-1563) ebenso wie die Häuser von Christian Brück (Cranachhaus) und Anton Pestel am Weimarer Markt.

Von den Schloßbauten Gromanns überstand nur ein Teil die Zeit. So wurde z. B. der Grimmenstein im Ergebnis der Grumbachschen Händel 1567 dem Erdboden gleichgemacht, der Hornstein 1618 durch Feuer weitgehend zerstört. Mit dem Wiederaufbau des Weimarer Schlosses beauftragte 1619 Herzog Johann Ernst der Jüngere den Italiener Giovanni Bonallino. 1630 wurde zwar die Schloßkirche neu eingeweiht, der Bau blieb aber auf Grund der Ereignisse des Dreißigjährigen Krieges ein Torso.

Schloß Friedenstein in Gotha. Fotografie vor 1873.

Modellzeichnung der Weimarer Wilhelmsburg von 1660. Die Ansicht, die vermutlich von Johann Moritz oder Wilhelm Richter stammt, zeigt das Schloß, wie es nach seiner endgültigen Fertigstellung aussehen sollte.

Erst nach dem Regierungsantritt von Herzog Wilhelm IV. begann in Weimar eine neue Phase im thüringischen Schloßbau. Seit frühester Kindheit beschäftigte er sich – stärker als andere zeitgenössische Landesherrn in Thüringen – mit Mathematik, Geometrie, Architektur und Bauwesen, Mechanik sowie mit dem Militärwesen. Im Zusammenhang damit bemühte sich Wilhelm IV. zielgerichtet, Verbindung mit Baumeistern und Ingenieuren zu halten bzw. diese an den Weimarer Hof zu binden.

Weimar erhielt dadurch den Charakter eines „logistischen Zentrums", von dem wesentliche Impulse für das barokke Bauwesen in Mitteldeutschland ausgingen. Zu den bedeutenden Baumeistern, die in Weimar dienten bzw. mit dem Herzog in Verbindung standen, gehörte Andreas Rudolff. Er war neben dem Erfurter Baumeister Caspar Vogell ab 1643 maßgeblich im Herzogtum Sachsen-Gotha an der Errichtung des Schlosses Friedenstein in Gotha beteiligt, das einen neuen Schloßtyp (Dreiflügelanlage) in Thüringen darstellte.

Zu den Personen, die der Herzog zielgerichtet protegierte, gehörte Johann Moritz Richter der Ältere. Er entstammte einer alten Baumeister-, Künstler- und Beamtenfamilie aus Altenburg, die vom 16. bis in das 18. Jahrhundert u. a. in zum Teil enger Verbindung mit den fürstlichen Höfen in Altenburg, Weimar, Weißenfels und Zeitz stand. Bereits der Urgroßvater, Conrad König, war Ende der 1570er Jahre als Baumeister auf der Festung Königstein bei Dresden tätig gewesen. Der Großvater, Erasmus Richter, war Bürger und Hofkunstmaler in Altenburg und der Vater, Christian Richter, Hofmaler in Weimar. Johann Moritz Richter wurde seit der ersten Hälfte der 1630er Jahre durch Wilhelm IV. selbständig als Ingenieurjunge in der militärischen wie auch zivilen Architektur ausgebildet. 1640 schickte der Landesherr seinen Eleven zur weiteren Vervollkommnung seiner Architekturkenntnisse auf eine rund dreijährige Studienreise in die Niederlande. Eine 1645 angeordnete Studienreise nach Italien konnte dagegen nicht realisiert werden.

Herzog Wilhelm IV. beauftragte Richter mit der Fertigstellung des neuen Weimarer Schlosses, der Wilhelmsburg, dessen Projektierung und teilweise Fertigstellung sich an französischen und holländischen Bauten sowie dem Schloß Friedenstein orientierte. Geplant war eine symmetrische dreiflügelige Anlage mit Ehrenhof, die im Süden durch eine Hofabschlußmauer mit Tor verbunden war. An den Innenseiten der südlichen Enden der Seitenflügel waren viereckige sechsgeschossige Türme vorgesehen. Die südliche Front sollte noch durch zwei kleine Seitenflügel an den Türmen verbreitert werden. Bei einer Realisierung hätte dies gleichzeitig zu einer Beseitigung der noch heute erhaltenen Reste der Burg Hornstein (Schloßturm und Bastille) geführt. Der Tod von Wilhelm IV. verhinderte jedoch die Vollendung des Baues. Ungeachtet dessen wurde die Wilhelmsburg zum Leitmotiv im thüringisch-mitteldeutschen Schloßbau und punktuell darüber hinaus.

Auch der Neubau des Jenaer Schlosses wurde Richter übertragen. Seine Erfahrungen im Bauwesen waren jedoch nicht nur im Herzogtum Sachsen-Weimar gefragt, sondern wurden auch von den Albertinern mit Billigung von Wilhelm IV. in Anspruch genommen. Für sie spielte die Errichtung bzw. Erneuerung von bestehenden Burg- und Schloßanlagen in Thüringen in der frühen Neuzeit nur eine untergeordnete Rolle. Dies änderte sich mit der Entstehung der Sekundogenituren im Jahre 1656, die mit den Herzogtümern Sachsen-Weißenfels und Sachsen-Zeitz auch Thüringen betrafen. Die verwandtschaftlichen Beziehungen zwischen den Ernestinern und Albertinern waren ausschlaggebend, daß Richter die Errichtung der Residenzschlösser in Weißenfels (ab 1660) und Zeitz (ab 1657) anvertraut wurde.

Als „Fürstl. Sächs. gesamter Weimarischer/ wie auch Magdeburgischer und Zeitzischer Ingenieur und Land-Baumeister" beschäftigte sich Richter seit 1663 im Auftrage von August von Sachsen-Weißenfels ferner mit dem Umbau der Festung Heldrungen, des einzigen modernen und rein fortifikatorischen Objektes im wettinischen Thüringen. Die Arbeiten vollendete sein Sohn, Johann

Moritz Richter (II), der anschließend in Bayreuth sowie in Eisenberg an den Schlössern tätig war. Den gleichen Beruf übten auch dessen Söhne Johann Moritz Richter (III) und Johann Adolf Richter aus. In die Fußtapfen von J. M. Richter dem Älteren trat ferner dessen Sohn Christian, der in Römhild, Hildburghausen, Saalfeld, Meiningen und Coburg im Dienste der einzelnen ernestinischen Linien an Schloßbauten tätig war.

Noch zu Lebzeiten von Landbaumeister Johann Adolf Richter wirkte in Weimar und anderen Teilen Thüringens Gottfried Heinrich Krohne. Der aus Dresden stammende Baumeister, dessen Hauptwerk der Wiederaufbau der schwarzburgischen Heidecksburg in Rudolstadt ist, war 1726 in den Dienst von Herzog Ernst August von Sachsen-Weimar getreten. Während der Regierungszeit dieses wegen seiner Jagd- und Bauleidenschaft bekannten Regenten entstanden zahlreiche Lust- und Jagdschlösser, die überwiegend von Krohne errichtet wurden. Dazu gehörten u. a. Belvedere (Weimar), Dornburg, Ettersburg, Großbrembach, Wilhelmsthal und Zillbach. Aber auch größere Objekte wurden in Angriff genommen. Nicht unwesentlich war dabei, daß 1741 Ernst August sein Territorium durch den Anfall des Fürstentums Sachsen-Eisenach erheblich vergrößern konnte. In Eisenach wurde deshalb eine neue Residenz errichtet. Der Tod von Herzog Ernst August 1748 stellte allerdings eine Zäsur im Schaffen von Krohne dar, weil ein Teil der laufenden Baumaßnahmen nicht weitergeführt wurde. Mit seinen repräsentativen Bauten, die nicht nur auf das Herzogtum Sachsen-Weimar-Eisenach beschränkt waren, verhalf Krohne der Stilrichtung des Rokoko zum Durchbruch in Thüringen.

Als einer der wenigen Neubauten seit der zweiten Hälfte des 18. Jahrhunderts wurde das Neue Schloß zu Hummelshain 1880 im Herzogtum Sachsen-Altenburg durch die Berliner Architekten Ernst Eberhard von Ihne und Paul Stegmüller ausgeführt. Im Herzogtum Sachsen-Meiningen wurde in (Bad) Liebenstein um 1860 für den Erbprinzen Bernhard die Sommerresidenz „Villa Feodora“ gebaut. Auf Intention von Großherzog Carl Alexander und unter dem Einfluß der Romantik kam es bis 1890 im Großherzogtum Sachsen-Weimar-Eisenach zur Wiederherstellung der Wartburg, wobei u.a. Hugo von Ritgen als Baumeister und Moritz von Schwind als Maler tätig waren.

Größere Bauaktivitäten hatte es auch in der Haupt- und Residenzstadt des Großherzogtums gegeben. Anlaß dafür war der Weimarer Schloßbrand von 1774, der wie zuvor 1618 Teile der Residenz in Mitleidenschaft zog. Unter Beteiligung von Johann Wolfgang von Goethe in der Schloßbaukommission wurde der Neuaufbau bis 1803 mit Ausnahme des Westflügels vorgenommen, wobei die Vollendung in den Händen des preußischen Architekten Heinrich Gentz lag. Die Ausgestaltung der von ihm geschaffenen Räume gehört zu den bedeutendsten Werken der deutschen Klassik, zu deren Exponenten auch Clemens Wenzelslaus Coudray zählt. Unter dessen Leitung wurde seit 1820 der Westflügel des Weimarer Schlosses wieder hergestellt. Dieses fürstliche Bauwerk steht gleichsam am Ende der Schloßbaugeschichte während der Herrschaft der Wettiner in Thüringen. 1913/14 wurde die bis dahin offene Hufeisenanlage durch einen Querbau geschlossen. Das war die letzte größere Baumaßnahme an thüringischen Schlössern im Auftrag der Wettiner.

[Dr. Frank Boblenz]

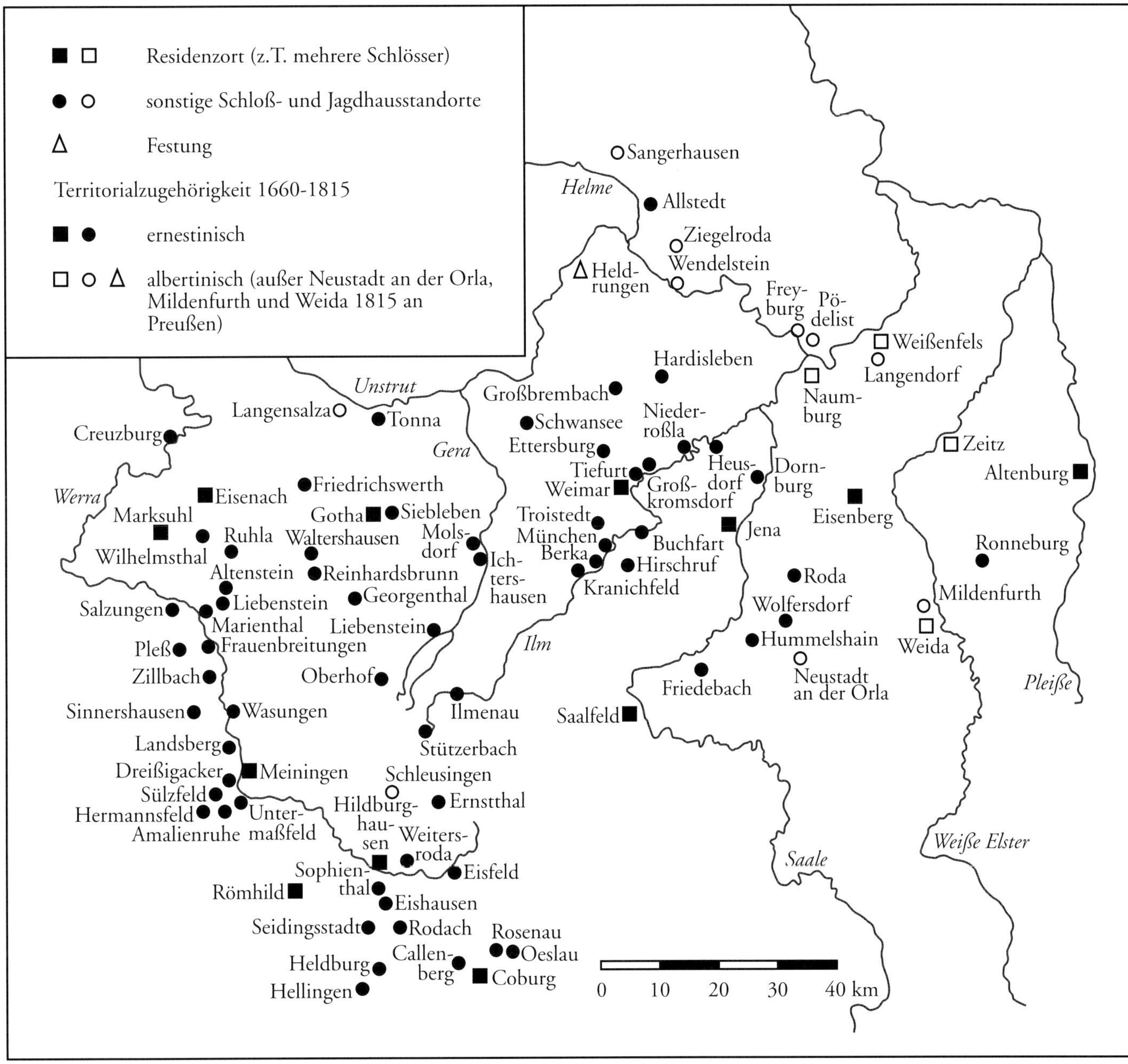

Schloß- und Jagdhausstandorte im wettinischen Thüringen von 1547 bis 1918.

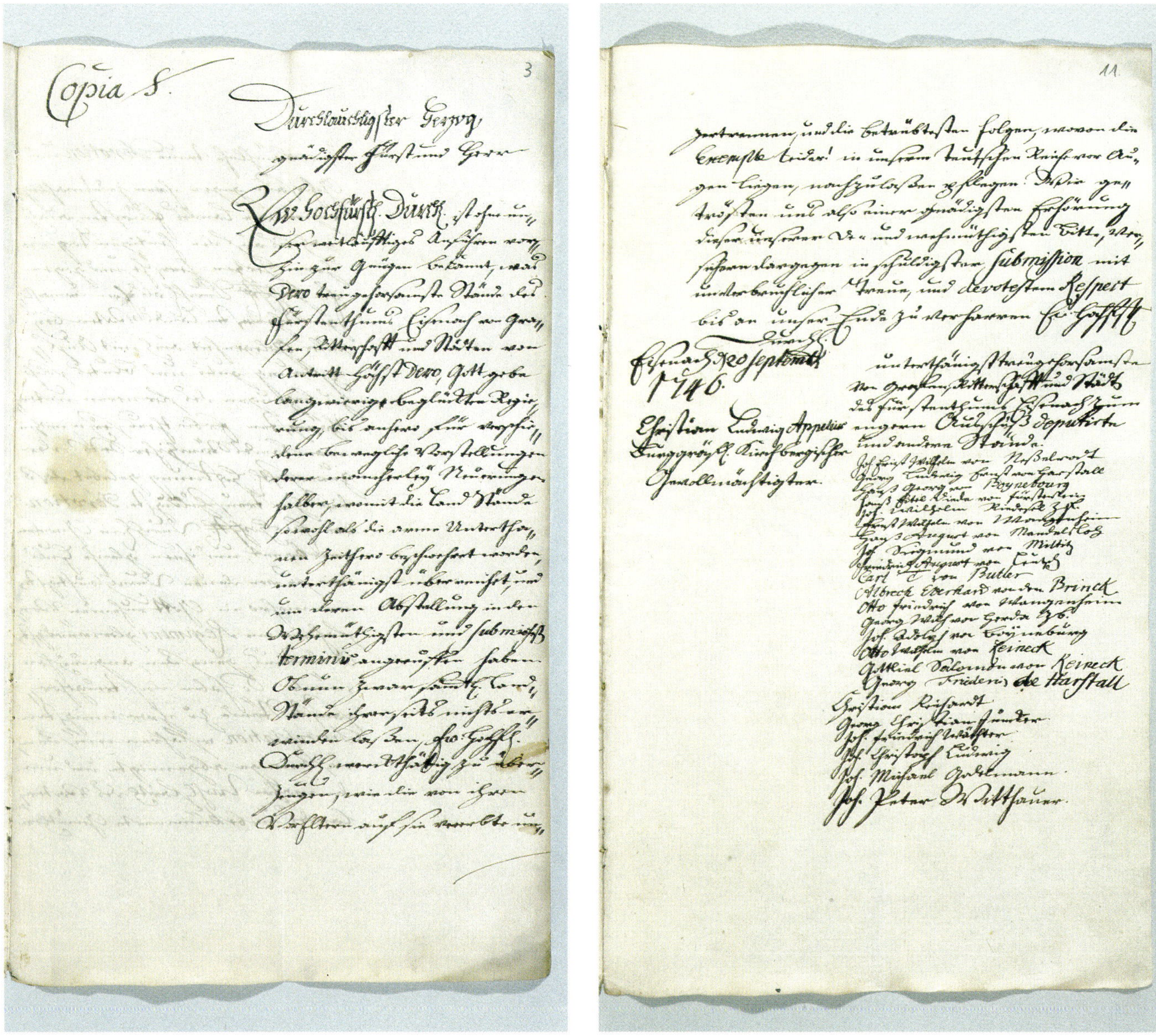
Copia 8.

Durchlauchtigster Herzog, gnädigster Fürst und Herr

Eisenach den 20 septembr. 1746.

Erste und letzte Seite des Beschwerdebriefes der Eisenacher Landstände an Herzog Ernst August von Sachsen-Weimar-Eisenach vom 20. September 1746. Abschrift. Das Original mit den Siegeln der Unterzeichner ist nicht überliefert.

Als sind wir bewogen worden, ... unsere getreue Landstände auf einen allgemeinen Landtag anhero zu beschreiben und Sie mit ihrem unterthänigen Anrath, ohnmaßgeblichen Gutachten und Bedencken darüber gnädigst zu vernehmen.

Herzog Johann Ernst III. (1693)

Landesherren und Landstände

Am 20. September 1746 übergaben Vertreter der Eisenacher Landstände Herzog Ernst August von Sachsen-Weimar-Eisenach einen mehrseitigen Beschwerdebrief, mit dem sie in bisher unbekannter Schärfe auf Mißstände im Lande hinwiesen und seine Verstöße gegen die Eisenacher „Landesverfassung" aufzählten. Durch übermäßige Militärausgaben war besonders das Finanzwesen zerrüttet worden. Weiterhin forderten die Stände ein Ende der herzoglichen Ignoranz gegenüber ihren althergebrachten Rechten und Privilegien. Ansonsten sei der „völlige Umsturtz der von seculis [seit Jahrhunderten] hergebrachten Landesverfassung und der unausbleibliche totale Ruin derer Unterthanen, mithin das vollkommene Verderben des gantzen Landes unaufläßlich".

Der sich hier artikulierende Unmut der Eisenacher Stände gegen ihren seit 1741 auch für sie zuständigen Landesherrn hatte eine verständliche Ursache. Seit 1742 hatten die Stände mehrfach die Einberufung eines Landtages verlangt. Der Herzog stellte einen solchen zwar für 1745 in Aussicht, berief ihn aber dann doch nicht ein. Statt dessen setzte er sich über das alte landständische Recht der Bewilligung landesherrlicher Steuern hinweg, schrieb eigenmächtig solche aus und verwendete das Geld zweckentfremdet ebenfalls ohne Mitwirkung der Stände. Im Grunde richtete sich der Widerstand gegen das Bestreben der herzoglichen Zentralbehörden in Weimar, ihren Kompetenzbereich nunmehr auch auf den Eisenacher Landesteil zum Nachteil der dortigen Landstände auszudehnen. Der Regent reagierte auf diesen Beschwerdebrief zunächst sehr heftig: wie die Vertreter der Stände „sich anmaßen, ja Uns als Landesherrn [in] vermessener Weise leges [Gesetze] vorschreiben" und „Wir nun [das] nimmermehr geschehen lassen können". Sollten die Stände ihm doch ihre Güter verkaufen, meinte der Herzog. Zu einem offenen Konflikt kam es nicht. Die Regierungen in Weimar und Eisenach, die eine Denkschrift zu den einzelnen Punkten der landständischen Kritik auf der Basis von älteren Archivunterlagen über früher einberufene Landtage und deren Rechte anfertigen mußten, untermauerten die Position der Stände. Der Herzog gab nach, stellte erneut einen Landtag in Aussicht und ließ auch seinen Plan fallen, die unter gleicher Landesherrschaft stehenden Weimarer, Eisenacher und Jenaer Landstände zu vereinigen. Auch die Stände wurden wieder ruhiger, da die vormundschaftliche Regierung für Herzog Ernst August II. Konstantin nach dem Tod seines Vaters im Jahre 1748 die Einschränkung ihrer Rechte zumindest formell aufhob. In der Praxis war zu diesem Zeitpunkt die „Blütezeit" der Landstände längst vorüber. Absolutistische Bestrebungen zur Alleinherrschaft der Landesherren verdrängten die ständische Mitsprache oder ließen sie zur bloßen Formsache werden.

An diesem Beispiel werden wesentliche, seit dem 15. Jahrhundert bestehende Berührungspunkte zwischen Landesherren und Landständen deutlich. Die spätmittelalterliche und frühneuzeitliche Gesellschaft gliederte sich in verschiedene, relativ abgeschlossene Personenschichten: die „Stände" des Adels, der Bürger und der Bauern mit ihren Untergruppen. Die Landstände, auch als Landschaft bezeichnet, setzten sich aus der hohen Geistlichkeit (Prälaten), dem landsässigen Adel (Grafen und Herren sowie der Ritterschaft) und den Städten (Bürgertum) zusammen. In den protestantischen Territorien Thüringens schieden die Prälaten als kirchliche Würdenträger bis Mitte des 16. Jahrhunderts aus den Landständen aus. Deren Sitz und Stimme im Landtag von Sachsen-Weimar nahm ab 1570 die Universität Jena ein, nachdem ihre Landtagsvertreter 1567 noch als „Gesandte" bezeichnet wurden. Offene Auseinandersetzungen zwischen Landesherr und Ständen waren im wettinischen Thüringen unüblich, wenngleich die bescheidene Teilhabe der Stände an den Staatsgeschäften nicht immer reibungslos geschah. Das wichtigste Recht der Stände war die Bewilligung der landesherrlichen Steuern. Der Landesherr brauchte die Zustimmung des Landtages für die Erhebung von Steuern, da die Landstände für den größten Teil der Untertanen den unmittelbaren Grund- und Gerichtsherrn darstellten. Die Stände versuchten im Eigeninteresse zu verhandeln; beugten sich letztendlich aber der Obrigkeit und gewährten die geforderte Hilfe, wenn auch oft nur mit verbalen Einschränkungen. Dafür bekamen sie in der Regel ihre Privilegien und Rechte bestätigt. Im ständischen Eigeninteresse lag aber auch die umfassende Anerkennung der landesherrlichen Forderungen, da diese den Landfrieden und die für den frühneuzeitlichen Ständestaat mögliche innere Stabilität mit schützen und garantieren halfen.

Die Landstände besaßen nicht das Recht aus eigener Entscheidung zu Landtagen zusammenzutreten. Diese berief nur der Landesherr ein, der die einzelnen Teilnehmer dazu einlud. Ihm oblag auch die Pflicht ihrer Beköstigung und Beherbergung für die Dauer der Zusammenkunft, was oft ein finanzielles Problem darstellte. Gesamtlandtage mit 400 bis 500 Geladenen wurden daher vermieden und zunehmend – auch bedingt durch die Landesteilungen – durch Teillandtage einzelner Gebiete oder noch häufiger durch Ausschußtage einzelner ständischer Vertreter ersetzt. Bis 1546 tagten die ernestinischen Stände häufig in Naumburg oder Altenburg, danach übernahmen Saalfeld und Weimar diese Rolle, da sich durch die Gebietsverluste an die Albertiner der territoriale Schwerpunkt verlagert hatte. Auf dem Land- oder Ausschußtag trug zunächst der Landesherr oder sein Beauftragter die Bitten und Forderungen (Proposition) – zumeist nach neuen Steuern – an die Geladenen vor, die dann getrennt nach ihrem jeweiligen Stand (Kurie der Prälaten, der Grafen und Herren, der Ritterschaft sowie der Städte) unter sich berieten, wobei die Grafen und Herren zunehmend den Landtagen fernblieben. Den ständischen Antworten auf die Proposition folgten weitere Verhandlungen, bis eine für alle Seiten annehmbare Entscheidung gefallen war, die dann im Landtagsabschied durch den Landesherren verkündet wurde. Detailfragen behandelten bei Notwendigkeit darauffolgende Ausschußtage. Die Landstände wiederum brachten auf dem Landtag ihre Beschwerden (Gravamina) vor, die von den herzoglichen Beamten geprüft und nach Gutdünken und Möglichkeit beseitigt wurden. Zumeist wurden Eingriffe landesherrlicher Beamter in die grundherrschaftlichen Rechte und richterlichen Befugnisse der Stände, aber auch Mißstände hinsichtlich der Sitten, des Münzwesens, des Bettler- und Armenwesens und der Ordnung

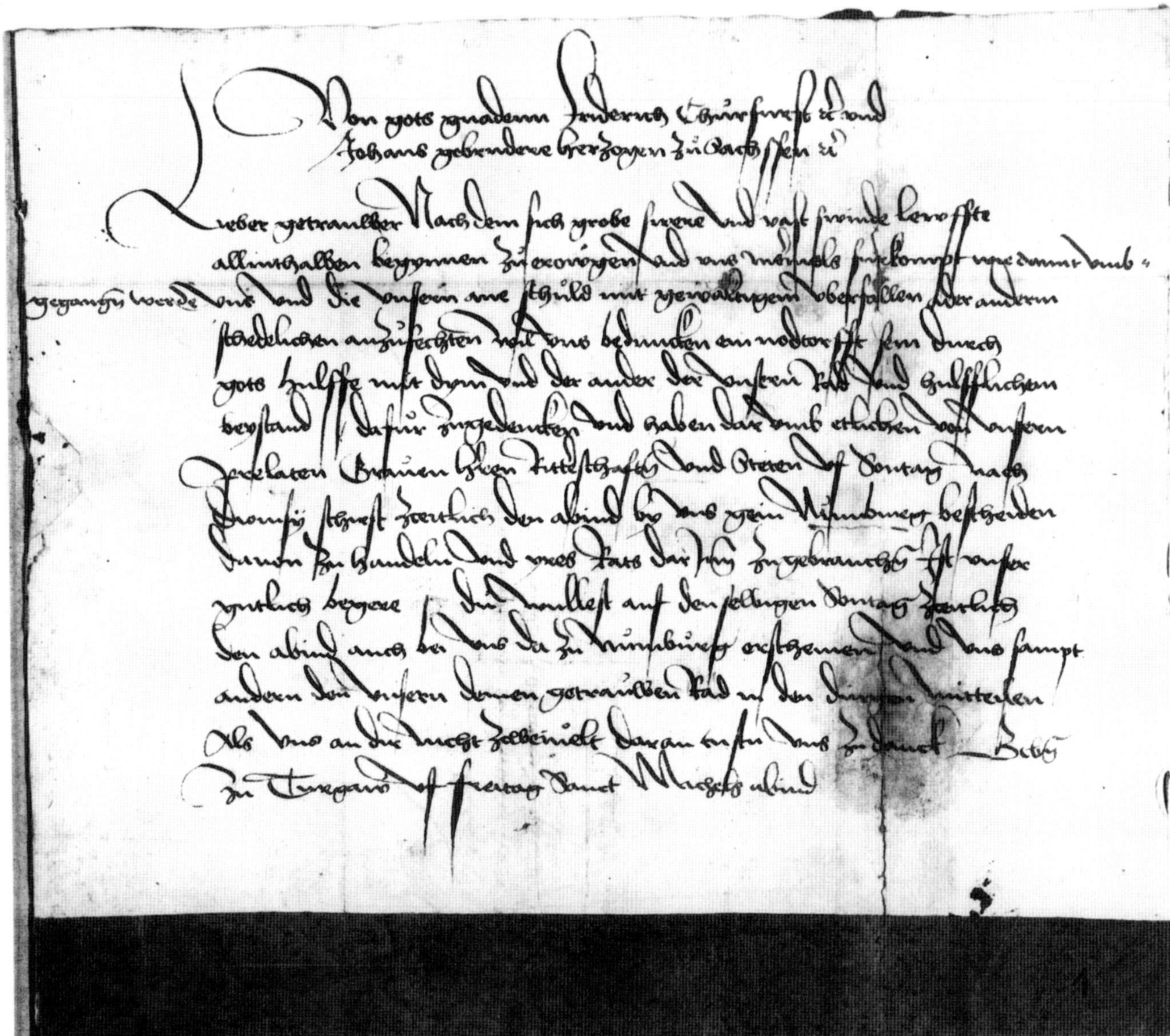

Kurfürst Friedrich III. und Herzog Johann von Sachsen laden für den 14. Oktober 1487 zum ersten ernestinischen Landtag nach Naumburg ein. Torgau, 28. September 1487.

insgesamt im Lande vorgebracht. Bei der Gesetzgebung wurden die Stände nur gelegentlich und nach freiem Ermessen des Landesherren um Rat gefragt.
Ein wichtige Zäsur bei der Formierung der Landstände als „Vereinigung“ im wettinischen Herrschaftsbereich bildete das Jahr 1438, als diese auf einem Landtag in Leipzig eine indirekte Steuer (Akzise) für zwei Jahre bewilligten, die weit über die bisher übliche landesherrliche Steuerforderung (Bede) gegenüber Bauern und Bürgern – der landsässige Adel war davon befreit – hinausging. Das Unvermögen der Fürsten, die steigenden Ausgaben aus dem eigenen Kammergut zu bestreiten, zwang diese immer häufiger dazu, auf Steuermittel ihrer Untertanen zurückzugreifen, ohne aber dadurch die Kosten insgesamt decken zu können. Die Folge war eine zunehmende Verschuldung der Landesherren trotz erhöhten Steueraufkommens. Dieses Problem erkannten die Landstände früh und forderten bereits im 15. Jahrhundert eine Einschränkung der Kosten für die Hofhaltung. Im 17. und 18. Jahrhundert erweiterte sich die Kritik auch auf die kostspieligen Militärausgaben im Zusammenhang mit den zahlreichen Reichs- und Erbfolgekriegen und das Bestreben einzelner Wettiner, militärische Einheiten auf Dauer im Dienst zu halten. Das eigentliche Landesdefensionswesen als ein wichtiges Bindeglied zwischen Landesherren und Ständen – der Adel und die Städte hatten für sich und ihre Untertanen ein festgelegtes militärisches Kontingent für den Krisenfall zu stellen – verlor dadurch an Bedeutung. Insgesamt blieben die Stände in ihrer Kritik allerdings erfolglos.
Die wettinische Hauptteilung von 1485 brachte auch die jeweilige Beschränkung der Landstände auf das albertinische und ernestinische Territorium mit sich. Nur in Ausnahmefällen tagten sie anfangs noch zusammen. Die ernestinischen Landesteilungen ab dem 16. Jahrhundert ließen wiederum neue eigenständige regionale „Organisationen“ der Landstände entstehen, die bei späteren erneuten Landesteilungen oder -zusammenführungen und den damit verbundenen neuen landesherrschaftlichen Zugehörigkeiten bestehen blieben. So traten beispielsweise 1615 besondere „Eisenachische Thüringische Stände“ auf, nachdem sie nach 1596 noch mit den Coburger und Gothaer Landständen gemeinsam getagt hatten. Durch die Landesteilung von 1603 schieden sich im Jahre 1610 die Altenburger Stände von den weimarischen. Meiningische Landstände formierten sich ab 1684 aus den Resten der alten hennebergischen und Salzunger Stände. In Sachsen-Hildburghausen (1680-1826) und in Sachsen-Jena (1672-1690) existierten eigene Landstände. Dagegen gab es in den Gebieten der ernestinischen Nebenlinien Sachsen-Eisenberg (1680-1707), Sachsen-Römhild (1680-1710) und Sachsen-Saalfeld (1680-1735, dann als Sachsen-Coburg-Saalfeld) keine eigenen Landtage. Während landständische Abgesandte aus Römhild an den Gothaer Landtagen teilnahmen, besuchten die Eisenberger und Saalfelder Vertreter die Landtage zu Altenburg. Die Stände im albertinischen Kurfürstentum Sachsen organisierten sich in Thüringen vor allem im Thüringer und im späteren Neustädter Kreis. Sie führten Kreiskonvente durch und nahmen an den Gesamtlandtagen in Dresden teil. In den Nebenlinien der Albertiner in Sachsen-Weißenfels (1657-1746) und Sachsen-Zeitz (1657-1718) spielten die Landstände im Gegensatz zu den Gesamtlandtagen, an denen sie ebenfalls teilnahmen, keine eigenständige Rolle, zumal der schriftsässige Adel dem sächsischen Kurfürsten in Dresden als oberstem Lehensherren verpflichtet war. In Sachsen-Weißenfels durfte sich der amtssässige Adel nur zu „convocationes“ (Zusammenberufungen) versammeln, ohne dafür den Terminus Landtag zu gebrauchen.

Letzte Seite der Beschwerden gegenüber Herzog Moritz von Sachsen-Zeitz auf dem Landtag von 1673 mit den Unterschriften und Siegeln der Ritterschaft des Neustädter Kreises. Neustadt an der Orla, 3. Januar 1673.

Im 15. Jahrhundert wurden die landständischen Steuern der Wettiner beim Leipziger Rat deponiert, wo sich die zentrale Landessteuerkasse befand. Über die Verwendung dieser Gelder konnten die Herzöge damals nahezu problemlos verfügen. Neben den Land- und Türkensteuern, wobei letztere an das Reich gingen, spielte im 16. Jahrhundert die fast kontinuierlich erhobene und bewilligte Getränkesteuer eine nicht unerhebliche Rolle. Später wuchs die Zahl der herkömmlichen und außerordentlichen Steuern stark an. Neben die ständischen Landschaftskassen für die Verwaltung der Steuern traten in einigen ernestinischen Staaten seit der Mitte des 17. Jahrhunderts landesherrliche Behörden (z. B. Steuerkollegien), die über die Verwendung der Steuern befanden. Einige Landschaftskassen gerieten auch unter den direkten Einfluß des Landesherren. Eine paritätische Besetzung dieser Kassen mit herzoglichen Beamten und ständischen Vertretern war ebenfalls möglich. Selbst wenn die Steuerverwaltung, wie beispielsweise bei den Coburger und Meininger Landständen, in deren Händen blieb, wurde den Wünschen der Herzöge letztendlich entsprochen. Das Steuerwesen in den albertinischen Gebieten blieb dagegen unter stärkerer ständischer Teilhabe.

Die tendenzielle Zurückdrängung der ständischen Mitsprache durch die Ernestiner in den letzten eineinhalb Jahrhunderten des Alten Reiches erfolgte relativ konfliktfrei. Protest erhob sich nur kurzzeitig und verbal sowie dann, wenn es um die unterschiedliche Handhabung der Besteuerung bzw. der Steuerfreiheit des landständischen Adels in den einzelnen Territorien ging. Die Städte dagegen waren zu schwach, um sich gegen die Eingriffe der absolutistischen Landesherren in ihre Selbstverwaltungsrechte wehren zu können. Hinzu kam, daß Adelige durch den Ausbau der Landesverwaltung neben den Dienststellen bei Hofe zunehmend selbst zu leitenden Beamten in den Behörden avancierten und somit in den einstmals kritisierten Staat eingebunden wurden. So hatte Veit Ludwig von Seckendorff seit 1680 die Leitung des Altenburger Obersteuerkollegiums inne und war gleichzeitig als Eigentümer des Rittergutes Meuselwitz Vertreter der Altenburger Landschaft, wo er den Posten des Landschaftsdirektors bekleidete.

Mit den in den ernestinischen Staaten entsprechend den Bestimmungen der Bundesakte zum Deutschen Bund von 1815 verkündeten Verfassungsgesetzen endete hier die Ära des alten Ständestaates. Bei Wahrung des monarchischen Prinzips begann damit der reformerische Übergang zum konstitutionellen Parlamentarismus. Als erster Landesherr verkündete Großherzog Carl August von Sachsen-Weimar-Eisenach am 6. Mai 1816 das von Regierungs- und Ständevertretern ausgearbeitete „Grundgesetz über die Landständische Verfassung“. Der neue Landtag öffnete sich erstmals auch Vertretern der Bauern, und neben dem Recht der Steuerbewilligung erhielt er auch entscheidenden Anteil an der Gesetzgebung.

Zu dieser Zeit hatte das albertinische Thüringen aufgehört zu existieren. In dem 1815 an Preußen (Provinz Sachsen) gelangten Teil des Thüringer Kreises, der sich vor allem aus Gebietsteilen in Mittel- und Nordthüringen zusammensetzte, existierte noch bis 1869 eine ständische Vertretung neben dem preußisch-sächsischen Provinziallandtag, die nach wie vor Kreiskonvente abhielt.

[Volker Graupner]

Siegelstempel der sächsisch-weimarischen Landschaft, daneben der dazugehörige Lacksiegelabdruck.

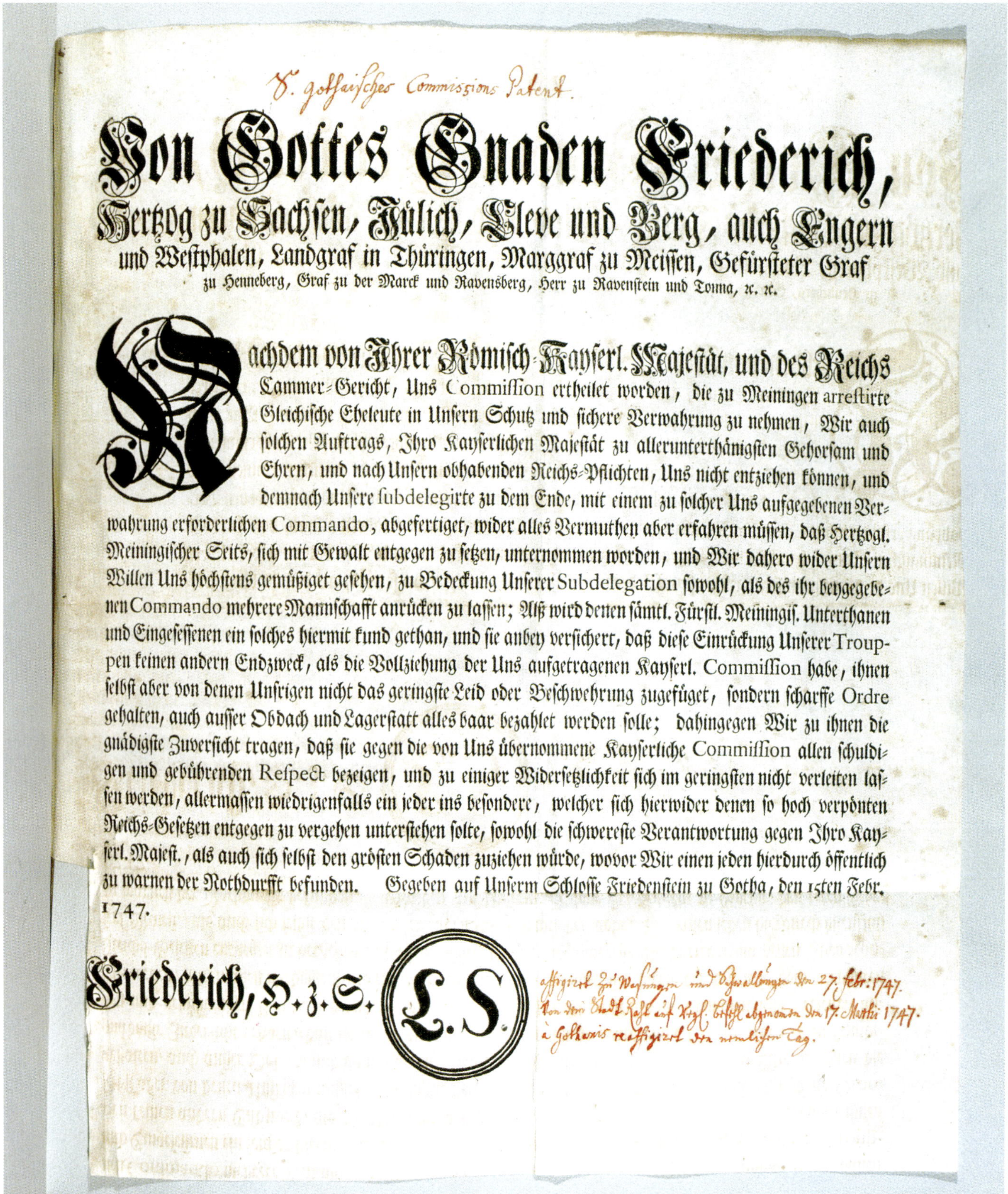

S. gothaisches Commissions Patent.

Von Gottes Gnaden Friederich,

Hertzog zu Sachsen, Jülich, Cleve und Berg, auch Engern und Westphalen, Landgraf in Thüringen, Marggraf zu Meissen, Gefürsteter Graf zu Henneberg, Graf zu der Marck und Ravensberg, Herr zu Ravenstein und Tonna, rc. rc.

Nachdem von Ihrer Römisch-Kayserl. Majestät, und des Reichs Cammer-Gericht, Uns Commission ertheilet worden, die zu Meiningen arrestirte Gleichische Eheleute in Unsern Schutz und sichere Verwahrung zu nehmen, Wir auch solchen Auftrags, Ihro Kayserlichen Majestät zu allerunterthänigsten Gehorsam und Ehren, und nach Unsern obhabenden Reichs-Pflichten, Uns nicht entziehen können, und demnach Unsere subdelegirte zu dem Ende, mit einem zu solcher Uns aufgegebenen Verwahrung erforderlichen Commando, abgefertiget, wider alles Vermuthen aber erfahren müssen, daß Hertzogl. Meiningischer Seits, sich mit Gewalt entgegen zu setzen, unternommen worden, und Wir dahero wider Unsern Willen Uns höchstens gemüßiget gesehen, zu Bedeckung Unserer Subdelegation sowohl, als des ihr beygegebenen Commando mehrere Mannschafft anrücken zu lassen; Alß wird denen sämtl. Fürstl. Meiningis. Unterthanen und Eingesessenen ein solches hiermit kund gethan, und sie anbey versichert, daß diese Einrückung Unserer Trouppen keinen andern Endzweck, als die Vollziehung der Uns aufgetragenen Kayserl. Commission habe, ihnen selbst aber von denen Unsrigen nicht das geringste Leid oder Beschwehrung zugefüget, sondern scharffe Ordre gehalten, auch ausser Obdach und Lagerstatt alles baar bezahlet werden solle; dahingegen Wir zu ihnen die gnädigste Zuversicht tragen, daß sie gegen die von Uns übernommene Kayserliche Commission allen schuldigen und gebührenden Respect bezeigen, und zu einiger Widersetzlichkeit sich im geringsten nicht verleiten lassen werden, allermassen wiedrigenfalls ein jeder ins besondere, welcher sich hierwider denen so hoch verpönten Reichs-Gesetzen entgegen zu vergehen unterstehen solte, sowohl die schwereste Verantwortung gegen Ihro Kayserl. Majest., als auch sich selbst den grösten Schaden zuziehen würde, wovor Wir einen jeden hierdurch öffentlich zu warnen der Nothdurfft befunden. Gegeben auf Unserm Schlosse Friedenstein zu Gotha, den 15ten Febr. 1747.

Friederich, H. z. S.

L. S.

affigirt zu Wasungen und Schwallungen den 27. febr: 1747.
Von dem Stadt Rath auf Hertzl. befehl abgenommen den 17. Martii 1747.
à Gothanis reaffigirt den nemlichen Tag.

Die Kriegerischen Händel, welche ... zwischen den thüringischen Staaten Gotha und Meiningen ausbrachen, sind unter dem Namen des Wasunger Krieges bekannt.

Für die Kriegsgeschichte haben sie keine Wichtigkeit; um so charakteristischer sind sie für Bildung und Zustände der Periode, in deren Ende sie fallen.

Gustav Freytag (1862)

Der Wasunger Krieg

Im Jahre 1747 brach zwischen Sachsen-Meiningen und dem eng verwandten Hause Sachsen-Gotha ein ebenso tragischer wie komischer dynastischer Kleinkrieg aus. In Sachsen-Meiningen, einem nach 1680 aus der Erbteilung unter den sieben Söhnen von Herzog Ernst dem Frommen hervorgegangenen Fürstentum, herrschte in der ersten Hälfte des 18. Jahrhunderts großer Unfriede. Hier regierten seit 1706 wegen fehlender Primogeniturregelung die drei Söhne des Gründers dieser neuen Linie gemeinsam und gleichberechtigt unter der Direktion des ältesten Bruders, Herzog Ernst Ludwig I. Diese Regelung gefiel ihm verständlicherweise nicht, und er setzte sich von vornherein darüber hinweg. Der nicht sehr begabte und willensschwache zweite Bruder, Friedrich Wilhelm, verzichtete mehrfach auf die Regentschaft. Der jüngste aber, Anton Ulrich, wollte sich nicht fügen. Jahrzehntelang kämpfte er um seine Rechte. Schließlich wuchsen sich die Auseinandersetzungen zu einer erbitterten Feindschaft aus.

Die Gräben zwischen den Brüdern wurden noch vertieft durch die Ehe Herzog Anton Ulrichs, der 1711 heimlich die Offizierstochter Philippine Elisabeth Cäsar geheiratet hatte. Nachdem das Paar bereits eine ganze Reihe von Kindern hatte, sah sich der in Holland lebende jüngste Bruder aus finanziellen Gründen schließlich gezwungen, am Meininger Hofe um höhere Zuwendungen zu bitten, wodurch seine Eheschließung bekannt wurde. In Meiningen und an den benachbarten Höfen war man empört. 1717 beschlossen alle Nachkommen Herzog Ernsts des Frommen, keine Kinder aus nichtstandesgemäßen Ehen als erbberechtigt anzuerkennen. Damit wurde aber der Bestand des Hauses Sachsen-Meiningen schließlich selbst gefährdet, denn Herzog Ernst Ludwig I. hatte neben einer Tochter nur unverheiratete Söhne, und auch Herzog Friedrich Wilhelm ging keine Ehe ein.

1724 übersiedelte Anton Ulrich nach Wien, um die Standeserhöhung seiner Frau und die Legitimierung der Kinder beim Kaiser durchzusetzen. 1727 erhob dieser Philippine Elisabeth Cäsar in den Reichsfürstenstand, wodurch die Ehe sanktioniert und die Sukzessionsfähigkeit (Erb- und Nachfolgeberechtigung) der Kinder festgelegt war. Aber Anton Ulrich konnte sich nicht lange an diesem Erfolg freuen. Von seinen Vettern wurden die nach dem Tode des Kaisers einsetzenden Nachfolgestreitigkeiten genutzt, um von Kaiser Karl VII. diese Regelung wieder aufheben zu lassen. Nachdem Philippine Elisabeth Cäsar verstorben war, wurde ihr sogar das Begräbnis in der Fürstengruft zu Meiningen verweigert.

Sachsen-gothaisches Kommissionspatent vom 15. Februar 1747, das in Wasungen angeschlagen, auf Befehl der meiningischen Regierung aber wieder entfernt worden war.

Der Sarg wurde im Schloß aufgestellt und mit Sand überschüttet. Aus Rache ließ Anton Ulrich gleiches auch mit der Leiche seines 1746 verstorbenen Bruders Friedrich Wilhelm geschehen, bis beide Särge dann 1747 in der Fürstengruft beigesetzt wurden.

Mit dem Tode dieses Bruders wurde der in Frankfurt am Main lebende Anton Ulrich endlich Alleinregent. Doch die Lage war nicht erfreulich. Die jahrelangen Streitigkeiten zwischen Brüdern und Neffen hatten die Verwaltung gelähmt. Die in Meiningen lebende Beamtenschaft und die Hofgesellschaft hatten Partei gegen Anton Ulrich ergriffen. Unter diesen Umständen war dem Herzog die Residenzstadt so verleidet, daß er seinen bisherigen Wohnsitz beibehielt und nur selten nach Meiningen kam. Natürlich war dieser Umstand für die Erledigung der Regierungsgeschäfte nicht förderlich.

Diese unerquickliche Situation und die engen verwandtschaftlichen Beziehungen erweckten in Sachsen-Gotha die Begierde, dem erhofften und voraussehbaren Ende der Linie Sachsen-Meiningen nach dem Tode des vermutlich letzten Herzogs vorzugreifen und durch eine militärische Besetzung des Ländchens die Position gegenüber den Verwandten zu stärken. Anton Ulrich war mittlerweile 60 Jahre alt, und außer den Kindern aus der illegitimen Ehe war keine standesgemäße Nachkommenschaft mehr zu erwarten. Nun mußte man nur noch auf einen Anlaß warten, der militärisches Eingreifen auch rechtfertigen würde. Und dieser bot sich bald.

Bei Antritt seiner Regentschaft hatte sich Anton Ulrich veranlaßt gesehen, einen großen Teil der Beamtenschaft zu entlassen. In dieser Situation tauchte 1746 Justus Hermann von Pfaffenrath in Meiningen auf. Er war ursprünglich Kanzleisekretär im Dienste des Grafen von Solms-Lich gewesen, dessen Tochter er gegen den Willen des Vaters heimlich geheiratet hatte. Dieser erhielt nun eine Anstellung als Regierungsrat am Meininger Hofe, während der jungen Gräfin, Wilhelmine Amalie von Pfaffenrath, wegen ihrer hohen Geburt der erste Rang vor allen anderen Damen des Hofes eingeräumt wurde.

Da war aber noch die bisherige erste Hofdame Christiane Auguste von Gleichen, die Gemahlin des Landjägermeisters Johann Ludwig von Gleichen, die sich mit ihrer Zurücksetzung nicht abfinden konnte. Sie rächte sich mit der Verbreitung einer anonymen Schmähschrift über ihre Nebenbuhlerin. Natürlich wehrte sich die Angegriffene und beschwerte sich beim Herzog, der Frau von Gleichen, später auch ihren Ehemann verhaften ließ. Als Freunde des inhaftierten Paares einen Befehl des Reichskammergerichts vom 11. Januar 1747 an den Herzog erwirkten, die Inhaftierten sofort freizulassen und ihnen den Schaden zu ersetzen, reagierte dieser nur mit Verschärfung des Arrests. Daraufhin erfolgte am 1. Februar ein erneuter Befehl in Form eines kaiserlichen Mandats an Herzog Friedrich III. von Sachsen-Gotha, die Gefangenen gewaltsam zu befreien.

Herzog Anton Ulrich erwiderte diese De-facto-Kriegserklärung, indem er den Überbringer des Mandats persönlich unter Anwendung von Gewalt aus dem Hause warf und die Übertragung der Mission an den Gothaer Herzog für rechtswidrig erklärte. Er entlarvte sie als Vorwand für dessen wahre Absichten, Sachsen-Meiningen militärisch besetzen zu können. Nun wurde das Land zur Verteidigung gerüstet, wenngleich die militärische Stärke der Meininger sich mit der gothaischen Kriegsmacht nicht messen konnte. Ein Teil der Bürgerkompagnien und Landbataillone blieb in Meiningen, ein anderer wurde zur nördlichen Landesgrenze geschickt.

Erwartungsgemäß erfolgte der erste Angriff auf meiningisches Territorium am 13. Februar 1747 bei Niederschmalkalden. Die Gothaer Truppen forderten Durchmarsch auf der Landstraße nach Wasungen, was ihnen die Meininger verwehren wollten. Als im Verlaufe dieser Auseinandersetzung ein erster meiningischer Soldat den Tod fand, wurde die Truppe von Panik ergriffen. In ihrer Angst floh sie nach Wasungen, wohin ihr die Gothaer folgten. Da die Wasunger die Stadt nicht freiwillig öffnen wollten, hieben die Soldaten das Stadttor ein und marschierten unter Pfeifen und Trompeten auf den Marktplatz. Weil die Stadt Meiningen zu gut gesichert schien, begnügten sich die Gothaer zunächst mit diesem Erfolg und forderten bei ihrem Herzog Verstärkung an. Sie quartierten sich in Wasungen ein. In der Hoffnung, daß am nächsten Tage der Weitermarsch erfolgen würde, überließen ihnen die Wasunger zunächst ihre Betten, zumal sie, wie zeitgenössischen Berichten zu entnehmen ist, ohnehin nicht gewillt waren, sich für einen Herzog zu schlagen, der nie im Lande war, und sich nicht um sie bekümmerte. Aber die Bürger hatten sich geirrt. Statt die Besatzer loszuwerden, trafen im Laufe des 14. und 15. Februar weitere Truppen ein. Die ursprüngliche Mannschaft von 257 Mann wurde auf 738 mit 129 Pferden verstärkt. Das war eine schlimme Bedrückung für ein kleines Landstädtchen.

Als die Nachricht vom Verlauf des Gefechts und der Einnahme von Wasungen die Residenzstadt erreichte, gerieten die Meininger in große Angst und fühlten sich genötigt, das inhaftierte Paar freizulassen. Nun offenbarten sich die wahren Motive des Gothaer Herzogs, nachdem der schöne Kriegsgrund entfallen war. Die Offiziere waren wenig begeistert, als die Landjägermeisterin von Gleichen in Wasungen bei ihnen vorstellig wurde, um sich für die Befreiung zu bedanken. Sie wurde sehr kühl empfangen und fuhr enttäuscht wieder nach Meiningen zurück.

Herzog Anton Ulrich von Sachsen-Meiningen.

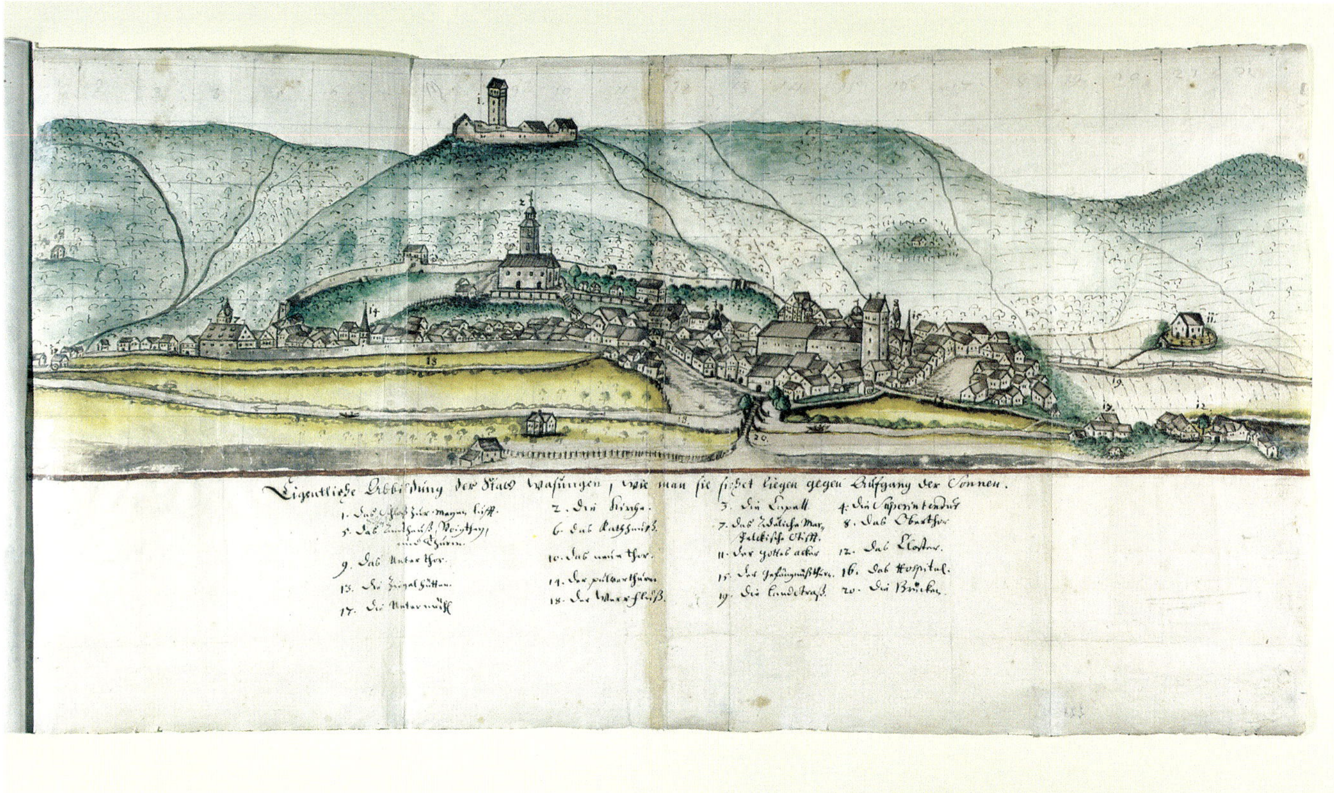

Wasungen im Jahre 1703. Kolorierte Handzeichnung.

Aber Herzog Friedrich war nicht verlegen darum, sich einen Grund für die Fortsetzung der Besetzung auszudenken und stellte für den Truppenabzug unannehmbare Bedingungen. Die Meininger sollten die Räte aus Gotha in aller Form empfangen, seine Truppen als kaiserliche Kommissionstruppen anerkennen und die Kriegskosten erstatten. Daraufhin erhob Anton Ulrich Klage vor dem Reichstag von Regensburg und drohte mit dem Einsatz von Truppen des Fränkischen Kreises. Die Fronten verhärteten sich, die Gothaer Besatzung blieb mit reduzierter Stärke (399 Mann) in Wasungen. Anton Ulrich befahl nun den Bürgern der Stadt, den Besatzern keine Verpflegung mehr zukommen zu lassen, was aber nur einige Tage eingehalten wurde. Als sie bemerkten, daß die Bevölkerung der angrenzenden Herrschaft Schmalkalden durch einen schwunghaften Handel mit den Soldaten ihren Gewinn aus der mißlichen Lage zog, sahen die Wasunger nicht länger ein, warum sie sich das Geschäft entgehen lassen sollten und begannen selbst für das Militär zu backen und zu brauen.

Am 12. März ließ der Meininger Herzog die von den Gothaern angebrachten Plakate entfernen und eigene Anschläge anbringen. Daraufhin wurden diese wiederum von den Gothaern abgerissen, 40 Mann Verstärkung zur Bewachung der eigenen Druckschriften gesandt. Die Neuankömmlinge wurde zwangsweise einquartiert, die Bürger bedroht und geschlagen. Trotzdem setzten sich auch einige Frauen erfolgreich zur Wehr.

Fachwerkhäuser der Altstadt in Wasungen. Im Vordergrund das 1533 erbaute Rathaus.

Schließlich ließ das Reichskammergericht am 4. April alle Widersetzlichkeiten gegen die Besatzer unter Strafe stellen, Herzog Anton Ulrich aber erkannte dieses Urteil nicht an, verbot jedwede Unterstützung des Feindes. Wiederum kam es zu Plakatabreißungen, Truppenverstärkungen usw., die Gewalt der Soldaten gegenüber den Bürgern nahm immer mehr zu.

Um diese unerträgliche Situation zu beenden, befahl der Herzog die militärische Einnahme Wasungens. Da um diese Zeit Manöver stattfanden, hoffte man, unauffällig die nötigen Truppen um die Stadt herum zusammenziehen zu können. Der Plan wurde zwar verraten, aber für die Gothaer war es zu spät, um noch rechtzeitig Verstärkung anfordern zu können. So beschlossen sie zu fliehen. Allerdings gab es unter ihnen einen Leutnant namens Rauch, der mit aller Gewalt die Ehre Sachsen-Gothas retten wollte. In seinem Tagebuch hat er die Ereignisse überliefert. Da man wußte, daß er nicht fliehen würde, mußte er mit einer List aus der Stadt entfernt werden. Als es gelang, begann die unorganisierte, panikartige Flucht, so daß die Meininger Truppen leichtes Spiel hatten. Die in der nahegelegenen Burg Maienluft Stationierten marschierten unbehelligt nach Wasungen ein. Aber sie hatten die Rechnung ohne den Leutnant Rauch gemacht. Er formierte die Truppe in Schwallungen neu und marschierte nach Wasungen zuruck. Die Gothaer überwanden die am Stadttor stationierte Wache und gelangten bis zum Markt, wo sie allerdings vom Feuer anderer Meininger Truppenteile überrascht wurden. Leutnant Rauch schlug die Angreifer mit Granatfeuer in die Flucht. Kurz darauf näherte sich aus Richtung Meiningen die Hauptkolonne unter Oberst von Buttlar mit der Kavallerie. Der Kampf zwischen den Meiningern und Gothaern wogte hin und her, bis mit Spießen und Spangen bewaffnete Einwohner versuchten, die Kriegsgegner los zu werden. Als eine Kanonenkugel auf sie abgefeuert wurde, flüchteten sie jedoch in Panik über die umliegenden Felder in den Wald.

Damit hatten sich die Gothaer in Wasungen behauptet. Die Belagerung dauerte fort, die Zahl der Einquartierten pendelte sich bei 400 ein. Sowohl in Meiningen als auch in Gotha wurden mehrere Offiziere wegen Feigheit in Arrest genommen, auch gab es zahlreiche Desertionen. Die Belagerer hausten recht rücksichtslos in der Stadt, in der Kirche rauchten sie und spielten Karten, warfen Grabsteine auf dem Friedhof um und sprangen auch sonst mit dem Bürgern nicht gerade glimpflich um. Der „Wasunger Krieg" wurde erst 1748 auf diplomatischem Wege beendet. Als in Weimar Herzog Ernst August starb, beanspruchte Herzog Anton Ulrich als Senior des ernestinischen Hauses die Vormundschaft über dessen minderjährige Söhne. Durch Vermittlung des preußischen Königs verzichtete er aber zugunsten Herzog Friedrichs von Sachsen-Gotha darauf. Die Bedingung war, daß dieser die Belagerung Wasungen abbrechen und auf Erstattung der Kriegskosten verzichten sollte. Der Gothaer Herzog mußte seine Hoffnungen auf Gebietserweiterung in meiningische Richtung endgültig begraben, als Herzog Anton Ulrich zwei Jahre nach Beendigung des Wasunger Krieges – nunmehr 63 Jahre alt – die Prinzessin Charlotte Amalie von Hessen-Philippsthal heiratete und mit ihr immerhin noch acht Kinder zeugte. Damit war der Fortbestand seines Hauses gesichert.

[Katharina Witter]

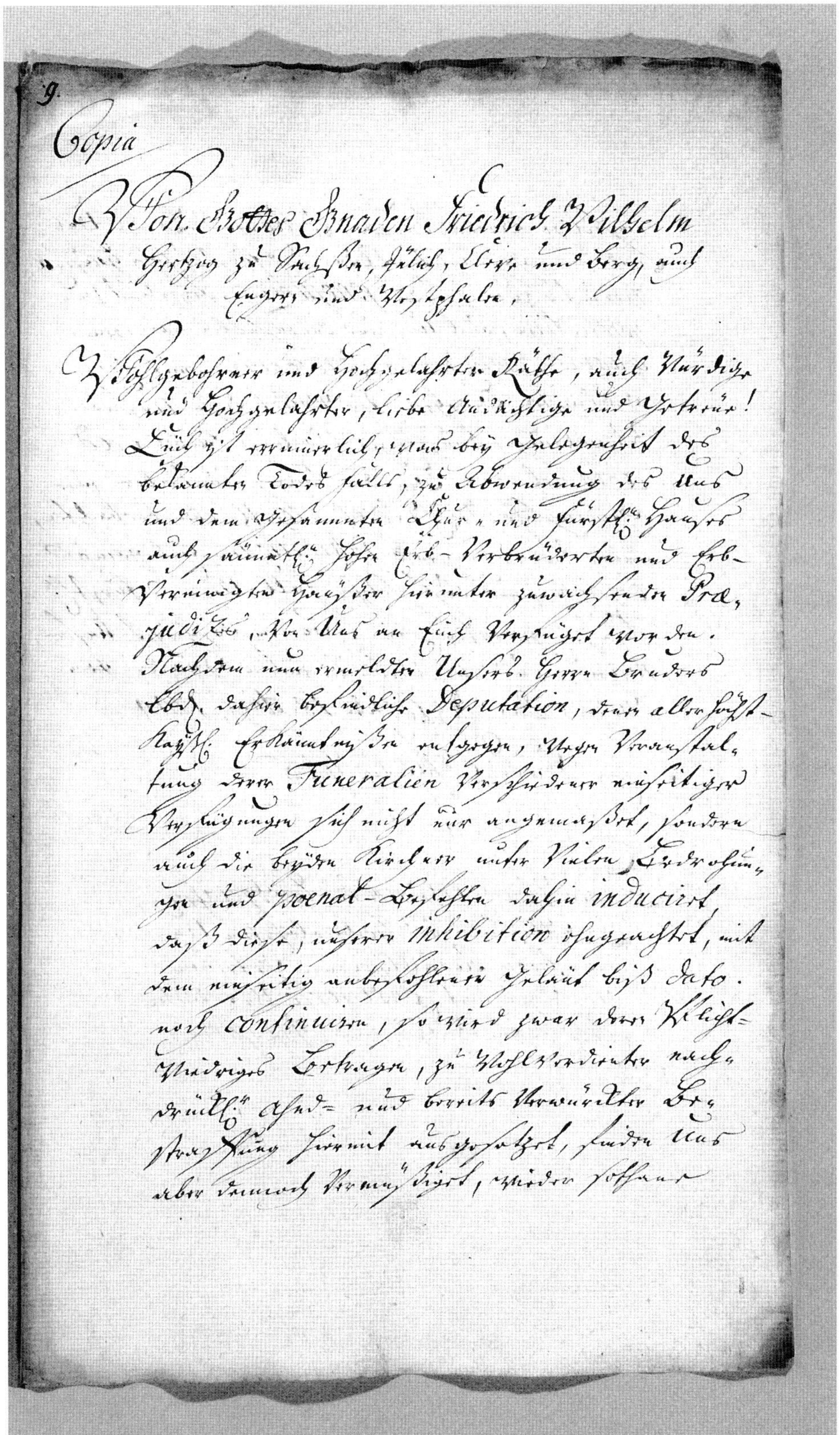

Copia

Von Gottes Gnaden Friedrich Wilhelm Herzog zu Sachsen, Jülich, Cleve und Berg, auch Engern und Westphalen.

Erste Seite des Reskripts von Herzog Friedrich Wilhelm von Sachsen-Meiningen mit dem Verbot des Trauergeläutes aus Anlaß des Ablebens der Philippine Elisabeth Cäsar, erste Gemahlin des Herzogs Anton Ulrich von Sachsen-Meiningen vom 18. August 1744.

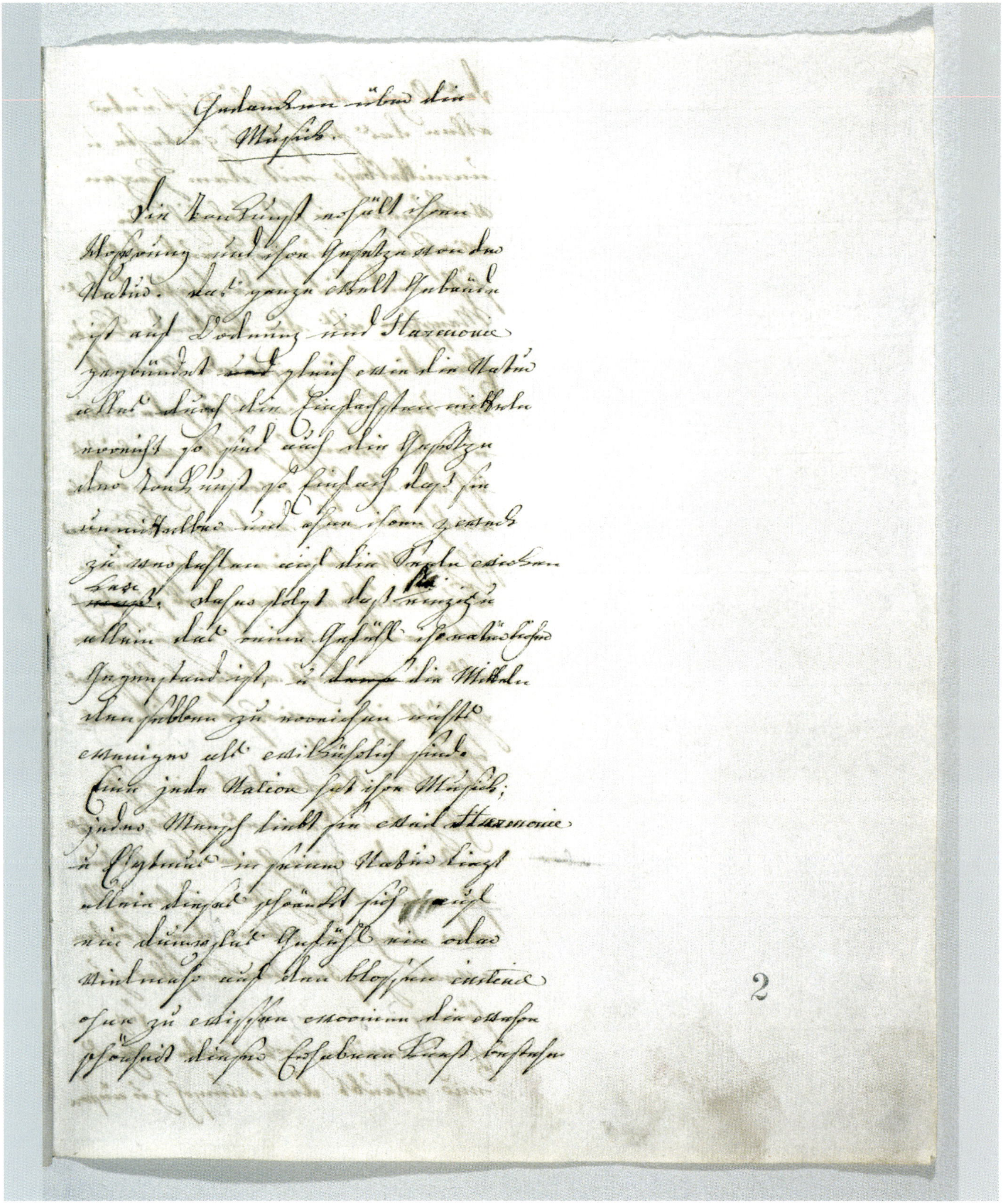

Gedanken über die Musik.

Die Tonkunst erhält ihren Ursprung und ihre Gesetze von der Natur. Das ganze Welt Gebäude ist auf Ordnung und Harmonie gegründet ~~und~~ gleich wie die Natur alles durch die einfachsten Mittel erreicht so sind auch die Gesetze der Tonkunst so einfach daß sie unmittelbar und ohne ihren Zweck zu verfehlen auf die Seele wirken ~~muß~~ kann. Daraus folgt daß diejenigen allein das einen Gefühl sprechenden Gegenstand ist, u. ~~dann~~ die Mittel denselben zu erreichen wissen wenigen als wirklich sind. Eine jede Nation hat ihre Musik; jeder Mensch liebt sie weil Harmonie u. Rhythmus in seiner Natur liegt allein dieses gründet sich ~~auch~~ nur dunkles Gefühl nie oder Mittel auf den bloßen Instinct ohne zu wissen worin die wahren Ursachen dieser erhabenen Kunst bestehe

2

Ein ganz anderer Geist war über Hof und Stadt gekommen. Bedeutende Fremde von Stande, Gelehrte, Künstler, wirkten besuchend oder bleibend.

Der Gebrauch einer großen Bibliothek wurde freigegeben, ein gutes Theater unterhalten und die neue Generation zur Ausbildung des Geistes veranlaßt.

Johann Wolfgang von Goethe (1807)

Anna Amalias Musenhof in Weimar

In der herzoglichen Familie von Sachsen-Weimar und Eisenach war zur Mitte des 18. Jahrhunderts Eile angesagt, mußte man sich doch auf Grund der labilen Gesundheit des jungen Fürsten um die Nachfolge männlicher Erben für das Fürstenhaus sorgen. Unverzüglich nach seiner Volljährigkeitserklärung durch den Kaiser am 18. Dezember 1755 und der Übernahme der Landesherrschaft erkor sich Erbherzog Ernst August II. Constantin seine Braut aus: die braunschweigische Prinzessin Anna Amalia. Sie vermerkte über ihre Hochzeit am 16. März 1756 in ihren späteren autobiographischen Aufzeichnungen: „Man verheirathete mich so wie gewöhniglich man Fürstinen vermählt." Eine Woche nach den Trauungsfeierlichkeiten am angesehenen und kulturell ausgeprägten Braunschweiger Hof zog der 18jährige regierende Weimarer Herzog mit seiner zwei Jahre jüngeren Gemahlin Anna Amalia in das sechstausend Einwohner zählende Thüringer Residenzstädtchen an der Ilm ein. Die Freude des jungen Paares war groß, als bereits am 3. September 1757 ihr erstes Kind, der Stammhalter Carl August, das Licht der Welt erblickte. Die ein Jahr später erfolgte Geburt seines zweiten Sohnes, Friedrich Ferdinand Constantin, aber erlebte der junge Herzog nicht mehr. Er verstarb am 28. März 1758 und hinterließ neben seiner schwangeren 18jährigen Witwe Anna Amalia einen erst acht Monate alten Prinzen.

Erste Seite von Herzogin Anna Amalias Essay „Gedancken über die Musick" von 1799.

Herzog Carl I. von Braunschweig-Wolfenbüttel übernahm zunächst für seine noch nicht volljährige Tochter Anna Amalia die Landesadministration und die Vormundschaft über seine beiden Enkel. Der ihn in Weimar vertretende Braunschweiger Vizekanzler Andreas von Praun bereitete die nunmehrige Wettiner Fürstin auf ihre zukünftige Regentschaft vor, die sie nachdrücklich recht bald selbst übernehmen wollte. Die junge Herzogin konnte durch Dekret des Kaisers bereits am 30. August 1759 für ihren Sohn Carl August die Vormundschaft und die Regierungsgeschäfte antreten. Rückblickend bekannte sie später: „Tag und Nacht studirte ich, mich selbst zu bilden und mich zu den Geschäften tüchtig zu machen." Als Anna Amalia im Zeitalter des aufgeklärten Absolutismus dann nach siebzehn Jahren den Thron an ihren Sohn Carl August abtrat, nachdem er am 3. September 1775 das 18. Lebensjahr vollendet hatte, übergab sie ihm ein intaktes Fürstentum in Thüringen. Was heißt das?

Die junge selbstbewußte und ehrgeizige Fürstin sorgte mit wachem Verstand und Pflichtbewußtsein zum einen für die Konsolidierung der Staatskasse, die durch ihren bereits 1748 verstorbenen Schwiegervater Ernst August I. sowie durch die Lasten des Siebenjährigen Krieges arg in Mitleidenschaft gezogen worden war. Zum anderen existierte eine einheitliche Zentralbehörde für Sachsen-Weimar und Eisenach, die unter dem Grafen von Bünau 1756 als Geheimes Consilium für alle Belange des Hofes und der Außenpolitik geschaffen worden war. An den Sitzungen dieses Gremiums nahm Anna Amalia regelmäßig teil und dokumentierte letzten Endes ausdrücklich ihre oberste Landesregentschaft – und das sowohl als Frau als auch im Witwenstand, beides hatte im 18. Jahrhundert noch verbreitet diskriminierenden Charakter. Ihr gelang mit Rat und Hilfe ihres Vaters sowie mit Unterstützung ihr gewogener und zuverlässiger Staatsdiener wie den Geheimen Räten Nonne, Greiner und vor allem von Fritsch die Schaffung eines administrativ einheitlichen Staatswesens. Im gleichen Maße entwickelte sich die Residenzstadt Weimar zu seinem Zentrum.

Daß der Ruf Weimars als Musenhof über die kleinstaatlichen Grenzen des Wettiner Herzogtums Sachsen-Weimar und Eisenach hinaus in die gebildete Welt ausstrahlte, ist seiner fürstlichen Begründerin zu verdanken. Mit Christoph Martin Wielands Übersiedelung nach Weimar schlug 1772 die Stunde für den Beginn des klassischen Weimar. Diese Bindung des Dichterphilosophen an ihren Hof – er wirkte hier zunächst als Prinzenerzieher – wird man in der Folgezeit als eine große kulturhistorische Tat der Landesregentin würdigen. Weitere Geistesgrößen sollten später nachkommen: 1775 Goethe (ab 1776 als Mitglied des Geheimen Ratskollegiums), 1776 Herder (als Generalsuperintendent), 1789 Schiller (als außerordentlicher Professor an der Universität Jena). Das Miteinander von Adligen und Bürgerlichen im gesellschaftlichen Leben Weimars und dem Hof als seinem Mittelpunkt wird ein nicht zu unterschätzender Faktor für seine sich entwickelnde kulturelle und literarische Größe sein.

Noch während ihrer Vormundschaftsregierung hatte die Fürstin bereits dafür gesorgt, daß Weimar wieder ein Orchester bekam. Anna Amalias Freude am Schauspiel bewirkte die Förderung verschiedener Schauspieltruppen (Doebbelin, Starcke, Koch, Seyler). Sie überließ dreimal wöchentlich den Bürgern unentgeltlich einen Teil der Plätze im Theater – von ihr als ein Mittel der Volkserziehung gesehen. Die „Schaubühne als moralische Anstalt" war schon ganz im Sinne der Aufklärung verstanden worden. Und so, wie sie Theaterdirektoren bei der Wahl der Stücke beriet und selbst zu den Proben erschien, regte sie z. B. den Musiker Schweitzer dazu an, Wieland zu überzeugen, die „Alceste" zu schreiben. Damit entstand das erste deutsche Opernlibretto überhaupt. Im Gegensatz zu ihrem ansonsten hoch verehrten Onkel Friedrich dem Großen in Preußen (Bruder ihrer Mutter Phillipine Charlotte), für den das Deutsche eine Sprache für Soldaten und Pferde war, setzte sich Anna Amalia für das deutschsprachige Theater ein. Schließlich förderte sie die seit 1691 bestehende Herzogliche Bibliothek und sorgte dafür, daß sie für den allgemeinen Gebrauch freigegeben wurde. Goethe hat 1807 in seinem Nekrolog auf Anna Amalia resümiert, daß durch sie „die neue Generation zur Ausbildung des Geistes veranlaßt" wurde.

Herzogin Anna Amalia von Sachsen-Weimar-Eisenach während ihrer Italienreise von 1788 bis 1790. Stich von A. Weger nach einem Gemälde von Angelika Kauffmann.

Nach dem Gemälde von Angelica Kauffmann gest. v. A. Weger in Leipzig

So hatte die Mutter für den Sohn den Boden bereitet. Der unkonventionell denkende und handelnde, oft ungestüme junge Herzog Carl August, der am 3. Oktober 1775 die Prinzessin Louise von Hessen-Darmstadt geheiratet hatte, durfte auch mit der verständnisvollen Begleitung der Jugend bei Hofe durch die „alte Herzogin" rechnen. Anna Amalia, selbst erst sechsunddreißig Jahre alt, zog sich in das ausschließliche Privatleben zurück. Endlich hatte sie Zeit und Muße für ihre Neigungen auf dem Gebiet der Kunst, Kultur und Bildung. Sie war eine starke Persönlichkeit, die auf ihre eigene Weise einen geselligen Kreis kulturell und intellektuell Interessierter in ihren Bann zog, wie sich Goethe erinnerte: „Sie gefiel sich im Umgang geistreicher Personen, und freute sich Verhältnisse dieser Art anzuknüpfen, zu erhalten und nützlich zu machen; ja es ist kein bedeutender Name von Weimar ausgegangen, der nicht in ihrem Kreise früher oder später gewirkt hätte."

Nach ihrem Abschied vom Regieren wandte sie sich dem „Liebhabertheater" zu, nachdem 1774 bei dem Schloßbrand auch die Theaterspielstätte vernichtet und von ihr protegierte Schauspieltruppen ihre Wirkungsstätte verloren hatten. Als „Ersatz" agierten neben dem jungen Herzog, seiner Mutter und weiteren Adligen (Siegmund von Seckendorff, Charlotte von Stein u. a.) auch bürgerliche Darsteller wie der Maler Kraus, der Pagenerzieher und Dichter Musäus oder der Schatullverwalter und Unternehmer Bertuch. Höhepunkte der Aufführungen des Liebhabertheaters im Redoutenhaus an der Esplanade, wo auch die Bürger Weimars Zugang fanden, im Sommer in Ettersburg und später in Tiefurt, waren zweifellos Goethes Singspiele „Erwin und Elmire" in der Vertonung von Anna Amalia (1776) und „Lila", durch Sekkendorff vertont (1777); die Uraufführung der Goetheschen „Iphigenie auf Tauris" (1779) mit dem Dichter als Orest, mit Corona Schröter als Iphigenie, Prinz Constantin als Pylades (später mit Carl August besetzt) und Knebel als Thoas sowie Goethes „Fischerin" (1782) im Tiefurter Park. In diesem Landschaftspark mit seinem Landgut konnte der Kreis um Anna Amalia den Rangeleien, Intrigen, der Etikette bei Hofe und der Enge der Stadt gewissermaßen in eine Idylle entfliehen. Das wirkliche Leben in Weimar bot eben nicht nur die heitere Zerstreuung eines „Musenhofes", was der Legende nach von Zeitgenossen und Nachgeborenen wohl verklärend gesehen worden war.

Anfang der 1780er Jahre war aus dem Tiefurter Kreis um Anna Amalia zu vernehmen, daß sich Künstler, Dichter und Staatsdiener zusammengefunden hatten, um in Anlehnung an das täglich erscheinende „Journal de Paris" bzw. das „Correspondance littéraire" in geistreicher und witziger Weise im „Journal von Tiefurt" wöchentlich über alles Wissens- und Lesenswerte zu berichten. Im „Journal von Tiefurt" erschienen in der Folgezeit unter der Herausgeberschaft Anna Amalias von August 1781 bis Juni 1784 insgesamt 47 Stücke, deren Beiträge alle anonym (Wieland unterzeichnete z. B. mit Musophilus) verfaßt worden waren. Louise von Göchhausen vervielfältigte die Ausgaben handschriftlich unter Hildebrand von Einsiedels Redaktion. Das Journal kursierte in maximal 11 Exemplaren. Zu den Verfassern gehörten u. a.: Anna Amalia, Carl August, Goethe, Herder, Lenz, Merck, Knebel, von Dalberg, von Seckendorff, von Einsiedel, Sophie von Schardt, Emilie von Werthern. Die unterschiedlichsten Talente kamen zu Wort mit ernstzunehmenden Abhandlungen über Kunst und Literatur oder auch mit Anekdoten, Gedichten, Scharaden, Scherz- und Preisfragen, Rätseln. Goethes „Edel sei der Mensch, hülfreich und gut" (Das Göttliche) ist wohl das bis heute bekannteste Gedicht aus dem Journal, das Ende 1783

Die Tafelrunde der Anna Amalia. Aquarell von Georg Melchior Kraus aus dem Jahre 1795. Abgebildet sind neben der Herzogin Anna Amalia von Sachsen-Weimar-Eisenach (5), Johann Wolfgang von Goethe (3), Johann Heinrich Meyer (1), Frau von Fritsch (2), Friedrich Hildebrand von Einsiedel (4), der Engländer Charles Gore (7) mit seinen Töchtern Emilie (8) und Elise (6), Luise von Göchhausen (9) und Johann Gottfried Herder (10).

im 40. Stück in Umlauf ging. Es stellt durch seine angestrebte moralische Erziehung eines „aufgeklärten“ Monarchen ein damaliges aktuelles und zugleich allgemeines Anliegen dar. Nach dem Erscheinen des letzten Tiefurter Journals wandte sich die Herzogin wieder verstärkt anderen Neigungen zu. Sie vervollkommnete ihre Sprachstudien, ließ sich von Oeser weiter in der Malerei unterrichten und gab sich der seit ihrer Kindheit bevorzugten Muse, der Musik, wohl auch als Ausgleich für private Defizite ausgiebig hin.

Großen Zuspruchs erfreuten sich die seit 1775 montags abgehaltenen Leseabende in der Tafelrunde um Anna Amalia im Wittumspalais bzw. in Tiefurt. Im zwanglosen Kreis konnte über Literatur, bildende Kunst und Musik vorgetragen und diskutiert werden. Vielfach wurden eigene Werke vorgestellt oder man befaßte sich mit Neuerscheinungen. Die Musikliebhaberin selbst spielte Gitarre, Harfe und Cembalo und komponierte kleinere Stücke. In dem Kreis großer Männer an der Tafelrunde wurde auch über die Wirkung von Musik nachgedacht. So ist anzunehmen, daß das von Anna Amalia 1799 eigenhändig verfaßte Essay „Gedancken über die Musick“, das sich heute in ihrem Nachlaß im Thüringischen Hauptstaatsarchiv Weimar befindet, für solche Gelegenheit vorgesehen war. Es enthält neben musiktheoretischen Erörterungen über die Beziehungen des Menschen zur Musik und seine edle Erziehung durch sie auch die Schlußfolgerung, daß für musikalische Talente „gute Schulen“ angelegt werden müßten.

Die Idylle des geselligen Kreises hielt jedoch der mit der bürgerlichen Emanzipation im ausgehenden 18. Jahrhundert einhergehenden raschen Literaturentwicklung nicht mehr stand. Andere Impulse gingen jetzt zunehmend von Weimar aus. Die Kantsche kritische Philosophie wurde in der in Jena erscheinenden „Allgemeinen Literaturzeitung“ propagiert. Schillers „Musenalmanach“ und seine Zeitschrift „Die Horen“ sorgten für andere Sichten, unterstützt von Wielands „Teutschem Merkur“, um nur einige Beispiele zu nennen. Alternativ zur Tafelrunde enstand den neuen Strömungen entsprechend die von Goethe 1791 initiierte „Freitagsgesellschaft“, die in kultureller Gemeinsamkeit ihre Themen auf Literatur, Theater, Kunst und Wissenschaft auf höherer Stufe bezog. Professoren der benachbarten Jenaer Universität stellten ihre wissenschaftlichen Ergebnisse ebenso zur Diskussion, wie die Arbeiten von Staatsbeamten, Schriftstellern und Dichtern einem interessierten Kreis dargeboten wurden. Anna Amalia hatte sich den neuen Herausforderungen nicht verschlossen, sondern nahm regen Anteil und stellte für die monatlichen Sitzungen der „Freitagsgesellschaft“ ihr Wittumspalais zur Verfügung; später fanden die Zusammenkünfte in Goethes Wohnhaus am Frauenplan statt.

Während ihrer zweiundzwanzig monatigen Italienreise lernte Anna Amalia die Malerin Angelika Kauffmann in Rom kennen. Die Künstlerin gab ihrer Sympathie für die Weimarer Herzogin in einem Bildnis Ausdruck. Was aber bleibt, sind nicht nur Bilder, als Anna Amalia am 10. April 1807 die Augen für immer schloß. Ohne sie und ihre musische Geselligkeit, die als Voraussetzung für die Zusammenführung von Persönlichkeiten mit Rang und Namen in ihrer Residenz Weimar wirkte, hätte es die Herausbildung der deutschen Klassik nicht gegeben. Unter der kulturfördernden Regentschaft ihres Sohnes Carl August erreichte die klassische deutsche Literaturentwicklung dann ihren Höhepunkt.

[Jutta Fulsche]

Dreiseitiges Messingpetschaft der Herzogin Anna Amalia.

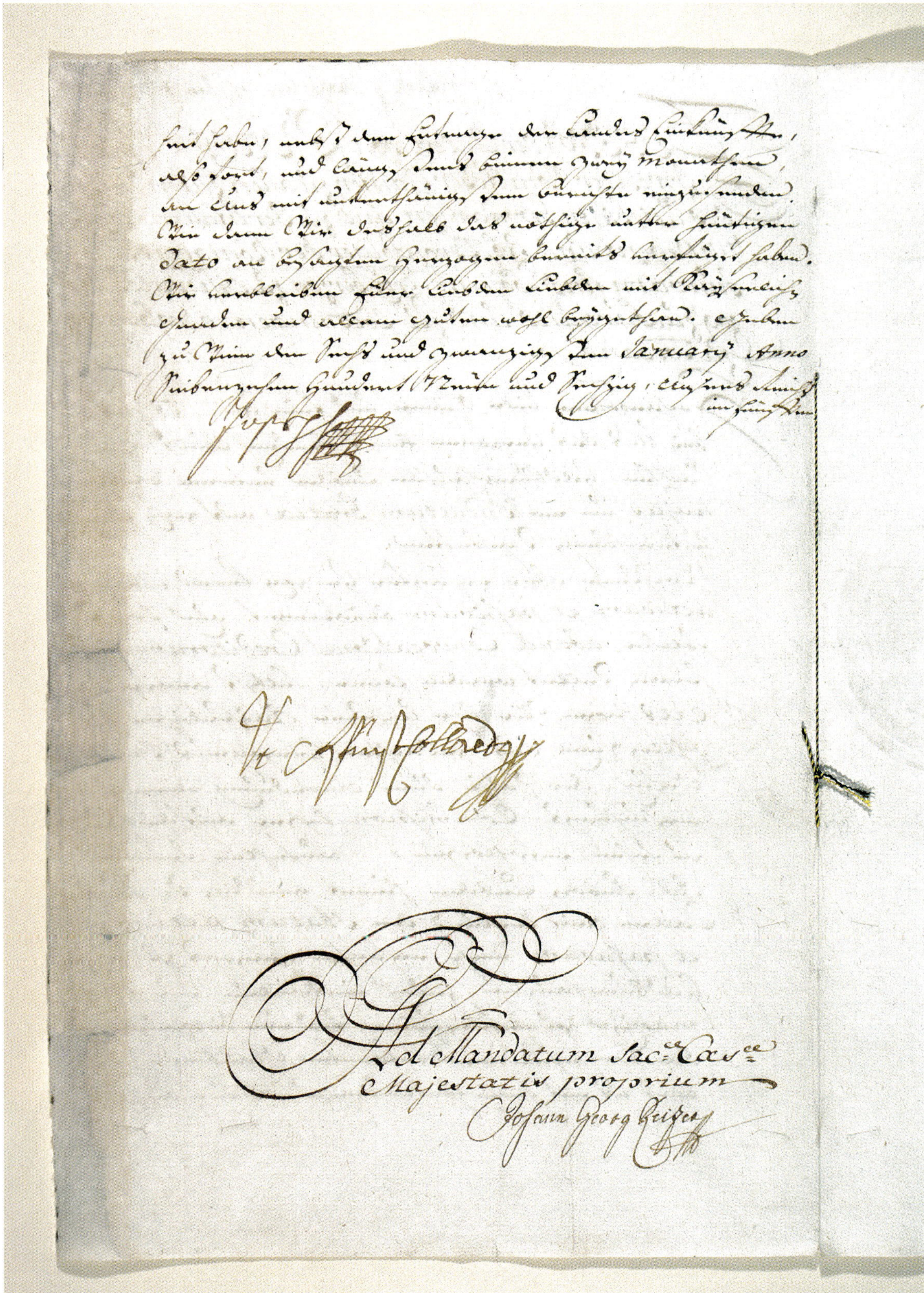
Ad Mandatum Sac: Caes:
Majestatis proprium
Johann Georg Keiser

Einsetzung einer kaiserlichen Schuldentilgungskommission für Sachsen-Hildburghausen am 26. Januar 1769. Letzte Seite des Reskripts mit der eigenhändigen Unterschrift von Kaiser Joseph.

Ernst Friedrich Carl ... ein zwar guter menschenfreundlicher Fürst, der aber durch seine Prachtliebe, mehr aber noch durch seine ungemäßigte Gutmüthigkeit dem Lande Wunden schlug ...

Georg Brückner (1851)

Drohender Staatsbankrott in Sachsen-Hildburghausen

Nach dem im Jahre 1675 erfolgten Tode Herzog Ernsts des Frommen von Sachsen-Gotha war es nach vergeblichen Bemühungen seiner sieben Söhne um eine gemeinschaftliche Regierung 1680 zu einer großen Landesteilung gekommen. Dabei entstanden neue sächsisch-ernestinische Territorien in Thüringen, darunter das von 1680 bis 1826 existierende Fürstentum Hildburghausen. Der zweitjüngste Sohn Ernst hatte aus der Erbschaft seines Vaters die Ämter und Städte Hildburghausen, Heldburg und Eisfeld, das Amt Veilsdorf sowie das halbe Amt Schalkau erhalten. Die Hoheitsrechte verblieben allerdings bei Sachsen-Gotha, das von dem ältesten Sohn regiert wurde.

Von Anfang an suchte der neue Hildburghäuser Regent seinen Anteil zu vergrößern. Nach einem Vergleich mit seinem Bruder Friedrich (von Sachsen-Gotha) erhielt er das eigentlich dem Bruder Heinrich (von Sachsen-Römhild) zugesprochene Amt Königsberg, und schließlich 1705 nach dem Tode des Bruders Albrecht (von Sachsen-Coburg) das Amt Sonnefeld. Außerdem wurde er im Liberationsrezeß mit Sachsen-Gotha vom 10. April 1702 mit sämtlichen Hoheitsrechten sowie dem gothaischen und altenburgischen Anteil an der hennebergischen Reichstagsstimme und finanziellen Zugeständnissen (der Land- und Tranksteuer in seinen Ämtern) abgefunden.

Herzog Ernst von Sachsen-Hildburghausen war 1655 in Gotha auf Schloß Friedenstein geboren. Seit 1680 war er mit Henriette Sophie von Waldeck, der Tochter eines kaiserlichen Generals, verheiratet. Er wählte Hildburghausen als seine Residenz, wo allerdings alle Voraussetzungen für eine Hofhaltung und für die Verwaltung fehlten. Seit 1685 baute der Bayreuter Hofbaumeister Elias Gedeler ein Residenzschloß. Dem 1695 fertiggestellten Hauptflügel wurden später unter Leitung des Baumeisters Christian Richter weitere Bauteile angefügt. Daneben ließ Herzog Ernst auch ein Jagdschloß in Seidingstadt und um 1700 einen Kanal um den Schloßgarten errichten. Seine Schwiegertochter Sophie Albertine baute 1709 das Lustschloß Sophienthal. Obwohl sich damit die Bautätigkeit in Grenzen hielt, überstieg sie aber doch die finanzielle Basis des Ländchens.

Herzog Ernsts Sinn für höfische Repräsentanz hielt sich solange in Grenzen, wie er noch keine Landeshoheit besaß. Hofstaat und Zentralverwaltung waren verhältnismäßig klein. Aber bereits 1684 errichtete er im Widerspruch zu den Festlegungen der Landesteilung ein eigenes Regierungskollegium und ein Konsistorium. Nach dem Gewinn der vollen Landeshoheit 1702 vergrößerte er den Hofstaat und die Landeskollegien und stellte eigene Truppenverbände auf. Neben deren Unterhaltung kostete aber auch seine Beteiligung als Offizier an mehreren Kriegszügen viel Geld. Alle diese Unternehmungen führten dazu, daß das kleine Land in kurzer Zeit schwer verschuldete.

Die Steuerbelastung für die Bevölkerung hatte sich während der kurzen Regierungszeit auf fast das Dreifache erhöht, die Extraordinarsteuern stiegen von fünf auf 14 jährliche Steuertermine, trotzdem reichten die Einnahmen nicht aus. Damit begann bereits unter Ernst die Schuldenwirtschaft, die unter seinen Nachfolgern ungeahnte Ausmaße annahm. Ernsthafte Widerstände gegen die bedenkliche Finanzpolitik waren von Seiten der Landstände, die das Bewilligungsrecht für die Extraodinarsteuern hatten, nicht zu erwarten, weil der Herzog eine raffinierte Personalpolitik betrieb. Allerdings hoffte er, durch eine Förderung der Wirtschaft die Einnahmen des Landes zu heben. So ließ er im Amt Eisfeld den eingestellten Bergbau ab 1690 wieder aufnehmen. 1698 konzessionierte er eine neue Glashütte bei Neustadt am Rennsteig, die 1700 ihre Arbeit aufnahm. 1709 folgte eine zweite bei Eisfeld, die feinere Glassorten für den Bedarf des Hofes produzieren sollte. Seit 1714 wurde die Salzgewinnung aus den Solequellen bei Lindenau wieder aufgenommen. Den Handwerkern und den Städten stellte er günstige Privilegien aus. Die Residenzstadt lag ihm natürlich besonders am Herzen, er gab ihr neue Märkte, ließ die Neustadt anlegen und Hugenotten dort ansiedeln, von denen er sich starke Impulse auf das Wirtschaftsleben erhoffte.

1715 starb Herzog Ernst, dem nun der älteste Sohn Ernst Friedrich I. folgte, während der Bruder Joseph in den Militärdienst eintrat. Leider zeigte der neue Herzog die gleichen Schwächen wie sein Vater. Auch er hatte eine Vorliebe für das Militär, war zunächst als Offizier tätig gewesen und hatte am Spanischen Erbfolgekrieg in niederländischen und kaiserlichen Diensten teilgenommen. Seit 1712 ließ er die Veste Heldburg mit neuen Befestigungsanlagen ausstatten mit dem Ziel, dort Reichstruppen unterzubringen. Neben dem Militär schätzte der Herzog auch die höfische Prachtentfaltung. In den Jahren 1720 bis 1721 ließ er ein Ballhaus errichten. Um die finanzielle Grundlage seines Landes zu heben, förderte auch er die Entwicklung des Gewerbes, so z.B. der Goldwäscherei bei Sachsenbrunn, die Salzgewinnung bei Lindenau, und die in Hildburghausen angesiedelte Hugenottenkolonie.

Unter Ernst Friedrich I. wurden die Steuern auf 16 Steuertermine erhöht, so daß die Empörung der Bevölkerung 1717 vielerorts in offener Auflehnung gipfelte. Der Herzog schaltete den kaiserlichen Reichshofrat ein, der wegen Steuerverweigerung die militärischer Exekution über die Residenzstadt verhängte. Der Herzog versuchte, seine finanzielle Lage durch die Prägung von geringwertigen Scheidemünzen in großer Zahl zu verbessern. Auch der Verkauf von Grundbesitz, Hoheitsrechten und Einnahmen sollten der herzoglichen Kasse aus kurzfristiger Verlegenheit helfen. Selbst vor dem Verkauf des Amtes Schalkau im Jahre 1723 schreckte er nicht zurück. Trotzdem erreichte die Verschuldung ungeahnte Ausmaße. Gegen Ende seiner Regentschaft erreichten die Schulden einen so großen Umfang, daß gleich nach dem Tode des Herzogs 1724 eine kaiserliche Kommission zur Untersuchung der finanziellen Lage des Landes entsandt wurde.

Für den 1707 geborenen Thronfolger Ernst Friedrich II. übte Herzogin Sophie Albertine die Vormundschaftsregierung aus. Sie war um den Abbau der Schuldenlast bemüht, entließ überflüssige Hofchargen und Diener und löste die seit 1722 schon verminderte Garde auf. Sie verkaufte aber auch die Bibliothek mit ihren wertvollen Der

Das aus einem Ballhaus entstandene Theater in Hildburghausen

Beständen. Es gelang ihr, die Zahl der Steuern von 16 auf acht zu vermindern. Einen folgenschweren Fehler beging die Herzogin aber, als sie 1724 versuchte, das Amt Schalkau zurückzuholen. Nachdem sie erst den Kaufvertrag als ungültig erklärt hatte, was die gegnerische Seite natürlich nicht anerkannte, wollte sie durch einen Truppeneinfall das Amt zurückerobern. Das unter dem Namen „Schalkauer Kirschenkrieg“ bekannt gewordene, glücklicherweise unblutig verlaufene Unternehmen schlug fehl. Ansonsten muß ihre Vormundschaftsregierung aber als recht erfolgreich eingeschätzt werden. Sie versuchte, die Einnahmen des Landes durch die Nutzung von Bodenschätzen und die Ansiedlung neuer Gewerbe zu fördern. So begann der Kobaltbergbau bei Schwarzenbrunn, ihr zu Ehren wurde das dortige Vitriolwerk „Sophienau“ genannt. 1725 konzessionierte sie eine neue Glashütte im Sachsendorfer Forst am Rennsteig, die zu Ehren ihres Sohnes „Friedrichshöhe“ genannt wurde. Ihr gelang es, die Schuldenlast von 300.000 auf 50.000 Gulden zu senken, bis sie 1728 die Regentschaft an Herzog Ernst Friedrich II. übergab und sich auf ihren Wittumssitz im Eisfelder Schloß zurückzog.

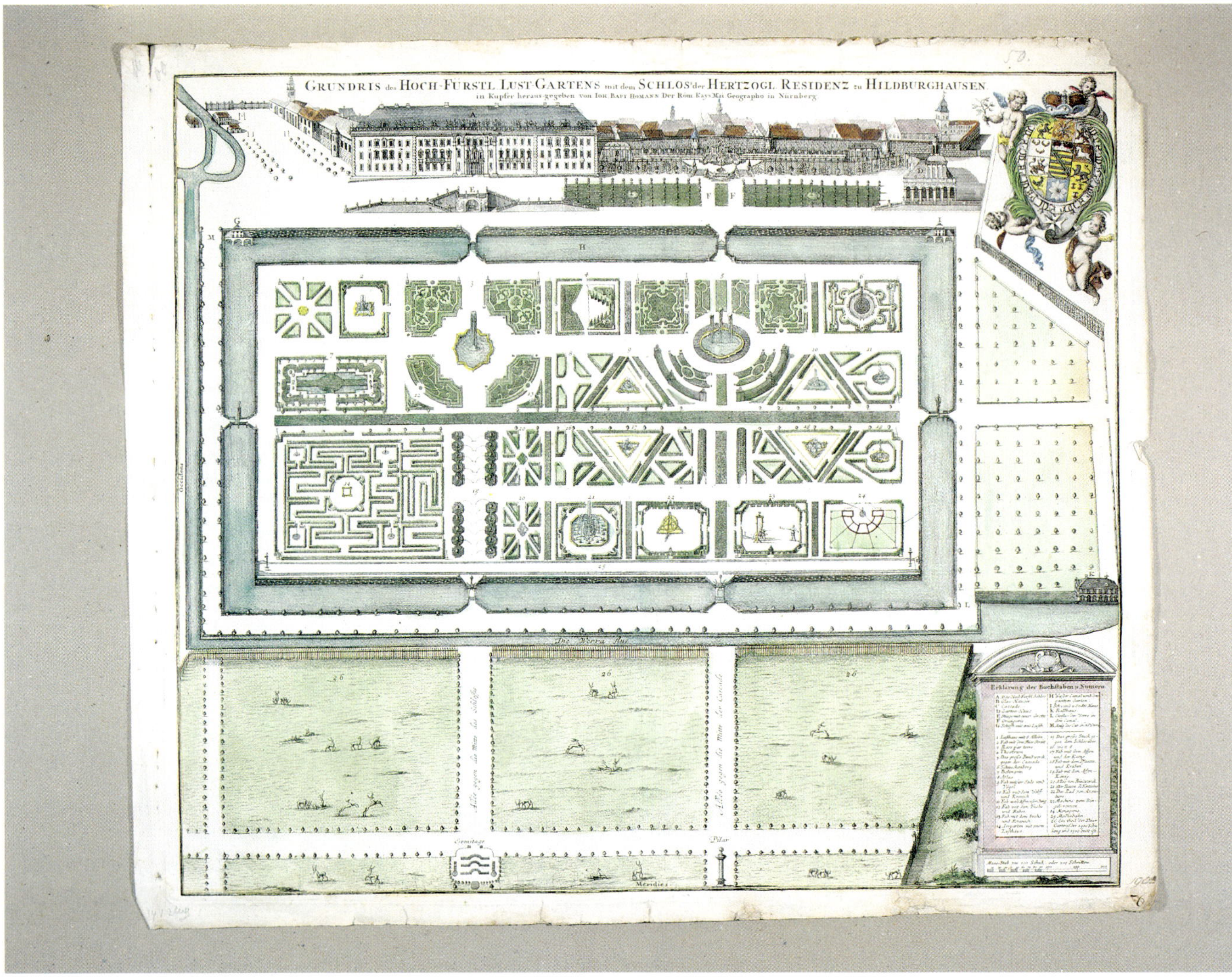

Lustgarten und Residenzschloß zu Hildburghausen. Kolorierter Kupferstich von Johann Baptist Homann aus dem Jahre 1720. Erstes Blatt mit der Gesamtansicht und zweites Blatt mit Details aus dem Lustgarten.

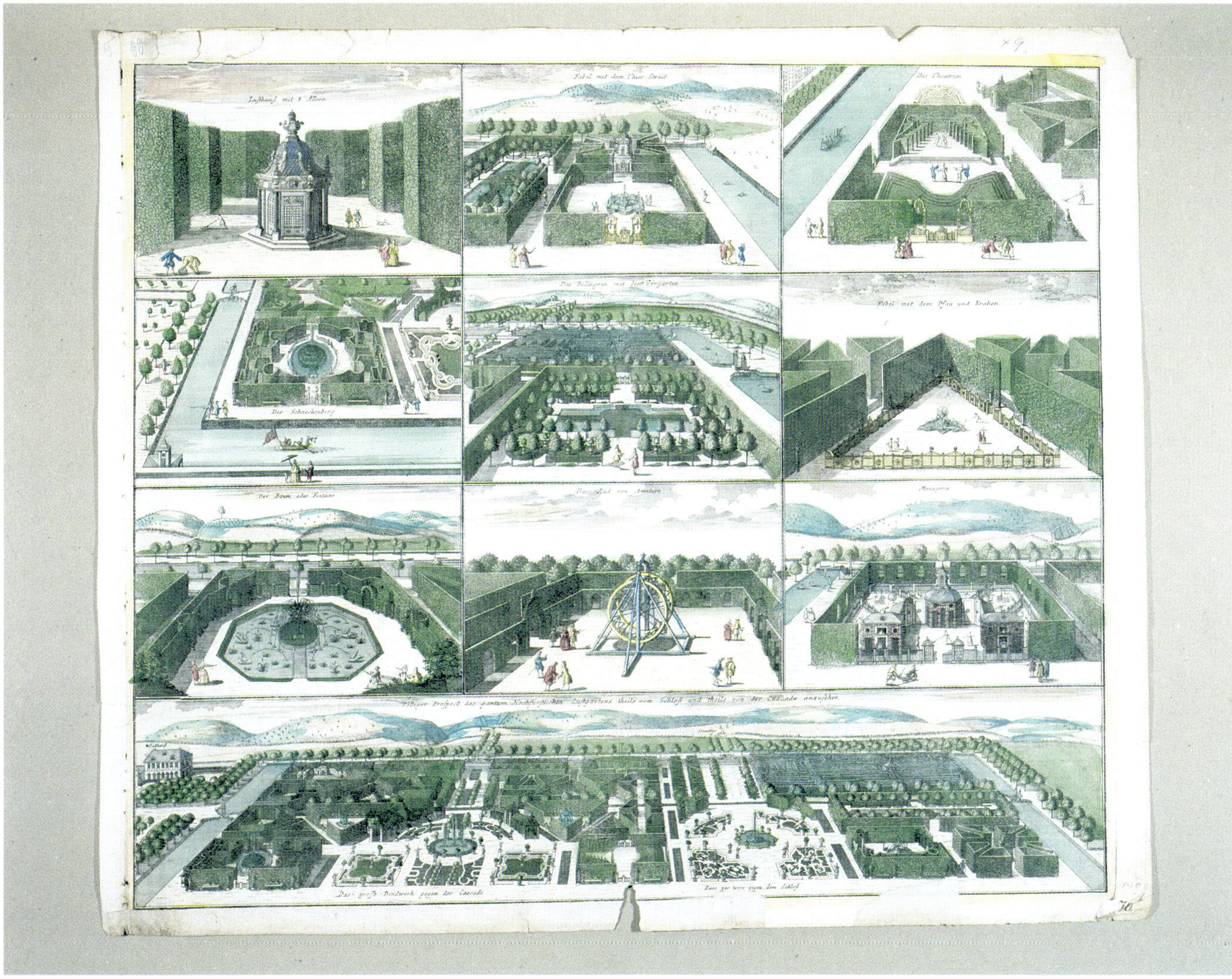
Lusthauß mit 8 Alleen
Fabel mit dem Thier-Streit
Das Theatrum
Der Schneckenberg
Das Bolingrin mit dem Irrgarten
Fabel mit dem Pfau und Krähen
Der Baum oder Fontaine
Menagerie

Der neue Regent hatte nach einem Studium auf einer Bildungsreise nach Frankreich höfische Prachtentfaltung und Kulturpflege kennengelernt. Dem jungen Herzog, der wegen seines schlechten Gesundheitszustandes keine militärischen Ambitionen hegte, fehlte der mütterliche Sinn für Sparsamkeit. Wie sein Vater trieb er verschwenderischen Aufwand für einen glanzvollen Hofstaat nach Versailler Vorbild und hielt sich auch eine „Favoritin". Da die Schulden trotz der Bemühungen seiner Mutter bei seinem Regierungsantritt noch so hoch waren, daß die Einkünfte der Kammerverwaltung gerade für die Schuldenzinsen reichten, riß das unbekümmerte Finanzgebahren des Herzogs noch tiefere Löcher in die Kasse. Durch Ämterverkauf, Ablösung von Kirchenstrafen durch Geldzahlungen, Prägung minderwertiger Münzen, ständige Kreditaufnahme und steigende Steuerbelastung der Bevölkerung sollte dem begegnet werden. Außerdem wurden die Lebensmittelanforderungen des Hofes an die Landbevölkerung unter Wert bezahlt. Da der Herzog entsprechend dem Zeitgeschmack auch der Jagdleidenschaft frönte, hatte die Bevölkerung auch noch über hohe Wildschäden durch übermäßigen Wildbestand zu klagen. Sie reagierte darauf durch die Abkehr vom Getreideanbau zu Gunsten der Schafzucht, so daß die Probleme des Landes dadurch noch zusätzlich vermehrt wurden. Unmutsäußerungen aus der Bevölkerung suchte man mit einem Regierungserlaß gegen „das vielfache Raisonieren der Unterthanen" zu unterbinden.

Der Herzog starb bereits 1745 im 38. Lebensjahr. Für den minderjährigen Ernst Friedrich III. Carl (geb. 1727) führte die Mutter die Vormundschaftsregierung. Auch dieser hatte 1739 mit seinem Bruder eine Bildungsreise nach Frankreich unternommen und dort ebenfalls die Pracht und Kultur am Königshof erlebt. Wie beim Vater blieb nun dieses Erlebnis Maßstab für die 1748 begonnene Regentschaft. Ernst Friedrich Carl war ein gebildeter Mann mit künstlerischen und wissenschaftlichen Interessen, auch gutmütig, und gastfreudig, aber leider ohne Sinn für die schmale finanzielle Basis. Auch er förderte im Rahmen seiner Möglichkeiten das Gewerbe, z.B. den 1761 neuerlich unternommenen und endlich erfolgreichen Versuch des Abbaus der Solevorkommen von Lindenau. Die 1763 eröffnete Saline Friedrichshall lieferte ab 1766 ausreichende Mengen Salz. Sein Bruder Eugen gründete die Porzellanfabrik Kloster Veilsdorf. An Glashütten überlebten allerdings nur Neustadt am Rennsteig und Fehrenbach.

Die höfische Prachtentfaltung, der personell aufwendige Hofstaat, eine für Gäste stets offene Hoftafel, die der Repräsentation dienende Garde, die Anschaffung einer neuen Hofbibliothek, eines Naturalien- und Raritätenkabinetts und die Anstellung eines Hof- und Kabinettsmalers verschlangen Unsummen. Darüber hinaus ließ Ernst Friedrich Carl den Lustgarten nach Versailler Vorbild umgestalten und das Ballhaus zum Hoftheater umbauen. Demgegenüber stieg die Steuerbelastung für die Bevölkerung weiter. Landesherrlicher Grundbesitz wurde verkauft genauso wie das Heiratsgut der drei Gemahlinnen. Auch die unselige Tradition des Verkaufs öffentlicher Ämter bis hinab zum Dorfschulzen und zu Pfarrstellen wurde fortgesetzt, Kirchenstrafen konnten mit Geld abgelöst werden, und die Hildburghäuser Münzstätte war oft verpachtet.

Die so in kurzer Zeit erreichte Schuldenlast wird auf 4 Millionen Gulden geschätzt. Der Kaiser sah diesem Treiben schließlich nicht länger zu und entsandte 1769 eine Debitkommission, die die Forderungen der Gläubiger untersuchen und für die Wiederherstellung geordneter finanzieller Verhältnisse sorgen sollte. Mit ihrer Leitung

wurden Herzogin Charlotte Amalie von Sachsen-Meiningen und Prinz Joseph von Sachsen-Hildburghausen, der Großonkel des Herzogs, betraut. Der Herzog sträubte sich zunächst, als die Kommission die Aufsicht über die landesherrlichen und landständischen Kassen übernehmen wollte. Er ließ seine Residenz gegen die daraufhin von der Kommission angeforderten gothaischen, weimarischen, meiningischen und coburgischen Truppen in Verteidigungszustand setzen. Endlich fügte er sich, so daß das das Ausmaß der Verschuldung festgestellt werden konnte. Bei 72 000 Gulden Einnahmen waren allein für die Schuldzinsen jährlich 200 000 Gulden aufzubringen. Es blieb nichts anderes übrig, als das Hofpersonal zu reduzieren und die Garde zu entlassen. Zurückgezogen und verbittert starb der Herzog 1780.
Eine besonders wichtige Rolle innerhalb der Debitkommission kam Prinz Joseph zu, der von 1780 bis 1787 auch die Vormundschaftsregierung für Herzog Friedrich III. führte. Er ging mit den Staatskassen sparsam um, so daß die Schulden des Landes langsam gemindert und zahlreiche Landesverkäufe rückgängig gemacht werden konnten. Auch der 1787 zur Regentschaft gelangte Herzog Friedrich unterstützte die Tätigkeit der Debitkommission, die sich 1806 mit dem Ende des Reiches auflöste. Obwohl es ihr bis dahin nicht gelungen war, das Gleichgewicht im Staatshaushalt völlig wieder herzustellen, war Friedrich allerdings verständig genug, deren Finanzpolitik fortzusetzen. Als 1826 infolge des Aussterbens der Linie Sachsen-Altenburg der Herzog von Sachsen-Hildburghausen das Herzogtum Altenburg übernahm und Sachsen-Hildburghausen in Sachsen-Meiningen aufging, waren die Schulden völlig getilgt.

[Katharina Witter]

Herzog Ernst Friedrich III. Carl von Sachsen-Hildburghausen.

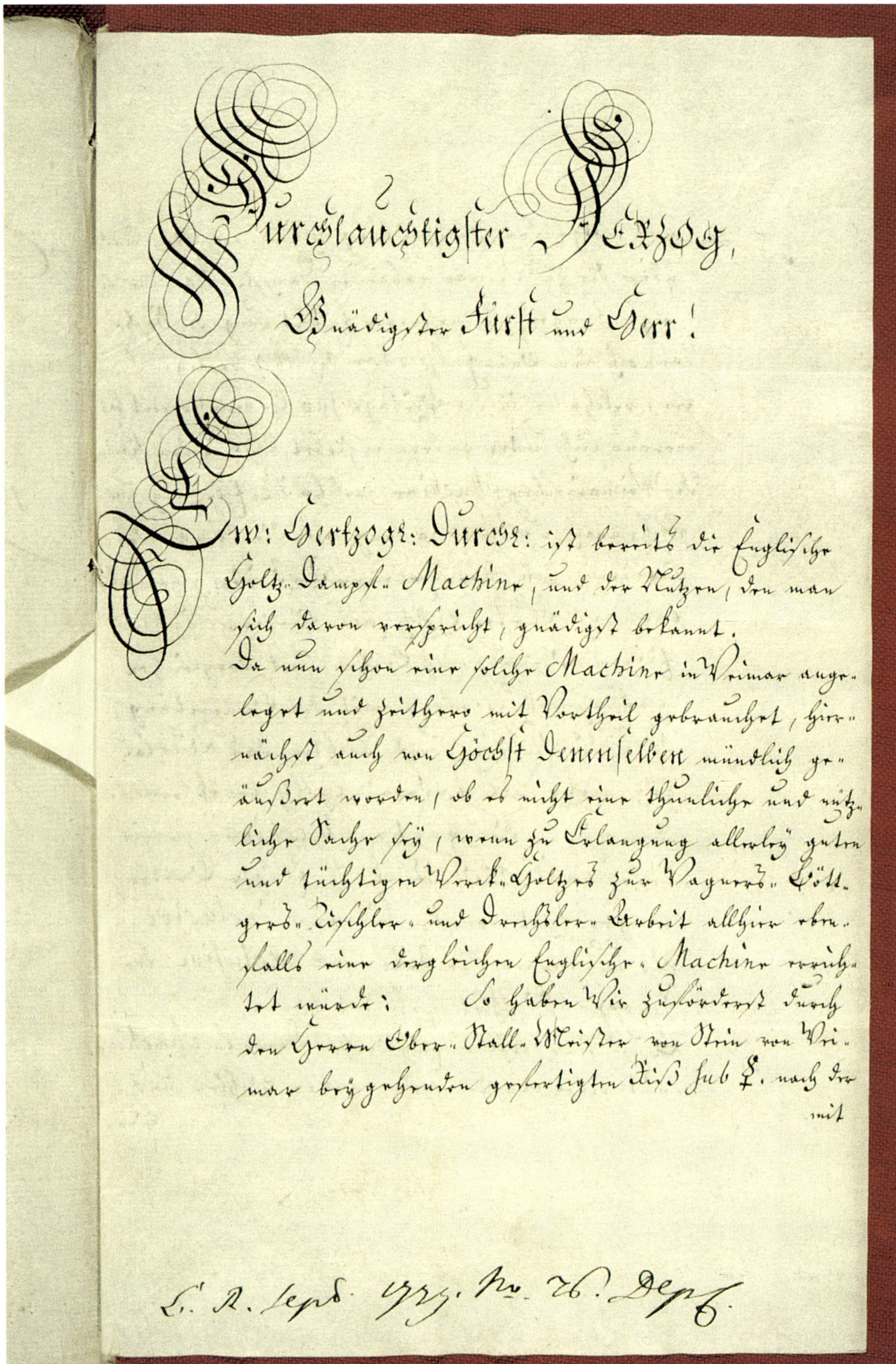

Durchlauchtigster Herzog,

Gnädigster Fürst und Herr!

Ew: Hertzogl: Durchl: ist bereits die Englische Holtz-Dampf-Machine, und der Nutzen, den man sich davon verspricht, gnädigst bekannt.

Da nun schon eine solche Machine in Weimar angelegt und zeithero mit Vortheil gebraucht, hiernächst auch von Höchst Denenselben mündlich geäußert worden, ob es nicht eine thunliche und nützliche Sache sey, wenn zu Erlangung allerley guten und tüchtigen Brett-Holtzes zur Wagners-, Böttgers-, Tischler- und Drechsler-Arbeit allhier ebenfalls eine dergleichen Englische Machine errichtet würde: So haben Wir zuförderst durch den Herrn Ober-Stall-Meister von Stein von Weimar beygehenden gefertigten Riß sub ✝ nach dem

mit

L. R. sept. 1779. No. 26. Dep 6.

Präsident und Räte der Herzoglichen Kammer zu Gotha ersuchen bei Herzog Ernst II. von Sachsen-Gotha-Altenburg um die Erlaubnis, eine „Englische Holtz-Dampf-Machine" konstruieren zu lassen. Dabei verweisen sie auf die Vorzüge dieser neuen Technik sowie auf die Tatsache, daß in Weimar bereits eine solche Maschine mit Erfolg eingesetzt werde.
Gotha, 26. August 1779.
- Der Herzog erteilt die Genehmigung zur Errichtung der Anlage.

Unermeßliche Fortschritte in den Wissenschaften und nützlichen Künsten haben Erfindungen von unerhörter Bedeutung zur Welt gebracht und vermittelst derselben in einzelnen Hauptindustriezweigen mehr als neunzig Hundertteile der industriellen Arbeit der Hand des lebendigen Menschen entwunden und der toten Maschine überliefert.

Friedrich List (1843)

Gewerbepolitik und Industrialisierung in der Neuzeit

Der hier zu behandelnde Zeitabschnitt von rund 170 Jahren – von der Mitte des 18. Jahrhunderts bis zur Aufhebung der Monarchie 1918 – umfaßt in seinem Kern einen Prozeß des wirtschaftlichen und sozialen Umbruchs der bestehenden Gesellschaftsverhältnisse von historischer Dimension, der maßgeblich von einer industriellen Revolution beschleunigt und durchgesetzt wurde. Sie setzte in der zweiten Hälfte des 18. Jahrhunderts in England ein und erfaßte im Verlaufe des 19. Jahrhunderts nach und nach weitere Staaten in Europa und Übersee, im zweiten Viertel des Jahrhunderts auch Deutschland bzw. die thüringischen Kleinstaaten. Bevor sich die neuen kapitalistischen Wirtschaftsformen überall voll entfalten konnten, mußten erst die dafür notwendigen Voraussetzungen geschaffen werden. Vom 18. bis weit in das 19. Jahrhundert vollzogen sich die ökonomischen Neuerungen auf der Basis der überkommenen feudalen Strukturen und Rechtsgrundlagen. Sie bildeten zunehmend ein Entwicklungshemmnis, und ihre Aufhebung wurde zur Notwendigkeit. Dieser Prozeß begann in den einzelnen deutschen Territorien im wesentlichen erst Anfang des 19. Jahrhunderts und erstreckte sich über mehrere Jahrzehnte. Er betraf vor allem eine grundlegende Agrarreform (Beseitigung jeglicher Formen feudaler Abhängigkeit; Schaffung der Voraussetzungen für einen freien Kauf und Verkauf von Grund und Boden), die Einführung der Gewerbefreiheit als Recht auf freie Ausübung eines beliebigen Gewerbes (Aufhebung der alten Gewerbeverfassung mit ihren Bestimmungen über das Zunftwesen) und die Einführung der Zollfreiheit im innerdeutschen Handelsverkehr. Doch bevor diese Probleme von staatlicher Seite im einzelnen konsequent angegangen und gelöst wurden, suchte sich der wirtschaftlich-technische Fortschritt seinen Weg selbst.

War bereits im 17. Jahrhundert die Wirtschaftspolitik der ernestinischen Fürsten mehr oder minder durch Merkmale des Kameralismus, der deutschen Variante des Merkantilismus, geprägt, so trat auch im 18. Jahrhundert keine grundsätzliche Wandlung ein. Typisch war, daß ein Monarch des absolutistischen Zeitalters bei Bedarf direkt und unmittelbar durch Gesetz, Verordnung oder auf andere Weise lenkend in die verschiedenen Wirtschaftsbereiche seines Landes eingriff. Diese Form staatlicher Wirtschaftspolitik genügte bald nicht mehr den Anforderungen der Zeit. Es reichte auch nicht aus, daß Fürst bzw. Staat zunehmend ihre aktive Rolle als Initiatoren neuer Gewerbebegründungen zugunsten privater Unternehmer aufgaben, indem sie seit der zweiten Hälfte des 18. Jahrhunderts - stärker als in der Vergangenheit - hauptsächlich nur noch mit der Erteilung von

Privilegien und Konzessionen befaßt waren. Handel und Gewerbe wollten keine rechten Fortschritte nehmen. Gewissen Erfolgen bei Neugründungen standen Stagnationserscheinungen oder gar Konkurse bei schon bestehenden Unternehmen gegenüber. Letzteres traf beispielsweise auf die Glaserzeugung in Südthüringen zu (Sachsen-Meiningen und Sachsen-Hilburghausen), als eine Reihe von Hütten ihre Produktion wegen Holzmangels einstellen mußten – infolge der Abkehr vom ungehemmten Holzeineinschlag und des Übergangs zur planmäßigen Pflege des Waldbestandes. Eine günstigere Entwicklung nahmen die neugegründeten Porzellanfabriken in Veilsdorf (1760) und Gotha (1767), die herzogliche Wollmanufaktur von Ichtershausen (Herzogtum Gotha) oder die gewerbliche Nutzung der Mineralquellen bei Ronneburg.

Die Errichtung einer Flanelltuch-Fabrik sowie einer Woll- und Zeugfabrik in Altenburg (1766) bedeutete den Anfang einer viele Jahrzehnte erfolgreichen Textilindustrie. Sie spielte bekanntlich in England die entscheidende Rolle bei der Auslösung und Durchsetzung der industriellen Revolution (Spinnmaschine, mechanischer Webstuhl usw.).

Insbesondere die Ereignisse des Siebenjährigen Krieges (1756-1763) hatten zur Verschlechterung der Lage der Bevolkerung sowie zu wirtschaftlichen Niedergangserscheinungen geführt. Verheerend wirkten sich auch die Mißernten samt ihren Folgeerscheinungen (Lebensmittelknappheit, Hungersnot, Teuerungen) aus, die in den Jahren 1770 bis 1772 ganz Thüringen erfaßten. Dem versuchten einzelne Landesherren durch geeignete Maßnahmen entgegenzuwirken (Subventionen u.a.), so beispielsweise im Herzogtum Sachsen-Weimar-Eisenach, wo in jenen Jahren eine große Zahl von Verordnungen allein auf die Regelung des Getreidehandels und – verbrauchs gerichtet waren. In der Landwirtschaft erfolgte mit der Einführung des Kartoffelanbaus und anderer neuer Kulturen allmählich der Übergang von der überholten Dreifelder- zur Fruchtwechselwirtschaft (so 1757 in Sachsen-Weimar-Eisenach).

Das preußische Zollgesetz vom 26. Mai 1818 hatte negative Auswirkungen für die thüringischen Staaten, da sie grundsätzlich wie Ausland behandelt wurden und demzufolge bei jedem Warentransport über preußische Grenzen hinweg relativ hohe Zölle zahlen mußten. Dies erforderte entsprechende Gegenmaßnahmen, zunächst über die Schaffung einer separaten Zollunion. Über verschiedene Zwischenstationen – erwähnt seien hier die sogenannten Darmstädter Beratungen von 1820 bis 1823 oder die Zusammenkünfte in Arnstadt (1821 bis 1823) – beteiligten sie sich schließlich im Mai 1828 in Frankfurt am Main an der Gründung des Mitteldeutschen Handelsvereins, dem zunächst 17 Staaten angehörten, von den thüringischen alle außer Schwarzburg- Sondershausen.

Wenige Jahre später kam es zum Anschluß an den von Preußen beherrschten Deutschen Zollverein, der sich inzwischen gebildet hatte und mit Wirkung vom 1. Januar 1834 das bis dahin größte deutsche Zollgebiet schuf. Über Vor- und Nachteile dieser Mitgliedschaft gibt es unterschiedliche Auffassungen. Notwendig dürfte sie allemal gewesen sein, entsprach doch die Schaffung einer großen Zollgemeinschaft nationalen wirtschaftlichen und politischen Interessen auf dem Wege zur Einigung Deutschlands. Die sächsisch-ernestinischen Staaten waren ihm durch Vertrag vom 11. Mai 1833 beigetreten.

Der Übergang zur großgewerblich-industriellen Produktion vollzog sich in Thüringen im wesentlichen seit dem zweiten Viertel des 19. Jahrhunderts. Die Einführung neuer Technik ging freilich schon früher vonstatten.

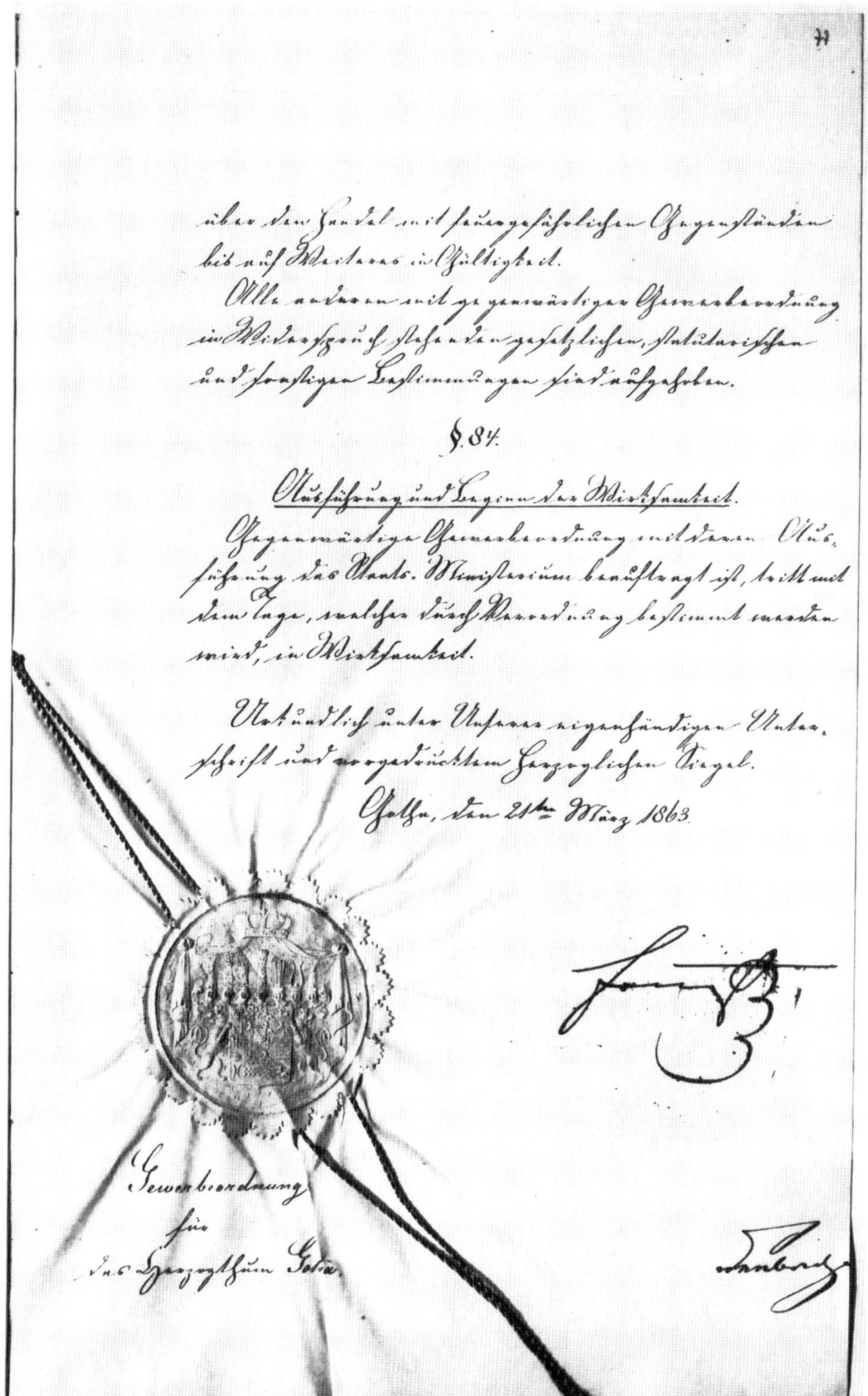
über den Handel mit feuergefährlichen Gegenständen
bis auf Weiteres in Gültigkeit.

Alle anderen mit gegenwärtiger Gewerbeordnung
im Widerspruch stehenden gesetzlichen, statutarischen
und sonstigen Bestimmungen sind aufgehoben.

§. 84.

Ausführung und Beginn der Wirksamkeit.

Gegenwärtige Gewerbeordnung mit deren Ausführung das Staats-Ministerium beauftragt ist, tritt mit
dem Tage, welcher durch Verordnung bestimmt werden
wird, in Wirksamkeit.

Urkundlich unter Unserer eigenhändigen Unterschrift und vorgedrucktem Herzoglichen Siegel.

Gotha, den 21ten März 1863

Ernst

Gewerbeordnung
für
das Herzogthum Gotha

Seebach

Schlußseite der Ausfertigung der Gewerbeordnung für das Herzogtum Gotha vom 21. März 1863 mit dem Großen Staatssiegel und den Unterschriften von Herzog Ernst II. von Sachsen-Coburg und Gotha sowie dem Staatsminister Camillo von Seebach.

Die ersten mechanischen Webstühle wurden 1809 in Eisenach und 1811 in Gera aufgestellt. Sie blieben lange Zeit die einzigen. In der Konstruktion verbesserte Webstühle wurden schließlich 1824 in Glücksbrunn bei Schweina, 1825 in Pößneck, 1836 in Greiz und 1837 in Zeulenroda installiert. Erste Dampfmaschinen als moderne Antriebsmittel kamen in Thüringen um 1840 zum Einsatz. Diese Zeit ist für das Territorium auch als Schwelle zur Industrialisierung anzusehen, von der aus allmählich der Übergang von der auf Handarbeit basierenden Produktion zur mechanischen Massenproduktion durch den Einsatz dieser Maschinen in den verschiedensten Wirtschaftszweigen erfolgte. Ab Ende der vierziger Jahre erfuhr die Entwicklung in dieser Richtung einen weiteren kräftigen Schub. Das war vor allem auf die zunehmende Bedeutung der Eisenbahn als neues Transportmittel sowie auf den sich immer mehr forcierenden sonstigen Einsatz der Dampfkraft zurückzuführen. Dieser Prozeß führte im weiteren Verlauf in verschiedenen Teilen Thüringens – über den Charakter einer großgewerblichen Produktion hinaus – zu regional bedeutsamen Großindustrien. So kam es beispielsweise im Osten des Territoriums zu einer Konzentration der Textilherstellung, während die Glasindustrie stärker im Thüringer Wald angesiedelt war, die Spielwarenproduktion in Sonneberg und Waltershausen, die Uhrenfertigung in Ruhla und die feinmechanisch-optische Industrie in Jena. Die bereits in der kurzen Zeit der Existenz des Norddeutschen Bundes (1867-1871) verabschiedeten bzw. begonnenen und im Sinne einer freien kapitalistischen Entfaltung der Wirtschaft liegenden Reformvorhaben wurden nach der Reichseinigung von 1871 weiterverfolgt, abgeschlossen und stetig den sich verändernden Bedingungen angepaßt. Es ging vor allem um die Schaffung reichseinheitlicher allgemeiner Grundlagen für Wirtschaft, Verwaltung und Politik, wobei jeder einzelne Bundesstaat immer auch etwas von seiner Souveränität verlor. Das betraf die thüringischen Kleinstaaten nicht minder als andere.

Für den wirtschaftlichen Aufschwung im 19. Jahrhundert spielte die Eisenbahn eine ganz entscheidende Rolle. Sie wurde schlechthin zu einem Markenzeichen für den ökonomisch-technischen Fortschritt jener Zeit. Das erste und zugleich grundlegende Projekt zur Schaffung eines gut funktionierenden thüringischen Schienennetzes bildete die in Ost-West-Richtung durch das gesamte Gebiet verlaufende Strecke, die in Halle (Saale) ihren Anfang nahm und über Naumburg, Weimar, Erfurt und Gotha bis nach Eisenach führte. Das Vorhaben wurde in den Jahren 1846/47 in fünf Teilstecken realisiert und umfaßte ca. 190 km. In den folgenden Jahrzehnten entstand ein ganzes Eisenbahnnetz. Einige der wichtigsten Linien seien genannt: Werra-Eisenbahn (Meiningen-Coburg-Sonneberg, eröffnet 1858), Weißenfels-Zeitz-Gera (1859), Erfurt-Sondershausen-Nordhausen (1869) und Gotha-Mühlhausen-Leinefelde (1870). Die 1847 übergebene Strecke ist bis heute der wichtigste Abschnitt des gesamten thüringischen Eisenbahnverkehrs.

Eine Grundvoraussetzung für den allgemeinen wirtschaftlichen Aufschwung bildete die Abschaffung der überlebten feudalen Rechtsverhältnisse im Agrarbereich. Als erstes ernestinisches Territorium hatte Sachsen-Weimar-Eisenach schon 1821 mit der teilweisen Ablösung bäuerlicher Belastungen begonnen. Von 1830 bis 1848 zogen andere Staaten nach, ohne daß es jeweils zu konsequenten Lösungen des Problems gekommen wäre.

Dekorativer Briefkopf zur Thüringer Gewerbe- und Industrie-Ausstellung, die 1894 in Erfurt stattfand.

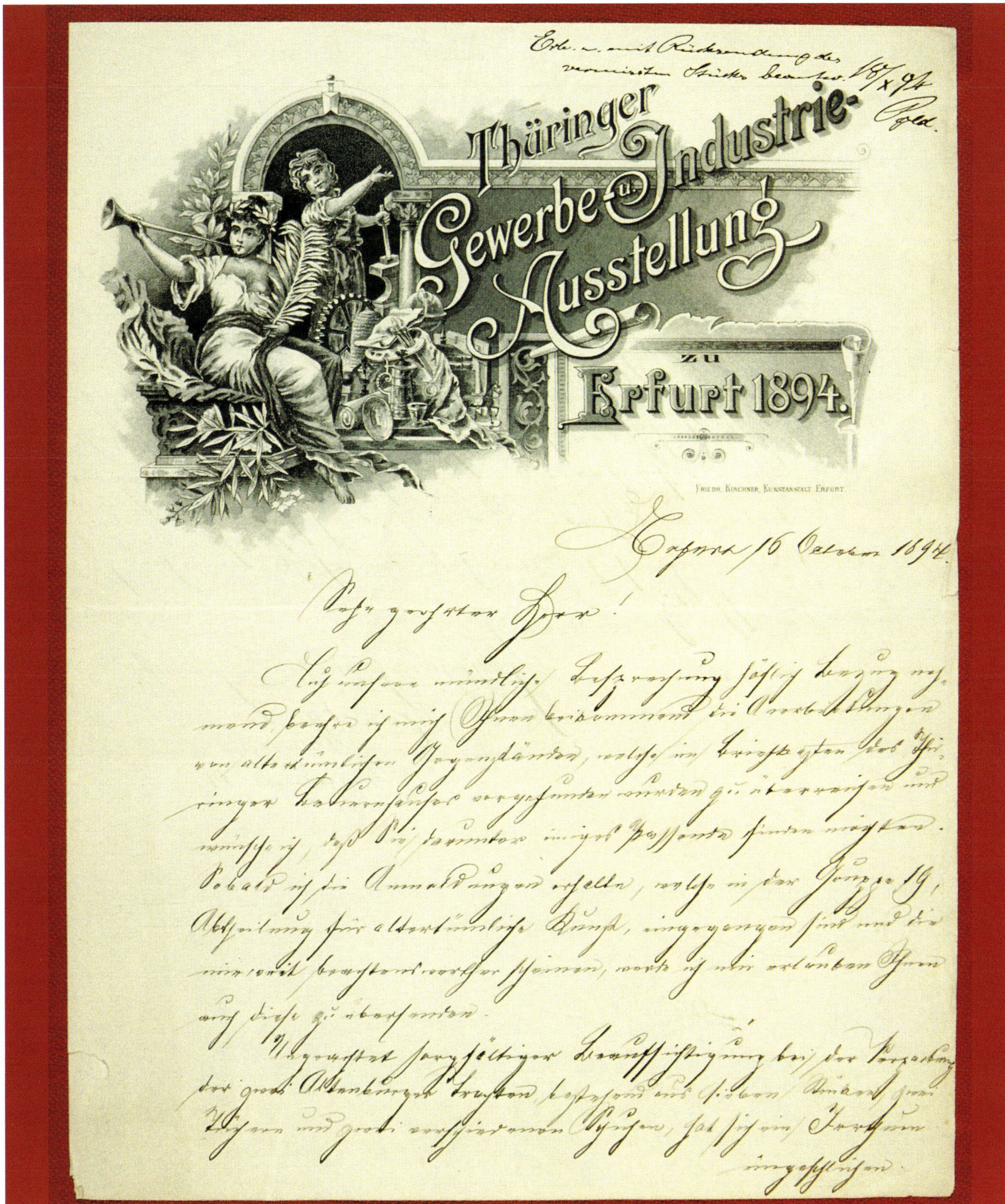

Erfurt 16 October 1894.

Sehr geehrter Herr!

Auf unsere mündliche Besprechung höflich bezugnehmend, beehre ich mich Ihnen beikommend die Anmeldungen von alterthümlichen Gegenständen, welche im [illegible] Ihr [illegible] vorgefunden wurden zu überreichen und wünsche ich, daß Sie darunter einiges Passende finden möchten. Sobald ich die Anmeldungen erhalte, welche in der Gruppe 19, Abtheilung für alterthümliche Kunst, eingegangen sind und die mir recht beachtenswerth scheinen, werde ich mir erlauben Ihnen auch diese zu übersenden.

Ungeachtet sorgfältiger Beaufsichtigung bei der [illegible] der großen Altenburger Trachten, bestehend aus sieben [illegible] [illegible] und zwei verschiedenen [illegible], hat sich ein Irrthum eingeschlichen.

Endgültige Regelungen wurden erst nach der Revolution 1848/49 in die Wege geleitet, zunächst 1853 im Herzogtum Gotha, 1869 in Sachsen-Weimar-Eisenach und Sachsen-Meiningen, schließlich 1873 in Schwarzburg-Rudolstadt und Reuß älterer Linie. Mit der Einführung der Grundentlastung wurde das Ende der feudalen Bindungen an Grund und Boden eingeleitet. Dabei bildete Geld (als sogenannte Geldrente) in der Regel das Mittel zur Ablösung. Mit der Umsetzung dieser neuen Gesetze bildete sich nicht nur eine von Feudallasten befreite, das Land als Eigentümer bewirtschaftende Bauernschaft heraus, sondern darüber hinaus eine ausreichend große Anzahl an freien Lohnarbeitern, die der Industrie und dem sonstigen Gewerbe zur Verfügung standen.

Gravierender als in der Landwirtschaft waren die Veränderungen, die im herkömmlichen Handwerk und Gewerbe auf der Tagesordnung standen, weil hier ein noch funktionierendes Rechtssystem abgeschafft werden mußte und ein größerer Personenkreis davon betroffen war. Hartnäckig widersetzten sich Innungen und Zünfte jeglichen Neuerungen und Lockerungen. Von staatlicher Seite ging man lange Zeit zum Teil sehr bedacht vor. Erst mit dem im albertinischen Sachsen erlassenen Gesetz von 1861, welches dort die uneingeschränkte Gewerbefreiheit einführte, wurde auch in Thüringen um eine konsequente Gesetzgebung gerungen. Sie konnte 1863 in den vier ernestinischen Staaten und in Reuß jüngerer Linie realisiert werden. Ein Jahr darauf folgten Schwarzburg-Rudolstadt, 1866 Schwarzburg-Sondershausen und 1868 Reuß älterer Linie. Ab 1867 war auch die Gewerbegesetzgebung Angelegenheit des Norddeutschen Bundes, der am 21. Juni 1869 eine für sein gesamtes Gebiet geltende Gewerbeordnung erließ.

Weitere wichtige Rahmenbedingungen für den wirtschaftlich-technischen Fortschritt stellten ferner die Vereinheitlichung des Maß- und Gewichtswesens (1868 Einführung des metrischen Systems) sowie die Schaffung der Markwährung dar (1871). Mit Gründung der Reichsbank als Zentralnotenbank (1875) sahen sich die kleinstaatlichen Notenbanken Thüringens bald gezwungen, auf die Ausgabe eigener Banknoten zu verzichten. Die wirtschaftliche Landschaft hatte sich bis zum Anfang des 20. Jahrhunderts erheblich gewandelt.

Traditionelle Standorte verloren an Bedeutung, während andere aufblühten. Kleinere und mittlere Betriebe der leichteren Fertigwarenproduktion herrschten vor, wenn auch wichtige Großbetriebe entstanden waren. Mit der Wirtschaftsstruktur veränderten sich die Siedlungs-, Bevölkerungs- und Sozialstrukturen, mit ihren positiven wie negativen Begleiterscheinungen. Viele Orte erlebten eine bis dahin nicht gekannte Ausdehnung. Industrie- und Wohnungsbau nahmen einen bedeutenden Aufschwung. In der Bevölkerungsentwicklung waren hohe Zuwachsraten zu verzeichnen. Dieser allgemeine Aufwärtstrend in der Wirtschaft und den anderen Bereichen des gesellschaftlichen Lebens hielt – trotz mancher Krisen, die sich massiv erstmals in den 1870er Jahren zeigten – im wesentlichen bis zum Ausbruch des ersten Weltkrieges an.

[Dr. Hans-Jörg Rugc]

Gebucht. 17

FAHRZEUGFABRIK EISENACH

WARTBURG
FAHRZEUGFABRIK EISENACH.
SCHUTZ-MARKE.

Telegramme: FAHRZEUGFABRIK EISENACH.
Fernsprecher Nº 87.

REICHSBANK GIRO-CONTO.
Postscheck-Conto Leipzig No. 3610.
Auftrag No. 26591/92.
Rchnsbch. Seite 23

Eisenach, den 29. April 1911.

Rechnung für Titl. Oberstallmeisteramt
Sr. Königl. Hoheit des Herzogs von Sachsen Coburg und Gotha,
Gotha.

ng C.

Erfüllungsort für Lieferung und Zahlung: EISENACH.

Einwendungen werden nur dann berücksichtigt, wenn dieselben innerhalb 14 Tagen nach Empfang der Waren gemacht werden. – Bei Wechseln auf Nebenplätze übernehmen wir keine Verbindlichkeit weder für Protest noch Verspätung.

Ansicht des Fahrzeugwerkes Eisenach als Briefkopf, 29. April 1911.

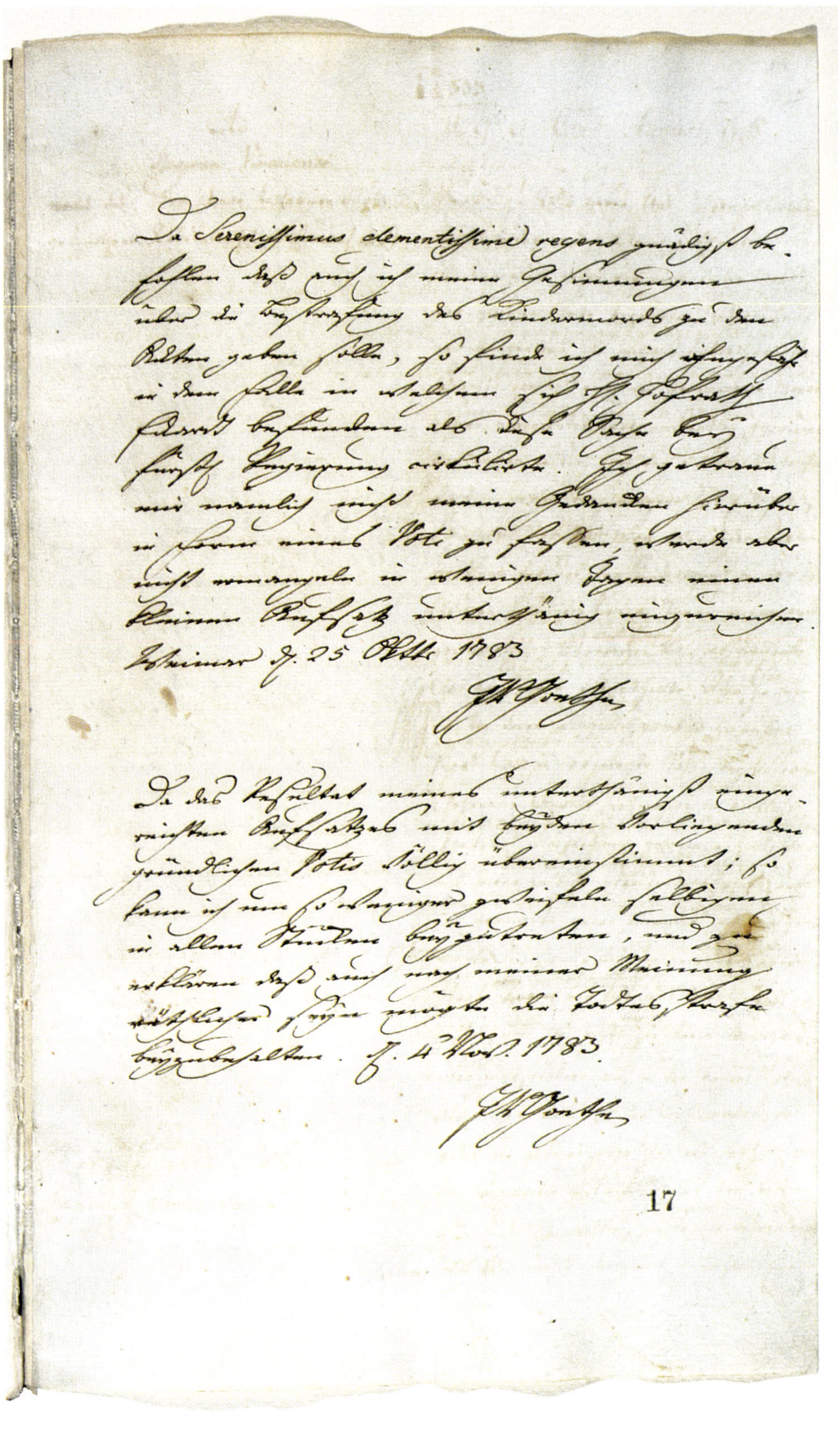

Da Serenissimus clementissime regens gnädigst befohlen daß auch ich meine Gesinnungen über die Bestrafung des Kindermords zu den Akten geben solle, so finde ich mich ohngefähr in dem Falle in welchem sich Hr. Hofrath Schnauß befunden als diese Sache bey fürstl. Regierung circulirte. Ich getraue mir nämlich nicht meine Gedanken hierüber in Form eines Voti zu fassen, würde aber nicht ermangeln in wenigen Tagen einen kleinen Aufsatz unterthänig einzureichen.

Weimar d. 25 Octbr. 1783

JWGoethe

Da das Resultat meines unterthänigst eingereichten Aufsatzes mit beyden vorliegenden gründlichen Votis völlig übereinstimmt; so kann ich um so weniger zweifeln selbigen in allen Stücken beyzutreten, und zu erklären daß auch nach meiner Meinung räthlicher seyn möchte die Todesstrafe beyzubehalten. d. 4 Nov. 1783.

JWGoethe

17

Eigenhändige Niederschriften Johann Wolfgang Goethes für die „Geheimde Canzley-Acta" vom 25. Oktober und 4. November 1783 im Sinne eines Votums als Geheimer Rat bei der Erörterung des Geheimen Consiliums über die von Herzog Carl August von Sachsen-Weimar und Eisenach aufgeworfene Frage der Bestrafung des Kindesmords. Der eingereichte Aufsatz Goethes ist nicht überliefert.

Meine Lage ist vortheilhaft genug, und die Herzogthümer Weimar und Eisenach immer ein Schauplatz, um zu versuchen, wie einem die Weltrolle zu Gesicht stünde.

Goethe an Merck (1776)

Goethe als Beamter in Sachsen-Weimar-Eisenach

Unter den Dichtern, Musikern und Malern, deren künstlerisches Schaffen mit den Musenhöfen der Wettiner in Thüringen in Verbindung gebracht werden, befanden sich nicht wenige Persönlichkeiten, die durch ein Dienstverhältnis mit ganz anderer Bestimmung an die fürstliche Landesherrschaft gebunden waren. Von den in der Hochzeit der deutschen Klassik im Herzogtum Sachsen-Weimar-Eisenach wirkenden Dichtergrößen war Christoph Martin Wieland von 1772 bis 1775 als Prinzenerzieher in Weimar tätig, Johann Gottfried Herder diente seit 1776 als Generalsuperintendent und erster Prediger an der Stadtkirche in Weimar, Friedrich Schiller schließlich wurde 1789 als außerordentlicher Professor an die Philosophische Fakultät der Universität Jena berufen.

Auch den erst 26jährigen Johann Wolfgang Goethe führte 1775 eine Dienstanstellung bei der sachsen-weimarischen Landesadministration nach Weimar, die dem promovierten Juristen nach einigen Jahren freier Advokatentätigkeit in seiner Vaterstadt eine neue Berufslaufbahn in dem „Fleckgen Thüringen" eröffnete. Der Dr. juris Goethe aus Frankfurt am Main war dadurch in eine paradigmatische Beamtenlaufbahn in dem kleinen Fürstentum zwischen Thüringer Wald und Harz eingeschwenkt, die er zeitlebens nicht wieder verlassen hat. Schließlich wurden es 56 Jahre, in denen er als hochgestellter Beamter in den Diensten des weimarischen Staates gestanden hatte und vom Geheimen Legationsrat zum Staatsminister aufgestiegen war. Bis an sein Lebensende fühlte er sich an den Eid zur Erfüllung seiner Dienstpflichten gebunden, den er am 25. Juni 1776 dem Landesherrn in die Hand versprochen hatte.

Der junge Fürst, Herzog Carl August von Sachsen-Weimar- und Eisenach, hatte im September 1775 gerade 18jährig die Regentschaft angetreten und wenig später Goethe nach Weimar gezogen, der hier am 7. November 1775 eintraf. Als er ein halbes Jahr später den landfremden Außenseiter, der sich in noch keinem öffentlichen Verwaltungsamt bewährt hatte, für die Berufung in das Geheime Consilium ankündigte, blieb Widerstand in der Oberbehörde und in den tonangebenden Hofkreisen nicht aus. Aber der neue Regent konterte mit einem glänzenden Plädoyer für diesen „Mann von Genie", und auch die Herzoginmutter Anna Amalia schaltete sich zugunsten Goethes ein. So konnte dieser am 11. Juni 1776 das Anstellungsdekret als Geheimer Legationsrat mit Sitz und Stimme im Geheimen Consilium, verbunden mit einem anfänglichen Gehalt von 1 200 Reichstalern im Jahr, empfangen und wurde am 25. Juni 1776 in der Sessionssitzungstube im Roten Schloß zu Weimar in seine künftige Amtstätigkeit eingeführt.

Das oberste Beratungsgremium des im Geiste und nach den Gepflogenheiten des aufgeklärten Absolutismus regierenden Fürsten war keine förmliche Landesverwaltungsbehörde. Solche existierten in beiden getrennten

Landesteilen, Weimar und Eisenach, in Gestalt der Regierung als Justiz- und Verwaltungsbehörde, der Kammer als Finanzbehörde und des Konsistoriums als Kirchen- und Schulbehörde. Für alle Landesteile gleichermaßen zuständig und alle wichtigen zentralen Aufgaben wahrnehmend, arbeitete das Geheime Ratskollegium ohne feste Ressorteinteilung, wobei neben dem Herzog drei Geheime Räte an den wöchentlich ein- bis zweimal stattfindenden Sessionen teilnahmen. Im Ergebnis dieser Tätigkeit ergingen die landesherrlichen Resolutionen, die in Form der zeitüblichen Reskripte und Dekrete an die anderen Behörden, aber auch an einzelne Personen und Institutionen hinausgeschickt wurden. Für seine Arbeitsweise hatten sich feste Gepflogenheiten, für den schriftlichen Verkehr ein straffer Formalismus entwikkelt, denen sich auch der Dichter als Beamter nicht entziehen konnte, so daß ihm in seiner Amtstätigkeit die ganze „Realität" staatlichen und gesellschaftlichen Lebens aufging. Goethes Anteil an diesen amtlichen Geschäften läßt sich infolge der kollegialischen Arbeitsweise des Gremiums der Geheimen Räte nur da unmittelbar feststellen, wo er gutachtend und schriftlich fixierte Entscheidung durch sein Signum deckend mitgewirkt hat. Seine persönlichen amtlichen Leistungen werden an den von ihm selbständig verfaßten Gutachten und Berichten, Konzepten und Korrekturen, Referaten und Niederschriften sowie unterschiedlichen Materialzusammenstellungen ablesbar. Wo dagegen nur mit dem Signum auf den Konzepten die Mitverantwortung dokumentiert wird, bleibt sein Anteil an der Entscheidungsfindung im Ungewissen. Schon gar nicht kann das Resultat, die landesherrliche Verfügung, Goethes Beteiligung an den „Staatsgeschäften" offenlegen, wie so manches Beispiel aus den im Thüringischen Hauptstaatsarchiv Weimar überlieferten Akten zeigt. Die behördliche Ausfertigung des Reskriptes von Carl August an die Regierung zu Weimar in der Untersuchungssache gegen den Steuereinnehmer Gruner in Ilmenau, beschlossen in der Sessionssitzung am 23. Januar 1782, läßt Goethes Anteil überhaupt nicht erkennen. Erst das an anderer Stelle überlieferte Konzept von Goethes Hand offenbart die eigentliche Verfasserschaft und bestätigt die Mitübernahme der Verantwortung durch das Kollegium.

Goethes amtliche Schriften aus dem Geheimen Consilium zwischen 1776 und 1786 zeigen, daß von ihm Gegenstände aus allen Ressorts bearbeitet wurden. Dazu gehörte die gesamte innere Staatsverwaltung in ihrem damaligen Umfang, wobei es vorzugsweise Fragen der Staatsfinanzen, der Steuerpolitik und der Wirtschaft des Landes waren, mit denen er sich auseinanderzusetzen und für den Vortrag in der Session vorzubereiten hatte. Aber auch Behandlungsgegenstände aus der äußeren Politik des Herzogtums und des Militärwesens wurden von ihm zur Entscheidung vorgetragen. So hat Goethe vom Juni 1776 bis zum Februar 1785 an insgesamt 519 Sitzungen teilgenommen, in denen über 11000 Tagesordnungspunkte verhandelt wurden. Mit gutem Grund konnte er im Dezember 1783 bekennen, daß er das „Conseil [...] nie ohne die höchste Noth versäumt habe". Nach der Rückkehr aus Italien gehörte er dem Geheimen Consilium zwar weiterhin nominell an, seine amtliche Tätigkeit verlagerte sich jedoch mehr auf die Mitwirkung an einzelnen wichtigen Staatsangelegenheiten außerhalb der Geheimen Ratsstube, was vor allem durch seine Privatkorrespondenz in amtlichen Angelegenheiten, insbesondere mit seinem Amtskollegen Christian Gottlob Voigt, dokumentiert wird. Mit diesem bemerkenswerten Beamten arbeitete er im Geheimen Consilium und zahlreichen anderen behördlichen Einrichtungen am längsten und in enger persönlicher Freundschaft zusammen.

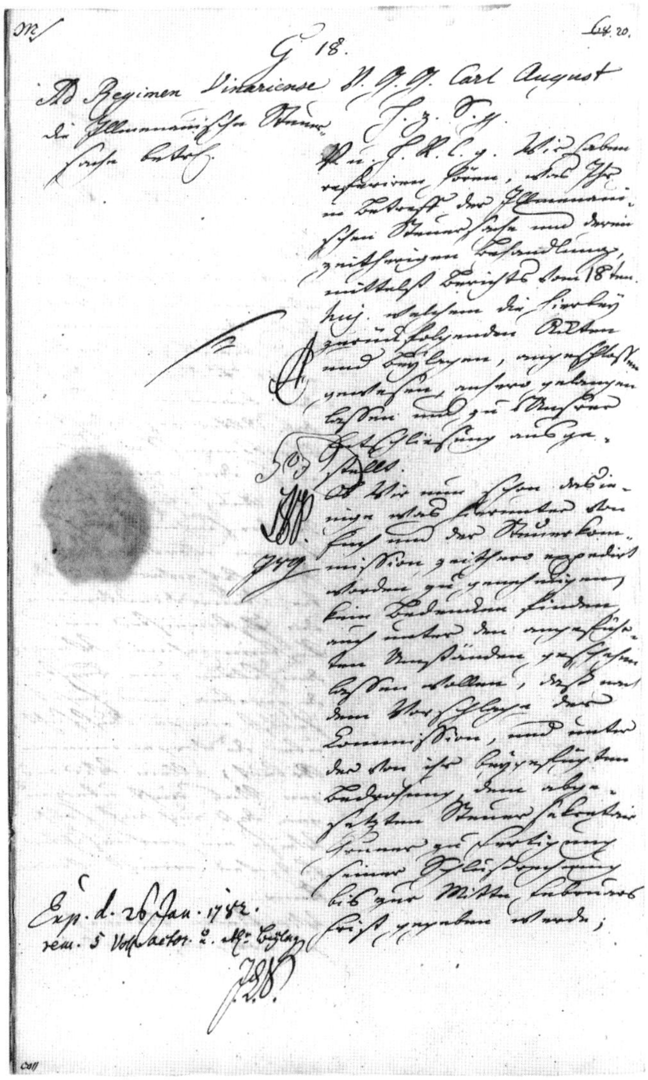

Ad Regimen Vinariense

Carl August

Exp. d. 26 Jan. 1782.

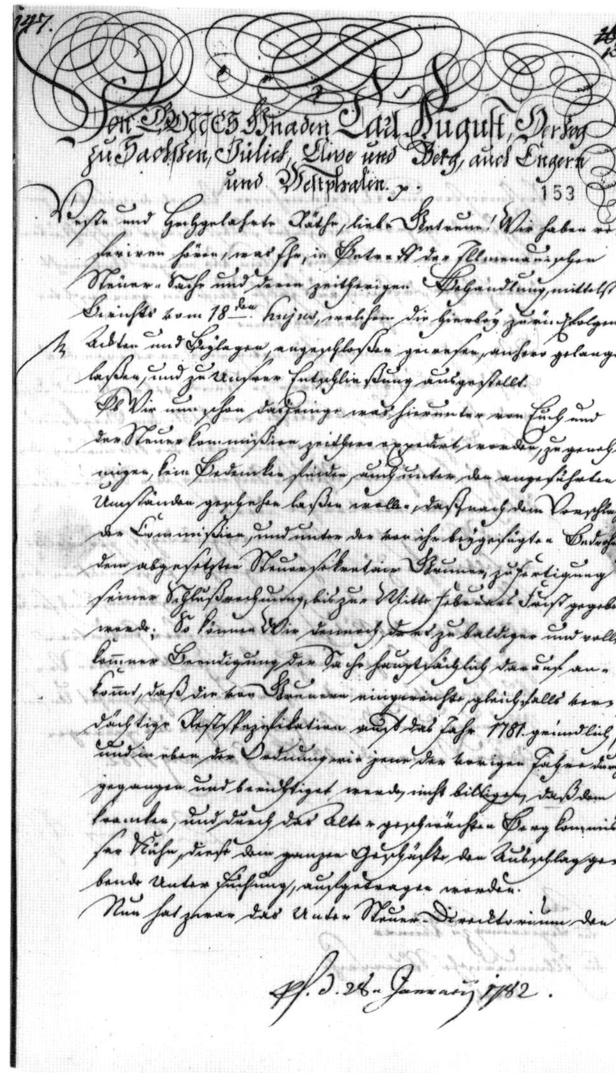

Von Gottes Gnaden Carl August, Herzog zu Sachssen, Jülich, Cleve und Berg, auch Engern und Westphalen.

Reskript des Herzogs Carl August von Sachsen-Weimar und Eisenach vom 23. Januar 1782 an die Regierung zu Weimar. Links: Konzept von Goethes Hand mit den zur Bestätigung angebrachten Paraphen des Herzogs und der Geheimen Räte am linken Rand; rechts: Ausfertigung der Geheimen Kanzlei von Schreiberhand (ohne erkennbare Mitwirkung Goethes).

Er vertraute Voigts fast einmaliger Arbeitskraft und Geschäftsgewandtheit und schätzte auch dessen große Aufgeschlossenheit und Treue in allen Situationen über den Dienstalltag hinaus.
Goethes administrative Tätigkeit im Herzogtum und späteren Großherzogtum Sachsen-Weimar-Eisenach gründete sich auf das feste Vertrauensverhältnis zu dem regierenden Monarchen, dessen lebenslange Freundschaft ihm gewiß war. An ihrem Wesen änderte sich nichts, obwohl sich im Laufe der Jahre gemeinsamen amtlichen Wirkens zwangsläufig das Verhältnis zwischen dem Regenten und dem Staatsdiener formell in den Vordergrund schob. Es sah den Dichter im Verlauf von mehr als einem halben Jahrhundert in zahlreichen Staatsämtern des weimarischen Fürstentums. Vor der im September 1786 angetretenen Italienreise lag das Dezennium von Goethes Consiliumstätigkeit, aber auch die schon bald einsetzenden Verpflichtungen in speziellen amtlichen Geschäften. Seine Berufung in verschiedene Immediatkommissionen – 1777 Bergwerkskommission (bis 1814), 1779 Wegebaudirektion und Kriegskommission (in beiden bis 1786/88), 1784 Ilmenauer Steuerkommission (bis 1818) – und die 1782 vom Herzog angeordnete interimistische Wahrnehmung von Leitungsaufgaben im Kammerdirektorium (bis 1786/88), die ihm die Verantwortung für die Staatsfinanzen auferlegte, führten zu einem zeitintensiven und vielgestaltigen Dienstalltag in den Kanzleien und Ratsstuben der Weimarer Residenz. Dienstreisen führten ihn in alle Winkel des Herzogtums, am meisten nach Ilmenau, Eisenach und Jena.
Eine Zäsur in seinen amtlichen Verhältnissen bedeutete im September 1786 der Aufbruch nach Italien und die zweijährige Abwesenheit von seinen Dienstobliegenheiten in Weimar. Obwohl Amtsmüdigkeit, Überarbeitung und auch Verdruß in seinen Amtsgeschäften infolge zunehmender Ämterhäufung mit dafür verantwortlich waren, bewahrte er seine Auffassung von Pflichttreue in seinem amtlichen Wirken auch während dieses längeren Urlaubs. Seine Geschäfte in Weimar ließ er geordnet zurück, und aus der Ferne pflegte er rege Korrespondenz auch in dienstlichen Angelegenheiten. Als im fernen Weimar die Regelung der „inneren Wirtschaft" des Herzogtums mit der Neubesetzung des Kammerdirektoriums Gestalt annahm, indem Goethe aus der ihn am meisten drückenden Verantwortung für die Finanzgebaren des weimarischen Staates ausschied, waren die Weichen für eine erneuerte beamtliche Wirksamkeit Goethes im Dienste Sachsen-Weimar-Eisenachs gestellt. Nach der Rückkehr aus Italien im Juni 1788 widmete sich der Geheime Rat und spätere Staatsminister nun von Amts wegen Gegenständen, die mehr seinen allgemein kulturellen Interessen entsprachen.
Wissenschaft und Kunst bildeten seitdem fast ausschließlich die Arbeitsgebiete seiner behördlichen Wirksamkeit, die aus Kommissionsaufträgen herauswuchsen und nach 1809 bzw. 1815 in der „Oberaufsicht über die unmittelbaren Anstalten für Wissenschaft und Kunst in Weimar und Jena" ressortmäßig zusammengefaßt wurden. Von den vor 1786 ausgeübten Geschäften blieben ihm nach der Rückkehr aus Italien lediglich die Bergwerkskommission und die Ilmenauer Steuerkommission. Aus dem Aufgabenbereich der Wegebaudirektion ging dann die Mitdirektion in der 1790 „zu Dirigierung der Wasserbaue verordneten Kommission" (bis 1803) hervor.

Goethe, seinem Schreiber John diktierend. Ölgemälde von Johann Joseph Schmeller aus dem Jahre 1831.

Neu hinzu kamen die Aufgaben in der 1789 eingesetzten Schloßbaukommission (bis 1805) und 1791 seine Beauftragung mit der Oberdirektion des neu errichteten Hoftheaters (seit 1797 Theaterkommission, seit 1816 Hoftheater-Intendanz), aus der er 1817 wieder ausschied. Das aber waren alles Tätigkeiten, die zwar in das neue Jahrhundert hineinreichten, jedoch zeitlich begrenzt waren.

Die Amtsgeschäfte, die Goethe bis zu seinem Ableben 1832 begleiteten, erwuchsen aus der Fürsorge für die wissenschaftlichen und künstlerischen Institute in Weimar und Jena. Ihre Anfänge liegen schon vor der Italienischen Reise, als dem Mitglied des Geheimen Consiliums gelegentlich Aufträge dieser Art zur besonderen Erledigung übertragen worden waren und sich seine Interessen der sächsisch-ernestinischen Landesuniversität in Jena zuwandten, deren hauptsächlicher Nutritor Sachsen-Weimar-Eisenach war. Neben den älteren Einrichtungen (Zeicheninstitut, Bibliothek und Münzkabinett) umfaßten sie das Herzogliche Jenaer Museum, das verschiedene naturwissenschaftliche Sammlungen in sich vereinte, und die mit seiner Unterstützung erfolgten Neugründungen – 1812 die Sternwarte und 1816 die Tierarzneischule – in der Universitätsstadt Jena. Der Schwerpunkt lag bei den naturwissenschaftlichen Anstalten zu Jena, die erst weitaus später zu Universitätsinstituten umgewandelt wurden. Auch die Universitätsbibliothek in Jena wurde seit 1817 unter seiner Oberleitung verbessert. An seinem letzten Neujahrstag 1832 vertraute Goethe seinem Tagebuch an: „Gute Ordnung und Cassebestand in den oberaufsichtlichen Geschäften mit Vergnügen bemerkt."

Diese Tätigkeit in der als „Oberaufsicht über alle unmittelbaren Anstalten für Wissenschaft und Kunst" geschaffenen Behörde, der alle Institutionen (mit Ausnahme des Theaters) zugeordnet waren, die auf das geistige und künstlerische Leben im 1815 zum Großherzogtum erhobenen Sachsen-Weimar-Eisenach Einfluß nahmen, wurde von Goethe seit 1819 in alleiniger Verantwortung bis in seine letzten Lebenstage ausgeübt. Er bildete den ideellen Mittelpunkt dieses „wundersamsten Departements der Welt", wie er es 1815 selbst bezeichnet hatte. Auf diesen Tätigkeitsfeldern verknüpften und durchdrangen sich für Goethe persönliche Leistung und amtliches Geschäft. Diese kulturfördernden Aufgaben waren es, die eine wichtige Seite seines Lebens fortan ganz ausfüllten.

Johann Wolfgang Goethe ist der Nachwelt hauptsächlich als „Dichterfürst" bekannt; aber er war auch Wissenschaftler, Staatsmann und nicht zuletzt auch als Beamter das, „was man einen rechten Actenmann zu nennen pflegt", wie, Carl Vogel, sein letzter Amtsgehilfe, 1834 überliefert hat. Goethe hat es selbst ausgesprochen, daß seine Einstellung zu den ihm auferlegten Amtsgeschäften aus seinem persönlichen Verhältnis zu Carl August entstanden ist. Dieser hatte ihn nach der Italienreise freilich von den „Routineangelegenheiten" der Staatsverwaltung entlastet. Er setzte auf Goethes Stellung in der Kulturwelt, nicht zuletzt auf seinen freien und weiten Blick in allen Lebenslagen. So baute sich der Kulturpolitiker Goethe auf, dessen wachsendes Ansehen auf das Fürstenhaus, aber auch auf Land und Stadt Weimar zurückstrahlte. Und so kann nicht als Floskel abgetan werden, was Goethe bereits 1780 dem benachbarten Gothaer Regenten gegenüber bekannte: „dem Hause Sachsen, dem ich mich gewidmet habe..."

[Dr. Volker Wahl]

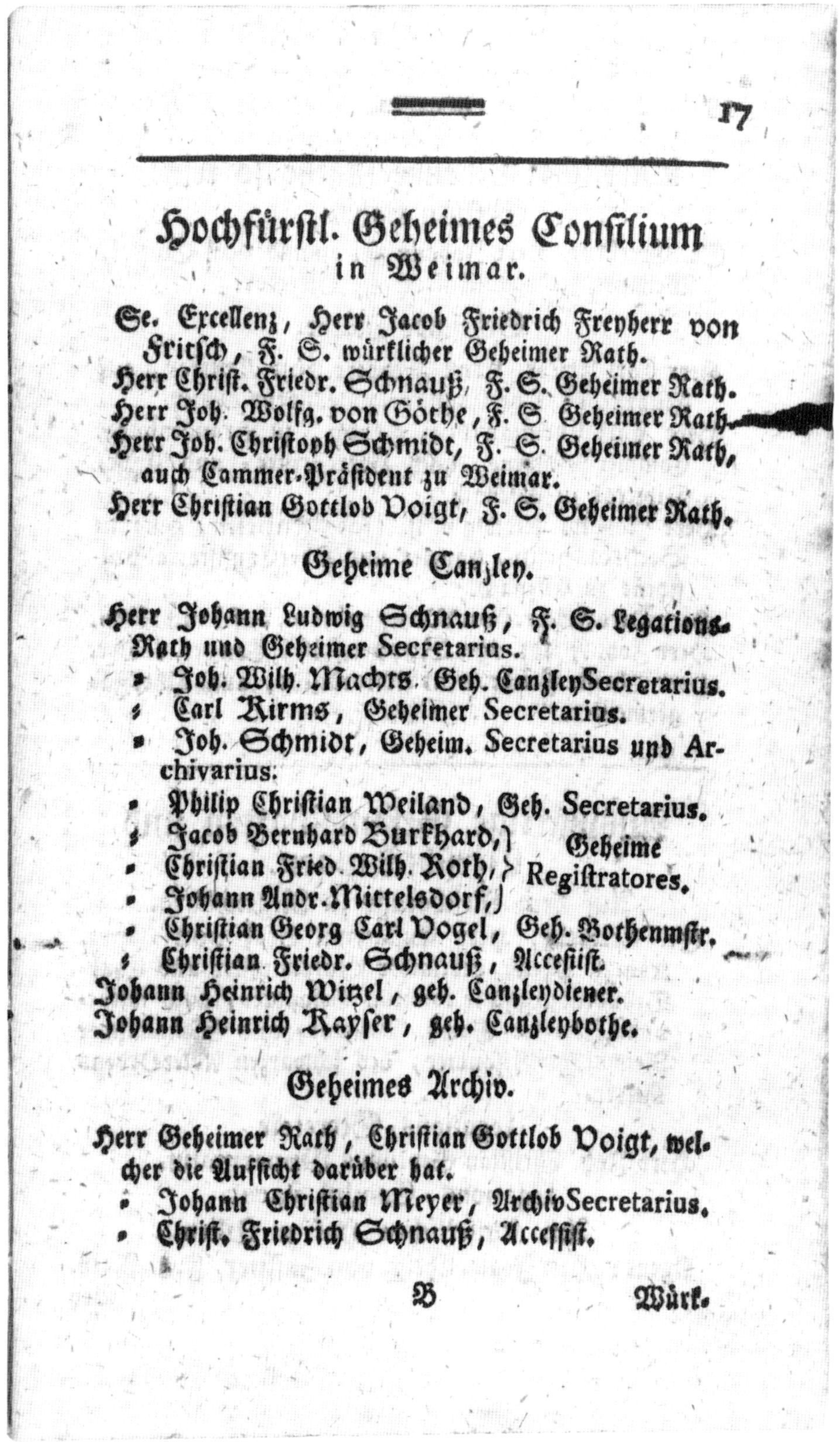

17

Hochfürstl. Geheimes Consilium in Weimar.

Se. Excellenz, Herr Jacob Friedrich Freyherr von Fritsch, F. S. würklicher Geheimer Rath.
Herr Christ. Friedr. Schnauß, F. S. Geheimer Rath.
Herr Joh. Wolfg. von Göthe, F. S. Geheimer Rath.
Herr Joh. Christoph Schmidt, F. S. Geheimer Rath, auch Cammer-Präsident zu Weimar.
Herr Christian Gottlob Voigt, F. S. Geheimer Rath.

Geheime Canzley.

Herr Johann Ludwig Schnauß, F. S. Legations-Rath und Geheimer Secretarius.
= Joh. Wilh. Machts, Geh. CanzleySecretarius.
= Carl Kirms, Geheimer Secretarius.
= Joh. Schmidt, Geheim. Secretarius und Archivarius.
= Philip Christian Weiland, Geh. Secretarius.
= Jacob Bernhard Burkhard, } Geheime Registratores.
= Christian Fried. Wilh. Roth, }
= Johann Andr. Mittelsdorf, }
= Christian Georg Carl Vogel, Geh. Bothenmstr.
= Christian Friedr. Schnauß, Accessist.
Johann Heinrich Witzel, geh. Canzleydiener.
Johann Heinrich Kayser, geh. Canzleybothe.

Geheimes Archiv.

Herr Geheimer Rath, Christian Gottlob Voigt, welcher die Aufsicht darüber hat.
= Johann Christian Meyer, ArchivSecretarius.
= Christ. Friedrich Schnauß, Accessist.

B Würk.

Die Mitglieder des Geheimen Consiliums in Weimar im Jahre 1795 nach dem Hof- und Adreßkalender von Sachsen-Weimar-Eisenach.

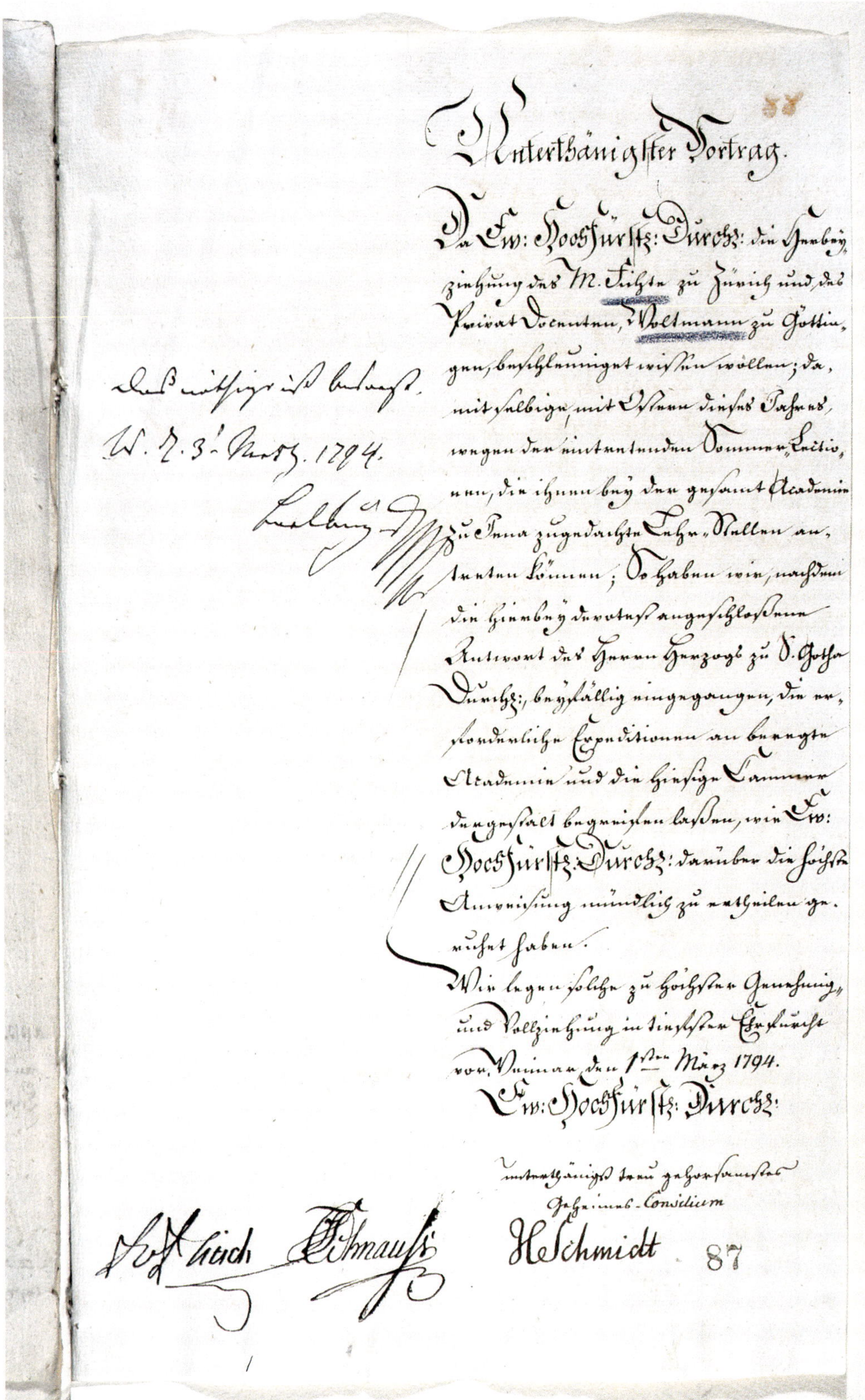

Unterthänigster Vortrag.

Schnauß

Schmidt

87

„Unterthänigster Vortrag" der Mitglieder des Geheimen Consiliums zu Weimar Jacob Friedrich Freiherr von Fritsch, Christian Friedrich Schnauß und Johann Christoph Schmidt vom 1. März 1794 an Herzog Carl August von Sachsen-Weimar und Eisenach über die eingeleiteten Schritte zur beschleunigten Berufung des Magisters Johann Gottlieb Fichte aus Zürich und des Privatdozenten Carl Ludwig Woltmann aus Göttingen auf Lehrstellen in der Philosophischen Fakultät der „Gesamt Academie zu Jena" mit dem Randvermerk des Herzogs vom 3. März 1794 über Genehmigung und Vollzug der zu expedierenden Reskripte an die Universität und die Kammer zu Weimar.

Unter den vielen Vorzügen, welche man mit Recht, wie wir hoffen, der Universität Jena nachrühmt, ist einer, den uns keine Verschiedenheit der Meinungen rauben kann, die Tatsache nämlich, daß Schiller unser Kollege und Goethe unser Minister gewesen ist.

Berthold Delbrück (1908)

Die Universität Jena in ihrer klassischen Zeit

Nach ihrer Begründung als akademisches Gymnasium 1548 und der zehn Jahre später erfolgten Erhebung zur Universität der ernestinischen Lande stand die „Fürstlich Sächsische Gesamt-Akademie zu Jena", wie sie im amtlichen Sprachgebrauch bezeichnet wurde, am Ende des 18. Jahrhunderts nach Goethes Wort „auf dem Gipfel ihres Flors". Freilich hatten sich die territorialstaatlichen Verhältnisse in Thüringen seit der Mitte des 16. Jahrhunderts erheblich gewandelt.

Nach dem Schicksalsjahr der Ernestiner 1547 war die Schaffung der Alma mater Jenensis Verpflichtung und Wagnis gewesen. Damals war es noch die Gründung eines Fürsten, jetzt machten vier ernestinische Linien ihren Einfluß als „Nutritoren" geltend.

Als Erhalterstaaten fungierten zu dieser Zeit die Herzogtümer Sachsen-Weimar-Eisenach, Sachsen-Gotha (-Altenburg), Sachsen-Meiningen(-Hildburghausen) und Sachsen-Coburg(-Saalfeld), die gleichberechtigt über die wirtschaftlichen Angelegenheiten und den Personalbestand der Universität entschieden. „Konformität" der fürstlichen Erhalter bei ihren Entscheidungen war die Voraussetzung für den Fortgang der inneren und äußeren Verhältnisse an der ernestinischen Landesuniversität zu Jena. 1789 wurde dem preußischen König unter Hinweis auf ihre Abhängigkeit von vier Höfen berichtet: „Aber eben darum genießen die Professoren, wie sie selbst versichern, eine desto größere Freiheit. Nicht einmal einen Verweis kann ein Professor von einem der Höfe erhalten, sondern die 4 Höfe müssen sich hierzu vereinigen."

Dabei waren die einzelnen Höfe an der finanziellen Ausstattung der Universität durchaus nicht gleichberechtigt beteiligt. Der bedeutendste Erhalterstaat unter ihnen, Sachsen-Weimar-Eisenach, sorgte für den größten Betrag, denn zu dem Anteil am Etat (Weimar 6/16, Gotha 6/16, Meiningen 3/16, Coburg 1/16) kamen vom Weimarer Hof noch Besoldungszuschüsse zu den Professorengehältern und andere materielle Vergünstigungen für die Universität, u.a. durch die Unterhaltung medizinischer und naturwissenschaftlicher Sammlungen, die Privateigentum des Herzogs waren, aber für die akademische Lehrtätigkeit zur Verfügung standen. Unter Goethes „Oberaufsicht" vermehrten sie die Anziehungskraft der „Salana" um 1800, als Jena und Weimar einen Zentralort kultureller Hochblüte bildeten.

Die Universität war seit ihrer Gründung am meisten mit ihrem „Sitzland" verbunden. Von der Residenz Weimar lag die „Salana" nur etwa 25 km entfernt.

Mit dem Regierungsantritt des Herzogs Carl August in Sachsen-Weimar-Eisenach 1775 verbesserten sich die Bedingungen für ihre freiere Entwicklung. Eingeleitet wurde sie schon unter der Regentschaft seiner Mutter,

Herzogin Anna Amalia, auf deren Drängen 1766 – nach 70 Jahren – wieder eine Visitation stattfand, die einige entscheidende Neuerungen auf dem Gebiet der akademischen Verfassung und der Finanzverwaltung zur Folge hatte. Der neue Geist, der von ihr und dann vor allem von ihrem Sohn, der als fürstlicher Ehrenrektor - „Rector Magnificentissimus", die Universität an ihrer Spitze repräsentierte, mitgetragen wurde, zeigte sich in der Förderung kulturpolitischer und wissenschaftlicher Bestrebungen, die Jena in dieser Zeit zu einer Stapelstadt des Wissens und der Wissenschaften machten, zu einem weithin beachteten Zentrum der geistigen Bewegungen und Auseinandersetzungen in Deutschland. An der Universität selbst stand der „Prorector magnificus" aus dem Kreis der ordentlichen Professoren dem akademischen Senat vor und regierte für jeweils ein Semester die Geschicke der akademischen Verwaltung. Wortführer unter der Professorenschaft waren am Ende des 18. Jahrhunderts der Theologe Johann Jakob Griesbach und der Anatom Justus Christian Loder, die enge Verbindung zu den führenden Beamten des Weimarer Hofes hielten. An der ernestinischen Landesuniversität Jena sah man in dieser Zeit den bürgerlichen Fortschritt am deutlichsten verkörpert. Bereits die Zeitgenossen empfanden den „Ruhm" der Universität mit ihren starken von Weimar ausgehenden Impulsen, der die Alma mater Jenensis noch einmal in die vorderste Reihe der deutschen Universitäten stellte. Von Friedrich Schiller stammt die Charakterisierung von der Universität als einer „ziemlich freien und sichern Republick, in welcher nicht leicht Unterdrückung Statt findet" (1787). Er ist es, der mit seiner Berufung als außerordentlicher Professor an die Philosophische Fakultät den Beginn des „klassischen" Jahrzehnts in der Universitätsgeschichte markiert. Dieser von Goethe im Auftrag des Herzogs Carl August im Dezember 1788 angeregten Übertragung eines akademischen Lehramtes an den bekannten Dichter konnten sich auch die anderen fürstlichen Erhalter nicht entziehen, wie das Beispiel des Zustimmungsschreibens des Coburger Herzogs Ernst Friedrich vom 23. Dezember 1788 an den Weimarer Herzog zeigt.

Schiller war für das historische Lehrfach ausersehen. Seine akademische Antrittsrede „Was heißt und zu welchem Ende studiert man Universalgeschichte?" bei Eröffnung seiner Vorlesungen am 26. Mai 1789 im Hörsaal des Theologieprofessors Griesbach am Löbdergraben mit drei- bis vierhundert Zuhörern war ein Ereignis für Universität und Stadt, wie man es bisher bei einem neuen Professor noch nicht erlebt hatte. Sein „Räuberlied" wurde die Hymne der Studenten zu Jena: „Ein freyes Leben führen wir ..."

Wenige Wochen vor dem Ausbruch der französischen Revolution bekannte sich Schiller zum Fortschritt der menschlichen Gesellschaft und stellte an die Studierenden das hohe Verlangen, „sich als Menschen auszubilden", auf daß sich ein jeder selbst bewußt werden sollte, Bestandteil dieses gesellschaftlichen Fortschrittes zu sein. Seine Jenaer Antrittsrede von 1789 ordnet sich ein in eine Reihe von programmatischen Schriften, in denen an der Wende zum 19. Jahrhundert die neuen Leitbilder des bürgerlichen Akademikers als Bestandteil der neuen Universitätsidee propagiert wurden. Neben dieser waren es die Jenaer Vorlesungen von Johann Gottlieb Fichte „über die Bestimmung des Gelehrten" (1794) und von Friedrich Wilhelm Joseph Schelling „über die Methode des akademischen Studiums" (1802/03), in denen neue Wissenschafts- und Menschheitsideale entwickelt wurden. Sie liefen zugleich auf eine tiefgreifende Reform der akademischen Ausbildung hinaus, wie sie in Jena eintrat und später von Wilhelm von Humboldt – in den 1790er

Das „Collegium Jenense" mit Ansicht der Universitätsbibliothek zum Teichgraben hin und dem benachbarten Anatomieturm im Vordergrund. Lithographie von Johann Friedrich Karl Hirsch aus dem Jahre 1858.

Jahren mit dem Jenaer Kreis um Schiller und Goethe eng verbunden – mit seinem Konzept von der „universitas litterarum“ in Preußen institutionell verwirklicht wurde. Diese neuen bildungstheoretischen und hochschulpolitischen Reformkonzepte gingen auch auf die Thesen zurück, die Schiller vom Katheder der ernestinischen Landesuniversität herab verkündet hatte, als er 1789 in Jena den „philosophischen Kopf“ als einen Citoyen akademischer Prägung forderte.

„Zum akademischen Leben ist Jena der beste Ort“, hatte Schiller am 16. Mai 1790 seiner Schwester geschrieben. Das verspürte auch eine ganze Reihe junger Gelehrter, die in den letzten Dezennien des 18. Jahrhunderts nach Jena berufen wurden. Es waren aufstrebende und wagemutige Geister, die in die Enge des Saaletals kamen, hier aber die Luft eines von Geistesfreiheit belebten Gemeinwesens atmen konnten.

Bereits 1787 war es der Philosoph Karl Leonhard Reinhold, mit dem die begonnene Rezeption der kritischen Philosophie Immanuel Kants besonders nachhaltig fortgeführt wurde.

In diesen Zusammenhang gehört auch die 1785 unter Beteiligung Wielands und Bertuchs gegründete „Allgemeine Literatur-Zeitung“, die als Rezensionsorgan von dem Philologen Christian Gottfried Schütz bis 1803 in Jena herausgegeben wurde und sich zu einer breiten Plattform für den Durchbruch der Kantischen Lehre entwikkelte. Fichte, Schelling und Hegel bilden die Dreizahl der Philosophen, mit denen sich um die Wende zum 18. Jahrhundert Jena und seine Universität als ein Zentrum der klassischen deutschen idealistischen Philosophie darstellen. Danach sind es die einst zu Fichtes Hörern zählenden Brüder August Wilhelm und Friedrich Schlegel, die in Jena theoretische Positionen der deutschen Frühromantik schufen.

Neben der Philosophie sind es die Naturwissenschaften und die Medizin, die in Jena einen besonderen Aufschwung nahmen. Bahnbrechend auf medizinischem Gebiet waren Justus Christian Loder und Christoph Wilhelm Hufeland, später Dietrich Georg Kieser. Der Chemiker Johann Wolfgang Döbereiner und der Naturforscher und Philosoph Lorenz Oken oder der namhafte und allem Neuen aufgeschlossene Historiker Heinrich Luden stehen für die Jenaer Gelehrtenwelt der klassischen Zeit, die in dem Herzog und Großherzog Carl August von Sachsen-Weimar und Eisenach sowie den Geheimen Räten und späteren Staatsministern Johann Wolfgang von Goethe und Christian Gottlob von Voigt in Zeiten der Blüte und der Katastrophe, so besonders im Jenaer Krisenjahr 1803 und nach der Schlacht von Jena und Auerstädt 1806, sorgsame Beschützer hatten. Diese beiden Kollegen aus dem landesherrlichen Behördenorganismus in Weimar, welchen von Amts wegen die Fürsorge um die Universität Jena damals oblag, nahmen eine Stellung ein, welche in Personalsachen und Institutsangelegenheiten dem Kurator nach dem eigentlichen Sinn des Wortes zukommt.

Aber es gibt auch tragische Kapitel in der Jenaer Universitätsgeschichte der klassischen Zeit, wozu die Entlassung Fichtes aus seinem Jenaer Lehramt 1799 gehört. Goethe persönlich hatte nach anfänglicher Zurückhaltung starken Anteil daran, nachdem sich der Philosoph durch seine Beteiligung an dem sogenannten „Atheismusstreit“ als Lehrer an einer protestantischen Landesuniversität in ein schiefes Licht gebracht und in der folgenden Auseinandersetzung die weimarische Staatsleitung schroff brüskiert hatte. Es war ein harter Schnitt, an dem die Universität lange trug. Als sie 1803 von vielen ihrer besten Lehrkräfte verlassen wurde, geriet sie in eine lebensgefährliche Krise.

Friedrich Schiller auf dem Weg zu seiner Antrittsvorlesung am 26. Mai 1789 im Hörsaal des Theologen Griesbach am Löbdergraben. Gemälde von Erich Kuithan aus dem Jahre 1909 (Göttinger Fassung).

Goethe hat versucht, sie durch Neuberufungen und institutionelle Verbesserungen lebensfähig zu erhalten und wieder in die Höhe zu bringen. Dazu gehörte auch die von ihm betriebene Neugründung der „Jenaischen Allgemeinen Literaturzeitung“ nach 1803. Als die Katastrophe von 1806 über das ernestinische Thüringen hereinbrach, war die Jenaer Universität immerhin so weit gekräftigt, daß sie auch dieses Ereignis und die Jahre der napoleonischen Herrschaft überstehen konnte.

Unter der Schirmherrschaft Carl Augusts und der Betreuung solcher „Kuratoren“ wie Goethe und Voigt hatte sich Jena um 1800 zur fortschrittlichsten Hochschule im damaligen Deutschland entwickelt. Hier hatten die großen bleibenden Ideen der französischen Revolution, Begriffe wie Volkssouveränität, Gewaltenteilung und Staatsbürgertum, Vorstellungen von Menschenwürde und vom Recht, das allen gemein sei, einen aufnahmebereiten Boden gefunden. Das galt für den Lehrkörper, aber auch für die Studentenschaft. Die rohen „pennalistischen“ und „grobianischen“ Sitten waren längst in ihrer Geltung erschüttert. In den studentischen Zirkeln suchten neue weltbürgerliche und gleichheitliche Gesinnungen nach angemesseneren studentischen Gemeinschaftsformen. Die Gründung der Urburschenschaft am 12. Juni 1815 in Jena und das Wartburgfest von 1817 mit starken auf das ganze deutsche Studentenwesen ausstrahlenden Impulsen standen unter dem Vorzeichen dieser studentischen Reformbewegung, die vom Geist der Befreiungskriege getragen wurde und sich die Selbständigkeit des Vaterlandes zum Ziel setzte, wodurch eine gesellschaftspolitische Dimension erreicht wurde.

Der Aufschwung der Jenaer Universität war seit den 1780er Jahren zu bemerken, nachdem 1778 die Zahl der Neuimmatrikulationen mit 177 den niedrigsten Wert zu verzeichnen hatte. Danach stieg die Frequenz als Folge der Reformen und Neuberufungen beträchtlich an. Der Höhepunkt wurde 1792 und 1793 mit fast 900 Studenten erreicht, danach setzte ein allmählicher Rückgang ein, der sich nach Fichtes Entlassung 1799 besonders verstärkte. Nicht nur ernestinische und im weiteren Sinne Thüringer Landeskinder studierten hier. Von den neuen Inhalten der Wissenschaft angezogen kam die akademische Jugend des nichtkatholischen Deutschland, aus Mitteleuropa und auch verstärkt aus Osteuropa nach Jena.

Die Erschütterungen von 1803, als eine Reihe der besten Gelehrten Jena verließ, und von 1806, als Zerstörungen und Fremdbesetzung das Universitätsleben lähmten, markierten das Ende einer großen Zeit in Jena. An diesem Zustand war nicht allein der innere Zerfall des Lehrkörpers schuld. Die ernestinischen Erhalterstaaten waren nicht bereit, die notwendigen Aufwendungen für die Universität zu erhöhen, während bei den benachbarten Universitäten (Halle, Würzburg, Heidelberg) Erneuerung und verstärkte Fürsorge des Staates deren Anziehungskraft auf Universitätslehrer und Studierende verstärkten. Jenas Ruf wurde nach 1806 durch die Niederlage auf dem Schlachtfeld bestimmt, nicht mehr durch den Ruhm seiner Universität.

Die ernestinische Landesuniversität hat niemals wieder eine solche Höhe und Geschlossenheit ihrer geistigen Fruchtbarkeit wie in der „klassischen“ Zeit zwischen 1789 und 1799 erreicht, zu deren Erfolg auch die Konstellation von der „geistigen Doppelstadt“ Jena - Weimar beigetragen hatte.

[Dr. Volker Wahl]

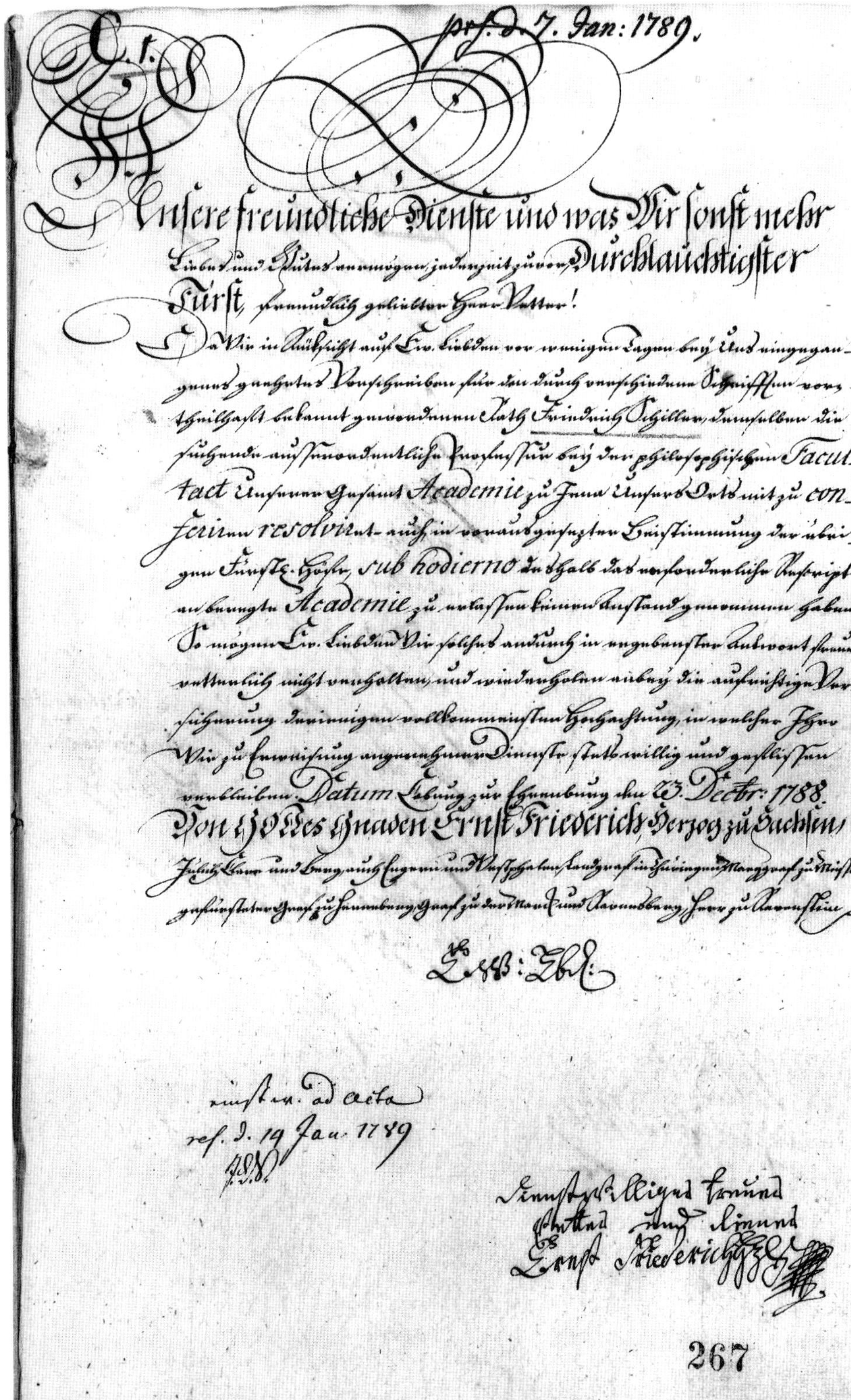

prs. d. 7. Jan: 1789.

Unsere freundliche Dienste und was Wir sonst mehr

Durchlauchtigster Fürst

Von Gottes Gnaden Ernst Friederich, Herzog zu Sachsen,

267

Zustimmungsschreiben des Herzogs Ernst Friedrich von Sachsen-Coburg-Saalfeld vom 23. Dezember 1788 an Herzog Carl August von Sachsen-Weimar und Eisenach zu Friedrich Schillers Berufung als außerordentlicher Professor an die Philosophische Fakultät der Universität Jena.

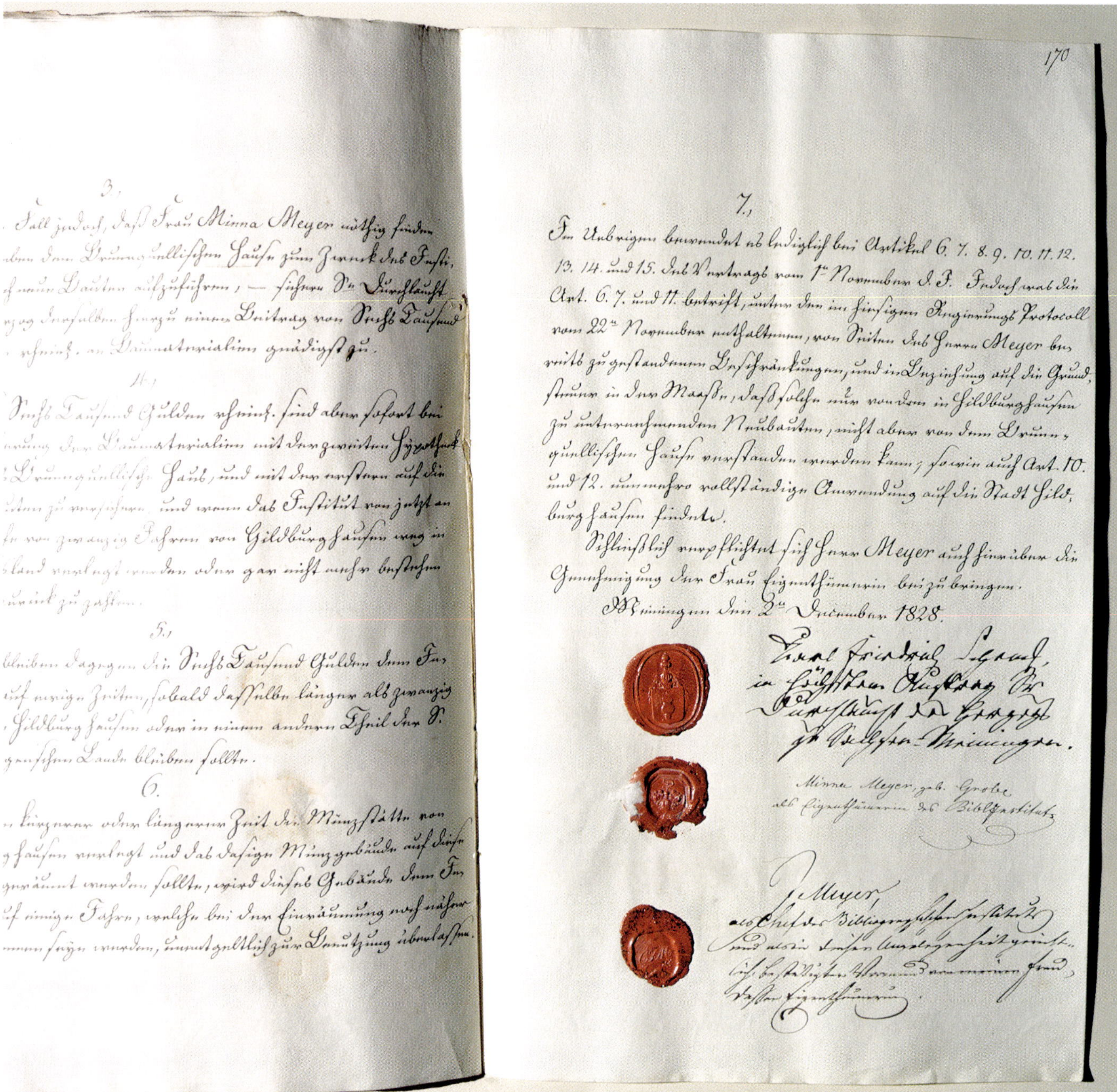

Letzte Seite des Vertrages zwischen dem Beauftragten des Herzogs Bernhard II. Erich Freund von Sachsen-Meiningen, Karl Friedrich Schenck, mit dem Ehepaar Meyer wegen Übersiedlung des Bibliographischen Instituts von Gotha nach Hildburghausen. Meiningen, 2. Dezember 1828. Ausfertigung, Papier mit den eigenhändigen Unterschriften und Lacksiegeln von Karl Friedrich Schenck, Minna Meyer geb. Grobe als Eigentümerin des Bibliographischen Instituts sowie von Joseph Meyer als Chef des Instituts und in dieser Angelegenheit gerichtlich bestätigtem Vormund seiner Frau als Eigentümerin.

Es ist erstaunlich, welche Fülle von Kultur noch über die Grenzen Deutschlands hinaus auf diesem Felde von großen Organisatoren aus Thüringen geleistet worden ist.

Wilhelm Greiner (1937)

Bedeutende Verlage und Verleger

Im sächsisch-ernestinischen Thüringen hatte das Buchgewerbe – sowohl Buchdruck als auch Verlagswesen – eine reiche und weithin wirkende Tradition ausgebildet. Dabei ragen seit dem 18. Jahrhundert in besonders charakteristischer Weise die Verlagsorte Gotha und Hildburghausen aus diesem Füllhorn geistiger Kultur in Deutschlands Mitte heraus. Daneben hatten aber auch Weimar und Altenburg ein namhaftes Druck- und Verlagsgewerbe aufzuweisen, und die Universitätsstadt Jena war durch die Gründung der Alma mater ein bedeutender Druckort, vor allem aber ein Umschlagplatz für das Buch geworden.

Eine „Fürstlich Sächsische Offizin", in der Drucke amtlichen Charakters entstanden, war Ende des 16. Jahrhunderts unter Herzog Friedrich Wilhelm I. von Sachsen-Weimar im Schloß zu Torgau eingerichtet worden, als er von dort die Vormundschaft über die unmündigen Söhne des albertinischen Kurfürsten ausübte. Erzeugnisse dieser fürstlichen Druckerei sind zwischen 1594 und 1601 nachgewiesen. Danach wurde die Druckwerkstatt für kurze Zeit in Weimar fortgeführt und schließlich nach 1604 infolge der Erbteilung in der älteren Linie von Sachsen-Weimar nach Altenburg verlegt, wo sie den Grundstock der dortigen Hofbuchdruckerei bildete, die sich später im Besitz der Familie Pierer befand und durch das Pierersche Universallexikon (1. Auflage in 26 Bänden 1824-1836 erschienen) weithin bekannt wurde.

Eine fürstliche Druckerei in Weimar existierte erneut seit 1624, die als Hofbuchdruckerei bis zur Übernahme der Druckerei durch Hermann Böhlau 1853 arbeitete. Neben ihr war im 18. Jahrhundert der Verlag der damaligen Hoffmannschen Buchhandlung (seit 1731) entstanden und im letzten Drittel des 18. Jahrhunderts schließlich die Verlagsgründung von Friedrich Justin Bertuch erfolgt, seit 1791 als „Landes-Industrie-Comptoir" bekannt geworden, wobei Bertuch in besonderer Weise mit dem Hof in Weimar verbunden war. Nach 1834 kam das leistungsstarke Verlagsunternehmen des Hofbuchhändlers Bernhard Friedrich Voigt hinzu, bis schließlich Hermann Böhlau die bedeutungslos gewordene Hofbuchdruckerei aufkaufte und darauf seinen wissenschaftlichen Verlag aufbaute. In ihm erschien seit 1883 die kritische Weimarer Ausgabe der Werke Martin Luthers und seit 1887 im Auftrag der Großherzogin Sophie von Sachsen-Weimar und Eisenach die umfassende Ausgabe der Werke, Tagebücher und Briefe Johann Wolfgang Goethes.

In Jena nahmen Buchhandel und Druckgewerbe nach der Universitätsgründung von 1548/58 einen beträchtlichen Platz im kulturellen Leben der Stadt ein. Zu den reformatorischen Druckerzeugnissen aus dieser Zeit, die von Jena ausgingen und eine beträchtliche Wirkung ausstrahlten, gehört die sogenannte „Jenaer Lutherausgabe", die in einer mit Hilfe des Herzogs Johann Friedrich I. 1554 eingerichteten Druckwerkstatt im ehemaligen Karmeliterkloster gedruckt wurde.

Am 20. November 1553 hatte der Landesregent dem Buchdrucker Christian Rödinger aus Magdeburg den alleinigen Druck und Verkauf der Schriften des Reformators privilegiert. Der Lutherschüler und ehemalige Wittenberger Bibliothekar Georg Rörer überwachte als Korrektor den Druck der acht deutschen und vier lateinischen Bände, die von 1555 bis 1558 erschienen. Aber bereits im nächsten Jahrzehnt ging das stolze Unternehmen ruhmlos ein.

Auch in den folgenden Jahrhunderten war Jena ein Ort, an dem die „schwarze Kunst" blühte. Mehr als 130 Buchdrucker und Gehilfen sind von 1652 bis 1723 hier nachgewiesen. Die Buchhändlerfamilie Bielcke galt als größter deutscher Verleger. Im Buchdruck stand die Universitätsstadt an der Saale an zweiter Stelle hinter Leipzig. Und auch das deutsche Zeitungswesen rühmt Jena als den Ort, in dem bereits sehr früh ein periodisches Nachrichtenblatt erschien. Der Buchhändler Johann Ludwig Neuenhahn verlegte hier seit 1674 „Jenaische Wöchentliche Anzeigen", in deren Nachfolge zuletzt die „Jenaische Zeitung" (bis 1942 in Familienbesitz) stand.

Der Ruhm des Druckgewerbes unter den Wettinern in Thüringen ist vornehmlich an den Namen Gothas geknüpft. Buchverlag und Buchdruck begann hier mit dem Pädagogen Andreas Reyher, der 1640 von Herzog Ernst dem Frommen nach Gotha als Rektor des Gymnasiums berufen wurde. Von dem Buchdrucker Peter Schmid übernahm er 1643 dessen Betrieb, um von da an seine Schriften – und das hieß vor allem Bücher für die Schulen des Herzogtums – selbst zu verlegen. Sein Sohn Christian, ein gelernter Buchdrucker, erlangte 1679 ein ausschließliches Privileg. Seitdem mußten alle Druckwerke im Herzogtum Gotha, insbesondere auch die amtlichen Drucksachen, bei ihm hergestellt werden. Die Buchdrukkerei blieb bis 1883 im Besitz von Reyhers Nachfahren, seit 1823 als Engelhard-Reyhersche Buchdruckerei. Das Druckprivileg wurde bis 1821 de jure aufrechterhalten und wirkte de facto bis Mitte des 19. Jahrhunderts. 1826 gründete hier der Verleger Joseph Meyer, der 1796 in Gotha geboren war, sein Bibliographisches Institut, scheiterte aber und wechselte 1828 nach Hildburghausen. Eine zweite Druckerei in Gotha wurde auf Dauer erst 1847 durch Karl Gustav Stollberg eröffnet, der von 1849 an das „Gothaische Tageblatt" herausbrachte. Das Zeitungswesen hatte in Gotha allerdings bereits 1691 mit der „Wöchentlichen Gazette" begonnen, für die der aus Frankfurt am Main stammende Buchhändler August Boetius eine Konzession erhalten hatte.

Das damit verbundene Buchgeschäft ging 1774 an den 1738 in Eisenach geborenen Karl Wilhelm Ettinger über, der Gothas Verlagswesen über die Grenzen der Residenz und des Herzogtums hinaus bekannt machte. Er soll etwa vierhundert Verlagswerke herausgebracht haben. Bekannt wurde er durch Bücher (zum Beispiel Goethes „Metamorphose der Pflanzen", Voltaires „Oeuvres complétes") und Zeitschriften (Theaterkalender, Gothaische Gelehrte Zeitungen u.a.), berühmt aber durch den „Gotha", der zuerst 1763 als „Almanach de Gotha, contenant diverses connoissances curieuses et utiles pour l'année bissextile MDCCLXIV" erschien. Ettinger schloß 1778 mit Johann Friedrich Dürfeld und Friedrich Justus Perthes (später dessen Schwiegersohn) einen Gesellschaftsvertrag ab, aus dem Perthes aber schon 1785 ausschied.

Der Buchhändler und Verleger Justus Perthes, aus einer Rudolstädter Familie stammend, der 1797 die Konzession für eine Verlags- und Sortimentsbuchhandlung erhalten hatte, übernahm den Verlag des „Gotha" in seiner französischen und deutschen Fassung, allerdings unter der Firma Ettinger – erst 1816 erscheint der Verlagsname Perthes auf dem Titelblatt.

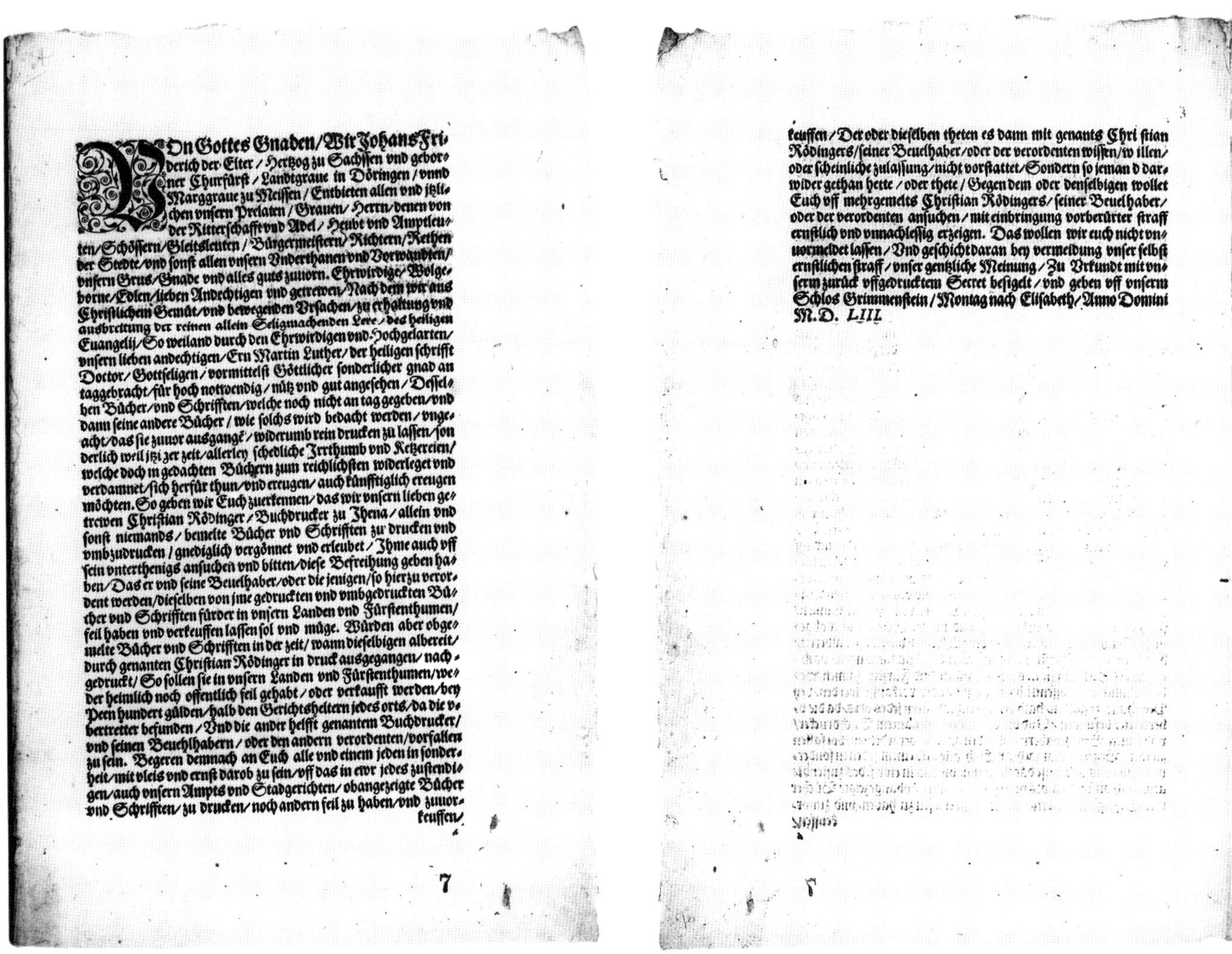

Von Gottes Gnaden/Wir Johans Fri-
derich der Elter / Hertzog zu Sachssen vnd gebor-
ner Churfürst / Landtgraue in Döringen / vnnd
Marggraue zu Meissen / Entbieten allen vnd jtzli-
chen vnsern Prelaten / Grauen/ Herrn/ denen von
der Ritterschafft vnd Adel / Heubt vnd Amptleu-
ten/Schössern/Gleitsleuten / Bürgermeistern/ Richtern/Rethen
der Stedte/vnd sonst allen vnsern Vnderthanen vnd Vorwandten/
vnsern Grus/Gnade vnd alles guts zuuorn. Ehrwirdige/ Wolge-
borne/Edlen/lieben Andechtigen vnd getrewen/Nach dem wir aus
Christlichem Gemüt/vnd bewegenden Vrsachen/zu erhaltung vnd
ausbreitung der reinen allein Seligmachenden Lere / des heiligen
Euangelij/So weiland durch den Ehrwirdigen vnd Hochgelarten/
vnsern lieben andechtigen/Ern Martin Luther/ der heiligen schrifft
Doctor/ Gottseligen / vormittelst Göttlicher sonderlicher gnad an
taggebracht/für hoch notwendig / nütz vnd gut angesehen / Desselben Bücher/vnd Schrifften/welche noch nicht an tag gegeben/vnd
dann seine andere Bücher / wie solchs wird bedacht werden / vnge-
acht/das sie zuuor ausgangē / widerumb rein drucken zu lassen/son
derlich weil jtzi zer zeit/allerley schedliche Irrthumb vnd Ketzereien/
welche doch in gedachten Büchern zum reichlichsten widerleget vnd
verdamnet/sich herfür thun/vnd ereugen/ auch künfftiglich ereugen
möchten. So geben wir Euch zuerkennen/ das wir vnsern lieben ge-
trewen Christian Rödinger / Buchdrucker zu Jhena / allein vnd
sonst niemands / bemelte Bücher vnd Schrifften zu drucken vnd
vmbzudrucken / gnediglich vergönnet vnd erleubet / Jhme auch vff
sein vnterthenigs ansuchen vnd bitten/diese Befreihung geben ha-
ben/Das er vnd seine Beuelhaber/oder die jenigen/so hierzu veror-
dent werden/dieselben von jme gedruckten vnd vmbgedruckten Bücher vnd Schrifften fürder in vnsern Landen vnd Fürstenthumen/
feil haben vnd verkeuffen lassen sol vnd müge. Würden aber obge-
melte Bücher vnd Schrifften in der zeit/ wann dieselbigen albereit/
durch genanten Christian Rödinger in druck ausgegangen/ nach-
gedruckt/ So sollen sie in vnsern Landen vnd Fürstenthumen/we-
der heimlich noch offentlich feil gehabt / oder verkaufft werden/bey
Peen hundert gülden/halb den Gerichtsheltern jedes orts/da die v-
bertretter befunden / Vnd die ander helfft genantem Buchdrucker/
vnd seinen Beuchlhabern / oder den andern verordenten/vorfallen
zu sein. Begeren demnach an Euch alle vnd einem jeden in sonder-
heit/mit vleis vnd ernst darob zu sein/vff das in ewr jedes zustendi-
gen/auch vnsern Ampts vnd Stadgerichten/ obangezeigte Bücher
vnd Schrifften/ zu drucken/ noch andern feil zu haben/vnd zuuor-
keuffen/

7

keuffen / Der oder dieselben theten es dann mit genants Christian
Rödingers/seiner Beuelhaber/oder der verordenten wissen/willen/
oder scheinliche zulassung/nicht vorstattet/Sondern so jemand dar-
wider gethan hette / oder thete / Gegen dem oder denselbigen wollet
Euch vff mehrgemelts Christian Rödingers/ seiner Beuelhaber/
oder der verordenten ansuchen / mit einbringung vorberürter straff
ernstlich vnd vnnachlessig erzeigen. Das wollen wir euch nicht vn-
uormeldet lassen / Vnd geschicht daran bey vermeidung vnser selbst
ernstlichen straff / vnser gentzliche Meinung / Zu Vrkundt mit vnserm zurück vffgedrucktem Secret besigelt / vnd geben vff vnserm
Schlos Grimmenstein / Montag nach Elisabeth/ Anno Domini
M.D. LIII.

Gedrucktes Privileg des Herzogs Johann Friedrich I. von Sachsen für Christian Rödinger zu Jena über den alleinigen Druck und Verkauf der Schriften Martin Luthers. Schloß Grimmenstein, 20. November 1553.

Der Kalender kam seit 1766 in einer deutschen und einer französischen Ausgabe heraus und enthielt seit 1786 auch Illustrationen. Der Inhalt ist mannigfaltig: praktische Hinweise, statistische Angaben und vor allem genealogische Übersichten, deren Umfang allmählich zunahm. Diese betrafen aber nur die fürstlichen Häuser. Es ergab sich nach der napoleonischen Neuordnung Europas die Notwendigkeit, auch für Grafengeschlechter ohne (einstige) Reichsstandschaft ein genealogisches Nachschlagewerk zu schaffen: 1825 erschien erstmals das „Gothaische genealogische Taschenbuch der gräflichen Häuser", dem sich 1848 das „Gothaische genealogische Taschenbuch der freiherrlichen Häuser" anschloß.

Schließlich sollten auch noch die Bedürfnisse des einfachen Adels befriedigt werden: Seit 1900 gab der Verlag Taschenbücher der adligen Häuser, als Teil A für den sogenannten Uradel, seit 1907 dasselbe als Teil B für den Briefadel und ähnliches heraus. Seit 1824 wies der Hofkalender die Rubrik „Diplomatisches Jahrbuch" auf, das 1864 erstmals verselbständigt wurde und bis 1876 herauskam, 1882 bis 1884 in einer französischen Ausgabe, und von 1923 bis 1944 wieder auf deutsch. Ein Jahr vor Kriegsende war es der letzte Jahrgang aller Reihen des „Gotha", der den Namen der Stadt einzigartig in der Welt des Buches bekannt gemacht hat und für Historiker und Genealogen heute noch ein Begriff ist.

Der zweite Geschäftszweig des Verlags Justus Perthes wurde die Kartographische Anstalt, zu der schon Justus Perthes die Anregung gegeben hatte. 1817 bis 1823 erschien erstmals Adolf Stielers „Handatlas über alle Theile der Erde". Dazu traten geographische Bücher und Zeitschriften, so seit 1856 die bekannten „Petermanns Mitteilungen", die älteste bestehende Zeitschrift ihrer Art, in der die Erkenntnisse der neuesten Forschungsreisen publiziert wurden.

Justus Perthes' Neffe Friedrich Christoph Perthes, nachmals Mitbegründer des Börsenvereins der Deutschen Buchhändler zu Leipzig, hatte 1796 in Hamburg eine Sortimentsbuchhandlung begründet, die er 1821 aufgab. In Gotha eröffnete er einen neuen Verlag (der auf dem Papier freilich noch lange in Hamburg angesiedelt war), dessen Programm in historischen und theologischen Werken bestand, doch auch volkstümliche Literatur umfaßte. Unter seinem Nachfolger und Sohn entstand der Verlag Friedrich Andreas Perthes, der bis in das 20. Jahrhundert fortdauerte. Dieser Perthes war in erster Ehe mit Caroline, Tochter von Matthias Claudius, in zweiter Ehe mit Charlotte, der Tochter des Gothaer Publizisten und Verlegers Rudolf Zacharias Becker verheiratet gewesen, womit ein weiterer bekannter Gothaer Verleger genannt ist.

Rudolf Zacharias Becker, Sohn eines armen Mädchenschullehrers in Erfurt, war, ähnlich wie Friedrich Perthes in Hamburg, ein Kämpfer gegen die napoleonische Fremdherrschaft und für die Volksaufklärung. Befreundet war er mit dem Pädagogen Christian Gotthilf Salzmann in Schnepfenthal bei Gotha. Becker gab von 1793 an den „Reichsanzeiger" heraus, der sich der Verbreitung nützlicher Kenntnisse zur Verbesserung der Verhältnisse und der Hebung der Moral widmete. Noch wirkungsvoller war hierin sein „Noth- und Hülfs-Buchlein für Bauersleute oder lehrreiche Freuden- und Trauer-Geschichte des Dorfs Mildheim", erstmals 1788 herausgegeben und bis 1801 in 15 nachgewiesenen, 20 vermuteten Auflagen erschienen. Zu Beginn des 19. Jahrhunderts waren geschätzte 400 000 Exemplare im deutschen Sprachraum verbreitet. Es war wohl das verbreitetste weltliche Buch seiner Zeit. Der Erfolg läßt sich auch an zahlreichen unrechtmäßigen Nachdrucken, Übersetzungen, Bearbeitungen, Titelentlehnungen ablesen.

Titelblatt des „Gothaischen Hof Kalenders zum Nutzen und Vergnügen auf das Jahr 1794“.

Neben dem Druck- und Verlagsort Gotha glänzte im 19. Jahrhundert Hildburghausen als Sitz des von Carl Joseph Meyer begründeten Bibliographischen Instituts. Es war einer der wichtigsten deutschen Verlage, mit dem das bis dahin in Deutschland unbekannte Subskriptions- und Kolportagewesen eingeführt wurde. Der nach philanthropischen Grundsätzen erzogene Literat und Kaufmann wollte humanistische Ideale mit schriftstellerischer und verlegerischer Tätigkeit verbinden. Er fühlte sich als Volksaufklärer und strebte in seiner verlegerischen Tätigkeit eine universelle Bildung für das Volk an. Dem dienten zahlreiche, möglichst billige Buchausgaben, beginnend ab 1826 in Gotha mit dem Projekt einer „Bibliothek der deutschen Classiker“ in 150 Bänden. Zu den hohen Absatzziffern trug die Einführung des Subskriptionswesens bei. Seine Erfolge wurden von Anfang an mit Angriffen, Überwachung und Prozessen seitens seiner Kollegen begleitet.

1828 war der Verlag nach Hildburghausen übergesiedelt. Die verlagseigene Druckerei war mit damaliger modernster Technik ausgestattet, in der Buchbinderei bewältigten 28 Personen monatlich zwischen 40 000 und 50 000 Bücher und Broschüren. Eine angeschlossene artistisch-geographische Anstalt beschäftigte zahlreiche Zeichner, Drucker und Stecher, z.B. Charles Heath, der 1820 das Patent für den Stahlstich angemeldet hatte.

Dem Bildungshunger des aufstrebenden Bürgertums mit seinen neuen tieferen Bildungsbedürfnissen dienten u.a. die „Miniaturbibliothek der deutschen Classiker“ oder die „Cabinettsbibliothek“. „Bildung macht frei“ war das Motto der Hefte der „Groschenbibliothek der deutschen Klassiker“, die von 1850 bis 1855 in 365 Bändchen erschien. Das zwischen 1839 und 1855 in 52 Bänden und Zweispaltendruck erstmals erschienene „Meyersche Konversations-Lexicon“ mit reicher Illustrierung diente nicht nur der Wissensvermittlung, sondern auch der Erziehung des künftigen Staatsbürgers in der bürgerlichen Gesellschaft. In der geographische Abteilung entstanden verschiedene Atlanten, so das „Topographisch-Statistische Lexicon von Deutschland“ 1844 bis 1848 unter Leitung des Demokraten Eugen Huhn.

Seit den 1830er Jahren hing der Verleger der entstehenden politischen liberalen Oppositionsbewegung an. In der Folgezeit erschienen in seinem Verlag immer mehr politische Druckschriften, z.T auch aus seiner Feder. Der Höhepunkt seiner politischen Betätigung ist in dem zwischen 1847 und 1850 erschienenen „Universum“ zu sehen.

Seit Mitte der 1840er Jahre suchte Joseph Meyer neue Betätigungsfelder im Eisenbahnwesen sowie im Bergwerksbetrieb. Als seine Pläne scheiterten, bedrohten sie auch die Existenz des Verlages. Der Versuch, das Bibliographische Institut in die Schweiz zu verlegen, scheiterte an Bedenken wegen Meyers politischer Haltung. Das Institut, das auch im Ausland zahlreiche Filialen unterhielt, umfaßte 1850 etwa 300 Mitarbeiter, 32 Setzer, 16 Drucker, 44 Stahldrucker, 48 Buchbinder 160 Coloristers, Stecher etc.

Trotz seiner Verbitterung über die politische Entwicklung und die wirtschaftlichen Mißerfolge gab der Verleger nicht auf. Nach seinem Ableben 1856 führte sein Sohn Hermann den Verlag zu neuer Blüte. Aus wirtschaftlichen Erwägungen siedelte allerdings 1874 das Bibliographische Institut aus der kleinstaatlichen Enge Sachsen-Meiningens in die Buch- und Handelsstadt Leipzig über.

[Dr. Volker Wahl, Dr. Uwe Jens Wandel und Katharina Witter]

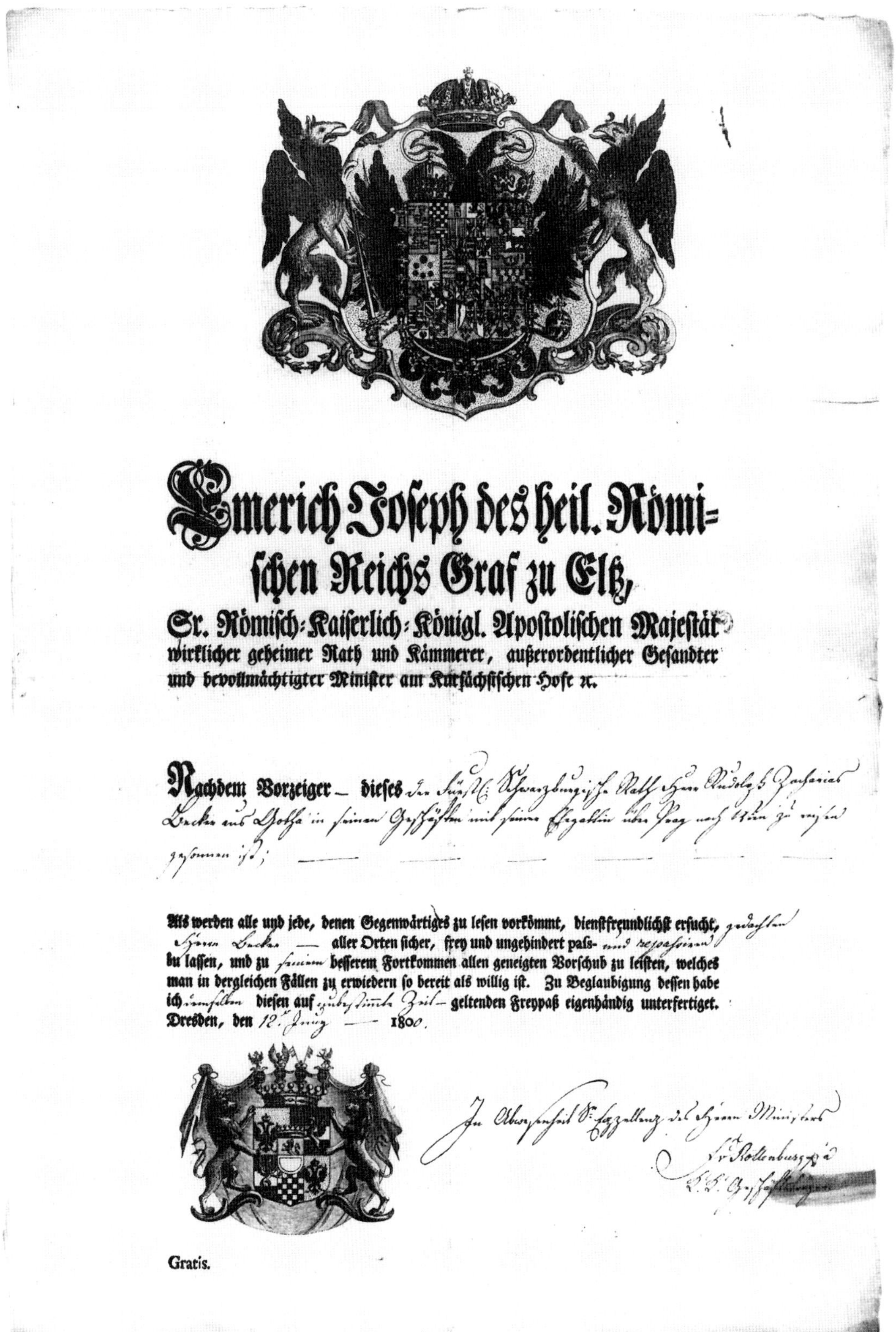

Emerich Joseph des heil. Römischen Reichs Graf zu Eltz,

Sr. Römisch-Kaiserlich-Königl. Apostolischen Majestät wirklicher geheimer Rath und Kämmerer, außerordentlicher Gesandter und bevollmächtigter Minister am Kursächsischen Hofe rc.

Nachdem Vorzeiger — dieses der Fürstl. Schwarzburgische Rath Herr Rudolph Zacharias Becker aus Gotha in seinen Geschäften mit seiner Ehegattin über Prag nach Wien zu reisen gesonnen ist; — — — — —

Als werden alle und jede, denen Gegenwärtiges zu lesen vorkömmt, dienstfreundlichst ersucht, gedachten Herrn Becker — aller Orten sicher, frey und ungehindert pas- und repassiren zu lassen, und zu seinem besserem Fortkommen allen geneigten Vorschub zu leisten, welches man in dergleichen Fällen zu erwiedern so bereit als willig ist. Zu Beglaubigung dessen habe ich denselben diesen auf unbestimmte Zeit — geltenden Freypaß eigenhändig unterfertiget. Dresden, den 12. Juny — 1800.

In Abwesenheit Sr. Exzellenz des Herrn Ministers
Fr. Rollenbusch
K.K. Gesandtschaft

Gratis.

Reisepaß von Rudolf Zacharias Becker aus dem Jahre 1800.

Nachdem die Durchlauchtigsten Herzoge und Herren, Herr Ernst Friedrich, regierender Herzog zu Sachsen Coburg-Saalfeld, Herr Ernst, regierender Herzog zu Sachsen Gotha und Altenburg, Herr Georg, regierender Herzog zu Sachsen Coburg Meiningen, und Herr Friedrich regierender Herzog zu Sachsen Hildburghausen,

Römhild den 28ten Julii 1791.

Römhilder Vertrag vom 28. Juli 1791 zwischen Gotha-Altenburg, Meiningen, Hildburghausen und Coburg-Saalfeld. Zum „gemeinsamen Wohl des Herzoglichen Gesamthauses Gothaischer Linie“ wurden in diesem Vertrag erstmals Modalitäten vereinbart, um bestehende Probleme „auf die kürzeste und am wenigsten lästige Art“ anzugehen.

Weniger bekannt dagegen ist, daß die aufgeklärte Regierung Sachsen-Weimar-Eisenachs keine Einzelerscheinung in Thüringen darstellt, sondern der damals herrschende fürstliche Absolutismus in allen wettinischen Kleinstaaten ganz wesentlich von der Aufklärung her bestimmt gewesen ist.

Ulrich Heß (1958)

Aufgeklärter Absolutismus und Reformen

Das Phänomen des aufgeklärten Absolutismus, der trotz seiner Aufgeklärtheit letztlich immer absolutistisch blieb, hatte im 18. Jahrhundert auch in Thüringen Fuß gefaßt. Große Vorbilder wie Friedrich II. von Preußen oder Joseph II. von Österreich haben hier eine wesentliche Rolle gespielt, ebenso die theoretische Begründung durch Niccolò di Bernardo dei Machiavelli, Jean Bodin und Thomas Hobbes. Regional zeigte er häufig Differenzierungen, die in den unterschiedlich gearteten geographischen, wirtschaftlichen und politischen Bedingungen der einzelnen Kleinstaaten Thüringens ihre Ursachen hatten. Die Grundzüge waren jedoch die gleichen: unter dem Einfluß der Aufklärung modifizierte sich die Form des „monarchischen Absolutismus" zum „aufgeklärten Absolutismus", der Monarch blieb an sich unanfechtbar, aber er wurde in bestimmtem Maße der öffentlichen Meinung, der Kritik der aufgeklärten, alles beherrschenden Vernunft verantwortlich. Unter den aufgeklärten Monarchen machte sich eine völlig neue Art der Ansicht über ihre Herrschaftspflichten breit. Menschenrechte, die Betonung der Rechte des Individuums und vor allem Bildung und Kultur wurden unverzichtbar - der Fürst fühlte sich als „erster Diener" am Staate. Im Ergebnis dessen führten umfassende Reformen zu einer allgemeinen Auflockerung des Gefüges des absolutistischen Staates.

Unter den Ernestinern in Thüringen war im letzten Drittel des 18. Jahrhunderts jene Generation der Fürsten, die sich vorwiegend haßerfüllt bekriegt hatte, verschwunden. Anton Ulrich von Sachsen-Meiningen starb 1763, ein Jahr später segnete Franz Josias von Coburg-Saalfeld das Zeitliche und 1772 war die Zeit Friedrichs III. von Gotha-Altenburg zu Ende. Die Nachfolger präsentierten sich allesamt als Anhänger des neuen Lebensgefühls der Aufklärung.

Der aufgeklärte Absolutismus war in Thüringen weit verbreitet, ohne jedoch eine Allgemeinerscheinung zu sein. In Sachsen-Meiningen fand er seine deutlichste Ausprägung, hier hielt man konsequenter daran fest als beispielsweise in Weimar. Der geistige Frühling in Meiningen begann im Frühjahr 1763, als Charlotte Amalie, Herzog Anton Ulrichs Witwe, als Landesregentin und Obervormünderin der Prinzen Carl und Georg das Residenzschloß bezog. Schon ihre persönliche Anwesenheit im Lande war ein auffälliger Schritt, weil ihr Mann, auch als er endlich Alleinregent geworden war, das Land siebzehn Jahre lang nur aus der Ferne regiert hatte.

Die Umgestaltungen und Reformen, die die junge Landesregentin durchsetzte oder für die sie die Grundlagen schuf, waren bis dahin beispiellos in der Meininger Geschichte. Wirtschaftlicher Wiederaufbau, Organisation des Armenwesens, Humanisierung der Justiz und des Strafvollzugs, Durchsetzung religiöser Toleranz, Errichtung eines modernen Schulwesens, Förderung des geistigen und kulturellen Lebens und vor allem ein Konsolidierungsprogramm für die Finanzen nahmen hier ihren Anfang.

Ein Jahr nach ihrem Amtsantritt war die Zentralverwaltung, die vorher fast am Boden lag, wieder ordentlich besetzt und arbeitsfähig, weitere fünf Jahre später waren alle alten Ratsmitglieder ausgeschieden und durch neue, vorwiegend jüngere, ersetzt, die vom Gedankengut der Aufklärung beflügelt waren. Martin Christian Grimm und Adolf Gottlieb von Eyben, ein Schüler Klopstocks, der aus dem aufgeklärten Dänemark kam, spielten dabei ebenso eine wichtige Rolle wie auch die Erzieher der späteren Herzöge Carl und Georg. Franz Christoph von Dürckheim brachte vom Weimarer Hof Anna Amalias aufklärerisches Gedankengut mit und der Pfarrerssohn Johann Ludwig Heim (ein Bruder des berühmten Berliner Mediziners) verstand es, den Sinn für Menschlichkeit, das soziale Empfinden und die Begabung für Mathematik und Baukunst bei seinen Schutzbefohlenen zu wecken.

Die gesamte Politik des Meininger Herzoghauses, ob unter Charlotte Amalie oder unter ihren Söhnen Carl und Georg, ordnete sich nun Zielen unter, die der Entwicklung des Landes dienten. Ein Lieblingsfeld der aufgeklärten Meininger Monarchen war die Wirtschaftspolitik. Georg I. verfaßte einen „Plan zur Verbesserung der Ökonomie" des Landes. Grundlegende Reformen der Landwirtschaft folgten. Sümpfe, Seen und Moore des Landes wurden trocken gelegt, man bemühte sich um die Bildung der Bauern. Um die Forstwirtschaft zu heben, wurde der berühmte Gothaer Forstmann und Naturforscher Johann Matthäus Bechstein nach Meiningen verpflichtet, um die im Jahre 1800 gegründete Forstakademie Dreißigacker zu leiten. Wirtschaftliche Förderung war für die Spielwarenindustrie des Sonneberger Gebietes lebensnotwendig, öffentliche Gesundheitspflege und vor allem Kultur erschienen in jenen Jahren besonders wichtig.

Die geistige Elite setzte sich damals im Meininger Land aus nur wenigen Köpfen zusammen. Auch das versuchte Georg I. zu ändern, indem er ein Liebhaber-Theater auf die Beine brachte, seine Hofkapelle tatkräftig unterstützte, die Herzogliche Öffentliche Bibliothek ordnen und der Öffentlichkeit zur Verfügung stellen ließ. Schon seine Mutter hatte gleich in den ersten Wochen ihrer Regierungstätigkeit als allgemeinbildendes Wochenblatt die „Meiningischen Wöchentlichen Nachrichten" ins Leben gerufen. Er versuchte auch, geistige Größen nach Meiningen zu holen und dort zu halten, was sich als sehr schwierig erwies. Ein Beispiel dafür ist Jean Paul, der es in Meiningen nicht lange aushielt. Friedrich Schiller lebte eine Zeitlang in Bauerbach bei Meiningen, arbeitete dort an seinem „Don Carlos" und erhielt von Georg I. sogar den Hofratstitel. Aber auch er war nicht zu halten.

Eine sehr große Rolle spielte in jenen Jahren die Freimaurerloge „Charlotte zu den drei Nelken", die von Meiningens höchsten Staatsbeamten gegründet und von der Herzogin Charlotte Amalie wohlwollend geduldet und unterstützt wurde. Hingebende Nächstenliebe und nachsichtige Toleranz waren die Idealvorstellungen, die von diesem Gremium postuliert wurden, und - soweit sie praktisch umsetzbar waren - auch in die Entscheidungen der jungen Herzöge Eingang fanden.

Die Außenpolitik begann neue Züge anzunehmen, die Nachkommen Ernsts des Frommen bemühten sich, statt der ewigen Streitigkeiten und Prozesse eine Politik der Entspannung einzuläuten. Was Charlotte Amalie begonnen hatte, setzten ihre Söhne Carl und Georg fort.

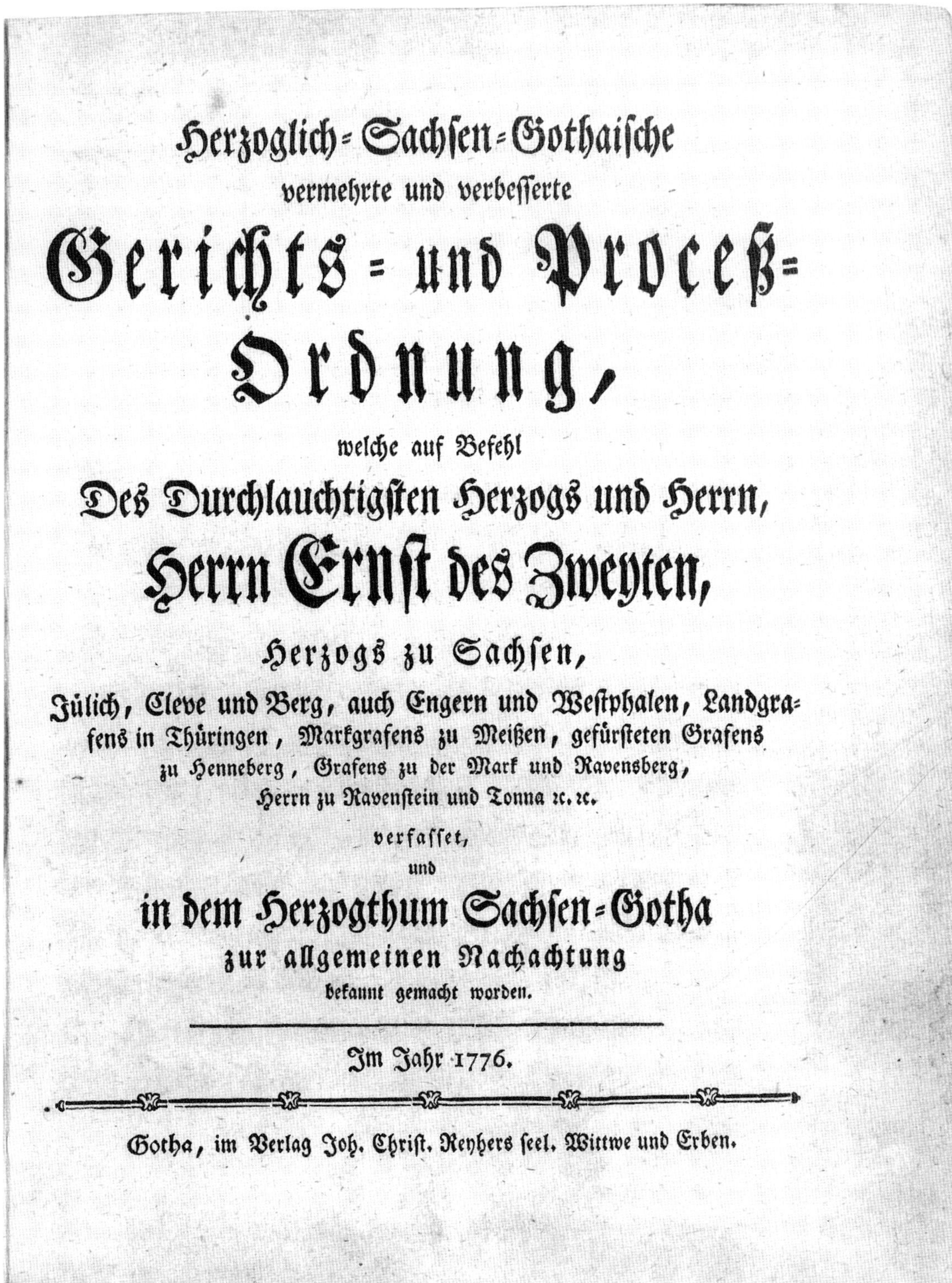

Herzoglich-Sachsen-Gothaische
vermehrte und verbesserte
Gerichts- und Proceß-
Ordnung,
welche auf Befehl
Des Durchlauchtigsten Herzogs und Herrn,
Herrn Ernst des Zweyten,
Herzogs zu Sachsen,
Jülich, Cleve und Berg, auch Engern und Westphalen, Landgrafens in Thüringen, Markgrafens zu Meißen, gefürsteten Grafens zu Henneberg, Grafens zu der Mark und Ravensberg, Herrn zu Ravenstein und Tonna 2c. 2c.
verfasset,
und
in dem Herzogthum Sachsen-Gotha
zur allgemeinen Nachachtung
bekannt gemacht worden.

Im Jahr 1776.

Gotha, im Verlag Joh. Christ. Reyhers seel. Wittwe und Erben.

Titelseite der 1776 in Gotha erschienenen Herzoglich-Sachsen-Gothaischen vermehrten und verbesserten Gerichts- und Prozeß-Ordnung.

Ein Meilenstein in dieser Hinsicht war der Römhilder Vertrag von 1791 zwischen Gotha-Altenburg, Meiningen, Hildburghausen und Coburg-Saalfeld. Er legte fest, daß die Vertragspartner künftig gewillt seien, alle bestehenden Probleme in absehbarer Zeit zu klären und ihre Länder im Falle wirtschaftlicher Not als eine Einheit zu betrachten.

Die neuartigen Aufgaben, die der aufgeklärte Absolutismus auf den Gebieten der Wirtschafts-, der Sozial- und der Finanzpolitik sowie im Schulwesen mit sich brachte, erforderten auch neue Behörden. Während andernorts diese zusätzlichen Aufgaben auf die bestehenden Behörden aufgeteilt wurden, entschloß man sich in Meiningen, sogenannte Immediatkommissionen zu bilden, die dem Landesherrn direkt untergeordnet waren und ihm auch ohne Vermittlung anderer Behörden berichten mußten. Auf diese Weise hatte er eine direkte Kontrolle und unmittelbare Einwirkungsmöglichkeiten. Verstärkte Aufsicht, die erzieherisch und bildend wirken sollte, war eine der wichtigsten Methoden, die Georg I., der seit 1782 alleiniger Regent war, anwandte, um Wirtschaft und Finanzen in den Griff zu bekommen.

Die Regierungsweise Georgs I. war - wie die seiner Mutter und seines Bruders - christlich und aufgeklärt, aber immer auch absolutistisch. In den kleinstaatlich-patriarchalischen Verhältnissen des alten Meininger Landes hatte der Landesvater erzieherische Funktionen, die Untertanen waren zur Gehorsamkeit verpflichtet. Unterordnung und Gehorsamkeit war allerdings so eingefleischt, daß sich aufklärerisches Gedankengut, das praktisch „von oben" kam, schwer durchsetzen konnte. Also glaubte der Herzog des öfteren, seine Untertanen zu ihrem Glück zwingen zu müssen. Ob die folgende Anekdote, die man sich heute noch in Meiningen erzählt, wahr ist, erscheint nicht so wichtig, sie macht aber schlaglichtartig den damaligen Zeitgeist deutlich: Im Ort „X" konnten die Bauern nicht einsehen, daß eine neue Schule gebaut werden mußte. Der Herzog war der fruchtlosen Diskussionen überdrüssig und ordnete eine „Abstimmung" an. Dabei stellte er sich selbst auf die eine Seite, während ihm gegenüber ein Strohhaufen aufgeschüttet wurde, neben dem sich ein grimmig aussehender Kerl mit einem Riesenknüppel postiert hatte. Wer nun für den Bau der neuen Schule sei, sollte zum Herzog herübertreten, wer nicht, mußte auf die andere Seite. Die bloße Drohung hatte durchschlagende Wirkung und die Schule wurde gebaut. „Kultur und Volksglück" war die programmatisch gedachte Devise Georgs I., die er sein Leben lang durchzusetzen versuchte.

Im Frühjahr 1772 löste Ernst II. von Sachsen-Gotha-Altenburg seinen verstorbenen Vater, Friedrich III., auf dem Thron ab. Im übrigen war er eng mit dem Meininger Herzogshaus verwandt. Seine Mutter, Luise Dorothea, war die Tochter Ernst Ludwigs I. Er selbst heiratete 1769 Maria Charlotte, die Tochter Anton Ulrichs.

Als Zweitgeborener sollte Ernst zunächst die militärische Laufbahn einschlagen. Nach dem frühen Tod seines älteren Bruders Friedrich wurde er Thronfolger. Seiner Mutter hatte er es in entscheidendem Maße zu verdanken, daß er eine sehr gute Schulbildung genießen konnte bzw. schon in jungen Jahren mit dem Gedankengut der Aufklärung in Berührung kam. Auch die gemeinsam mit seinem Bruder August unternommene mehrwöchige Reise nach Westeuropa, die bis Frühjahr 1768 andauerte, trug zur Erweiterung seines Horizontes bei.

Nachdem Ernst II. die Regentschaft über das Herzogtum Sachsen-Gotha-Altenburg übernommen hatte, war er zunächst um einen raschen Abbau der übernommenen Schuldenlast und um eine Konsolidierung der Staatsfinanzen bemüht.

Gotha
und die umliegende
Gegend
von
A: Klebe.
Observatorium
Gotha
in der Ettingerschen Buchhandlung
1796.

Titelseite einer 1796 in Gotha erschienenen Reisebeschreibung mit der neuen Sternwarte auf dem Seeberg.

Auf verschiedenen Gebieten wurden Reformen durchgeführt, die insgesamt Ausdruck seiner aufgeklärten Grundhaltung waren. Im einzelnen betraf es zum Beispiel das Kirchen- und Schulwesen oder den Justiz- und den sozialen Bereich (1776 neue Gerichts- und Prozeßordnung, 1785 Gründung von Armenversorgungsanstalten in Gotha und Altenburg). Großes Interesse hegte er für die Naturwissenschaften, namentlich für Mathematik und Astronomie. So geht die Errichtung einer Sternwarte auf dem südöstlich vor Gotha gelegenen Seeberg auf ihn zurück oder das erste stehende Theater Deutschlands unter Konrad Ekhof. Der Herzog förderte Wissenschaftler und Künstler, war Anhänger des Freimaurertums. Er war ein Gegner höfischer Verschwendungssucht, trug oft bürgerliche Kleidung und suchte das direkte Gespräch zu seinen Untertanen. Gegen Ende seines Lebens zog er sich zunehmend aus der Öffentlichkeit zurück , war häufiger unausgeglichen und launisch. Nach seinem Tode wurde er ohne großes Zeremoniell und ohne Sarg auf der kleinen Insel im Park beigesetzt, was sein ausdrücklicher Wunsch gewesen war. Nicht nur gemessen an den Regenten Thüringens hoben sich Ernsts Geisteshaltung und Lebensführung positiv von den allgemeinen Gepflogenheiten seiner Zeit ab, sondern auch im Vergleich zu anderen deutschen Fürsten an der Wende vom 18. zum 19. Jahrhundert.

[Dr. Hannelore Schneider und Dr. Hans-Jörg Ruge]

Herzogin Charlotte Amalie von Sachsen-Meiningen, geb. Prinzessin von Hessen-Philippsthal, Mutter der späteren Herzöge Carl und Georg von Sachsen-Meiningen. Sie bereitete die Grundlagen für eine tiefgreifende Umgestaltung des Landes im Sinne des aufgeklärten Absolutismus. Kupferstich von G. Boehrenstecher aus dem Jahre 1801.

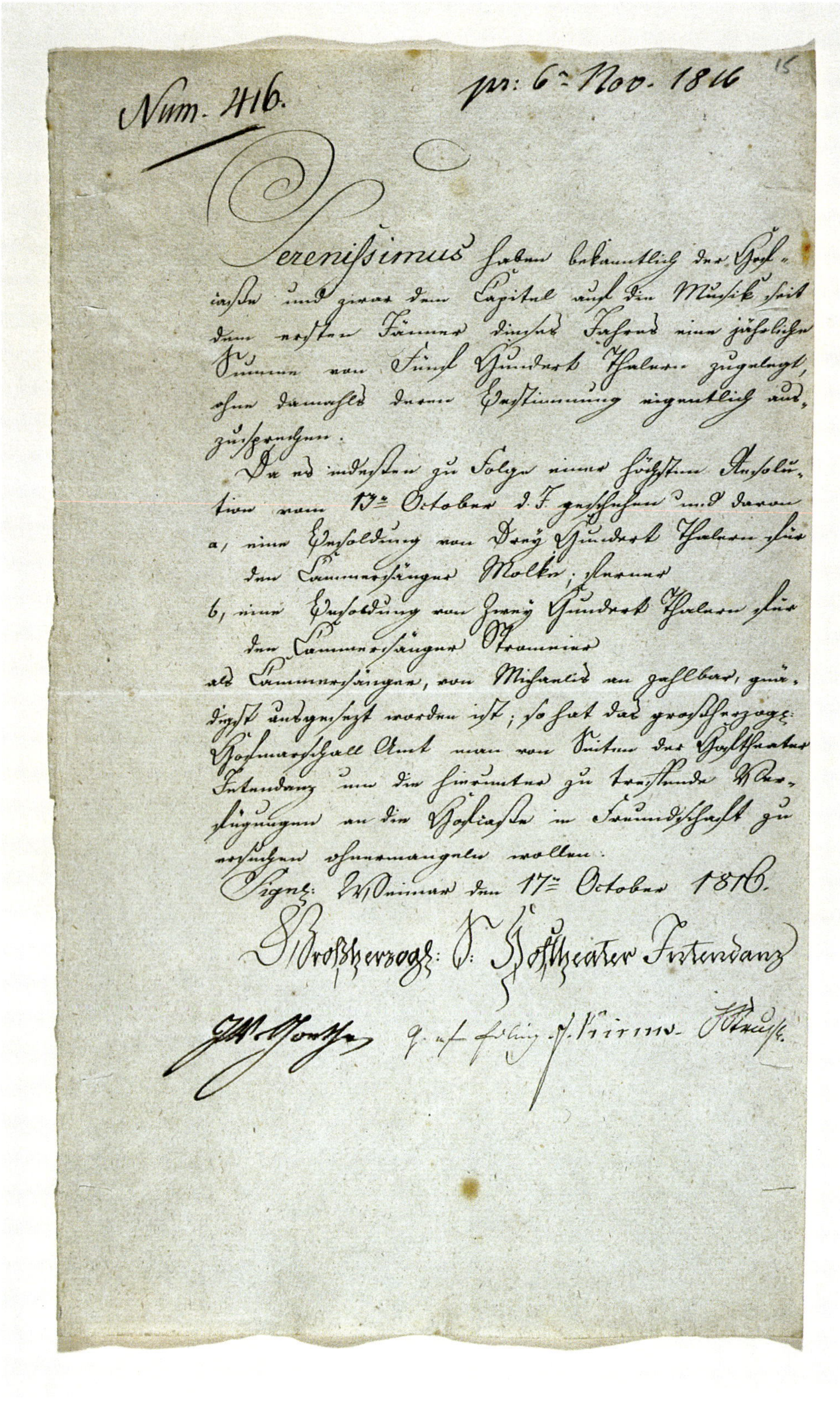

Num. 416. pr: 6. Nov. 1816

Serenissimus haben bekanntlich der Hofcasse und zwar dem Capital auf die Musik seit dem ersten Jänner dieses Jahres eine jährliche Summe von Fünf Hundert Thalern zugelegt, ohne damals deren Bestimmung eigentlich auszusprechen.

Da es indessen zu Folge einer höchsten Resolution vom 13. October d. J. geschehen und deren

a, eine Besoldung von Drey Hundert Thalern für den Kammersänger Moltke; ferner

b, eine Besoldung von Zwey Hundert Thalern für den Kammersänger Stromeyer

als Kammersänger, von Michaelis an zahlbar, gnädigst ausgesetzt worden ist; so hat das großherzogl. Hofmarschall Amt nun von Seiten der Hoftheater Intendanz um die hiernach zu treffende Verfügungen an die Hofcasse in Freundschaft zu ersuchen ohnermangeln wollen.

Signt. Weimar den 17. October 1816.

Großherzogl. S. Hoftheater Intendanz

JWvGoethe G. v. Edling F. Kirms Kruse

Schreiben der Großherzoglich Sächsischen Hoftheaterintendanz mit den Unterschriften von Johann Wolfgang von Goethe, Albert Cajetan Graf Edling, Franz Kirms und Friedrich Leopold Kruse vom 17. Oktober 1816 an Großherzog Carl August von Sachsen-Weimar-Eisenach über die Verwendung der an die Hofkasse überwiesenen 500 Taler für die Besoldung der Kammersänger Karl Melchior Jakob Moltke und Karl Stromeyer.

Georg II. Dem Volke zur Freude und Erhebung.

Inschrift am Meininger Theater (1908)

Fürstliches Theater in den Residenzen

Noch bis in das 18. Jahrhundert hinein wurde in den thüringischen Landen von Laien in Wandertruppen auf Straßen und Plätzen improvisiertes Theater gespielt. Erst mit dem Ausbau der Schloßtheater in den ernestinischen Residenzen entstanden feste Bühnen. Theatertruppen aus Berufsschauspielern unter Leitung von Theaterdirektoren bestimmten zunehmend das Geschehen auf den Brettern, die die Welt bedeuten. Mit den sich wandelnden Formen des Theaterspieles setzten sich gleichermaßen höhere Ansprüche des Publikums an die moderne Wiedergabe der Stücke auf der Bühne durch. Die Hoftheater in Altenburg, Gotha, Meiningen, Weißenfels und Weimar nehmen, durch das Mäzenatentum ihrer Fürsten prädestiniert, insbesondere im 18. und 19. Jahrhundert einen hervorragenden Platz in der deutschen Theatergeschichte ein.

Schon unter Herzog Ernst dem Frommen fanden in Gotha allegorische „Aufzüge“ und „Sing-Ballette“ statt. Die Stücke waren durchweg religiös-moralischen Inhalts, und die Aufführungen fanden nur in kleinem Rahmen statt, da der Herzog großen Aufwand vermeiden wollte. Doch interessierte sich Ernst der Fromme für die allmählich in Mode kommenden Theaterbauten. Der älteste Sohn und Nachfolger, Herzog Friedrich I., war es dann, der – zufolge seinem eigenhändig verfaßten Lebenslauf – offenbar durch Kindheitseindrücke geprägt, im Westturm von Schloß Friedenstein anstelle eines Ballsaales ein „Comödien-Haus“ einbauen ließ, das heutige Ekhof-Theater. Mit der Oper „Die geraubte Proserpina“ wurde das Theater am 22. April 1683 zu Ehren des Geburtstags der Herzogin Christina eröffnet. In der Folgezeit diente das mit damals modernster Bühnenmaschinerie – seitliche Kulissenflügel, Soffitten, Rückprospekt, Versenkungen, Flugmaschinen – ausgestattete Theater lediglich dem Vergnügen des Hofes durch die Aufführungen von Opern durch die Hofkapelle oder von Sprechstücken durch wandernde Schauspieltruppen (z.B. die Neuberin 1745).

Mit der Truppe des Abel Seyler kam 1774, nach dem Brand des Weimarer Schloßtheaters und dem dadurch beendeten Engagement, der 1720 in Hamburg geborene Conrad Ekhof nach Gotha. Hier konnte er sein Reformwerk in die Tat umsetzen, das ihm schon von Zeitgenossen den Ehrentitel eines „Vaters der deutschen Schauspielkunst“ eintrug. Er gründete hier ein erstes Hoftheater in dem Sinn, daß es über ein stehendes Ensemble verfügte, das vom Hof besoldet wurde und sogar zur sozialen Absicherung eine Pensions- und Sterbekasse erhielt. Direktoren waren Ekhof und der Schriftsteller und herzogliche Bibliothekar Heinrich August Ottokar Reichard.

Das Theater spielte regelmäßig, dreimal die Woche, und erstmals hatte nun das Bürgertum Zutritt. Dazu wurde ein zweiter Rang eingebaut, die Bühne erneuert. Neben dem Sprechtheater – aufgeführt wurden vor allem Lustspiele, weniger Tragödien, von Lessing, Molière, Shakespeare, Voltaire und Racine – wurde die Oper gepflegt und hier ebenso die neue dramatische Gattung des Melo- oder Duodramas mit der Musik des Hofkapellmeisters Georg Anton Benda, der die erste Form des deutschen heiteren Singspiels populär machte. Von Ekhofs realistischer Darstellungskunst war selbst ein Goethe beeindruckt, der ihn den „einzigen Tragöden Deutschlands" nannte. Berühmter noch wurde aus dem Gothaer Ensemble August Wilhelm Iffland. Ein Jahr nach Ekhofs allzu frühem Tod 1778 schloß der Herzog das erste Hoftheater, an dem er wohl die Lust verloren hatte. Die bedeutendsten Schauspieler des Ensembles, darunter Iffland, gingen nach Mannheim an das Deutsche Nationaltheater, wo sie bei der berühmten Uraufführung von Schillers „Räubern" 1782 mitspielten.

Danach gab es in Gotha außer Liebhaberaufführungen Gastspiele reisender Truppen in Sälen der Gasthäuser „Steinmühle" und „Mohren", bis 1827 Herzog Ernst I., der erste Landesherr der in Personalunion vereinigten Herzogtümer, ein neues Ensemble gründete. Erste Bemühungen um den Bau eines neuen Theaters in Gotha setzten wohl 1811 mit dem Vorschlag zur Gründung einer Aktiengesellschaft zu diesem Zwecke ein. Doch erst 1840, und dies gleichzeitig in beiden Residenzstädten Gotha und Coburg und jeweils gefördert durch Kredite der Gothaer Versicherungen, wurden Theaterprojekte verwirklicht und von einem gemeinsamen Ensemble gespielt.

Das Gothaer Theater, nach einer Skizze Schinkels von dem Architekten Gustav Eberhard erbaut, ist 1945 ausgebrannt; die Reste wurden 1958 gesprengt. Aus der Geschichte dieses zweiten Hoftheaters wäre nur noch zu erwähnen, daß es Opern des im besten Sinne als „Dilettant" (Liebhaber) zu bezeichnenden Herzogs Ernst II. von Sachsen-Coburg und Gotha aufführte, von denen manche sogar im Ausland Erfolg hatten. Das Ekhoftheater aber blieb mehr oder weniger unangetastet und ist eines der ältesten erhaltenen barocken Schloßtheater in Europa und Deutschlands überhaupt.

Weimars Theatertradition begann bereits 1696 mit der Errichtung eines Opernhauses im Schloß durch den kunstsinnigen Herzog Wilhelm Ernst. Nach ihm kann von einem bemerkenswerten Theaterspiel erst wieder unter der 1758 angetretenen Regentschaft der Herzogin Anna Amalia von Sachsen-Weimar und Eisenach gesprochen werden. Doch der Schloßbrand von 1774 mit der Vernichtung des Theaterraumes beendete zunächst diese beispielgebende Theaterkunst an einem deutschen Fürstenhof. Nach anfänglichen Interimslösungen wies Anna Amalia ihrem Palais gegenüber einen Platz an (heutiger Standort des Theaters), auf dem das neue Hauptmannsche Redouten- und Komödienhaus dann 1780 seine Pforten öffnete. In den ersten Jahren u. a. als Liebhabertheater genutzt, wurde es von 1784 bis 1791 von der kontraktlich gebundenen Theatertruppe des Joseph Bellomo bespielt. Eingetretene künstlerische Unzulänglichkeiten veranlaßten den seit 1775 regierenden Herzog Carl August jedoch zur Kündigung der Bellomoschen Gesellschaft und trotz knapper Kassen zur Realisierung seiner Pläne für die Gründung eines Theaters mit eigenem Ensemble.

Am 7. Mai 1791 wurde in alter Spielstätte mit Ifflands „Jägern" das neue Weimarer Hoftheater eröffnet. Zu seiner Leitung war eine Oberdirektion berufen worden: Goethe fungierte als Theaterleiter. Der Landkammerrat Franz Kirms verantwortete die ökonomische Seite des Unternehmens. Sechs Jahre später kam es zur Bildung einer Hoftheaterkommission, ab 1816 Hoftheaterintendanz mit personellen Aufstockungen (von Luck, Kruse, Graf Edling, August von Goethe). Die Intendanz unter Goethe sollte sechsundzwanzig Jahre währen. Seiner Intention vom Theaterspiel folgend, legte er großes Au-

genmerk auf disziplinierte Ensemblearbeit mit erzieherischer Wirkung auf das Publikum. Die Mimen (unter ihnen große Talente wie z. B. Caroline Jagemann, Anton Genast, Heinrich Becker, Pius Alexander Wolff) hatten sich seiner künstlerischen Leitung unterzuordnen. Texttreue Leseproben der Schauspieler (auch in gebundener Sprache) wurden rigoros durchgesetzt, Disziplinlosigkeit nach den Paragraphen der Theatergesetze bestraft. Zahlreiche auswärtige Gastspiele (Lauchstädt, Erfurt, Rudolstadt, Naumburg etc.) während der publikumsarmen Sommerzeit in Weimar dienten dem Ansehen der herzoglichen Theatergesellschaft und vor allem der Aufbesserung der Hoftheaterkasse.
Neben Goethes und anderen zeitgenössischen Werken wurden Schillers Dramen fast alle in Weimar uraufgeführt – als erstes „Wallensteins Lager" am 12. Oktober 1798 im nach Plänen von Prof. Thouret umgebauten Hoftheater. Ein reichliches halbes Jahr vor der Uraufführung des Stückes jedoch mußte der Herr Hofrat Schiller erfahren, daß sein Manuskript bereits in Abschrift außerhalb des Theaters kursierte. Goethe, der „solche Untreue" mißbilligte, leitete daraufhin eine sofortige Untersuchung dieses Vorfalls ein - wie sich jedoch herausstellen sollte, ohne zufriedenstellendes Ergebnis.
In der Folgezeit stand das Musik- und Konzertleben verstärkt im Mittelpunkt des Weimarer Repertoires. Es wurde geprägt z. B. von solchen klangvollen Namen wie den Hofkapellmeistern Johann Nepomuk Hummel, Franz Liszt, Eduard Lassen, Richard Strauss. Als Theaterleiter nach Goethe fungierten Oberhofmarschall Karl Emil Freiherr von Spiegel (bis 1847), Kammerherr Ferdinand Freiherr von Ziegesar (bis 1855), Franz von Dingelstedt (bis 1867), Baron August von Loen (bis 1887), Hans Bronsart von Schellendorff (bis 1895), Hippolyt von Vignau (bis 1908), Carl von Schirach (bis 1918).

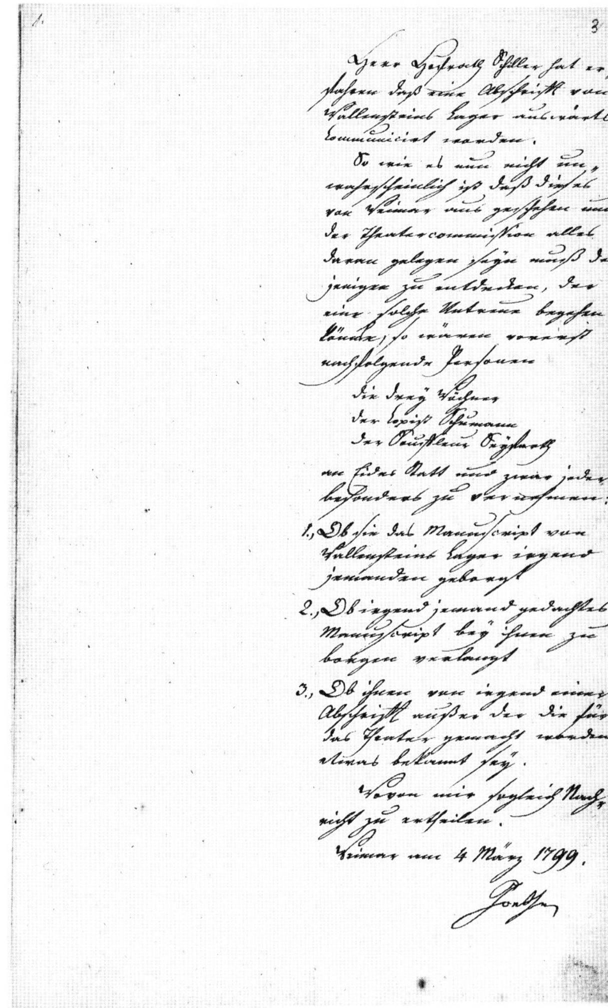

Von Johann Wolfgang von Goethe unterzeichnete Weisung vom 4. März 1799 zur Untersuchung der unbefugten Ausleihe und Abschrift von Friedrich Schillers Manuskript zu „Wallensteins Lager".

Lager vor Pilsen. Bühnenbild aus „Wallensteins Lager“ nach der Vorlage des Meininger „Theaterherzogs“ aus dem Jahre 1909.

Während dieser Zeit förderten die Großherzöge von Sachsen-Weimar und Eisenach und deren Gemahlinnen durch ihr Mäzenatentum das Hoftheater ohne Unterbrechung. Ein äußerer letzter Höhepunkt war 1907/08 die Errichtung eines repräsentativen Theaterbaues im klassizistischen Stil. Mit dem Übergang von der Monarchie zur Demokratie wurde das Großherzogliche Hoftheater am 19. Januar 1919 (Wahlen zur verfassungsgebenden Nationalversammlung) zu Beginn einer Festveranstaltung mit Friedrich Schillers „Wilhelm Tell“ zum Deutschen Nationaltheater umbenannt.

Neben Weimar ging in der zweiten Hälfte des 19. Jahrhunderts Meiningen in die Theatergeschichte ein. Als Herzog Georg II. von Sachsen-Meiningen 1866 den Thron bestieg, begann die aufregendste Phase, die das thüringische, das deutsche, ja auch das europäische Theater bis dahin erlebt hatte. Die „Meininger“ fühlten sich als Kunstmissionare, und ihr „Theaterherzog“ hatte zum Ziel, der Welt zu zeigen, was deutsche Theaterkultur vermochte. Für ihn war Kunst ein politisches Erziehungsmittel, mit dem höhere Bildung erreicht und das Kulturniveau gehoben werden sollte. Mit diesem Ziel gingen sie von 1874 bis 1890 zunächst in Deutschland, schließlich relativ systematisch auf Gastspielreisen in die wichtigsten Theaternationen Europas und machten dort auf unglaubliche Weise Furore. Erstmals in der Theatergeschichte ging – entweder mit der Eisenbahn oder nach London auch auf dem Wasserweg – ein ganzes Theater mit allen Dekorationen, Requisiten und Darstellern auf Reisen. Allein elf Güterwagen voller Dekorationen wurden jeweils mitgeführt – ein Riesenunternehmen! In diesen 16 Jahren fanden in 38 europäischen Gastspielorten fast 2.600 Aufführungen statt. Zwischen drei und vier Millionen Zuschauer sind dabei erreicht worden.

Handzeichnung Herzog Georgs II. von Sachsen-Meiningen zu einer Theateraufführung von Friedrich Schillers „Wallensteins Lager“ von 1879.

Der Meininger „Theaterherzog" ist durch Musterinszenierungen von Shakespeare, Schiller, Kleist, Goethe, Molière und durch seine aufsehenerregenden Gastspielreisen in die Geschichte der Schauspielkunst eingegangen. Ebenso hat er nie nachgelassen, auch zeitgenössische Autoren, u.a. Ernst von Wildenbruch und Leo Tolstoi, auf die Bühne zu bringen. Die skandinavischen Dramatiker Henrik Ibsen und Björnstjerne Björnson wurden von Georg II. entdeckt und gefördert, lange bevor ihre große Zeit gekommen war. Er sah sich als Diener am Werk des Dichters, dessen Wort ihm und seinen Theaterleuten heilig war. Zur Seite standen ihm kluge Mitstreiter, wie seine dritte Frau, Freifrau von Heldburg (die ehemalige Schauspielerin Ellen Franz) und sein Intendant Ludwig Chronegk, ohne die er sein großes Werk nicht hätte vollbringen können.
Der Herzog war der spiritus rector, der den größten Teil der dramaturgischen Arbeit selbst leistete, die Stücke – immer in programmatischer Absicht abgestimmt auf den Ort, die Zeit und die politische Situation – selbst auswählte, die Öffentlichkeitsarbeit inszenierte, mit den Autoren arbeitete, auch Bühnenbilder eigenhändig entwarf und Proben leitete. Die Klassiker wurden von den „Meiningern" wieder textgetreu gespielt und auf diese Weise in ihrer Einzigartigkeit neu entdeckt. Kunst hatte für Georg II. „ewige wahre Prinzipien", denen sich in seinen Augen jeder wahrhafte Künstler verpflichtet fühlen mußte. Sein Bemühen, ein „Gesamtkunstwerk" zu schaffen, dem sich jeder unterzuordnen hatte, ist in diesem Zusammenhang zu sehen. Starkult – wie vor den „Meiningern" allgemein üblich gewesen – war nun überflüssig, ja schädlich, Besetzungsstreitigkeiten unter den Schauspielern waren Georg ein Greuel. Harte, langwierige Probenarbeit, wie sie bis dahin nirgendwo üblich gewesen war, mit den zumeist ganz jungen Darstellern, für die Meiningen oft zum Sprungbrett ihrer Karriere wurde (u. a. Josef Kainz und Gertrud Eysoldt), und Werkstudium, mit dem das innere Verständnis eines Stücks vertieft werden sollte, hatten zum Ziel, die Intentionen des Dichters zum gemeinsamen Willen des Ensembles zu machen.
Ein rigides, fast feudalen Regeln folgendes Reglement diente zur äußeren Disziplinierung und förderte gleichzeitig den inneren Zusammenhalt der Truppe. Vom Ehrenmitglied bis zum kleinsten Statisten hatten alle einem hohen Kunstideal zu folgen und sich dem Ensemblegeist unterzuordnen. Das Geheimnis der Massenszenen in den Schlachten und Revolutionen auf der Meininger Bühne bestand darin, daß jeder Mitwirkende, auch Gäste und Ehrenmitglieder zum stummen Spiel verpflichtet war. Die stumme Rolle avancierte zur wirklichen Rolle, was zu einer Individualisierung der früher gestaltlosen Masse führte. Der ins Auge springende Reichtum und die Historizität der Ausstattungen, die original nachgearbeiteten Waffen und Requisiten, die Kostümierung, die Zauberwelt der Brücknerschen Kulissen aus Coburg dienten allein dem Zweck, bewußt herausragende, originelle Inszenierungen zu schaffen, nach denen sich jeder richten konnte.
Eine neue Ära des Theaters war angebrochen, die Prinzipien der Theateraufführungen in Meiningen - aufbauend auf der reichen thüringischen Theatertradition - wurden allgemeingültig, und die Veränderungen waren so grundlegend, daß sich nach den „Meiningern" eine neue Art des Theaterspielens durchgesetzt hatte.

[Jutta Fulsche,
Dr. Hannelore Schneider und
Dr. Uwe Jens Wandel]

Das Gothaer Hoftheater, erbaut 1837 bis 1840, ausgebrannt 1945 und als Ruine 1958 gesprengt. Foto von 1897.

In Posen (heute: Poznań, Polen) ausgestellte Ratifikationsurkunde Napoleons für das Herzogtum Sachsen-Weimar-Eisenach vom 16. Dezember 1806 über den Vertrag zum Rheinbund vom 15. Dezember 1806. Ausfertigung, Pergament.

... das Interesse und die Selbständigkeit der herzoglich sächsischen Höfe, von außen durch den mächtigen Protector des Rheinbundes fixirt und constitutionell gesichert, fordert weit lebhafter die Richtung der Kräfte nach Innen auf.

Friedrich von Müller (1808)

Die Wettiner in der napoleonischen Ära

In den 1822 erstmals veröffentlichten Erinnerungen an die „Campagne in Frankreich“ stehen die Worte, die Goethe nach der Schlacht von Valmy am abendlichen Biwakfeuer des 20. September 1792 gesagt haben soll: „Von hier und heute geht eine neue Epoche der Weltgeschichte aus, und ihr könnt sagen, ihr seid dabei gewesen“. Ob der Geheime Rat, der seinen Herzog Carl August von Sachsen-Weimar und Eisenach, den Chef des 6. Preußischen Kürassier-Regiments, bei dieser militärischen Auseinandersetzung mit dem revolutionären Frankreich im Jahre 1792 begleitete, zu diesem Zeitpunkt die ganze Konsequenz der damaligen Ereignisse für die wettinischen Herrscher und ihre Territorien erahnte, mag dahingestellt sein. Goethe war jedoch Staatsmann genug, zu erkennen, daß sich mit der bürgerlichen Revolution in Frankreich, die auch in Thüringen Sympathisanten gefunden hatte, tiefgreifende Veränderungen vollzogen, die europäische Dimensionen annehmen sollten. Für Thüringen waren die Auswirkungen zunächst nur geringer Natur. Allerdings trafen nach dem Ausbruch der Revolution schnell Nachrichten über die Ereignisse ein, denen später Flüchtlinge aus Frankreich folgten. Daraufhin rüsteten sich die alten Mächte Europas, um die neue Gefahr für ihre eigene Macht zu beseitigen. Auch Herzog Carl August war gezwungen, sich an diesen Auseinandersetzungen zu beteiligen und zog als preußischer General in den Reichskrieg gegen Frankreich, das jedoch nicht besiegt werden konnte. Vielmehr befanden sich die Franzosen in der Folge zeitweise auf dem Vormarsch. Dabei stießen sie 1795 nach Hessen vor, was den Darmstädter Hof – Landgraf Ludwig X. von Hessen-Darmstadt war der Schwager Carl Augusts – dazu bewog, in der zweiten Jahreshälfte 1795 bis zum Januar 1796 sicherheitshalber nach Eisenach überzusiedeln. Eine direkte Bedrohung thüringischer Gebiete fand aber vorerst nicht statt, obwohl die militärischen Auseinandersetzungen, wenn auch mit Unterbrechungen, anhielten. Um diese Zeit hatte sich aber bereits die politische Gesamtsituation seit dem Stillstand der Französischen Revolution und dem Sonderfrieden zu Basel von 1795 geändert. Herzog Carl August war 1794 aus dem preußischen Militärdienst ausgeschieden. Unter dem Schutz der norddeutschen Neutralität standen seit 1796 die Geschikke Thüringens im Zeichen des Friedens. Mitteldeutschland blieb für ein Jahrzehnt außerhalb von Kampfhandlungen. Sicher zu Recht wurde dieser Abschnitt wegen der weimarischen Friedensbemühungen später der „Friede des klassischen Weimar“ genannt.

1802 kam es zu ersten nachhaltigen Auswirkungen auf die territoriale Struktur Thüringens. Preußen hatte 1801 zu Lunèville einen Frieden mit Frankreich geschlossen, in dessen Folge es seine linksrheinischen Gebiete verlor.

Als Ausgleich dafür erhielt es u.a. die kurmainzischen (Erfurt, Eichsfeld und Blankenhain) und reichsstädtischen Gebiete (Mühlhausen und Nordhausen) in Thüringen, dessen Besitznahme am 6. Juni 1802 verkündet und kurz danach vollzogen wurde. An der Übernahme des erfurtischen und blankenhainischen Gebietes war auch Sachsen-Weimar-Eisenach weiter interessiert, ebenso wie Kursachsen und Sachsen-Gotha, die sich jedoch nicht gegen die preußischen Ambitionen durchsetzen konnten. Dennoch kursierte 1806 das Gerücht über territoriale Veränderungen. So sollte „die große, Teutschland bevorstehende Metamorphose, auch Nordhausen treffen" und die Stadt an Herzog Carl August fallen. Am 8. Februar 1806 sandte deshalb der nordhausische Publizist Carl Christian Adolph Neuenhahn sogar ein Gratulationsschreiben an den weimarischen Herzog.

In die Geschichte ging das Jahr 1806 vor allem wegen der Schlacht von Jena und Auerstedt ein. Am 12. Juli 1806 erfolgte auf Betreiben Napoleons die Bildung des Rheinbundes, und am 6. August erklärte Franz II. als letzter römisch-deutscher Kaiser sein reichsoberhauptliches Amt für erloschen. Ferner wurden alle Reichsstände von ihrer Verpflichtung gegenüber dem Reich entbunden. Dies bedeutete das Ende des alten Reiches und gleichzeitig die Souveränität für die deutschen Einzelstaaten, darunter auch die wettinischen Fürstentümer. In dieser Situation wurde am 9. August in Preußen die Mobilmachung angeordnet. Vom französischen Kaiser Napoleon verlangte der preußische König Friedrich Wilhelm III. den Abzug der Franzosen aus Süddeutschland und die Nichteinmischung in norddeutsche Angelegenheiten. Damit eskalierten die Auseinandersetzungen, deren Entscheidung in Thüringen fiel. Am 14. Oktober 1806 kam es in den wettinischen Territorien zu einer verlustreichen Doppelschlacht, bei Jena (eigentlicher Kampfort war Vierzehnheiligen) und bei Auerstedt (eigentlich bei Hassenhausen), in der die Preußen und deren Verbündete, darunter Kursachsen und Sachsen-Weimar-Eisenach, den Franzosen unterlagen. Die napoleonischen Truppen besetzten danach die umliegenden Städte und Dörfer, wobei es u. a. in Weimar und Jena zu Plünderungen kam. Durch die Parteinahme von Herzog Carl August für Preußen stand das weitere Geschick des Herzogtums Sachsen-Weimar-Eisenach auf des Messers Schneide. Das resolute Auftreten der Herzogin Luise von Sachsen-Weimar-Eisenach bei der Anwesenheit Napoleons in Weimar, diplomatisches Geschick sowie die Tatsache, daß der weimarische Erbprinz Carl Friedrich seit 1804 mit Maria Pawlowna, der Tochter des russischen Zaren Alexander I., verheiratet war, verhinderten in der Folge, daß das Herzogtum beseitigt wurde.

Unter diesen Verhältnissen war es Carl August unmöglich geworden, sich dem Einfluß von Napoleon zu entziehen. Am 15. Dezember 1806 vollzog Sachsen-Weimar-Eisenach deshalb in Posen, ebenso wie die anderen ernestinischen Staaten, den Beitritt zum Rheinbund. Damit konnte es einerseits seine Souveränität weitgehend wahren, andererseits war es als Verbündeter Napoleons zur Zahlung von Kontributionen und Stellung von Truppen verpflichtet. Eine Wende zeichnete sich erst mit dem gescheiterten Rußlandfeldzug von Napoleon ab, an dem auch die ernestinischen Militäreinheiten beteiligt waren. Die endgültige Entscheidung brachte jedoch die Niederlage Napoleons in der Völkerschlacht bei Leipzig vom 16. bis 19. Oktober 1813. Bereits vorher hatte Herzog Carl August in einem Brief an Zar Alexander die Abkehr von Napoleon bekundet und dann sogleich nach der Schlacht den Beitritt zum antinapoleonischen Bündnis vollzogen.

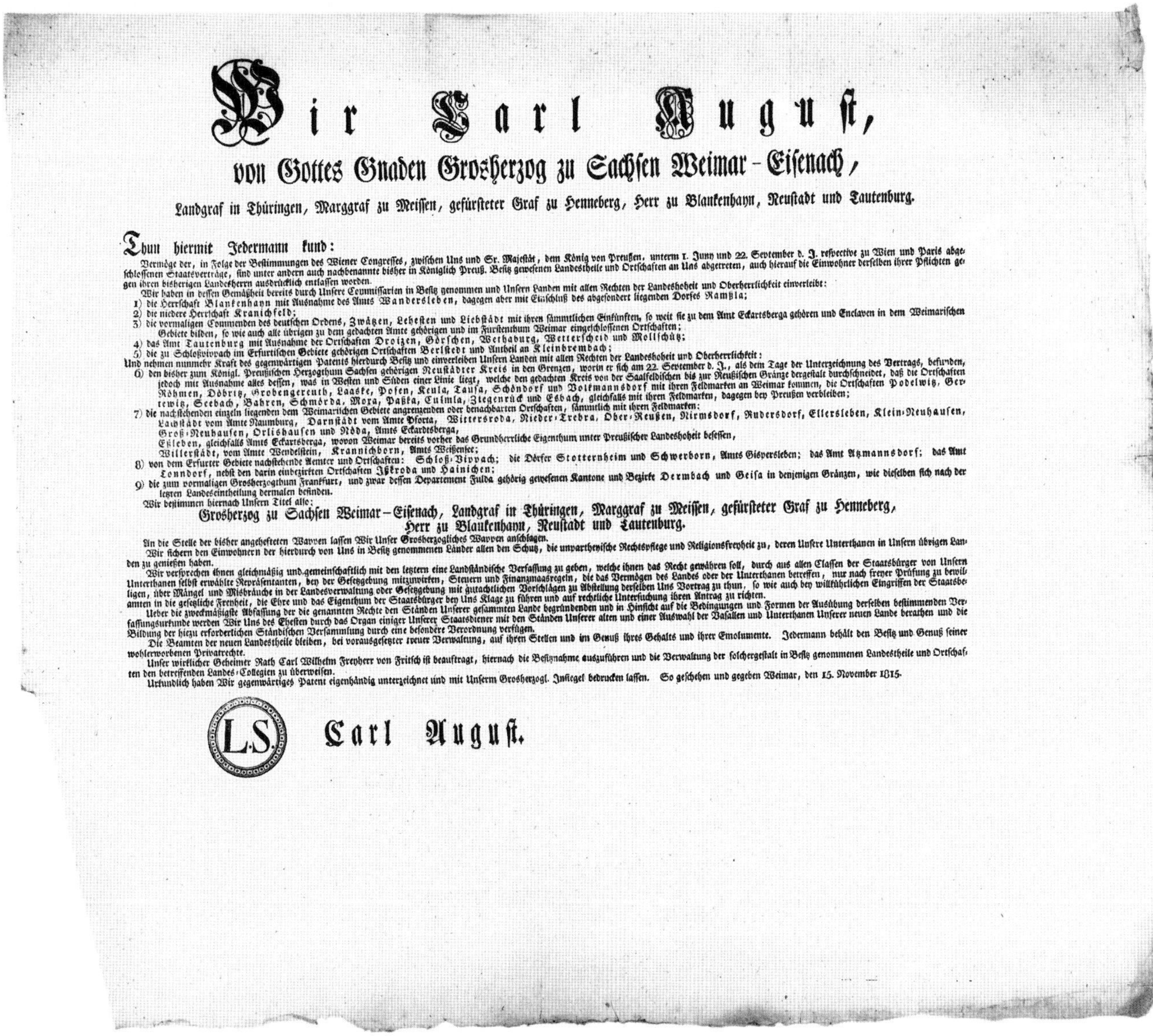

Wir Carl August,

von Gottes Gnaden Grosherzog zu Sachsen Weimar-Eisenach,

Landgraf in Thüringen, Marggraf zu Meissen, gefürsteter Graf zu Henneberg, Herr zu Blankenhayn, Neustadt und Tautenburg.

Thun hiermit Jedermann kund:

Vermöge der, in Folge der Bestimmungen des Wiener Congresses, zwischen Uns und Sr. Majestät, dem König von Preußen, unterm 1. Juny und 22. September d. J. respective zu Wien und Paris abgeschlossenen Staatsverträge, sind unter andern auch nachbenannte bisher in Königlich Preuß. Besitz gewesenen Landestheile und Ortschaften an Uns abgetreten, auch hierauf die Einwohner derselben ihrer Pflichten gegen ihren bisherigen Landesherrn ausdrücklich entlassen worden.

Wir haben in dessen Gemäßheit bereits durch Unsere Commissarien in Besitz genommen und Unsern Landen mit allen Rechten der Landeshoheit und Oberherrlichkeit einverleibt:

1) die Herrschaft Blankenhayn mit Ausnahme des Amts Wandersleben, dagegen aber mit Einschluß des abgesondert liegenden Dorfes Ramßla;
2) die niedere Herrschaft Kranichfeld;
3) die vormaligen Commenden des deutschen Ordens, Zwätzen, Lehesten und Liebstädt mit ihren sämmtlichen Einkünften, so weit sie zu dem Amt Eckartsberga gehören und Enclaven in dem Weimarischen Gebiete bilden, so wie auch alle übrigen zu dem gedachten Amte gehörigen und im Fürstenthum Weimar eingeschlossenen Ortschaften;
4) das Amt Tautenburg mit Ausnahme der Ortschaften Droizen, Görschen, Wethaburg, Wetterscheid und Mollschütz;
5) die zu Schloßvippach im Erfurtischen Gebiete gehörigen Ortschaften Berlstedt und Antheil an Kleinbrembach;

Und nehmen nunmehr Kraft des gegenwärtigen Patents hierdurch Besitz und einverleiben Unsern Landen mit allen Rechten der Landeshoheit und Oberherrlichkeit:

6) den bisher zum Königl. Preußischen Herzogthum Sachsen gehörigen Neustädter Kreis in den Grenzen, worin er sich am 22. September d. J., als dem Tage der Unterzeichnung des Vertrags, befunden, jedoch mit Ausnahme alles dessen, was in Westen und Süden einer Linie liegt, welche den gedachten Kreis von der Saalfeldischen bis zur Reußischen Gränze dergestalt durchschneidet, daß die Ortschaften Röhmen, Döbritz, Grobengereuth, Laaske, Posen, Keula, Tausa, Schöndorf und Volkmannsdorf mit ihren Feldmarken an Weimar kommen, die Ortschaften Podelwitz, Gertewitz, Seebach, Bahren, Schmörda, Mora, Paßka, Culmla, Ziegenrück und Esbach, gleichfalls mit ihren Feldmarken, dagegen bey Preußen verbleiben;
7) die nachstehenden einzeln liegenden dem Weimarischen Gebiete angrenzenden oder benachbarten Ortschaften, sämmtlich mit ihren Feldmarken:
Lachstädt vom Amte Naumburg, Darnstädt vom Amte Pforta, Wittersroda, Nieder-Trebra, Ober-Reußen, Nirmsdorf, Rudersdorf, Ellersleben, Klein-Neuhausen, Groß-Neuhausen, Orlishausen und Nöda, Amts Eckardtsberga,
Eßleben, gleichfalls Amts Eckartsberga, wovon Weimar bereits vorher das Grundherrliche Eigenthum unter Preußischer Landeshoheit besessen,
Willerstädt, vom Amte Wendelstein, Krannichborn, Amts Weißensee;
8) von dem Erfurter Gebiete nachstehende Aemter und Ortschaften: Schloß-Vippach; die Dörfer Stotternheim und Schwerborn, Amts Gispersleben; das Amt Azmannsdorf; das Amt Tonndorf, nebst den darin einbezirkten Ortschaften Ißkroda und Hainichen;
9) die zum vormaligen Grosherzogthum Frankfurt, und zwar dessen Departement Fulda gehörig gewesenen Kantone und Bezirke Dermbach und Geisa in denjenigen Gränzen, wie dieselben sich nach der letzten Landeseintheilung dermalen befinden.

Wir bestimmen hiernach Unsern Titel also:

Grosherzog zu Sachsen Weimar-Eisenach, Landgraf in Thüringen, Marggraf zu Meissen, gefürsteter Graf zu Henneberg, Herr zu Blankenhayn, Neustadt und Tautenburg.

An die Stelle der bisher angehefteten Wappen lassen Wir Unser Grosherzogliches Wappen anschlagen.

Wir sichern den Einwohnern der hierdurch von Uns in Besitz genommenen Länder allen den Schutz, die unpartheyische Rechtspflege und Religionsfreyheit zu, deren Unsere Unterthanen in Unsern übrigen Landen zu genießen haben.

Wir versprechen ihnen gleichmäßig und gemeinschaftlich mit den letztern eine Landständische Verfassung zu geben, welche ihnen das Recht gewähren soll, durch aus allen Classen der Staatsbürger von Unsern Unterthanen selbst erwählte Repräsentanten, bey der Gesetzgebung mitzuwirken, Steuern und Finanzmaasregeln, die das Vermögen des Landes oder der Unterthanen betreffen, nur nach freyer Prüfung zu bewilligen, über Mängel und Misbräuche in der Landesverwaltung oder Gesetzgebung mit gutachtlichen Vorschlägen zu Abstellung derselben Uns Vortrag zu thun, so wie auch bey willkührlichen Eingriffen der Staatsbeamten in die gesetzliche Freyheit, die Ehre und das Eigenthum der Staatsbürger bey Uns Klage zu führen und auf rechtliche Untersuchung ihren Antrag zu richten.

Ueber die zweckmäßigste Abfassung der die genannten Rechte den Ständen Unserer gesammten Lande begründenden und in Hinsicht auf die Bedingungen und Formen der Ausübung derselben bestimmenden Verfassungsurkunde werden Wir Uns des Ehesten durch das Organ einiger Unserer Staatsdiener mit den Ständen Unserer alten und einer Auswahl der Vasallen und Unterthanen Unserer neuen Lande berathen und die Bildung der hiezu erforderlichen Ständischen Versammlung durch eine besondere Verordnung verfügen.

Die Beamten der neuen Landestheile bleiben, bei vorausgesetzter treuer Verwaltung, auf ihren Stellen und im Genuß ihres Gehalts und ihrer Emolumente. Jedermann behält den Besitz und Genuß seiner wohlerworbenen Privatrechte.

Unser wirklicher Geheimer Rath Carl Wilhelm Freyherr von Fritsch ist beauftragt, hiernach die Besitznahme auszuführen und die Verwaltung der solchergestalt in Besitz genommenen Landestheile und Ortschaften den betreffenden Landes-Collegien zu überweisen.

Urkundlich haben Wir gegenwärtiges Patent eigenhändig unterzeichnet und mit Unserm Grosherzogl. Insiegel bedrucken lassen. So geschehen und gegeben Weimar, den 15. November 1815.

L.S. Carl August.

Proklamation von Großherzog Carl August von Sachsen-Weimar-Eisenach vom 15. November 1815 über die Inbesitznahme der von Preußen abgetretenen Gebiete, die Annahme des großherzoglichen Titels und die Zusage für eine neue landständische Verfassung.

Nach den Schlachten von Jena und Auerstedt gelang es Napoleon, auch Kurfürst Friedrich August III. von Sachsen zum Beitritt in den Rheinbund zu bewegen, was vertraglich am 11. Dezember 1806 in Posen geregelt wurde. Im Ergebnis des Vertrages erhielten die Albertiner die Königswürde. Das Königreich Sachsen konnte jedoch seinen territorialen Stand in Thüringen nicht voll wahren. Obwohl nach mehreren Verhandlungen 1807/08 zumindest verhindert wurde, daß Napoleon das Amt Langensalza bzw. Sangerhausen in das für seinen Bruder Jèrôme Bonaparte neugeschaffene Königreich Westfalen eingliederte, mußte auf den kursächsischen Anteil an der Grafschaft Mansfeld fast vollständig verzichtet werden. Er wurde in das westfälische Departement Saale integriert. Der in Kassel residierende König von Westfalen erhielt ferner die albertinischen Anteile an der Ganerbschaft Treffurt und der Vogtei Dorla, die dem Harzdepartement zugeschlagen wurden. Lediglich 1809 konnten die Albertiner einen äußerst geringen Zugewinn in Thüringen verbuchen, als Napoleon per Dekret den Deutschen Orden in den Staaten des Rheinbundes aufhob. Danach wurden die Dörfer der Kommenden Lehesten, Liebstedt, Nägelstedt und Zwätzen der Ballei Thüringen landesherrlicher Bestandteil der Ämter Weißensee, Langensalza beziehungsweise Eckartsberga des Thüringer Kreises.

Als Bundesgenosse Napoleons wurde der sächsische König ebenso wie seine ernestinischen Vettern weiter in die Auseinandersetzungen verwickelt. So wurden auch aus dem albertinischen Thüringen Truppen zur Unterstützung Napoleons in den Krieg geschickt. Innerhalb des Territoriums suchten die sächsischen Behörden deshalb nach neuen Wegen, um diesen Anforderungen, vor allem zur Sicherung der benötigten Finanzen, auch auf dem Verwaltungsgebiete gerecht zu werden.

Der sächsische König gehörte zu den treuesten Bundesgenossen Napoleons, obwohl er auf Grund der Kriegsereignisse 1813 auch andere Wege sondierte. Erst die Schlacht bei Leipzig im Oktober 1813 brachte einen Umschwung. Im Gegensatz zu den Ernestinern befand sich König Friedrich August III. von Sachsen nach der Schlacht auf der Seite der Verlierer, auch wenn verschiedene seiner militärischen Einheiten während der Kämpfe zu den Verbündeten übergetreten waren.

Der König wurde gefangengenommen und das Königreich Sachsen dem Gouvernement des russischen Fürsten Nikolai Repnin-Wolkonski unterstellt. Kurz nach der folgenschweren Schlacht kam es bereits zu Maßnahmen zur territorialen Neugestaltung in Mitteldeutschland. So erfolgte – nachdem durch die Konvention vom 31. Oktober 1813 das Oberste Verwaltungsdepartement der Verbündeten gegründet worden war – eine Einteilung in verschiedene Distrikte, um die Verpflegung der Truppen, die medizinische Betreuung der Verwundeten und die Komplettierung der militärischen Einheiten absichern zu können. Als „ein District dieser Art [wurde...] die Landgrafschaft Thüringen mit Einschluß der Grafschaft Henneberg“ gebildet. Dazu gehörten die ernestinischen Herzogtümer Sachsen-Weimar, Gotha, Meinigen, Coburg und Hildburghausen, vom Königreich Sachsen der Thüringer Kreis, die lehnsabhängigen schwarzburgischen Ämter Ebeleben, Heringen und Kelbra sowie die ebenfalls lehnsabhängigen stolbergischen Ämter Stolberg, Hayn, Roßla, Questenberg und Wolfsberg wie auch der Anteil des Königreiches Sachsen an der Grafschaft Henneberg. Die Zugehörigkeit der königlich sächsischen Gebiete zum Rayonverband dauerte indes nur wenige Tage, so daß sie faktisch wirkungslos blieb. Vielmehr erfolgte noch im Dezember bzw. im Januar 1814 ein Austausch, indem für die Gebiete des

BATAILLE D'JENA, LIVRÉE LE 14 OCTOBRE 1806.

Die Schlacht bei Jena und Auerstedt am 14. Oktober 1806. Kolorierter Stich von Edme Bovinet nach einer Zeichnung von Edouard Swebach aus dem Jahre 1825.

Königreichs Sachsen die Fürstentümer Schwarzburg-Rudolstadt und Sondershausen sowie die reußischen Gebiete dem Rayon, der territorialpolitisch jedoch bedeutungslos blieb, zugewiesen wurden.
Im Ergebnis der Wiener Verhandlungen mußte das Königreich Sachsen am 18. Mai 1815 einen Friedens- und Freundschaftsvertrag mit Preußen schließen und u.a. seine gesamten thüringischen Territorien an Preußen abtreten. Die Inbesitznahme der Gebiete wurde durch ein Patent vom 22. Mai bekanntgemacht und erfolgte noch im Juni 1815. Damit avancierte das Königreich Preußen zum größten Territorialbesitzer in Thüringen, während die Albertiner bis zum Ende der Monarchien in Deutschland ihren territorialen Einfluß auf diese Landschaft weitestgehend einbüßten. Lediglich im Osten des heutigen Freistaates Thüringen verblieb bis 1918 eine geringe Anzahl von Dörfern und Ortsteilen (der andere Anteil gehörte zu einem thüringischen Einzelstaat) beim Königreich Sachsen. Sie wurden erst 1928 im Zusammenhang mit einem Gebietsaustausch zwischen dem Freistaat Sachsen und dem im Jahre 1920 gebildeten Land Thüringen abgetreten.
Nicht in jedem thüringischen Einzelstaat wurden diese territorialen Veränderungen akzeptiert. So konnten es sich die Vertreter des Herzogtums Sachsen-Weimar-Eisenach erlauben, entsprechende Gebietsforderungen bei den Wiener und Pariser Verhandlungen zu stellen. Zustatten kamen ihnen dabei die bereits angeführten Verbindungen zur Familie des russischen Zaren, der eine der Hauptsiegermächte verkörperte. Auf Grund des Widerstandes von Sachsen-Weimar-Eisenach, das als wettinisches Haus mit der Übernahme des gesamten albertinischen Territoriums in Thüringen geliebäugelt hatte, sah sich Preußen gezwungen, anfänglich zumindest einzelne Ortschaften aus dem Thüringer Kreis an den weimarischen Staat abzutreten. Weitere Ortschaften aus den Ämtern Eckartsberga, Pforta und Wendelstein gingen zusammen mit dem überwiegenden Teil des Neustädter Kreises auf der Grundlage des Vertrages vom 22. September 1815 an das Großherzogtum über. Im Westen des heutigen Freistaates Thüringen erhielt der Großherzog auf der Grundlage desselben Vertrages noch hessische Gebiete, darunter vollständig oder anteilig die Ämter Dermbach, Geisa, Frauensee und Vacha sowie die Gerichte Völkershausen und Lengsfeld. Für die davon betroffenen Ortschaften begann damit ihre Zugehörigkeit zu Thüringen. Weitere Erwerbungen betrafen das Blankenhainer und Erfurter Gebiet. In bezug auf letzteres verhielten sich die sachsen-weimar-eisenachischen Vertreter bei den diplomatischen Verhandlungen jedoch etwas reserviert. Vor der Einverleibung Erfurts als Hauptstadt Thüringens, auf die die Wettiner beider Linien über Jahrhunderte mehr oder weniger stark fixiert waren, schreckte man auf Grund der befürchteten Kosten, die für die Stadt Erfurt als Festung aufzubringen waren, zurück.
Die neuen territorialen Erwerbungen führten dazu, daß Sachsen-Weimar-Eisenach zum größten thüringischen Einzelstaat avancierte, der hinsichtlich seines Umfanges lediglich noch von den preußisch-thüringischen Gebietsteilen übertroffen wurde. Diesem gewachsenen Machtpotential, verbunden mit dem politischen und kulturellen Einfluß, wurde 1815 schließlich noch durch die Annahme der großherzoglichen Würde Ausdruck verliehen.

[Dr. Frank Boblenz]

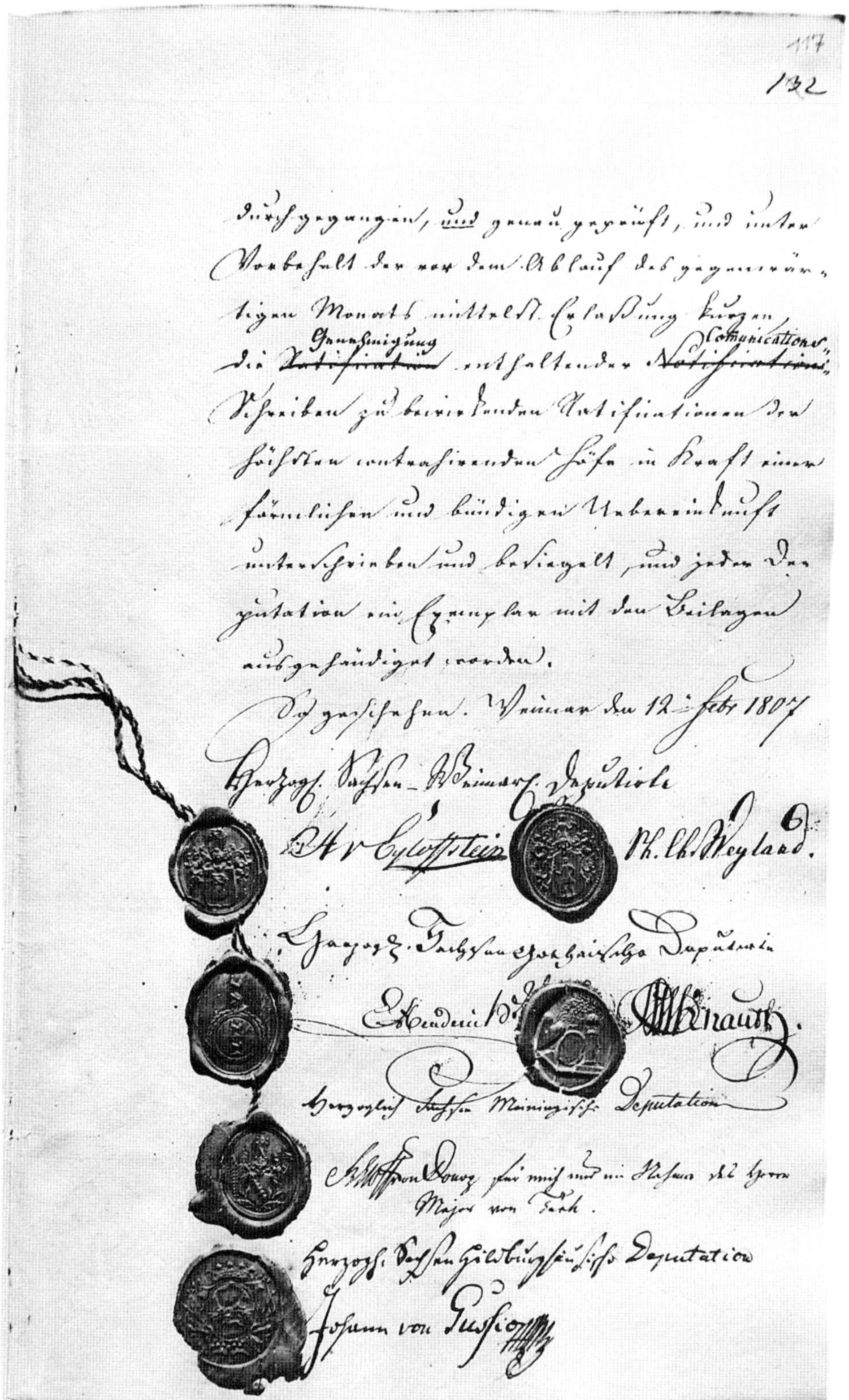
117
132

durchgegangen, und genau geprüft, und unter Vorbehalt der vor dem Ablauf des gegenwärtigen Monats mittelst Erlassung kurzer die ~~Ratification~~ Genehmigung enthaltender ~~Notification~~ Communications-Schreiben zu bewirkenden Ratificationen der höchsten contrahirenden Höfe in Kraft einer förmlichen und bündigen Uebereinkunft unterschrieben und besiegelt, und jeder Deputation ein Exemplar mit den Beilagen ausgehändigt worden.

So geschehen. Weimar den 12. Febr 1807

Herzogl. Sachsen-Weimarische Deputirte

Ph. Chr. Weyland

Herzogl. Sachsen-Gothaische Deputation

Herzoglich Sachsen Meiningische Deputation

Herzogl. Sachsen Hildburghäusische Deputation

Letzte Seite des von den Vertretern der ernstinischen Staaten unterschriebenen und gesiegelten sachsen-weimar-eisenachischen Exemplars der in Weimar geschlossenen Konvention über die Stellung herzoglich-sächsischer Kontingente zur Armee des Rheinbundes vom 12. Februar 1807.

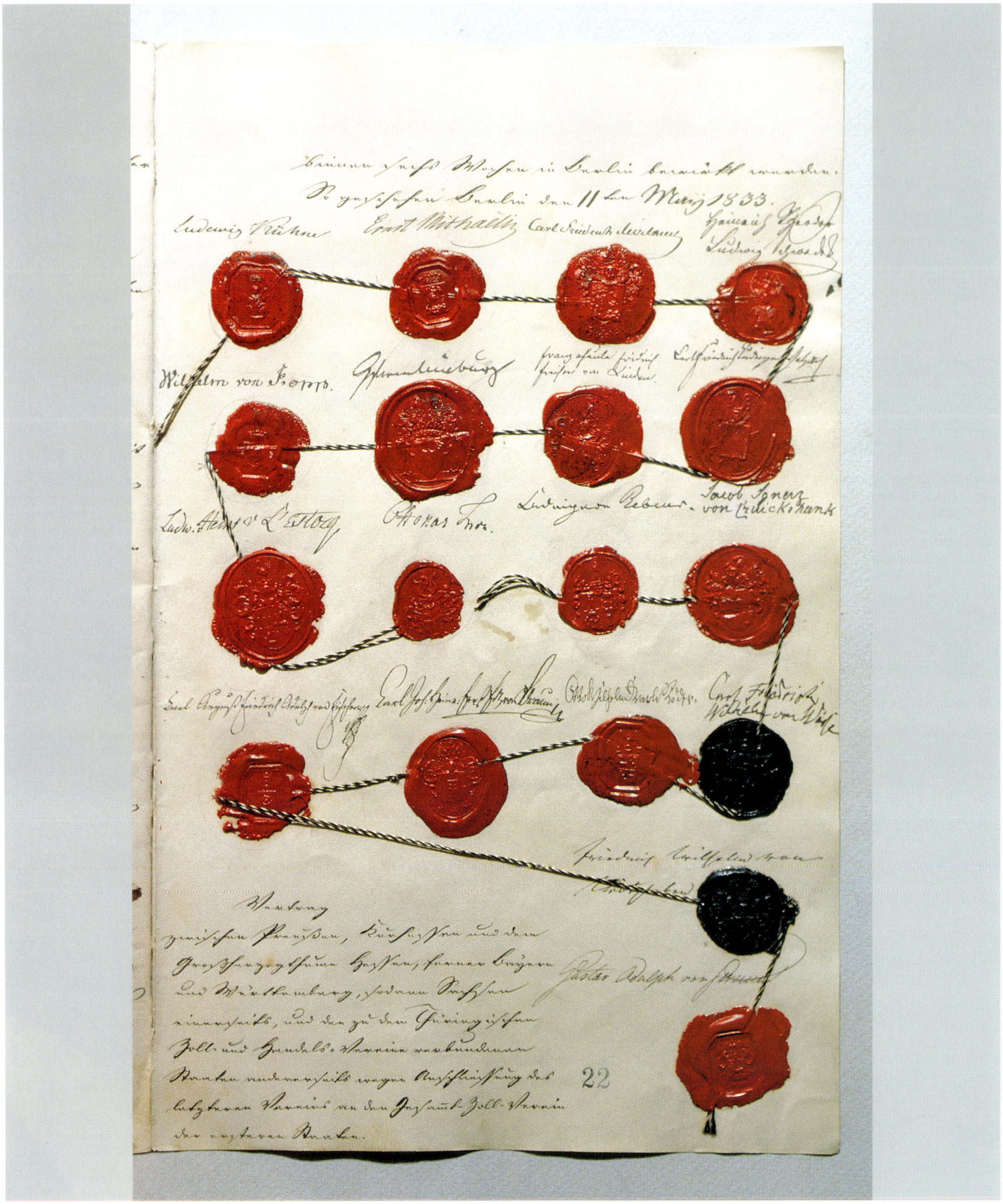
22

Es ist ein nationales Band mehr für den deutschen Bund, dessen Dauer und Einigkeit jeder ächte Deutsche wünschen muß...

König Wilhelm I. von Württemberg (1833)

Der Anschluss an den preußischen Zollverein

Vertrag zwischen Preußen, Kurhessen, dem Großherzogtum Hessen, Bayern, Württemberg und Sachsen mit den im Thüringischen Zoll- und Handelsverein verbundenen Staaten (Sachsen-Weimar-Eisenach, Sachsen-Meiningen, Sachsen-Altenburg, Sachsen-Coburg und Gotha, Schwarzburg-Sondershausen, Schwarzburg-Rudolstadt und Reuß) über deren Anschluß an den Gesamtzollverein sowie über Handels- und Verkehrsfreiheit im Geltungsbereich der beiden vereinigten Zollvereine. Berlin, 11. Mai 1833. Ausfertigung, behändigt und besiegelt von den Bevollmächtigten der vertragsschließenden Staaten mit den 18 aufgedrückten Siegeln der Unterzeichner: L. Kühne und E. Michaelis für Preußen, C.F. Wilkens von Hohenau und H.T.L. Schwedes für Kurhessen, W. von Kopp für Hessen-Darmstadt, F.C.I. Graf von Luxburg für Bayern, F. Freiherr von Linden für Württemberg, C.F.L. von Watzdorff für Sachsen, L.H. von L'Estoq und O. Thon für Sachsen-Weimar-Eisenach, L. von Rebeur, J.I. von Cruickshank und C.A.F.A. von Fischern für Sachsen-Meiningen, J.H.E. von Braun für Sachsen-Altenburg, O.W.C. von Röder für Sachsen-Coburg-Gotha, C.F.W. von Weise für Schwarzburg-Sondershausen, F.W. von Witzleben für Schwarzburg-Rudolstadt, G.A. von Strauch für Reuß.

Das preußische „Gesetz über den Zoll und die Verbrauchssteuer von ausländischen Waren und über den Verkehr zwischen den Provinzen des Staates" von 1818 hatte einschneidende Wirkung auf die thüringische Wirtschaft. Die preußisch regierten Gebiete Thüringens waren durch ihren Bedarf an Rohstoffen und durch die Ausfuhr ihrer Produkte wirtschaftlich eng mit den wettinischen, schwarzburgischen und reußischen Bundesstaaten verbunden.

Nach dem Inkrafttreten der preußischen Zollgesetze mußte nun für alle Waren, die durch Erfurt und die Kreise Schleusingen und Ziegenrück geführt wurden, nicht nur wie früher üblich, einfaches Geleit, sondern ein weit höherer Ein- und Ausfuhrzoll gezahlt werden. Das verteuerte die Produkte so stark, daß Erzeugnisse aus den thüringischen Einzelstaaten auf den Märkten immer weniger konkurrenzfähig waren. In zunehmenden Maße wurde nur noch für die inneren Bedürfnisse produziert. Die Barchentindustrie des Eisenacher Oberlandes hatte früher weit mehr als die Hälfte ihrer Erzeugnisse vor allem an preußische und bayerische Käufer abgesetzt. Nun sprach man von Auswanderung, da der Lebensunterhalt der Weberfamilien nicht mehr gesichert war. Auch der innovative Impuls des Konkurrenzkampfes konnte so kaum Einfluß auf die Fortentwicklung von Gewerbe und Industrie nehmen. Ein Ausdruck dafür war unter anderem, daß die Entwicklung der Industrie hinter der der Landwirtschaft zurückblieb. Die sachsen-weimarischen Tuchfabrikanten beispielsweise klagten, daß sie nicht genug grobe Wolle im eigenen Land kaufen konnten, während sich gleichzeitig die Besitzer von Schafherden über mangelnden Absatz feiner Wolle beschwerten.

Besonders prekär war die Lage für die sachsen-weimarischen Ämter Allstedt und Oldisleben, aber auch die mehr schwarzburgischen Gebiete um Sondershausen und Frankenhausen, die gänzlich von preußischem Herrschaftsgebiet eingeschlossen waren. Deshalb blieb bei genauer Abwägung der Vor- und Nachteile wohl kein anderer Weg, als zumindest diese Exklaven an den Geltungsbereich der preußischen Zollgesetze anzuschließen.

Im Oktober 1819 kam der erste Zollanschlußvertrag zwischen Preußen und Schwarzburg-Sondershausen zustande, gefolgt von dem Vertrag zwischen Preußen und Schwarzburg-Rudolstadt vom Juni 1822. Nach einigem Zögern entschloß sich auch Großherzog Carl August von Sachsen-Weimar und Eisenach zu einem Anschlußvertrag für Allstedt und Oldisleben, der am 27. Juni 1823 ratifiziert wurde. Er sah dabei sehr wohl die Befreiung des Handels von den Zollschranken als eine unerläßliche Bedingung für die Entwicklung der Wirtschaft und für die nationale Einheit, wollte aber die Handelsfreiheit als Gleicher unter Gleichen schaffen helfen und nicht durch den preußischen Staat bevormundet werden. Außerdem fühlte er sich vermutlich durch die preußische Verfahrensweise verletzt, durch die er genötigt war, zwei seiner Ämter handelspolitisch preußischer Herrschaft unterzuordnen, und in der er einen Angriff auf sein Geleitsrecht über Erfurt sah. Auch das übrige wettinische Thüringen war zu einem Anschluß an das preußische Zollsystem nicht bereit.

Ökonomisch vorteilhafter als an Preußen wäre ein Anschluß Thüringens an das bayerische Wirtschaftssystem gewesen, besonders der Neustädter Kreis versprach sich große Absatzchancen für seine Produkte in Bayern. Allerdings waren die diesbezüglichen Verhandlungen Bayerns mit Sachsen-Weimar-Eisenach eher durch den Wunsch motiviert, Weimar von einem Anschluß an Preußen abzuhalten, als daß man eine Wirtschafts- und Handelsunion im Blick hatte.

So lag es nahe, gewissermaßen als Pendant zu Preußen einen thüringischen Handelsverein zu bilden, aber der Plan scheiterte zunächst einmal daran, daß Sachsen-Coburg durch ein gemeinsames Zollsystem seine Souveränitätsrechte gefährdet sah. Außerdem erschien Sachsen-Gotha und Sachsen-Meiningen eine gemeinsame Linie gegen Preußen zu riskant. Nach zähen Verhandlungen kam es zwar im Dezember 1822 schließlich zum Abschluß eines Zollvertrages zwischen den thüringischen Staaten mit Ausnahme von Reuß, der aber nicht ratifiziert wurde. Das wichtigste Ergebnis lag wohl im Vorfeld dieses Vertrages, nämlich die Einsicht bei den Thüringern, daß sie sich zunächst untereinander einigen müßten, ehe sie Anschluß an ein anderes System suchten.

Nun begann man, den Blick wieder über Thüringens Grenzen hinaus zu richten. Aber die Verhandlungen Sachsen-Weimar-Eisenachs mit den albertinischen Vettern in Dresden, zu denen auch Sachsen-Gotha hinzugezogen wurde, scheiterten, als sichtbar wurde, daß das sächsische Königreich die schlechte wirtschaftliche Lage in den thüringischen Staaten zu seinen Gunsten nutzen wollte. Trotzdem wurde am Gedanken zur Schaffung einer mitteldeutschen Wirtschaftseinheit festgehalten. Neue Impulse erhielten diese Überlegungen durch den Zollbund zwischen Bayern und Württemberg und den Vertrag Preußens mit Hessen-Darmstadt im Jahr 1828. Die thüringischen Kleinstaaten (mit den 1826 neu entstandenen Herzogtümern Sachsen-Altenburg und Sachsen-Coburg-Gotha) waren jetzt von fremden Zollsystemen nahezu eingekreist. Darin sahen die benachbarten Königreiche Preußen, Bayern und Sachsen ihre Chance. Die ernestinischen Herzogtümer wurden regelrecht umworben, was diese jedoch stark verunsicherte. Von einer Einheitlichkeit des Handelns konnte keine Rede

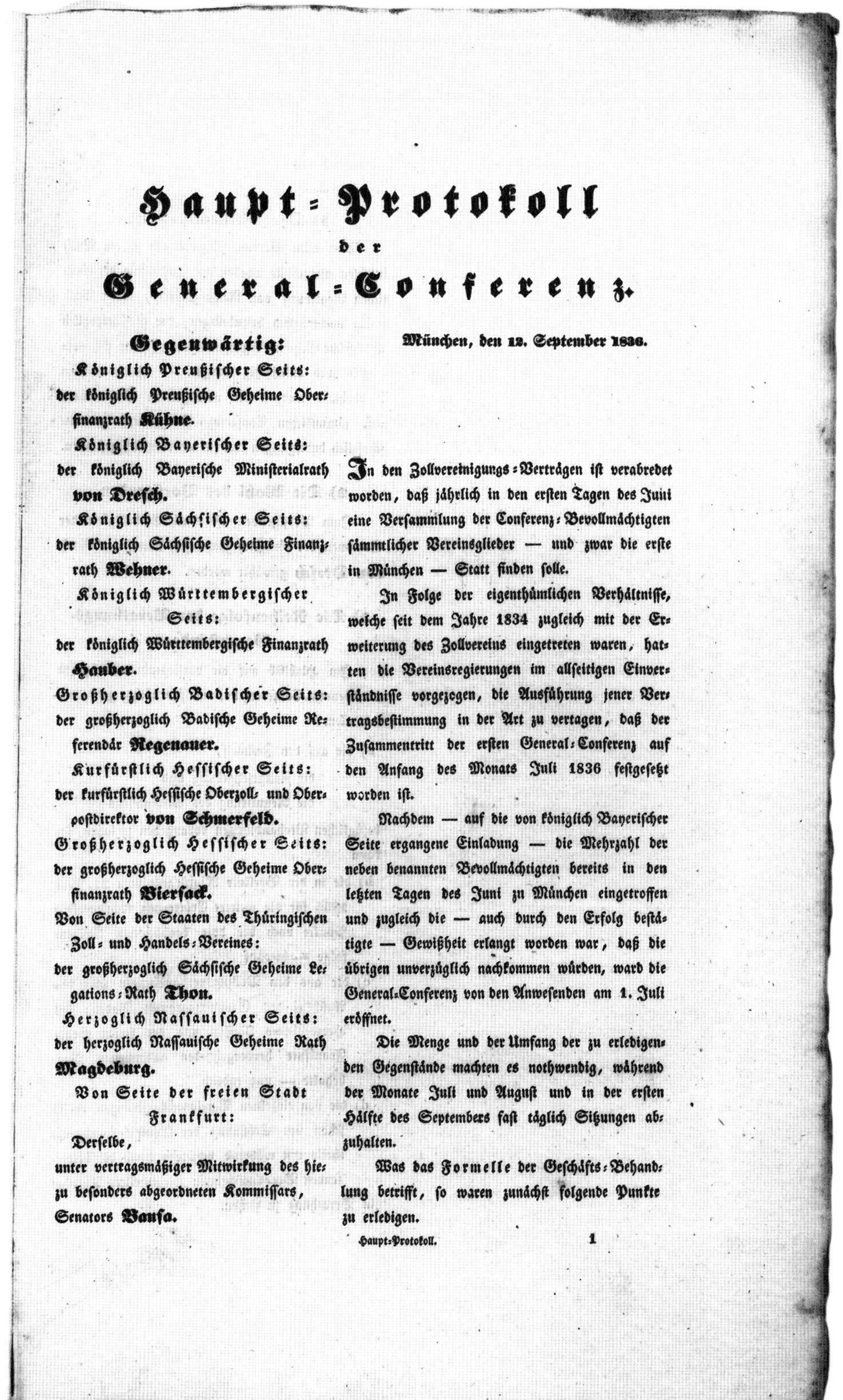

Haupt=Protokoll
der
General=Conferenz.

Gegenwärtig:

Königlich Preußischer Seits:
der königlich Preußische Geheime Oberfinanzrath **Kühne**.

Königlich Bayerischer Seits:
der königlich Bayerische Ministerialrath **von Dresch**.

Königlich Sächsischer Seits:
der königlich Sächsische Geheime Finanzrath **Wehner**.

Königlich Württembergischer Seits:
der königlich Württembergische Finanzrath **Hauber**.

Großherzoglich Badischer Seits:
der großherzoglich Badische Geheime Referendär **Regenauer**.

Kurfürstlich Hessischer Seits:
der kurfürstlich Hessische Oberzoll- und Oberpostdirektor **von Schmerfeld**.

Großherzoglich Hessischer Seits:
der großherzoglich Hessische Geheime Oberfinanzrath **Biersack**.

Von Seite der Staaten des Thüringischen Zoll= und Handels=Vereines:
der großherzoglich Sächsische Geheime Legations=Rath **Thon**.

Herzoglich Nassauischer Seits:
der herzoglich Nassauische Geheime Rath **Magdeburg**.

Von Seite der freien Stadt Frankfurt:
Derselbe,
unter vertragsmäßiger Mitwirkung des hiezu besonders abgeordneten Kommissars, Senators **Bansa**.

München, den 12. September 1836.

In den Zollvereinigungs=Verträgen ist verabredet worden, daß jährlich in den ersten Tagen des Juni eine Versammlung der Conferenz=Bevollmächtigten sämmtlicher Vereinsglieder — und zwar die erste in München — Statt finden solle.

In Folge der eigenthümlichen Verhältnisse, welche seit dem Jahre 1834 zugleich mit der Erweiterung des Zollvereius eingetreten waren, hatten die Vereinsregierungen im allseitigen Einverständnisse vorgezogen, die Ausführung jener Vertragsbestimmung in der Art zu vertagen, daß der Zusammentritt der ersten General=Conferenz auf den Anfang des Monats Juli 1836 festgesetzt worden ist.

Nachdem — auf die von königlich Bayerischer Seite ergangene Einladung — die Mehrzahl der neben benannten Bevollmächtigten bereits in den letzten Tagen des Juni zu München eingetroffen und zugleich die — auch durch den Erfolg bestätigte — Gewißheit erlangt worden war, daß die übrigen unverzüglich nachkommen würden, ward die General=Conferenz von den Anwesenden am 1. Juli eröffnet.

Die Menge und der Umfang der zu erledigenden Gegenstände machten es nothwendig, während der Monate Juli und August und in der ersten Hälfte des Septembers fast täglich Sitzungen abzuhalten.

Was das Formelle der Geschäfts=Behandlung betrifft, so waren zunächst folgende Punkte zu erledigen.

Haupt=Protokoll. 1

Hauptprotokoll der ersten Generalkonferenz des Deutschen Zollvereins vom 12. September 1836.

mehr sein. Sachsen-Meiningen war einer Einheit mit Bayern zugeneigt, Sachsen-Weimar-Eisenach verhandelte gleichzeitig mit Preußen und mit Sachsen, Sachsen-Coburg-Gotha schwebte eine Verbindung mit Kurhessen vor. Dem Geschick von Herzog Ernst I. von Sachsen-Coburg und Gotha und seinem Minister Anton von Carlowitz war es schließlich zu danken, daß Sachsen, die thüringischen Staaten – allerdings mit Ausnahme von Schwarzburg-Sondershausen – und Kurhessen in Oberschöna übereinkamen, sich zu einem Mitteldeutschen Handelsverein zusammenzuschließen.

Am 24. September 1828 wurde in Kassel der Hauptvertrag unterzeichnet, der die einseitige Erhöhung von Transitabgaben verbot und für eine große Zahl von Verbrauchsgütern den abgabenfreien Verkehr gestattete. Aber schon bald geriet der Mitteldeutsche Handelsverein in eine Krise, die sich daran entzündete, daß sowohl Sachsen-Meinigen als auch Sachsen-Coburg-Gotha entgegen den Bestimmungen des Kasseler Vertrages Separatverhandlungen mit Preußen aufgenommen hatten. Als schließlich auch die reußischen Fürstentümer und Schwarzburg-Rudolstadt Verbindung zu Preußen aufnahmen, war der Mitteldeutsche Handelsverein nicht mehr lebensfähig.

Im Mai 1830 sondierte der preußische Finanzminister Motz in Weimar die Verhandlungsbereitschaft von Großherzog Carl Friedrich, der seit 1828 in Sachsen-Weimar-Eisenach regierte. Er ließ allerdings keinen Zweifel daran, daß es sich nur um einen umfassenden Beitritt zum preußischen System handeln könne und man an den früher praktizierten Teillösungen, die sich vorwiegend in gemeinsamem Straßenbau erschöpften, nicht interessiert sei. In Weimar wurde befürchtet, daß die Auswirkung der Julirevolution in Frankreich die Bevölkerung dazu bringen würde, den berechtigten wirtschaftlichen Klagen mit revolutionären Taten abzuhelfen. Auf beiden Seiten war man also verhandlungsbereit. Im Februar 1831 verpflichtete sich Sachsen-Weimar-Eisenach, bis spätestens 1. Januar 1835, wenn möglich aber schon am Jahresbeginn 1832 dem Zollverband der östlichen preußischen Provinzen beizutreten. Damit war der größte der ernestinischen Staaten für die preußische Politik gewonnen.

Die Reaktionen waren unterschiedlich. Während sich Sachsen-Coburg-Gotha und Sachsen-Meiningen ebenso wie Reuß j.L. und die Schwarzburger beifällig äußerten, versuchten Sachsen und Bayern diese Staaten wieder auf ihre Seite zu ziehen. Im August 1831 zerschlug der Zollanschlußvertrag Kurhessens an Preußen aber dann den Mitteldeutschen Handelsverein endgültig.

Das Großherzogtum Sachsen-Weimar-Eisenach ersuchte nun beim Berliner Außenministerium um Aufnahme in den preußischen Zollverband für Jahresbeginn 1833 und bat Preußen darum, auch mit den anderen thüringischen Staaten in Verhandlungen über ihren Beitritt zum preußischen Zollsystem zu treten. Am 7. Dezember 1832 begannen die Gespräche in Berlin. Sie wurden von den Beauftragten der jeweiligen Regierungen geführt. Von Sachsen-Coburg-Gotha und den beiden Staaten Reuß waren zunächst nur Beobachter erschienen, und Sachsen-Altenburg war überhaupt nicht anwesend. Aber auch diese Staaten traten schließlich in den Kreis der Vertragswilligen ein.

Petschafte der Großherzoglich-Sächsischen Zollkontrolle Weida und des Großherzoglich-Sächsischen Zollaufsehers Nr. 19 mit den entsprechenden Lacksiegelabdrücken.

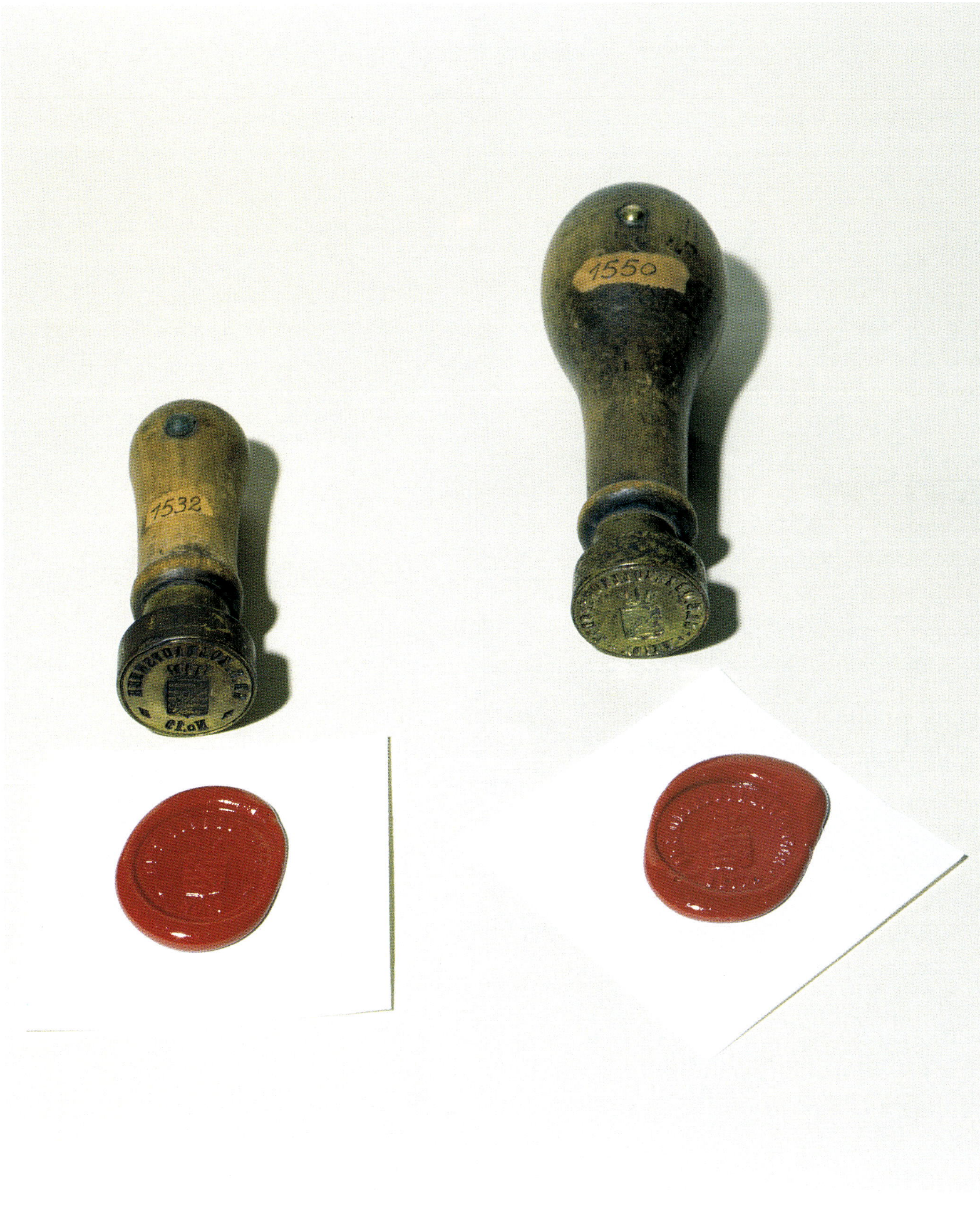
1532
1550

Die Verhandlungen waren schwierig. Immer wieder entzündete sich der Streit daran, daß einzelne Staaten ihre Souveränität in der einen oder anderen Frage gefährdet sahen oder sich Nachteile für die Wirtschaft in den Fürstentümern durch die Einführung der preußischen Verbrauchssteuern abzeichneten. Auch das Statut und die Organisation des Vereins erregten die Gemüter. Immer wieder trat der preußische Vertreter schlichtend auf und wies unberechtigte Ansprüche zurück. Besonders der Meininger Vertreter Cruickshanks verstieg sich bei der Vertragsformulierung zu Haarspaltereien, die den Weimarer Beauftragten Ottokar Thon so erregten, daß er unter Umständen bereit gewesen wäre, das inmitten Deutschlands liegende Herzogtum als Zollausland zu behandeln.

Schließlich aber setzten am 10. Mai 1833 die Beauftragten der thüringischen Einzelstaaten sowie Preußens (für die Kreise Erfurt, Schleusingen und Ziegenrück im neugebildeten Regierungsbezirk Erfurt) und Kurhessens (für den Kreis Schmalkalden) Unterschrift und Siegel unter das Vertragswerk, das sich in vier Einzelverträge gliedert. Das Kernstück bildet der Gründungsvertrag zum „Zoll- und Handelsverein der Thüringischen Staaten" an dem diese selbst, Preußen und Kurhessen beteiligt waren. An die Stelle der unterschiedlichen Ein- und Ausfuhrabgaben traten die preußischen Zölle, deren Ertrag auf die einzelnen Staaten je nach Einwohnerzahl aufgeteilt wurde. In Erfurt fand ein Generalsteuerinspektor seinen Sitz. Dort trafen sich jährlich die Bevollmächtigten der Vertragspartner, um über Probleme und die weitere Entwicklung zu beraten. Am 11. Mai 1833 traten die übrigen mit Preußen verbundenen Staaten diesem Vertrag bei, der Deutsche Zollverein war geschaffen. Durch Artikel sieben wurde die lang ersehnte Handels- und Verkehrsfreiheit für den größten Teil Deutschlands hergestellt. Der dritte Vertrag regelte die Einführung der preußischen Verbrauchssteuern in Thüringen, der vierte enthielt strafrechtliche Bestimmungen.

Die thüringischen Staaten wurden weiterhin durch den Thüringischen Zoll- und Handelsverein vertreten und hatten so im Zollverein nur eine gemeinsame Stimme. Die Mitglieder des Zollvereins trafen sich einmal jährlich zur Generalkonferenz, um über Durchsetzung der Vertragsbestimmungen, die Zollgesetzgebung und -verwaltung, Abkommen mit anderen Staaten zu beraten und zu beschließen und die Einnahmen anzurechnen. Die Durchsetzung der einzelnen Festlegungen der Generalkonferenz oblag den jeweiligen Landesbehörden. Die einzelstaatliche Kompetenz war aber durch die gemeinsamen Handels- und Zollgesetze des Vereins eingeschränkt. Zum ersten thüringischen Bevollmächtigten beim Deutschen Zollverein wurde der Weimarer Geheime Legationsrat Ottokar Thon ernannt, der sich durch sein diplomatisches Geschick wesentliche Verdienste am Zustandekommen dieses „mächtige[n] deutsche[n] Nationalwerk[s]", wie es Heinrich CXXII. Reuß j.L. nannte, erworben hat.

Auch wenn die thüringischen Staaten erst durch ihre Zustimmung das Zustandekommen der Handelsfreiheit in Mitteldeutschland ermöglichten, darf man nicht verkennen, daß die Ernestiner in dieser Frage eher reagierten als agierten, ja durch ständige, teilweise kleinliche Differenzen die Entwicklung mehr verzögerten als förderten. Das besondere Verdienst an diesem wichtigen Meilenstein auf dem Weg zur Einheit Deutschlands kommt eindeutig Preußen zu.

[Dagmar Blaha]

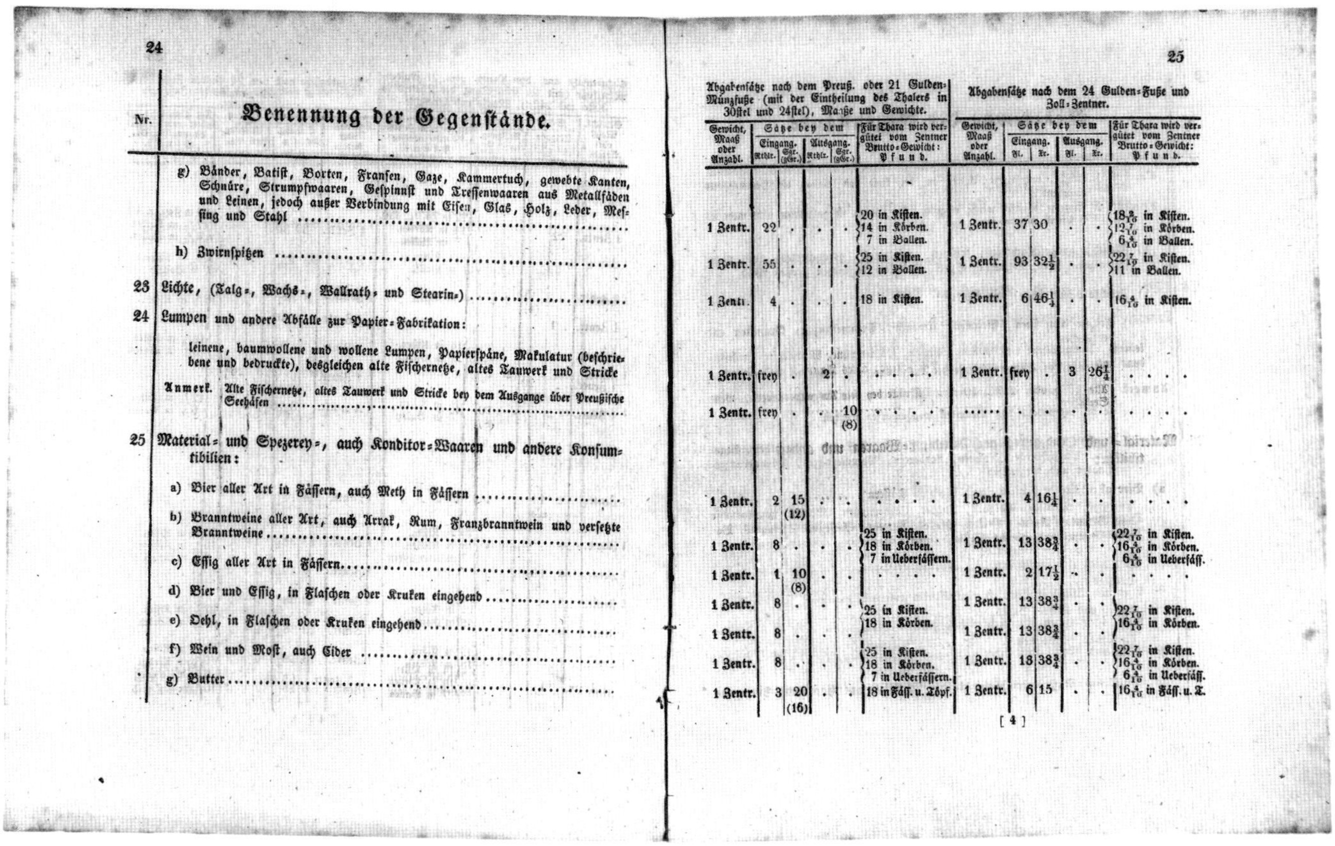

24 | 25

Nr.	Benennung der Gegenstände.	Abgabensätze nach dem Preuß. oder 21 Gulden-Münzfuße (mit der Eintheilung des Thalers in 30stel und 24stel), Maaße und Gewichte.						Abgabensätze nach dem 24 Gulden-Fuße und Zoll-Zentner.					
		Gewicht, Maaß oder Anzahl.	Sätze bey dem Eingang. Rthlr.	Eingang. Sgr. (gGr.)	Ausgang. Rthlr.	Ausgang. Sgr. (gGr.)	Für Thara wird vergütet vom Zentner Brutto-Gewicht: Pfund.	Gewicht, Maaß oder Anzahl.	Sätze bey dem Eingang. Fl.	Eingang. Kr.	Ausgang. Fl.	Ausgang. Kr.	Für Thara wird vergütet vom Zentner Brutto-Gewicht: Pfund.
	g) Bänder, Batist, Borten, Fransen, Gaze, Kammertuch, gewebte Kanten, Schnüre, Strumpfwaaren, Gespinnst und Tressenwaaren aus Metallfäden und Leinen, jedoch außer Verbindung mit Eisen, Glas, Holz, Leder, Messing und Stahl	1 Zentr.	22	.	.	.	20 in Kisten. 14 in Körben. 7 in Ballen.	1 Zentr.	37	30	.	.	$18\frac{3}{10}$ in Kisten. $12\frac{7}{10}$ in Körben. $6\frac{4}{10}$ in Ballen.
	h) Zwirnspitzen	1 Zentr.	55	.	.	.	25 in Kisten. 12 in Ballen.	1 Zentr.	93	$32\frac{1}{2}$	.	.	$22\frac{7}{10}$ in Kisten. 11 in Ballen.
23	Lichte, (Talg-, Wachs-, Wallrath- und Stearin-)	1 Zentr.	4	.	.	.	18 in Kisten.	1 Zentr.	6	$46\frac{1}{4}$	.	.	$16\frac{4}{10}$ in Kisten.
24	Lumpen und andere Abfälle zur Papier-Fabrikation:												
	leinene, baumwollene und wollene Lumpen, Papierspäne, Makulatur (beschriebene und bedruckte), desgleichen alte Fischernetze, altes Tauwerk und Stricke	1 Zentr.	frey	.	2	.	. . . . .	1 Zentr.	frey	.	3	$26\frac{1}{4}$	. . . .
	Anmerk. Alte Fischernetze, altes Tauwerk und Stricke bey dem Ausgange über Preußische Seehäfen	1 Zentr.	frey	.	.	10 (8)	. . . . .	......	.	.	.	.	. . . .
25	Material- und Spezerey-, auch Konditor-Waaren und andere Konsumtibilien:												
	a) Bier aller Art in Fässern, auch Meth in Fässern	1 Zentr.	2	15 (12)	.	.	. . . . .	1 Zentr.	4	$16\frac{1}{4}$	.	.	. . . . .
	b) Branntweine aller Art, auch Arrak, Rum, Franzbranntwein und versetzte Branntweine	1 Zentr.	8	.	.	.	25 in Kisten. 18 in Körben. 7 in Ueberfässern.	1 Zentr.	13	$38\frac{3}{4}$	.	.	$22\frac{7}{10}$ in Kisten. $16\frac{4}{10}$ in Körben. $6\frac{4}{10}$ in Ueberfäss.
	c) Essig aller Art in Fässern........	1 Zentr.	1	10 (8)	.	.	. . . . .	1 Zentr.	2	$17\frac{1}{2}$	.	.	. . . . .
	d) Bier und Essig, in Flaschen oder Kruken eingehend	1 Zentr.	8	.	.	.	25 in Kisten. 18 in Körben.	1 Zentr.	13	$38\frac{3}{4}$	.	.	$22\frac{7}{10}$ in Kisten. $16\frac{4}{10}$ in Körben.
	e) Oehl, in Flaschen oder Kruken eingehend	1 Zentr.	8	.	.	.		1 Zentr.	13	$38\frac{3}{4}$	.	.	
	f) Wein und Most, auch Cider	1 Zentr.	8	.	.	.	25 in Kisten. 18 in Körben. 7 in Ueberfässern.	1 Zentr.	18	$38\frac{3}{4}$	.	.	$22\frac{7}{10}$ in Kisten. $16\frac{4}{10}$ in Körben. $6\frac{4}{10}$ in Ueberfäss.
	g) Butter	1 Zentr.	3	20 (16)	.	.	18 in Fäss. u. Töpf.	1 Zentr.	6	15	.	.	$16\frac{4}{10}$ in Fäss. u. T.

[4]

Auszug aus den im Jahre 1837 gültigen Zolltarifen.

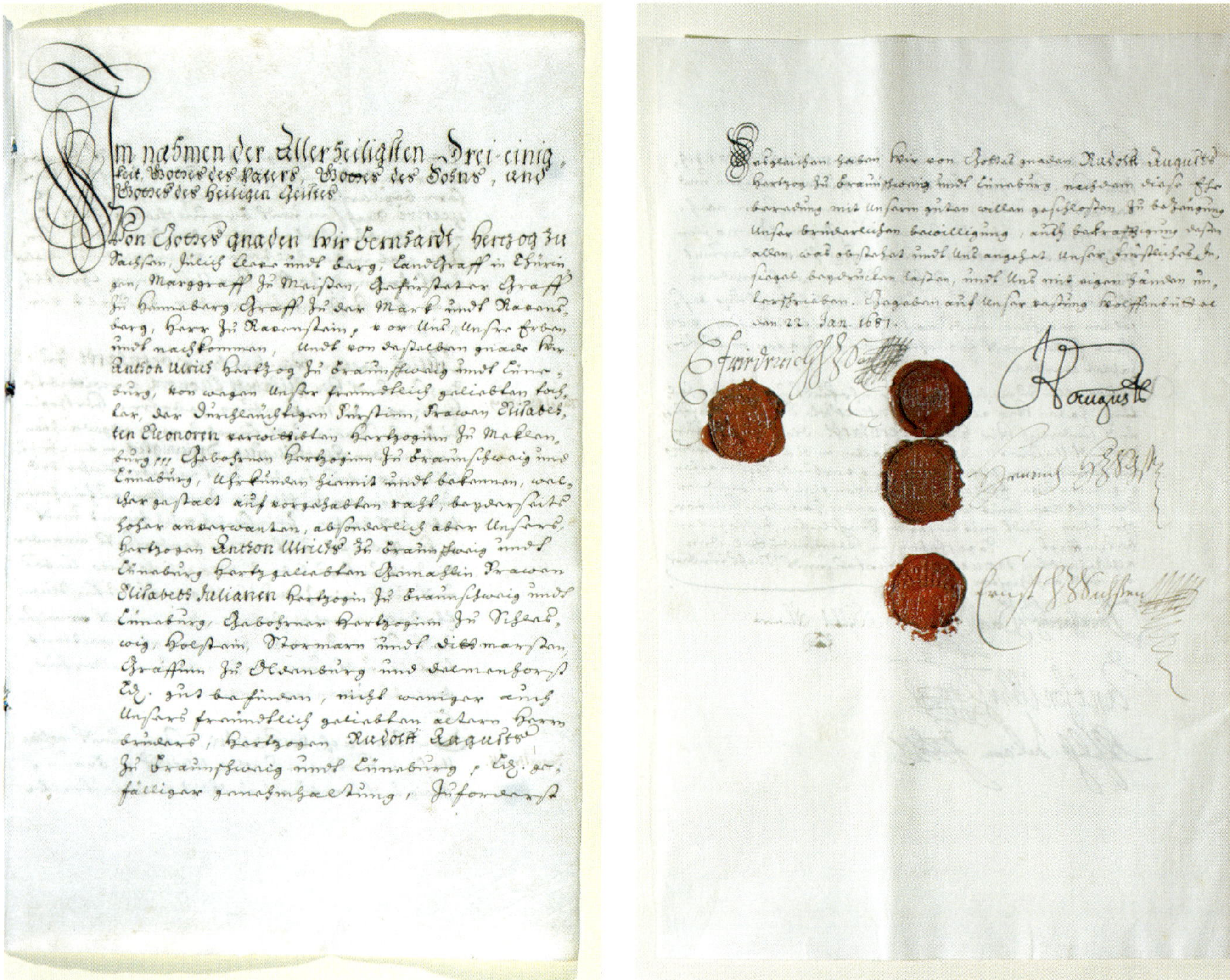

Ehepakt Herzog Bernhards I. von Sachsen-Meiningen mit Elisabeth Eleonore von Braunschweig-Wolfenbüttel. Wolfenbüttel, 22. Januar 1681.

Gibt Sachsen-Meiningen seine Selbständigkeit zugunsten des geeinten Thüringens auf, so geschieht dies nur in dem festen Vertrauen darauf, daß es ... stets Verständnis für die Eigenart seiner Bevölkerung und seiner wirtschaftlichen Verhältnisse findet.

Denkschrift Sachsen-Meiningens (1919)

Das Herzogtum Sachsen-Meiningen

Eine der sieben aus der Teilung des Herzogtums Sachsen-Gotha 1680 hervorgegangenen Linien war Sachsen-Meiningen. Hierbei erhielt Bernhard I. (1675 - 1706), der dritte Sohn Herzog Ernsts des Frommen, die Ämter Meiningen, Wasungen, Sand, Frauenbreitungen, Salzungen und die Herrschaft Altenstein, also einen großen Teil des nach dem Aussterben der Henneberger 1583 überwiegend an die Wettiner gefallenen Grafschaft Henneberg.

Die Regentschaft Bernhards war von dem kostspieligen Aufbau des neuen Staatswesens geprägt. In Meiningen entstand die Residenz mit dem Schloß Elisabethenburg, das unter teilweiser Einbeziehung der Gebäude der alten Burganlage aus Würzburger Zeit in Form eines E errichtet wurde. Ein neuer Behördenapparat mußte aufgebaut werden. Die Kleinheit des neuen Staatswesens und die daraus resultierenden finanziellen Schwierigkeiten standen dem durchaus auf Wohlfahrt der Untertanen ausgerichteten Bemühen Bernhards, der eine stark religiös geprägte Erziehung erhalten hatten, entgegen. Schließlich sah er sich sogar genötigt, Truppen an die Republik Venedig und die Niederlande zu vermieten. Den finanziellen Belastungen hoffte er durch alchimistische Experimente begegnen zu können.

Nach dem Tode Bernhards war testamentarisch eine gemeinschaftliche Regierung der aus den Ehen mit Maria Hedwig von Hessen-Darmstadt beziehungsweise Elisabeth Eleonore von Braunschweig-Wolfenbüttel hervorgegangenen Söhne unter der Direktion des Ältesten vorgesehen. Doch Ernst Ludwig I. schloß seine Brüder von der Regentschaft aus. Während der unselbständige Friedrich Wilhelm gern auf seine Beteiligung verzichtete, pochte Anton Ulrich auf seine Rechte. Es folgten jahrzehntelange Streitereien und Feindschaften zwischen den Brüdern bzw. darauf folgend zwischen Onkel und Neffen, die sich belastend auf das Land auswirkten. Sie wurden zugespitzt durch die Heirat Anton Ulrichs mit der Kammerfrau seiner Schwester, Elisabeth Philippine Cäsar. Um ihre Standeserhöhung und die Erbberechtigung seiner Kinder rang er jahrelang mit dem Kaiser und den benachbarten Fürsten letztendlich erfolglos. Die dynastischen Auseinandersetzungen gipfelten schließlich im Wasunger Krieg von 1746-1748. Diesem waren bereits eine Reihe teilweise auch militärisch ausgefochtener Streitigkeiten mit den eng verwandten ernestischen Fürstenhäusern vorausgegangen, als das Erbe dreier bereits wieder ausgestorbener Linien aus dem Hause Gotha zur Disposition stand. Nach dem Tode Albrechts von Sachsen-Coburg 1699 beanspruchte Meiningen dieses Fürstentum. Einige Jahrzehnte wurde Coburg von Meiningen aus verwaltet. Die Meininger Herzöge betrachteten die Stadt schon als zweite Residenz, als der Streit durch den Kaiser 1735 zu ihren Ungunsten entschieden wurde. Die Saalfelder Linie erhielt Coburg, und Meiningen wurde mit dem Amt Sonneberg abgefunden. Der nächste Zankapfel war Römhild. Diese Linie war mit dem Tode Herzog Heinrichs 1710 ausgestorben. Gothaer, Hildburghäuser und Meininger Truppen besetzten die Städte Themar und Römhild, bis 1714 ein kaiserlicher Entscheid Festlegungen über die Aufteilung traf. Zwei Drittel des Amtes Römhild erbte Meiningen, die übrigen Ämter wurden an die anderen Nachbarn aufgeteilt. Außerdem tauschte Meiningen von Hildburghausen gegen vier meiningische Dörfer das halbe Amt Schalkau ein. Militärische Versuche Hildburghausens zum Wiedererwerb wurden abgewehrt. 1729 konnte dann auch die andere Hälfte des Amtes Schalkau nebst Gericht Rauenstein von den Herren von Schaumberg erworben werden. 1722 fiel durch den Tod des letzten Vertreters der Familie Hund von Wenkheim die Herrschaft Altenstein an Meiningen zurück.

Herzog Anton Ulrich wurde im Jahre 1746 nach dem erbenlosen Tod seiner Brüder und Neffen Alleinregent. Da ihm durch die jahrelangen Streitigkeiten mit seiner Familie und der Beamtenschaft Meiningen verleidet war, behielt er seinen bisherigen Wohnsitz in Frankfurt bei. Dieser Umstand war natürlich seiner Regierungstätigkeit nicht gerade förderlich. Der kunstsinnige Herzog umgab sich mit Musikern und Künstlern, und frönte seiner Sammelleidenschaft, woraus ein Naturalien- sowie ein Münz- und ein Kupferstichkabinett, eine Gemäldesammlung, und eine Bibliothek hervorgingen. 1750 heiratete der bereits 62jährige Anton Ulrich in zweiter Ehe Charlotte Amalie von Hessen-Philippsthal, aus der zum Ärger aller auf Erbschaft hoffenden fürstlichen Vettern standes- und erbberechtigter Nachwuchs hervorging.

Die Herzogin führte nach dem Tode Anton Ulrichs 1763 die Vormundschaftsregierung für ihre beiden unmündigen Söhne und sorgte endlich für eine Konsolidierung der zerrütteten Finanzen und die Hebung der Wirtschaft in dem kleinen Fürstentum. Dieses bestand nunmehr aus zwei getrennten Teilen, dem landwirtschaftlich geprägten Unterland um Meiningen und dem stark von Spielwaren-, Glas- und Porzellanherstellung sowie Holzwirtschaft dominierten Oberland um die Industriestadt Sonneberg.

1775 trat Carl neben seiner Mutter die Regentschaft an. Geprägt durch eine entsprechende Erziehung und durch seine Mitgliedschaft in der Meininger Freimaurerloge „Charlotte zu den drei Nelken" war er ein konsequenter Vertreter des aufgeklärten Absolutismus, dessen Ideale seine kurze Regierungszeit bestimmten. Wichtig war ihm die Förderung des Volksschulwesens. 1776 begründete er in Meiningen ein Lehrerseminar. 1782 wurde sein Bruder Georg volljährig, die gemeinsame Regentschaft dauerte aber nur wenige Monate, Carl starb im gleichen Jahre. Auch Herzog Georg I. war nur ein kurzes Leben vergönnt, er starb 1803. Er setzte das Erziehungswerk seines Bruders fort, zu dem u.a. eine Reform des Kirchenwesens gehörte. Auch die Förderung von Kunst und Wissenschaft lag ihm am Herzen. Eine Verwaltungs- und Justizreform (Modernisierung der Zivilgerichtsbarkeit, Abschaffung der Folter, Humanisierung des Strafvollzugs) sind bleibende Leistungen Georgs I. Nicht zuletzt hatte er auch Reformprogramme zur Verbesserung von Wirtschaft und Landwirtschaft ausarbeiten lassen. Viehseuchen, Mißernten und Hungerjahre bildeten den dringenden Hintergrund für die Notwendigkeit, modernere Methoden in der Landwirtschaft einzuführen. 1801 gründete Georg I. die Forstakademie Dreißigacker.

Während seiner Regierungszeit begannen aber auch

schon die schwierigen Kriegsjahre, die in der napoleonischen Fremdherrschaft gipfelten. Seit 1792 litt das Land unter den Durchzügen des Reichsheeres und später preußischer Truppen. Die durch den 1806 erzwungenen Beitritt zum Rheinbund erlangte formelle Souveränität bezahlte das nunmehrige Herzogtum mit Stellung eines Kontingents von 300 Mann zum „Regiment Herzoge von Sachsen". Unter großen Verlusten hatte es an fast allen nachfolgenden französischen Kriegen teilgenommen, bis es im April 1813 die Fronten wechselte und für die Befreiung von der napoleonischen Fremdherrschaft kämpfte.

Die schwierigen wirtschaftlichen Bedingungen durch Kriege und Kontinentalsperre (1806 bis 1813), ab 1810 auch noch die Einführung bayerischer Schutzzölle verschlechterten die Absatzmöglichkeiten für die heimischen, meist für den Export gefertigten Produkte.

Hinter den hochgesteckten kulturellen und humanistischen Ansprüchen von Onkel und Vater blieb der ab 1821 regierende Herzog Bernhard II. Erich Freund, über den die Mutter Luise Eleonore, geb. Fürstin von Hohenlohe-Langenburg, die Vormundschaft ausgeübt hatte, zurück. Sein anfänglicher liberaler Reformeifer, aus den Idealen der Befreiungskriege und den Ideen der Romantik erwachsen, mündete in Reformbestrebungen zur Vereinfachung der Verwaltung und dem Erlaß einer ersten Verfassung im Jahre 1824. Sie war mit der Einberufung eines Landtags verbunden, allerdings noch in Form der antiquierten Ständevertretung. 1829 folgte die Trennung von Verwaltung und Justiz. Seine Bekanntschaft mit Pestalozzi bot in gewisser Weise auch neuen Ideen auf dem Gebiete des Schulwesens Raum, so gründete er 1827 das Landeslehrerseminar in Hildburghausen, außerdem die Realschulen in Saalfeld und Meiningen.

Herzog Georg II. von Sachsen-Meiningen.

Mit zunehmendem Alter wurden aber konservative Wesenszüge immer bestimmender. Innerhalb gewisser Grenzen kommen Bernhard auch Verdienste um die Kultur auf dem Gebiete von Musik und Schauspiel, vor allem durch den Bau des Theaters zu. Auch die Gestaltung der Parks in Meiningen und um Schloß Altenstein wäre hier zu nennen.

Mit geradezu sentimentaler Liebe hing er an seinem Herzogtum, und als sich 1825 durch den Tod des letzten Vertreters der Gothaer Speziallinie die Möglichkeit ergab, das ehemalige Herzogtum Sachsen-Gotha, das 1680 in sieben Teile zerpflückt worden war, in drei neue Portionen zu teilen, war er nicht bereit, von seinem bisherigen Staatsgebiet auch nur den kleinsten Teil aufzugeben. So entstand ein unglückliches neues, langgestrecktes und schmales Gebilde bestehend aus dem bisherigen Herzogtum Meiningen, dem größten Teil Sachsen-Hildburghausens und des Fürstentums Saalfeld und schließlich mehreren Exklaven, u.a. um Kranichfeld und Camburg. Damit hatte sich allerdings das Territorium verdoppelt. Die einzelnen Landesteile waren wirtschaftlich völlig verschieden. Neben rein oder überwiegend agrarischen Landstrichen, vor allem im Grabfeld oder um Kranichfeld und Camburg, gab es die wenig ertragreichen Gebirgsgegenden des Thüringer Waldes, in denen sich die Bevölkerung von verschiedenen Gewerben zu ernähren suchte. Neben Fabrikarbeit wurde in Nebenerwerbs- und Hausarbeit produziert unter teilweise unbeschreiblich ärmlichen Lebensbedingungen. Der sich entwickelnden industriellen Konkurrenz aus den Ballungsgebieten waren die teilweise noch zunftmäßig organisierten, durch kleinstaatliche Enge auch beschränkten Gewerbe in den folgenden Jahrzehnten aber nicht gewachsen. Wenngleich teilweise verspätet, war auch in Sachsen-Meiningen der wirtschaftliche Umbruch mit seinen sozialen Folgen nicht mehr aufzuhalten. Nachdem dann die Bevölkerung auch hier unter den Folgen der Hungerjahre 1845 bis 1847 zu leiden hatte, fiel die Revolution von 1848 auf fruchtbaren Boden. Die auf revolutionäre Veränderungen der Verhältnisse drängenden Forderungen, die u.a. in einer Reformadresse des Verlegers Joseph Meyer an den Herzog formuliert waren, wurden, wie in ganz Deutschland, nicht erfüllt. Die Besetzung durch preußisches und bayerisches Militär sorgte für „Ruhe". Doch die langsame bürgerliche Umwälzung der Gesellschaft war nicht mehr aufzuhalten. Die alte Ständevertretung wurde durch einen aus Wahlen hervorgegangenen Landtag ersetzt, auch eine Verwaltungs- und Justizreform durchgeführt und die Gemeindenverfassung modernisiert.

In den Folgejahren traten die konservativen Wesenszüge Bernhards immer stärker hervor, seine ursprüngliche Anlehnung an Preußen wich einer offenen Gegnerschaft. Er geriet in politische Schwierigkeiten.

Die Differenzen mit dem Erbprinzen Georg, der realistischere Ansichten über die tatsächliche Situation hatte, wurden immer größer. Schließlich mußte auf preußischen Druck hin der der Reichseinigung unter preußischer Führung im Wege stehende Herzog 1866 zugunsten seines Sohnes abdanken, um dem Hause Sachsen-Meiningen die Krone zu retten. Im Oktober 1866 trat der Kleinstaat dem Norddeutschen Bund, 1871 dem Deutschen Reich bei. Damit war die Zeit der vollen Souveränität des Herzogtums beendet, die gesamte Außen- und Militärpolitik und ein großer Teil der Innenpolitik wurden nun reichseinheitlich geregelt. Damit waren auf wirtschaftlichem Gebiet freie Entfaltungsmöglichkeiten gegeben, wenngleich wenigstens die Gewerbefreiheit mit Gesetz vom 16. Juni 1862 bereits eingeführt worden war. Die Wirkungsmöglichkeiten für den Landesherrn waren eng begrenzt.

Das herzogliche Schloß Meiningen. Fotografie vor 1873.

Der liberale Herzog Georg II. versuchte, den ihm verbliebenen Spielraum zugunsten seines Landes zu nutzen. Seine besonderen Verdienste liegen auf kulturellem Gebiet. Vor allem dem Theater, aber auch der Musik war er eng verbunden. Er gilt als Begründer des modernen Regietheaters und trug den Namen des Meininger Theaters und der Meininger Hofkapelle in alle Welt. Seine dritte Heirat mit der Schauspielerin Ellen Franz, die er zur Freifrau von Heldburg erhob, erhöhte seine Popularität im Volke, brachte ihm aber die fast geschlossene Ablehnung von Seiten des Hochadels ein.

Wichtig waren auch Georgs Bemühungen um die Reform der Verwaltung sowie um die Förderung von Wirtschaft und Schulwesen. 1869 wurde die Kreiseinteilung in Sachsen-Meiningen geschaffen. 1897 folgte einen neue Gemeindeordnung, die die bürgerlichen Reformen auf dem Gebiet der Dorf- und Stadtverfassung vollendete.

Entsprechend der nach wie vor sehr unterschiedlichen wirtschaftlichen Situation in den einzelnen Landesteilen läßt sich auch die Herausbildung verschiedener politischer Strömungen in Sachsen-Meiningen beobachten. Die vor allem im mehr industriell geprägten Waldgebiet um Sonneberg und Saalfeld zwar relativ spät, dafür aber recht stark hervortretende Sozialdemokratie bekämpfte der Herzog, fand aber das Sozialistengesetz aus seinen liberalen Grundsätzen heraus untragbar und lehnte es ab. Neben dem im bürgerlichen Lager starken Nationalliberalismus, der unter der Sonneberger Kaufmannschaft sogar bis zum Linksliberalismus reichen konnte, kann man seit dem zweiten Drittel des 19. Jh. ein Erstarken der konservativen Richtungen v.a. unter der Landbevölkerung beobachten.

Der volksnahe und populäre Georg II. starb am 14. Juni 1914 und wurde vom ganzen Land zutiefst betrauert. Weit weniger Glück war seinem ältesten Sohn und Nachfolger Bernhard III. beschieden, der nach den bitteren Jahren des ersten Weltkrieges im Gefolge der Novemberrevolution gleich allen anderen deutschen Fürsten am 10. November 1918 die Abdankungsurkunde unterzeichnen mußte. Für die Weiterexistenz der auf dynastischen Zufällen begründeten Kleinststaaten gab es nun keinerlei Gründe mehr. Nach langen Verhandlungen zwischen den thüringischen Einzelstaaten ging der nunmehrige Freistaat Sachsen-Meiningen am 1. Mai 1920 in dem neugegründeten Land Thüringen auf.

[Katharina Witter]

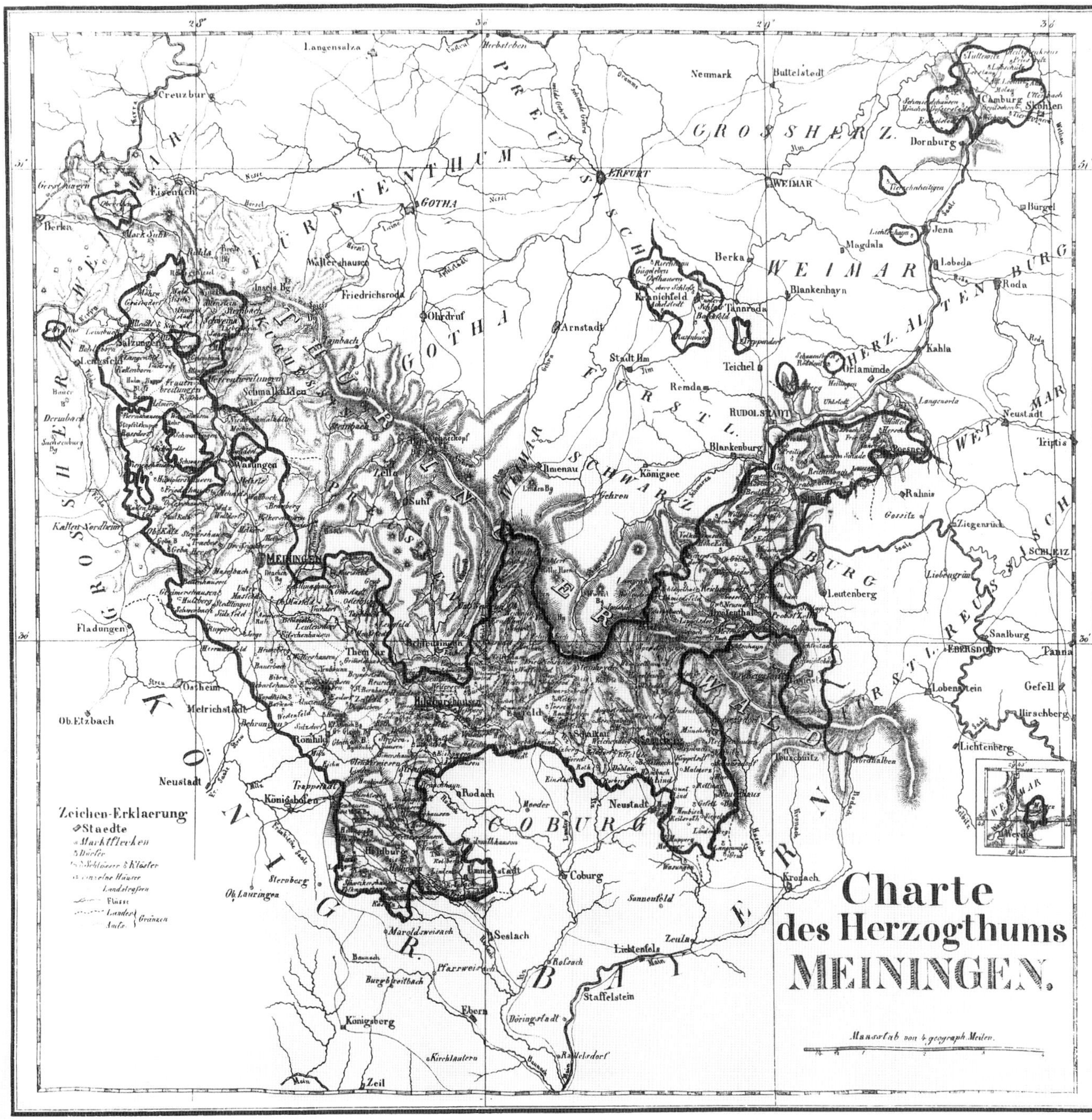

Karte des Herzogtums Sachsen-Meiningen von 1826 bis 1918.

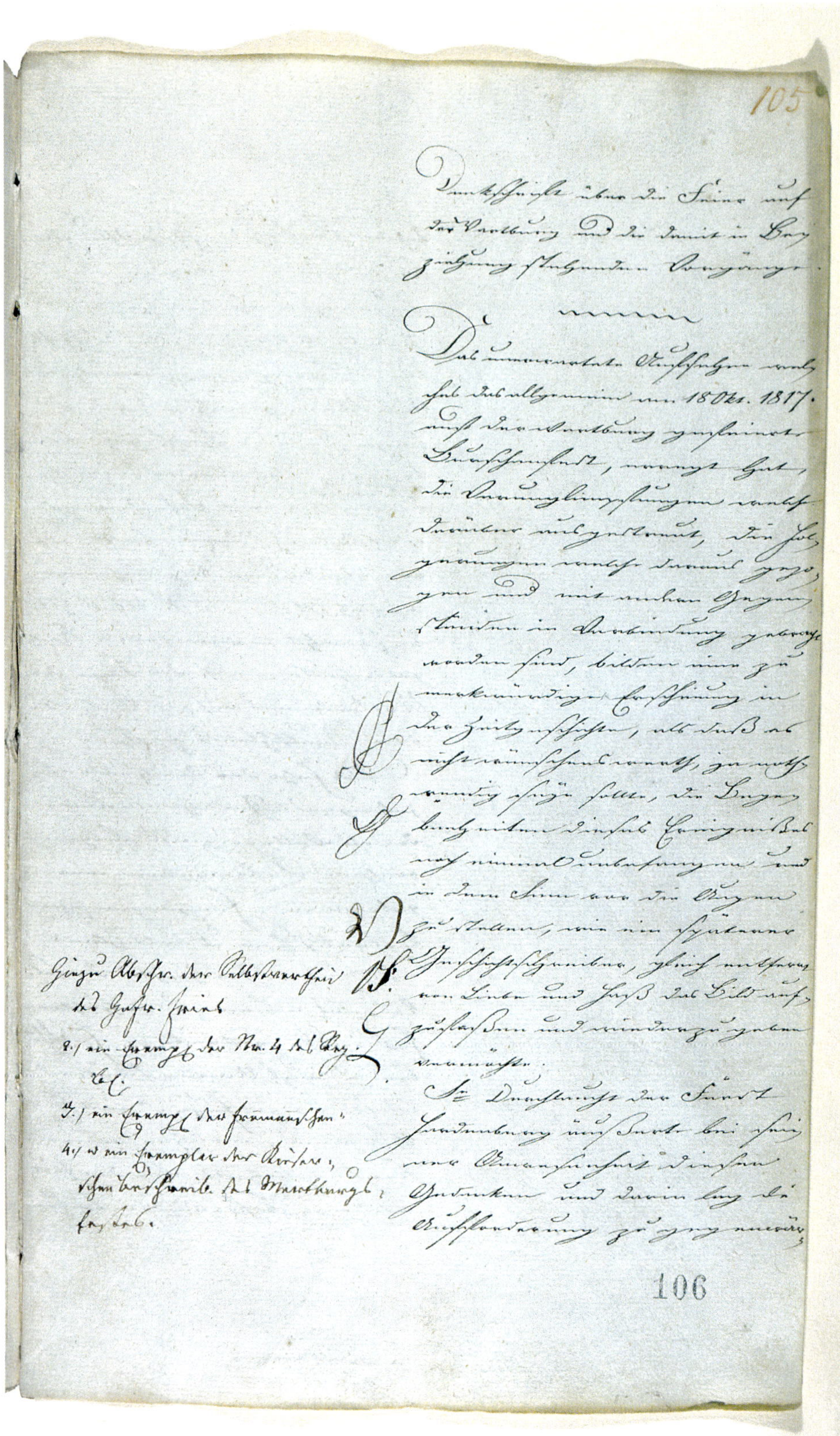
105

Denkschrift über die Feier auf der Wartburg und die damit in Beziehung stehenden Vorgänge.

106

Weimarische Denkschrift über das Wartburgfest vom 18. Oktober 1817, die am 3. März 1818 dem preußischen Staatskanzler Karl August Fürst von Hardenberg zugeleitet wurde. Die abschließende Fassung in Reinschrift von Schreiberhand in den „Geheimen Staats Canzley Acten“ zu Weimar enthält links neben dem Text als bestätigende Randzeichnungen die Paraphen des Großherzogs Carl August und seines Sohnes, Erbgroßherzog Carl Friedrich, sowie der Mitglieder des Großherzoglichen Staatsministeriums Christian Gottlob von Voigt, Carl Wilhelm Freiherr von Fritsch und Ernst Christian August Freiherr von Gersdorff.

Wäre die Wartburgversammlung ohne Anfechtung geblieben, so würde jetzt außer den Teilnehmern kaum einer mehr an dieselbe denken, geschweige von derselben reden. Aber die Anfechtung hat sie groß gemacht.

Dietrich Georg Kieser (1818)

Burschenschaftsbewegung und Wartburgfest 1817

Was um die Wende zum 19. Jahrhundert in den ernestinischen Landen für die Hochschulreform im nationalen Rahmen geleistet wurde, hat seine spezifische Bezugsebene in den Jenaer akademischen Verhältnissen. An der Salana stand seit den 1790er Jahren die Reform des studentischen Lebens auf der Tagesordnung, hier bildeten aber auch die institutionelle Neuordnung der Universität und die gezielte Personalpolitik den Kern staatlicher Bemühungen um den Fortschritt des akademischen Gemeinwesens. Dabei war der Herzog von Weimar als unmittelbarer Landesherr und freiwilliger Träger der größten Finanzlast der ansonsten allen ernestinischen Herzogtümern zugehörigen Gesamtakademie der mit Abstand wichtigste Förderer der Hohen Schule.

Herzog Carl August, von Naturwissenschaften und Technik angezogen, hat der Universität Jena mehr als jeder andere Nutritor vor und nach ihm gedeihlich vorgestanden und für ihre Vermehrung gesorgt. Freilich standen ihm mit Christian Gottlob von Voigt und Johann Wolfgang von Goethe, den geistesverwandten Kollegen aus dem Geheimen Consilium und anderen behördlichen Einrichtungen in Sachsen-Weimar-Eisenach, auch die richtigen „Universitätsreferenten" zur Seite, die alle Höhen und Tiefen dieser Zeit mit der Universität durchlebten und durchlitten. Carl August selbst hat als Herzog und späterer Großherzog (seit 1815) mit einer vergleichsweise fortschrittlichen Denkart über weite Strecken sein großes Verständnis für alle vorwärtsdrängenden Momente des akademischen Lebens in Jena gezeigt. Die neuen Entwicklungen nach der Überwindung der französischen Fremdherrschaft (1806 bis 1813), als er als fast einziger Fürst des Deutschen Bundes seinem Land 1816 eine relativ liberale Verfassung mit voller Pressefreiheit gab, mußten auch auf die akademischen Verhältnisse durchschlagen. Seit 1817 wurde an einer umfassenden und tiefgreifenden staatlich-organisatorischen Universitätsreform gearbeitet, die der Salana neue Statuten und eine gründliche Neuordnung des Finanzwesens brachten. Damals wurde die Unterhaltspflicht von vier auf nur noch zwei Fürstentümer – das Großherzogtum Sachsen-Weimar-Eisenach und das Herzogtum Sachsen-Gotha-Altenburg (nach 1826 Sachsen-Coburg-Gotha) – reduziert und damit eine erhebliche Vereinfachung der Geschäfte – insbesondere auch im Verkehr zwischen der Universität und den Erhalterstaaten – erreicht.

Den von der studentischen Jugend ausgelösten und von ihr getragenen Reformeifer dieser Zeit, als 1815 in Jena die Urburschenschaft entstand, 1817 in Eisenach das Wartburgfest begangen und 1818 in Jena die Allgemeine Deutsche Burschenschaft begründet wurde, hat er mit Verständnis aufgenommen und begleitet. Als am 11. März 1819 eine von ihm und dem Herzog von Gotha abgegebene Erklärung in der Deutschen Bundesversammlung zu Frankfurt am Main verlesen und später zu Protokoll gegeben wurde, mit der Angriffe auf das Reformwerk an den deutschen Unterrichts- und Bildungsanstalten und insbesondere an der Universität Jena zurückgewiesen werden sollten sowie das Eintreten für die Bewahrung der akademischen Freiheit begründet und das Verhalten der Burschenschaft positiv beurteilt wurden, brachte das Carl August den empörten Ausspruch des späteren österreichischen Staatskanzlers Metternich ein: „Mit Verachtung straft man den Altburschen nicht, er ist sie gewöhnt."

Die Jenaer studentische Entwicklung nach den Befreiungskriegen von 1813 war das neue Moment akademischen Reformbewegung. Als sich am 12. Juni 1815 vor dem „Gasthof zur Tanne" in Camsdorf, auf dem jenseitigen Saaleufer von Jena, die Fahnen der alten Landsmannschaften als Zeichen der Auflösung senkten und von Studierenden der ernestinischen Landesuniversität eine allen gemeinsame Burschenschaft ins Leben gerufen wurde, war dieser Akt nicht bloß von lokaler und auch nicht allein von akademischer Bedeutung. Mit ihm begannen die großen Jahre der Urburschenschaft von 1815 bis 1819, die die Wurzelgründe burschenschaftlicher Existenz bis in die Gegenwart geblieben sind, welchen Weg diese Bewegung auch später genommen hat.

In Jena bündelten sich nach 1815 die vorandrängenden Bewegungen jener Zeit, die hier seit den Ereignissen der französischen Revolution unter Lehrenden und Lernenden eine fruchtbare Unruhe ausgelöst hatten. Das historische Erlebnis der Beseitigung fremder Herrschaftsketten, an der die studierende Jugend und die jung gebliebenen Lehrkräfte der Salana ebenso Anteil hatten, steigerte dieses Geschehen, wenn auch das 1908/09 entstandene ausdrucksstarke Universitätsbild Ferdinand Hodlers vom „Auszug deutscher Studenten in den Freiheitskrieg 1813" nicht auf ein lokales Ereignis zurückgeht, sondern nach dem Willen der Stifter „die nationale Idee der Erhebung über die unglückliche Schlacht von Jena zum Ausdruck ... bringen" sollte.

Aber es waren Jenaer Studenten, meist ehemalige Mitglieder der Freischar Lützow, die im Waffengang für die Befreiung des Vaterlandes gereift waren und nun an der Salana die Burschenschaft gründeten, in deren Verfassungsurkunde von 1818 geschrieben stand: „Die Burschenschaft will die Idee der Einheit und Freiheit des deutschen Volkes ins Leben einführen, sie will in Jena ein volkstümliches rechtes Burschenleben in Einheit, Freiheit und Gleichheit, in Ausbildung geistiger und leiblicher Kraft und in einem frischen jugendlichen Zusammenleben befördern und erhalten; sie will in der geordneten Gemeinheit [d.i. Gemeinschaft] ihre Mitglieder zum Dienste des Vaterlandes vorbereiten."

Am 12. Juni 1815 versammelten sich die Mitglieder der Landsmannschaften Vandalia, Thuringia, Frankonia und Curonia mit ihren Landesfahnen und Farben auf dem Marktplatz zu Jena, insgesamt 143, mehr als die Hälfte der damals in Jena Studierenden. Dem Zug über die alte Saalebrücke auf das Camsdorfer Ufer und zum Gasthof zur Tanne schlossen sich auch nichtkorporierte Studenten an. Umrahmt von vaterländischen Liedern Ernst Moritz Arndts, vollzog sich die Auflösung der Landsmannschaften. Nach einer Ansprache des Theologiestudenten Karl Horn wurde der Verfassungsentwurf der Jenaischen Burschenschaft verlesen und von der Versammlung angenommen. Die studentischen Verbindungen senkten die Fahnen der alten Landsmannschaften. In Zukunft sollte nur noch eine einzige, alle Studierenden umfassende Verbindung in Jena bestehen, die als Burschenschaft bezeichnet wurde, was soviel wie Studentenschaft bedeutete. Beim Rückmarsch blieben die landsmannschaftlichen Fahnen eingerollt, nur eine gemeinsame Fahne mit den Uniformfarben der Lützower Jäger in Rot und Schwarz wurde vorangetragen.

Aus den Farben der Burschenschaftsfahne entstand später der farbliche Dreiklang von Schwarz-Rot-Gold, als im Anschluß an die Friedensfeiern der Universität und der Stadt die „Frauen und Jungfrauen zu Jena" am 31. März 1816 der Jenaischen Burschenschaft eine neue Fahne schenkten, dreigeteilt in Rot-Schwarz-Rot, goldumsäumt und in der Mitte mit einem goldenen Eichenzweig versehen und an der Spitze der Fahnenstange mit den Initialen des am 18. März 1816 angenommenen neuen Wahlspruchs „E(hre), F(reiheit), V(aterland)" geziert. Diese Fahne wurde am 18. Oktober 1817 zum Wartburgfest mitgeführt und bald zum Wahrzeichen der gesamten deutschen Burschenschaft erhoben. Seit dem Hambacher Fest von 1832 galten Schwarz-Rot-Gold als deutsche Farben und Symbol der demokratischen Einheits- und Freiheitsbewegung in Deutschland.

In der Burschenschaft prägte sich ein neuer Studenten- und Akademikertyp mit einem anders herausgebildeten Selbst- und Wertebewußtsein von der Universität als Anstalt des gesamten deutschen Volkes zum Dienst am Vaterland und zur Bildung in den Wissenschaften. Tiefe Kraft zog die Urburschenschaft auch aus dem religiösen Erlebnisgrunde, indem sie einen neuen reformatorischen Geist verspürte, wobei Martin Luther mit seiner befreienden Tat im Reformationsgeschehen von 1517 das Vorbild abgab. Der 300. Wiederkehr der Reformation im Oktober 1817 sollte deshalb auch eine studentische Erinnerungsfeier auf der Wartburg bei Eisenach gelten, deren Kernstück ein feierlicher Gottesdienst bilden sollte. Daß das Wartburgfest vom 18. und 19. Oktober 1817 aber ein weit über Jena und seine Universität und auch

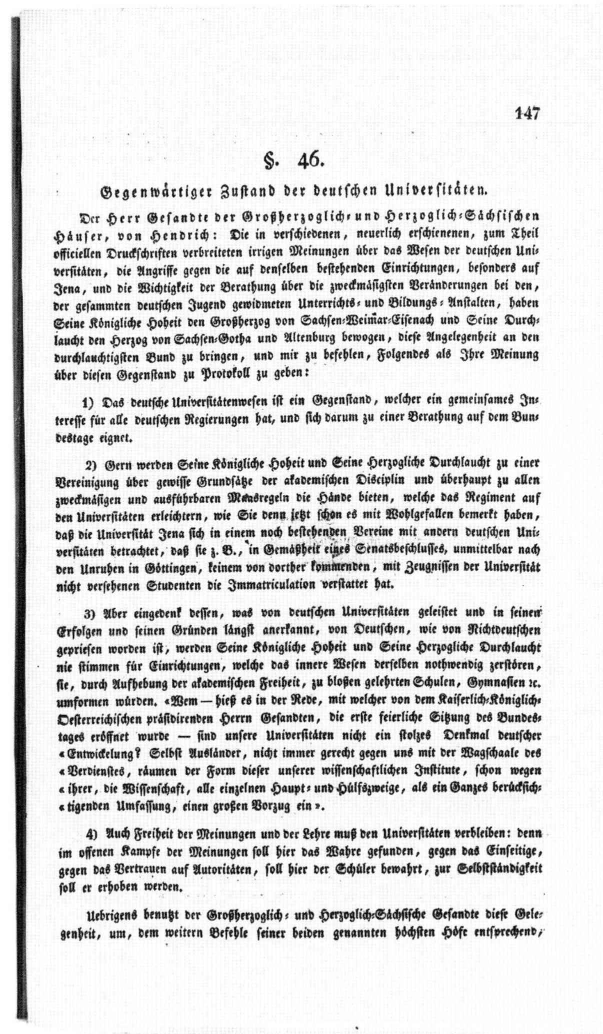
147

§. 46.

Gegenwärtiger Zustand der deutschen Universitäten.

Der Herr Gesandte der Großherzoglich- und Herzoglich-Sächsischen Häuser, von Hendrich: Die in verschiedenen, neuerlich erschienenen, zum Theil officiellen Druckschriften verbreiteten irrigen Meinungen über das Wesen der deutschen Universitäten, die Angriffe gegen die auf denselben bestehenden Einrichtungen, besonders auf Jena, und die Wichtigkeit der Berathung über die zweckmäsigsten Veränderungen bei den, der gesammten deutschen Jugend gewidmeten Unterrichts- und Bildungs-Anstalten, haben Seine Königliche Hoheit den Großherzog von Sachsen-Weimar-Eisenach und Seine Durchlaucht den Herzog von Sachsen-Gotha und Altenburg bewogen, diese Angelegenheit an den durchlauchtigsten Bund zu bringen, und mir zu befehlen, Folgendes als Ihre Meinung über diesen Gegenstand zu Protokoll zu geben:

1) Das deutsche Universitätenwesen ist ein Gegenstand, welcher ein gemeinsames Interesse für alle deutschen Regierungen hat, und sich darum zu einer Berathung auf dem Bundestage eignet.

2) Gern werden Seine Königliche Hoheit und Seine Herzogliche Durchlaucht zu einer Vereinigung über gewisse Grundsätze der akademischen Disciplin und überhaupt zu allen zweckmäsigen und ausführbaren Maasregeln die Hände bieten, welche das Regiment auf den Universitäten erleichtern, wie Sie denn jetzt schon es mit Wohlgefallen bemerkt haben, daß die Universität Jena sich in einem noch bestehenden Vereine mit andern deutschen Universitäten betrachtet, daß sie z. B., in Gemäßheit eines Senatsbeschlusses, unmittelbar nach den Unruhen in Göttingen, keinem von dorther kommenden, mit Zeugnissen der Universität nicht versehenen Studenten die Immatriculation verstattet hat.

3) Aber eingedenk dessen, was von deutschen Universitäten geleistet und in seinen Erfolgen und seinen Gründen längst anerkannt, von Deutschen, wie von Nichtdeutschen gepriesen worden ist, werden Seine Königliche Hoheit und Seine Herzogliche Durchlaucht nie stimmen für Einrichtungen, welche das innere Wesen derselben nothwendig zerstören, sie, durch Aufhebung der akademischen Freiheit, zu bloßen gelehrten Schulen, Gymnasien ꝛc. umformen würden. «Wem — hieß es in der Rede, mit welcher von dem Kaiserlich-Königlich-Oesterreichischen präsidirenden Herrn Gesandten, die erste feierliche Sitzung des Bundestages eröffnet wurde — sind unsere Universitäten nicht ein stolzes Denkmal deutscher «Entwickelung? Selbst Ausländer, nicht immer gerecht gegen uns mit der Wagschaale des «Verdienstes, räumen der Form dieser unserer wissenschaftlichen Institute, schon wegen «ihrer, die Wissenschaft, alle einzelnen Haupt- und Hülfszweige, als ein Ganzes berücksichtigenden Umfassung, einen großen Vorzug ein».

4) Auch Freiheit der Meinungen und der Lehre muß den Universitäten verbleiben: denn im offenen Kampfe der Meinungen soll hier das Wahre gefunden, gegen das Einseitige, gegen das Vertrauen auf Autoritäten, soll hier der Schüler bewahrt, zur Selbstständigkeit soll er erhoben werden.

Uebrigens benutzt der Großherzoglich- und Herzoglich-Sächsische Gesandte diese Gelegenheit, um, dem weitern Befehle seiner beiden genannten höchsten Höfe entsprechend,

Auszug aus dem gedruckten Sitzungsprotokoll der Deutschen Bundesversammlung vom 1. April 1819 in Frankfurt am Main mit der Erklärung des Gesandten der herzoglich-sächsischen Höfe, Franz Josias von Hendrich, zum gegenwärtigen Zustand der deutschen Universitäten.

über das Großherzogtum Sachsen-Weimar-Eisenach hinausführendes Ereignis wurde und in der Öffentlichkeitswirkung mit seinen politischen Akzenten auch als ein über die studentische Erneuerungsbewegung der Burschenschaft hinweggehendes Fanal für Einheit und Freiheit des Vaterlandes darstellte, wurde früh begriffen.
Die Einladung zu diesem Reformationsfest der Studenten auf der Wartburg war bereits zu Pfingsten 1817 an dreizehn evangelische Universitäten im Deutschen Bund ergangen. Der Weimarer Hof reagierte trotz mancher Bedenken von außen, daß die Feier auch gefährliche politische Zwecke verfolgen könne, zustimmend, stellte die Räume der Wartburg offiziell zur Verfügung und wies die Eisenacher Behörden zur Unterstützung der Festvorbereitungen an. Diese wurden auch von den Einwohnern Eisenachs und der Umgebung gefördert, so daß die Teilnehmer aus allen Gegenden Deutschlands auf eine frohgestimmte Atmosphäre in Eisenach trafen.
Im Gasthof „Rautenkranz" trugen sich über 450 Studenten in die Teilnehmerliste ein und verpflichteten sich zum Festfrieden. Unter den nichtstudentischen Gästen waren die Jenaer Professoren Jakob Friedrich Fries, Dietrich Georg Kieser, Christian Wilhelm Schweitzer und Lorenz Oken, die später von dem stellvertretenden preußischen Polizeidirektor Christoph Carl Heinrich von Kamptz aus Berlin als „ein Haufen verwilderter Professoren" denunziert wurden. Sein Angriff richtete sich vor allem gegen einen Vorgang des Warburgfestes, den berühmten durch den Studenten Hans Ferdinand Maßmann inszenierten Verbrennungsakt am Abend des 18. Oktober 1817 auf dem Wartenberg über Eisenach, sollte aber vor allem eine Spitze gegen die in Sachsen-Weimar-Eisenach grundgesetzlich verbürgte Pressefreiheit und ihren Schirmherrn, Großherzog Carl August, sein, die „einen solchen Vandalismus demagogischer Intoleranz" hervorgerufen habe. Das Ereignis der Bücherverbrennung als eine Kampfansage an die den freiheitlichen Bestrebungen abgeneigten Kreise hatte sich außerhalb des allgemeinen Programms abgespielt, als eine Gruppe von Studenten mißliebige Schriften verbrannte. Die Behauptung, daß darunter auch die Wiener Kongreßakte und die Urkunde der Heiligen Allianz gewesen seien, lieferte den Vorwand, in Berlin und Wien gegen den Großherzog von Sachsen-Weimar und Eisenach vorzugehen, in dessen mit einer Verfassung versehenem und mit Pressefreiheit ausgestattetem Lande solche Dinge sich zugetragen hatten, deren revolutionären Charakter man plötzlich entdeckte, so daß sie sogar das Phantom einer Wartburgverschwörung annahmen. Der sonstige Festverlauf, der nach allgemeinen Urteil ruhig und würdig vonstatten ging, widerspiegelt diese vermeintlichen Umsturzabsichten nicht.
Die Festteilnehmer wurden durch Glockengeläut am Morgen des 18. Oktober 1817 auf den Marktplatz gerufen. Um 8.30 Uhr setzte sich der feierliche Zug, begleitet von Festmusik und Glockenklang, in Bewegung. An der Spitze des Zuges schritt mit dem Schwert der Jenaer Burschenschaft der Student Karl Hermann Scheidler. Die Burschenschaftsfahne wurde von Eduard Ernst Karl Graf von Keller getragen. Im Saal der Wartburg traten die Festredner auf, darunter als Hauptredner der Jenaer Student Heinrich Herrmann Riemann, der vier Jahre nach der Völkerschlacht bei Leipzig die enttäuschten Hoffnungen des deutschen Volkes auf Einheit und Freiheit des Vaterlandes beklagte.

Das Burschenschaftsdenkmal in Eisenach von Wilhelm Heinrich Kreis aus dem Jahre 1902.

Mit Ausnahme des Weimarer Großherzogs, der seinem Land 1816 die erste landständische Repräsentativverfassung gegeben hatte, hätte kein Fürst sein Wort gehalten. Nach dem gemeinsamen Festessen und dem nachmittäglichen Festgottesdienst in der Eisenacher Stadtkirche wurden am Abend auf dem Wartenberg Siegesfeuer zur Erinnerung an 1813 entzündet. Hieraus entwickelte sich die politisch profilierte Demonstration mit der Verbrennungsszene und einer Anklagerede des Jenaer Philosophiestudenten Ludwig Rödiger, der unverhohlen zur patriotischen Tat für die Einheit des deutschen Vaterlandes aufrief. Der 19. Oktober 1817 wurde von den Diskussionen um eine gemeinsame burschenschaftliche Organisation bestimmt und ließ das Treffen der Studenten schließlich mit dem gemeinsamen Abendmahlsgottesdienst und in wehmütigen Verbrüderungsszenen ausklingen.

Die Auswirkungen des Wartburgfestes von 1817 waren vielschichtig. Die weimarische Staatsleitung hatte sich schon bald auf Verteidigung und Abwehr einzurichten, was sie auch mit Überzeugungskraft und Standhaftigkeit tat. Der Angriff aus Preußen unterstellte gesetzeswidriges Handeln, wodurch die Teilnehmer politisch diskreditiert und kriminalisiert wurden. Der publizistische und diplomatisch-politische Streit über den Charakter des Festes griff weit aus. Am 3. März 1818 wurde dem preußischen Staatskanzler Karl August Fürst von Hardenberg die sachsen-weimarische Denkschrift über das Wartburgfest zugeleitet. So gelang es Carl August zwar, dem Gerücht von der Verbrennung der Wiener Bundesakte entgegenzutreten und überhaupt das Wartburggeschehen als natürliche Folge der Zeitereignisse darzustellen, aber die restaurativen Kräfte in Berlin und Wien behaupteten sich dennoch. Seit 1819 unterdrückten die vom Bundestag angenommenen „Karlsbader Beschlüsse“ alle Formen einer bürgerlichen Oppositionsbewegung und richteten sich in besonders aggressiver Form gegen die studentische Reformbewegung. Das Universitätsgesetz verlangte die strenge politische Überwachung der Universitäten, einschließlich der auf ihnen vertretenen Ideen. Nachdem sich ausgehend vom Wartburgfest bis Ende 1818 an fast allen deutschen Universitäten Burschenschaften gebildet hatten, wurden sie nun als geheime oder nicht autorisierte Verbindungen verboten. Das von dem habsburgischen Regierungschef Metternich geschaffene System der politischen Disziplinierung und Unterdrückung mit dem Ziel der Erhaltung der 1815 wiederhergestellten vorrevolutionären politischen und sozialen Ordnung im Deutschen Bund wirkte sich auch an der Universität Jena als „Demagogenverfolgung“ aus und wurde erst durch die Revolution von 1848 ins Wanken gebracht.

[Dr. Volker Wahl]

Festzug zum 75jährigen Burschenschaftsjubiläum auf dem Marktplatz in Jena am 12. Juni 1890. Zeichnung von Emil Limmer.

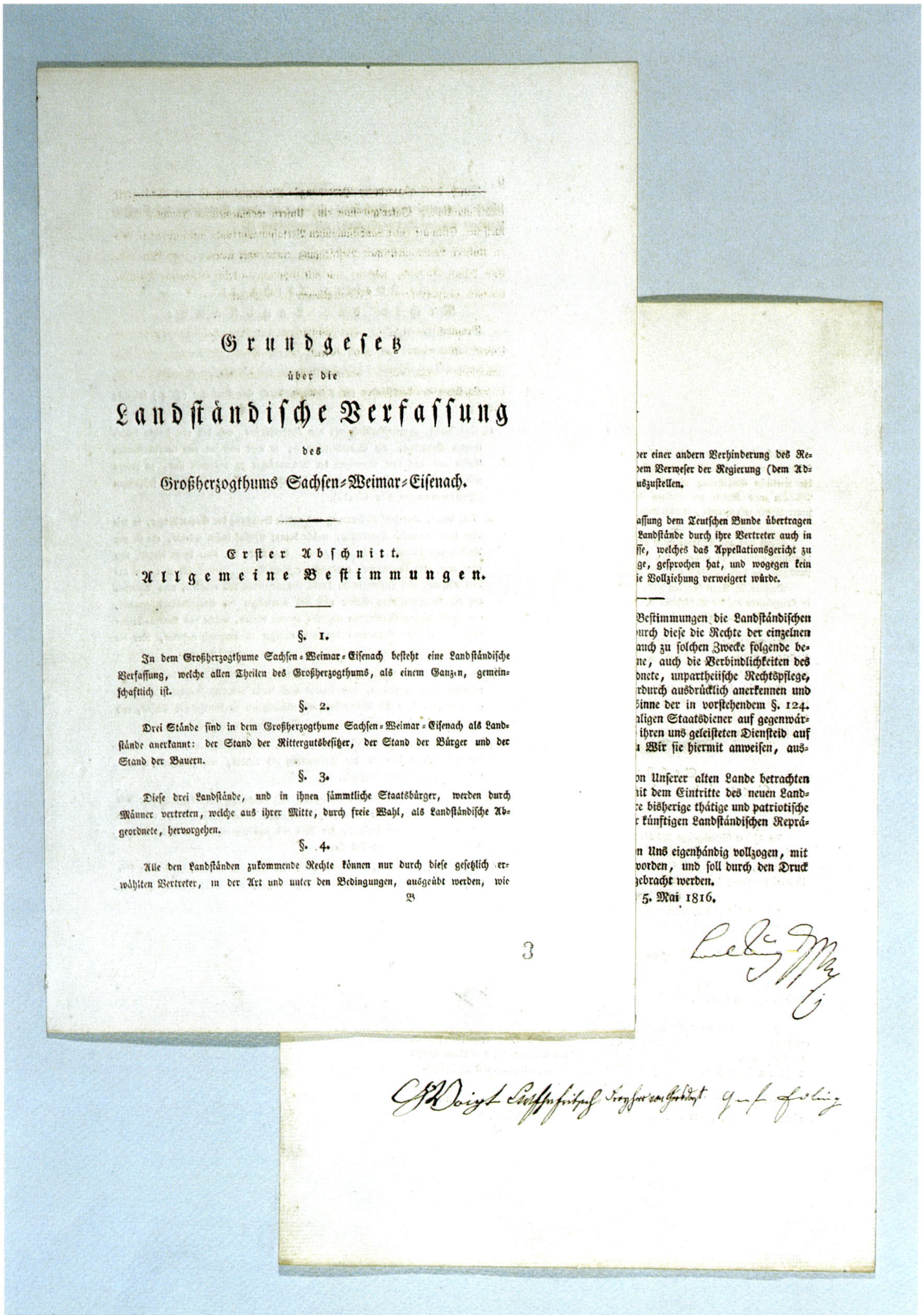

Grundgesetz

über die

Landständische Verfassung

des

Großherzogthums Sachsen-Weimar-Eisenach.

Erster Abschnitt.

Allgemeine Bestimmungen.

§. 1.

In dem Großherzogthume Sachsen-Weimar-Eisenach besteht eine Landständische Verfassung, welche allen Theilen des Großherzogthums, als einem Ganzen, gemeinschaftlich ist.

§. 2.

Drei Stände sind in dem Großherzogthume Sachsen-Weimar-Eisenach als Landstände anerkannt: der Stand der Rittergutsbesitzer, der Stand der Bürger und der Stand der Bauern.

§. 3.

Diese drei Landstände, und in ihnen sämmtliche Staatsbürger, werden durch Männer vertreten, welche aus ihrer Mitte, durch freie Wahl, als Landständische Abgeordnete, hervorgehen.

§. 4.

Alle den Landständen zukommende Rechte können nur durch diese gesetzlich erwählten Vertreter, in der Art und unter den Bedingungen, ausgeübt werden, wie

B

3

Druck des „Grundgesetzes über die landständische Verfassung für das Großherzogtum Sachsen-Weimar-Eisenach" vom 5. Mai 1816.

Mögen daher auch unsere Nachbarn in den größeren Staaten über die Größenverhältnisse unseres Staates lächelnd hinwegsehen: wegen einer seit länger als Menschen Gedenken gesicherten freien Grundlage des Staatslebens können sie uns nur beglückwünschen!

Theodor Martin (1866)

Verdienste um Verfassung und Verwaltung

In den wettinisch beherrschten Gebieten Thüringens lebte es sich nicht schlecht gemessen an den Verhältnissen in anderen Teilen des Heiligen Römischen Reiches deutscher Nation. Der überwiegende Teil der Landbevölkerung war persönlich frei. Die in weiten Teilen Deutschlands – wie etwa auch in Franken – verbreitete Leibeigenschaft oder Erbuntertänigkeit hatte sich in Mitteldeutschland nicht durchsetzen können. Zins- und Fronleistungen verblieben auf einem relativ niedrigen Niveau, während sie besonders in Nordost- und in Ostdeutschland spätestens seit Mitte des 16. Jahrhunderts rasant stiegen.

Die politische Struktur war geprägt von der wechselseitigen Beeinflussung und Konkurrenz einer Vielzahl von Grund- und Gerichtsherren einerseits und dem Landesherrn andererseits. Beim Ringen um Macht und persönlichen Vorteil neigte sich die Waagschale einmal diesem, dann wieder jenem zu. Daraus ergab sich ein kleiner Spielraum an Freiheit für die Bevölkerung, den es bei einem Sieg der einen oder anderen Seite nicht gegeben hätte. Das allerdings war nur eine Nebenerscheinung der Tatsache, daß es den Wettinern in ihrem Herrschaftsbereich gelang, sich trotz eines relativ starken Adels als Landesherren zu behaupten. Es kann ihnen als Verdienst angerechnet werden, daß sie die relative Freiheit ihrer Untertanen erhielten. Natürlich war das Interessenpolitik, der man aber den gemeinnützigen Aspekt nicht absprechen kann. Beide Linien des Hauses Wettin haben hervorragende Gestalter von Verfassung und Verwaltung hervorgebracht. Am Anfang steht Wilhelm der Tapfere, der die erste wettinische Landesordnung in Kraft setzte. Kurfürst Friedrich der Weise errichtete 1498 mit dem Hofrat eines der ersten Ratskollegien und schuf mit der Universität Wittenberg eine Bildungsstätte, die auch der Ausbildung landesherrlicher Beamter diente. Seine Nachfolger, Kurfürst Johann und Kurfürst Johann Friedrich schufen mit dem landesherrlichen Kirchenregiment eine Organisationsform des Kirchenwesens, die an die Stelle der alten, durch die Reformation zerschlagenen, trat. Der albertinische Herzog Georg der Bärtige ist als „großer Bergfürst" in die Geschichte eingegangen. Moritz von Sachsen nahm, nachdem er den ernestinischen Vettern neben der Kurwürde auch einen großen Teil ihrer Gebiete abgenommen hatte, 1547 eine Gliederung seines Herrschaftsbereiches nach Kreisen vor. Auf ernestinischem Gebiet wurde die von allen Linien erhaltene Universität Jena zum Ursprung für den Schöppenstuhl, einer gesamt-ernestinischen Justizeinrichtung, die bis in das 19. Jahrhundert Bestand hatte. Kurfürst August machte sich durch eine umfangreiche Wirtschaftsgesetzgebung verdient und ließ sein Land karthographisch erfassen.

Ende des 18. Jahrhunderts waren in den wettinischen Gebieten die politischen Verhältnisse durch absolutistisch regierende Fürsten geprägt, deren Macht durch das Mitspracherecht der Stände eingeschränkt war. An der Wende zum 19. Jahrhundert, unter dem Eindruck der Ideen der Aufklärung und der französischen Revolution, wurde die Notwendigkeit der grundlegenden Umgestaltung der Verfassungs- und Verwaltungsverhältnisse in bürgerlich-liberaler Richtung immer deutlicher.
Durch die Mitgliedschaft der thüringischen Fürstentümer im Rheinbund hatten diese ihre volle Souveränität erlangt, die Reste der Lehensverfassung konnten nun auch formell beseitigt werden. Es waren fest nach außen abgegrenzte Staaten entstanden. An die Stelle der Mischung gerichts-, lehens- und grundherrlicher Rechte trat zunehmend eine einheitliche Staatsgewalt, die gegenüber allen Untertanen gleichmäßig ausgeübt werden mußte. Reformansätze gab es schon 1801 in Coburg, wo Karl Theodor von Kretschmann eine grundlegende Verwaltungsreform durchgeführt hatte, durch die ein bürokratisch geleitetes Landesministerium an der Spitze der Landesregierung stand. Die Justiz war von den Verwaltungsangelegenheiten getrennt worden. Sachsen-Hildburghausen folgte 1807 mit einer strafferen Ressortteilung im Geheimen Ratskollegium und 1810 mit der Errichtung einer Zentralbehörde, der Landesregierung, in der alle bis dahin existierenden Kollegien aufgingen.
Seit 1808 wurde in Sachsen-Weimar-Eisenach an einer Änderung der Landesverfassung gearbeitet. Die bisher relativ eigenständigen Landesportionen Eisenach, Weimar und Jena sollten verfassungsmäßig zu einem Staatsgebilde verschmolzen werden. Es spricht für den weimarischen Fürsten Carl August, daß er nicht wie seine wettinischen Vettern von vornherein die althergebrachten Verfassungen mit geringen Modifizierungen bestätigte, sondern sich intensiv an der Diskussion um die Modernisierung beteiligte, indem er eigene Gedanken für die neue Organisation einer einheitlichen Landstandschaft und ein neues Kollegium in seinem Staatsgebiet unterbreitete. Landräte sollten die Verbindung zwischen der Verwaltung und den Vertretungen der Stände schaffen. Das Präsentationsrecht dafür sollte jedoch der Fürst haben. Auch das Recht für Steuerbewilligungen – bisher das Haupttätigkeitsfeld der Landstände – wollte er ihnen nicht mehr zubilligen. Es ist verständlich, daß dieses Konzept Carl Augusts den Widerstand der Stände hervorrief. Ihre Auffassung äußerten sie in „treudevotesten Erklärungen, unmaßgeblichen Bemerkungen und untertänigsten Wünschen", die sie am 25. Februar 1809 dem Landesherrn überreichten. Dieser gab nach reiflicher Überlegung und nach Verhandlungen mit dem Generallandschaftsdirektor August Friedrich Karl Freiherr von Ziegesar in einigen Punkten nach und erließ am 20. September 1809 eine Konstitution, die die Landschaften von Eisenach, Weimar und Jena vereinigte. Die Landstände wurden nun durch eine Deputation vertreten, zu der neben Ziegesar sechs Deputierte aus Weimar, drei aus Eisenach, zwei aus Jena und ein Deputierter der Universität Jena gehörten. Sie sollten einmal im Jahr zusammentreten, die Rechnungen abstimmen, den Etat regulieren und Mittel für die Deckung der Staatsbedürfnisse ausfindig machen. An die Stelle der Vollversammlung der herzoglichen Lehnsleute war nun eine Vertretungskörperschaft – die Deputation – getreten. Der Übergang vom Ständestaat zum Konstitutionalismus hatte begonnen.
Alle fortschrittlichen, mit den Ideen der Aufklärung, des bürgerlichen Liberalismus und Konstitutionalismus vertrauten Kräfte sahen in einer Verfassung ein Instrument gegen die Willkür des Landesherrn und zur Sicherung

Sitz-Ordnung

während des fortgesetzten Landtags vom Jahr 1817,
in den Sizzungen
vom 1sten Decembr 1818 bis 6ten Febr. 1819.

Sitzordnung bei der vom 1. Dezember 1818 bis 6. Februar 1819 im Schloß Dornburg geführten Verhandlung des Landtages von Sachsen-Weimar-Eisenach.

ihrer Mitsprache in der Landespolitik – einfacher gesagt, die Verbürgung ihrer Freiheit. Carl August – auf dem Wiener Kongreß 1815 zum Großherzog mit bedeutendem Gebietszuwachs avanciert – hatte in seinem Besitzergreifungspatent für die neuerworbenen Gebiete im November 1815 zugleich die Einführung einer modernen Repräsentativverfassung versprochen. Hatte er sich noch 1809 gegen die Erweiterung des ständischen Mitspracherechts gesperrt, sah er nun gerade darin einen Weg, die einzelnen Gebietsteile seines Herrschaftsbereiches in einem modernen Staatswesen zu vereinigen.

Mit der Vorbereitung des Verfassungstextes beauftragte er Ernst Christian August Freiherr von Gersdorff, der sich seit 1807 in weimarischen Staatsdiensten befand. Dieser stellte die Repräsentation „alle[r] Klassen der Staatsbürger“, die „... durch die freie Wahl derer, welche sie vorstellen sollen, bestimmt werden“, in den Mittelpunkt seiner Überlegungen, wobei er von zwei Hauptklassen, den Rittergutsbesitzern und den übrigen „Handel und Gewerbe oder Ackerbau treibenden Bewohner[n]“, ausging. Erstmals wird hier den Bauern eine eigene Vertretung zugebilligt. Am 30. Januar 1816 erließ Carl August eine Verordnung, „die Bildung und Zusammenberufung einer ständischen Beratungsversammlung zur Entwerfung einer Verfassungsurkunde betreffend“. Damit verzichtete er als Landesfürst darauf, die Verfassung aus eigener Machtvollkommenheit zu oktroyieren, sondern ließ sie, ähnlich wie 1809, in einem fast schon parlamentarisch zu nennenden Akt beraten und bestätigen.

Am 5. Mai 1816 unterzeichnete Großherzog Carl August das „Grundgesetz einer landständischen Verfassung für das Großherzogtum Sachsen-Weimar-Eisenach“ und setzte dadurch die erste bürgerliche Verfassung in Thüringen in Kraft. Im Gegensatz zu Gersdorffs Entwurf ging der Verfassungstext von drei Landständen aus – den Rittergutsbesitzern, den Bürgern und den Bauern – deren Verteter frei wählbar waren. Der Landtag hatte nun das Recht, über die Bewilligung von Steuern zu entscheiden und die staatliche Finanzpolitik zu kontrollieren. Er mußte an der Gesetzgebung beteiligt werden und konnte aus seinen Reihen selbst Vorschläge für neue Gesetze einbringen. Der Monarch hatte keine Möglichkeit mehr, Gesetze ohne Zustimmung des Landtages zu erlassen, die Rechtsprechung lag in den Händen de jure unabhängiger Gerichte. Die Minister übernahmen einen wesentlichen Teil der Verantwortung des Landesherrn für die Staatsverwaltung, diese konnte sich weitgehend aus der eigentlichen Regierungstätigkeit zurückziehen. Damit war die Lösung des Staates von der Person des Monarchen eingeleitet, der Untertan entwickelte sich zum Staatsbürger.

Die Landständische Verfassung des Großherzogtums Sachsen-Weimar-Eisenach war beispielgebend für andere wettinische Staaten Thüringens. In Sachsen-Hildburghausen kam es zwischen 1816 und 1818 zu einem Vertrag zwischen dem Herzog und den Ständen, der sich in seinen Grundzügen an der weimarischen Verfassung von 1816 orientierte. Gleiches gilt auch für die am 4. September 1824, allerdings durch landesherrlichen Willkürakt eingeführten Verfassung von Sachsen-Meiningen. Weiterführend als die bisher genannten ist die Verfassung von Sachsen-Coburg-Saalfeld vom 8. August 1821. Während die weimarische und die auf ihr beruhenden Verfassungen ausschließlich die parlamentarische Tätigkeit regelten, steht dieser eine Art Grundrechtskatalog voran, der den Landeskindern u.a. Gleichheit vor dem Gesetz, freie Religionsausübung, Gewissensfreiheit, Freiheit der Person und freie Berufswahl garantierte. Auf der anderen Seite stellt diese Verfassung aber eine Abkehr

Schloß Dornburg. Fotografie vor 1873.

vom liberalen Konstitutionalismus dar, indem sie strikt auf die Erhaltung des „monarchischen Prinzips" orientierte.

Infolge des Aussterbens des Hauses Sachsen-Gotha-Altenburg erfolgte 1826 eine Neuaufteilung des Territoriums unter den verbliebenen Teillinien Meinigen, Coburg-Saalfeld und Hildburghausen. Das brachte verfassungsrechtlich natürlich einige Verwirrung. Im neu entstandenen Herzogtum Sachsen-Meiningen galten pro forma drei Verfassungen, nämlich die meiningische, die saalfeldische und die hildburghausensche. Deshalb ließ Herzog Bernhard II. von Sachsen-Meiningen durch den Jenaer Rechtsprofessor Karl Ernst Schmid eine neue erarbeiten, die am 23. August 1829 in Kraft gesetzt wurde. Sie ging in ihren Festlegungen über die weimarische von 1816 hinaus. Neben einem umfangreichen Grund- und Bürgerrechtskatalog erhielten vor allem die Landstände einen deutlichen Kompetenzzuwachs. Die Meininger Verfassung von 1829 war „eine der fortschrittlichsten Konstitutionen des Vormärz". Die Teile des bis 1826 bestehenden Fürstentums Sachsen-Gotha-Altenburg blieben vor 1830 ohne Verfassung, dort galten die dem 16. Jahrhundert entstammenden altständischen Verhältnisse zunächst weiter.

Die Änderung der Verfassungszustände ging mit der Änderung des Verwaltungsaufbaus einher. Besonders gravierend wirkte sich die Beseitigung lehnsrechtlicher Verhältnisse aus, die u. a. in der Aufhebung der Patrimonialgerichtsbarkeit der Städte zum Ausdruck kam. Diese setzte 1808 in Sachsen-Weimar-Eisenach und Sachsen-Hildburghausen ein und war zuerst in Sachsen-Meiningen 1829 vollendet. Die adlige Patriomonialgerichtsbarkeit wurde allerdings dann erst im Ergebnis der bürgerlichen Revolution von 1848/49 beseitigt.

An die Stelle der einzelnen Ratskollegien trat eine Zentralbehörde. Sie nahm in der ersten Hälfte des 19. Jahrhunderts die Bezeichnung Ministerium an und wurde im Gegensatz zur bisher geltenden Kollegialverfassung von nur einem Staatsminister geleitet. Erste Grundsätze eines Beamtenrechts sollten einerseits den Staat gegen das Eindringen ungeeigneter Beamter schützen, andererseits den Beamten einen Rechtsanspruch auf Rang, Gehalt und Unabsetzbarkeit sichern.

Bei der Konstitutionalisierung des politischen Systems und der Modernisierung der Staatsverwaltung hatten die Ernestiner in Thüringen in der frühkonstitutionellen Phase (bis 1830) eindeutig die Nase vorn. Im albertinischen Königreich Sachsen vollzog sich der formale Übergang vom feudal-absolutistischen zum bürgerlich-liberalen Staat erst mit der am 4. September 1831 in Kraft gesetzten Verfassung.

[Dagmar Blaha]

Im Wittumspalais in Weimar tagte 1816 die Beratungsversammlung zum Entwuf einer Verfassungsurkunde. Hier fand ab dem 3. Februar 1817 die 1. Sitzung des Landtages von Sachen-Weimar-Eisenach statt. Kolorierter Stich von E. Lobe, um 1840.

Ki Tona Rangatiratanga Ikeike, ki te Tiuku o Enipara, Tama a Wikitoria te Kuini o Ingarangi, me nga Motu tinitini o te Moana.

E te Uri o nunui ma, Tena Koe! te Kanohi o O Matua e kimihia ra nei e matou, e nga Tangata o tenei Motu tawhiti, o Aotearoa! Tena Korua! ko To Papa kua ngaro atu i a tatou, i whakamoemititia ra e Ingarangi me nga Tauiwi mo tona Tika, mo tona Pai!

I mua atu i a Koe, ko te Kaipuke iti a Pene Ruku, ona hoe he komaru, i whiti mai i te Moana tuauriuri, a tau ana ki nga Wai o Hauraki: na ko Koe tena, hira atu To rongo i tona, ka tae mai i runga i To Kaipuke whakahara i patua mai e tera mea mihara e te Mamaia, a tau ana ano ki nga Wai o Hauraki.

Haere mai ki uta, kia kite Koe i nga moke o tenei Whenua e tauwhanga atu nei ki a Koe! Whakarekehia te Kapua po e tarewarewa iho nei i runga i a matou, kia awe te tau te Maramatanga ki O Iwi.

Kua puta ki te Ao katoa te Ingoa pai o To Whaea rongo nui o Kuini Wikitoria, a katahi matou ka kite Kanohi i a Ia, ka korero he mangai he mangai, i Tana Tama i a Koe, ka tutuki mai ki tenei Whenua mamao i Ingarangi. Koia ta matou e whakakoakoa atu nei, mo To taenga mai, a koia i ngakau ai ta matou Karanga ki a Koe, — ki te Tauanui, — ki te Kotuku rerenga tahi: — Haere mai ki Uta! — Haere mai ki te Whenua! — Haere mai ki O Iwi!

Eruera Patuone Ngapuhi — Paora Tuhaere Orakei

Wi Te Wheoro, Waikato

„Das Gestüt Europas.“

Otto Fürst Bismarck (apokryph)

Das Haus Sachsen-Coburg und Gotha

Von den wettinischen Fürstentümern in Thüringen nahm sich die ernestinische Linie von Sachsen-Coburg und Gotha durch ihre umfangreichen dynastischen Verflechtungen in Europa seit dem 19. Jahrhundert aus. In ihren Stammlanden herrschte sie bis 1918 über ein zweigeteiltes Staatsgebiet, die Herzogtümer Gotha und Coburg. Nur eines davon ging 1920 in das neugegründete Land Thüringen ein – Gotha mit seinem Territorium im westlichen Thüringen von der thüringischen Ebene bis zu den Höhen des Thüringer Waldes. Der Coburger Landesteil in Franken schloß sich nach Aufhebung der Monarchie schließlich 1920 dem Freistaat Bayern an. Die historischen Quellen, die von der einstigen Zugehörigkeit des Herzogtums Coburg zu den thüringischen Fürstentümern der Wettiner künden, sind in der Nachfolge des damaligen Herzoglich Sächsischen Haus- und Staatsarchivs zu Coburg heute im bayerischen Staatsarchiv Coburg überliefert.

Die Geschichte der seit 1826 existierenden und durch Personalunion verbundenen Herzogtümer Gotha und Coburg weist gegenüber den anderen ernestinischen Fürstentümern (Großherzogtum Sachsen-Weimar-Eisenach, Herzogtum Sachsen-Altenburg, Herzogtum Sachsen-Meiningen) staatsrechtlich einige Besonderheiten auf. So führten sie im Gegensatz zu ihnen in ihrem Namen niemals die Bezeichnung Sachsen. Lediglich die herzogliche Familie nannte sich Sachsen-Coburg und Gotha.

Das vorherige Herzogshaus Sachsen-Gotha-Altenburg endigte sich mit zwei problematischen Herrschergestalten: Herzog August (reg. seit 1804), ein Exzentriker, den schönen Künsten, edlen Stoffen und anderen kostspieligen Liebhabereien zugetan, hinterließ Schulden, aber keinen Thronfolger, nur eine Tochter, Luise. Ihm folgte sein Bruder Friedrich IV., der infolge einer Kriegsverletzung - übrigens erworben im Dienste eines in niederländischem Solde stehenden gothaischen Regiments - eigentlich regierungsunfähig war, zur Linderung seiner Leiden häufig in Italien weilte und dort zum Katholizismus übertrat. Mit ihm starb das Herzogshaus, das seit 1640 in Gotha regiert hatte, aus. Immerhin war das Land, trotz oder wegen der Anhänglichkeit Herzog Augusts an Napoleon, recht gut über die wechselvollen Zeitläufte gekommen, zumal das leitende Regierungskollegium, der Geheime Rat (seit 1809: Geheimes Ministerium) tüchtige Männer aufwies.

Nach einer Interimsregierung der drei erbberechtigten Herzöge (Sachsen-Meiningen, Sachsen-Coburg-Saalfeld und Sachsen-Hildburghausen) kam es im Jahre 1826 (letztmalig) zu einem Teilungsvertrag, der – ganz ohne Mitwirkung der Stände oder gar des Volkes – das Herzogtum Gotha, etwas verkleinert, dem Haus Sachsen-Coburg-Saalfeld zusprach, das sich dann in Sachsen-Coburg und Gotha umbenannte.

Huldigungsadresse der Maori zum Staatsbesuch Herzog Alfreds in Neuseeland, 10. Mai 1869.

Der erste Herzog von Sachsen-Coburg und Gotha, Ernst I., war mit Luise, der oben erwähnten Tochter Herzog Augusts vermählt. Die beiden Herzogtümer waren nur in Personalunion miteinander verbunden – Einigungsbestrebungen scheiterten bis zum Schluß, als beide Herzogtümer endgültig getrennte Wege gingen (1920). Zwar gab es von 1852 an eine gemeinsame Verfassung und einen gemeinschaftlichen Landtag, zusammengesetzt aus den Mitgliedern der beiden Einzel-Landtage, das Staatsministerium aber, wie seit 1858 das oberste Regierungsorgan hieß, zerfiel de facto doch in zwei fast unabhängige Einzelgremien, wenngleich der in Gotha ansässige „Dirigierende Staatsminister" ein Aufsichtsrecht über die Coburger Abteilung beanspruchte.

Der Hof samt Theater pflegte, um nicht eine der Residenzstädte zu bevorzugen – Coburg war stets besonders empfindlich – zwischen beiden hin- und herzuziehen, der Winter wurde in Gotha, der Sommer in Coburg verbracht.

Das Haus Sachsen-Coburg-Saalfeld erlebte nach 1826 einen erstaunlichen Aufschwung, der umso merkwürdiger anmutet, als das kleine Fürstentum 1773 mit solchen Schuldenbergen belastet gewesen war, daß der Reichshofrat eine kaiserliche Debit- und Administrationskommission – unter Mitvorsitz des Herzogs von Gotha – errichtet hatte, die eine rigorose Sparpolitik durchsetzte. Nun aber, obschon Herzog Ernst I. selbst (in Coburg seit 1806 regierend) kein bedeutender, nur ein autoritärer Herrscher war, und trotz des Skandals um seine Ehe, der mit Scheidung endete, begann der Aufstieg des Hauses, das Bismarck spöttisch „Gestüt Europas" nannte. Ernsts Bruder Leopold, der zuerst mit einer Tochter des englischen Königs Georg IV. verheiratet gewesen und dem die griechische Königskrone angeboten worden war, wurde von dem - von den Vereinigten Niederlanden abgespaltenen – Belgien zum König erhoben (wo dieselbe Dynastie bis heute regiert) und zog im Hintergrund die Fäden. Ein weiterer Bruder, Ferdinand, vermählte sich, nachdem er 1818 zum Katholizismus übergetreten war, mit der Tochter eines ungarischen Magnaten und begründete den Familienzweig Sachsen-Coburg-Kohary. In der nächsten Generation ergaben sich auf diese Weise dynastische Beziehungen nach Portugal (Haus Sachsen-Coburg-Braganza) und Frankreich (der belgische König Leopold I. hatte eine Tochter des „Bürgerkönigs" Louis Philippe geheiratet), in der Enkelgeneration zum (kurzlebigen) Kaiserreich Brasilien und zu Bulgarien.

Die berühmteste Eheverbindung war zweifellos die (von Leopold I. gestiftete) zwischen Albert, Ernsts I. jüngerem Sohn, mit seiner Cousine Victoria, Königin von Großbritannien und Irland, der Tochter von Ernsts Schwester Victoria und deren zweitem Gemahl Edward Duke of Kent. Die Beziehungen Victorias und Alberts zu den Herzogtümern blieben eng, die Königin kam mehrmals zu Besuch, in Coburg wurde 1865 eine Statue des frühverstorbenen und von der Königin lebenslang betrauerten Prinzgemahls errichtet. Erst 1917 nahm die britische Königsfamilie anstelle von „Saxe-Coburg-Gotha" den Namen „Windsor" an. Der Einfluß des rastlos tätigen Albert auf Politik, Wirtschaft, Kultur des Vereinigten Königreichs kann kaum überschätzt werden. Die Beziehungen zwischen ihm und Leopold I. sowie Ernst II., dem Sohn und Nachfolger Ernsts I., waren überaus rege und beruhten auch auf übereinstimmendem konstitutionellem Verfassungsdenken.

Diese dynastischen Beziehungen zu verschiedenen europäischen Herrscherhäusern wirkten sich auf die innere Entwicklung Sachsen-Coburg-Gothas allerdings wenig aus.

Die Herzogliche Familie von Sachsen-Coburg und Gotha. Foto um 1915. Von links nach rechts: Prinz Hubertus, Herzogin Victoria Adelheid geb. Prinzessin von Schleswig-Holstein-Sonderburg-Glücksburg, Prinzessin Sibylle, später die Mutter des schwedischen Königs Carl XVI. Gustaf, Prinzessin Caroline Mathilde, Herzog Carl Eduard, Erbprinz Johann Leopold (verzichtete 1932 auf seine Zugehörigkeit zum Herzogshaus).

Der wirtschaftlich stärkere und bevölkerungsreichere Gothaer Landesteil, 1847 durch die Eisenbahn Halle-Gerstungen - die Thüringer Magistrale - erschlossen, brachte bedeutende Unternehmer wie Ernst Wilhelm Arnoldi, den Gründer der Gothaer Versicherungen, hervor oder Joseph Meyer, bekannt durch sein Bibliographisches Institut und sein Lexikon und als Vorkämpfer der Eisenbahn. Weltberühmt wurde der seit 1764 erscheinende „Gotha", der von 1785 an im Verlag Justus Perthes herauskam, der ansonsten durch seine Atlanten, Landkarten, durch geographische Zeitschriften hervortrat. Von den industriellen Unternehmungen erlangte die Gothaer Waggonfabrik durch die Produktion von Eisenbahnwagen, Straßenbahnen und im Ersten Weltkrieg von Flugzeugen einen besonderen Ruf.

Am längsten regierte Ernst II. die Herzogtümer, nämlich von 1844 bis 1893. Sprunghaft, geltungsbedürftig, auf vielerlei Gebieten dilettierend – besonders und nicht ohne Erfolg als Opernkomponist –, galt er zuerst als Liberaler, der sich als Schutzpatron der Sänger, Turner, Schützen gerne feiern ließ. Tatkräftig förderte er die Bestrebungen für die Einheit Deutschlands 1848/49 und führte für das Herzogtum Gotha eine (längst überfällige) moderne Verfassung ein. Auf seine Rolle im Schleswig-Holsteinischen Krieg, als nicht unumstrittener „Sieger von Eckernförde" (6. April 1849), die ihn populär machte, hat er sich viel zugute gehalten. Trotz persönlicher Vorbehalte gegenüber Preußen stellte er sich auf dessen Seite, d.h. trat für eine kleindeutsche Lösung ein. Später versuchte er zwischen Preußen und Österreich zu vermitteln, mit dem Ergebnis, daß er sich den Haß und das Mißtrauen Bismarcks zuzog, auch als er sich 1866 uneingeschränkt auf die preußische Seite schlug (zumal er über Österreichs Haltung enttäuscht war) und sich immer mehr zum Konservativen entwickelte.

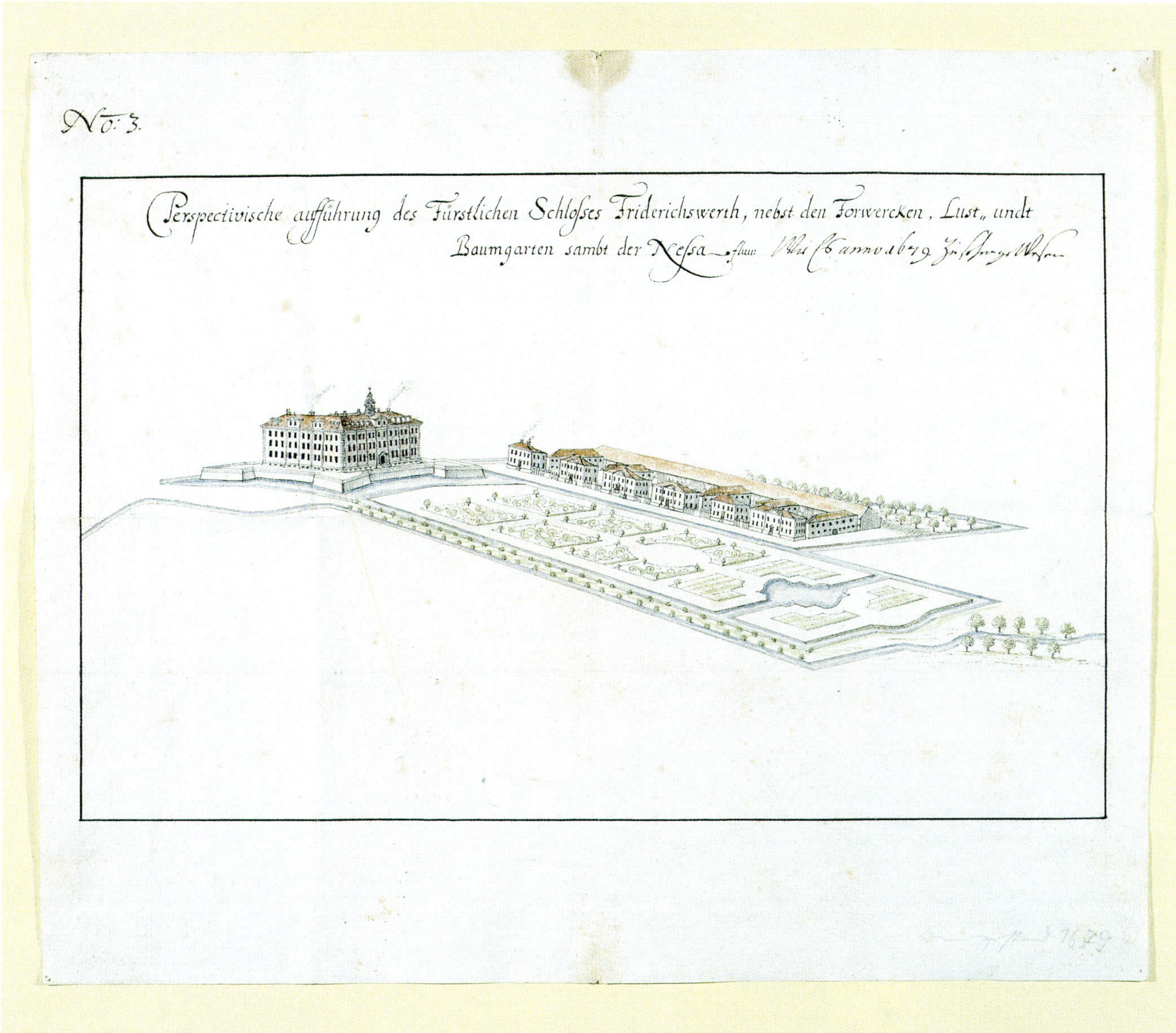

Schloß Friedrichswerth.
Herzog Friedrich I. von Sachsen-Gotha-Altenburg kaufte 1677 den gesamten Besitz zu Erffa und ließ zwischen 1679 und 1689 vom Architekten Jeremias Tütleb anstelle der mittelalterlichen Wasserburg das Lustschloß Friedrichswerth zusammen mit einem französischem Park errichten. Der alte Ort Erffa führte fortan den Namen des Lustschlosses.

Kolorierte Handzeichnung des Schlosses Friedrichswerth mit den Vorwerken sowie dem Lust- und Baumgarten. Die Zeichnung befand sich ursprünglich im Turmknopf des Schlosses und trägt von einer späteren, unbekannten Hand irrtümlich hinzugefügt die Jahreszahl 1679, entstand wohl aber später.

1867 traten die Herzogtümer dem neugegründeten Norddeutschen Bund unter Preußens Führung bei, der, nach dem Deutsch-Französischen Krieg von 1870/71 um die süddeutschen Staaten erweitert, zum Bismarckschen Deutschen Reich wurde.

Ernst II. hatte keinen Sohn hinterlassen. Der eigentlich erbberechtigte britische Thronfolger, Edward Prince of Wales, verzichtete zugunsten seines jüngeren Bruders Alfred. Dieser hatte es vor seinem Regierungsantritt in den Herzogtümern bis zum Admiral of the Fleet (Großadmiral) der Royal Navy gebracht und auf Staatsbesuchen das ganze Empire kennengelernt, war Mitglied des britischen Oberhauses und sprach nur gebrochen deutsch. So blieben Anfeindungen sowohl in England wie in Deutschland nicht aus, da seine staatsrechtliche Stellung unklar war. Gesundheitlich angeschlagen, hielt er sich aus der Politik heraus, die, nach einem preußisch-konservativen Zwischenspiel 1886 bis 1891, weiterhin in liberalen Bahnen verlief und z.B. den Gothaer Parteitag der Sozialdemokratie 1875 zuließ. Auch in den Landtagen herrschte der Liberalismus. In Gotha wurde erstmals 1892 ein Sozialdemokrat gewählt, 1896 bestand der Landtag aber schon aus sieben Sozialdemokraten, sechs Freisinnigen (Linksliberalen) und sechs Nationalliberalen.

Auf Alfred folgte, nach dem frühen Tod des Thronfolgers Alfred 1899 und dem Verzicht seines Bruders Arthur, dessen Neffe Carl Eduard, der auf Rat Bismarcks statt einer Ausbildung in Eton eine preußische Kadettenanstalt besuchen mußte und hier im deutsch-nationalen Sinne erzogen wurde. Da er noch minderjährig war, wurde der Erbprinz Ernst von Hohenlohe-Langenburg als Regent eingesetzt, der die liberalen Grundsätze im Lande beibehielt. Als Carl Eduard 1905 die Regierung antrat, kam seine konservativ- monarchische Haltung zum Durchbruch; der Hof, der ohnehin schon aufgebläht war, sollte eine noch wichtigere Rolle spielen als bisher. Carl Eduard hatte ein starkes Interesse für moderne Technik und förderte insbesondere die Luftfahrt (1910 Gothaer Luftschiffhafen) und das Flugwesen (seit 1912 „Aeroplan-Turniere“ mit Bombenabwurfübungen in Gotha).

Am 9. November 1918 übernahm der Gothaer Arbeiter- und Soldatenrat die Macht in der „Republik Gotha“, und so blieb dem Herzog nichts anderes übrig, als am 14. November vor dem Gemeinschaftlichen Landtag seinen Verzicht auf die Regierung bekanntgeben zu lassen, eine Erklärung „lediglich deklaratorischen Inhalts“, die bewußt von Thronverzicht nicht sprach. Der nachmalige Freistaat Gotha beschloß ein Enteignungsgesetz, das aber vom Reichsgericht 1925 auf Klage Carl Eduards wieder aufgehoben wurde, was ihm die reichen herzoglichen Sammlungen wieder eintrug. Als früher Parteigänger der Nationalsozialisten machte er anders als die Mitglieder aus den übrigen sächsisch-ernestinischen Häusern in Thüringen später Karriere im NS-Staat, auf Grund dessen sein Vermögen bereits am 6. Juli 1945 vom neu eingesetzten Regierungspräsidenten für Thüringen beschlagnahmt wurde. Bereits 1923, als Deutschland durch einen geplanten bewaffneten Marsch rechtsradikaler Verbände auf Berlin die Gefahr der Beseitigung der demokratischen Republik gedroht hatte, war aus monarchisch-restaurativen Kreisen das Gerücht hochgekommen, daß der Herzog nach dem vollbrachten Marsch „König von Thüringen“ werden wolle.

[Dr. Uwe Jens Wandel]

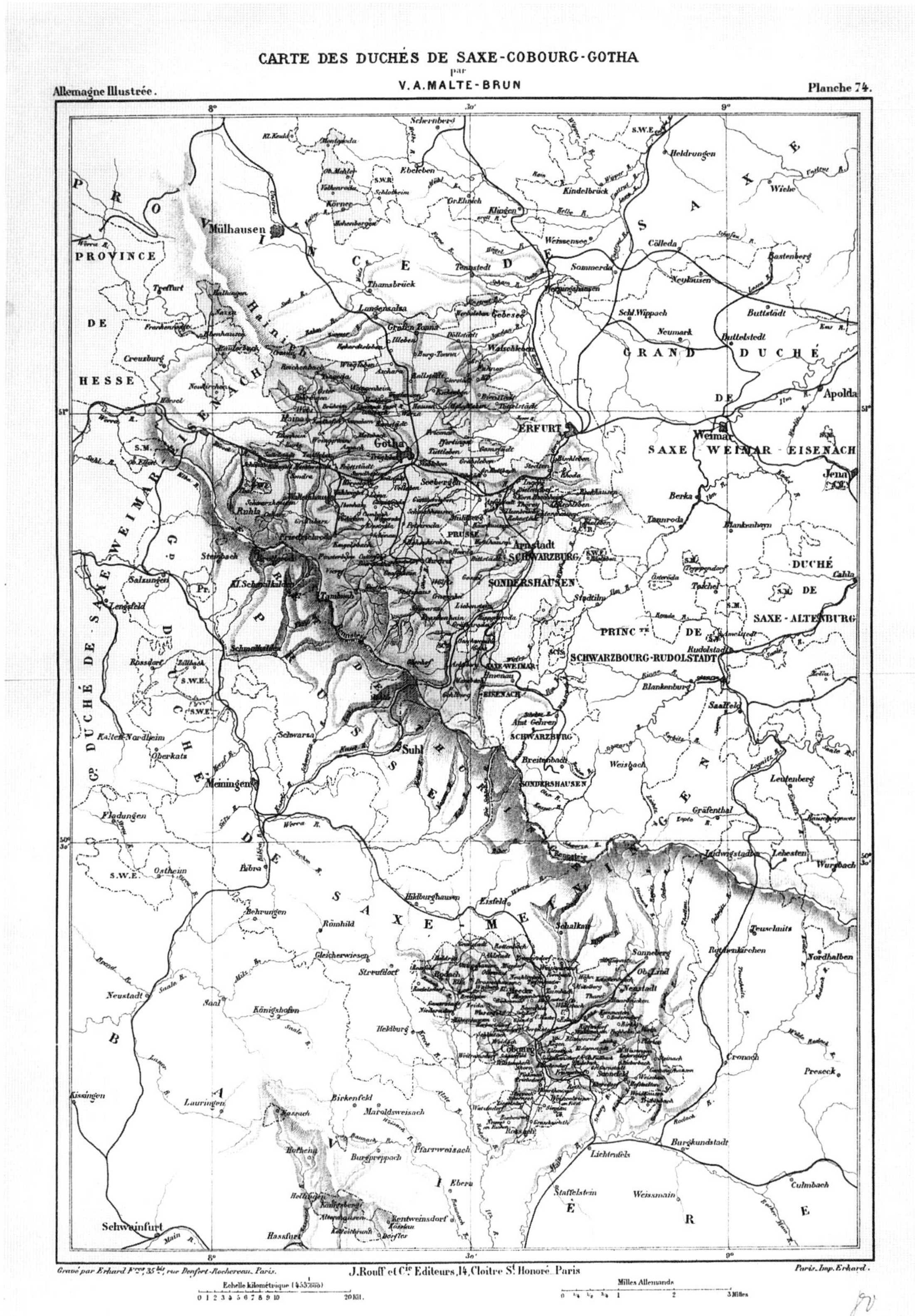

Karte der Herzogtümer Sachsen-Coburg und Gotha. Farblithographie aus dem Jahre 1885.

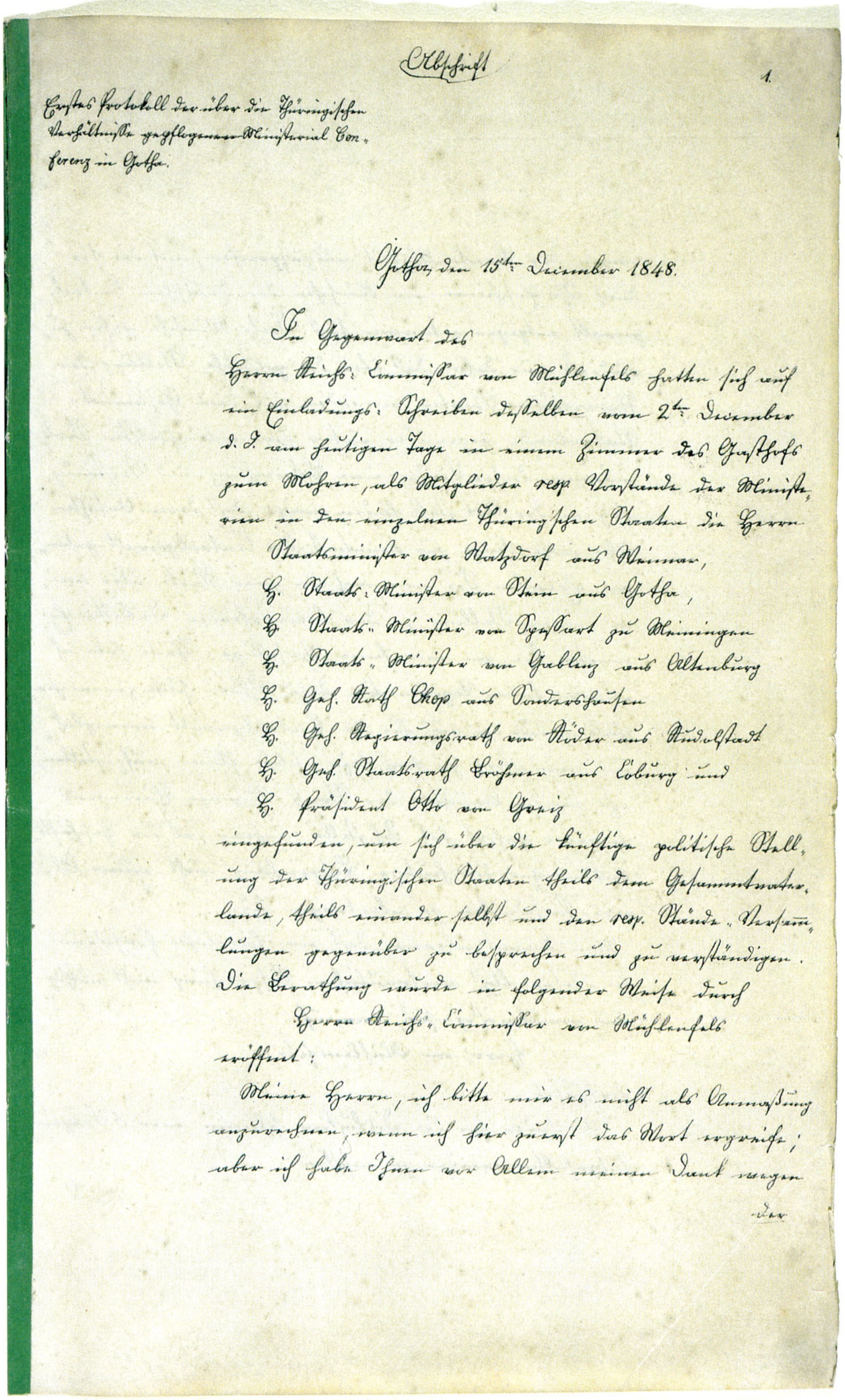
Abschrift

1.

Erstes Protokoll der über die Thüringischen Verhältnisse gepflogenen Ministerial Conferenz in Gotha.

Gotha, den 15ten Dezember 1848.

In Gegenwart des
Herrn Reichs-Commissar von Mühlenfels hatten sich auf ein Einladungs-Schreiben desselben vom 2ten Dezember d. J. am heutigen Tage in einem Zimmer des Gasthofs zum Mohren, als Mitglieder resp. Vorstände der Ministerien in den einzelnen Thüringischen Staaten die Herren
Staatsminister von Watzdorf aus Weimar,
H. Staats-Minister von Stein aus Gotha,
H. Staats-Minister von Speßhardt zu Meiningen
H. Staats-Minister von Gabelenz aus Altenburg
H. Geh. Rath Chop aus Sondershausen
H. Geh. Regierungsrath von Röder aus Rudolstadt
H. Geh. Staatsrath Brückner aus Coburg und
H. Präsident Otto von Greiz
eingefunden, um sich über die künftige politische Stellung der Thüringischen Staaten theils dem Gesammtvaterlande, theils einander selbst und den resp. Stände-Versammlungen gegenüber zu besprechen und zu verständigen. Die Berathung wurde in folgender Weise durch
Herrn Reichs-Commissar von Mühlenfels
eröffnet:
Meine Herren, ich bitte mir es nicht als Anmaßung anzurechnen, wenn ich hier zuerst das Wort ergreife; aber ich habe Ihnen vor Allem meinen Dank wegen

der

Protokoll der Gothaer Ministerialkonferenz vom 15. Dezember 1848 über die weitere Gestaltung der Staatsverhältnisse in Thüringen. Abschrift.

Nicht mehr als Schwarzburger, Weimaraner, Gothaner, Altenburger, Eisenacher, sondern als Thüringer wollen wir dem deutschen Reiche angehören.

Ein thüringischer Fürst soll unser Banner führen, eine Gesamtregierung uns vereinigen!

Allgemeiner Anzeiger (18.8.1848)

Die Revolution von 1848/49

Wie 1789 waren es 1830 und 1848 wieder Meldungen aus Frankreich, die in Thüringen und ganz Deutschland die Gemüter bewegten und die herrschenden Häuser in Sorge versetzten. 1830 hatte die Julirevolution in Frankreich vor allem im östlichen Thüringen den Anstoß zu Unruhen gegeben. Ein Zentrum war Altenburg, was dazu führte, daß am 29. April 1831 für dieses Herzogtum eine landständische Repräsentativverfassung erlassen wurde. Aber auch im Großherzogtum Sachsen-Weimar-Eisenach gärte es. In Allstedt mußte eine Untersuchung angeordnet werden, weil in der Stadt am 11. September 1830 ein Pasquill (Schmäh- bzw. Spottschrift) aufgefunden wurde. Ebenso tauchten in Neustadt an der Orla, (Bad) Sulza, Jena und Ilmenau Drohbriefe auf. In verschiedenen Orten kam es im September und Anfang Oktober sogar zu Volksversammlungen und Tumulten – letzteres in Jena und Münchenbernsdorf. Vereinzelt bildeten sich bereits Bürgerwehren. Im Verlauf der Versammlungen wurden verschiedene Petitionen sowie Berichte verfaßt und an die Behörden sowie den Großherzog gerichtet. Die Beschwerdepunkte bezogen sich u.a. auf Gewerbeangelegenheiten, Steuern und Beamte. Durch ein konzentriertes Vorgehen der Behörden konnte jedoch erreicht werden, daß es zu keiner Ausweitung der Unruhen kam und sich die Gemüter im Oktober weitestgehend beruhigten.

Zur wirklichen Beseitigung der Mißstände kam es aber nicht, so daß in den folgenden Jahren z.B. bei den Behörden und im Landtag von Sachsen-Weimar-Eisenach immer wieder ähnliche Petitionen eingingen. Vor allem 1831/32 spielten dabei im Großherzogtum Sachsen-Weimar-Eisenach auch die Forderungen nach Öffentlichkeit des Landtages und Pressefreiheit eine größere Rolle, die jedoch nicht realisiert wurden.

Im Gegensatz zu den Ereignissen von 1789 und 1830 sprang 1848 der Funke der Revolution sofort und so auf Thüringen über, daß die Aktivitäten nicht eingedämmt und Unruheherde nicht relativ schnell beseitigt werden konnten. Dies war bei den allgemeinen Verhältnissen, die ebenso in den wettinischen Staaten nach einer Veränderung drängten, kaum möglich. Bereits 1846/47 hatte sich die Lage so verschlechtert, daß die einzelnen Landesregierungen und Unterbehörden Maßnahmen ergreifen mußten, um die Not von Teilen der Bevölkerung zu lindern, die durch eine Mißernte sowie andere wirtschaftliche Krisenerscheinungen verschärft wurde.

Nach dem Ausbruch der Februarrevolution in Frankreich dauerte es nur wenige Tage, bis die Nachrichten über die Ereignisse in Thüringen Verbreitung fanden. Als am 26. Februar 1848 in der Weimarischen Zeitung über die sich am 22. Februar in Paris zuspitzende Lage berichtet wurde, war die Revolution dort bereits ausgebrochen. Schon am 27./28. trafen hierüber konkrete Nachrichten im Großherzogtum ein, so daß die Weimarische Zeitung in ihrer nächsten Ausgabe vom 1. März auch offiziell darüber berichtete. Ähnlich verhielt es sich in den anderen wettinischen Staaten. Hinzu kamen in den folgenden Tagen Meldungen über die Umwälzungen in Oberdeutschland, vor allem im Großherzogtum Baden, wo u.a. die Pressefreiheit eingeführt und Bürgergarden gebildet wurden.

Die Forderungen griff man in den ernestinischen Staaten auf, zumal schon in der Vergangenheit deren Verwirklichung angestrebt worden war. In vielen Städten und Gemeinden kam es zu Volksversammlungen, die ihre Höhepunkte in den Thüringer Volkstagen hatten, auf denen in Abhängigkeit von der konkreten politischen Situation über die verschiedenen Forderungen lokaler und nationaler Bedeutung diskutiert wurde. Dies betraf solche Themen wie Beseitigung der Feudallasten, Pressefreiheit, Volksbewaffnung, Republik oder Monarchie, thüringische und deutsche Einheit, Wahlen, Frankfurter Nationalversammlung, Reichsverfassung, Bildung einer deutschen Kriegsmarine und die Schleswig-Holstein-Frage. Ausdruck für die Meinungsfindung waren zahlreiche Petitionen an den Landesherrn bzw. die Behörden sowie die Frankfurter Nationalversammlung. Vielfach konstituierten sich republikanische und konstitutionelle Vereine, um die politischen Ziele durchsetzen zu können. Zwischen ihnen kam es häufig zu einen regen Schriftwechsel auch über die Landesgrenzen und Thüringen hinaus.

Bereits in den ersten Tagen der Revolution führten diese Aktivitäten zum Erlassen entsprechender Verordnungen. In Gotha hob man am 7. März die Zensur auf. Einen Tag später folgte das Großherzogtum Sachsen-Weimar-Eisenach, nachdem die Pressefreiheit sowie die Schaffung eines Gremiums von Volksvertretern und die Volksbewaffnung bereits am 2. März in Weimar mittels Petition gefordert worden waren. In Sachsen-Meiningen erließ man am 13. März ein Gesetz über die Verwendung der Domäneneinkünfte, dem am 22. ein Gesetz über die Freigabe der Presse und am 31. März ein weiteres über die Stellung und die Befugnis der Gemeindebehörden folgten. Auch im Herzogtum Sachsen-Altenburg wurde die Presse durch Gesetz vom 28. März freigegeben. Die Pressefreiheit führte in der Folgezeit zu zahlreichen Zeitungsgründungen, die teilweise auch über den Revolutionszeitraum Bestand hatten.

Schon im März kam es in Verbindung mit den Versammlungen zu ersten Tumulten, wie am 8. und 11. März in Weimar, in deren Ergebnis die Staatsminister Christian Wilhelm Schweitzer und Ernst Christian August Freiherr von Gersdorff sowie die Geheimen Staatsräte Carl Thon und Wilhelm von Wegener zurücktraten. Dafür wurde der liberale Minister Oskar von Wydenbruck in das Ministerium unter Leitung von Bernhard von Watzdorf aufgenommen. Nicht ganz so ausgeprägte personelle Veränderungen in den Behörden der meisten anderen ernestinischen Staaten führten auch dort zur Entstehung von sogenannten Märzministerien, wodurch der liberale Einfluß, abgesehen von Sachsen-Altenburg, zunahm.

Einhergehend mit Gesetzen zu Bürgerwehren und Volksbewaffnung bildeten sich seit dem Frühjahr 1848 legal in vielen Städten und Dörfern derartige Formationen. Ihre vordergründige Aufgabe bestand vor allem in der Bewahrung von Ruhe und Ordnung. In den meisten Fällen standen die Bürgerwehren deshalb in dieser Hinsicht treu zu den jeweiligen Landesherrn. In den Ortschaften wurden für die Ausstattung der Wehren Sammlungen durchgeführt und Fahnen beschafft.

Die Fahnenweihen gestalteten sich dabei zu Volksfesten, die den Ernst der Situation verschleierten. Zum Agieren anderer militärischer Formationen, wie sie die im preußischen Nordostthüringen in der Gegend von Bad Bibra im November 1848 unter der Führung des Demokraten Dr. Carl Stockmann operierenden Freischaren darstellten, kam es nicht. Allerdings gab es hierzu Ansätze, die im demokratischen Lager unternommen wurden. Unter anderem versuchte der Leinewebergeselle Weingrüber zuerst im reußischen Gera, und als dies untersagt wurde, im sachsen-weimarischen Münchenbernsdorf, ein Sensenmännerkorps aufzustellen, was durch die Behörden jedoch unterbunden werden konnte. Ein Zentrum für derartige Bestrebungen war die Universitätsstadt Jena, wo es im Frühjahr und Anfang Sommer 1849 Aktivitäten zur Bildung einer militärischen Freischar gab, die zur Unterstützung der sächsischen Insurgenten nach Dresden marschieren sollte. Dazu war bereits ein Wehrbund geschaffen worden. Eine endgültige Realisierung des Vorhabens gelang nicht, da auch in Jena die Behörden entsprechende Maßnahmen einleiteten. Nicht zuletzt deshalb kam es im wettinischen Thüringen - sieht man vom Einsatz regulärer Einheiten bei Tumulten ab - zu keinen militärischen Auseinandersetzungen. Eine Ausnahme bildet Altenburg, wo u.a. der Demokrat Alfred Douai wirkte und man im Juni 1848 Barrikaden errichtete. Die bewaffnete Bevölkerung stand hier sächsischem Militär gegenüber. Im letzten Moment konnte ein Kampf verhindert werden, so daß die Ereignisse nicht in dem Maße wie am 24. November 1848 in Erfurt eskalierten.

Wie in Sachsen-Altenburg, waren auch in anderen Staaten an neuralgischen Punkten fremde Truppen der Reichsgewalt einquartiert. Dies verringerte gleichzeitig die Gefahr, daß es zu Verbrüderungen zwischen Aufständischen und dem Militär kommen konnte. Ein weimarisches Kontingent befand sich in Coburg, während im Großherzogtum u.a. altenburgische Einheiten einquartiert waren. Die Truppen der ernestinischen Staaten kamen aber auch im entfernten Schleswig-Holstein zum Einsatz, wo der Kampf mit Dänemark um dieses Gebietes entbrannt war. Ein Teil der Formationen standen unter Führung von Herzog Ernst II. von Sachsen-Coburg und Gotha sowie Eduard von Sachsen-Altenburg. Die Revolution in Deutschland eröffnete die Möglichkeit, die territoriale Zersplitterung zu beseitigen. Das Wie wurde heftig diskutiert. Die Anschauungen reichten von der Forderung nach einer einheitlichen Monarchie bis zur Schaffung einer Republik. Damit wurde auch die Frage nach der Existenz der Kleinstaaten angesprochen, was für die thüringischen Fürsten von besonderer Relevanz war. Es wurden deshalb sowohl von konstitutioneller wie demokratischer Seite Überlegungen zur Bildung eines Gesamtstaates Thüringen angestellt. Die Vorstellungen über den Umfang dieses Gebildes waren dabei recht unterschiedlich. So beinhalteten einige den Zusammenschluß der ernestinischen Staaten, während andere die Integration aller thüringischen Kleinstaaten, d.h., auch der reußischen und schwarzburgischen Fürstentümer anstrebten. Am weitesten gingen Überlegungen, die die Einbeziehung der preußischen Gebiete in Thüringen, welche zum größten Teil bis 1815 den Albertinern unterstanden hatten, ins Kalkül zogen. Auf verschiedenen Ebenen kam es deshalb zu Aktivitäten, wobei Gotha wiederholt als Konferenzort gewählt wurde.

Die in dieser Hinsicht bedeutendste Behandlung der Frage stellen die Ministerialkonferenzen von Vertretern der thüringischen Einzelstaaten vom 15. und 16. Dezember 1848 und vom 3. bis 5. Januar 1849 dar. Sie waren auf Initiative des am 28. September 1848 vom

Kammerad komm! Kammerad komm!
Lass das Liebchen,_ Trinken,_ Essen._
Schlaf und Arbeit sei vergessen._
Kammerad komm! Kammerad komm!
Erinnerungs-Blatt für Weimars Bürgerwehr, gezeichnet und radirt von S. Thon.

Erinnerungsblatt für die Bürgerwehr von Weimar aus der Mitte des 19. Jahrhunderts von Sixt Thon.

Barrikade in Altenburg während der Revolutionstage von 1848.

Reichsministerium ernannten Reichskommissars für Thüringen, dem Greifswalder Oberappellationsgerichtsrat Ludwig von Mühlenfels, zustande gekommen. Ausgearbeitet wurde dabei ein Entwurf zu einem Staatsvertrag über eine engere Vereinigung unter den Staaten von Thüringen. Seine Realisierung scheiterte letztendlich jedoch an den divergierenden Vorstellungen der einzelnen Fürsten und ihrer Minister. So fürchtete Meiningen durch die Umsetzung eines Vertrages eine Beeinträchtigung seiner Selbständigkeit. Andere Bedenken bestanden in der Furcht davor, daß Sachsen-Weimar-Eisenach eine Führungsrolle übernehmen könnte. Gerade dort gab es Ambitionen, einen ernestinischen Gesamtstaat zu schaffen.

Neben den Versuchen zur Einigung Thüringens gab es aber auch Projekte, die u.a. eine Integration aller thüringischen, vordergründig jedoch der ernestinischen Staaten in das Königreich Sachsen anstrebten. Insbesondere im Herzogtum Altenburg fand dies stärkeren Anklang, wo sich auch verschiedene Vereine, wie der konstitutionelle in Ronneburg, in Richtung Leipzig und Dresden orientierten. Sein Ausschuß teilte am 3. August 1848 dem politischen Verein in Weimar, wo sich der Vorort für die konstitutionellen Vereine Thüringens befand, mit, daß man sich „in Erwägung der geographischen Lage, des leichteren Verkehrs, sowie der enger[e]n commerziellen und staatlichen Beziehungen zu Sachsen", für einen Anschluß an die sächsischen Vereine mit Vorort Leipzig entschlossen habe. Auch der Landesherr, Herzog Joseph von Sachsen-Altenburg, dachte in diese Richtung. Er war, im Gegensatz zu den Vertretern der anderen ernestinischen Linien, aus rein dynastischen Erwägungen zu einem weitreichenden Verzicht auf die eigene Herrschaft bereit. Am 19. Juni 1848 schrieb er: „Mir lag alles daran [...] daß Alle Opfer brächten, um daraus für die Gesamtheit des Hauses Sachsen Gewinn zu ziehn. Ich kann mich nun einmal von der Überzeugung nicht los machen, daß es für uns Alle ein herrliches Bewußtsein sein müßte, wenn wir Partikularitäten bis zu einem gewissen Grade aufgäben und gewisse Rechte zu denen des Mächtigsten im Hause Sachsen hinzufügten, welche uns zu dem Zustande vor der unglückseligen Teilung des schönen großen Länderkomplexes zu Zeiten vor Ernst und Albert" zurückführten. Obwohl es Verbindungen des Herzogs zum sächsischen König gab, verhinderten die mit den anderen ernestinischen Herzögen geführten Verhandlungen eine Umsetzung dieses Vorhabens.

Nach der Revolution wurde vielfach von den Regierungen versucht, in bestimmten Bereichen die vorrevolutionären Verhältnisse wieder herzustellen. Dies betraf z.B. das Wahlrecht (mit Ausnahme von Sachsen-Coburg und Gotha) und die Domänen. Andererseits erließen sie weitere Gesetze, die auf eine Stärkung der Gemeinden, die Aufhebung der feudalen Bindungen sowie Verbesserungen in Justiz und Verwaltung hinausliefen.

Für die Mehrheit der ärmeren Schichten in Stadt und Land hatte sich die Lage auf lange Sicht jedoch nicht verbessert. Enttäuscht vom Ausgang der Revolution, in einzelnen Fällen aber auch aus Furcht vor Repressalien, verließen verschiedene Revolutionäre, unter ihnen aus Altenburg Carl Daniel Adolf Douai und Emil Querner aus Eisenberg, Thüringen, um nach Amerika auszuwandern, wo sie auch später noch aktiv wirkten. Dieselben Motive mögen auch bei einem Teil jener Einwohner der wettinischen Fürstentümer bestanden haben, die aus ihrer alten Heimat in die neue Welt übersiedelten. Einen Höhepunkt erreichte die legale Auswanderung nach Übersee in den Jahren 1852 bis 1854. Die Ausmaße werden u.a. beim Großherzogtum Sachsen-Weimar-Eisenach deutlich, dessen Einwohnerzahl sich im Dezember 1852 auf 262.524 belief. Eine Statistik weist von 1852 bis in das Reichsgründungsjahr 1871 insgesamt 11.680 Auswanderer nach Amerika aus, von denen knapp die Hälfte (5.571 Personen) auf die genannten drei Spitzenjahre entfiel. Dazu kam noch eine nicht näher bestimmbare Anzahl von Personen, die das Land illegal verlassen hatten.

[Dr. Frank Boblenz]

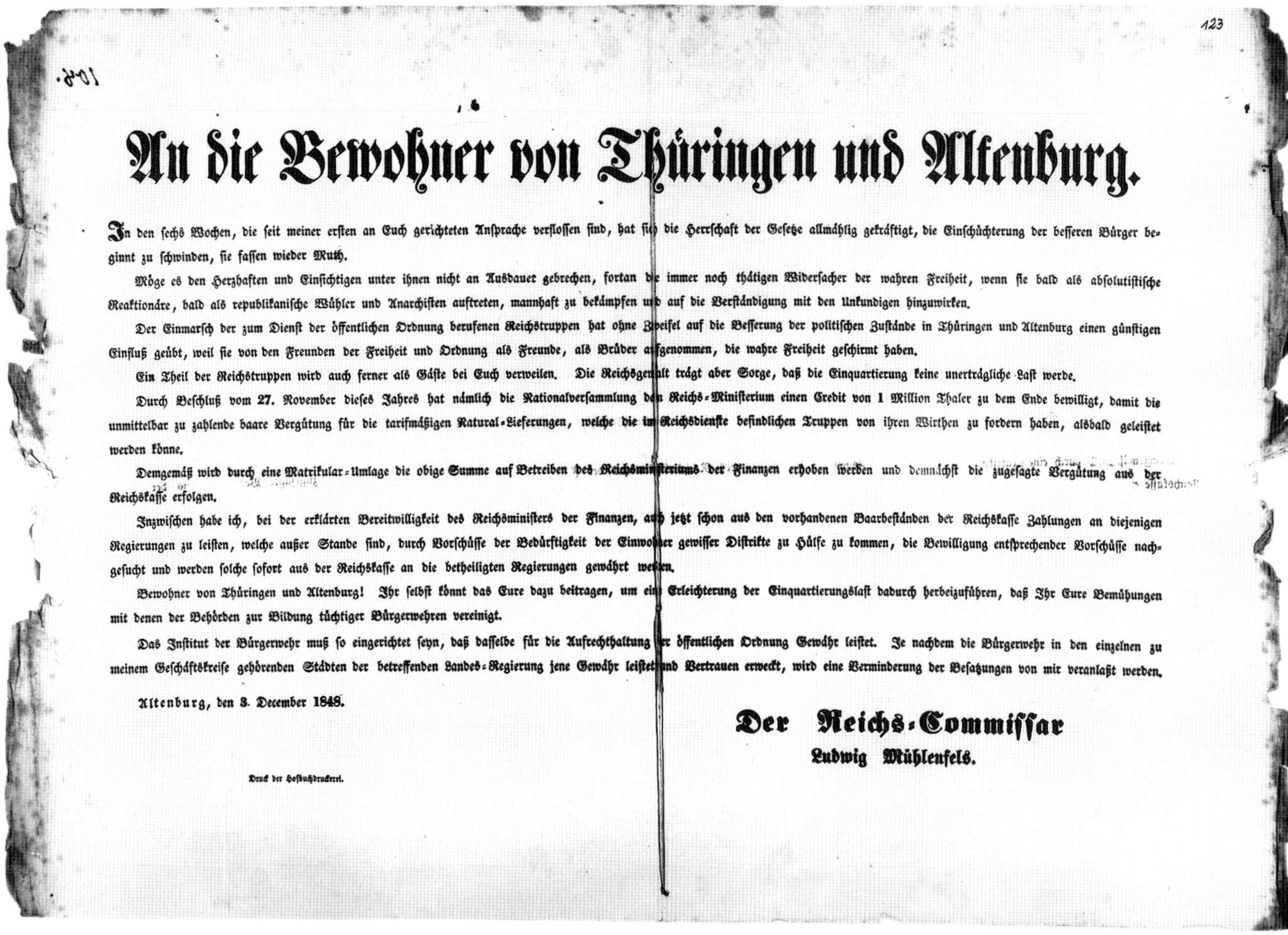

An die Bewohner von Thüringen und Altenburg.

In den sechs Wochen, die seit meiner ersten an Euch gerichteten Ansprache verflossen sind, hat sich die Herrschaft der Gesetze allmählig gekräftigt, die Einschüchterung der besseren Bürger beginnt zu schwinden, sie fassen wieder Muth.

Möge es den Herzhaften und Einsichtigen unter ihnen nicht an Ausdauer gebrechen, fortan die immer noch thätigen Widersacher der wahren Freiheit, wenn sie bald als absolutistische Reaktionäre, bald als republikanische Wühler und Anarchisten auftreten, mannhaft zu bekämpfen und auf die Verständigung mit den Unkundigen hinzuwirken.

Der Einmarsch der zum Dienst der öffentlichen Ordnung berufenen Reichstruppen hat ohne Zweifel auf die Besserung der politischen Zustände in Thüringen und Altenburg einen günstigen Einfluß geübt, weil sie von den Freunden der Freiheit und Ordnung als Freunde, als Brüder aufgenommen, die wahre Freiheit geschirmt haben.

Ein Theil der Reichstruppen wird auch ferner als Gäste bei Euch verweilen. Die Reichsgewalt trägt aber Sorge, daß die Einquartierung keine unerträgliche Last werde.

Durch Beschluß vom 27. November dieses Jahres hat nämlich die Nationalversammlung dem Reichs-Ministerium einen Credit von 1 Million Thaler zu dem Ende bewilligt, damit die unmittelbar zu zahlende baare Vergütung für die tarifmäßigen Natural-Lieferungen, welche die im Reichsdienste befindlichen Truppen von ihren Wirthen zu fordern haben, alsbald geleistet werden könne.

Demgemäß wird durch eine Matrikular-Umlage die obige Summe auf Betreiben des Reichsministeriums der Finanzen erhoben werden und demnächst die zugesagte Vergütung aus der Reichskasse erfolgen.

Inzwischen habe ich, bei der erklärten Bereitwilligkeit des Reichsministers der Finanzen, auch jetzt schon aus den vorhandenen Baarbeständen der Reichskasse Zahlungen an diejenigen Regierungen zu leisten, welche außer Stande sind, durch Vorschüsse der Bedürftigkeit der Einwohner gewisser Distrikte zu Hülfe zu kommen, die Bewilligung entsprechender Vorschüsse nachgesucht und werden solche sofort aus der Reichskasse an die betheiligten Regierungen gewährt werden.

Bewohner von Thüringen und Altenburg! Ihr selbst könnt das Eure dazu beitragen, um eine Erleichterung der Einquartierungslast dadurch herbeizuführen, daß Ihr Eure Bemühungen mit denen der Behörden zur Bildung tüchtiger Bürgerwehren vereinigt.

Das Institut der Bürgerwehr muß so eingerichtet seyn, daß dasselbe für die Aufrechthaltung der öffentlichen Ordnung Gewähr leistet. Je nachdem die Bürgerwehr in den einzelnen zu meinem Geschäftskreise gehörenden Städten der betreffenden Landes-Regierung jene Gewähr leistet und Vertrauen erweckt, wird eine Verminderung der Besatzungen von mir veranlaßt werden.

Altenburg, den 3. December 1848.

Der Reichs-Commissar
Ludwig Mühlenfels.

Druck der Hofbuchdruckerei.

Proklamation des Reichskommissars Ludwig von Mühlenfels vom 3. Dezember 1848 an die Bürger von Thüringen und Altenburg über die finanzielle Unterstützung während der Einquartierung von Reichstruppen und zu den Bürgerwehren.

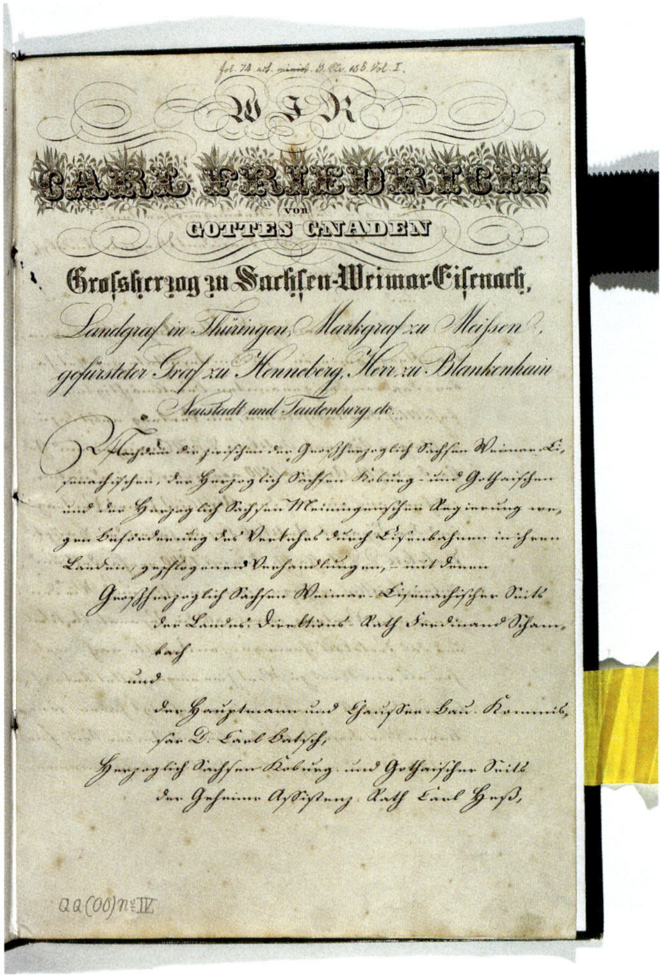

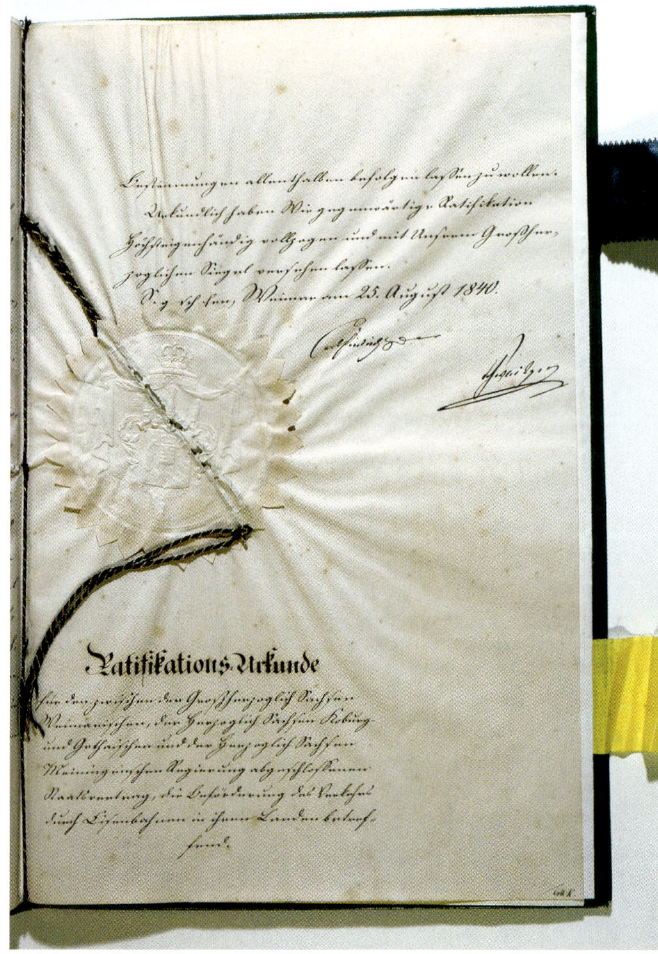

Ratifikationsurkunde für den zwischen den Regierungen des Großherzogtums Sachsen-Weimar-Eisenach, des Herzogtums Sachsen-Meiningen und des Herzogtums Sachsen-Coburg und Gotha abgeschlossenen Staatsvertrag über die Förderung des Eisenbahnverkehrs in ihren Ländern. Weimar, 25. August 1840. Ausfertigung, Papier mit dem aufgedrückten Papiersiegel und der eigenhändigen Unterschrift des Großherzogs Carl Friedrich von Sachsen-Weimar-Eisenach.

Der wohlfeile, schnelle, sichere und regelmäßige Transport von Personen und Gütern ist einer der mächtigsten Hebel des Nationalwohlstandes und der Civilisation nach allen ihren Verzweigungen.

Friedrich List (1837)

Der Eisenbahnbau

Thüringen verfügte um die Wende vom 18. zum 19. Jahrhundert über ein gut ausgebautes Netz von Postverbindungen, wobei der Thurn- und Taxisschen Reichspost nur die Briefbeförderung überlassen war, während die fahrenden Posten von landeseigenen Postanstalten besorgt wurden. Nach dem Ende des Heiligen Römischen Reiches 1806 erhielten die Fürsten von Thurn und Taxis verschiedene Landesposten als Lehen, die sie bis zum Übergang der Posten an die Norddeutsche Bundespost innehatten. Obwohl der Bau von Kunststraßen (Chausseen) im 19. Jahrhundert forciert wurde, waren Kapazität, Reisegeschwindigkeit und Komfort der fahrenden Posten doch sehr begrenzt. Für den Güterverkehr waren Kaufleute und Gewerbetreibende auf die ebenso langsamen Fuhrwerke angewiesen.

Auch in Deutschland wurden die Fortschritte eines neuen Landverkehrsmittels, des ersten, das von tierischer und menschlicher Muskelkraft unabhängig war, aufmerksam verfolgt. In Großbritannien, dem auf dem Gebiet der Technik und Industrie führenden Lande Europas, feierte die Eisenbahn ihre ersten Triumphe. In Deutschland hatten vorausschauende Geister früh den Wert der Eisenbahn nicht nur für das wirtschaftliche, sondern auch für das politische Zusammenwachsen der 38 Staaten des Deutschen Bundes erkannt. So äußerte Goethe zu Ekkermann: „Mir ist nicht bange, daß Deutschland nicht eins werde, unsere guten Chausseen und künftigen Eisenbahnen werden schon das Ihrige tun." Goethe sollte aber die erste Eisenbahn auf deutschem Boden nicht mehr miterleben: es war dies die 1835 in Betrieb genommene Strecke Nürnberg-Fürth, die freilich nur von lokaler Bedeutung war (und nie an die Reichsbahn überging).

Der große Vorkämpfer für ein deutsches Eisenbahnnetz aber wurde der aus Schwaben stammende Nationalökonom Friedrich List (1789-1846). Durch Broschüren und Zeitungsartikel bereitete er der ersten deutschen Fernbahn von Leipzig nach Dresden, die 1837 eröffnet wurde, den Weg. Trotz seiner unermüdlichen Anstrengungen wurde er alsbald beiseite geschoben und erhielt weder Anstellung noch Auszeichnung für seine Verdienste. Ähnlich erging es ihm in Thüringen. Die erste Eisenbahn auf thüringischem Boden kam freilich gegen seine Opposition zustande: die Verbindung Leipzigs mit der bayerischen Stadt Hof über Altenburg, das schon am 19. September 1842 von Leipzig aus erreicht wurde. So wurde das 1826 erneuerte Herzogtum Sachsen-Altenburg das erste wettinische Fürstentum, das von dem neuen Verkehrsmittel durchquert wurde.

In den anderen ernestinischen Staaten bestand 1840 die akute Befürchtung, Preußen könnte für die erstrebte Verbindung seiner östlichen mit den westlichen Landesteilen über Halle nach Kassel eine Eisenbahn tunlichst nur über preußisches Gebiet, über Mühlhausen oder auch über Nordhausen und Heiligenstadt (was allerdings als zu aufwendig verworfen wurde), bauen und den uralten Handelsweg über Weißenfels, Naumburg nach Weimar, Erfurt, Gotha und Eisenach auf diese Weise umgehen. Dem trat List mit einer Serie von Zeitungsartikeln im „Gothaer Allgemeinen Anzeiger und Nationalzeitung der Deutschen" (gegründet von Rudolf Zacharias Becker) entgegen, deren erster am 19. Juni 1840 erschien und die er unter dem Pseudonym „Justus Möser", dem Namen eines patriotischen Publizisten aus dem 18. Jahrhundert, veröffentlichte.

Kurze Zeit später verständigten sich die drei betroffenen ernestinischen Staaten, durch Vertrag vom 19. August 1840, über die Streckenführung und nach längeren Verhandlungen mit dem Königreich Preußen und dem Kurfürstentum Hessen durch Vertrag vom 20. Dezember 1841. In diesem Vertrag waren auch Anschlußstrecken zur Köln-Mindener Eisenbahn (die 1847 eröffnet wurde) von Kassel aus und von Eisenach über Meiningen, Hildburghausen, Coburg nach Bamberg vorgesehen.

Diese Strecke, die Werra-Bahn, war eigentlich das früheste Eisenbahnprojekt gewesen, für das List und der mit ihm befreundete Verleger Joseph Meyer aus Hildburghausen schon vergebens gekämpft hatten. 1845 verpflichtete sich Bayern zum Bau der Linie bis zur Landesgrenze Coburgs, 1853 wurde die Werra-Eisenbahn-Gesellschaft konzessioniert. Vom Kapital mußten die drei ernestinischen Staaten je 500.000 Taler aufbringen, 100.000 Taler zeichnete die Thüringische Eisenbahn-Gesellschaft und für den Rest von 2.506.900 Talern konnten private Aktionäre gefunden werden. Am 2. November 1858 endlich wurde die Strecke Eisenach-Coburg-Sonneberg eröffnet, am 24. Januar 1859 die Verbindung Coburg-Lichtenfels. 1895 übernahm Preußen die Werrabahn-Gesellschaft mit ihren 216 km Schienenstrecken.

Zum Bau und Betrieb der Thüringer Magistrale entstand 1844 die „Thüringische Eisenbahn-Gesellschaft" ebenfalls als Aktiengesellschaft mit einem vorläufigen Kapital von 9 Millionen Talern, an dem sich auch die Fürsten beteiligten, so Herzog Ernst I. von Sachsen-Coburg und Gotha mit 100.000 Talern. Die Kosten des Bahnbaus beliefen sich per 31. Dezember 1847 schließlich auf 11.349.516 Taler. Die Gesellschaft ging jedoch nach langwierigen Verhandlungen 1882 an den preußischen Staat über. Die Strecken wurden nun von der Königlich Preußischen Eisenbahn-Verwaltung (KPEV) betrieben, an die Stelle der Direktion der Thüringischen Eisenbahn-Gesellschaft in Erfurt trat die Königliche Eisenbahn-Direktion, in deren Nachfolge bis in die Gegenwart die Reichsbahndirektion in Erfurt stand. Das Kapital belief sich 1882 auf 140.070.300 Mark (eine Mark entsprach 1/3 Taler), die Streckenlänge auf 503,9 Kilometer.

Der Nationalökonom und Wirtschaftspolitiker Friedrich List hatte sich auch hier für sich und seine Familie eine Existenzsicherung erhofft, aber ihm wurde nur am 15. November 1840 der juristische Ehrendoktor der Universität Jena und ein mageres Geldgeschenk der drei ernestinischen Landesherrn zuteil. Die Fertigstellung der Magistrale erlebte er nicht, er machte seinem Leben am 30. November 1846 bei Kufstein ein Ende.

Der Bahnbau für die Thüringer Magistrale begann schon im Jahr 1844. Für die zeitweilig bis zu 15.000 beim Bau tätigen Arbeiter erließ die Direktion der Eisenbahn-Gesellschaft schon am 8. November 1844 strenge „Verhaltungs-Vorschriften für die Accord-Arbeiter und Tagelöhner", die ihnen wenig Rechte, aber desto mehr Pflichten auferlegte: „Der Arbeiter hat sich während und außer den Arbeitsstunden streng sittlich zu verhalten."

Fahrplan der Thüringischen Eisenbahn

in Verbindung mit den Dampfwagen-Fahrten

auf der Magdeburg-Cöthen-Halle-Leipziger Eisenbahn

für die Zeit vom 6ten August bis 15ten October 1848.

Zeit der Abfahrt von	In der Richtung von Halle nach Eisenach														Ankunft in Eisenach	Ankunft der correspondirenden Züge der Magdeburg-Leipziger Bahn in Halle.
	Halle	Merseburg	Corbetha (bei Dürrenberg)	Weißenfels	Naumburg	Kösen	Sulza	Apolda	Weimar	Vieselbach	Erfurt	Dietendorf (bei Arnstadt)	Gotha	Fröttstedt (b. Waltershausen)		
I. Personenzug	—	—	—	—	4¾ Uhr Morgens	5 Uhr Morgens	5¼ Uhr Morgens	5¾ Uhr Morgens	6¼ Uhr Morgens	6½ Uhr Morgens	7 Uhr Morgens	7¼ Uhr Morgens	7¾ Uhr Morgens	8 Uhr Morgens	8½ Uhr Morgens	
II. Güterzug	9 Uhr Morgens	9½ Uhr Morgens	9¾ Uhr Morgens	10¼ Uhr Morgens	10¾ Uhr Morgens	11 Uhr Mittags	11¼ Uhr Mittags	11¾ Uhr Mittags	12½ Uhr Mittags	12¾ Uhr Mittags	1½ Uhr Nachmittags	2 Uhr Nachmittags	2½ Uhr Nachmittags	3 Uhr Nachmittags	3½ Uhr Nachmittags	8½ Uhr Güterzug von Leipzig. 8¾ Uhr Personenzug von Magdeburg und Wittenberg.
III. Personenzug	2¼ Uhr Nachmittags	2½ Uhr Nachmittags	2¾ Uhr Nachmittags	3¼ Uhr Nachmittags	3¾ Uhr Nachmittags	4 Uhr Nachmittags	4¼ Uhr Nachmittags	4¾ Uhr Nachmittags	5¼ Uhr Nachmittags	5½ Uhr Nachmittags	5¾ Uhr Nachmittags	6 Uhr Abends	6½ Uhr Abends	6¾ Uhr Abends	7½ Uhr Abends	2 Uhr Personenzug von Magdeburg, Berlin, Bernburg rc. und Leipzig.
IV. Personenzug	7¾ Uhr Abends	8 Uhr Abends	8¼ Uhr Abends	8¾ Uhr Abends	9¼ Uhr Abends (Uebernachtung.)	—	—	—	—	—	—	—	—	—	—	7½ Uhr Personenzug von Magdeburg, Berlin rc. und 7 Uhr Güterzug von Leipzig.

Zeit der Abfahrt von	In der Richtung von Eisenach nach Halle														Ankunft in Halle	Abgang der correspondirenden Züge der Magdeburg-Leipziger Bahn von Halle.
	Eisenach	Fröttstedt (b. Waltershausen)	Gotha	Dietendorf (bei Arnstadt)	Erfurt	Vieselbach	Weimar	Apolda	Sulza	Kösen	Naumburg	Weißenfels	Corbetha (bei Dürrenberg)	Merseburg		
I. Güterzug	—	—	—	—	4¾ Uhr Morgens	5 Uhr Morgens	5¼ Uhr Morgens	5¾ Uhr Morgens	6 Uhr Morgens	6¼ Uhr Morgens	6½ Uhr Morgens	7¼ Uhr Morgens	7½ Uhr Morgens	7¾ Uhr Morgens	8¼ Uhr Morgens	8¾ Uhr Personenzug nach Leipzig. 8½ Uhr Güterzug nach Magdeburg.
II. Personenzug	5¼ Uhr Morgens	5¾ Uhr Morgens	6 Uhr Morgens	6½ Uhr Morgens	7 Uhr Morgens	7¼ Uhr Morgens	7¾ Uhr Morgens	8¼ Uhr Morgens	8½ Uhr Morgens	9 Uhr Morgens	9¼ Uhr Morgens	9¾ Uhr Morgens	10¼ Uhr Morgens	10½ Uhr Morgens	11 Uhr Mittags	11½ Uhr Güterzug nach Leipzig und Personenzug nach Magdeburg (Berlin u. s. w.)
III. Personenzug	3 Uhr Nachmittags	3½ Uhr Nachmittags	4 Uhr Nachmittags	4¼ Uhr Nachmittags	4¾ Uhr Nachmittags	5 Uhr Nachmittags	5½ Uhr Nachmittags	6 Uhr Abends	6¼ Uhr Abends	6½ Uhr Abends	7 Uhr Abends	7½ Uhr Abends	7¾ Uhr Abends	8 Uhr Abends	8½ Uhr Abends	8¾ Uhr Güterzug nach Leipzig.
IV. Güterzug	7½ Uhr Abends	8 Uhr Abends	8¼ Uhr Abends	8¾ Uhr Abends	9¼ Uhr Abends (Uebernachtung.)	—	—	—	—	—	—	—	—	—	—	

Bemerkungen.

1. Wir befördern bei sämmtlichen Zügen Personen in allen Wagenklassen; die Magdeburg-Leipziger Bahn bei ihren Güterzügen nur in 2ter und 3ter Wagenklasse.
2. Zwischen den **groß gedruckten** Stations-Orten unserer Bahn und den Städten **Leipzig, Cöthen, Magdeburg, Deßau, Wittenberg** und **Berlin** findet directer Billet-Verkauf und directe Expedirung des Gepäckes Statt.
3. Nach und von den Anhaltepunkten **Sulza** und **Dietendorf** wird von und nach allen Stations-Orten unserer Bahn expedirt; von und nach den Anhaltepunkten **Corbetha, Vieselbach** und **Fröttstedt** aber nur nach und von den zunächst gelegenen Stations-Orten.
4. Alle Züge halten auch bei dem Dorfe **Wutha**, unweit dem Fabrikorte **Ruhla**, an, und werden dorthin Billets für die 2te und 3te Wagenklasse in **Gotha, Fröttstedt** und **Eisenach**, in **Wutha** aber nach diesen Orten am Zuge selbst verkauft. **Erfurt, im Juli 1848.**

Die Direction der Thüringischen Eisenbahn-Gesellschaft.

Gedruckt bei A. Stenger in Erfurt.

Fahrplan der Thüringischen Eisenbahn-Gesellschaft vom 6. August bis 15. Oktober 1848 für die Strecke Halle-Eisenach.

Der Bau schritt rasch voran. Schon am 19. Mai 1846 konnte eine Probefahrt zwischen Halle und Merseburg stattfinden, Weißenfels wurde am 20. Juni erreicht, die Strecke bis Weimar war am 29. Dezember 1846 fertig, Weimar - Erfurt am 1. April 1847. Wegen der schlechten Wirtschaftslage wurde der Abschnitt Erfurt - Gotha ohne Feierlichkeiten eröffnet: Die Lokomotive „Gotha" – die erste ihres Namens (erbaut von Borsig in Berlin) – beförderte den ersten Zug am 10. Mai 1847 in die Residenzstadt. Eine Woche zuvor hatte eine Probefahrt stattgefunden, an der auch Herzog Ernst II. teilgenommen hatte. Eisenach erhielt am 24. Juni 1847 Anschluß, die Strecke bis zur Grenze bei Gerstungen wurde allerdings erst zusammen mit der hessischen Friedrich-Wilhelms-Nordbahn (Gerstungen - Bebra - Kassel) am 25. September 1849 dem Verkehr übergeben.

Rechtzeitig zur Eröffnung der Strecke waren die rechtlichen Grundlagen für den Betrieb geschaffen worden, ein „Betriebs-Reglement", ein „Gesetz über die Bestrafung der Beschädiger der Eisenbahn-Anlagen" und ein „Bahnpolizei-Reglement für die Thüringische Eisenbahn". Dennoch kam es bald zu ersten Unfällen mit dem neuen, ungewohnt schnellen Verkehrsmittel. Dabei war die Thüringische Eisenbahn-Gesellschaft ein solides und fortschrittliches Unternehmen. Ihre Lokomotiven bezog sie bei deren führenden Herstellern. 1844 hatte sie 15 Lokomotiven bei der berühmten englischen Fabrik von Stephenson, sieben weitere bei August Borsig in Berlin bestellt. Von Anfang an war der elektromagnetische Telegraph für die Meldung der Züge von Station zu Station eingesetzt, 1856 kam das erste Signalbuch in Gebrauch. 1880 fuhr der erste deutsche Speisewagen mit dem Schnellzug Nr. 3 von Berlin nach Frankfurt am Main auch über die Hauptstrecke der Thüringischen Eisenbahn-Gesellschaft.

Die Thurn und Taxissche Post erkannte die Bedeutung der Eisenbahn schon bald und schloß noch 1847 Verträge mit den thüringischen Staaten zur Beförderung von Postsendungen per Bahn. Fahrende Posten blieben noch weiter in den Gebieten, die noch nicht durch die Bahn erschlossen waren, in Betrieb und wurden von 1905 an motorisiert. Der Wert der Eisenbahn – im Kriege für die Beförderung von Truppen und Ausrüstung –, den schon List erkannt hatte, blieb den Militärs nicht verborgen und manifestierte sich bei Güterwagen an der ominösen Aufschrift „40 Mann oder sechs Pferde".

Die Eisenbahn wird bisweilen als demokratisches Verkehrsmittel bezeichnet, was schon König Ernst August von Hannover geahnt hatte, weswegen er das neue Verkehrsmittel und Joseph Meyers Projekte ablehnte: „Ich will nicht, daß jeder Schneider und Schuster so rasch reisen kann wie ich." Aber es gab doch noch Unterschiede in Ausstattung und Komfort. 1860 richtete die Thüringische Eisenbahn-Gesellschaft zwei „Coupés" (Abteile) eines Personenwagens 1. Klasse für „die Aufnahme Fürstlicher Personen und Hoher Herrschaften" ein. In der Folge erwarben einzelne Landesherren mehr oder weniger prunkvolle Salonwagen. Ernst II. von Sachsen-Coburg und Gotha erhielt 1889 ein solches Fahrzeug von der Aktiengesellschaft für die Fabrikation von Eisenbahnmaterial in Görlitz. Dagegen durfte die Gothaer Waggonfabrik für seinen Nachfolger Carl Eduard 1909 einen neuen Salonwagen entwerfen. Dieses 1898 gegründete Industrieunternehmen (1910 unter Beteiligung von Frankfurter Banken in eine Aktiengesellschaft umgewandelt) baute für das In- und Ausland Eisenbahnfahrzeuge aller Art, Speise- und Schlafwagen, Personen- und Güterwagen. Auch Zar Ferdinand I. aus dem Hause Sachsen-Coburg-Kohary, ein begeisterter Amateur-Lokomotivführer, bestellte 1909 in Gotha einen Salonwagen.

Vom Verwaltungsrat der Werra-Eisenbahn-Gesellschaft in Meiningen ausgegebene Aktie über Einhundert Thaler vom 1. Januar 1858.

1910 erhielt der Großherzog von Sachsen ebenfalls aus Gotha einen neuen Salonwagen; dessen Vorgänger war noch 1874 in Belgien beschafft worden. Für die Fürstlichkeiten wurden in den Bahnhöfen Fürstenzimmer oder gar Fürstenpavillons errichtet, wie sie z.B. in Weimar, in Eisenach oder in Reinhardsbrunn noch erhalten sind.

Die Auswirkungen des Eisenbahnbaus auf das Bild der Städte und Landschaften kann hier nur angedeutet werden: Oft entstanden neue Stadtviertel, wegen der Entfernung der Bahnhöfe von den Stadtzentren wurden innerstädtische Verkehrsmittel nötig, in Gotha z. B. wurde schon 1847 eine Omnibus- und Droschkenanstalt eingerichtet, späterhin wurden Straßenbahnen gebaut, so in Altenburg, Weimar, Gotha und Eisenach.

Auf die wirtschaftliche Bedeutung des Eisenbahnbaues soll lediglich verwiesen werden. Die Verbilligung des Rohstofftransports, aber auch der allgemeine Warentransport begünstigten den wirtschaftlichen Aufschwung in allen Landesteilen. Die Kohletransporte mit der Bahn haben die Einführung der Dampfmaschine erst richtig ermöglicht.

[Dr. Uwe-Jens Wandel]

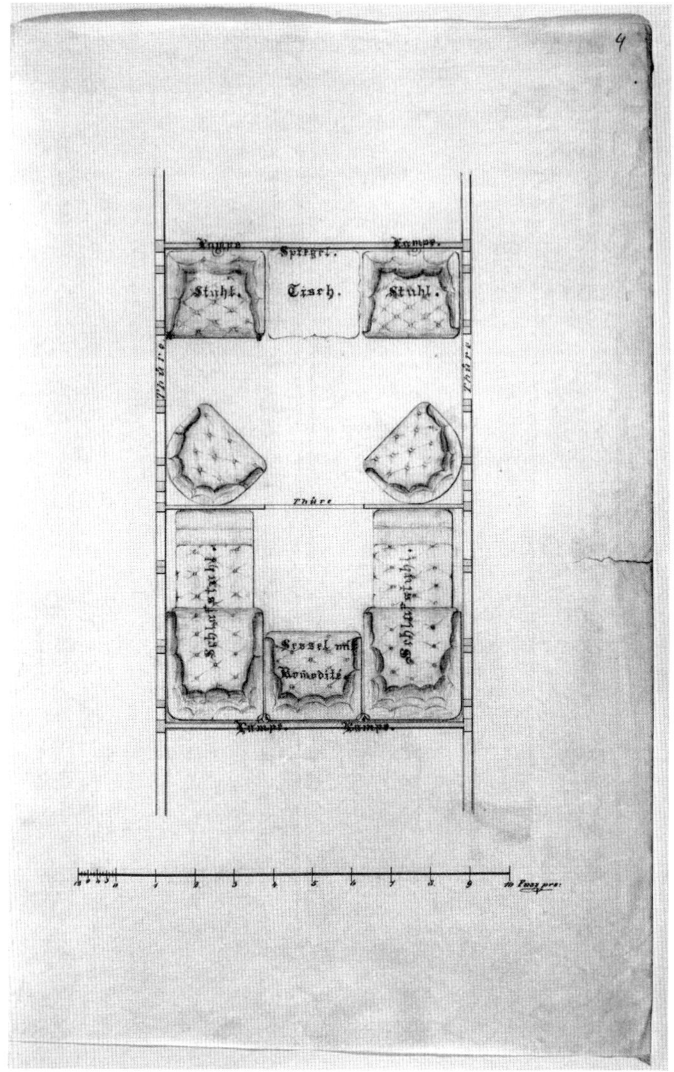

Grundriß eines fürstlichen Salonwagens von 1860.

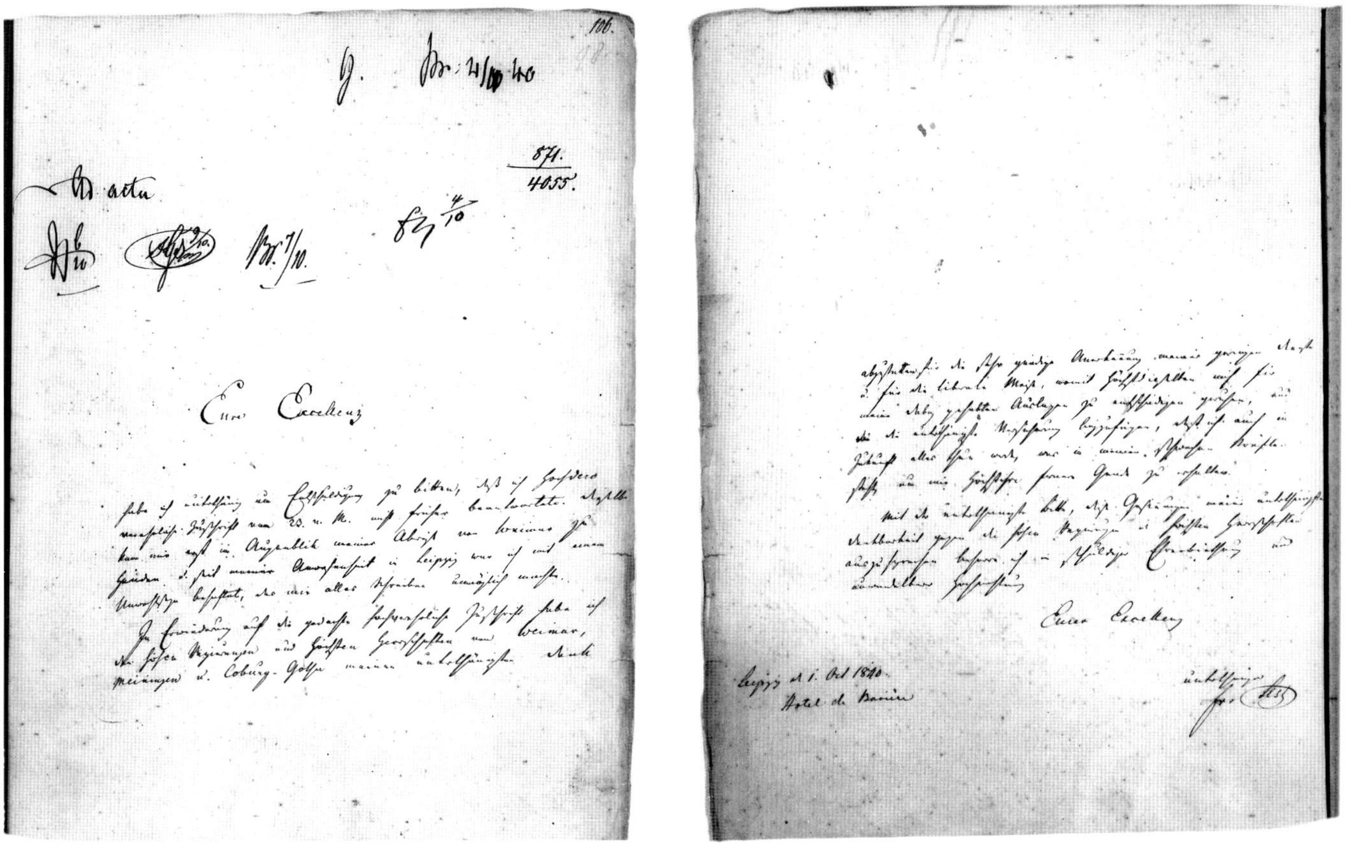

Dankschreiben Friedrich Lists an „die höchsten Herrschaften von Weimar, Meiningen und Coburg-Gotha“. Leipzig, 1. Oktober 1840.

Der Verein

für

thueringische Geschichte und Alterthumskunde

in

Jena

hat am 2ten Mai 1859

Seine Königliche Hoheit den Erbgroßherzog zu Sachsen

als sein ordentliches Mitglied aufgenommen

Zu Urkunde dessen ist gegenwärtiges Diplom ausgefertigt und von dem Vorstande des Vereines unter Vordruck des Vereins-Siegels unterschrieben worden

Der Vorstand des Vereines für thüringische Geschichte und Alterthums-Kunde

Es gibt wohl kaum eine Stadt in Thüringen, die nicht in der Vergangenheit und Gegenwart irgendwie politisch oder kulturell hervorgetreten ist.

Friedrich Schneider (1931)

Gesellschaften und Vereine

Das 19. Jahrhundert ist auch das der Gesellschaften und Vereine, in deren Wirken sich ein neues, bürgerliches Lebensgefühl Bahn brach, obwohl die Landesherrschaft und die Hofgesellschaft keineswegs abseits standen. Das Vereinsleben wird in vielen Städten zum hervorstechendsten Merkmal für politische und kulturelle Betätigung der Bevölkerung. Daß sich solche Vereinigungen zuerst in den Residenzen bildeten, ist dem haupt- und residenzstädtischen Leben dieser kleinstaatlichen Welt geschuldet. Zu ihm gehörten die Hofhaltung, Landtag und Staatsverwaltung, öffentliche Kultureinrichtungen, Schulen, die Garnison mit ihrem Offizierskorps und nicht zuletzt auch das Auftreten von Gesellschaften und Vereinen. Daneben war es die Universitätsstadt Jena, in der sich das akademische Bürgertum in besonderer Weise organisiert hatte. Gründung und Wirken von literarischen Gesellschaften und historischen Vereinen in den ernestinischen Territorialstaaten hatten aber auch in dem hier herrschenden freiheitlichen Geist in Politik und Wissenschaft eine Basis, dem sich die Landesherren, insbesondere Carl Alexander von Sachsen-Weimar und Eisenach und Ernst II. von Sachsen-Coburg und Gotha, mit ihrer liberalen Überzeugung verschrieben hatten.
Eigenständig in jeder Hinsicht war das Interesse des weimarischen Landesfürsten Carl Alexander, der 1853 die Regierung angetreten hatte, als er sein Augenmerk der Pflege der schönen Künste zuwandte. Das große Erbe der Weimarer Klassik war ihm anvertraut worden. Der Plan, in Weimar eine Akademie für deutsche Geschichte und Literatur zu gründen, scheiterte zwar, aber sein Ziel, der deutschen Literatur in Weimar eine erneuerte Heimstätte zu bereiten, blieb. Eine solche Entwicklung mußte über die engen territorialen Grenzen des Großherzogtums Sachsen-Weimar-Eisenach hinausweisen, und sie fand ihren ersten symbolischen Ausdruck 1857 in der Errichtung des Doppelstandbildes von Goethe und Schiller vor dem Weimarer Hoftheater.
Als nach mehrjährigen Vorbereitungen 1859 anläßlich des 100. Geburtstages von Friedrich Schiller in Dresden die Deutsche Schillerstiftung als eine über die Einzelstaaten hinausgehende Institution zur finanziellen Fürsorge und Unterstützung von Dichtern und deren Angehörigen entstand, existierte bereits für Weimar ein Zweigverein. Der Großherzog hatte sich dem Unternehmen gegenüber sehr aufgeschlossen gezeigt und das seit 1856 arbeitende Vorbereitungskomitee unterstützt, so daß der Weimarer Zweigverein in der konstituierenden

Mitgliedsdiplom des Vereins für Thüringische Geschichte und Altertumskunde zu Jena vom 2. Mai 1859 für Erbgroßherzog Carl August von Sachsen-Weimar und Eisenach mit dem Vereinssiegel und den Unterschriften der Vorstandsmitglieder Moritz Seebeck (Kurator der Universität), Andreas Ludwig Jakob Michelsen (Professor der Rechtswissenschaften), Gustav Fischer (Professor der Staatswissenschaften) und Friedrich Johannes Frommann (Buchhändler).

Versammlung in Dresden bereits als offiziell genehmigte Institution auftreten konnte.
Für die Zeit von 1859 bis 1865 wurde Weimar zum Vorort und der Hoftheaterintendant Franz von Dingelstedt zum Vorsitzenden gewählt. Zum Generalsekretär wurde 1861 der Schriftsteller Karl Gutzkow bestimmt, der nach Weimar zog und trotz mancher Schwierigkeiten bis 1865 in dieser Stellung blieb. In diesem Jahr wurde der Vorort der Schiller-Stiftung nach Wien verlegt, aber von 1870 bis 1874 und 1884 bis 1885 war Weimar wieder deren Sitz. Schließlich wurde er 1890 für dauernd in Weimar (bereits seit 1863 im Schillerhaus) eingerichtet.
Die Bemühungen Dingelstedts um das dramatische Schaffen William Shakespeares ließen in Weimar den Plan einer Shakespeare-Gesellschaft reifen, die das Werk des großen Engländers genauer erforschen und weiten Volkskreisen zugänglich machen wollte. Der 300. Geburtstag Shakespeares am 23. April 1864 gab den äußeren Rahmen ab. So wurde am Ende der Festtage am 26. April 1864 in Weimar die Deutsche Shakespeare-Gesellschaft gegründet, die heute noch existiert und damit die älteste nationale literarische Gesellschaft in Deutschland ist. Bei der Gründung übernahm Großherzogin Sophie das Protektorat und steuerte zugleich 500 Taler für die Einrichtung einer Bibliothek der Shakespeareliteratur bei. An die deutschen Regierungen ging eine Denkschrift, die neueren Sprachen, insbesondere das Englische und das Französische, an den Gymnasien und Universitäten mehr als bisher zu pflegen und zu verbreiten. Seit ihrer Gründung tagte die Gesellschaft jährlich am 23. April in der Stadt an der Ilm, in deren Park sie 1904 zum 40. Gründungstag der Gesellschaft ein Shakespeare-Denkmal (von dem Bildhauer Otto Lessing) errichten ließ. Es war das erste Denkmal des englischen Dramatikers auf dem europäischen Kontinent.
Das Großherzogliche Haus nahm an allen diesen literarischen Bestrebungen lebhaften Anteil. Die Absicht von Carl Alexander, unterstützt von seiner Gattin, Großherzogin Sophie, Weimar wieder zu einem geistigen Mittelpunkt Deutschlands zu erheben, machte in diesen Jahren sichtbare Fortschritte. Ihre künstlerischen Interessen galten neben der Literatur auch der Musik und nicht zuletzt der bildenden Kunst. Die mäzenatische Fürsorge für Franz Liszt (bereits seit 1842 als Kapellmeister in Weimar) ist dafür das personifizierte Beispiel, die Gründung des Allgemeinen Deutschen Musikvereins am 7. August 1861 in Weimar und nicht minder die 1872 erfolgte Errichtung einer Orchesterschule sind institutionelle Beispiele für die Förderung der deutschen Musikkultur in Sachsen-Weimar-Eisenach. Die Eröffnung einer Kunstschule in Weimar am 1. Oktober 1860 als eine privat finanzierte Anstalt des Großherzogs (bis zu dessen Tod 1901), aber auch der zwischen 1864 und 1868 realisierte monumentale Museumsbau (Architekt Josef Zitek), 1869 als Großherzogliches Museum eröffnet und für historische wie für zeitgenössische Kunst genutzt, gehören gleichfalls in diesen Zusammenhang.
Als „Silbernes Zeitalter“ im nachklassischen Weimar wird dieses Erscheinungsbild für die kulturhistorischen Leistungen und das Engagement in der Bewahrung des Erbes und der Traditionen wahrend der Regierungszeit Carl Alexanders bezeichnet, wobei der eigene pflichtbewußte Anspruch seiner Mutter, Maria Pawlowna, ihm den Weg vorgezeichnet hatte. Heute wird die Rolle Carl Alexanders durchaus positiv beurteilt, obwohl seine kulturellen Ansichten in vielem konservativ geprägt waren. Es war ja auch nicht allein das Großherzogspaar, dem die kulturelle Blüte zu verdanken ist. Verständige sowie geistig und kulturell aufgeschlossene Staatsbeamte, wie der 1883 zum Staatsminister berufene Herder-Enkel Gottfried

Theodor Stichling gehörten ebenso dazu. Er hatte in seiner ersten Landtagsrede im neuen Amt verkündigt: „Unsere Vergangenheit wird unsere Zukunft sein“.
Das Bemühen, kulturell auszugleichen, wo für das Fürstenhaus und den Staat politisch wenig Gestaltungsmöglichkeit im nationalen Rahmen blieb, erreichte so nach 1885 einen Gipfelpunkt, als das Vermächtnis Goethes als nachgelassenes Erbe der Goethe-Enkel auf den weimarischen Staat (Goethehäuser und ihre Sammlungen) und die Großherzogin Sophie (Goethe-Archiv) übertragen wurde, nachdem dieses für ein halbes Jahrhundert seit Goethes Tod 1832 mehr oder weniger für die Öffentlichkeit verschlossen geblieben war. In einer Denkschrift vom 5. Mai 1885 hatte die Großherzogin ihre Auffassung dargelegt, Weimar als Mittelpunkt aller Bestrebungen zu entwickeln, welche den großen Namen Goethe betreffen. „Mit seiner Geschichte, seinen Erinnerungen und seinen Sammlungen bildet Weimar das allgemein anerkannte geistige Zentrum Deutschlands.“
Die Umgestaltung des Hauses am Frauenplan in ein Goethe-Nationalmuseum, die wissenschaftliche Durchforschung seines Nachlasses, die Edition seines Gesamtwerkes und die Erarbeitung einer Biographie des Dichters und Staatsmannes wurden als Aufgaben formuliert. Damit reifte auch der Plan einer Goethe-Gesellschaft in Weimar, der schon früher erwogen worden war und nunmehr in die Tat umgesetzt wurde.
Der Aufruf zur Bildung dieser Gesellschaft vom 9. Juni 1885, von dem Weimarer Redakteur Paul von Bojanowski verfaßt, fand die volle Zustimmung des Staatsministeriums und trug deshalb auch die Unterschriften der führenden Beamten, darunter die des Staatsministers Stichling und die des Leiters des Departements des Kultus, Adolf Guyet. Die Gesellschaft wurde am 20. und 21. Juni 1885 in Weimar gegründet.

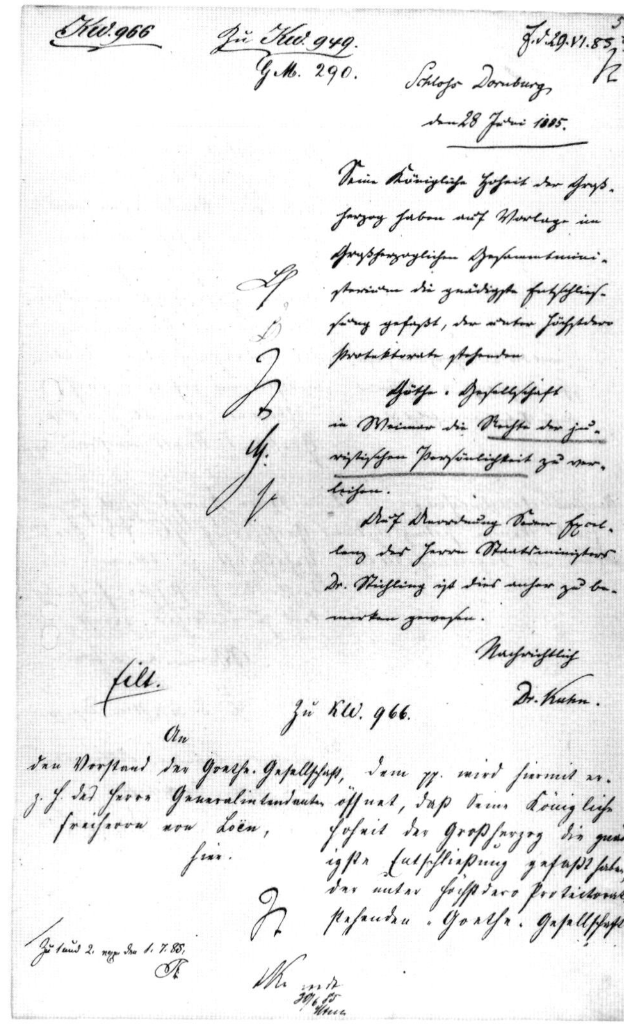

Protokollauszug von der Sitzung des Großherzoglichen Gesamtministeriums am 28. Juni 1885 auf Schloß Dornburg mit der Entschließung des Großherzogs Carl Alexander von Sachsen-Weimar und Eisenach über die Verleihung der Rechte einer juristischen Persönlichkeit an die neugegründete Goethe-Gesellschaft zu Weimar (mit den bestätigenden Randzeichnungen von Großherzog Carl Alexander, Erbgroßherzog Carl August, Staatsminister Stichling und der Staatsräte Freiherr von Groß und Vollert.

Zum ersten Vorsitzenden wurde der Reichsgerichtspräsident Eduard von Simson gewählt. In ihrer Satzung nannte sie als Zweck der Gesellschaft „die Pflege der mit Goethes Namen verknüpften Literatur, sowie die Vereinigung der auf diesem Gebiete sich bethätigenden Forschung“.

Das Protektorat der neuen literarischen Gesellschaft übernahm Großherzog Carl Alexander. Auf Schloß Dornburg faßte er am 28. Juni 1885 den Entschluß, der unter seiner Fürsorge stehenden Goethe-Gesellschaft in Weimar die Rechte einer juristischen Persönlichkeit zu verleihen. Durch diese staatliche Verleihung war sie konzessioniert und hatte ihre Rechtsfähigkeit im öffentlichen Leben erlangt (was später nach dem Bürgerlichen Gesetzbuch ab 1900 durch die Registrierung im Vereinsregister der Amtsgerichte erfolgte). Neben den Tagungen der Shakespeare-Gesellschaft bildeten von nun an die jährlich zu Pfingsten abgehaltenen Generalversammlungen der Goethe-Gesellschaft Höhepunkte im geistigen Leben Weimars. Damit war ein bis heute andauernd wirksamer Anstoß zur Vereinigung der Goethefreunde in Wissenschaft und Öffentlichkeit gegeben.

Neben der Entwicklung in Weimar mit der Gründung der großen literarischen Gesellschaften, die früh im nationalen Rahmen wirkten, ist ein Blick auf die Entstehung von Geschichtsvereinen in den ernestinischen Territorialstaaten zu werfen, weil auch deren Wirken Traditionsverständnis und Erbepflege unter den Wettinern verkörpert. Ihre Gründung ist zugleich Ausdruck eines stärker hervortretenden Nationalgefühls des Bürgertums und seiner Rückbesinnung auf die eigene Geschichte nach Ende der Befreiungskriege. Die Bildung geschichts- und altertumsforschender Vereine nach dem Vorbild der am 20. Januar 1819 in Frankfurt am Main von dem Reichsfreiherrn von und zum Stein gegründeten „Gesellschaft für ältere deutsche Geschichtskunde“, von der Goethe kurze Zeit später anläßlich seines 70. Geburtstages zum Ehrenmitglied ernannt worden war, begann in Thüringen relativ früh. Von den im 19. Jahrhundert zahlreich entstandenen Geschichts- und Altertumsvereinen erlangten die drei historischen Vereine zu Meiningen, Altenburg und Jena eine größere Bedeutung.

Als überhaupt zweiter Geschichtsverein auf Thüringer Boden wurde am 14. November 1832 in Meiningen auf Initiative des herzoglichen Bibliothekars und späteren Archivars des Gemeinschaftlichen Hennebergischen Archivs Ludwig Bechstein (der allgemein mehr durch die Sammlung seiner Märchen und Sagen bekannt ist) der „Hennebergische altertumsforschende Verein“ zu Meiningen gegründet. Bechstein übernahm auch den ersten Vorsitz, den er von 1832 bis 1859 ausübte. Herzog Bernhard Erich Freund von Sachsen-Meiningen genehmigte und unterstützte das Anliegen des Vereins, Gelehrte der Geschichtswissenschaft und Laienhistoriker in ihrer Freizeit zur vereinten Erforschung der Landes- und Ortsgeschichte (einschließlich des fränkischen Landesteils), zur Erhaltung der Geschichtsdenkmäler und zum Erfahrungsaustausch über die Ergebnisse anzuregen. Besondere Bedeutung erlangte in der Folgezeit der Aufbau einer Sammlung von archäologischen Funden aus dem keltisch besiedelten Gleichberggebiet und in gleichem Maße der Einsatz für die Erhaltung des althennebergischen Fachwerkbaues, die Förderung von Inventarisierungsarbeiten zu den Bau- und Kunstdenkmälern in Sachsen-Meiningen und die Verhinderung der Verkäufe von Altertümern ins Ausland. Der eher als „Theaterherzog“ bekannte Georg II. unterstützte in der Nachfolge seines Vaters auch gerade die historische Landesforschung, die durch die Gründung eines Vereins für Sachsen-Meiningische Geschichte und Landeskunde

Das Carl-Alexander-Denkmal in Eisenach. Bronzestandbild des Bildhauers und Medailleurs Hermann Hosaeus aus dem Jahre 1909. Das kulturelle Engagement des Großherzogs Carl Alexander von Sachsen-Weimar und Eisenach prägte das sogenannte „Silberne Zeitalter“ im nachklassischen Weimar wesentlich mit.

1888 in Hildburghausen, der vor allem die neuere Landesgeschichte des Herzogtums Sachsen-Meiningen pflegen wollte, noch verstärkt wurde.
Sechs Jahre nach Meiningen erfolgte nach dem Aufruf des Altenburger Regierungs- und Konsistorialrates Dr. Karl Back am 29. September 1838 die Konstituierung der Geschichts- und Altertumsforschenden Gesellschaft des Osterlandes. Zu ihrem ersten Vorsteher wurde der wissenschaftlich begabte Kammer- und Regierungsrat Hans Conon von der Gabelentz gewählt. Die historisch interessierten Mitglieder des Vereins rekrutierten sich aus den Reihen von Juristen, Geistlichen, Lehrern und einem breiten Spektrum der Bevölkerung. Ausgebildete Historiker kamen erst 1889 hinzu. Wie auch anderswo trat die Gesellschaft durch öffentliche Vorträge hervor und versuchte dadurch Kenntnis und Verständnis für die Heimatgeschichte der Stadt Altenburg und seines Umlandes zu vermitteln. Anerkennung und Unterstützung erfuhr sie dabei von ihrem Protektor Herzog Joseph von Sachsen-Altenburg; Prinz Moritz von Sachsen-Altenburg war Ehrenmitglied.
Die Nachwirkungen der Revolution von 1848/49 führte erneut zu einem Aufschwung bei der Neubildung von Geschichtsvereinen in den thüringischen Territorialstaaten. So regten Dozenten der Universität Jena die Gründung eines Vereins für Thüringische Geschichte und Altertumskunde an, die dann am 2. Januar 1852 in einer konstituierenden Versammlung vollzogen wurde. Den Vorsitz übernahm der Universitätskurator Moritz Seebeck, dem so kompetente Mitstreiter zur Seite standen wie der Rechtshistoriker Michelsen, die Philologen Göttling und Rückert, der Buchhändler Frommann, die Historiker Droysen und Wegele, der Nationalökonom Fischer, der Theologe Schwarz und der Archäologe Stark. Dadurch war endlich vollzogen, was in den vergangenen Jahrzehnten so schmerzlich vermißt worden war, die Schaffung eines Zentrums für die landesgeschichtliche Erforschung Gesamtthüringens in Jena mit seiner Universität und den dadurch gegebenen personellen Voraussetzungen.
Alle thüringischen Landesfürsten übernahmen das Protektorat über den Verein, ging es doch letztendlich um die Erhellung ihrer eigenen älteren Historie. Bereits im Gründungsjahr initiierte der Vorstand die Errichtung eines Denkmals für Kurfürst Johann Friedrich, des Stifters der Jenaer Universität, das 1858 in Jena enthüllt werden konnte. Die in den folgenden Jahren von Optimismus und Idealismus getragenen vielfältigen Leistungen der Vereinsmitglieder fanden ihren Niederschlag sowohl in der Zeitschrift des Vereins als auch in Quelleneditionen und Darstellungen zur thüringischen und deutschen Geschichte.
Im Jahre 1888 erschien unter der Herausgeberschaft des Architekten Paul Lehfeldt der erste Band der „Bau- und Kunstdenkmäler Thüringens“ als das große über die territorialstaatlichen Grenzen hinausgehende Inventarwerk architektonischer und künstlerischer Leistungen im Thüringer Kulturraum. Die wesentliche Bearbeitung lag zwischen 1888 und 1899; nach der Jahrhundertwende folgten nur noch wenige Bände (beendet 1917). Mit Ausnahme von Schwarzburg-Sondershausen und den preußischen Gebieten in Thüringen, wo eigene Darstellungen zu den älteren Bau- und Kunstdenkmälern veröffentlicht wurden, umfaßte es alle wettinischen, schwarzburgischen und reußischen Staaten und war auf diesem Gebiet ein echtes von den Regierungen und den Landesherren befördertes kulturelles und wissenschaftliches Gemeinschaftswerk.

[Jutta Fulsche und Dr. Volker Wahl]

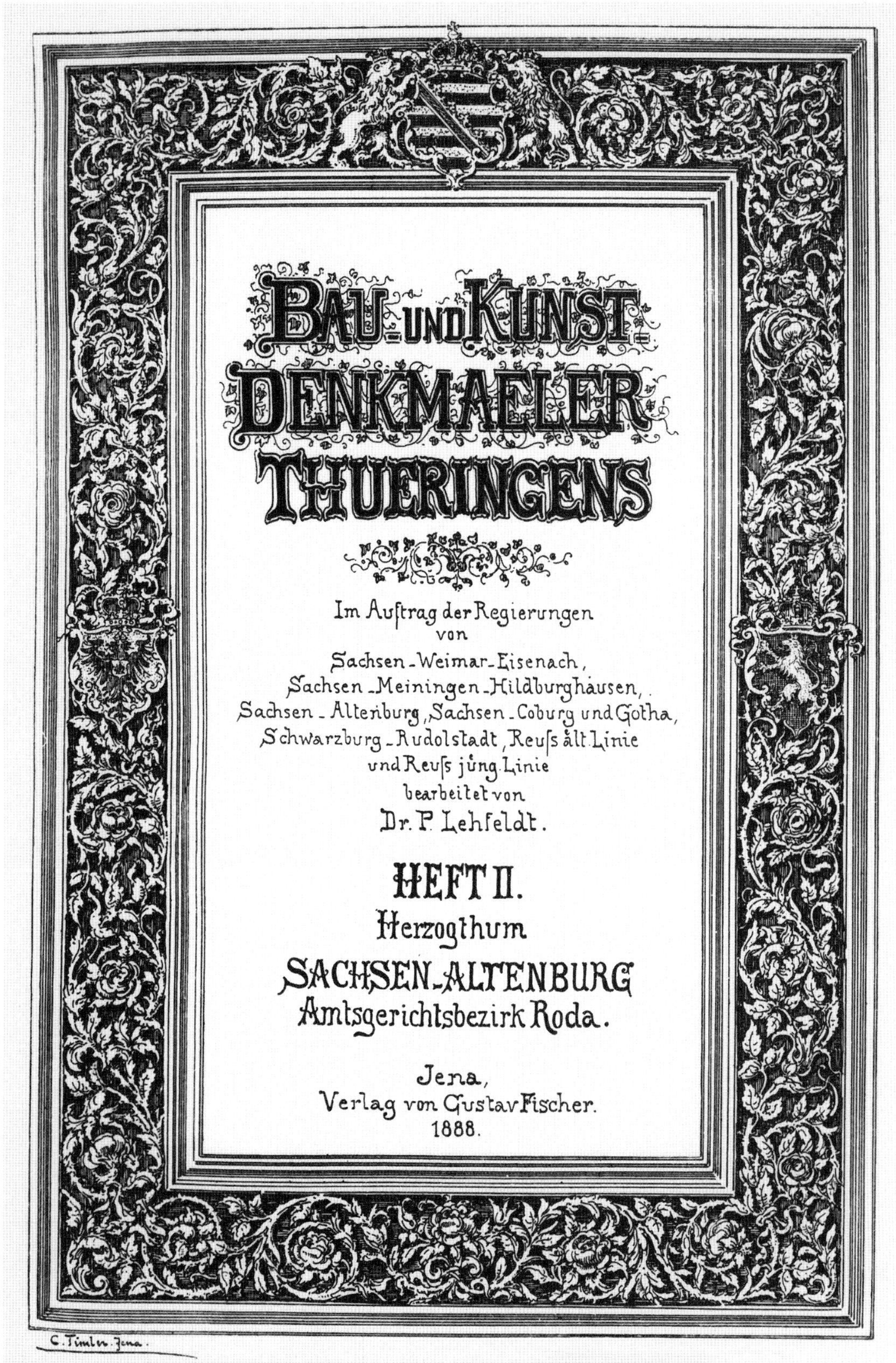

BAU- UND KUNST-DENKMAELER THUERINGENS

Im Auftrag der Regierungen
von
Sachsen-Weimar-Eisenach,
Sachsen-Meiningen-Hildburghausen,
Sachsen-Altenburg, Sachsen-Coburg und Gotha,
Schwarzburg-Rudolstadt, Reuss ält. Linie
und Reuss jüng. Linie
bearbeitet von
Dr. P. Lehfeldt.

HEFT II.
Herzogthum
SACHSEN-ALTENBURG
Amtsgerichtsbezirk Roda.

Jena,
Verlag von Gustav Fischer.
1888.

Titelblatt des von Paul Lehfeldt bearbeiteten und 1888 in Jena von den thüringischen Regierungen herausgegebenen Repertoriums der Bau- und Kunstdenkmäler Thüringens (Heft II: Herzogtum Sachsen-Altenburg, Amtsgerichtsbezirk Roda)

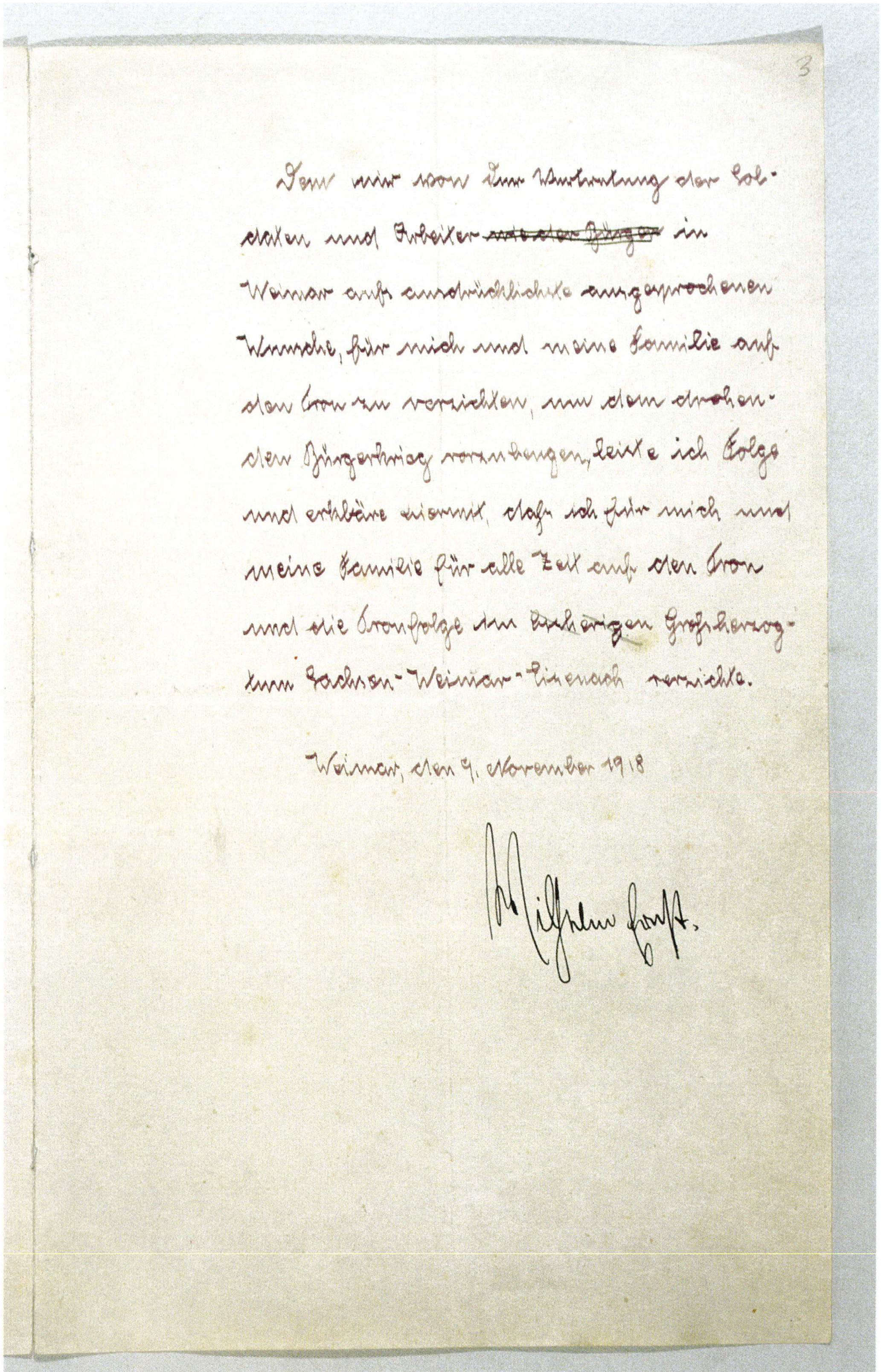

3

Dem mir von der Vertretung der Soldaten und Arbeiter ~~und der Bürger~~ in Weimar aufs ausdrücklichste ausgesprochenen Wunsche, für mich und meine Familie auf den Thron zu verzichten, um dem drohenden Bürgerkrieg vorzubeugen, leiste ich Folge und erkläre hiermit, daß ich für mich und meine Familie für alle Zeit auf den Thron und die Thronfolge im bisherigen Großherzogtum Sachsen-Weimar-Eisenach verzichte.

Weimar, den 9. November 1918

Wilhelm Ernst.

Abdankungsurkunde des Großherzogs Wilhelm Ernst von Sachsen-Weimar und Eisenach. Weimar, 9. November 1918. Ausfertigung, Papier mit eigenhändiger Unterschrift und Streichungen des Großherzogs.

Widerstandslos brach die alte Herrschaft zusammen, aber auch so wenig revolutionär, so gar nicht auf Mord und Totschlag, auf Raub und Plünderung eingestellt war andererseits die Umwälzung nach dem Willen ihrer Führer, ja sie mochte dem nachfühlenden Betrachter fast als spießbürgerlich anmuten.

Georg Witzmann (1958)

Der Sturz der Fürstenhäuser im November 1918

„Deutschlands Erfolge zu Wasser und zu Lande" verkündete die Schlagzeile der „Weimarischen Zeitung" vom 11. August 1914, wenige Tage nach dem Ausbruch des 1. Weltkrieges. Weit minder euphorisch stimmten dagegen die Nachrichten der auf den Tag genau vier Jahre später erschienenen Ausgabe dieses Blattes: In Frankreich mußten die deutschen Truppen dem überlegenen Gegner weichen, und im Weimarer Land versuchte man, die gravierende Lebensmittelknappheit durch die Verteilung von Dörrgemüse anstelle von Kartoffeln zu lindern.
Das deutsche Kaiserreich und mit ihm die wettinische Kleinstaatenwelt in Thüringen waren im letzten Kriegsjahr von einer tiefen Krise erfaßt, in der bereits länger schwelende gesellschaftliche und politische Konflikte offen ausbrechen sollten. Nachdem die zugespitzte Versorgungslage im „Kohlrübenwinter" 1916/1917 eskalierte, kam es im Sommer 1917 in mehreren Thüringer Städten zu Hungerrevolten. Zu Beginn des Jahres 1918 griff der Streik der Berliner Munitionsarbeiter auf Rüstungsbetriebe in Jena, Gotha und Erfurt über. Rund 44.000 Soldaten aus Thüringen verloren zwischen 1914 und 1918 ihr Leben, viele davon in der deutschen Frühjahrsoffensive des Jahres 1918. Eine verheerende Grippeepidemie traf im Spätsommer 1918 in Thüringen auf eine durch mangelhafte Ernährung geschwächte Bevölkerung und forderte 4.500 Todesopfer. Die Kriegsbegeisterung des Sommers 1914, welche weite Teile des Volkes geradezu in einen nationalistischen Rauschzustand versetzt hatte, war endgültig der Depression gewichen, die sich nicht zuletzt auch in der Armee selbst ausbreitete.

Als Ende Oktober 1918 ein Transport von Ersatzmannschaften aus der Weimarer Garnison an die Front abrückte, kam letztlich nur die Hälfte der Soldaten dort an – der Rest hatte sich einfach in die Heimat abgesetzt.
Die unüberhörbar gewordene Kritik an den herrschenden Verhältnissen fand ihr Sprachrohr vor allem in der SPD und der von ihr im April 1917 abgespalteten linkssozialistischen USPD. Für die Sozialdemokratie war es nunmehr an der Zeit, die Umsetzung längst überfälliger politischer Forderungen auf die Tagesordnung zu setzen. Zum einen betraf dies die Reform der Verfassungen und des Wahlrechts in den Thüringer Kleinstaaten: Das überall nach Besitz und Vermögen abgestufte Klassenwahlrecht hatte zu einem krassen Mißverhältnis zwischen der tatsächlichen Stärke der Sozialdemokratie und ihrer Repräsentanz in den Landtagen geführt. Aber darüber hinaus brach sich der Ruf nach Abschaffung der durch die Thüringer Fürstenhäuser verkörperten Kleinstaatenwelt wieder Bahn, der nun auch in liberalen Kreisen auf Resonanz stieß. Die Frage nach der Überlebensfähigkeit der Duodezfürstentümer im Industriezeitalter stellte sich unter den Ausnahmebedingungen des Krieges auf einem

neuen Niveau; doch während das liberale Bürgertum lediglich eine Verwaltungsgemeinschaft der Thüringer Staaten unter Machteinschränkung der Fürsten anstrebte, ging die Sozialdemokratie mit ihrer Forderung nach völliger Beseitigung der monarchischen Staatsgebilde weit darüber hinaus.

Nachdem Ende Oktober 1918 eine Änderung der Reichsverfassung die Kompetenzen des Reichstages erweiterte und auch das preußische Dreiklassenwahlrecht gefallen war, wuchs der Reformdruck weiter an. Großherzog Wilhelm Ernst von Sachsen-Weimar-Eisenach und Herzog Ernst II. von Sachsen-Altenburg gaben dem nach und leiteten Verfassungs- und Wahlrechtsänderungen ein. Auf eine entsprechende Anfrage des neuen Reichskanzlers Prinz Max von Baden vom 1. November erklärten sie auch ihr Einverständnis mit einem freiwilligen Rücktritt von Kaiser Wilhelm II. Die beiden anderen wettinischen Herzöge, Bernhard III. von Sachsen-Meiningen und Carl Eduard von Sachsen-Coburg und Gotha, verschlossen sich sowohl einer Zustimmung zur Abdankung des Kaisers als auch irgendwelchen Reformerwägungen im Interesse des eigenen Machterhalts.

Doch der bewaffnete Aufstand der Kieler Matrosen am 3. November leitete auch in Thüringen Entwicklungen ein, die letztlich alle Monarchien – unabhängig vom jeweiligen Reformwillen ihrer regierenden Häupter – hinwegfegen sollten.

Am 8. November wurden die Stellvertretenden Generalkommandos der Armeekorps in Kassel und Magdeburg, die während des Krieges die oberste vollziehende Gewalt in Thüringen innehatten, durch Soldatenerhebungen neutralisiert. Damit hatte die Revolution freie Bahn. In den nachgeordneten Garnisonen bildeten sich Soldatenräte, die anstelle der abgesetzten Offiziere das Kommando übernahmen und mit den städtischen Arbeiterräten zusammengingen. Die in Weimar stationierte 6. Ersatzkompanie sowie die Besatzung des Militärflugplatzes Nohra besetzten Post und Bahnhof in Weimar, übernahmen die Kontrolle über das Fernsprech- und Telegrafennetz und stürmten das Gefängnis. Streiks und Demonstrationen erfaßten in schneller Folge die Thüringer Residenzen; unausweichlich gerieten die alten Herrscherdynastien in das Visier der Umsturzbewegung. Das Renommee der regierenden Fürsten bei der Bevölkerung, ihre bisher gezeigte Reformfähigkeit sowie der Radikalisierungsgrad der örtlichen Arbeiter- und Soldatenräte waren Faktoren, deren jeweilige Gewichtung die Abdankung der Herzöge in den wettinischen Ländern höchst unterschiedlich verlaufen ließ.

Der Anfang wurde am 9. November 1918 in Weimar gemacht. Hier hatte es sich Großherzog Wilhelm Ernst, der nach dem Tod seines Großvaters Carl Alexander seit 1901 regierte, aufgrund seines unbeherrschten Jähzorns und einer exzessiven Jagdleidenschaft schon lange bei seinen Untertanen verdorben. Seine Person war besonders den aufständischen Soldaten ein Dorn im Auge, die, wären sie nicht von besonnenen Kräften besänftigt worden, am liebsten das Weimarer Schloß gestürmt hätten. Auf deren explosive Stimmung konnte dann auch August Baudert, Vorsitzender des Weimarer Arbeiter- und Soldatenrates sowie der SPD- Landtagsfraktion, verweisen, als er gegenüber Staatsminister Dr. Rothe einen freiwilligen Rücktritt des Großherzogs verlangte, damit ihm nicht „der Verzicht mit dem Revolver in der Hand abgezwungen würde". Rothe befürchtete zwar (so nach den Erinnerungen Bauderts), daß ihn der bekanntermaßen cholerische Großherzog als Überbringer der Rücktrittsforderung die Schloßtreppe hinunterstoßen würde, doch stürzten zunächst einmal weder Rothe von der Treppe noch Wilhelm Ernst von seinem Thron.

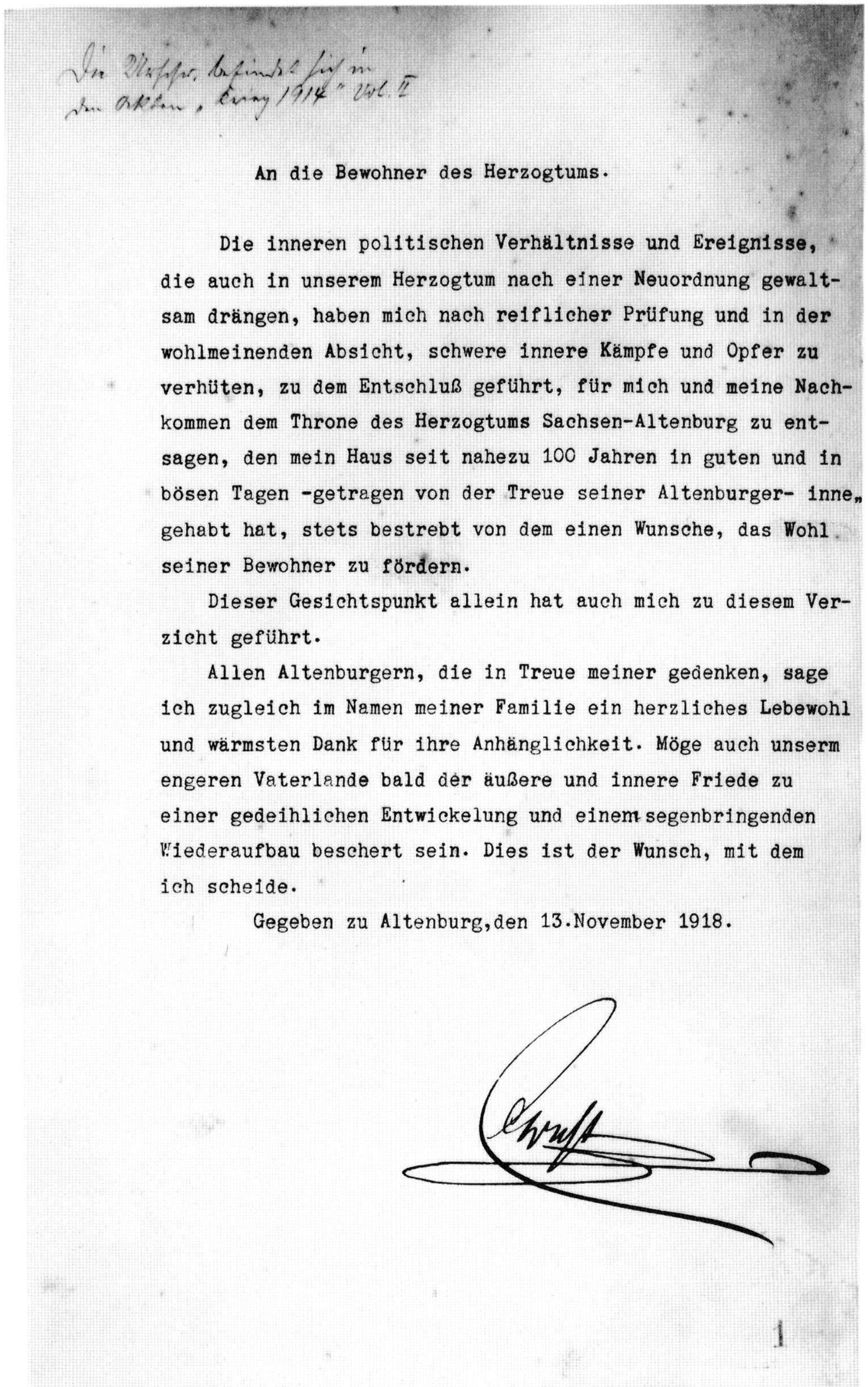

Die Urschr. befindet sich in den Akten „Krieg 1914" Vol. II

An die Bewohner des Herzogtums.

Die inneren politischen Verhältnisse und Ereignisse, die auch in unserem Herzogtum nach einer Neuordnung gewaltsam drängen, haben mich nach reiflicher Prüfung und in der wohlmeinenden Absicht, schwere innere Kämpfe und Opfer zu verhüten, zu dem Entschluß geführt, für mich und meine Nachkommen dem Throne des Herzogtums Sachsen-Altenburg zu entsagen, den mein Haus seit nahezu 100 Jahren in guten und in bösen Tagen -getragen von der Treue seiner Altenburger- inne„ gehabt hat, stets bestrebt von dem einen Wunsche, das Wohl seiner Bewohner zu fördern.

Dieser Gesichtspunkt allein hat auch mich zu diesem Verzicht geführt.

Allen Altenburgern, die in Treue meiner gedenken, sage ich zugleich im Namen meiner Familie ein herzliches Lebewohl und wärmsten Dank für ihre Anhänglichkeit. Möge auch unserm engeren Vaterlande bald der äußere und innere Friede zu einer gedeihlichen Entwickelung und einem segenbringenden Wiederaufbau beschert sein. Dies ist der Wunsch, mit dem ich scheide.

Gegeben zu Altenburg, den 13. November 1918.

Ernst

1

Herzog Ernst II. von Sachsen-Altenburg nimmt Abschied von der Bevölkerung. Altenburg, 13. November 1918.

Erst am Abend des 9. November, nach langen Verhandlungen, unter dem Druck eines Ultimatums und angesichts des am selben Tage vollzogenen Rücktritts des Kaisers, unterzeichnete der Großherzog die vom Arbeiter- und Soldatenrat aufgesetzte Abdankungsurkunde. In einem letzten Akt der Auflehnung strich er darin eigenhändig das Wort „Bürger" aus; befangen im Glauben, daß er wenigstens noch bei ihnen einen Rückhalt besitzen würde, trat er von der politischen Bühne ab. August Baudert bildete daraufhin als „Staatskommissar" eine provisorische Landesregierung aus Vertretern des Arbeiter- und Soldatenrates, nachdem Staatsminister Rothe die erbetene Weiterführung der Regierungsgeschäfte unter der Hoheit des Rates abgelehnt hatte. Mit der Auflösung des noch nach altem Wahlrecht zusammengesetzten Landtages am 14. November wurde dann der Schlußstrich unter die Ära der Monarchie in Sachsen-Weimar-Eisenach gezogen.

Ihre radikalste Ausprägung erfuhren die Thüringer Novemberereignisse in Gotha, wo die politische Polarisierung besonders augenscheinlich war: Dem Herzog Carl Eduard von Sachsen-Coburg und Gotha, als reger Förderer völkisch-vaterländischen Gedankengutes wohl der reaktionärste Thüringer Fürst (nach 1933 SA-Gruppenführer), stand eine starke USPD-Opposition unter Führung von Wilhelm Bock, einem Urgestein der Thüringer Arbeiterbewegung, gegenüber. Auf einer Demonstration am 9. November erklärte Bock den in Coburg weilenden Herzog für abgesetzt und den Arbeiter- und Soldatenrat zum obersten Machtorgan der „Republik Gotha", dessen Kontrolle sich gleich darauf die Regierung unter Staatsminister von Bassewitz unterstellte. Vielleicht beeinflußt durch die etwas ruhigere Atmosphäre in seinem Coburger Herrschaftsgebiet, verweigerte Carl Eduard noch bis zum 13. November seine Rücktritt. Erst dann unterzeichnete er auf Druck der Arbeiter- und Soldatenräte aus Gotha und Coburg sowie auf Drängen seiner Staatsminister eine Abdankungserklärung für beide Landesteile, die allerdings keinen ausdrücklichen Thronverzicht einschloß und tags darauf im gemeinschaftlichen Landtag verlesen wurde. Im Gothaer Gebiet übernahm ein „Rat der Volksbeauftragten" die unmittelbare Regierungsgewalt. In dem ausschließlich aus USPD-Mitgliedern zusammengesetzten Rat, dem einzigen dieser Art in Thüringen, besaßen mit Anhängern der Spartakusgruppe die Vertreter der äußersten politischen Linken die Mehrheit. Der Landtag sowie die Parlamente auf Kreis- und Gemeindeebene wurden für erloschen und aufgelöst erklärt. Trotzdem konnte sich die aus der Gothaer USPD heraus erhobene Forderung nach endgültiger Abschaffung des Parlamentarismus zugunsten einer Räterepublik – das Münchner Vorbild mag hier Pate gestanden haben – letzten Endes nicht durchsetzen.

Im November 1918 wurde deutlich, daß die einzige Klammer zwischen den beiden Landesteilen des Herzogtums Sachsen-Coburg und Gotha in der Personalunion des Landesherren bestanden hatte. Der vergleichsweise gemäßigte Arbeiter- und Soldatenrat in Coburg war nicht bereit, seine Kompetenzen an den Gothaer Rat der Volksbeauftragten abzutreten, dessen Vormachtstreben Mißtrauen hervorrief. Vielmehr einigte man sich hier auf das Weiterregieren des alten Staatsministeriums unter Aufsicht des Coburger Rates, der seine Forderung nach vollständiger Machtübernahme bald fallengelassen hatte.

Etwas unspektakulärer als in Gotha vollzog sich ab dem 10. November der Umbruch im Herzogtum Sachsen-Meiningen. Im Anschluß an eine Demonstration vor der Residenz zwang eine 40-köpfige Abordnung des Soldatenrates Herzog Bernhard III. zur Unterzeichnung der Abdankungsurkunde.

Umschlagtitel der im Jahre 1923 in Weimar erschienenen Erinnerungen August Bauderts, ehemals Vorsitzender des Weimarer Arbeiter- und Soldatenrates und Staatskommissar für Sachsen-Weimar-Eisenach.

Mit den Worten „Gott segne das Land Meiningen" fügte er sich in das Unvermeidliche, während Prinz Ernst, sein Bruder, aus Trotz gegen die meist landfremden Soldaten erst zwei Tage später der Thronfolge entsagte. Durch diese mit der örtlichen SPD-Führung nicht abgestimmte Aktion waren unklare Machtverhältnisse entstanden, da sich trotz Abdankung des Herzogs die alte Regierung weiterhin im Amt befand. Erst nach Einberufung des Landtages am 12. November kam es unter Einbeziehung zweier nebenamtlicher SPD-Staatsräte zur Bildung einer Koalitionsregierung unter dem Freiherrn von Türcke, der schon zuvor dem Kabinett angehört hatte. Die mit einer spontanen Aktion begonnene Staatsumwälzung war damit in geordnete Bahnen gelenkt.

Im Herzogtum Sachsen-Altenburg besaßen gemäßigte Kräfte der SPD die Mehrheit im dortigen Arbeiter- und Soldatenrat unter Vorsitz von August Frölich, später einer der bekanntesten Landespolitiker Thüringens. Die von der Fliegerersatzabteilung in Leina bei Altenburg ausgehenden militärischen Unruhen konnten eingedämmt werden, so daß sich der Thronverzicht von Herzog Ernst II. geordnet und fast schon in beiderseitigem Einvernehmen vollzog. Der in der Bevölkerung weithin angesehene Herzog verfügte wohl von allen Thüringer Fürsten über den stärksten Reformwillen: schon am 7. November hatte er einen SPD-Vertreter zum Regierungsrat für Ernährungssachen ernannt und kurz darauf das Landtagswahlrecht demokratisiert. Obwohl der Altenburger Arbeiter- und Soldatenrat am 10. November die Übernahme der Macht proklamiert hatte, verblieb der Herzog – mit seiner Familie ausdrücklich unter den Schutz des Rates gestellt – vorerst im Amt und setzte am 12./13. November eine neue Regierung aus Liberalen, Sozialdemokraten und alten Beamten ein. Am 13. November mußte sich schließlich auch Ernst II. dem Druck der Zeitläufte beugen. Er dankte ab, nachdem er seine Beamten aus ihrem alten Treueeid entlassen und ein Abschiedswort an die Bevölkerung unterzeichnet hatte. Die Herrschaftsgeschichte der ernestinischen Fürsten aus dem Hause Wettin in Thüringen war beendet. „Die Throne brachen, und Dynastien jahrhundertealter historischer Vergangenheit sind vom Schauplatz ihres Daseins verschwunden" – diese Feststellung August Bauderts in der Schlußsitzung des Landtages von Sachsen-Weimar-Eisenach traf für die Gesamtheit der Thüringer Kleinstaaten erst zu, als am 25. November 1918 Fürst Günther von Schwarzburg der Herrschaft über das Sondershäuser Gebiet entsagte und damit als letzter deutscher Fürst überhaupt seine Abdankung vollzog. Aus gesamtdeutscher Sicht nahmen die Novemberereignisse des Jahres 1918 im wettinischen Thüringen einen eher gemäßigten Verlauf. Lediglich die Radikalität der Gothaer Räte relativiert diesen Befund. So war es auch der Freistaat Gotha, wo im Juli 1919 der herzogliche Besitz per Gesetz entschädigungslos enteignet und verstaatlicht wurde, während in allen anderen Thüringer (Frei-)Staaten mit den ehemaligen Herrscherhäusern Vergleichs- und Abfindungsverträge abgeschlossen wurden. 1925 hob das Reichsgericht allerdings das Gothaer Enteignungsgesetz wieder auf. Wie auch immer sich das Ende der Monarchie in den einzelnen Fürstentümern vollzogen hatte, die dabei zur Entfaltung gekommenen politischen Kräfte besaßen jenseits aller Differenzen ein gemeinsames Ziel, das nun in greifbare Nähe gerückt war: die staatliche Einheit Thüringens.

[Dieter Marek]

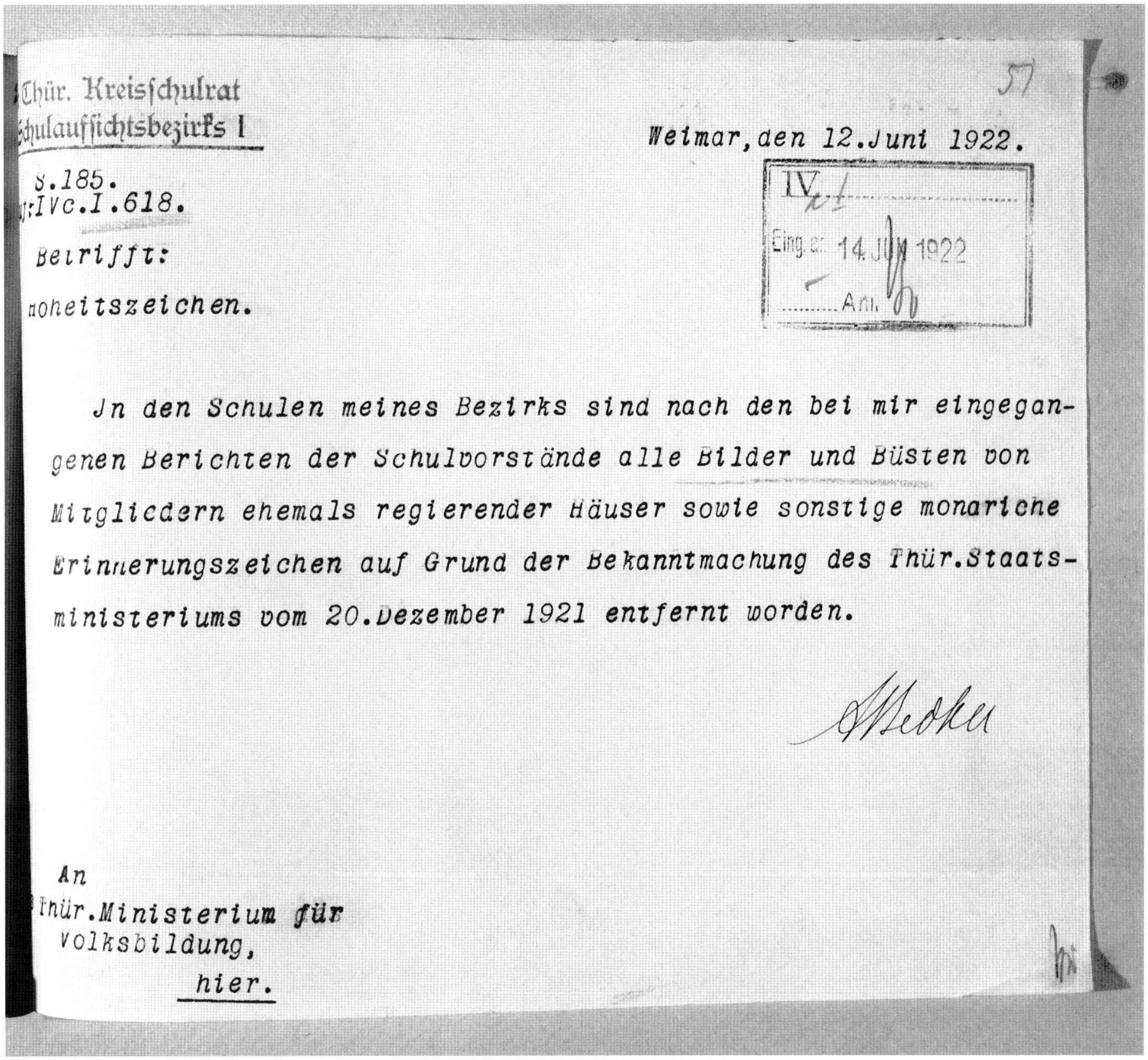

Thür. Kreisschulrat
Schulaufsichtsbezirks I

Weimar, den 12. Juni 1922.

S.185.
[illegible]: IVc.I.618.

IV

Eing. a. 14. JUN 1922

Anl.

Betrifft:

Hoheitszeichen.

Jn den Schulen meines Bezirks sind nach den bei mir eingegangenen Berichten der Schulvorstände alle Bilder und Büsten von Mitgliedern ehemals regierender Häuser sowie sonstige monariche Erinnerungszeichen auf Grund der Bekanntmachung des Thür. Staatsministeriums vom 20. Dezember 1921 entfernt worden.

An
Thür. Ministerium für
Volksbildung,
hier.

Bericht des Kreisschulrates Weimar vom 12. Juni 1922. Die Thüringer Landesregierung hatte am 20. Dezember 1921 die Entfernung aller monarchistischen Hoheitszeichen, Bilder und Büsten aus staatlichen Dienstgebäuden verfügt.

Zwischen

dem seitherigen Landesherrn, Seiner Königlichen Hoheit dem Großherzog Wilhelm Ernst von Sachsen, zugleich als Chef und Vertreter des Großherzoglichen Hauses,

und

dem Gebiet Weimar (vormals Freistaat Sachsen-Weimar-Eisenach) vertreten durch die Gebietsregierung zu Weimar, ist vorbehaltlich der Genehmigung der Gebietsvertretung Weimar (vormals Weimarischer Landtag) folgender Auseinandersetzungsvertrag abgeschlossen worden:

§ 1.

Nachdem der seitherige Landesherr, Großherzog Wilhelm Ernst von Sachsen, unter dem 9. November 1918 für sich und seine Familie für alle Zeit auf den Thron und die Thronfolge in Sachsen-Weimar-Eisenach verzichtet hat (Abdankungsurkunde vom 9. November 1918, Regierungsblatt S. 299), erkennt der Großherzog unter gleichzeitigem Verzicht auf die Zahlung der Zivilliste für die Zeit vom 1. Januar 1919 ab das gesamte Kammervermögen einschließlich des dazu gehörenden Krongutes als ausschließliches Eigentum

vertragschließenden Teile über, soweit nicht in diesem Vertrage ein anderes bestimmt ist.

Weimar, den 18. October 1921.

Die Gebietsregierung.

Dr. Paulssen. Baudert

Kühner Palm

Rudolph.

Heinrichau Bez. Breslau, den 24. Oktober 1921.

Wilhelm Ernst.

Auseinandersetzungsvertrag des Gebietes Weimar mit dem vormaligen Großherzog Wilhelm Ernst von Sachsen-Weimar und Eisenach vom 18./24. Oktober 1921. Ausfertigung, Papier mit dem Papiersiegel der Gebietsregierung Weimar und dem Petschaftssiegel des ehemaligen Großherzogs sowie den Unterschriften der Gebietsregierung vom 18. Oktober 1921: Dr. Paulssen, Baudert, Kühner, Palm und Rudolph. Wilhelm Ernst unterschrieb am 24. Oktober 1921 im schlesischen Heinrichau (heute: Henryków, Polen).

Wer sich den freien geschichtlichen Blick nicht absichtlich und zu eigener Bequemlichkeit durch enge Parteiansichten versperrt, wird bekennen, daß im Laufe der Zeiten doch nicht wenige der thüringischen Fürsten über den Bereich ihrer kleinen Länder hinaus hohe Kulturwerte geschaffen haben.

Friedrich Schneider (1931)

Das Erbe und das Erben

Die Novemberrevolution von 1918 in Deutschland und ihre Folgen – die Abdankung der Fürsten und das Ende der Monarchie – gaben dem neuen Jahrhundert ein anderes Gesicht. Freistaatlich und demokratisch sollte das Staatswesen sein, in dem sich die bisherigen fürstlichen Untertanen als frei Staatsbürger wiederfinden wollten. Das galt auch für die thüringischen Territorialstaaten, die nunmehr das seit dem 19. Jahrhundert immer wieder geforderte Ziel der thüringischen Einigung als Überwindung des „Kleinstaatenjammers" schärfer ins Blickfeld rücken konnten.

„Nicht mehr als Schwarzburger, Weimaraner, Gothaner, Altenburger, Eisenacher, sondern als Thüringer wollen wir dem deutschen Reiche angehören", hatte es schon im Revolutionsjahr 1848 geheißen. Aber die damit verbundene Vorstellung von der Regentschaft nur eines Fürsten war 1918 überholt. „Ein thüringischer Fürst soll unser Banner führen, eine Gesamtregierung uns vereinigen", ließ sich nur noch im Hinblick auf den territorialen Zusammenschluß der nunmehr freistaatlich gewordenen ehemaligen Fürstentümer realisieren.

Die Epoche des Landesfürstentums war 1918 unweigerlich zu Ende gegangen. Die weitere Geschichte Thüringens vollzog sich ohne die früheren Fürstenhöfe und deren Herrscher. Die Einigungsverhandlungen zwischen den vier „wettinischen" Freistaaten (Sachsen-Weimar-Eisenach, Sachsen-Altenburg, Gotha und Sachsen-Meiningen), den zwei „schwarzburgischen" Freistaaten (Schwarzburg-Rudolstadt und Schwarzburg-Sondershausen) und dem vereinigten Volksstaat Reuß führten zum „Gemeinschaftsvertrag" vom 4. Januar 1920, aus dem das Coburger Gebiet durch Anschluß an Bayern bereits ausgeschieden war. Durch ein Reichsgesetz wurden sie mit Wirkung vom 1. Mai 1920 im neuen Land Thüringen vereinigt, in dem Weimar als größte unter den bisherigen Residenzstädten zur neuen Landeshauptstadt bestimmt wurde.

Die früheren Territorialstaaten wurden durch sieben Sterne im neuen Thüringer Landeswappen symbolisiert, dem erst 1945 ein achter Stern zugefügt werden konnte, als auch der 1816 gebildete preußische Regierungsbezirk Erfurt zum Land Thüringen hinzukam. Die thüringische Kleinstaaterei war erst 1922 überwunden, als eine neue Kreiseinteilung auch neue einheitliche Verwaltungsstrukturen im Inneren des Landes festlegte und die alten dynastischen Grenzen, die bisher Thüringen durchzogen hatten, nur noch historischen Symbolwert besaßen.

Die fernere Lebensbahn der früheren Landesfürsten und ihrer Familien – zu betrachten sind hier lediglich die abgedankten ernestinischen Herrscher – vollzog sich größtenteils außerhalb des bisherigen thüringischen Wirkungskreises.

Der Weimarer Großherzog Wilhelm Ernst (geb. 1876) fand zunächst Unterkunft im Schloß Allstedt, der weimarischen Exklave in Nordthüringen, bevor er kurz vor Weihnachten 1918 mit seiner Familie auf seine Besitzung Heinrichau in Schlesien, die seit 1810 im Privatbesitz seiner Familie war, übersiedeln konnte. Er verstarb dort allerdings bereits 1923.

Der in Meiningen abgedankte Herzog Bernhard (geb. 1851) verbrachte sein letztes Lebensjahrzehnt in Meiningen oder auf Schloß Altenstein (bei Bad Liebenstein). Er starb 1928 in Meiningen. Erst nach 1945 verstarben die bisherigen Regenten der Linien Gotha und Altenburg.

Herzog Carl Eduard von Sachsen-Coburg und Gotha (geb. 1884), der Gotha den Rücken gekehrt hatte und nach seiner Abdankung Schloß Callenberg bei Coburg als Wohnsitz bevorzugte, lebte noch bis 1954 in Coburg. In Altenburg hatte Herzog Ernst II. (geb. 1871) nach dem Thronverzicht ebenfalls die Stadt verlassen, hielt sich für kurze Zeit in Eisenberg und im Schloß Hummelshain auf, bevor er das Schloß Fröhliche Wiederkunft bei Wolfersdorf zu seinem ständigen Wohnsitz machte. Er verstarb 1955 als letzter der ehemals regierenden Fürsten aus der ernestinischen Linie des Hauses Wettin in seiner thüringischen Heimat. Alle anderen Nachkommen der einzelnen Linien verließen spätestens nach Kriegsende und im Zusammenhang mit dem Besatzungswechsel im Sommer 1945 Thüringen.

Nach ihrer Abdankung von 1918 begann die finanzielle Auseinandersetzung mit den staatlichen Nachfolgern der vorherigen Fürstentümer, den Freistaaten bzw. in ihrer Nachfolge den bis 1923 noch bestehenden Gebieten Altenburg, Gotha, Meiningen und Weimar. Der radikalen Lösung durch Enteignung standen frühere gesetzliche Regelungen und das Festhalten am objektiven Rechtsdenken entgegen. Im allgemeinen geschah die Auseinandersetzung über Vermögensübertragung an den Staat und Abfindung für die fürstlichen Häuser zwischen den Gebieten und den ehemaligen wettinischen Fürsten in den Jahren von 1918 bis 1921 auf dem Wege der gütlichen Einigung in Auseinandersetzungsverträgen.

Der materielle Umfang des zur Disposition stehenden Vermögens war beträchtlich. Dem neuen Staat mußte es vor allem darum gehen, für eine dauerhafte Sicherung der Kunst- und Kulturwerte in den Schlössern und Residenzen zu sorgen. Das geschah schließlich durch die Verträge in Meiningen vom 30. Dezember 1918, in Altenburg vom 6./14. Juni 1919 und in Weimar vom 18./24. Oktober 1921. In Gotha war bereits 1919 eine entschädigungslose Enteignung des Herzogs und seines Hauses erfolgt, die jedoch 1925 vom Reichsgericht wieder aufgehoben wurde. Die Auseinandersetzungsverträge beließen den fürstlichen Familien privates Vermögen und sonstige Rechte und legten finanzielle Leistungen des künftigen Landes Thüringen an die ehemals regierenden Fürstenhäuser fest.

Auf das neue Land Thüringen gingen große Teile des früheren Domänenbesitzes und beträchtliche Kulturwerte über. So bildeten die in fast allen Residenzen vorhandenen künstlerischen und wissenschaftlichen Anstalten nunmehr ein dichtes Netz von Landeseinrichtungen im Kulturbereich (Theater und Kapellen, Archive, Bibliotheken und Museen), deren Unterhaltung den Staat schon damals überforderte. Daneben wurden öffentlichrechtliche Stiftungen geschaffen, an denen auch die fürstlichen Familien beteiligt waren. Für die ehemals sächsisch-ernestinischen Lande wurden die 1922 begründete Wartburgstiftung und die 1934 errichtete und für Gotha wichtige Herzog von Sachsen-Coburg und Gothasche Stiftung für Kunst und Wissenschaft bedeutsam.

Hinzu kamen die bisher vier sächsisch-ernestinischen Erhalterstaaten zugehörige neue Thüringische Landesuniversität in Jena und die im 19. Jahrhundert in Weimar entstandenen Kunstlehranstalten.

Im Hinblick auf die mit der großherzoglichen Familie von Sachsen-Weimar und Eisenach verbundenen klassischen Erinnerungsstätten in Thüringen verblieb die Fürstengruft auf dem historischen Friedhof zu Weimar, die auch die Sarkophage von Goethe und Schiller aufgenommen hatte, in Privatbesitz, während das Goethehaus und das Gartenhaus bereits 1885 auf den weimarischen Staat übergegangen waren. Als großherzoglicher Privatbesitz stellte sich jedoch der von den Goethe-Nachkommen testamentarisch der Großherzogin Sophie verwilligte Goethe-Nachlaß dar, zu dem 1889 noch der Schiller-Nachlaß gekommen war, so daß das auf diese Weise entstandene Goethe- und Schiller-Archiv in Weimar weiterhin eigentumsrechtlich als Privatarchiv existierte.

Alle vertraglichen Übereinkünfte zwischen den Gebieten und den ehemaligen Fürsten erhielten eine neue Rechtsbasis, als das Land Thüringen per Gesetz vom 29. März 1923 das Eigentum der Gebiete und damit auch die finanziellen Abgeltungslasten gegenüber den Fürstenhäusern übernahm. Damit gingen auch die Verpflichtungen gegenüber der kulturellen Hinterlassenschaft der Wettiner in Thüringen auf das Land über, das nun die Pflicht zur Erhaltung staatlicher künstlerischer und wissenschaftlicher Einrichtungen auch auf die aus den Auseinandersetzungsverträgen überkommenen Kulturgüter ausdehnte. Weiterführende Vereinbarungen waren dadurch nicht ausgeschlossen worden und kamen auch nach 1923 noch vor. Der Gothaer Auseinandersetzungsvertrag kam erst 1927 zustande, und auch für Altenburg wurde 1934 ein neuer Vergleichs- und Auseinandersetzungsvertrag mit dem Herzog geschlossen. Während der Zeit des Dritten Reiches beabsichtigte der Reichsstatthalter in Thüringen, wegen der hohen Belastungen des Landes die Rentenzahlungen aus den Abfindungsverträgen herabzusetzen, konnte sich aber nicht durchsetzen. Den Schlußstrich zog ein Reichsgesetz vom 1. Februar 1939, das eine Abänderung oder Neuregelung der bisherigen Verträge und Vergleiche grundsätzlich ausschloß.

Im allgemeinen war das Verhältnis zwischen den Nationalsozialisten und den fürstlichen Familien eher distanziert. Aber es gab natürlich in ihnen auch Mitglieder der NSDAP, die entweder den Nationalsozialismus vorbehaltlos bejahten oder aus einem taktischen Zugeständnis an die neuen politischen Verhältnisse in die Partei eingetreten waren. Überhaupt keine NSDAP-Mitglieder wies die großherzogliche Familie von Sachsen-Weimar und Eisenach auf, während es unter den Angehörigen der anderen wettinischen Linien zum Teil zahlreiche Parteimitglieder gab. Eine ausgesprochene Nähe zum Nationalsozialismus zeigte dabei die Familie von Sachsen-Coburg und Gotha, die in dem abgedankten Herzog Carl Eduard sogar einen hohen SA-Führer hatte. Als Präsident des Deutschen Roten Kreuzes und in anderen Ehrenämtern nahm er bedeutende repräsentative Aufgaben im nationalsozislistischen Staat wahr. Das brachte ihm nach Kriegsende 1945 sofort den Vermögensentzug im Rahmen der vom neuen Regierungspräsidenten für Thüringen am 6. Juli 1945 verordneten Beschlagnahme des Vermögens ehemaliger Mitglieder der NSDAP ein.

Die veränderten politischen Verhältnisse unter sowjetischer Besatzungsmacht bereiteten einen Schlußstrich vor, der im Osten Deutschlands nach dem Willen der neuen Staatspartei SED unter ideologischen Prämissen gegen die Fürsten als „feudale Ausbeuterklasse“ zu ziehen war. Allein die am 6. Juli 1945 ergangene „Polizeiverfügung über die Beschlagnahme des Vermögens des früher in dem ehemaligen Herzogtum Sachsen-Gotha regierenden Fürstenhauses" zielte auf die Bestrafung wegen begangenen Unrechts im NS-Staat. Sie und die in den folgenden Jahren vorgenommenen Enteignungsmaßnahmen betrafen das verbliebene fürstliche Privateigentum, deren Besitzer – bis auf den Altenburger Herzog – jedoch nicht mehr in Thüringen wohnten oder das Land mit dem Abzug der amerikanischen Truppen Ende Juni/Anfang Juli 1945 endgültig verlassen hatten. Fern von der thüringischen Heimat mußten die Nachkommen der Wettiner zusehen, wie ihnen der neue antifaschistisch-demokratische Staat unter dem Besatzungsdiktat der Sowjetarmee die Lebensfäden zum Erbe ihrer Vorväter abschnitt.

Das Bodenreformgesetz des Landes Thüringen vom 10. September 1945 mit dem Ziel der „Liquidierung des feudal-junkerlichen Grundbesitzes" erfaßte auch fürstliches Privatvermögen. Die sowjetischen Sequestrierungsbefehle Nr. 124/126 vom 30./31. Oktober 1945 und in deren Folge der Enteignungsbefehl Nr. 64 vom 17. April 1948 bezogen weitere Vermögenswerte ehemaliger Fürsten ein und überführten sie in „Volkseigentum". Darunter war auch das „Großherzogliche Schloß zu Weimar", das plötzlich auf der Enteignungsliste auftauchte, obwohl die großherzogliche Familie keine aus der NS-Zeit herrührende politische Belastung aufwies. Damit war aber noch nicht alles erfaßt, was noch an fürstlichem Privateigentum in Thüringen existierte.

Da bei den thüringischen Fürsten die Enteignungsvoraussetzungen als „Naziaktivisten und Kriegsverbrecher" nicht immer gegeben waren, holte Ende 1948 die SED mit einer anderen politischen Motivation zum großen Schlag gegen die ihr verhaßte Feudalklasse aus. Die von ihr dominierte Landesregierung unter Ministerpräsident Werner Eggerath brachte im November ein „Gesetz über die Enteignung der ehemaligen regierenden Fürstenhäuser im Lande Thüringen" in den Thüringer Landtag ein. In der Begründung wurde darauf hingewiesen, daß trotz bisheriger Enteignungsmaßnahmen noch bedeutende Werte vorhanden seien, die formell als Privatvermögen der Fürstenfamilien gelten würden. Auch für die Einstellung der ihnen gegenüber zu erbringenden finanziellen Leistungen des Landes, die bereits seit Kriegsende nicht mehr erfolgt waren, müsse eine rechtliche Basis geschaffen werden. Schließlich wurde sogar noch historisch argumentiert, indem diese Maßnahme als ein Akt bezeichnet wurde, „der im Zuge der Durchführung der bürgerlich-demokratischen Revolution liegt und dessen späte Vollendung durch die besonderen Verhältnisse in Deutschland, vor allem die thüringische Kleinstaaterei, bedingt ist".

In der 2. Lesung am 11. Dezember 1948 betonte Landtagspräsident August Frölich, daß damit etwas nachgeholt werde, was man nach 1918 nicht fertiggebracht habe. Für den Abgeordneten Richard Eyermann von der Fraktion der SED kam das Gesetz sogar 100 Jahre zu spät. „Wir haben die Auffassung, daß die ehemaligen Fürsten als Nachkommen der alten Raubritter sich doch das ganze Vermögen ergaunert haben", lautete sein Urteil. Und so wurde das „Fürstenenteignungsgesetz", welches das gesamte im Lande Thüringen gelegene unbewegliche und bewegliche Vermögen der ehemals regierenden Fürsten und ihrer Familienangehörigen entschädigungslos enteignete, einstimmig als Landesgesetz angenommen. Es wurde sofort verkündet und trat rückwirkend seit dem 8. Mai 1945 in Kraft.

Die damals und noch weitere vierzig Jahre herrschenden politischen Kräfte meinten, damit als „Sieger der Geschichte" einen Schlußstrich unter das Kapitel „Thüringer Fürstenherrschaft" gezogen zu haben.

Der ehemalige großherzogliche Marstall in Weimar, 1873 bis 1878 nach Plänen von Ferdinand Streichhan erbaut. Von 1920 bis 1951 Ministerialgebäude des Landes Thüringen (Volksbildungsministerium; bis 1934 auch Justizministerium), heute Sitz des Thüringischen Hauptstaatsarchivs.

Die Reithalle im Innenhof des Marstalls zu Weimar (um 1900).

Alles was von diesen in Thüringen zurückgelassen worden war, wurde nun „Volkseigentum", womit das Eigentum des neuen Staates verhüllend bezeichnet wurde. Aber: Gingen die aus fürstlichem Besitz hervorgegangenen Kulturgüter seinerzeit wirklich in den Besitz des Volkes über oder waren sie damit lediglich zur „Beutekunst" des Staates geworden? Wenn heute die Auffassungen über die Restitutionsansprüche der Nachkommen fürstlicher Familien in Thüringen, nicht nur der Wettiner, ein unterschiedliches Echo – zumeist eine gegen das Verlangen nach Wiedergutmachung gerichtete Haltung – hervorrufen, so mag das durchaus verständlich sein. Jedoch auch der heutige Freistaat Thüringen hat sein kulturelles Erbe zu hüten. Erben für den „Kunstmarkt" wäre die schlechteste Lösung und der großen Rolle der Wettiner in der thüringischen Geschichte nicht angemessen. 750 Jahre nach ihrem Regierungsantritt in Thüringen ist das Ende offen.

Die Ereignisse der politischen Wende und der deutschen Vereinigung seit 1989/90 haben auch den Nachkommen der Wettiner in Thüringen eine neue Perspektive eröffnet. Wie sie sich seitdem dem Land ihrer Vorväter – nach vier Jahrzehnten befohlener Ignoranz in den Grenzen der DDR – genähert haben und sich in ihm artikulieren, ist noch nicht Geschichte.

[Dr. Volker Wahl]

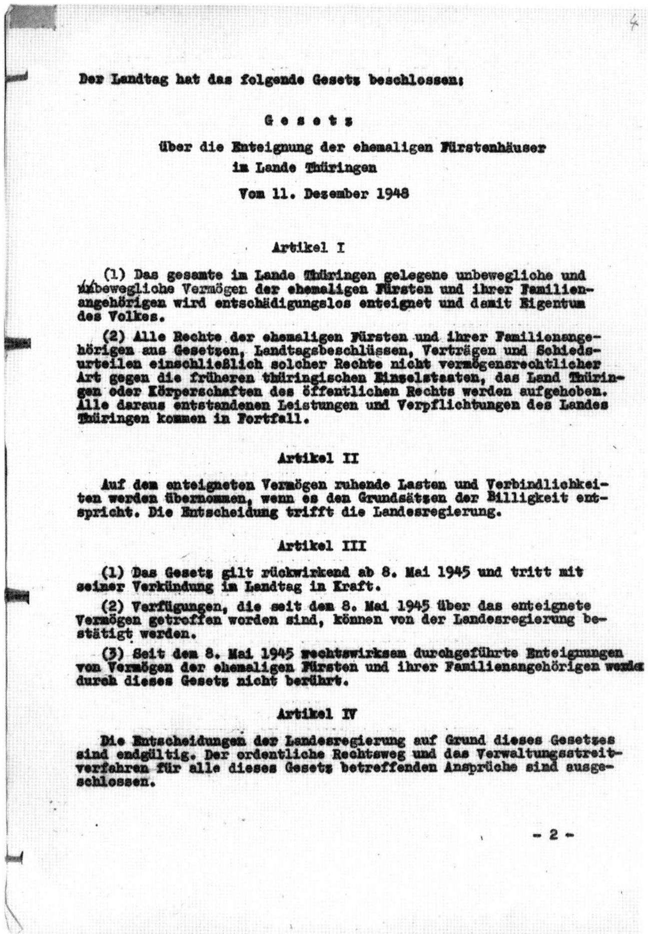

Der Landtag hat das folgende Gesetz beschlossen:

Gesetz

über die Enteignung der ehemaligen Fürstenhäuser
im Lande Thüringen

Vom 11. Dezember 1948

Artikel I

(1) Das gesamte im Lande Thüringen gelegene unbewegliche und bewegliche Vermögen der ehemaligen Fürsten und ihrer Familienangehörigen wird entschädigungslos enteignet und damit Eigentum des Volkes.

(2) Alle Rechte der ehemaligen Fürsten und ihrer Familienangehörigen aus Gesetzen, Landtagsbeschlüssen, Verträgen und Schiedsurteilen einschließlich solcher Rechte nicht vermögensrechtlicher Art gegen die früheren thüringischen Einzelstaaten, das Land Thüringen oder Körperschaften des öffentlichen Rechts werden aufgehoben. Alle daraus entstandenen Leistungen und Verpflichtungen des Landes Thüringen kommen in Fortfall.

Artikel II

Auf dem enteigneten Vermögen ruhende Lasten und Verbindlichkeiten werden übernommen, wenn es den Grundsätzen der Billigkeit entspricht. Die Entscheidung trifft die Landesregierung.

Artikel III

(1) Das Gesetz gilt rückwirkend ab 8. Mai 1945 und tritt mit seiner Verkündung im Landtag in Kraft.

(2) Verfügungen, die seit dem 8. Mai 1945 über das enteignete Vermögen getroffen worden sind, können von der Landesregierung bestätigt werden.

(3) Seit dem 8. Mai 1945 rechtswirksam durchgeführte Enteignungen von Vermögen der ehemaligen Fürsten und ihrer Familienangehörigen werden durch dieses Gesetz nicht berührt.

Artikel IV

Die Entscheidungen der Landesregierung auf Grund dieses Gesetzes sind endgültig. Der ordentliche Rechtsweg und das Verwaltungsstreitverfahren für alle dieses Gesetz betreffenden Ansprüche sind ausgeschlossen.

- 2 -

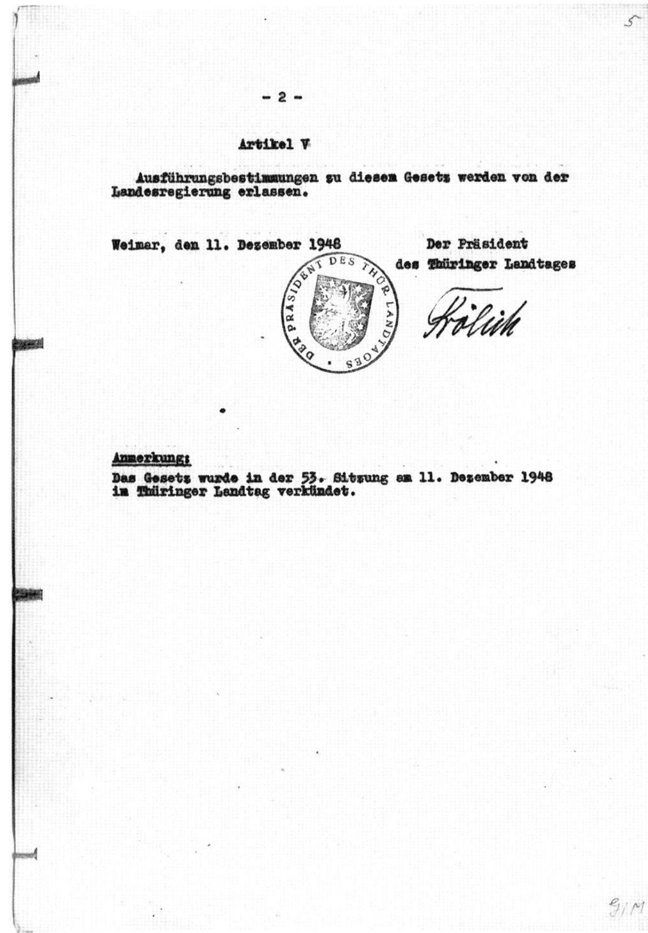

- 2 -

Artikel V

Ausführungsbestimmungen zu diesem Gesetz werden von der Landesregierung erlassen.

Weimar, den 11. Dezember 1948 — Der Präsident des Thüringer Landtages

DER PRÄSIDENT DES THÜR. LANDTAGES

Frölich

Anmerkung:
Das Gesetz wurde in der 53. Sitzung am 11. Dezember 1948 im Thüringer Landtag verkündet.

Ausfertigung des Thüringer Fürstenenteignungsgesetzes vom 11. Dezember 1948 durch den Landtagspräsidenten August Frölich

Entwurfsskizze zur Standarte der Wartburg von 1894.

Die Heraldik verbindet die beiden extremen Seiten des Individuums: sowohl die Sehnsucht nach Unterscheidung, als auch das Bewußtsein der Zugehörigkeit.

Milan Buben (1987)

Die Wappen der Wettiner

Auf Fahrten und Wanderungen durch Thüringen, besonders beim Gang durch ehemalige Residenzstädte der Wettiner, beim Besuch ihrer Schlösser und Jagdhäuser, Hofkirchen oder Grablegen und beim Betrachten ihrer Porträts, aber auch an Stadttoren, Rathäusern, Grenzsteinen und auf Münzen begegnet man immer wieder Wappen. Heute werden sie oft nur als Schmuckelement betrachtet. Dabei können diese steingehauenen, holzgeschnitzten, gemalten, gestochenen oder geprägten Eigentums- und Hoheitszeichen wie kaum ein anderes historisches Symbol Geschichte erzählen.

Der britische Heraldiker Anthony Wagner sieht in den Wappen eine „Stenographie der Geschichte". Wappen sind kriegerischen Ursprungs, die Sinnverwandtheit mit dem Wort Waffen deutet dies schon an. Um die Krieger des Mittelalters in ihren Rüstungen voneinander unterscheiden zu können, ging man dazu über, sie entsprechend zu kennzeichnen. Dafür eigneten sich die Schilde. Die anfangs personengebundenen Symbole wurden später innerhalb der Familien vererbt. Als Wahrzeichen eines Geschlechts fanden Wappensymbole auch Aufnahme in die Siegel.

Seit dem Mittelalter war es üblich, daß die Landesfürsten ihre Ansprüche auf bestimmte Gebietskomplexe, wie Graf- und Herrschaften, durch ihren Titel, ihr Wappen sowie ihr Siegel dokumentierten. Dabei war nicht in jedem Fall ausschlaggebend, ob ein bestimmtes Gebiet zu diesem Zeitpunkt wirklich zum Herrschaftsbereich des jeweiligen Fürsten gehörte.

Der volle Titel des Landesherrn umfaßte hierarchisch eine ganze Reihe von Namen, die aus diesen Ansprüchen resultierten. Grundlage dafür bildeten Verträge und Belehnungen, die u.a. beim Aussterben eines verwandten oder befreundeten Herrscherhauses sicherten oder sichern sollten, daß das entsprechende Gebiet an den „richtigen" Erben gelangte. Die Titel, aber auch die Wappen der Wettiner änderten sich deshalb wiederholt.

Ein interessantes Dokument für die Geschichte der Wettiner in Thüringen ist das Siegel des Markgrafen Albrecht von Meißen, das seit 1261 belegt ist. Es scheint eins der üblichen markgräflichen Reitersiegel zu sein. Erst beim genaueren Betrachten fällt auf, daß der Reiter nicht den Gecken der Markgrafen von Meißen auf dem Helm trägt, sondern die Helmzier der ludowingischen Landgrafen von Thüringen, die mit Lindenblättern besteckten Büffelhörner.

Zu einer Zeit, als der Krieg um das Erbe der thüringischen Landgrafen noch nicht entschieden war, brachte Markgraf Albrecht von Meißen so bereits seine Ansprüche auf die Landgrafschaft im Siegel zum Ausdruck. Das Wappen war vom Zeichen der Person und Familie zum Zeichen eines territorialen Herrschaftsanspruches geworden.

Ein anderes Beispiel für das Dokumentieren des Herrschaftsanspruches liegt für 1690 vor, nachdem 1689 Herzog Julius Franz von Sachsen-Lauenburg als letzter Erbe seines Geschlechtes gestorben war.

1507 hatten die Ernestiner bereits von Kaiser Maximilian I. die Eventualbelehnung auf dessen Gebiet an der Niederelbe um Lauenburg und Ratzeburg erhalten. Obwohl sie das Fürstentum in der Folge nicht in Besitz nehmen konnten, machte u.a. Herzog Wilhelm Ernst von Sachsen-Weimar für sich und den unter seiner Vormundschaft stehenden Herzog Johann Wilhelm von Sachsen-Jena mittels Patent vom 23. Februar 1690 im Land bekannt, daß man den Titel eines Herzogs zu Engern und Westphalen angenommen habe. Die volle Anrede des Herzogs lautete danach: „Herzog zu Sachsen/ Jülich/ Cleve/ Bergen/ Engern und Westphalen/ Landgraf in Thüringen/ Markgraf zu Meissen/ Gefürsteter Graf zu Henneberg/ Graf zu der Marck und Ravensberg/ Herr zu Ravenstein". Aber Titel und Symbole konnten auch wieder aufgegeben werden. Das zeigt sich beispielhaft in bezug auf das Herzogtum Jülich und die Herrschaft Ravenstein. Im Ergebnis des Reichsdeputationshauptschlusses vom 25. Februar 1803, mit dem die Ansprüche des kur- und sächsischen Hauses Sachsen an diesen beiden Gebieten erloschen, wurden Titel und Symbole von den Wettinern nicht mehr geführt. Nachdem bereits Kurfürst Friedrich August von Sachsen die Benennung aus dem Titel weggelassen hatte, worüber er auch seine ernestinischen Vettern informierte, folgten diese seinem Beispiel. Herzog Carl August von Sachsen-Weimar und Eisenach änderte seinen Titel mittels Verordnung vom 25. November 1803, was per Zirkular an die Landesbehörden und adligen Gerichte vom 8. Dezember d.J. bekannt gemacht wurde. Aus den Wappen verschwanden die heraldischen Symbole für die betroffenen Gebiete – der schwarze, silbern bewehrte und rot bezungte Löwe in Gold für Jülich und der schwarze Rabe in Rot mit goldenem Ring im Schnabel auf einem silbernen Schräglinksbalken für die Herrschaft Ravenstein.

Die wettinischen Wappen bestehen aus vielen Feldern, jedes steht für einen Anspruch auf ein Territorium. Die Mark oder auch Herrschaft Landsberg ist das Stammland der Grafen von Wettin. In der Nähe von Halle lag ihre Stammburg, dort hatten sie bereits im 11. Jahrhundert umfangreiche Besitzungen. Ihr Stammwappen zeigte in Gold zwei blaue Pfähle. Nachdem Graf Konrad I. von Wettin 1123 als Markgraf von Meißen eingesetzt worden war, wurde es zunächst auch für die Markgrafschaft Meißen geführt. Erst in der Mitte des 13. Jahrhunderts benutzten die Wettiner den schwarzen, rotbezungten und rotbewehrten Löwen in Gold als Wahrzeichen für die neu gewonnene Markgrafschaft. Die sogenannten Landsberger Pfähle symbolisierten seitdem nur noch die Herrschaft Landsberg und wurden nach deren Verkauf 1291 an die brandenburgischen Askanier zunächst nicht mehr geführt. Nach dem 1351 erfolgten Rückkauf der Herrschaft fanden sie wieder Aufnahme und standen im 15. Jahrhundert meist an der Herzstelle der zusammengesetzten Wappen. Diesen hervorragenden Platz büßte das wettinische Stammwappen aber im Laufe der Jahrhunderte ein und geriet zunehmend an untergeordnetere Stellen. Die hin und wieder geäußerte Vermutung, der Löwe im markmeißnischen Wappen wäre in Anlehnung an das ludowingische Wappentier von den Markgrafen angenommen worden, ist eher zweifelhaft.

Heinrich der Erlauchte, der 1225 noch die Landsberger Pfähle als Symbol im Siegel führte, bediente sich bereits 1231 des Löwen, die Eventualbelehnung mit der thüringischen Landgrafschaft fand jedoch erst 1243 statt. Deshalb wird es sich beim markmeißnischen Wappen eher um eine Neuschöpfung mit einem damals sehr verbreiteten Wappentier als Symbol handeln.

Das heute am meisten bekannte heraldische Zeichen für die sächsisch-wettinische Landesherrschaft ist der sogenannte Rautenkranz. Der von Schwarz und Gold neunmal geteilte Schild, der schrägrechts mit einem grünen Rautenkranz belegt ist, hat eine solche Verbreitung und Akzeptanz gefunden, daß beispielsweise ab 1990 kaum ein thüringischer Landkreis darauf verzichten wollte, das Motiv in sein neugeschaffenes Kreiswappen aufzunehmen.

Ursprünglich hatte das Wappen aber überhaupt nichts mit Thüringen zu tun. Von den Wettinern konnte es erst 1423 infolge der Belehnung mit dem Herzogtum Sachsen – ein Gebiet um Torgau und Wittenberg – angenommen werden. Als ranghohes Symbol stand es nicht nur an erster oder zweiter Stelle im Wappen, sondern wurde zum Kennzeichen des Hauses Sachsen und für das von den Wettinern beherrschte Territorium.

Über die Herkunft der Blattranke, des eigentlichen „Rautenkranzes“ im sächsischen Wappen, gibt es viele Sagen. Die eine überliefert, daß Kaiser Barbarossa bei großer Hitze anstelle der goldenen Krone eine solche aus Blättern getragen haben soll, die er anläßlich der Belehnung des askanischen Grafen Bernhard mit dem Herzogtum Sachsen über dessen mehrfach schwarz-golden geteiltes Stammwappen warf, um es von dem der Brüder Bernhards zu unterscheiden. Romantischer ist die Geschichte vom Rautenkränzlein, das Herzog Bernhard während einer Pilgerfahrt in das Heilige Land in Liebe von einer schönen Dame geschenkt bekam und dessen eine Hälfte er zu Erinnerung über seinen Schild hängte. In Wahrheit ist dieser „Rautenkranz“ aber nichts weiter als ein Beizeichen (Brisure), das bildlich den Verzicht der askanischen Herzöge von Sachsen auf ihr Stammland widerspiegelt.

Den Farben des sächsischen Wappens entsprachen auch die Landesfarben des Großherzogtums Sachsen-Weimar-Eisenach in Schwarz-Gelb-Grün, während die Herzogtümer Sachsen-Meiningen, Sachsen-Coburg und Gotha sowie Sachsen-Altenburg 1822 die im Jahr 1815 durch Königliches Reskript für Sachsen festgelegten Landesfarben Grün-Weiß bzw. Weiß-Grün übernahmen.

Mit dem Herzogtum Sachsen verknüpft war die Kurwürde. Die Kurfürsten wählten das Reichsoberhaupt und hatten jeder ein bestimmtes Amt während der Krönungszeremonie und großer Feierlichkeiten. Der Kurfürst von Sachsen trug als Erzmarschall des Reiches das Schwert vor dem Römischen Kaiser oder König. Als Ausdruck dieser hohen Würde führte der Kurfürst von Sachsen als Erzmarschall des Reiches zwei gekreuzte rote Schwerter im schwarz-silbern geteiltem Schild.

Die sogenannten „Kurschwerter“ kamen nur dem Kurfürsten zu, deshalb wechselte dieses Wappen auch 1547 aus dem Hoheitszeichen der Ernestiner in das der Albertiner. Die Kurzbezeichnung „Kurschwerter“ für das Wahrzeichen des Erzmarschalls ist eigentlich nicht ganz zutreffend, es ist ein reines Amtswappen. Symbol der Kurwürde war der über dem Rautenkranzwappen angebrachte Kurhut - eine flache Purpurmütze mit einem breiten Hermelinreif.

Mit dem Anfall der Landgrafschaft Thüringen übernahmen die Wettiner das Wappen der Ludowinger, den „Bunten Löwen“. Dieser rot-silbern (für Silber steht auch Weiß) geteilte, golden gekrönte und bewehrte Löwe auf blauem Grund, der auch Eingang ins Wappen der Landgrafen von Hessen fand, ist erstmalig für den bis 1217 regierenden Landgrafen Hermann I. in einer Schilderung des Herbort von Fritzlar vom Anfang des 13. Jahrhunderts belegt.

Bereits für seinen Vater, Ludwig III., ist aber ein Löwenschild im Siegel nachweisbar. Die älteste farbige bildliche Darstellung aus der ersten Hälfte des 13. Jahrhunderts ist mit dem Wappenschild Landgraf Konrads von

Thüringen überliefert. Ihr gleicht die in modifizierter Form verwendete Löwendarstellung des heutigen Landeswappens des Freistaates Thüringen. Allerdings war die Anzahl der Balken nicht immer identisch. Gebräuchlich war vor allem eine 6- bis 8-fache Teilung. Ebenso gab es Unterschiede in der Reihenfolge der Tingierung der Balken, die u.a. bei der ältesten überlieferten Darstellung mit rot beginnt, während bei anderen Wappenbelegen eine Silber-Rot-Folge Verwendung fand.

Im Gesamtwappen der Wettiner sollte der Bunte Löwe in den folgenden Jahrhunderten den Besitzanspruch auf ehemals ludowingische Gebiete und Lehen in Thüringen dokumentieren. Er stand an wechselnden, immer aber an hervorragenden Plätzen im Schild. Gleichzeitig kam ihm eine Symbolfunktion zu, die rechtliche Relevanz hatte. Als ludowingisches und später eins der wettinischen Hoheitszeichen fand der Bunte Löwe Eingang in verschiedene Stadtwappen wie z.B. bei Bad Langensalza, Bad Tennstedt, Buttelstedt, Hildburghausen, Kindelbrück oder Thamsbrück, und selbst Jena führte ihn im 17. Jahrhundert kurzzeitig. Andere Möglichkeiten boten zum Beispiel Beschaumarken der Zünfte, die damit gleichzeitig den landesherrlichen Einfluß dokumentierten. So erlaubten Kurfürst Friedrich und Herzog Johann von Sachsen am 3. August 1489 dem Wollweberhandwerk in Weida, ihre Tücher mit einem Siegel zu versehen, das in der einen Hälfte das Weidaer Stadtwappen enthalten und „... mit unserm wöpen, dem bunten lauwen unsers lands zu doringen in der [anderen] helfte des schildes“ versehen sein sollte.

Die Tradition des Bunten Löwen wurde durch die Wettiner auch über andere öffentlichkeitswirksame Sinnbilder vermittelt. Anläßlich der Beisetzung des Herzogs Ernst von Sachsen-Gotha 1675 wurde eine Fahne im Trauerzug mitgeführt, auf der der Löwe abgebildet war. Sie wurde neben dem Sarg aufgestellt. Ein anderes Beispiel gibt die Standarte der Wartburg, die 1894/95 auf Veranlassung von Großherzog Carl Alexander von Sachsen-Weimar und Eisenach für das alte Landgrafenschloß angeschafft wurde. Auf dieser ist neben dem Rautenkranz in der rechten oberen Ecke der Bunte Löwe dargestellt. Auch das Königreich Preußen nahm ihn und den Rautenkranz in sein Staatswappen auf, nachdem es 1815 ehemals albertinisch regierte Gebiete Thüringens erhalten hatte.

Durch die von den ludowingischen Landgrafen hergeleitete heraldische Tradition und die Verwendung des Bunten Löwen in den Wappen der Wettiner wurde er zum Symbol für einen thüringischen Einheitsstaat. Obwohl das geeinte Thüringen auf Grund der territorialen Zersplitterung bis zum Ende der Monarchie 1918 eine Fiktion blieb, trug das Fürstengeschlecht auch auf diese Weise indirekt zur Herausbildung eines gemeinsamen thüringischen Landesbewußtseins bei. Als sich jedoch das nunmehr vereinigte Thüringen nach Landesgründung von 1920 in einem Landeswappen ein eigenes Staatssymbol schuf, blieben die heraldischen Erinnerungen an die fürstlichen Territorialstaaten zunächst unberücksichtigt. Das zuerst beschlossene Wappen von 1921 wurde aus sieben silbernen Sternen auf rotem Grund gebildet, wobei die Sterne die früheren Einzelstaaten symbolisierten. Der wettinische Rautenkranz tauchte dann allerdings in dem 1933 von den Nationalsozialisten angenommenen Landeswappen auf, das in vier Feldern die heraldischen Merkmale der wettinischen, schwarzburgischen, reußischen und hennebergischen Geschlechter wiedergab und auch den Thüringer Löwen einbezog, aber nur bis zum Ende des Dritten Reiches in Kraft blieb. Der von acht silbernen Sternen umgebene Löwe wurde dann im nachfolgenden Landeswappen von 1945 und

Wenigentennstedter Tor von Bad Tennstedt mit Resten der Stadtmauer aus dem 15. Jahrhundert. Der Wappenstein über der Durchfahrt wurde im Zusammenhang mit einem Torneubau im Jahre 1579 eingesetzt und zeigt das kursächsische Hoheitszeichen zusammen mit dem Tennstedter Wappen.

in dem des heutigen Freistaates Thüringen das dominierende Symbol für die reiche und weit zurückreichende Geschichte des Thüringer Landes, in der auch das Andenken an die Wettiner aufgehoben, aber nicht vergessen ist.

[Dagmar Blaha und Dr. Frank Boblenz]

Siegel des Markgrafen Albrecht von Meißen, verwendet seit 1261.

Petschaft des Großherzogtums Sachsen-Weimar-Eisenach.

Ab 1729 in der Bibliothek der Herzöge von Sachsen-Eisenach verwendetes Exlibris mit dem Wappen von Sachsen-Eisenach und dem preußischen Schwarzen Adlerorden.

EX BIBLIOTHECA SERENISSIMÆ DOMUS
SAXO-ISENACENSIS.

Großherzogtum
Sachsen-Weimar-Eisenach

Herzogtum
Sachsen-Meiningen-Hildburghausen

Herzogtum
Sachsen-Coburg und Gotha

Herzogtum
Sachsen-Altenburg

Die Territorien und Regenten der Wettiner (Albertiner und Ernestiner)

„THURINGIA" von Gerhard Mercator. Ohne Jahr [ca. 1590].

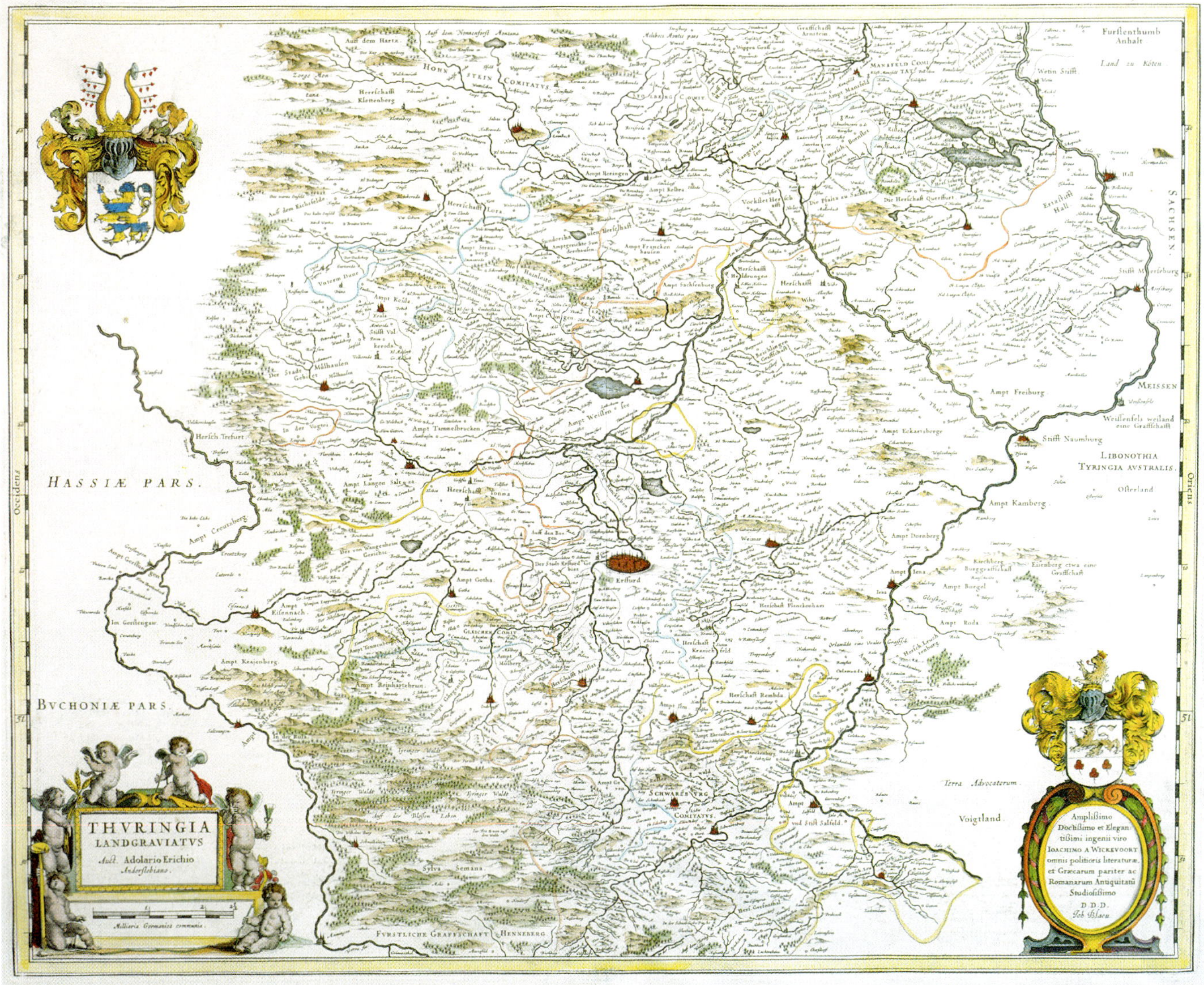

„THURINGIA LANDGRAVIATVS“ (Landgrafschaft Thüringen) nach Adolar Erich aus dem „Novus Atlas“ des Joan Blaeu, Amsterdam 1635.

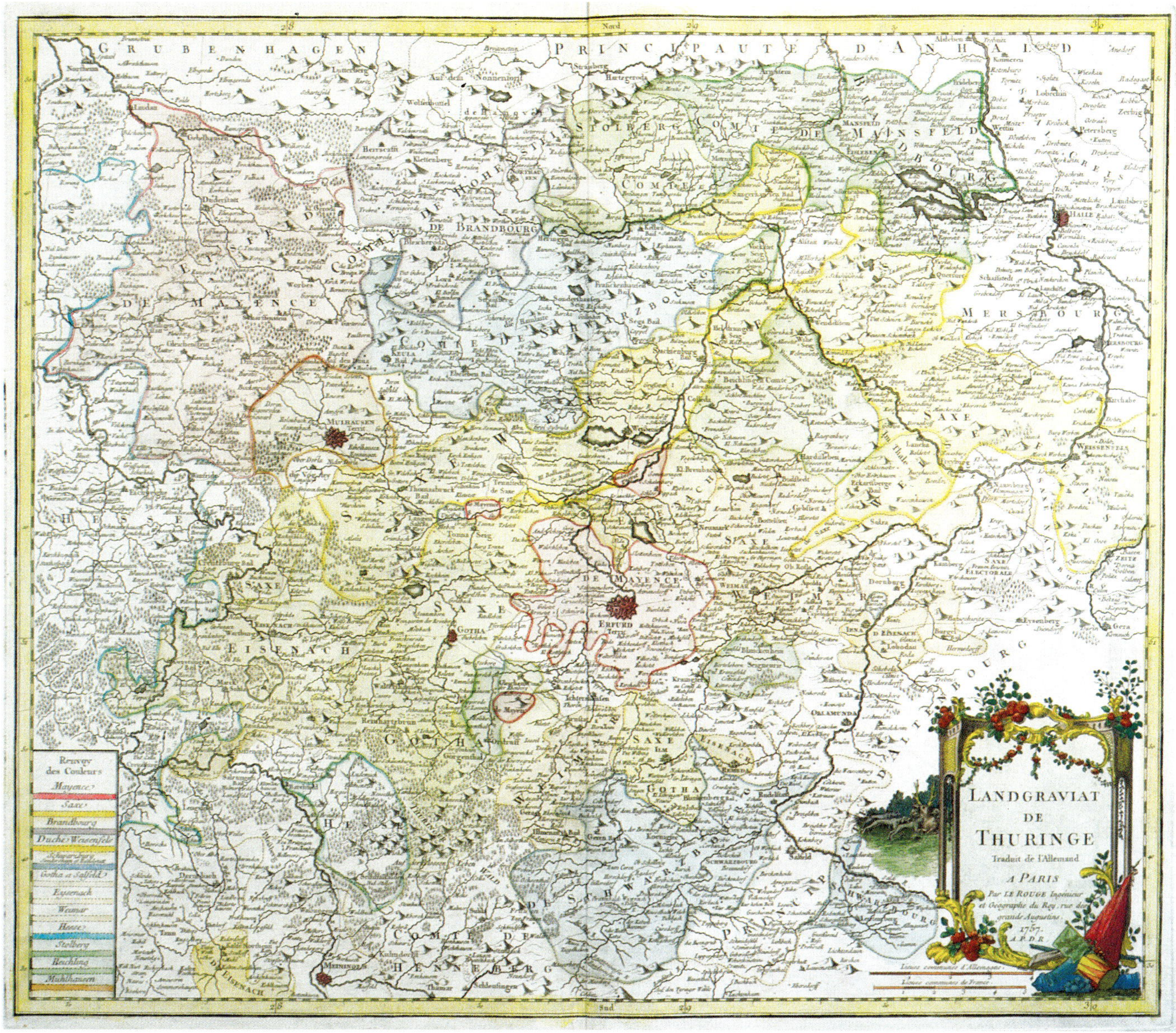

„LANDGRAVIAT DE THURINGE“ (Landgrafschaft Thüringen) von Le Rouge, Paris 1757.

Stammbaum der wettinischen Linien nach der Belehnung mit dem Kurfürstentum Sachsen im Jahre 1423. Kupferstich aus Georg Paul Hönns „Des Chur- und Fürstlichen Hauses Sachsen Wappens- und Geschlechtsuntersuchung". Leipzig, 1704.

Regenten der Wettiner bis 1485

TAFEL I

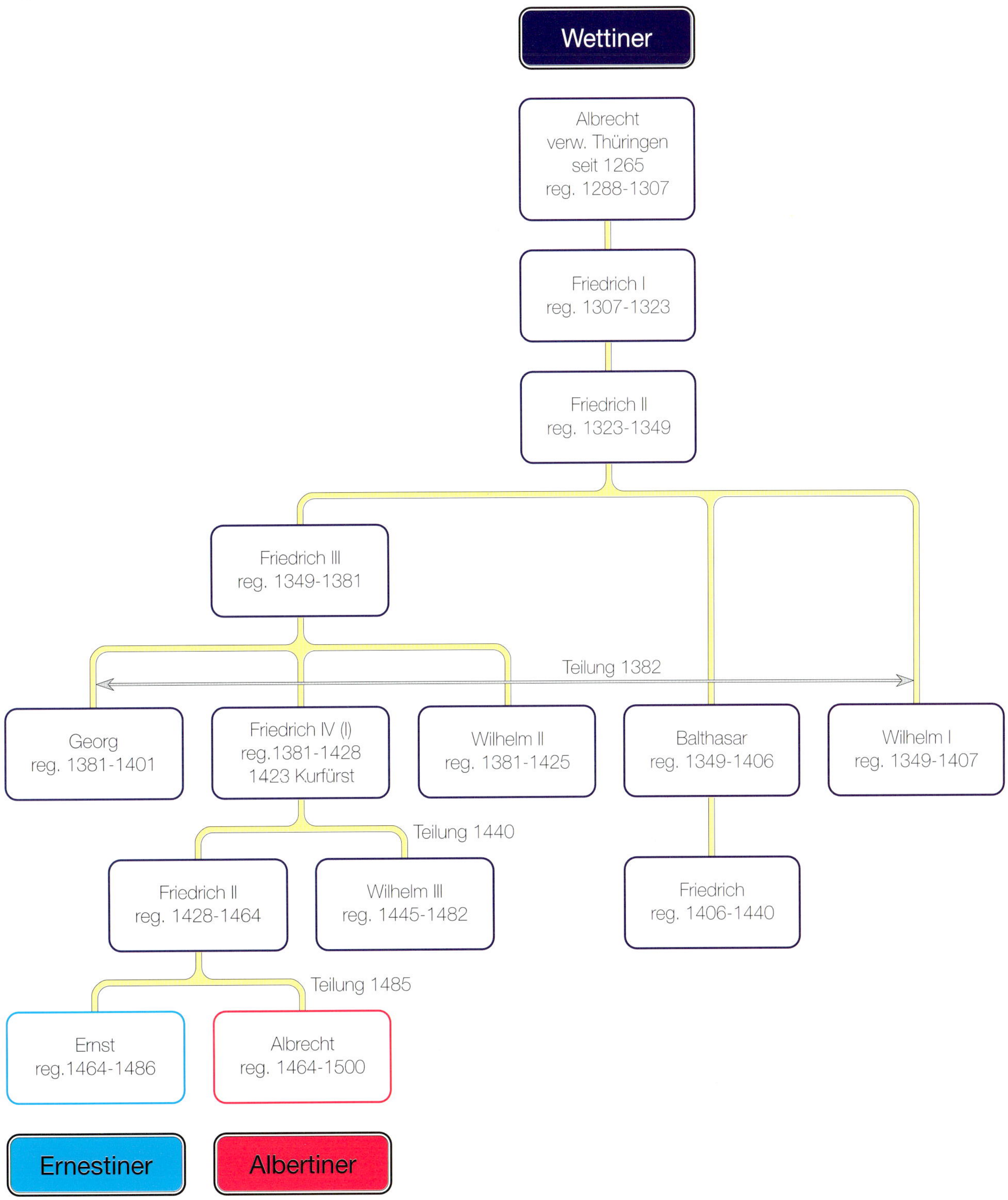
Wettiner
Albrecht
verw. Thüringen
seit 1265
reg. 1288-1307
Friedrich I
reg. 1307-1323
Friedrich II
reg. 1323-1349
Friedrich III
reg. 1349-1381
Teilung 1382
Georg
reg. 1381-1401
Friedrich IV (I)
reg. 1381-1428
1423 Kurfürst
Wilhelm II
reg. 1381-1425
Balthasar
reg. 1349-1406
Wilhelm I
reg. 1349-1407
Teilung 1440
Friedrich II
reg. 1428-1464
Wilhelm III
reg. 1445-1482
Friedrich
reg. 1406-1440
Teilung 1485
Ernst
reg. 1464-1486
Albrecht
reg. 1464-1500
Ernestiner
Albertiner

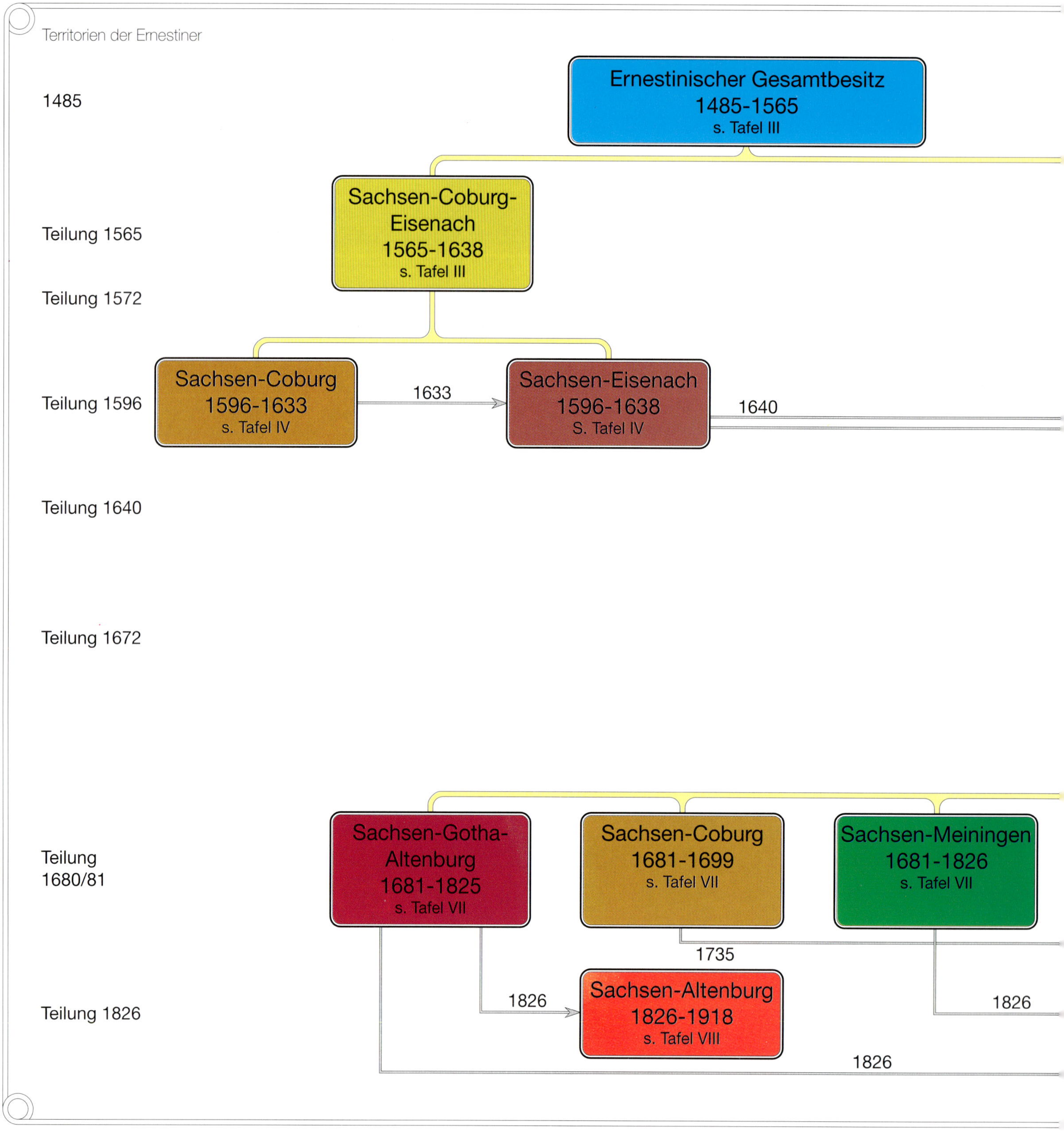
1485
Teilung 1565
Teilung 1572
Teilung 1596
Teilung 1640
Teilung 1672
Teilung 1680/81
Teilung 1826
Ernestinischer Gesamtbesitz 1485-1565 s. Tafel III
Sachsen-Coburg-Eisenach 1565-1638 s. Tafel III
Sachsen-Coburg 1596-1633 s. Tafel IV
1633
Sachsen-Eisenach 1596-1638 S. Tafel IV
1640
Sachsen-Gotha-Altenburg 1681-1825 s. Tafel VII
Sachsen-Coburg 1681-1699 s. Tafel VII
Sachsen-Meiningen 1681-1826 s. Tafel VII
1735
1826
Sachsen-Altenburg 1826-1918 s. Tafel VIII
1826
1826

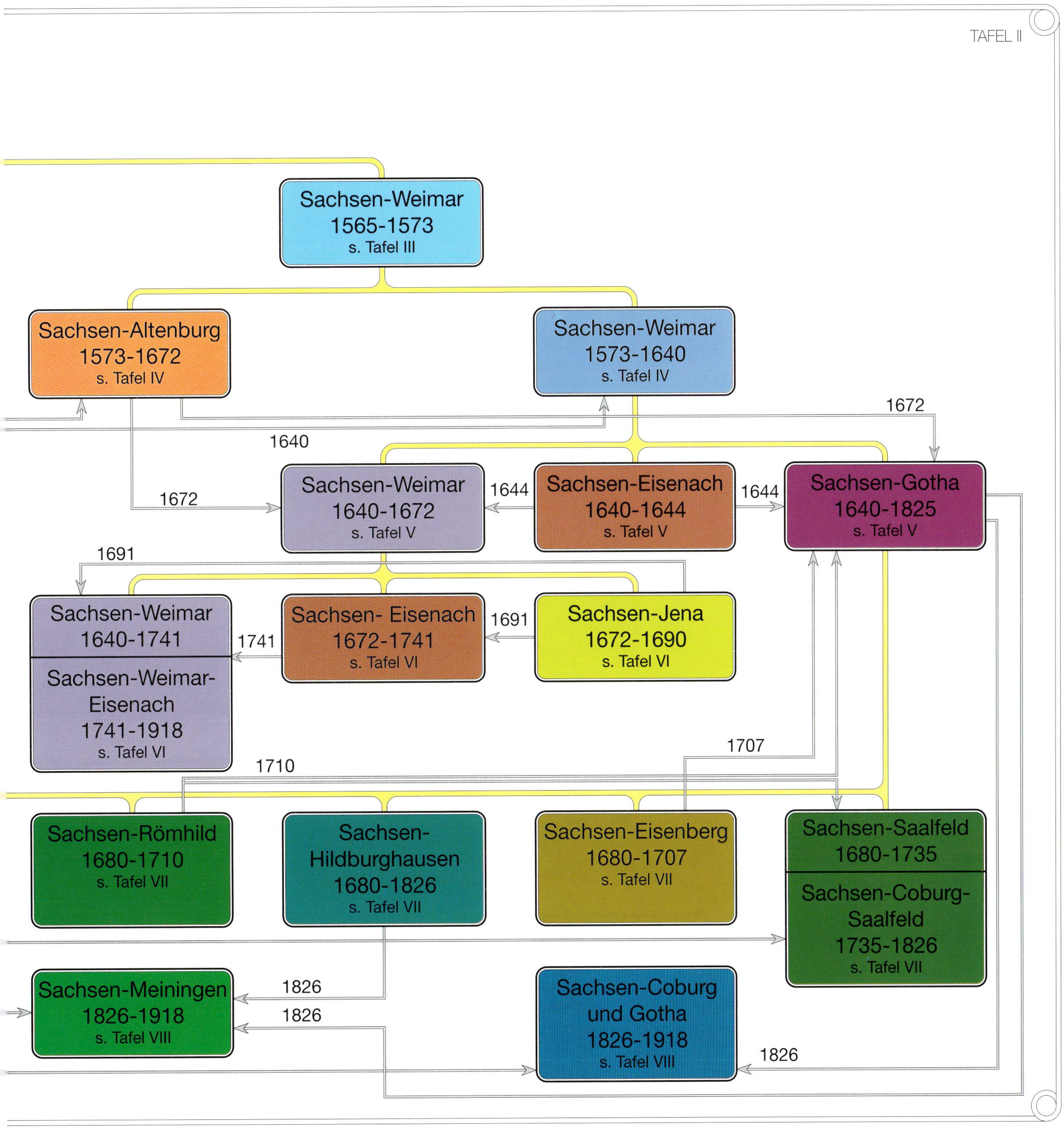

Sachsen-Weimar 1565-1573 s. Tafel III
Sachsen-Altenburg 1573-1672 s. Tafel IV
Sachsen-Weimar 1573-1640 s. Tafel IV
1672
1640
Sachsen-Weimar 1640-1672 s. Tafel V
1672
1644
Sachsen-Eisenach 1640-1644 s. Tafel V
1644
Sachsen-Gotha 1640-1825 s. Tafel V
1691
Sachsen-Weimar 1640-1741
Sachsen-Weimar-Eisenach 1741-1918 s. Tafel VI
1741
Sachsen- Eisenach 1672-1741 s. Tafel VI
1691
Sachsen-Jena 1672-1690 s. Tafel VI
1707
1710
Sachsen-Römhild 1680-1710 s. Tafel VII
Sachsen-Hildburghausen 1680-1826 s. Tafel VII
Sachsen-Eisenberg 1680-1707 s. Tafel VII
Sachsen-Saalfeld 1680-1735
Sachsen-Coburg-Saalfeld 1735-1826 s. Tafel VII
Sachsen-Meiningen 1826-1918 s. Tafel VIII
1826
1826
Sachsen-Coburg und Gotha 1826-1918 s. Tafel VIII
1826

Regenten der Ernestiner bis zur Teilung von 1565

TAFEL III

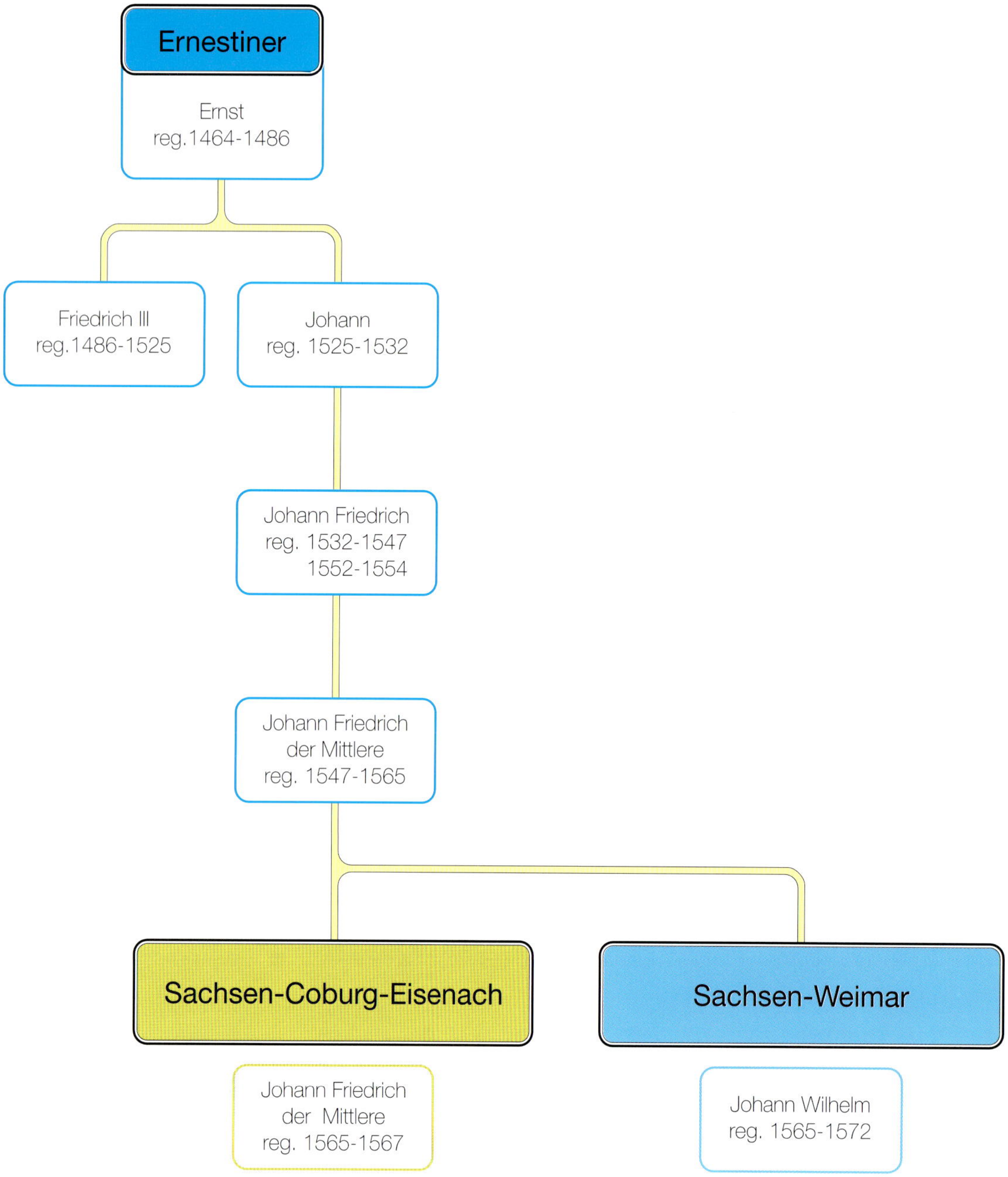

Regenten der Ernestiner nach 1572 und 1596

TAFEL IV

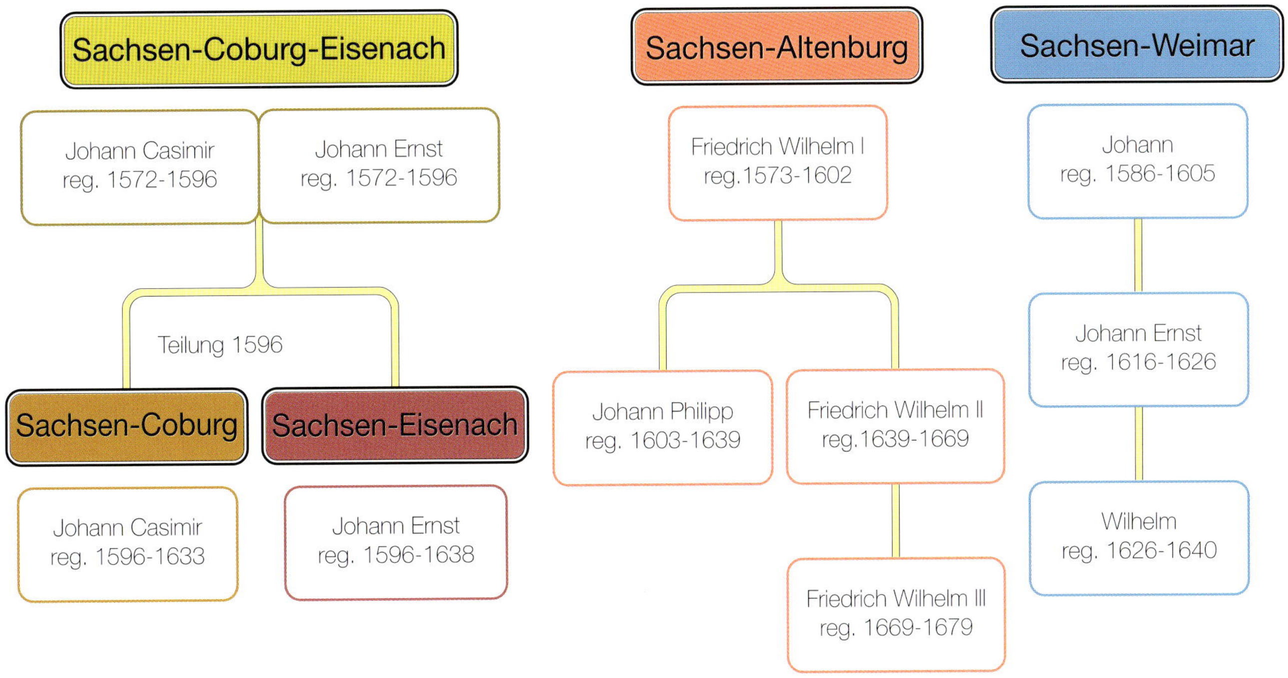

Regenten der Ernestiner nach 1640

TAFEL V

Regenten der Ernestiner nach 1672

TAFEL VI

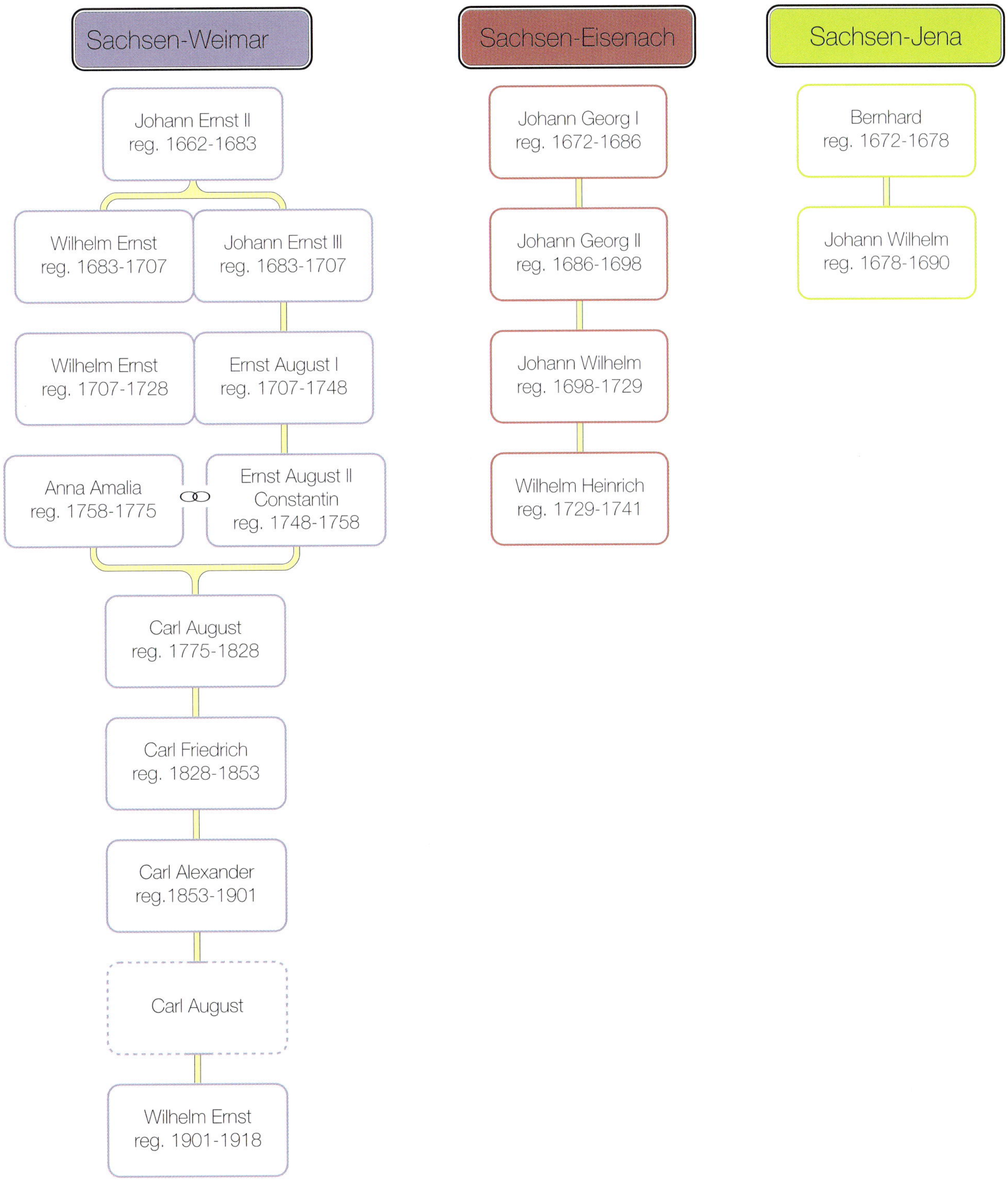
Sachsen-Weimar
Johann Ernst II reg. 1662-1683
Wilhelm Ernst reg. 1683-1707
Johann Ernst III reg. 1683-1707
Wilhelm Ernst reg. 1707-1728
Ernst August I reg. 1707-1748
Anna Amalia reg. 1758-1775
Ernst August II Constantin reg. 1748-1758
Carl August reg. 1775-1828
Carl Friedrich reg. 1828-1853
Carl Alexander reg.1853-1901
Carl August
Wilhelm Ernst reg. 1901-1918
Sachsen-Eisenach
Johann Georg I reg. 1672-1686
Johann Georg II reg. 1686-1698
Johann Wilhelm reg. 1698-1729
Wilhelm Heinrich reg. 1729-1741
Sachsen-Jena
Bernhard reg. 1672-1678
Johann Wilhelm reg. 1678-1690

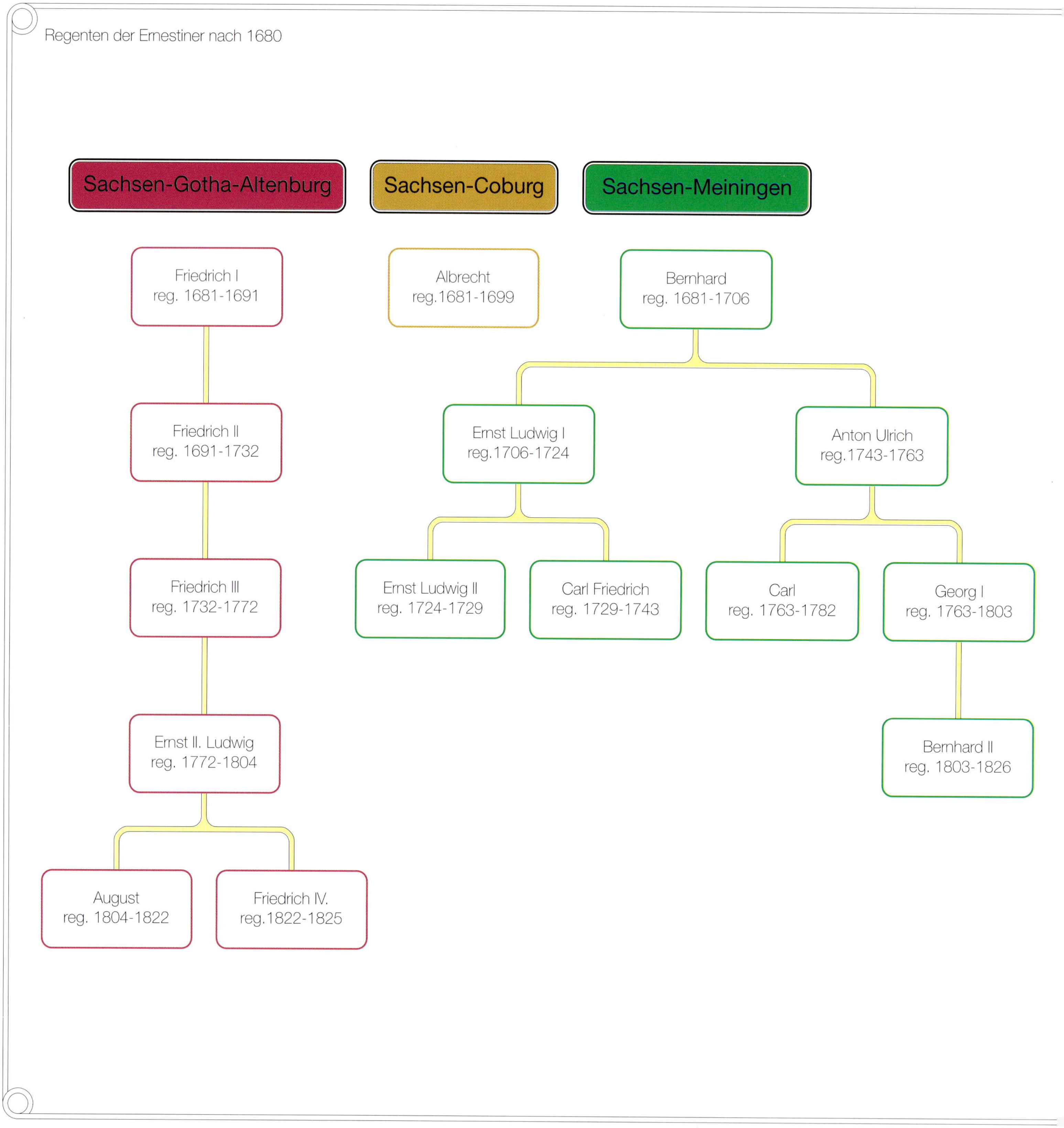
Regenten der Ernestiner nach 1680
Sachsen-Gotha-Altenburg
Sachsen-Coburg
Sachsen-Meiningen
Friedrich I reg. 1681-1691
Albrecht reg.1681-1699
Bernhard reg. 1681-1706
Friedrich II reg. 1691-1732
Ernst Ludwig I reg.1706-1724
Anton Ulrich reg.1743-1763
Friedrich III reg. 1732-1772
Ernst Ludwig II reg. 1724-1729
Carl Friedrich reg. 1729-1743
Carl reg. 1763-1782
Georg I reg. 1763-1803
Ernst II. Ludwig reg. 1772-1804
Bernhard II reg. 1803-1826
August reg. 1804-1822
Friedrich IV. reg.1822-1825

TAFEL VII

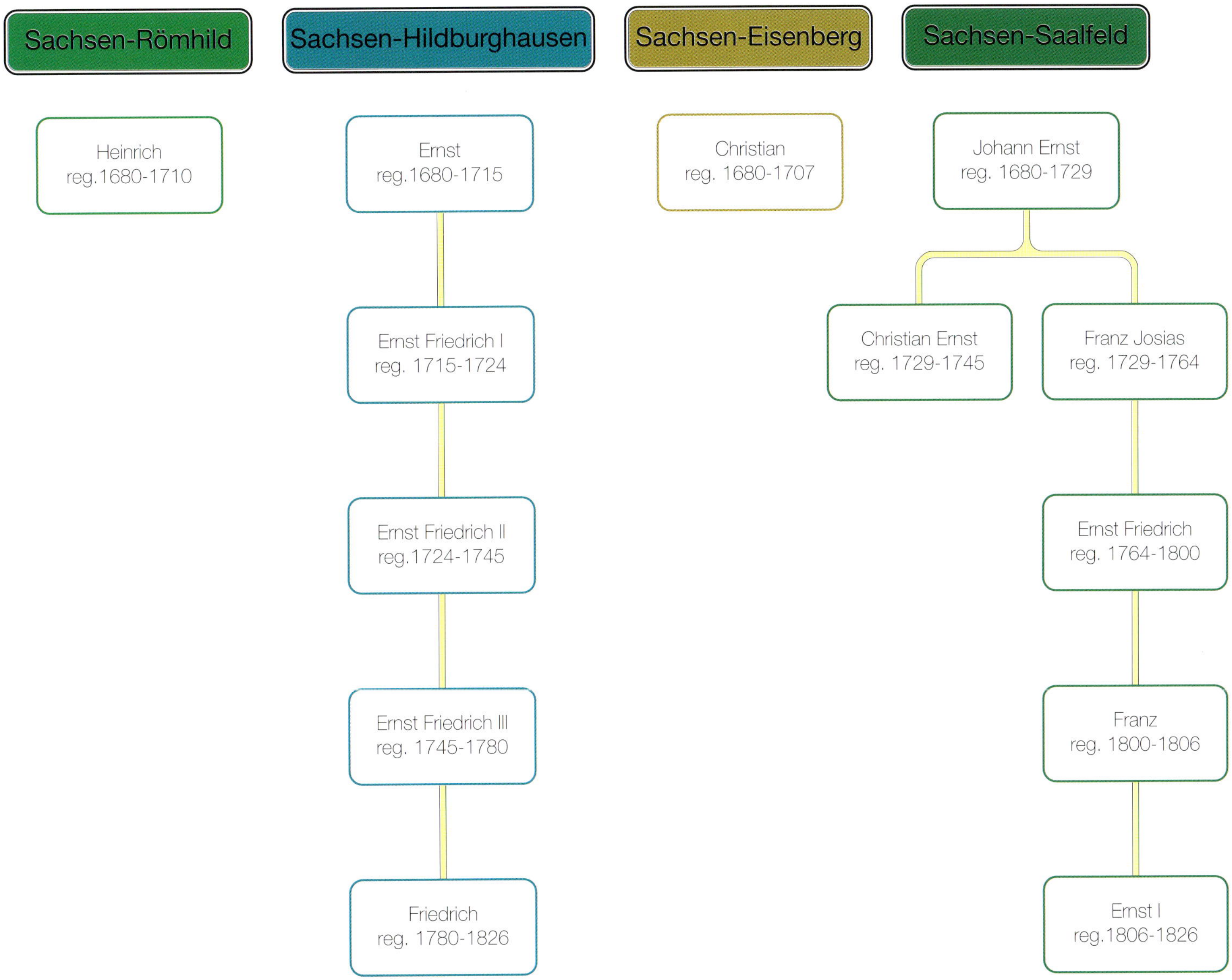

Sachsen-Römhild
Sachsen-Hildburghausen
Sachsen-Eisenberg
Sachsen-Saalfeld
Heinrich reg.1680-1710
Ernst reg.1680-1715
Ernst Friedrich I reg. 1715-1724
Ernst Friedrich II reg.1724-1745
Ernst Friedrich III reg. 1745-1780
Friedrich reg. 1780-1826
Christian reg. 1680-1707
Johann Ernst reg. 1680-1729
Christian Ernst reg. 1729-1745
Franz Josias reg. 1729-1764
Ernst Friedrich reg. 1764-1800
Franz reg. 1800-1806
Ernst I reg.1806-1826

Regenten der Ernestiner nach 1826

TAFEL VIII

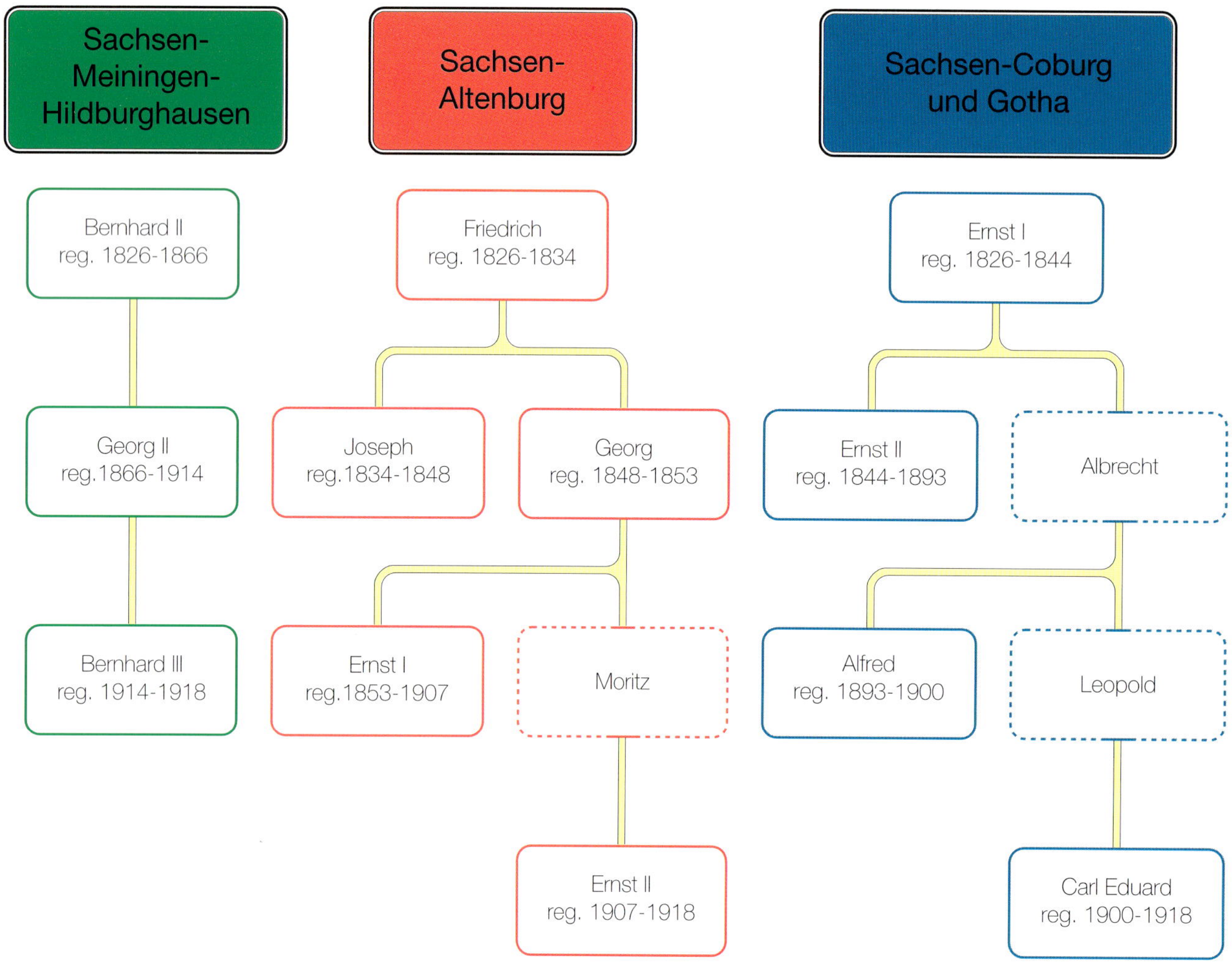

Regenten der Albertiner

TAFEL IX

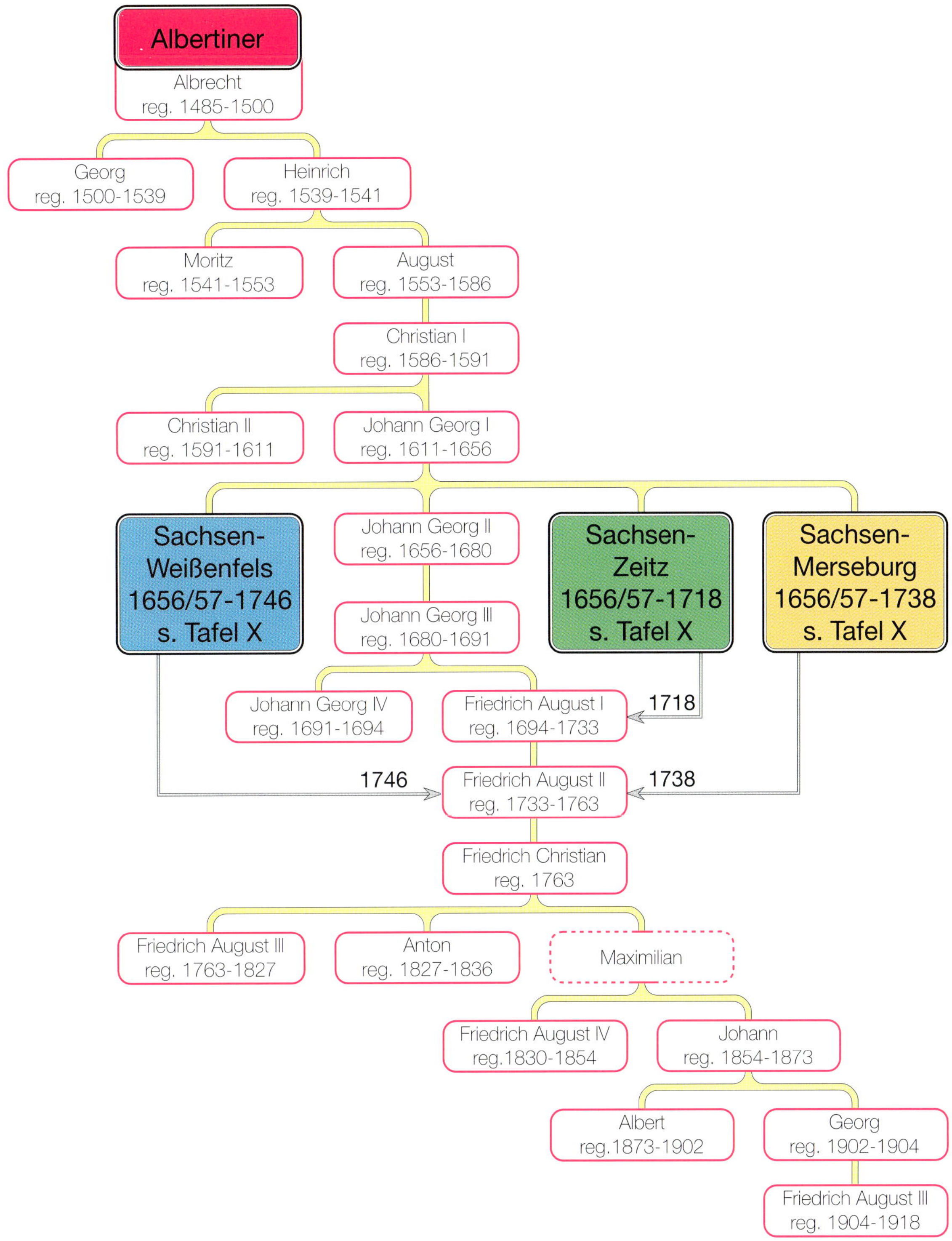
Albertiner
Albrecht reg. 1485-1500
Georg reg. 1500-1539
Heinrich reg. 1539-1541
Moritz reg. 1541-1553
August reg. 1553-1586
Christian I reg. 1586-1591
Christian II reg. 1591-1611
Johann Georg I reg. 1611-1656
Sachsen-Weißenfels 1656/57-1746 s. Tafel X
Johann Georg II reg. 1656-1680
Sachsen-Zeitz 1656/57-1718 s. Tafel X
Sachsen-Merseburg 1656/57-1738 s. Tafel X
Johann Georg III reg. 1680-1691
Johann Georg IV reg. 1691-1694
Friedrich August I reg. 1694-1733
1718
1746
Friedrich August II reg. 1733-1763
1738
Friedrich Christian reg. 1763
Friedrich August III reg. 1763-1827
Anton reg. 1827-1836
Maximilian
Friedrich August IV reg.1830-1854
Johann reg. 1854-1873
Albert reg.1873-1902
Georg reg. 1902-1904
Friedrich August III reg. 1904-1918

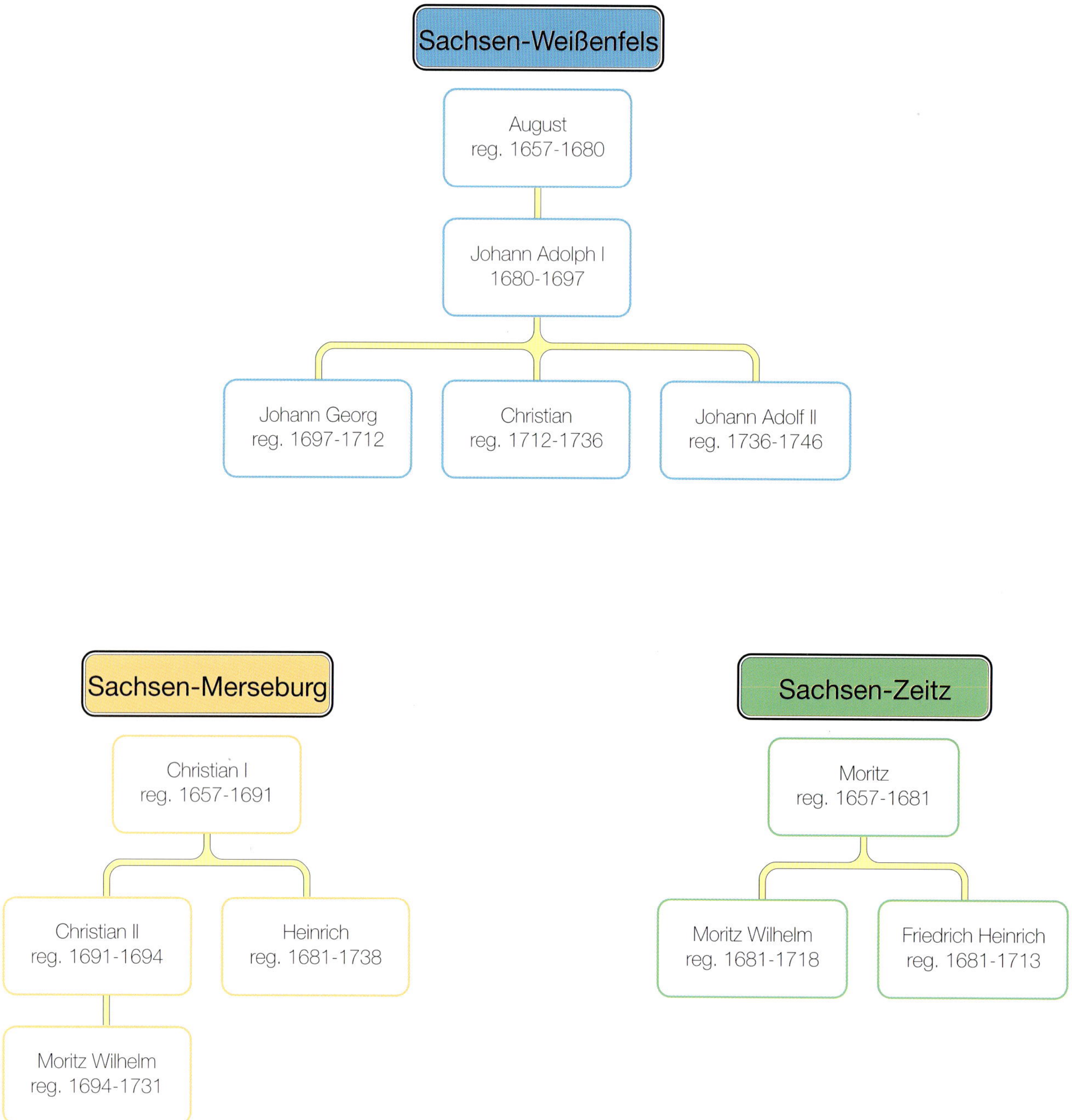
Sachsen-Weißenfels
August
reg. 1657-1680
Johann Adolph I
1680-1697
Johann Georg
reg. 1697-1712
Christian
reg. 1712-1736
Johann Adolf II
reg. 1736-1746
Sachsen-Merseburg
Christian I
reg. 1657-1691
Christian II
reg. 1691-1694
Heinrich
reg. 1681-1738
Moritz Wilhelm
reg. 1694-1731
Sachsen-Zeitz
Moritz
reg. 1657-1681
Moritz Wilhelm
reg. 1681-1718
Friedrich Heinrich
reg. 1681-1713

Abbildungsverzeichnis

Abkürzungen:

ThHStA = Thüringisches Hauptstaatsarchiv
ThStA = Thüringisches Staatsarchiv
StA = Staatsarchiv
SWK = Stiftung Weimarer Klassik
EGA = Ernestinisches Gesamtarchiv

Die Fotos aus den Thüringischen Staatsarchiven sowie dem Stadtmuseum Weimar wurden durch Waltraud Siewert und Gabriele Krynitzki vom ThHStA Weimar hergestellt.

S. 14: ThHStA Weimar, EGA, Urkunde Nr. 947
S. 17: ThHStA Weimar, EGA, Urkunde Nr. 947
S. 19: ThHStA Weimar, Siegelabgußsammlung Nr. 20
S. 21: Thüringer Museum Eisenach, Predigerkirche; Foto von Ralf-Michael Kunze
S. 22: ThHStA Weimar, EGA, Urkunde Nr. 951
S. 24: ThHStA Weimar, EGA, Urkunde Nr. 951
S. 25: ThHStA Weimar, EGA, Urkunde Nr. 951
S. 27: ThHStA Weimar, EGA, Reg. O 20/21, Bl. 183v
S. 29: ThHStA Weimar, Siegelabgußsammlung Nr. 44
S. 30: ThHStA Weimar, Weimarer Ämter und Städte Nr. 421, Bl. 6v
S. 33: ThHStA Weimar, Historische Karte Nr. 58
S. 35: ThHStA Weimar, EGA, Reg. O 20/21, Bl. 31v
S. 37: ThHStA Weimar; Foto aus: Bau- und Kunstdenkmäler Thüringens. Herzogtum Sachsen-Meiningen, Amtsgerichtsbezirk Saalfeld. Bearb. v. Paul Lehfeldt. Jena 1889, nach S. 98
S. 38: ThStA Altenburg, Urkunde 1329 Juni 23
S. 41: ThStA Meiningen, Gemeinschaftliches Hennebergisches Archiv, Urkunde Nr. 2578
S. 43: ThHStA Weimar, Nachlaß Willy Flach
S. 44: Foto von Peter Michaelis
S. 45: Foto von Peter Michaelis
S. 46: ThHStA Weimar, EGA, Reg. O 20/21, Bl. 36v
S. 49: ThHStA Weimar, EGA, Urkunde Nr. 5627
S. 50: ThHStA Weimar, EGA, Reg. Ee 451a, Bl. 1v-2r
S. 51: Foto von Peter Michaelis
S. 53: ThHStA Weimar, EGA, Urkunde Nr. 5628
S. 54: ThHStA Weimar, Weimarer Ämter und Städte Nr. 1081, Bl. 4v und 5
S. 57: ThHStA Weimar, EGA, Reg. A 19, Bl. 36
S. 59: ThHStA Weimar, EGA, Reg. O 20/21, Bl. 173v
S. 61: ThHStA Weimar, Urkunde 1333 [Ende September]
S. 62: ThStA Altenburg, Urkunde 1447 Mai 12
S. 65: ThStA Altenburg, Urkunde 1445 Dezember 11
S. 67: ThStA Altenburg, Bildersammlung Nr. 2956
S. 69: ThStA Altenburg, Bildersammlung Nr. 2953
S. 70: ThHStA Weimar, EGA, Reg. Rr pag. 351, Nr. 98. 98a, Bl. 41
S. 73: Sammlung Frank Boblenz
S. 75: ThHStA Weimar, F 830
S. 77: ThHStA Weimar, Nachlaß Hortleder/Prueschenk Nr. 7, Bl. 40
S. 78: ThHStA Weimar, Eisenacher Archiv, Rechtspflege Nr. 1330, Bl. 103v
S. 81: ThHStA Weimar
S. 83: Foto von Peter Michaelis
S. 85: ThStA Greiz; aus: Ordnungen der sächsischen Herzöge und Kurfürsten Ernst, Albrecht, Moritz und August, 3. Teil, Dresden 1588, Bl. 30
S. 86: ThHStA Weimar, EGA, Urkunde Nr. 1051, Bl. 1
S. 89: ThHStA Weimar; aus: „Saxonia", I, Nr. 18, 1835
S. 91: ThHStA Weimar, F 290, Bl. 1v und 2
S. 93: ThHStA Weimar; aus: „Saxonia", I, Nr. 19, 1835
S. 94: ThHStA Weimar, Urkunde 1682 April 8
S. 97: ThHStA Weimar, A 124, Bl. 168v und 169
S. 99: ThHStA Weimar, DS 640, Bl. 13
S. 101: ThHStA Weimar
S. 102: ThHStA Weimar, EGA, Reg. O 20/21, Bl. 77v und 78
S. 105: ThHStA Weimar
S. 107: ThHStA Weimar, Historische Ansicht Nr. 5
S. 109: ThHStA Weimar, EGA, Reg. O 56, Bl. 3v und 4
S. 110: ThHStA Weimar, EGA, Reg. T 914, Bl. 201
S. 113: SWK, Herzogin Anna Amalia Bibliothek
S. 115: ThHStA Weimar, B 16438
S. 117: Schloßmuseum Gotha, Münzkabinett
S. 118: ThHStA Weimar, EGA, Reg. O 213, Bl. 40
S. 121: ThHStA Weimar, EGA, Urkunde Nr. 5114a
S. 123: ThHStA Weimar, EGA, Reg. O 20/21, Bl. 174
S. 125: ThHStA Weimar, EGA, Reg. Bb 4222, Bl. 2
S. 126: ThHStA Weimar, EGA, Reg. Kk 1459, Bl. 5
S. 129: ThHStA Weimar; aus: „Saxonia", II, Nr. 8, 1836
S. 131, li.: ThHStA Weimar, EGA, Reg. Bb 5959, Bl. 3v
S. 131, re.: ThHStA Weimar, EGA, Reg. Bb 5962, Bl. 1v
S. 133: ThHStA Weimar, EGA, Reg. E 81, Bl. 1
S. 134, li.: ThHStA Weimar, EGA, Reg. N 821, Bl. 33
S. 134, re.: ThHStA Weimar, EGA, Reg. N 821, Bl. 33v
S. 137: ThHStA Weimar, EGA, Reg. N 837, Bl. 1
S. 139: Foto von Peter Michaelis
S. 141, li.: ThHStA Weimar, EGA, Reg. N 881, Bl. 8
S. 141, re.: ThHStA Weimar, EGA, Reg. Q 164, Bl. 1
S. 142: ThHStA Weimar, EGA, Urkunde Nr. 1722
S. 145: ThHStA Weimar, EGA, Reg. H 177-186, Nr. 84, 1-33, Bl. 31
S. 147: Foto von Peter Michaelis
S. 149: ThHStA Weimar, EGA, Reg. H 124, Bl. 37
S. 150: ThHStA Weimar, A 10419, Bl. 83
S. 153: ThHStA Weimar, EGA, Reg. Rr pag. 1-316, Nr. 2091, Bl. 3
S. 155: Foto von Peter Michaelis
S. 157: ThHStA Weimar, Hofmarschallamt Nr. 3802, Bl. 1
S. 158: ThHStA Weimar, EGA, Urkunde Nr. 1024
S. 160: ThHStA Weimar, F 1855, Tafel 5
S. 161: ThHStA Weimar, EGA, Reg. D 223, Bl. 143
S. 163: Stadtarchiv Weimar, Bildarchiv
S. 165: ThHStA Weimar, EGA, Reg. K pag. 186 MM, Nr. 1, Bl. 1
S. 166: ThHStA Weimar, EGA, Reg. S fol. 352a, Nr. XIV.1, Bl. 1
S. 169: ThStA Altenburg, Landesregierung Nr. 4575, Bl. 18
S. 171: Foto von Peter Michaelis
S. 173: ThHStA Weimar, EGA, Reg. O 544, Bl. 44

S. 174: ThHStA Weimar, EGA, Urkunde Nr. 1057, Bl. 13
S. 177: ThStA Gotha, Geheimes Archiv O I O, Nr. 6, Bl. 219v
S. 179: StA Coburg, Bildsammlung, Inventarnummer I 2 Nr. 1*
S. 181: ThStA Gotha; aus: Friedrich Rudolphi, Gotha diplomatica, Teil II, Frankfurt a. Main/Leipzig 1717, nach S. 108
S. 182: ThStA Altenburg, Urkunde 1605 Juli 2
S. 185: ThStA Altenburg, Bildersammlung Nr. 3533
S. 186: ThStA Altenburg, Bildersammlung Nr. 1814
S. 187: ThStA Altenburg, Bildersammlung Nr. 1013
S. 189: ThStA Altenburg, Kartensammlung Nr. 6548
S. 190: ThHStA Weimar, A 10710, Bl. 3v und 4
S. 193: ThHStA Weimar, EGA, Findbuch Reg. F, Bl. 1
S. 195: Foto von Peter Michaelis
S. 197: ThHStA Weimar, EGA, Kopialbuch F 33, Bl. 1
S. 198: ThHStA Weimar, Urkunde 1651 Januar 8
S. 201: ThHStA Weimar
S. 203: ThHStA Weimar, A 11816, Bl. 33
S. 205: ThHStA Weimar, Großherzogliches Hausarchiv, A XXVI, Nr. 190, Bl. 57
S. 206: ThHStA Weimar, H 205, Bl. 7
S. 209: ThHStA Weimar, F 1855, Tafel 9
S. 211: Kunstsammlungen zu Weimar; Foto von Eberhard Renno
S. 213: Karte von Frank Boblenz
S. 214: Forschungs- und Landesbibliothek Gotha
S. 217: ThHStA Weimar, H 1, Bl. 375
S. 219: ThStA Gotha, Geheimes Archiv, UU I Nr. 1
S. 221: Forschungs- und Landesbibliothek Gotha
S. 222: ThStA Meiningen, Staatsministerium, Abt. Kirchen- und Schulsachen Nr. 2704, Bl. 1
S. 225: Schloßmuseum Gotha, Münzkabinett
S. 226: Foto von Peter Michaelis
S. 227: Foto von Peter Michaelis
S. 229: ThStA Meiningen, Zinck-Mattenberg-Sammlung Nr. 347, Bl. 16
S. 230: ThStA Gotha, Oberkonsistorium Gen. Loc. 63, Nr. 3, Bl. 28
S. 233: ThStA Gotha, Oberkonsistorium Gen. Loc. 63, Nr. 2, Bl. 7
S. 234: Museum für Regionalgeschichte Gotha
S. 235: Museum für Regionalgeschichte Gotha; Foto von Lutz Ebhardt
S. 237: ThStA Gotha; aus: Wolverdiente Ehren-Seule/Dem weyland Durchläuchtigsten Fürsten und Herrn/Herrn Ernst, Hertzogen zu Sachsen etc., aufgerichtet zum Friedenstein, Gotha 1675
S. 238: ThHStA Weimar, Urkunde 1660 August 9 (2b), Bl. 49
S. 240: ThHStA Weimar, DS 624, Bl. 1
S. 241: ThHStA Weimar
S. 243: Foto von Peter Michaelis
S. 245: ThHStA Weimar
S. 246: ThHStA Weimar, EGA, Reg. S fol. 170a, Nr. 28, Bl. 45
S. 249: ThHStA Weimar, Historische Ansicht Nr. 3
S. 250: Sammlung des Schlosses Skokloster
S. 253: Karte von Frank Boblenz
S. 254: ThHStA Weimar, Eisenacher Archiv, Landschaft Nr. 113, Bl. 3 und 11
S. 257: ThHStA Weimar, EGA, Reg. Q 7, Bl. 1
S. 259: ThHStA Weimar, B 36, Bl. 7
S. 261: ThHStA Weimar, Petschaftensammlung Nr. 1183
S. 262: ThStA Meiningen, Zinck-Mattenberg-Sammlung Nr. 25, Bl. 328
S. 265: ThHStA Weimar; aus: August Ludwig Hertel, Neue Landeskunde des Herzogtums Sachsen-Meiningen, Heft 10, Hildburghausen 1904 (= Schriften des Vereins für Sachsen-Meiningische Geschichte und Landeskunde, Heft 47, 1904)
S. 266: ThStA Meiningen, Gemeinschaftliches Hennebergisches Archiv, Hennebergica aus Gotha, Nr. 364/2: Christian Junckers Ehre der gefürsteten Grafschaft Henneberg, Bl. 228
S. 267: Foto von Peter Michaelis
S. 269: ThStA Meiningen, Geheimes Archiv XVY 5, Bl. 9
S. 270: ThHStA Weimar, Großherzogliches Hausarchiv, A XVIII, Nr. 129, Bl. 2
S. 273: ThHStA Weimar, Großherzogliches Hausarchiv, A XVIII, Nr. 119b, Bl. 2
S. 275: SWK, Goethe-Nationalmuseum, Graphische Sammlung; Foto von Sigrid Geske
S. 277: ThHStA Weimar, Petschaftensammlung Nr. 55
S. 278: ThStA Meiningen, Debitkommission A I, Nr. 1, Bl. 7
S. 281: ThStA Meiningen, Kreisamt Hildburghausen, Mappe II, Nr. 19
S. 282: ThHStA Weimar, Kartensammlung Bibliothek Nr. 93
S. 283: ThHStA Weimar, Kartensammlung Bibliothek Nr. 93a
S. 285: Schloß- und Spielkartenmuseum Altenburg, VI/b 55/10
S. 286: ThStA Gotha, Geheimes Archiv, YY VIII f. Nr. 32
S. 289: ThStA Gotha, Staatsministerium Gotha Departement II, Loc. 167 Nr. 2, Bl. 77
S. 291: ThStA Gotha, Herzogliches Museum Gotha Nr. 177, Bl. 8
S. 293: ThStA Gotha, Oberstallmeisteramt Nr. 20, Bl. 17
S. 294: ThHStA Weimar, B 2754, Bl. 17
S. 297, li.: ThHStA Weimar, B 17093, Bl. 20
S. 297, re.: ThHStA Weimar, B 17092, Bl. 153
S. 299: SWK, Goethe-Nationalmuseum; Foto von Sigrid Geske
S. 301: ThHStA Weimar
S. 302: ThHStA Weimar, A 6437, Bl. 87
S. 305: Privatbesitz
S. 307: Georg-August-Universität Göttingen
S. 309: ThHStA Weimar, A 6436, Bl. 267
S. 310: ThStA Meiningen, Inneres alt 42 Nr. 1477a, Bl. 170
S. 313: ThHStA Weimar, EGA, Reg. O 963, Bl. 7
S. 315: ThStA Gotha
S. 317: ThStA Gotha, Nachlaß Becker Nr. 1
S. 318: ThStA Meiningen, B 256, Bl. 1 und 12
S. 321: ThStA Gotha
S. 323: ThStA Gotha; aus: Albert Klebe, Gotha und die umliegende Gegend, Gotha 1796
S. 325: ThStA Meiningen; Kupferstich aus dem: Herzoglich Coburg-Meiningischen jährlichen gemeinnützigen Taschenbuch, Meiningen 1801
S. 326: ThHStA Weimar, Generalintendanz des Deutschen Nationaltheaters, Sammlung Pasqué Nr. 42, Bl. 15
S. 329: ThHStA Weimar, Generalintendanz des Deutschen Nationaltheaters Nr. 1/5, Bl. 3
S. 330: Meininger Museen, Schloß Elisabethenburg & Baumbachhaus; Foto von Manfred Koch
S. 331: ThStA Meiningen, Hausarchiv Nr. 215, Bd. 2
S. 333: ThStA Gotha, Bildersammlung

S. 334: ThHStA Weimar, Urkunde 1806 Dezember 16^3
S. 337: ThHStA Weimar, B 2092, 1815 November 15
S. 339: ThHStA Weimar, Historische Ansicht Nr. 24
S. 341: ThHStA Weimar, B 40481, Bl. 117
S. 342: ThHStA Weimar, Urkunde 1833 Mai 11^2, Bl. 22
S. 345: ThHStA Weimar, E 69, Bl. 1
S. 347: ThHStA Weimar, Petschaftensammlung Nr. 1550 und 1532
S. 349: ThHStA Weimar, E 69m, Bl. 24/25
S. 350: ThStA Meiningen, Geheimes Archiv, Urkunde Nr. 1
S. 353: ThStA Meiningen; Foto aus: Otto von Kurnatowski, Georg II., Herzog von Sachsen Meiningen und Hildburghausen. Ein Lebens- und Kulturbild. Hildburghausen 1914
S. 355: ThHStA Weimar, Historische Ansicht Nr. 4
S. 357: ThStA Meiningen, Kartenkammer, Schrank 5/40
S. 358: ThHStA Weimar, B 5445, Bl. 106
S. 361: ThHStA Weimar, Protokoll der Deutschen Bundesversammlung 1819, S. 147
S. 363: Foto von Peter Michaelis
S. 365: ThHStA Weimar, Historische Ansicht Nr. 27
S. 366: ThHStA Weimar, Urkunde 1816 Mai 5
S. 369: ThHStA Weimar, Landtag von Sachsen-Weimar-Eisenach Nr. 71, Bl. 466
S. 371: ThHStA Weimar, Historische Ansicht Nr. 1
S. 373: Postkarte, Privatbesitz
S. 374: ThStA Gotha, Geheimes Archiv, QQ.XVI., Nr. VI.4
S. 377: ThStA Gotha, Bildersammlung
S. 378: Foto von Peter Michaelis
S. 379: ThStA Gotha, Geheimes Archiv YY VII 1*, Nr. 3
S. 381: Privatbesitz
S. 382: ThHStA Weimar, C 2401a, Bl. 1
S. 386: Stadtmuseum Weimar
S. 387: ThStA Altenburg, Bildersammlung Nr. 1945
S. 389: ThHStA Weimar, Patrimonialgericht Großneuhausen Nr. 211, Bl. 122v und 123
S. 390: ThStA Gotha, Geheimes Archiv, QQ.OO IV, Bl. 1 und 2
S. 393: ThHStA Weimar, Eb 1b, Bl. 62
S. 395: ThStA Gotha, Regierung Erfurt Nr. 31213
S. 396: ThStA Gotha, Staatsministerium, Departement IV Eisenbahn, Rep. Ya Nr. 93, Bl. 4
S. 397: ThStA Gotha, Staatsministerium, Departement IV Eisenbahn, Rep. Ya Nr. 156 aI, Bl. 106
S. 398: ThHStA Weimar, Großherzogliches Hausarchiv A, Nachlaß Erbgroßherzog Carl August Nr. 56
S. 401: ThHStA Weimar, Thüringisches Ministerium des Innern A Nr. 799, Bl. 5
S. 403: Foto von Peter Michaelis
S. 405: ThHStA Weimar
S. 406: ThHStA Weimar, Urkunde 1918 November 9
S. 409: ThStA Altenburg, Herzogliches Staatsministerium, Loc. 5 Nr. 16, Bl. 1
S. 411: ThHStA Weimar
S. 413: ThHStA Weimar, Thüringisches Volksbildungsministerium A Nr. 12, Bl. 51
S. 414: ThHStA Weimar, Urkunde 1921 Oktober 18./24
S. 419: ThHStA Weimar, Mappe Großherzoglicher Marstall
S. 420: ThHStA Weimar, Mappe Großherzoglicher Marstall
S. 421, li.: ThHStA Weimar, Thüringer Landtag Nr. 217, Bl. 4
S. 421, re.: ThHStA Weimar, Thüringer Landtag Nr. 217, Bl. 5
S. 422: ThHStA Weimar, Hofmarschallamt Nr. 2570, Bl. 183
S. 427: Fotos von Peter Michaelis
S. 428, o.: ThHStA Weimar, Siegelabgußsammlung Nr. 26
S. 428, u.: ThHStA Weimar, Petschaftensammlung Nr. 88
S. 429: ThHStA Weimar
S. 430: ThHStA Weimar; Fotos aus: Ströhl, H. G.: Deutsche Wappenrolle. Stuttgart 1897, Tafel XI – XIII
S. 433: ThHStA Weimar, Historische Karte Nr. 6
S. 434: ThHStA Weimar, Historische Karte Nr. 7
S. 435: ThHStA Weimar, Historische Karte Nr. 40
S. 436: ThHStA Weimar

Personenregister

Adami, Tobias (1581-1643) 199
Agricola, Georg (1494-1555) 111, 113
Aix (siehe auch Eydt), Johann Paul (1725-1811) 228
Althusius, Johannes (1557 oder 1562/63-1638) 215
Anhalt
–, Johann II. (1504-1551), Fürst 142
–, Georg III. (1507-1553), Fürst 142
–, Joachim (1509-1561), Fürst 142
–, Wolfgang (1492-1566), Fürst 142
Anhalt-Harzgerode, Friedrich (1613-1670), Fürst 202
Anhalt-Köthen, Ludwig I. (1579-1650), Fürst 199f.
Anna (erw.1558), falsche Königin 175
Arfeuil, Jean Frederic (gest. 1778) 228
Arndt, Ernst Moritz (1769-1860) 360
Arnoldi, Ernst Wilhelm (1778-1841) 378
Askanier, Bernhard (1140-1212), Herzog von Sachsen 425

Bach
–, Johann Christoph (1642-1703) 152
–, Johann Ludwig (1677-1731) 152
–, Johann Sebastian (1685-1750) 152, 157
Back, Karl (1799-1869) 404
Baden, Max von (1867-1929), Prinz 408
Balthasar (gest. 1515), Abt des Klosters Pforte 124
Bassewitz, Hans Barthold von (1867-1949) 410
Baudert, August (1860-1942) 408, 410-412, 414
Bechstein
–, Johann Matthäus (1757-1822) 320
–, Ludwig (1801-1860) 402
Beck, August (1812-1874) 175f.
Becker
–, Heinrich (1784-1822) 329
–, Rudolf Zacharias (1752-1822) 314, 316, 392
Beer, Johannes (1652-1700) 244
Belgien, Leopold I. (1790-1875), König 376
Bellomo, Joseph (1754-1833) 328
Benda, Georg Anton (1722-1795) 152, 328
Berlioz, Hector (1803-1869) 156
Bertuch, Friedrich Johann Justin (1747-1822) 274, 306, 311
Birken, Sigmund von (1626-1681) 202
Bismarck, Otto von (1815-1898), Fürst 375, 378, 380
Björnson, Björnstjerne (1832-1910) 332
Blaeu, Joan (gest. 1673) 434
Bock, Wilhelm (1846-1931) 410
Bodenstein, Andreas (Karlstadt) (um 1480-1541) 130, 138
Bodin, Jean (um 1530-1596) 319
Böhlau, Hermann (1826-1900) 311
Boehne, Woldemar (19. Jh.) 231
Boehrenstecher, G. (18./19. Jh.) 325
Boetius, August (1649-1697) 312
Bojanowski, Paul von (1834-1915) 401
Bonallino, Giovanni (gest. 1633) 248
Borell, Daniel (18. Jh.) 225
Borsig, August (1804-1853) 394
Bourges und Avergne, Johann von (16. Jh.) 124
Bovinet, Edme (1767-1832) 339
Brabant, Sophie von (gest.1284), Tochter Ludwigs IV., Landgraf von Thüringen 18, 20, 23
Brandenburg
–, Albrecht Achilles von (1414-1486), Markgraf 62
–, Friedrich von (1413-1471), Kurfürst 62, 64
–, Friedrich Wilhelm von (1620-1688), Kurfürst 220, 226
–, Johann von (1406-1464), Markgraf 62
Braun, Carl Johann Heinrich Ernst, Edler von (1787-1863) 343
Braunschweig-Grubenhagen, Philipp (um 1476-1552), Herzog 142
Braunschweig-Lüneburg
–, Ernst (1479-1546), Herzog 142
–, Franz (1508-1549), Herzog 142
Braunschweig-Wolfenbüttel
–, Carl I. (1713-1780), Herzog 271
–, Friedrich Ulrich (1591-1634), Herzog 108
–, Phillipine Charlotte (1716-1801), geb. Prinzessin von Preußen 272
Briegel, Wolfgang Carl (1622-1712) 152
Bronsart (siehe Schellendorff)
Brück (Pontanus)
–, Gregor (1485-1557) 176
–, Christian (um 1515-1567) 176, 181, 248
Brückner (19. Jh.) 332
–, Georg (1800-1881) 279
Buben, Milan (20. Jh.) 423
Bülow, Hans von (1830-1894) 152
Bünau, Heinrich von (1697-1762) 272
Bugenhagen, Johannes (1485-1558) 130
Burckhardt (siehe Spalatin)
Buttelstedt, Thomas von (15. Jh.) 56, 60, 72
Buttlar, von (18. Jh.) 268

Cammermeister, Hartung (gest. 1467) 71, 76, 104
Campanella (1568-1639) 199
Capistrano, Johann (15. Jh.) 122
Carlowitz, Christoph Anton Ferdinand Freiherr von (1785-1840) 346
Charpentier, Friman (18. Jh.) 228
Chelard, André Hippolyte (1789-1861) 154
Chronegk, Ludwig (1837-1891) 332
Cicero, Marcus Tullius (106-43 v.u.Z.) 199
Claparéde, Pierre (18. Jh.) 228
Claudius, Matthias (1740-1815) 314
Comenius, Johann Amos (1592-1670) 231
Coudray, Clemens Wenzelslaus (1775-1845) 252
Cranach, Lucas der Ältere (1472-1553) 7, 48, 106, 118, 124, 162, 172, 176, 248
Cruickshanks-Banchory, Jacob Ignatz (gest. 1845) 343, 348
Cuningham (17. Jh.) 210

Dänemark, Johann I. (1455-1513), König 124
Dalberg, Carl Theodor Anton Maria Freiherr von (1744-1817) 274
Delbrück, Gottlieb Gustav Berthold (1842-1922) 303
Deuport, Claude (18. Jh.) 228
Dingelstedt, Franz von (1814-1881) 199, 204f., 329, 400
Doebbelin, Karl Theophil (1727-1793) 272
Döbereiner, Johann Wolfgang (1780-1849) 306
Dölitzsch, Arthur (1819-1900) 188
Douai, Carl Daniel Adolf (1819-1888) 188, 385, 388
Drese, Johann Samuel (1644-1716) 152
Droysen, Johann Gustav (1808-1884) 404
Dürckheim, Franz Christoph von (1729-1807) 320
Dürfeld, Johann Friedrich (1731-1790) 312
Dürr, Johann (um 1600-1663) 98, 169, 199, 209, 211
Dufait, Henri (18. Jh.) 226

Ebeleben, Apel von (15. Jh.) 120
Eberhard, Gustav (1805-1880) 328
Eckermann, Johann Peter (1792-1854) 391

Edling, Graf Albert Cajetan (1722-1841) 326, 328
Eggerath, Werner (1900-1977) 418
Einsiedel, Friedrich Hildebrand von (1750-1828) 274f.
Eisenberg, Johann von (14. Jh.) 191
Ekhof, Conrad (1720-1778) 324, 327f.
Engel, Hans (20. Jh.) 151
England
–, Anna (1515-1557), geb. Prinzessin von Cleve, Königin 175
–, Heinrich VIII. (1491-1547), König 175
Erbe, Hans Alfred (1822-1895) 188
Erich
–, Adolar (um 1559/61-1634) 434
–, August (17. Jh.) 235
Esken, Alexander (17. Jh.) 208
Eßleben, Christoph Friedrich von (17. Jh.) 210
Ettinger, Karl Wilhelm (1738-1804) 312
Eyben, Adolf Gottlieb von (1741-1811) 320
Eydt (siehe auch Aix)
–, Emilius (1805-1883) 228
–, Johann Ernst (1765-1825) 228
Eyermann, Richard (1898-1971) 418
Eysoldt, Gertrud (1870-1950) 332

Fallersleben, Hoffmann von (1798-1874) 204
Ferriére/Ferrier 224
–, Theophile (gest. 1763) 228
–, Jean Pierre (gest. 1784) 228
–, Jean Zacharias (1775-1809) 228
Fichte, Johann Gottlieb (1762-1814) 302, 304, 306, 308
Fischer, Wilhelm Gustav Eduard (1803-1868) 399, 404
Fischern, Carl August Friedrich Adolph von (1796-1875) 343
Flach, Willy (1903-1958) 127
Frankreich
–, Louis Philippe (1773-1850), König 376
–, Ludwig XIV. (1643-1715), König 223, 225
Franz, Ellen (siehe Sachsen-Meiningen)
Freytag, Gustav (1816-1895) 263
Frick, Elias (1673-1751) 220
Fries, Jakob Friedrich (1773-1819) 362
Fritsch
, Carl Wilhelm von (1769-1851) 358
–, Frau von (18. Jh.) 275
–, Jakob Friedrich Freiherr von (1731-1814) 272, 302
Fritzlar, Herbort von (gest. erste Hälfte 13. Jh.) 425
Frölich, August (1877-1966) 412, 418, 421
Frommann, Friedrich Johannes (1797-1886) 399, 404
Fuchs, Walter Peter (20. Jh.) 135
Fulda, Adam von (gest. 1490) 104

Gedeler, Elias (1620-1693) 279
Genast, Anton (1765-1831) 329
Gentz, Heinrich (1766-1811) 252
Gersdorff, Ernst Christian August Freiherr von (1781-1852) 358, 370, 384
Glafey, Adam Friedrich (1692-1753) 245
Gleichen
–, Christiane Auguste von (18 Jh.) 264f.
–, Erwin V. von (15. Jh.), Graf 120
–, Johann Ludwig von (gest. 1748) 264
–, Ludwig I. von (gest. 1467), Graf 120
Göchhausen, Louise von (1752-1807) 274f.
Goethe
–, August von (1789-1830) 328
–, Johann Wolfgang von (1749-1832) 7, 10, 112, 154, 156, 196, 252, 271f., 274-276, 294-300, 303f., 306, 308, 311f., 326, 328f, 323, 335, 359, 391, 399, 401f., 417
–, Walther Wolfgang von (1818-1885) 196, 328
Göttling, Carl Wilhelm (1793-1869) 404
Gore
–, Charles (1726-1807) 275
–, Elisabeth Marie (Elise) (1754-1802) 275
–, Emilie (1756-1826) 275
Greiner
–, Johann Poppo von (1708-1772) 272
–, Wilhelm (1879-1957) 311
Griesbach, Johann Jakob (1745-1812) 304, 307
Grimm, Martin Christian (1727-1792) 320
Grimmelshausen, Johann Jacob Christof von (um 1622-1676) 244
Gromann, Nikolaus (um 1500-1566) 166, 170, 246, 248
Groß, Rudolf, Freiherr von (1822-1907) 401
Großbritannien
–, Albert (1819-1861), König, Herzog von Sachsen-Coburg und Gotha 376
–, Edward (Prince of Wales) (1841-1910), König 380
–, Georg IV.(1762-1830), König 376
–, Victoria (1819-1901), Königin 376
Grotius, Hugo (1583-1654) 215
Grumbach, Wilhelm von (1503-1567) 95, 175f., 181
Gruner, Georg Friedrich (18. Jh.) 296
Gryphius, Andreas (1616-1664) 202
Günther, Andreas (gest. 1542) 248
Gutenberg, Johannes (1394/99-1468) 127
Gutzkow, Karl Ferdinand (1811-1878) 400
Guyet, Adolf (1835-1891) 401

Habsburg
–, Albrecht von Österreich (1248-1308), König 28
–, Ferdinand I. (1503-1564), Kaiser, König 148, 160, 170
–, Ferdinand II. (1578-1637), Kaiser 208
–, Franz II. (1768-1835), Kaiser 336
–, Joseph II. (1741-1790), Kaiser 278, 319
–, Karl V. (1500-1558), Kaiser 84, 108, 112, 128, 143, 148, 158, 165
–, Maximilian I. (1459-1519), Kaiser 104, 424
–, Maximilian II. (1527-1576) Kaiser 215
–, Rudolf I. (1218-1291), König 26
–, Rudolf II. (1552-1612), Kaiser 182
Hagen, Christoph von (1591-1674) 210
Hahn, Hermann (geb. 1868) 155
Haimisfeld, Melchior Goldast von (1578-1635) 108
Hannover, Ernst August II. von (1771-1851), König 394
Hardenberg, Karl August Fürst von (1750-1822) 358, 364
Harsdörfer, Georg Philipp (1607-1658) 202
Hebenstreit, Pantaleon (1667-1750) 152
Hegel, Georg Wilhelm Friedrich (1770-1831) 306
Heim, Johann Ludwig (1741-1819) 320
Hendrich, Franz Josias von (1752-1819) 361
Henneberg
–, Berthold (gest. 1340), Graf 22, 25, 28
–, Georg Ernst (1511-1583) Graf 207
–, Wilhelm VI. (1478-1559), Graf 41, 138
Herder, Johann Gottfried (1744-1803) 7, 154, 272, 274f., 295, 400
Hessen
–, Heinrich (das Kind) I. (1244-1308), Landgraf 18, 20
–, Ludwig (1402-1458), Landgraf 62, 64
–, Philipp I. (1504-1567), Landgraf 140, 142-145, 148
Hessen-Darmstadt, Ludwig X. (1753-1830), Landgraf 335
Heß, Ulrich (1921-1984) 319
Heubach, Hans Heinrich (1890-1923) 247

Hirsch, Johann Friedrich Karl (19. Jh.) 305
Hobbes, Thomas (1588-1679) 319
Hodler, Ferdinand (1853-1918) 360
Hönn, Georg Paul (1662-1747) 436
Hohenau, Carl Friedrich Wilkens von (geb. 1792) 343
Hohenlohe-Langenburg, Ernst von (1863-1950) 380
Hohnstein, Johann von (gest. 1492), Graf 120
Holland, Wilhelm von (1228-1256), König 20
Homann, Baptist (1664-1724) 282
Horn
–, Gustav Karlson (1592-1657) 212
–, Karl (1794-1879) 360
Hortleder, Friedrich (1579-1640) 103, 105, 108, 199, 216
Hosaeus, Hermann (1873-1950) 403
Hufeland, Christoph Wilhelm (1762-1836) 306
Humboldt, Wilhelm von (1765-1835) 304
Hummel, Johann Nepomuk (1778-1837) 154, 329
Hund von Wenkheim (gest. 1722) 352
Huschke, Wolfgang (geb. 1911) 215, 223
Hutten, Margaretha von (16. Jh.) 127

Ibsen, Henrik (1828-1906) 332
Iffland, August Wilhelm (1759-1814) 328
Ihne, Ernst Eberhard von (1848-1917) 252
Iselburg, Peter (1568-1630) 76

Jagemann, Caroline (1777-1848) 329
John, Johann August Friedrich (1794-1854) 298
Julius II. (gest. 1513), Papst 122

Kainz, Josef (1858-1910) 332
Kamptz, Christoph Heinrich von (1769-1849) 362
Kant, Immanuel (1724-1804) 276, 306
Karlstadt (siehe Bodenstein)
Kauffmann, Angelika (1741-1807) 272, 276
Kaufungen, Kunz von (gest. 1455) 92
Keller, Ernst Eduard Karl Graf von (1796-1877) 362
Kellner, Heinrich (gest. 1510) 136
Kent
–, Edward (1767-1820), Duke of 376
–, Victoria (1786-1861), Prinzessin von Sachsen-Coburg und Gotha 376
Keßler, Harry Graf von (1868-1937) 7
Kieser, Dietrich Georg (1779-1862) 306, 359, 362
Kirchberg
–, Albert von (14. Jh.), Burggraf 55
–, Albrecht IV. von (gest. 1471), Burggraf 120
–, Hartmann I. von (14. Jh.), Burggraf 55
Kirms, Franz (1750-1828) 326, 328
Klein, Thomas (geb. 1933) 95
Klopstock, Friedrich Gottlieb (1724-1803) 320
Knebel, Carl Ludwig von (1744-1834) 274
Kobelius, Johann Augustin (1674-1731) 244
Koch, Heinrich Gottfried (1703-1775) 272
Kochberg, Bernhard von (15. Jh.) 63
König, Conrad (16. Jh.) 251
Kötzschke, Rudolf (1867-1949) 87
Kopp, Karl Wilhelm von (1770-1844) 343
Kraus, Georg Melchior (1737-1806) 274f.
Krause, Rudolph Wilhelm (1612-1689) 202
Krebs
–, Johann Ludwig (1713-1780) 152
–, Konrad (gest. 1540) 248
Kreis, Wilhelm Heinrich (1873-1955) 362
Kretschmann, Karl Theodor (1762-1820) 368
Kretzschmar, Hellmut (1893-1965) 239
Krieger, Johann Philipp (1649-1725) 244
Krohne, Gottfried Heinrich (1703-1756) 252
Kruse, Friedrich Leopold (1766-1850) 326, 328
Kühne, Ludewig Samuel (1786-1864) 343
Kühner, Philipp (20. Jh.) 414
Kuithan, Erich (1875-1917) 307

Ladre (Ladroit), Charles (18. Jh.) 225
Lampe, Hans (16. Jh.) 161
Lassen, Eduard (1830-1804) 329
Lasson, Daniel (18. Jh.) 228
Lauenstein, Wolf (16. Jh.) 194
L'Estoq, Ludwig Heinrich von (1756-1837) 343
Lehfeldt, Paul (1848-1900) 404f.
Lenz, Jakob Michael Reinhold (1751-1792) 274, 306
Leo X. (1475-1521), Papst 128
Lepsius, Karl Peter (1775-1853) 204
Le Rouge (18. Jh.) 435
Lessing, Gotthold Ephraim (1729-1781) 327
Limmer, Emil (geb. 1854) 365
Limnaeus, Johannes (1592-1663) 215
Linden, Franz Friedrich von (19. Jh.), Freiherr 343
Lindenau, Bernhard August von (1779-1854) 184f.
Lippert, Woldemar (1861-1937) 55
List, Friedrich (Justus Möser) (1789-1846) 287, 391f, 397
Liszt, Franz (1811-1886) 7, 154-156, 204, 329, 400
Lobe, E. (19. Jh.) 373
Lobeda, Konrad von (14. Jh.) 191, 196
Loder, Justus Christian (1753-1832) 304, 306
Loen, Baron August von (1827-1887) 329
Luck, Georg Leberecht von (1751-1814) 328
Luden, Heinrich (1780-1847) 306
Ludowinger, Landgrafen von Thüringen
–, Elisabeth (die Heilige) (1207-1231), geb. Prinzessin von Ungarn 16, 23, 88, 124
–, Heinrich Raspe (um 1202-1247) 8f., 16, 18, 20f., 23
–, Hermann I. (gest. 1217) 15, 16, 425
–, Hermann II. (gest. 1241) 18
–, Konrad (gest. 1240) 16, 18, 425
–, Ludwig I. (gest. 1140) 15
–, Ludwig II. (gest. 1172) 15
–, Ludwig III. (gest. 1190) 15, 425
–, Ludwig IV. (gest. 1227) 16, 18
–, Ludwig der Bärtige (gest. um 1080) 15
–, Ludwig der Springer (gest.1123) 15
Lützow, Ludwig Adolf Wilhelm Freiherr von (1782-1834) 360f.
Luther, Martin (1483-1546) 7, 10, 115, 124, 127f., 130, 132f., 136, 138, 143-145, 149, 151, 167, 311, 313, 361
Luxburg, Friedrich Christian von (1783-1856) 343
Luxemburg
–, Heinrich VII. von (um 1274-1313) König/Kaiser 22, 28
–, Johann von (1296-1346) König von Böhmen 28, 52
–, Karl IV.von (1316-1378), Kaiser 56, 87
–, Sigmund von (gest. 1437), König 40

Machiavelli, Niccolò di Bernardo dei (1469-1527) 319
Magdeburg, Friedrich I. (gest. 1152), Erzbischof 64
Mainz, Erzbischof
–, Heinrich von Virneburg (gest. 1353) 47f., 52
–, Peter von Aspelt (um 1240-1320) 22, 28
–, Uriel von Gemmingen (gest. 1514) 135

Mansfeld
–, Albrecht IV. von (1480-1560), Graf 142
–, Gebhard VII. von (1478-1558), Graf 142
Martin, Theodor (19. Jh.) 367
Maßmann, Hans Ferdinand (1797-1874) 362
Melanchthon, Philipp (1497-1560) 130, 144, 149, 151, 153, 167
Menel, Jakob (15./16. Jh.) 104
Menius, Jakob (18. Jh.) 228
Merck, Johann Heinrich (1741-1791) 274, 295
Mergenthal, Johann von (15. Jh.) 60
Mercator, Gerhard (1512-1594) 433
Metternich, Klemens Lothar (1773-1859), Fürst 360, 364
Meyer
–, Carl Joseph (1796-1856) 310, 312, 316, 354, 378, 392, 394
–, Johann Heinrich (1760-1832) 275
–, Hermann (geb. 1826) 316
–, Minna (19. Jh.), geb. Grobe 310
Michaelis, Ernst (19. Jh.) 343
Michelsen, Andreas Ludwig Jakob (1801-1881) 399, 404
Möser, Justus (siehe List)
Molière, Jean Baptiste (1622-1673) 327, 332
Moltke, Karl Melchior Jakob (1783-831) 326
Motz, Friedrich von (1775-1830) 346
Mozart, Wolfgang Amadeus (1756-1791) 154
Mühlenfels, Ludwig von (1793-1861) 387, 389
Müller
–, Hans (Tausendschön) (gest. 1567) 167
–, Friedrich von (1779-1849) 335
–, Johann Sebastian (1634-1708) 101, 190
Müllerhartung, Carl (1834-1908) 156
Müntzer, Thomas (um 1489-1525) 130, 136-140
Musäus, Johann Carl August (1735-1787) 274
Musophilus (siehe Wieland)
Myconius, Friedrich (1491-1546) 236

Napoleon I. Bonaparte (1769-1821) 334, 336, 338, 375
Nassau, Adolf von (gest. 1298) König 26, 28
Neuber, Caroline (1697-1760) 244, 327
Neuenhahn
–, Carl Christian Adolph (1745-1807) 336
–, Johann Ludwig (1628-1676) 312
Neumair (siehe auch Ramsla), Johann (gest. 1593) 215
Neumark, Georg (1621-1681) 201f., 241
Nonne, Gottfried (1710-1765) 272

Oeser, Adam Friedrich (1717-1799) 276
Oken, Lorenz (1779-1851) 306, 362
Opitz, Martin (1597-1639) 202
Orlamünde
–, Friedrich von (gest. 1365), Graf 47f., 52
–, Hermann VIII. von (gest. 1372/73), Graf 47f., 52
Oßmannstedt
–, Konrad von (14. Jh.) 48f.
–, Christoph von (14. Jh.) 48f.
Osterhausen, Karl von (18. Jh.) 226
Oxenstierna, Axel (1583-1654) 208

Pachelbel, Johann (1653-1706) 152
Paganini, Nicolò (1782-1840) 154
Palm, Julius (20. Jh.) 414
Pappenheim, Gottfried Heinrich von (1594-1632) 210
Patze, Hans (1919-1995) 7
Paul, Jean (1763-1825) 320
Paulssen, Arnold (1864-1942) 414
Perthes
–, Caroline (1774-1821), geb. Claudius 314
–, Charlotte (1794-1874), geb. Becker 314
–, Friedrich Christoph (1772-1843) 314
–, Friedrich Justus (1749-1816) 312, 314, 378
Pestalozzi, Johann Heinrich (1746-1827) 353
Pestel, Anton (16. Jh.) 248
Pfalz, Friedrich V. von der (1596-1632), Kurfürst, König von Böhmen 96, 216
Pfaffenrath
–, Justus Hermann von (gest. 1780) 264
–, Wilhelmine Amalie von (gest. 1767), geb. Gräfin von Solms-Lich 264
Pfeffinger, Degenhard (gest. 1519) 124
Planitz, Hans (20. Jh.) 79
Planta, Bartholome (18. Jh.) 226
Plettenberg, Hunolt von (15. Jh.) 120
Poiblanc, Barthelmy (18. Jh.) 228
Pommern
–, Barnim XI. (1501-1573), Herzog 142
–, Philipp (1515-1560), Herzog 142
Pontanus (siehe Brück)
Praun, Georg Septimus Andreas von (1701-1786) 271
Preußen
–, Albrecht von (1837-1906), Prinz 188
–, Friedrich II., der Große (1712-1786), König 272, 319
–, Friedrich Wilhelm III. (1770-1840), König 336
–, Marie (1854-1898), geb. Prinzessin von Sachsen-Altenburg 188
–, Wilhelm I. (1797-1888), Kaiser, König von Preußen 188
–, Wilhelm II. (1859-1941), Kaiser, König von Preußen 189, 408
Prüeschenck von Lindenhofen, Zacharias (1610-1678) 105, 108

Querner, Emil (19. Jh.) 388

Racine, Jean (1639-1699) 327
Raimundus, Kardinal (16. Jh.) 121
Ramsla, Johann Wilhelm Neumair von (1572-1641) 108, 199, 207, 215-218
Ranke, Leopold von (1795-1886) 8, 108, 143, 191, 220
Raspe, Thomas (1585-1662) 210
Ratke (Ratichius), Wolfgang (1571-1635) 199
Rauch (18. Jh.) 268
Rebeur, Ludwig von (gest. 1840) 343
Reger, Max (1873-1916) 152
Reichard, Heinrich August Ottokar (1751-1828) 327
Repgow, Eike von (um 1180 - nach 1233) 79
Reumont, Alfred von (1808-1882) 204
Reuß, Heinrich (14. Jh.), Herr von, Vogt von Plauen 47
Reuß jüngerer Linie, Heinrich LXXII. von (1797-1853), Fürst 348
Reyher, Andreas (1601-1673) 230, 232, 235f.
Richter
–, Christian (1587-1667) 105, 211, 251
–, Christian (1665-1722) 252, 279
–, Erasmus (um 1545-1608) 251
–, Johann Adolf (1682-1768) 252
–, Johann Moritz (der Ältere; I) (1620-1667) 242, 244, 250-252
–, Johann Moritz (II) (1647-1705) 251f.
–, Johann Moritz (III) (geb. 1679) 252
–, Wilhelm (1626-1702) 250
Riemann, Heinrich Herrmann (1793-1872) 362
Rist, Johann (1607-1667) 202
Ritgen, Hugo von (1811-1889) 252
Röder, Otto Wilhelm Carl von (geb. 1785) 343
Rödiger, Georg Ludwig (1798-1866) 364
Rödinger, Christian (gest. 1557) 312f

Rörer, Georg (1492-1557) 312
Rothe
–, Carl (1848-1921) 408
–, Johannes (um 1360-1434) 58, 103
Rudolff, Andreas (1601-1679) 251
Rudolph, Albert (1875-1944) 414
Rückert, Carl Albrecht Heinrich (1823-1875) 404
Rufus, Mutianus (gest. 1526) 127
Rupsch, Conrad (um 1475-1530) 152
Rußland, Alexander I. (1777-1825), Zar 336

Sachs, Heinrich (gest. 1811) 78
Sachsen (Albertiner)
–, Agnes (1527-1555), geb. Prinzessin von Hessen, Kurfürstin 247
–, Albert (1828-1902), König 447
–, Albrecht (1443-1500), Herzog 10, 84, 86-88, 90, 92, 101, 116, 120, 160, 388, 437, 447
–, Anton (1755-1836), König 447
–, August (1526-1586), Kurfürst 95, 175f., 178, 180, 247, 367, 447
–, Christian I. (1560-1591), Kurfürst 180, 447
–, Christian II. (1583-1611), Kurfürst 96, 182, 447
–, Elisabeth (1443-1484), geb. Prinzessin von Bayern 92
–, Friedrich August I. (1670-1733), Kurfürst 447
–, Friedrich August II. (1696-1763), Kurfürst 447
–, Friedrich August III. (1750-1827), König, Kurfürst 338, 424, 447
–, Friedrich August III. (1865-1932), König 447
–, Friedrich August IV. (1797-1854), König 447
–, Friedrich Christian (1722-1763), Kurfürst 447
–, Georg (der Bärtige) (1471-1539), Herzog 92, 117, 130, 132, 140, 144, 367, 447
–, Georg (1832-1904), König 447
–, Heinrich (der Fromme) (1473-1541), Herzog 92, 95, 120, 132, 144, 447
–, Johann (1801-1873), König 447
–, Johann Georg I. (1585-1656), Kurfürst 96, 208, 212, 216, 239, 447
–, Johann Georg II. (1613-1680), Kurfürst 98, 239f., 447
–, Johann Georg III. (1647-1691), Kurfürst 447
–, Johann Georg IV.(1668-1694), Kurfürst 94, 100, 447
–, Maximilian (1759-1838), Erbprinz 447
–, Moritz (1521-1553) Herzog, Kurfürst 10, 95f, 112, 144-146, 148, 160, 162, 164, 175, 247, 367, 447
–, Zedena (1449-1510), geb. Prinzessin von Böhmen 92
Sachsen (Ernestiner)
–, Anna (1432-1462), geb. Prinzessin von Österreich 64
–, Elisabeth (1540-1594), geb. Prinzessin von der Pfalz (1540-1594) 178
–, Ernst (1441-1486) Kurfürst 10, 84, 86-88, 90, 92, 101, 116, 160, 388, 437, 440
–, Friedrich (der Weise) III. (1463-1525), Kurfürst 84, 92, 104, 106, 117, 119f., 122, 124, 127f., 130, 134-136, 138, 140, 151, 160, 167, 257, 367, 426, 440
–, Friedrich Heinrich (1563-1572), Prinz 178
–, Johann (der Beständige) (1468-1532), Kurfürst 92, 117, 119f., 122, 124f., 130, 134-136, 140f., 143f., 151, 153, 160, 182, 257, 367, 426, 440
–, Johann Ernst (1521-1581), Herzog 142, 162, 164
–, Johann Friedrich (der Großmütige) I. (1503-1554) Kurfürst, Herzog 104, 109-112, 130, 131, 136, 142, 144-146, 148, 158-165, 167f., 172, 175, 193f., 248, 311, 312f., 367, 404, 440
–, Johann Friedrich (der Mittlere) II. (1529-1595), Herzog 74, 95, 131, 162, 164, 167, 170, 173f., 175f., 178, 440
–, Johann Friedrich (der Jüngere) III. (1538-1565), Herzog 74, 175
–, Johann Wilhelm (1530-1573), Herzog 74, 95, 162, 164, 173-176, 178, 440
–, Sibylla (1512-1554), geb. Prinzessin von Jülich, Cleve und Berg 164
–, Sophia (1481-1503), geb. Prinzessin von Mecklenburg 120
Sachsen-Altenburg
–, Eduard (1804-1852), Herzog 385
–, Ernst I. (1826-1908), Herzog 185, 188, 446
–, Ernst II. (1871-1955), Herzog 188f., 408f., 412, 416, 418, 446
–, Friedrich (1599-1625), Herzog 182, 207
–, Friedrich (1763-1834), Herzog 185f., 446
–, Friedrich Wilhelm II. (1603-1669), Herzog 98, 183, 202, 441
–, Friedrich Wilhelm III. (1657-1672), Herzog 184, 441
–, Georg (1796-1853), Herzog 188, 446
–, Johann Philipp (1597-1639), Herzog 182f., 441
–, Johann Wilhelm II. (1600-1632), Herzog 182
–, Joseph (1789-1868), Herzog 188, 388, 404, 446
–, Luise (1817-1848), geb. Prinzessin von Württemberg 188
–, Magdalene Sybille (1617-1668), geb. Prinzessin von Sachsen 98
–, Moritz (1829-1907), Herzog 188, 404, 446
Sachsen-Coburg
–, Albrecht (1648-1699), Herzog 279, 351, 444
–, Ernst Friedrich (1724-1800), Herzog 304, 309
–, Johann Casimir (1564-1633), Herzog 96, 174, 178-180, 216, 441
Sachsen-Coburg und Gotha
–, Albrecht (1819-1861), Herzog 446
–, Alfred I. (1844-1900), Herzog 375, 380, 446
–, Alfred (1874-1899), Erbprinz 380
–, Arthur (1850-1917), Herzog 380
–, Carl Eduard (1884-1954), Herzog 377, 380, 394, 408, 410, 416, 417, 446
–, Caroline Mathilde (1912-1983), Prinzessin 377
–, Ernst I. (1784-1844), Herzog 328, 346, 376, 392, 446
–, Ernst II. (1818-1893), Herzog 289, 328, 376, 378, 380, 385, 394, 399, 446
–, Hubertus (1909-1943), Prinz 377
–, Johann Leopold (1906-1972), Erbprinz 377
–, Leopold (1853-1884), Herzog 446
–, Luise (1800-1831), geb. Prinzessin von Sachsen-Gotha-Altenburg 376
–, Victoria Adelheid (1885-1970), geb. Prinzessin von Schleswig-Holstein-Sonderburg-Glücksburg 377
Sachsen-Coburg-Kohary, Ferdinand I. (1861-1917), Zar 376, 394
Sachsen-Coburg-Saalfeld, Franz Josias (1697-1764), Herzog 319
Sachsen-Eisenach
–, Albrecht (1599-1644), Herzog 207, 239, 442
–, Johann Ernst der Ältere (1566-1638), Herzog 96, 174, 178, 180, 216, 441
–, Johann Georg I. (1634-1686), Herzog 443
–, Johann Georg II. (1665-1698), Herzog 443
–, Johann Wilhelm (1666-1729), Herzog 443
–, Wilhelm Heinrich (1691-1741), Herzog 443
Sachsen-Eisenberg, Christian (1653-1707), Herzog 445
Sachsen-Gotha
–, Christina (1645-1705), geb. Prinzessin von Baden-Durlach 327
–, Ernst I., der Fromme (1601-1675), Herzog 36, 184, 196, 202, 218-220, 223, 231f., 236f., 263, 279, 312, 320, 327, 351, 426, 442
–, Friedrich I. (1646-1691), Herzog 279, 327, 379, 442, 444
Sachsen-Gotha-Altenburg
–, August (1772-1822), Herzog 359, 375f., 444
–, August (1747-1806), Herzog 184, 322, 328
–, Ernst II. (1745-1804), Herzog 286, 322, 324
–, Ernst II. Ludwig (1745-1804), Herzog 184, 444
–, Friedrich (1735-1756), Herzog 322
–, Friedrich II. (1676-1732), Herzog 444
–, Friedrich III. (1699-1772), Herzog 184, 264, 266, 268, 285, 319, 322, 444
–, Friedrich IV. (1774-1825), Herzog 184f., 375, 444
–, Luise (1800-1831), Prinzessin 375
–, Luise Dorothea (1710-1767), geb. Prinzessin von Sachsen-Meiningen 322
–, Marie Charlotte (1751-1827), geb. Prinzessin von Sachsen-Meiningen 322
Sachsen-Hildburghausen
–, Ernst (1655-1715), Herzog 222-225, 279f., 445
–, Ernst Friedrich I. (1681-1724), Herzog 280, 445
–, Ernst Friedrich II. (1707-1745), Herzog 223, 280f., 284, 445

–, Ernst Friedrich III. Carl (1727-1780), Herzog 223, 225f., 228 284f., 445
–, Eugen (1730-1795), Herzog 284
–, Friedrich (1753-1834), Herzog 185f., 445
–, Henriette Sophie (1662-1702), geb. Gräfin von Waldeck 279
–, Joseph Friedrich (1702-1787), Herzog 280, 285
–, Sophie Albertine (1683-1742), geb. Gräfin von Erbach 279-281
Sachsen-Jena
–, Bernhard (1638-1678), Herzog 443
–, Johann Wilhelm (1675-1690), Herzog 424, 443
Sachsen-Lauenburg, Franz Julius (1641-1689), Herzog 423
Sachsen-Meiningen
–, Anton Ulrich (1687-1763), Herzog 263-266, 268f., 319, 351f., 444
–, Bernhard I. (1675-1706), Herzog 350f., 444
–, Bernhard II. Erich Freund (1800-1882), Herzog 310, 316, 353f., 372, 402, 444, 446
–, Bernhard III. (1851-1928), Herzog 252, 356, 408, 410, 412, 416, 446
–, Carl (1754-1782), Herzog 319f., 322, 325, 352, 444
–, Carl Friedrich (1712-1743), Herzog 444
–, Charlotte Amalie (1730-1801), geb. Prinzessin von Hessen-Philippsthal 268, 285, 319f., 322, 325, 352
–, Elisabeth Eleonore (1658-1729), geb. Prinzessin von Braunschweig-Wolfenbüttel 350f.
–, Ernst (1895-1914), Prinz 412
–, Ernst Ludwig I. (1672-1724), Herzog 263, 322, 351, 444
–, Ernst Ludwig II. (1709-1729), Herzog 444
–, Friedrich Wilhelm (1679-1746), Herzog 263f., 269, 351
–, Georg I. (1761-1803), Herzog 319f., 322, 325, 352, 444
–, Georg II. (1826-1914), Herzog 327, 330-332, 353f., 356, 402, 446
–, Heldburg, Freifrau von (1839-1923), geb. Ellen Franz 332, 356,
–, Luise Eleonore (1763-1837), geb. Prinzessin von Hohenlohe-Langenburg 353
–, Maria Hedwig (1647-1680), geb. Prinzessin von Hessen Darmstadt 351
–, Philippine Elisabeth (1686-1744), geb. Cäsar 263, 269, 351
Sachsen-Merseburg
–, Christian I. (1615-1691), Herzog 239, 448
–, Christian II. (1653-1694), Herzog 448
–, Heinrich (1661-1738), Herzog 448
–, Moritz Wilhelm (1688-1731), Herzog 448
Sachsen-Römhild, Heinrich (1650-1710), Herzog 279, 352, 445
Sachsen-Saalfeld
–, Christian Ernst (1683-1745), Herzog 445
–, Ernst I. (1784-1844), Herzog 445
–, Ernst Friedrich (1724-1800), Herzog 445
–, Franz (1750-1806), Herzog 445
–, Franz Josias (1697-1764), Herzog 445
–, Johann Ernst (1658-1729), Herzog 445
Sachsen-Weimar
–, Bernhard (1604-1639), Herzog 208f., 212, 231,
–, Dorothea Maria (1574-1617), geb. Prinzessin von Anhalt-Zerbst 96, 199
–, Ernst August I. (1688-1748), Herzog 152, 252, 268, 443
–, Friedrich (1596-1622), Herzog 96, 106
–, Friedrich (1640-1656), Herzog 202
–, Friedrich Wilhelm I. (1562-1602), Herzog 80, 96, 178, 180, 182f., 207, 311, 441
–, Johann (1570-1605), Herzog 80, 96, 178, 180, 182f., 207, 441
–, Johann Ernst (der Jüngere) I. (1594-1626), Herzog 96, 106, 108, 207, 216f., 248, 441
–, Johann Ernst II. (1627-1683), Herzog 443
–, Johann Ernst III. (1664-1707), Herzog 100, 152, 255, 443
–, Wilhelm IV. (1598-1662), Herzog 96, 98, 152, 198-200, 202, 204, 206, 208, 210, 212, 240f., 250, 251, 441f.
–, Wilhelm Ernst (1662-1728), Herzog 152, 328, 424, 443
Sachsen-Weimar-Eisenach
–, Anna Amalia (1739-1807), geb. Prinzessin von Braunschweig 154, 271-277, 295, 304, 320, 328, 443
–, Carl Alexander (1818-1901), Großherzog 154, 199, 204f., 252, 399-403, 408, 428, 443
–, Carl August (1757-1828), Herzog, Großherzog 10, 112, 154, 260, 271, 274, 276, 294-297, 300, 302f., 304, 306, 308f., 326, 328, 335-337, 344, 358-360, 362, 364, 368, 370, 424, 426, 443
–, Carl August (1844-1894), Erbgroßherzog 399, 401
–, Carl Friedrich (1783-1853), Großherzog 154, 336, 346, 358, 390, 443
–, Ernst August I. (1688-1748), Herzog 254f., 272,
–, Ernst August II. Constantin (1737-1758), Herzog 255, 271, 443
–, Friedrich Ferdinand Constantin (1758-1793), Prinz 271, 274
–, Luise (1757-1830), geb. Prinzessin von Hessen-Darmstadt 274, 336
–, Maria Pawlowna (1786-1859), geb. Großfürstin von Rußland 154, 156, 336, 400
–, Sophie Wilhelmine Marie Luise (1824-1897), geb. Prinzessin der Niederlande 196, 204, 311, 400f., 417
–, Wilhelm Ernst (1876-1923), Großherzog 156, 396, 406, 408, 414, 416, 443
Sachsen-Weißenfels
–, August (1614-1680), Herzog 202, 239-242, 244, 251, 448
–, Christian (1682-1736), Herzog 244, 448
–, Johann Adolf I. (1649-1697), Herzog 242, 244, 448
–, Johann Adolf II. (1685-1746), Herzog 244, 448
–, Johann Georg (1677-1712), Herzog 244, 448
–, Johann Magdalena (1640-1674), geb. Prinzessin von Sachsen-Altenburg 244
Sachsen-Zeitz
–, Dorothea Maria (1641-1675), geb. Prinzessin von Sachsen-Weimar 241
–, Friedrich Heinrich (1668-1713), Herzog 448
–, Marie Amalie (1670-1739), geb. Prinzessin von Brandenburg 226
–, Moritz (1619-1681), Herzog 98, 218, 238-241, 259, 448
–, Moritz Wilhelm (1664-1718), Herzog 242, 448
Salzmann, Christian Gotthilf (1744-1811) 312
Santersleben, Hans von (17. Jh.) 210
Schardt, Friedericke Sophie Eleonore von (1755-1819), geb. von Bernstorff 274
Scheidler, Karl Hermann (1795-1866) 362
Schein, Johann Hermann (1586-1630) 199
Schellendorff, Hans Bronsart von (1830-1913) 156, 329
Schelling, Friedrich Wilhelm Joseph (1775-1854) 304, 306
Schenck, Karl Friedrich (1781-1849) 310
Schiller, Friedrich von (1759-1805) 103, 196, 272, 276, 295, 303f., 306f., 309, 320, 328-332, 399, 417
Schimpfer, Bartholomae (17. Jh.) 96
Schinkel, Karl Friedrich (1781-1841) 328
Schirach, Carl von (1873-1949) 329
Schlegel
–, August Wilhelm (1767-1845) 306
–, Friedrich (1772-1829) 306
Schleinitz, Hugold von (15. Jh.) 88
Schmeller, Johann Joseph (1796-1841) 298
Schmid
–, Christian (17. Jh.) 312
–, Karl Ernst (1774-1852) 372
–, Peter (17. Jh.) 312
Schmidt
–, Elisabeth (16. Jh.) 121
–, Hans. W. (1859-1950) 163
–, Jakob (16.Jh.) 121
–, Johann Christoph (1727-1807) 302
Schnauß, Christian Friedrich (1722-1797) 302
Schneider, Friedrich (1887-1962) 7, 399, 415
Schrimpf, Wolfgang (14. Jh.) 53

Schröter
–, Corona (1751-1802) 274
–, Johann (1513-1593) 170
Schürmann, Georg Caspar (um 1672-1751) 152
Schuler
–, Carl Christian von (18. Jh.) 228
–, Sophie von (18. Jh.) 228
Schütz, Christian Gottfried (1747-1832) 306
Schwarz, Johannes Carl Eduard (1802-1870) 167, 404
Schwarzburg
–, Günther (14. Jh.), Graf 48
–, Günther (15. Jh.), Graf 120
–, Günther (16. Jh.), Graf 124
–, Heinrich (14. Jh.), Graf 55
Schwarzburg-Leutenberg, Heinrich XXV. (1412-1463), Graf 69
Schwarzburg-Rudolstadt, Günther von (1852-1925), Fürst 412
Schwarzburg-Wachsenburg, Günther XXXII. (gest. 1450), Graf 69
Schwechhausen, Heinrich von (17. Jh.) 200
Schweden
–, Carl XVI. Gustav (20. Jh.), König 377
–, Gustav II. Adolf (1594-1632), König 206, 208, 210
–, Sibylle (geb. 1908-1972), geb. Prinzessin von Sachsen-Coburg und Gotha 377
Schwedes, Heinrich Theodor Ludwig (19. Jh.) 343
Schweitzer
–, Anton (1735-1787) 272
–, Christian Wilhelm (1781-1856) 362, 384
Schwind, Moritz von (1804-1871) 252
Seckendorff
–, Carl Friedrich Sigismund von (1744-1785) 274
–, Veit Ludwig von (1626-1692) 98f., 184, 215, 218-221, 260
Seebach, Camillo von (gest. 1894) 289
Seebeck, Karl Julius Moritz (1805-1884) 399, 404
Semper, Gottfried (1803-1879) 185
Seyler, Abel (1730-1800) 272, 327
Shakespeare, William (1564-1616) 327, 332
Simson, Eduard von (1810-1899) 402
Sippel, Hans (gest. 1525) 138
Solms-Lich, Friedrich Wilhelm von (geb. 1682) 264
Spalatin, Georg (Burckhardt) (1484-1545) 27, 35, 46, 59, 102f., 104, 106, 109, 122, 124, 130
Spangenberg, Cyriacus (1528-1604) 63
Spiegel, Carl Emil Freiherr von und zu Pickelsheim (1783-1849) 329
Spohr, Louis (1784-1859) 152
Starcke, Carl Christian (18. Jh.) 272
Stark, Karl Bernhard (1824-1879) 404
Staufer
–, Friedrich I. Barbarossa (um 1125-1190), Kaiser 425
–, Friedrich II. (1194-1250) Kaiser 8, 14-16, 18, 23, 28, 56
–, Konrad IV. (1228-1254), König 18
Stegmüller, Paul (19./20. Jh.) 252
Stein
–, Charlotte von (1742-1827), geb. von Schardt 274
–, Karl Heinrich Friedrich Reichsfreiherr von und zum (1757-1831) 36
Steinbach, Fritz (1855-1916) 152
Steinmann, Tobias (1556-1632) 80f.
Stephenson, George (1781-1848) 394
Stichling, Gottfried Theodor (1814-1891) 400
Stieler
–, Adolf (1775-1836) 314
–, Kaspar (1632-1707) 202
Stigel, Johann (1515-1562) 168
Stockmann, Carl (um 1810-1873) 385
Stoelzel, Gottfried Heinrich (1690-1749) 152
Stolberg
–, Bodo von (1396-1455), Graf 72
–, Heinrich von (um 1433-1511), Graf 120
Stollberg, Karl Gustav (1819-1880) 312
Strauch, Gustav Adolph von (1790-1839) 343
Strauss, Richard (1864-1949) 152, 156, 329
Streichhan, Ferdinand (1814-1884) 195, 419
Strigel, Victorin (1524-1569) 168
Stromer, Johann (um 1562-1607) 215
Stromeyer, Karl (1779-1845) 326
Swebach, Edouard (1800-1870) 339

Tatein, Charles (18 Jh.) 228
Tausendschön (siehe Müller)
Telemann, Georg Philipp (1681-1767) 152, 244
Terrasse, N. (18. Jh.) 226
Teutleben
–, Bruno von (14. Jh.) 103
–, Caspar von (1576-1629) 199f.
Thon
–, Carl (1795-1880) 384
–, Ottokar (1792-1842) 343, 348
–, Sixt (1817-1901) 386
Thouret, Nicolaus Friedrich (1767-1845) 329
Thümmel, Hans Wilhelm von (1744-1824) 184
Thun, Christoph Simon (17. Jh.) 208
Tille, Armin (1870-1941) 7
Tischbein, Johann Valentin (1715-1767) 228
Tolstoi, Leo (1828-1910) 332
Trebs, Heinrich (1678-1748) 152
Trier, Balduin von Luxemburg (1308-1354), Erzbischof 47, 52
Troschel, Peter (um 1620-nach 1667) 105, 160
Türcke, Ludwig Freiherr von (1857-1933) 412
Tütleb, Jeremias (vor 1650-1713) 379

Vehse, Carl Eduard (1802-1870) 199
Vignau, Hippolyt von (1873-1949) 329
Vitzthum
–, Apel (gest. um 1474) 63f., 66, 120
–, Busso (gest. 1467) 63
Vitzthum von Tannroda, Apel IV. (gest. 1475) 120
Vogell, Caspar (17. Jh.) 251
Vogt, Jakob (16. Jh.) 124
Voigt
–, Bernhard Friedrich (1787-1859) 311
–, Christian Gottlob von (1743-1819) 296, 298, 306, 308, 358f.
Vollert, Friedrich Hermann (1821-1894) 401
Voltaire, Francois Marie (1694-1778) 312, 327

Wagner
–, Anthony (20. Jh.) 423
–, Richard (1813-1883) 150, 154, 156
Wallhausen, Konrad von (14. Jh.) 60
Walter, Johann (1490-1570) 151-153
Walther, Johann Gottfried (1684-1748) 152
Wangenheim, Hans von (gest. 1470) 120
Watzdorf, Christian Bernhard von (1804-1870) 384
Watzdorff, Carl Friedrich Ludwig von (1759-1840) 343
Weber, Jan Christian (17. Jh.) 210
Wegele, Franz Xaver (1823-1897) 404
Wegener, Wilhelm von (1799-1853) 384
Weger, August (1823-1892) 272
Weigel, Erhard (1625-1699) 169

Weingrüber (19. Jh.) 385
Weise, Carl Friedrich Wilhelm von (geb. 1780) 343
Welfen
–, Heinrich (der Löwe) (1129-1195), Herzog von Sachsen und Bayern 15
–, Otto IV. (1177-1218) Kaiser 16
Werner, Hermann (erw. 1575) 170
Werthern
–, Amalie (Emilie) Christiane Philipine von (1757-1844) 274
–, Georg von (1581-1636) 208
Westhoff, Johann Paul von (1656-1705) 152
Westphalen, Jerôme Bonaparte (1774-1860), König 338
Wettin, Markgrafen von Meißen, Landgrafen von Thüringen
–, Albrecht (der Entartete) (1240-1315) 23, 26, 28, 423, 428, 437
–, Anna (gest. 1431), geb. Prinzessin von Schwarzburg 103f.
–, Balthasar (1336-1406) 55f., 60, 437
–, Heinrich (der Erlauchte) (1215/16-1288) 8, 14f., 18-20, 23, 26, 39, 424
–, Friedrich (der Freidige) I. (1257-1323) 22f., 25f., 28f., 437
–, Friedrich (der Ernsthafte) II. (1310-1349) 47-49, 52f., 55f., 60, 437
–, Friedrich (der Sanftmütige) II. (1412-1464) 39f., 60, 62-64, 67-69, 71f. 76, 88, 92, 159, 437
–, Friedrich (der Friedfertige) (1384-1440) 58, 60, 71, 104, 437
–, Friedrich (der Streitbare) IV. (I.) (1370-1428) 60, 62, 67, 71, 82, 437
–, Friedrich (der Strenge) III. (1332-1381) 55, 60, 437
–, Georg (1380-1401) 437
–, Heinrich (1422-1435) 63
–, Katharina (gest. 1492), geb. von Brandenstein, verw. von Heßberg 119
–, Konrad (der Große) I. (gest. 1157) 424
–, Ludwig (1341-1382) 55
–, Margarete (1237-1270), Tochter des Kaisers Friedrich II. 23, 26
–, Sigismund (1416-1443) 63
–, Wilhelm (der Einäugige) I. (1343-1407) 55, 82, 437
–, Wilhelm (der Reiche) II. (1371-1425) 437
–, Wilhelm (der Tapfere) III., (1425-1482) 34, 43, 58, 60, 62-65, 68, 71f. 76f., 82, 88, 110f., 122, 159, 164, 192, 367, 437
Widukind (gest. 807), sächsischer Herzog 101
Wieland, Christoph Martin (Musophilus) (1733-1813) 154, 272, 274, 276, 295, 306
Wildenbruch, Ernst von (1845-1909) 332
Wilkens (siehe Hohenau)
Wittelsbach
–, Karl VII. Albrecht (1697-1745), Kaiser, Kurfürst 263
–, Ludwig (der Bayer) (1284-1347), Kaiser 39f., 47, 196
Witzleben
–, Friedrich von (gest. 1464) 63
–, Friedrich Wilhelm Heinrich Carl August von (1797-1862) 343
Witzmann, Georg (1871-1958) 407
Wolf, Johannes (um 1524-1602) 29
Wolff, Pius Alexander (1782-1828) 329
Woltmann, Carl Ludwig (1770-1817) 302
Württemberg
–, Ulrich (1487-1550), Herzog 142
–, Wilhelm I. (1781-1864), König 343
Wydenbruck, Oskar von (1815-1876) 384

Zeiß, Hans (16. Jh.) 137
Ziegesar
–, August Friedrich Carl Freiherr von (1746-1813) 368
–, Ferdinand Freiherr von (1812-1854) 329
Zitek, Josef (1832-1909) 400
Zwingli, Huldrych (1484-1531) 143

Ortsregister

III
I
Sonders-
hausen
II
Erfurt
Weimar
Gotha
I
IV
Rudolstadt
I
Meiningen
I
Coburg